Isabella Bird

Unbetretene Reisepfade in Japan: eine Reise in das Innere des Landes

Erster und Zweiter Theil

ClassicLibrary

Isabella Bird

Unbetretene Reisepfade in Japan: eine Reise in das Innere des Landes

Erster und Zweiter Theil

ISBN/EAN: 9783961673735

Quelle:CBGiOŚ. IGiPZ PAN, call no. 4.105, Identifier:oai:rcin.org.pl:67754, Digitizing institution: Institute of Geography and Spatial Organization of the Polish Academy of Sciences/Public Domain

Auflage: 1

Erscheinungsjahr: 2022

Erscheinungsort: Bad Griesbach, Deutschland

ClassicLibrary

Unbetretene Reisepfade in Japan.

Das Yomei-Portal an den heiligen Stätten von Nikko.

Unbetretene Reisepfade

in

Japan.

Eine Reise in das Innere des Landes

und

nach den heiligen Stätten von Nikko und Yezo

von

Isabella L. Bird,

Verfasserin von „Sechs Monate auf den Sandwichs-Inseln", „Das Leben einer Dame in den Felsen-Gebirgen" rc.

Autorisirte deutsche Ausgabe.

Aus dem Englischen.

Mit Illustrationen und einer Landkarte.

Zweite Auflage.

Erster Theil.

Jena,
Hermann Costenoble.
1886

Vorwort und Einleitung.

Wir übergeben hiermit dem deutschen Publikum die Uebersetzung eines fesselnden und lehrreichen Werkes, dessen Original in England lebhaften Beifall erwarb, so daß in kürzester Zeit drei Auflagen nöthig wurden.

Die Verfasserin war ihren Landsleuten, auch wohl einem Theil des gebildeten deutschen Publikums bereits durch ihre veröffentlichten Schriften über Hawaii, die Sandwichs-Inseln und die Felsengebirge Nord-Amerikas bekannt. Man kennt sie als eine „Gentlewoman“ in der edelsten Bedeutung des Wortes, als eine Reisende, die in selbst gewählter Kleidung und Ausrüstung, mit unerschütterlichem Muthe vorwärts dringt, vermöge seltener Bildung und feiner, immer reger Beobachtungsgabe mehr sieht, bemerkt und beachtet als alle ihre männlichen Vorgänger. Neben der Fähigkeit und Kunst des Reisens hatte man an ihr auch die Gabe der Darstellung schätzen gelernt — jener unaffectirten, klaren und überzeugenden Darstellung, die weder schülerhaft und trocken noch übertrieben ist, wohl aber uns das Land und die Leute deutlich und anschaulich vor Augen führt; jener natürlichen Darstellung, die das Schöne nicht entstellt und das Häßliche nicht übertüncht, aber nicht bloß die äußeren Umrisse der Dinge sondern auch ihren Duft und ihre Farben wiedergiebt und ihr Leben ahnen läßt.

In dem vorliegenden Werke begleiten wir die Reisende in ein Land, welches dem Zutritt der Europäer erst unlängst geöffnet, das Interesse der Welt noch immer gefesselt hält, noch immer Gelegenheit zu neuen Forschungen und Aufschlüssen darbietet. Aber nicht auf den Theil des Landes beschränkt sie sich, den vor ihr die Touristen in Wagen und Waggons, mit Karten und Führern versehen, besucht und beschrieben haben. Zu ihrer Reise in Japan, im Jahre 1878, wählte sie „die unbetretenen Pfade", um in das Innere des Landes zu gelangen dessen kleinster Theil wohl selten durchreist und noch niemals beschrieben, dessen größerer Theil bisher noch von keinem Europäer beschritten worden ist.

In dem bekannten alten Japan, in Nikko, verweilt sie nur so lange, um uns mitzutheilen, daß sich auch hier seit wenigen Jahren Vieles verändert hat und daß die läufigen Vorstellungen, die über Japan noch heute ausgesprochen und niedergeschrieben werden, theils an sich irrthümlich sind, theils im Verlaufe der Zeit ihre Geltung verloren haben. So erfahren wir, es sei nicht wahr, daß Japan dem chinesischen Reiche tributpflichtig, daß das Christenthum verboten ist, daß das Volk im inneren Lande wild lebt und das Klima tropisch ist. Wir erfahren ferner, daß jetzt nicht mehr zwei Kaiser, ein weltlicher und geistlicher, existiren; daß Japan nicht mehr von der erblichen Aristokratie der Daimyos beherrscht wird; daß die Waffen des Heeres nicht mehr in Bogen und Pfeilen und die Seemacht nicht mehr aus bloßen Kriegsjonken besteht.

Vielmehr ersehen wir, daß die mysteriöse Zweikaiserherrschaft aufgehört hat, und der Sjogun-Adel ebenfalls. Die Daimyo, ihrer Titel und Vorrechte beraubt, haben sich in das Privatleben zurückgezogen; die Männer mit den zwei Schwertern sind ausgestorben. Aus Yedo ist Tokiyo geworden, die Residenz des Mikado, der kraft göttlichen Rechtes herrscht, der hundert fünf und dreißigste Abkömmling der Sonnen-Göttin, der obersten Gottheit im Pantheon der National-Religion. Seine Herrschaft ist ein gemäßigter Despotismus, der zuweilen eine constitutionelle Richtung einschlägt und Nachdruck erhält durch Panzerschiffe, Armstrong-Kanonen und Zündnadelgewehre. Die Sklaverei ist unbekannt und die Klassen-Unterschiede sind abgeschafft. Die Staatsreligion ist die Sinto (Schinto)-Religion, wahrscheinlich die ursprünglich einheimische, welche kein Sittengesetzbuch enthält; aber der Buddhismus, von Corea im 6. Jahrhundert eingeführt und seit der Restauration des Mikado wieder abgeschafft, haftet noch in der Masse des Volkes. Die höheren Stände begnügen sich mit einem weltlichen philosophischen System, bekennen sich aber äußerlich aus politischen Rücksichten zur Sinto-Religion. Das Christenthum ist durchaus geduldet und Protestanten, römische und griechische Katholiken zählen 27,000 Bekenner.

Dies sind die Thatsachen und Zustände, welche uns die Verfasserin nebenher constatirt. Ihr eigentlicher Zweck war der: das Volk in seiner Heimat im Inneren des Landes, in seinem täglichen Leben und seiner Umgebung, in seinen Anschauungen, Hoffnungen, Freuden und Sorgen zu studiren.

Zu diesem Behufe begiebt sich die kränkliche aber muthige Frau auf d i e u n b e t r e t e n e n P f a d e von Japan, in Gegenden, wohin noch kein Reisender gekommen, noch kein Europäer seinen Fuß gesetzt hat, wo die Räder der fortschreitenden Cultur noch nicht gehört worden sind und keine Spuren hinterlassen haben, wo der Bauer lebt und denkt, wie seine Väter gelebt und gedacht haben. Auf Packpferden, zuweilen gar auf einer Kuh reitend, wählt sie schmale Reitwege über steile Gebirgshöhen und verweilt sieben Monate auf der Reise durch diese Gegenden des Mikado-Reiches: von Nikko und Niigata und von dort nach Aomori und Yezo, der nördlichsten japanischen Insel, welche der Mikado vor kurzem an Rußland abgetreten hat. Ihre Schilderungen über ihren Besuch bei den Ainos, in völlig unbekannten Distrikten, bietet das Lehrreichste und Anziehendste der neuesten Reise-Literatur.

Furchtlos, vor keiner Gefahr und keiner bevorstehenden Ermüdung zurückschreckend, enthusiastisch und zugleich geduldig, mit wohlwollender Menschenliebe und immer reger Beobachtung vollendet sie ihre Aufgabe und mit der gewandten Feder einer unterrichteten und geistvollen Schriftstellerin giebt sie uns die wichtigsten Aufschlüsse über jenes „Reich der aufgehenden Sonne" und über das Material, aus welchem die japanische Regierung das Gebäude einer neuen Civilisation aufzubauen hat.

Der Verfasser der Uebersetzung.

Inhalt.

Verzeichniß der Illustrationen.

I.

Ankunft in Japan. — Eine Vision vom Fuji. — Eine Hybridenstadt. — Männer und Männlein. — Hieroglyphen und Regulative.

Oriental-Hotel, Yokohama, den 21. Mai.

Nach einer achtzehntägigen ununterbrochenen Fahrt auf dem „wüsten, regnichten Meere“ gelangte die „City of Tokio“ gestern am frühen Morgen an das Cap King und am Mittage fuhr unser Dampfschiff in den Meerbusen von Yedo, dicht am Ufer entlang. Es war ein milder Tag, der Himmel blaßblau und ein wenig trübe und obgleich die Küste von Japan mehr Reize darbietet als viele andere Küsten, so zeigte sie doch weder an Form noch Farbe etwas Ueberraschendes. Vereinzelte zerklüftete und waldige Hügel erheben sich am Ufer; graue Dörfer, aus niedrigen Hütten bestehend, hangen am Rande der Schluchten; mit Reis bebaute Terrassen, im frischen Grün englischer Rasenplätze schimmernd, ziehen sich zwischen hoch gelegenen dichten Wäldern bis zu einer beträchtlichen Höhe hinauf. An der Küste herrschte ein erstaunliches Volkstreiben und der Golf war gänzlich mit Fischerböten bedeckt, so daß wir binnen fünf Stunden nicht an Hunderten, sondern Tausenden vorüberfuhren. So eintönig wie die Küste und die See erschienen auch die Böte mit ihren unangestrichenen Rümpfen und den schlicht weißen Segeltüchern. Hin und wieder ging es vorüber an einer Jonke mit hohem Stern, die von einer fast gespensterhaften Galeere geschleppt wurde; dann wieder mußten wir langsamer vordringen, um nicht eine Flotte von dreieckigen Fischerböten mit viereckigen Segeln zu überfahren; in dieser Weise verlief eine Stunde nach der anderen in dem wunderlichen verworrenen Treiben.

Lange Zeit schaute ich nach dem Fujisan aus, konnte ihn aber nicht erblicken, obgleich ich auf dem Verdeck Ausrufe des Erstaunens vernahm; als ich endlich die Blicke zufällig zum Himmel erhob, sah ich in fast unglaublicher Höhe einen mächtigen, schneeweißen, abgestumpften Kegel, der, 13 080 Fuß über dem Meeresspiegel, seine majestätische Krümme gegen den mattblauen Himmel absetzte, während sein Fuß und das dazwischen liegende Land in einen Nebelschleier gehüllt erschien. Diesen Anblick gewährt der Fujisan jedoch nur ausnahmsweise und unter besonderen atmosphärischen Umständen. Es war wie eine wunderbare Erscheinung und verschwand auch ebenso schnell. Mit Ausnahme des Kegels von Tristan d'Acunba, der ebenfalls mit Schnee bedeckt ist, erblickte ich keinen anderen Berg in solcher gesonderten Erhabenheit, getrennt von Allem nah und fern, was seiner Höhe und Größe Abbruch thun könnte. Nicht zu verwundern ist es daher, daß er den Japanesen als ein heiliger und theurer Berg erscheint, in dessen Darstellung die Kunst nicht ermüdet. Wir sahen ihn zuerst aus einer Entfernung von beinahe fünfzig englischen Meilen.

Luft und Wasser waren gleichermaßen regungslos, der Nebel bleich und ruhig; ohne Bewegung hafteten auch die grauen Wolken an dem bläulichen Himmel, nur die weißen, schimmernden Segel der Fischerböte regten sich fast unmerklich; Alles sah so blaß, matt und geisterhaft aus, daß es fast erschien, als ob wir mit dem aufwirbelnden Schaum, den wir hinter uns ließen, und mit unserer geräuschvollen Fahrt das schlafende Asien aus seiner Ruhe störten.

Als der Golf enger wurde, erblickten wir deutlicher die waldgekrönten Hügel, die terrassirten Schluchten, die malerischen grauen Dörfer, das Stillleben in der Bucht und die mattblauen Berggruppen im Innern des Landes. Der Fuji verschwand in dem Nebel, in welchen er seine Größe beinahe während der ganzen Sommerzeit einhüllt; wir fuhren vorüber an der Reception-Bucht, an der Perry- und Webster-Insel, am Cap Sarotoga und an der Mississippi-Bai — lauter amerikanische Namen, welche die Erfolge amerikanischer Staatskunst verrathen. Nicht weit von Treaty-Point erhob sich ein rothes Leuchtschiff mit der Aufschrift in mächtigen Buchstaben: „Treaty-Point"

(Grenze des Vertrages). Jenseits desselben darf kein fremdes Schiff Anker werfen.

Die Häfen, welche dem Handel und, unter gewissen Einschränkungen, dem Aufenthalt der Fremden offen stehen, sind Yokohama (Kanagava), Kobe, Nagasaki, Niigata und Hakodate auf Yezo.

Dicht an das Leuchtschiff schließt sich die hübsche Bucht, welche den Hafen von Yokohama bildet; jedoch die mattblauen Fluten des Golf von Yedo, von zahllosen Fischerböten mit weiß schimmernden Segeln besetzt, erstrecken sich zwanzig englische Meilen nordwärts bis zur Stadt Yedo oder Tokiyo. Der Bluff, eine niedrige Hügelkette, welche zur linken Hand jäh in das Meer abfällt und sich zur rechten in das Innenland verliert, ist bedeckt mit Bungalows und mit den bewimpelten englischen, deutschen und amerikanischen See-Hospitalgebäuden; diese Gegenstände und der Bund, eine lange unregelmäßige Terrasse, welche längs dem Strande nach einem steinernen Damm hinführt, fesseln zunächst unsere Aufmerksamkeit. Unterhalb des Bluff befindet sich eine Ansiedelung, meistens von Fremden, und den übrigen Theil der ausgedehnten Ebene füllt eine japanische Stadt, bestehend aus niedrigen grauen Häusern mit einförmigen grauen Dächern.

Wie alle diese Hybridenstädte, so ist auch Yokohama in keiner Weise imposant; ihre Bluffs erinnern an die Vorstädte von Boston, der Bund an die Vorstädte von Birkenhead, mit halb tropischem Anflug; die elende, unbedeutende japanische Stadt bekundet, meines Erachtens, nichts weiter als gewerbliche Armuth. Längs dem Bund befinden sich das Große und das Internationale Hotel, das Clubhaus und verschiedene „Hongs" oder Geschäftshäuser, unter denen das der alten Firma Jardine, Matheson & Co. obenan steht. Alle diese Gebäude liegen in Gärten und Gebüschen und zwischen ihnen und dem Meere zieht sich eine breite Fahrstraße hin. Dann folgen das britische Konsulat, imposant aber häßlich; die Unions-Kirche, häßlich und nicht imposant, zum Theil erbaut mit Geldern, die auf den Hawaïschen Inseln zusammengebracht wurden; das japanische Postamt; das Steueramt; das neue massive Hofgebäude, welches von fremden Baumeistern in einem fremden Stil aufgeführt wurde; und eine Gruppe gewöhnlicher Häuser, die wie Magazine aussehen.

Zwei Vorsprünge mit abschüssiger Oberfläche aus unbehauenen Steinen, die wie versenkte Wracks aussehen, sind zwar vorhanden, aber sonst weder Docks noch Werfte, und eine Reihe großer Schiffe, meistens Dampfer, luden ihre Ladung an den Ankerplätzen aus und ein. Neben einander lagen in anscheinender Freundschaft hölzerne und gepanzerte Kriegsschiffe mit englischen, französischen, amerikanischen, italienischen und russischen Flaggen, und mitten unter ihnen eine hübsche japanische Dampf-Corvette, die vor kurzem in England erbaut wurde und nun die japanische Flagge entfaltete: eine rothe Kugel auf weißem Grunde. Unter den Kauffahrern befanden sich zwei hübsche Packetböte von Hakodate und Shanghai, Eigenthum von Mitsu, Bishi & Co., einem Hause, welches allmälich ein Monopol für den Handel auf der japanischen Küste und mit China erwirbt.

Das unruhige Treiben unter meinen Reisegefährten, von denen viele nach Hause zurückkehrten und alle von Freunden empfangen zu werden hofften, gewährte mir Muße, das reizlose, ungemüthliche Yokohama und die vor mir liegende graue Landstrecke zu betrachten und in fast trüber Stimmung zu überlegen, welcher Art mein Schicksal auf diesem fremden Gestade sein werde, wo ich nicht einmal einen Bekannten hatte. Am Ankerplatze wurden wir sogleich von einer Menge einheimischer Böte umringt, welche von den Fremden „Sampans“ genannt werden. Dr. Gulick, ein Verwandter meiner Freunde in Hilo, kam an Bord, um seine Tochter abzuholen, begrüßte mich herzlich und überhob mich aller Mühe der Ausschiffung. Die Sampans sehen sehr plump aus, werden aber von den Bootsleuten mit großer Geschicklichkeit gelenkt; letztere gaben und empfingen eine Menge Stöße mit der größten Gutmüthigkeit, ohne, nach der gewöhnlichen Weise wetteifernder Fährleute, in Schelten und Fluchen auszubrechen.

Die fast dreieckige Gestalt dieser Böte gleicht den Fahrzeugen, welcher sich die Lachsfischer auf einigen Flüssen in England bedienen. Da sie mit einem Fußboden versehen sind, so sieht es fast aus, als ob sie einen ganz flachen Grund hätten; obgleich sie aber schnell gelenkt werden, sind sie doch sicher, da sie von schwerem Bau und mit besonderer Sorgfalt mittelst hölzerner Riegel und einiger kupferner Klammern zusammengefügt sind. Gelenkt werden sie von zwei oder vier Männern mittelst mächtiger Ruderstangen, die aus zwei Hölzern bestehen und sich auf Pflöcken an der Außenseite bewegen. Die Männer stehen bei der Arbeit, indem sie die Ruder an die Oberschenkel anlehnen, Sie alle tragen einfache, knappe Röcke von blauer Baumwolle. mit weiten Aermeln, ohne Gürtel oder eine andere Befestigung um die Hüften; dieser Rock ist eigentlich nur die Andeutung von einer Bekleidung, denn ihre hohle Brust und die hageren muskulösen Gliedmaßen bleiben unbedeckt. Ihre Stroh-Sandalen werden durch einen ledernen Riemen festgehalten, der sich zwischen der großen und der zweiten Zehe hindurch zieht; falls sie eine Kopfbedeckung tragen, so besteht dieselbe nur aus einem blauen baumwollenen Lappen, der um die Stirn gewunden ist. Ihre Haut ist sehr gelb und oft mit fabelhaften Thierbildern tättowirt. Der Preis für die Sampans ist durch einen Tarif bestimmt, so daß der Passagier nicht übermäßigen Forderungen ausgesetzt ist.

Zunächst überraschte es mich bei der Landung, nirgends Umhertreiber zu erblicken. Alle diese häßlichen, kleinen, kindisch aussehenden, verschrumpften, krummbeinigen, plattschulterigen, hohlbrüstigen und ärmlichen Wesen, die sich in den Straßen befanden, hatten irgend ein Geschäft zu verrichten. Oben auf der Landungstreppe stand eine tragbare Speise-Anstalt, eine nette, solide Einrichtung mit eisernem Kochofen und vollständigem Koch- und Speisegeräth; dennoch hatte das Ding das Aussehen, als ob es für Puppen bestimmt sei und die dabei beschäftigten Männchen waren kaum fünf Fuß hoch. Auch im Zollhause hatten wir mit kleinen Beamten in blauen Uniformen nach europäischem Zuschnitt zu verhandeln; sie waren sehr höflich, öffneten und untersuchten sorgfältig unsere Koffer, schlossen sie wieder und unterschieden sich sehr vortheilhaft von den unverschämten und habgierigen Beamten, welche diesen Dienst in New-York versehen.

Draußen standen etwa funfzig der jetzt bekannten „Jin-ri-ki-scha's“ und mit großem Lärm hörte man dieses seltsame Wort von funfzig verschiedenen Stimmen ausrufen. Dieses Gefährte ist bekanntlich eine japanische Eigenthümlichkeit und gewinnt mit jedem Tage an Bedeutung. Erst vor sieben Jahren erfunden, sind bereits an 23000 dieser Beförderungsmittel in der Stadt vorhanden und das Geschäft, Menschen zu ziehen, erweist sich in dem Grade einträglicher als jede geschickte Arbeit, daß Tausende junger Leute den Landbau aufgeben und in die Städte gehen, um ihren Mitmenschen als Zugthiere zu dienen, obgleich die Menschen, wie man sagt, diese Arbeit nicht länger als fünf

Tragbares Büffet.

Jahre aushalten und in großer Zahl den schmerzlichsten Herz- und Lungenkrankheiten erliegen. Auf ziemlich ebenem Boden kann ein guter Läufer täglich vierzig englische Meilen im Trabe zurücklegen, im Durchschnitt vier Meilen auf die Stunde gerechnet. Die Leute sind einregistrirt und jährlich mit 8 Schillingen für ein zweisitziges Fuhrwerk, mit 4 Schillingen für ein einsitziges besteuert; im Tarif ist die Zeit und die Wegstrecke genau bestimmt.

Die „Kuruma" oder Jin-ri-ki-scha besteht aus einem leichten tragbaren Rumpf, einer beweglichen Kappe aus Oelpapier, einer Auskleidung von Sammet oder Tuch, einem Kissen, einem unter dem Sitze befindlichen Behälter für das Gepäck, zwei hohen leichten Rädern, und einem Paar Scheerbäumen, die am Ende durch ein Querholz verbunden sind. Der Rumpf ist gewöhnlich lackirt und, je nach dem Geschmack des Besitzers, verziert, einige nur mit polirtem Messingbeschlag, andere mit Venusmuscheln ausgelegt und noch andere mit ergötzlichen wunderlichen Drachengestalten, mit Blumen und fabelhaften Figuren bemalt. Sie kosten mindestens 2 Pfund Sterling. Die Scheerbäume werden schräg niedergelegt, sobald man einsteigt, und es erfordert eine große Uebung, mit Leichtigkeit und Anmuth hinein zu kommen; alsdann hebt der Läufer die Scheere in die Höhe, tritt zwischen die beiden Stangen, kippt den Rumpf nach hinten über und in lebhaftem Trabe geht es vorwärts. Je nach der Eile des Passagiers werden diese kleinen Wagen von einer bis drei Personen gezogen. Tritt Regenwetter ein, so legt der Mann die Kappe auf den Wagen und umschließt den Passagier mit einer dichten Umhüllung von geöltem Papier. Bei Nacht sind sie auf den Halteplätzen und unterwegs mit zierlich bemalten viereckigen Papierlaternen versehen. Höchst ergötzlich ist es, wie stattliche Kaufleute, männliche und weibliche Missionäre, modisch gekleidete Frauen mit Mustermappen, chinesische Händler und japanische Landleute, ohne sich ihrer auffälligen Erscheinung bewußt zu sein, wetteifernd und eilig sich kreuzend die Main-Street, die Hauptstraße, entlang fahren; ihre hageren, diensteifrigen Kuruma-Männer, in unbeschreiblich knappen blauen Beinkleidern und kurzen blauen, mit weißen Mustern bedruckten Oberhemden und bedeckt mit großen Hüten, die wie umgekehrte Schüsseln aussehen, mit ihren von Schweiß triefenden gelben Gesichtern, traben hastig, lachend und lärmend dahin, indem sie jeden Zusammenstoß sorgfältig vermeiden.

Nach einem Besuche auf dem Konsulat bestieg ich eine Kuruma und ein lachendes Männchen zog mich in mächtigen Schritten die Main-Street entlang, eine schmale, gut gepflasterte Straße, mit bequemen Bürgersteigen, Randsteinen, Gossen, eisernen Laternenständern und Gaslampen. Der Weg führte an lauter fremden Kaufläden vorüber nach dem ruhigen Hotel, welches mir Sir Wyville Thomson empfohlen hatte und woselbst ich eine Zuflucht fand vor dem Nasenton-Geschwätz meiner Reisegefährten, die sich sämmtlich in den Karavanseraien auf dem Bund einlogirt haben. Der Wirth ist ein Franzose, verläßt sich aber auf einen Chinesen; die Dienerschaft besteht aus japanischen „Jungen" in japanischer Kleidung; auch ist ein japanischer „Zimmer-Groom" in untadelhaftem japanischen Kostüm vorhanden, der mir durch seine außerordentlich höflichen Manieren wahrhaft fürchterlich erscheint.

Kaum war ich angelangt, als ich mich nach der Ansiedelung begeben mußte, um Herrn Fraser's Geschäft aufzusuchen; ich sage aufsuchen, denn es giebt keine Namen an den Straßenecken, und da, wo Nummern vorhanden sind, fehlt es an der Reihenfolge; Europäer zu Fuß, die mir hätten aus der Verlegenheit helfen können, traf ich nicht an. Yokohama eignet sich nicht dazu, Bekanntschaften zu machen, denn es sieht erstorben aus. Die Stadt ist unregelmäßig aber nicht malerisch; der graue Himmel, das graue Meer, die grauen Häuser und die grauen Dächer bilden eine traurige Uebereinstimmung. In Japan gilt kein fremdes Geld außer dem mexikanischen Dollar und Herrn Fraser's Compradore verwandelte bald mein englisches Gold in japanisches „Satsu" oder Papiergeld, ein Bündel „Yen", der jetzt gerade beinahe von gleichem Werthe mit einem Dollar ist, Packete von 50, 20 und 10 Sen-Noten und einige Rollen sehr hübscher Kupfermünzen. Der Eingeweihte erkennt die verschiedenen Sorten Papiergeld auf den ersten Blick an ihrer unterschiedlichen Farbe und Größe; für mich sind sie aber bis jetzt ein verwirrendes Geheimniß. Die Noten sind Zettel aus steifem Papier mit chinesischen Buchstaben in den Ecken, neben denen man mit besonders scharfem Auge oder vermittelst eines Vergrößerungsglases die Werthbezeichnung in englischer Sprache wahrnehmen kann. Sie sind sehr sauber gearbeitet und verziert mit dem Chrysanthemum-Strauß des Mikado und mit den in einander geschlungenen Drachen des Reichs.

Ich sehne mich nach dem eigentlichen Japan. Gestern besuchte mich der gegenwärtige englische Konsul, Herr Wilkinson, und war außerordentlich gütig. Er hält meinen Plan, in das Innere zu reisen, beinahe für zu ehrgeizig, meint aber, daß eine Dame mit vollkommener Sicherheit allein reisen könne; im übrigen stimmt er mit jedem Anderen darin überein, daß die vielen Flöhe und die schlechten Pferde wohl von solchem Unternehmen abschrecken könnten.

II.

Yedo und Tokiyo. — Fahrt auf der Eisenbahn. — Die britische Gesandtschaft. — Gelehrsamkeit der Civilbeamten. — Ein Nest von Kirchen. — Die kaiserlichen Gärten. — Kleidung und Mode.

Britische Gesandtschaft, Yedo, den 24. Mai.

Der gestrige Tag wurde dazu angewandt, neue Bekanntschaften anzuknüpfen, einen Diener und einen Pony zu suchen, viele Hülfserbietungen zu empfangen, mancherlei zu fragen und von verschiedenen Leuten ganz widersprechende Antworten zu erhalten. Es fing in der Frühe an. Vormittags erhielt ich dreizehn Besuche. Die Damen fahren in kleinen Ponywagen in der Stadt umher, in Begleitung von nebenher laufenden Grooms, welche „Bettos" genannt werden. Die fremden Kaufleute haben beständig „Kurumas" vor der Thüre stehen, denn sie finden, daß ein williger und verständiger Kuli viel tauglicher ist als ein widerhaariger, träger und launischer japanischer Pony; selbst die Würde eines außerordentlichen Gesandten und bevollmächtigten Ministers ist, wie ich heute gesehen habe, nicht über solches niedrige Beförderungsmittel erhaben. Meine letzten Besucher waren Sir Harry und Lady Parkes, die sich wahrhaft gütig erwiesen und mich in meinen weitest gehenden Plänen, in das Innere zu reisen, lebhaft ermuthigten, so daß ich zum Aufbruch bereit bin, sobald ich einen Diener gefunden habe. Als sie fortgingen, stiegen sie in Kurumas und es war ergötzlich zu sehen, wie der Vertreter Englands in einem Wägelchen, von Kulis gezogen, die Straße hinunter rollte.

Wenn ich Sir Harry Parkes als eines öffentlichen Charakters gedenke, so muß ich doch auch der Freundlichkeit erwähnen, die mir hier von anderen Seiten zutheil wurde und mir die schwierigen Vorkehrungen zu meinem Unternehmen wesentlich erleichterte. Wenngleich es ein sonniger Tag ist, so erscheint mir Yokohama doch nicht bewundernswerther als zu Anfang. Es ist ein einförmiger Ort ohne hervorragende Eigenthümlichkeiten und sieht aus, als hätte er eine lebhaftere, wenn nicht eine bessere

Zeit hinter sich; dennoch ist bereits das Gefühl der Verlassenheit und der Fremde, welches ich bei meiner Ankunft empfand, von mir gewichen und ich leide nur noch unter der geistigen Verworrenheit, welche durch die schnelle und wechselnde Einwirkung neuer Ansichten und Vorstellungen bedingt wird. Was ich über Japan gelesen oder während der letzten drei Wochen aus den beharrlichen Mittheilungen meiner japanischen Reisegefährten er-

Japanischer Lastkarren.

fahren habe, ist fast ohne Bedeutung, denn das Land erscheint mir jetzt wie eine Seite voll Hieroglyphen, zu denen mir der Schlüssel fehlt.

Aus dem Fenster schauend, erblicke ich schwere, zweiräderige Karren, auf welchen Bausteine und fast alle anderen Waaren fortgeschafft werden. Jeder derselben wird von vier Männern gezogen und geschoben. Die beiden Männer, welche ziehen, stoßen mit den Händen und Schenkeln gegen ein Querholz, das sich am Ende einer Stange befindet, und die anderen schieben mit ihren Schultern an hinten hervorragenden Balken; wenn die schwere Last bergauf geschafft werden soll, so bedienen sie sich auch zum Schieben ihrer dicken, kahl geschorenen Köpfe. Dabei erheben sie ein eigenthümliches schwermüthiges Geschrei in dumpfem Kehlton: „Ha huida! ha huida!" als ob sie nicht schon an der schweren Last genug hätten, die ihnen fast den Athem raubt.

Aus diesem Anblick schließe ich, daß das Angebot zu menschlicher Arbeit groß ist und die Arbeit selber schlecht bezahlt wird. Hier und in anderen Städten ist es von der Regierung verboten, nackt zu gehen, und diese armen Karren-Kulis arbeiten in derselben dürftigen und unzweckmäßigen Kleidung wie die Bootsleute. Der Zwang, Kleider zu tragen, scheint nur um der Fremden willen auferlegt zu sein. Ich mag mich irren, dennoch könnte man der Meinung des Professors Griffis beipflichten, daß die Regierung asiatisch, despotisch und götzendienerisch sei. Mir kommt es vor, als würde das Land zu sehr regiert, ohne daß dringende Bedürfnisse dazu vorhanden wären. Davon zeugen die Bestimmungen über den Tarif der Sampans und Kurumas, die Verhaltungsregeln an Bord der Schiffe, die dienstfertigen Polizeibeamten, die Laternen an den Fuhrwerken, das Verbot fremder Münzsorten, die Postvorschriften und vieles Andere.

Ich habe meinen Brief aus Yedo, der englischen Gesandtschaft gemäß, datirt, doch ist der gebräuchliche Name Tokiyo oder östliche Hauptstadt, insofern Kiyoto, die frühere Residenz des Mikado, den Namen Saikio oder östliche Hauptstadt erhalten hat, wenngleich sie eigentlich auf die Bezeichnung einer Hauptstadt kaum Anspruch machen kann. Yedo gehört zu dem alten Regime und dem Sjogunate, Tokiyo zu dem neuen Regime und der Restauration, welche erst eine zehnjährige Geschichte hat. Es würde unpassend sein, nach Yedo auf der Eisenbahn zu fahren, während es durchaus in der Ordnung ist, wenn man Tokiyo zum Reiseziel wählt.

Die Entfernung zwischen den beiden Städten legt man binnen einer Stunde auf einer gut geschienten, zweigeleisigen Eisenbahn zurück; dieselbe ist 18 englische Meilen lang, mit eisernen Brücken, angenehmen Stationen und soliden, geräumigen Bahnhofsgebäuden, welche von englischen Baumeistern auf ausschließliche Kosten der Regierung erbaut und vom Mikado im

Jahre 1872 eröffnet wurden. Die Station Yokohama ist ein hübsches, zweckmäßiges, massives Gebäude mit einem geräumigen Vorplatze, Billetbureaus nach unserer Art und hinreichend großen Wartezimmern für die verschiedenen Klassen, worin man auch die Tagesblätter findet. Es ist auch eine Gepäckkammer vorhanden, wo die Güter gewogen und mit Zetteln versehen werden. Auf beiden Bahnhöfen befindet sich ein breiter steinerner Perron, der jedoch für Jeden, der kein Billet besitzt, durch eine drehbare Schranke unzugänglich gemacht wird. Alle Beamte sind europäisch gekleidete Japanesen, mit Ausnahme der Billetbeamten, welche Chinesen sind, und der Bahnwächter und Lokomotivführer, zu welchen Engländer angestellt werden. Außerhalb der Stationen findet man anstatt Miethskutschen die Kurumas, welche Menschen und Gepäck befördern. Frei ist nur das Handgepäck, das übrige wird gewogen und numerirt; die entsprechende Nummer erhält der Eigenthümer, um sie am Bestimmungsort vorzuzeigen. Das Personengeld beträgt für die 3. Klasse einen „Ichibu", etwa 1 engl. Schilling; für die 2. Klasse 60 „Sen" oder etwa 2 Schilling 4 Pence; für die 1. Klasse einen „Yen" oder 3 Schilling 8 Pence. Die Fahrbillets werden am Ende der Reise abgenommen, wenn der Passagier an die Schranke kommt. Die Waggons unterscheiden sich von den englischen dadurch, daß die Sitze sich an den Längenseiten und die Thüren sich an beiden Enden des Wagens befinden. Im ganzen gleicht die Einrichtung mehr der auf dem europäischen Festlande gebräuchlichen als der englischen. Die Wagen der 1. Klasse sind sehr kostspielig mit weich gepolsterten rothen Ledersitzen ausgestattet, werden aber nur wenig in Anspruch genommen; die der 2. Klasse, wo die Sitze bequem und mit feinen Matten bedeckt sind, werden ebenfalls nur spärlich besetzt; dagegen wimmeln die wannenförmigen Wagen der 3. Klasse von Japanesen, die sich an die Eisenbahnen ebenso schnell wie an die Kurumas gewöhnt haben. Die Jahreseinnahme dieser Bahnlinie beträgt etwa 8 Millionen Pfund Sterling.

In europäischer Kleidung nehmen sich die Japanesen sehr verkümmert aus; sie ist gleichsam eine Entstellung, indem sie die elende Gestalt in ihren Nationalfehlern, mit dem eingedrückten Brustkasten und den krummen Beinen, in noch auffallenderer

Weise zur Erscheinung bringt. Bei der Lackirung der Gesichter und der vorderen Haarpartieen ist es fast unmöglich, das Alter der Menschen abzuschätzen. Alle Bahnbeamten hielt ich für 17- oder 18jährige Bursche; es waren aber Männer von 25 bis 40 Jahren.

Es war ein schöner Tag, einem englischen Junitage ähnlich, aber heißer; obgleich die Sakura (wilde Kirsche) und ihre verwandten Arten, der Schmuck des japanischen Lenzes, schon verblüht sind, erscheint doch Alles noch in jungem frischem Grün und in der üppigsten Fülle des Wachsthums. Die nächste Umgebung von Yokohama prangt mit ihren vereinzelten waldigen Hügeln und kleinen malerischen Thälern; hinter Kanagawa jedoch erstreckt sich die Eisenbahn in die ungeheuere Ebene von Yedo, welche von Norden nach Süden 90 englische Meilen lang sein soll. An den nördlichen und westlichen Grenzen derselben zeigen sich mattblaue Gebirge von beträchtlicher Höhe, die traumhaft in dem blauen Nebel zu schweben scheinen; den ostwärts gelegenen Strand sieht man viele Meilen weit von den klaren blauen Wellen des Meerbusens von Yedo bespült, auf welchem die weißen Segel zahlloser Fischerböte erglänzen. Auf dieser fruchtbaren und fruchttragenden Ebene steht nicht allein die Hauptstadt mit einer Million Einwohner, sondern auch zahlreiche andere bevölkerte Städte und mehrere hundert blühende Ackerdörfer. Jedes Stückchen Land, das man von der Eisenbahn wahrnimmt, ist durch die sorgfältigste Spatenarbeit urbar gemacht und ein großer Theil für den Reisbau bewässert. Ströme sind in Ueberzahl vorhanden und die ganze Landschaft ist dicht besetzt mit Dörfern aus grauen, mit Schilf gedeckten hölzernen Häusern und mit grauen Tempeln, deren Dächer eine seltsame gekrümmte Form haben. Alles sieht heimisch, munter und nieblich aus, wie das Land eines betriebsamen Volkes und es ist kein Unkraut zu erblicken; man gewahrt aber auch nichts Besonderes und Ueberraschendes auf den ersten Blick, es müßte denn das Volksgedränge sein, das überall erscheint.

Man nimmt sein Billet nicht für Tokiyo, sondern für Schinagawa oder Schinbaschi, zwei von den vielen Dörfern, die mit der Hauptstadt zusammengewachsen sind. Bevor man Schinagawa erreicht hat, ist Yedo kaum zu sehen, denn es hat weder

Rauch noch hohe Schornsteine; die Tempel und die öffentlichen Gebäude sind meist nicht hervorragend, erstere oft zwischen dicht stehenden Bäumen verborgen; die gewöhnlichen Häuser erreichen selten eine Höhe von 20 Fuß. Zur Rechten die blaue See mit befestigten Inseln, waldige Gärten mit massiven Einfriedigungen, Hunderte von Fischerböten, die an Bollwerken oder am Strande liegen; zur Linken eine breite Straße, auf welcher Kurumas hin und her eilen, niedrige, graue Häuserreihen, meistens Theehäuser und Läden. Als ich fragte: „Wo ist Yedo?“ hielt der Zug in dem Bahnhof von Schinbaschi an und entlud 200 japanische Passagiere, die mir mit dem Geklapper ihrer 400 Holzschuhe einen ganz neuen Ohrenschmaus gaben. Obgleich diese Holzschuhe drei Zoll zu der Körperhöhe hinzufügen, erreichen doch nur wenige Männer 5 Fuß 7 Zoll und wenige Frauen 5 Fuß 2 Zoll; doch erscheinen sie in der Nationaltracht, die auch die Mängel ihrer Gestalt verbirgt, breiter als sie von Natur sind. Sie sind mager, gelb und häßlich und sehen dabei doch lustig aus; es fehlt ihnen an Gesichtsfarbe und an Ausdruck in den Zügen; die Frauen sind sehr klein und haben einen wackelnden Gang; die Kinder sehen steif aus und die Erwachsenen erscheinen in einer komischen Würde. Es war mir, als hätte ich sie schon alle gesehen, denn sie sahen ganz so aus, wie sie auf Theebrettern, Fächern und Theekannen abgebildet werden. Das Haar der Frauen ist aus dem Gesicht gestrichen und zu einem Chignon verflochten; die Männer scheeren das Haar über der Stirn und legen von hinten her einen zierlichen Zopf über die kahle Stelle oder sie lassen das ganze Kopfhaar etwa drei Zoll lang wachsen und tragen es in einem struppigen Wust.

Davis, eine Ordonnanz von der Gesandtschaft, holte mich ab. Er gehörte zu dem Gefolge, welches niedergehauen oder schwer verwundet wurde, als man Sir Park auf dem Wege zur ersten Audienz beim Mikado, im März 1868, auf der Straße anfiel. Draußen vor dem Bahnhofe hielten Hunderte von Kurumas und vierräderigen bedeckten Wagen, die von einem elenden Pferde gezogen werden und in einigen Stadttheilen als Omnibusse dienen; für mich war ein englischer Brougham mit einem trabenden „Betto“ vorhanden. Die Gesandtschaft liegt in Kojimachi auf einer beträchtlichen Erhöhung, über dem inneren

Graben des geschichtlich denkwürdigen Schlosses von Yedo; unterwegs sah ich aber nichts weiter als lange, düstere, kasernenartige Häuserreihen mit verzierten Thorwegen und vorspringenden Fenstern, die mit Rohrgeflechten geschirmt waren, — dies sind die Lehnsgebäude von Yedo; außerdem meilenlange, mit hohem Gras eingefaßte Gräben oder massive, 50 Fuß hohe Gemäuer mit kiosksförmigen Eckthürmen und sonderbar bedachten Thorwegen, viele Brücken, hin und wieder einzelne mit Lotos bewachsene Strecken. Den inneren Graben entlang, eine steile Höhe hinaufsteigend, gelangt man zur rechten Hand an eine alte Mauer, überragt von den Nadelholzbäumen, die den Palast des Sjogun umgeben; linker Hand stehen die „Yaschiki's", die dumpfen Behausungen der „Daimiyo", der Adeligen vom alten Regime. Diese Häuser werden jetzt in diesem Stadttheile als Hospitäler, Kasernen und Regierungsgebäude benutzt. Auf der ansehnlichsten Höhe zeigt sich der große rothe Thorweg des ehemaligen Yaschiki, welches jetzt von der französischen militärischen Mission eingenommen wird, früher die Residenz des Ji Kamon no Kami, der sich wesentlich an den neuesten geschichtlichen Ereignissen betheiligte und nicht weit davon, vor dem Sakaruda-Thore des Schlosses, ermordet wurde. Was ich außerdem von Tokiyo zwischen Schinbaschi und der Gesandtschaft erblickte, waren Kasernen, Paradeplätze, Polizeileute, Kurumas, von Kulis gezogene und geschobene Karren, Lastpferde mit Strohsandalen und zwerghafte, schlotterig aussehende Soldaten in europäischer Tracht.

Die britische Gesandtschaft hat eine günstige Lage in der Nähe des auswärtigen Amtes, verschiedener Regierungsabtheilungen und der Wohnhäuser der Minister, welche meistens aus Ziegelsteinen in dem Stile der englischen Landhäuser aufgeführt sind. Innerhalb dieser Gruppe, zu welcher ein steinernes, gewölbtes Portal mit dem königlichen Wappen führt, befinden sich die Wohnung des Ministers, die Kanzlei, zwei Häuser für die beiden Sekretäre der englischen Gesandtschaft und die Quartiere für das Gefolge.

Es ist ein englisches Haus und eine englische Heimstätte, obgleich, mit Ausnahme einer ehrbaren Kinderwärterin, keine englischen Dienstboten angestellt sind. Der Kellner und der

Bediente sind große Chinesen, mit langen Haarzöpfen, schwarzen seidenen Kappen und langen blauen Gewändern; der Koch ist ein Chinese und alle anderen Dienstboten sind Japanesen, mit eingerechnet eine artige, sanftmüthige Magd von 4 oder 5 Fuß Höhe, die Frau des Hausverwalters. Alle Dienstboten sprechen nur das schwer verständliche „Pidgun"-Englisch, jedoch werden die Mängel dieser Sprache durch die verständigen Dienstleistungen des Ordonanzmannes aufgewogen, der sich fast immer in der Nähe der Hausthüre aufhält, über die Besuche Buch führt und alle Botschaften und Meldungen besorgt. Es sind auch zwei wirklich englische Kinder von sechs und sieben Jahren vorhanden, welchen die unschuldigen Vergnügungen gewährt sind, die sich auf die Kinderstube und den Garten beschränken. Ein anderer Hausgenosse ist noch ein reizender Dachshund, Namens Rags, der „im Schoße seiner Familie" ausruht, sich aber gewöhnlich ein solches Ansehen giebt, als ob nicht sein Herr, sondern er selber die Würde des britischen Reiches zu vertreten hätte.

Der japanische Sekretär der Gesandtschaft ist Herr Ernst Satow, der von den Japanesen selber als der größte Gelehrte in ihrem Lande, namentlich auf dem geschichtlichen Gebiete, gerühmt wird; dies ist für einen Engländer eine ehrenhafte Auszeichnung, die durch funfzehnjährigen andauernden Fleiß erlangt wurde. Die Gelehrsamkeit innerhalb des britischen Beamtenkreises beschränkt sich jedoch nicht auf Herrn Satow, denn mehrere Herren im Konsulardienste, welche die verschiedenen Dolmetscherstudien erledigt haben, zeichnen sich nicht nur in japanischer Sprachfertigkeit aus, sondern auch durch ihre Forschungen auf den Gebieten der japanischen Geschichte, Mythologie, Alterthumskunde und Literatur. Ihrer Arbeit und den Bemühungen noch einiger Engländer und Deutscher hat es die aufwachsende Generation der Japanesen zu verdanken, daß nicht nur die Kenntniß ihrer alten Literatur, sondern auch die ihrer Sitten und Gebräuche aus der ersten Hälfte dieses Jahrhunderts lebendig erhalten blieb.

Bis jetzt bin ich mit dem Klima nicht zufrieden. Die Luft besitzt keine Spannkraft. Seit meiner Ankunft ist es warm und schwül gewesen, der Himmel von Wolkenmassen bedeckt oder in grauen Nebel gehüllt. Der vergangene Freitag wurde allgemein für einen abscheulichen Tag erklärt; es war eine erstickende Hitze und dabei ein beständiger feiner Regen.

Am Nachmittage fuhr ich nach der Fremdenkonzession, um einige Besuche abzustatten. Lange Strecken weit kamen wir an Yaschikis vorüber oder an eingehegten leeren Plätzen, wo solche früher gestanden hatten; wir fuhren über Flüsse, Gräben und Kanäle; erblickten Hunderte von Böten mit Schilfdächern, auf Wasser oder Schlamm liegend; sahen eine Straße voll des regsten Geschäftslebens, wo die Erdgeschosse sämmtlicher Häuser aus Läden bestanden, deren neuer und kunstreicher Waareninhalt mein Erstaunen erweckte. Wir sahen Frauen von glänzender Gesichtsfarbe und schimmerndem Haar klappernd und wackelnd auf ihren hohen Holzschuhen einherschreiten; wir sahen die von Menschen gezogenen Wagen, deren Passagiere völlig hinter gelbem Oelpapier versteckt waren; aber wir sahen nirgends ein Pferd oder ein mit Pferden bespanntes Fuhrwerk.

Tsukiji (aufgefülltes Land) heißt der Ort, welcher allein den Fremden, die nicht in japanischem Dienste stehen, zum Wohnsitz gestattet ist. Das Land liegt auf einem hübschen Damm, dem Golf gegenüber und in der Nähe des Sumida-Flusses; es wird von Kanälen umschlossen, über welche mehrere Brücken führen. Als Stapelplatz für fremden Handel hat sich Tokiyo keineswegs bewährt. Es leben dort nur wenige fremde Kaufleute und die fremden Hotels sind unbedeutend und wenig beliebt. Die Gesandtschaft der amerikanischen Freistaaten erweist sich noch immer für Tsukiji eingenommen, wenngleich die Minister der anderen Großmächte sämmtlich innerhalb der Gräben, in der Nachbarschaft der Regierungsämter wohnen. Die Straßen sind breit und rein gehalten, aber die ganze Konzession bietet einen öden, trostlosen Anblick dar und die Leute leben nahe genug beisammen, um einander stündlich durch ihre Missethaten zu ärgern.

Von Missionskirchen ist ein vollständiges Nest vorhanden, ein wundervolles Zeugniß von der gestärkten Einheit der christlichen Kirche, auch ist die Zahl der Wohnhäuser für die Missionäre bedeutend. Für sie muß es ein empfindlicher Zwang sein, sich an diesem engen Orte unter einander zu mischen.

Alles nahm sich so einförmig und unangenehm aus, wie

lange öde Straßen, eine kahle Ebene und ein warmer Sprühregen nur sein können. Ich bin sehr erstaunt über die nachtheilige Einwirkung des westlichen Baustils, die hier zur Erscheinung kommt. Yedo zeigt sich besonders in der Größe der Schloßmauern, Wälle, Gräben, Yaschikis, von denen viele die Zeichen eines unaufhaltsamen Verfalls an sich tragen, und der vielen Straßen voll Waarenlager und Großhandlungen, welche sich in der Nähe der Nihon-Baschi-Brücke befinden, von wo aus alle Entfernungen in Japan gemessen werden. Die Architektur von Tokiyo und dem neuen Regime wird dargestellt durch die Ministerialvillas in Ziegelbau mit Steinbekleidung und den dazu gehörigen Gartenmauern aus rothen Ziegelsteinen, die wirklich solide und hübsche Bau-Akademie und eine Anzahl von Kasernen, Verwaltungsgebäuden, Polizeiämtern, Kollegien und Schulen, in verdorbenem europäischen und amerikanischen Stil, aus Holz gebaut, weiß angestrichen, mit einer Unzahl länglicher Glasfenster und ohne Altane, so daß sie wie die gewöhnlichen Magazine oder Gasthäuser in den Vorstädten von San Francisco aussehen, so gemein und häßlich wie möglich. Jedenfalls geschah es nicht auf den Rath des Herrn Chastel de Boinville, des Architekten der Bau-Akademie, daß die Regierung der Hauptstadt ein so gewöhnliches Aussehen verlieh, so daß sie zum großen Theil, mit Ausnahme der sauberen und ebenen Straßendämme, eher einer Vorstadt von Chicago oder Melbourne als einer orientalischen Stadt ähnlich sieht.

Herr Parkes und seine Gemalin gehen sehr freundlich auf meine Reisepläne ein, indem sie mir kein Hinderniß entgegenstellen und mich durch Rathschläge unterstützen, die sich auf ihre vielfachen eigenen Erfahrungen gründen. Sir Parkes billigt nicht nur meinen Plan, nordwärts durch das innere Land zu reisen, sondern geht auch näher darauf ein. Ich wünsche nur, daß die Reise in der That so angenehm werde, wie sie sich im Entwurfe gestaltet hat. Einen Pony zu kaufen, räth mir Sir Parkes nicht, da das Thier aus Mangel an geeigneter Fütterung erkranken, seine Hufe verlieren und es nöthig machen würde, daß ich mir auch noch eine neue Plage in Gestalt eines „Betto" auferlegen müßte.

Das Wetter am 29. Mai war einmal schöner, die Temperatur

ein wenig über 70°. Wir nahmen es wahr und machten einen Spaziergang nach den Fukiage-Gärten, einem Privatpark des Mikado, welcher in letzter Zeit dem Publikum jeden Sonntag gegen Eintrittskarten zugänglich ist. Diese Gärten geben ein rühmliches Zeugniß von der Vollkommenheit, zu welcher es die Japanesen in der Landschaftsgärtnerei gebracht haben. Sie bilden einen Park, der, bei kunstsinniger Benützung der Ungleichheiten des vorhandenen Terrains, so schön angelegt ist, daß einzelne Plätze sogar die Reize einer Gebirgslandschaft darbieten. Die von einander abstehenden Bäume sind geschmackvoll gruppirt, so daß der gefiederte hellgrüne Bambus sich überall gegen einen dunklen Hintergrund von Nadelholz absetzt, und die starkstämmigen Bäume, von niedrigem Gesträuch und Farrenkraut umgeben, ihre vollen Laubkronen beschattend über die geschlängelten Gänge herabsenken. Die großen Rasenplätze sind sauber und gleichmäßig gehalten und die mit Kies bestreuten Gänge so musterhaft wie in Kew. Hinter einem hübschen Wasserfall erblickt man einen kleinen, von schönen, großen Bäumen umgebenen See und am Ufer einen mit Teppichen ausgelegten Glaspavillon, in welchem der Mikado, nach vielen diplomatischen Verhandlungen, den Herzog von Edinburgh zu empfangen geruhte und damit zum ersten Male einem Mitmenschen den königlichen Rang zugestand. Dieser Park liegt in der Mitte der Schloßeinfriedigung und steht in enger Verknüpfung mit allen Erinnerungen an die Zeit der Vasallen. Hier hielten die ehemaligen Regenten ihre langweiligen Vorübungen, und das Reich, das sie niemals vorher erblickt hatten, wurde ihnen in kleinen Nachbildungen, kleinen Landwirtschaften, Padifeldern und anderen derartigen Spielzeugen vorgestellt.

Welcher Gegensatz! An Stelle des geheimnißvollen Sjogun und des prunkenden Aufzuges des alten Adels sieht man jetzt Tausende von anständigen und gesitteten Menschen aus den weniger vornehmen Ständen sich des schönen Nachmittags erfreuen. Sie waren in ihrer Nationaltracht, die sich, ausgenommen bei Kindern und sehr jungen Mädchen, auf die übereinstimmenden, aber wirkungslosen Farben dunkelblau, grau und braun beschränkt. Die Grundlage dieser Kleidung besteht bei beiden Geschlechtern in dem „Kimono“, einer Robe, die aus mehreren geraden Streifen baumwollenen oder seidenen Zeugs gefertigt ist, ohne Falte oder Naht auf der Schulter, aber oben weit ausgeschnitten, so daß der Hals frei bleibt. Die Aermellöcher sind weite Ausschnitte unter den Schulterblättern, die Aermel selber aus gleichem Stoff mit der Robe, 3 bis 4 Fuß lang, gefüttert und nur an einem Theil des Aermellochs befestigt. Diese Aermel, ein wichtiger Theil der Kleidung, spielen auch eine Rolle in der romantischen Poesie und bei den klassischen Tänzen. Sie hangen oft bis beinahe auf den Erdboden herab, und die Frauen, wenn sie an die Arbeit gehen, befestigen diese langen Säcke mittelst Spangen, welche „Tasuki" heißen, unter der Armhöhle. Man kann sie wohl mit Recht Säcke nennen, da sie zur Aufbewahrung der verschiedensten Dinge benützt werden. Talismane und Taschen-Götzenbilder werden im Aermel getragen; auch die viereckigen Papierstücke, die man als Taschentücher gebraucht und, wenn sie neu sind, im Gürtel trägt, werden nach einmaligem Gebrauch in den Aermel gesteckt, bis sich Gelegenheit bietet, sie wegzuwerfen. Durchaus nothwendig ist der Aermel, um sich die Thränen zu trocknen, und in dieser Bedeutung wird seiner oft in alten Gedichten erwähnt. Ich muß jedoch bemerken, daß die Thorheit, die Aermel bis zur Erde herabhangen zu lassen, nur Weibern und Kindern gestattet wird.

Die Männer tragen den Kimono vorn von links nach rechts gefaltet, die Frauen nach der entgegengesetzten Seite. Ueber den Hüften wird er durch einen Gürtel, „Obi" genannt, festgehalten, der bei den Männern handbreit, bei den Frauen einen Fuß breit und zehn Fuß lang ist. Er wird zwei Mal um die Hüften geschlungen und hinten zu einem Bug mit einem oder zwei Zipfeln verknüpft; hier ist es Mode, den Gürtel zu steifen und die Verknüpfung oben zwischen den Schultern zu tragen. Der Gürtel macht einen wichtigen Teil der weiblichen Kleidung aus; außerhalb des Hauses ist weder eine Frau noch ein Mädchen ohne denselben zu erblicken, und die Kunst, ihn zu knüpfen, gehört wesentlich zur weiblichen Erziehung. Gewöhnlich kostet er mehr als die ganze Robe. In seinen weiten Falten tragen die Frauen Taschentücher, Talismane und allerhand andere Dinge, die Männer befestigen daran ihre Börsen, Pfeifen, Fächer, Schreibfedern und Tintenfässer. Der bedeutende Umfang des

Wulstes auf dem Rücken und der straff nach vorn gezogene Kimono lassen die Frauen fast bucklig erscheinen. Beide Geschlechter tragen oft noch über dem Kimono einen „Haori“, ein kurzes Obergewand nach demselben Schnitt, aber lose und über der Brust nur mit einer Schnur befestigt. Der Vordertheil des Kimono ist weit und bequem und dient zuweilen als Behälter für viele Dinge. Die Männer tragen manchmal Kinder darein gehüllt und ich sah einmal, daß Jemand sieben Bücher und eine Landkarte aus dieser geräumigen Vorrathskammer hervorholte. Jetzt tragen viele junge Männer die „Hakama“, weite Beinkleider, die früher nur von dem Gefolge des alten Adels getragen wurden; was aber die gewöhnliche Kleidung der unteren Klassen anbetrifft, so läßt sich ein Mann von einer Frau nur an dem Gürtel und an der Haartracht unterscheiden. Als Fußbekleidung trägt man Schuhe aus weißem Tuche mit einem besonderen Raum für die große Zehe, wodurch der von Natur kleine Fuß dick und ungestaltet aussieht. Bei den Frauen gilt es für vornehm, schwankend und mit einwärts gekehrten Füßen einherzugehen. Das Schuhzeug, dessen man sich außerhalb des Hauses bedient, besteht in sehr hohen Holzschuhen, welche aus dem leichten Holz der Paulowna Imperialis gefertigt sind und mittelst eines Riemens befestigt werden, der sich zwischen der großen und den übrigen Zehen hindurch zieht. Dieses Hinderniß macht den Gang der Japanesen noch ungeschickter, insofern der Fuß nicht gehoben werden kann. Hüte sind bei beiden Geschlechtern in Gebrauch, das Haar der Frauen ist aber sorgfältig aus dem Gesicht gestrichen und kunstgerecht in einem Knäuel oder Chignon aufgebunden. Viele Männer tragen auf dem Obergewande eine weiß gestempelte Verzierung. Kleinodien sind gar nicht gebräuchlich und der ganze Schmuck besteht in einigen Haarnadeln.

Man sah Hunderte von Kindern, genau so wie ihre Eltern gekleidet, nur daß ihnen, wie den jungen Mädchen, scharlachrothe Stoffe gestattet sind. Die Knaben tragen den Gürtel, sobald sie drei Jahre alt sind, die Mädchen, wie ich glaube, schon in der Wiege. Alle sehen feierlich und altklug aus; die Knaben tragen den Kopf geschoren, mit Ausnahme einiger Haarbüschel über der Stirn und den Ohren. Diese kleinen Geschöpfe würde man nicht in kindlichem Tone anzureden, noch weniger sie zu einer Balgerei zu verleiten wagen.

Die Weibertracht ist jedenfalls nicht anmuthig, bauschig auf den Schultern, eng um die Hüften geschnürt, hinderlich für eine freie Bewegung und bei schmutzigem Wetter zu lang. Wahrhaft hülflos sehen die zwerghaften japanischen Frauen aus, wenn sie mit einwärts gekehrten Füßen auf hohen Holzschuhen dahinwanken, die Beine so eng zusammengeschnürt, daß sie nur ganz kurze Schritte machen können, auf dem Haupte einen schweren Chignon, auf dem Rücken den ungeheuerlichen Gürtelbausch. Die Engländer haben den Japanesen Eisenbahnen, Telegraphen, Panzerschiffe und viele andere Dinge gegeben; haben wir dafür die nach hinten zusammengeschnürten, schlauchähnlichen Gewänder, die engen Unterkleider und den wackelnden Gang von ihnen entlehnt?

Die Frauen gingen nirgends in Gemeinschaft der Männer, aber unter sich in Gruppen und mit ihren Kindern, die sie nicht selten auf dem Rücken trugen. Auch die Männer führten oder trugen Kinder, nirgends aber zeigten sich Familiengruppen. Wenngleich die Frauen keine Kopfverzierungen tragen, erscheint ihr Antlitz doch einnehmend, weiblich und sittsam. Alle sahen glücklich aus, aber nirgends war eine laute Fröhlichkeit wahrzunehmen und das ruhige, anständige Betragen bildete einen merkwürdigen Gegensatz zu dem Gewühl, welches in England an Sonnabend-Nachmittagen herrscht. Offenbar ist der Volksmenge ein zuverlässiges gutes Benehmen eigen, denn in dem Park war kein Polizeibeamter zu sehen, obgleich deren mehr als genügend vorhanden sind, da sich in Tokiyo beinahe 6000 Polizisten befinden.

Wenngleich Fremde hier gewöhnlich sind, wurden wir doch wie anziehende oder ergötzliche Gegenstände angesehen, und während Sir Harry uns einige lebhafte diplomatische Erklärungen machte, sammelte sich ein dichter Haufen um uns und begaffte uns mit den großen schwarzen Augen und weit geöffnetem Munde, die schwarz gefärbten Zähne zeigend, aber doch so artig, daß wir uns nicht belästigt fühlten. Als wir fortgingen, begegneten uns die chinesischen Minister, große, fette, plumpe, mit Kleidern überladene Gestalten, in violetten Brokatroben und primelfarbenen brokatnen Unterkleidern, in Begleitung zweier sehr steif aussehender Knaben. Als ich ihnen vorgestellt wurde, verbeugten sie sich beinahe bis zur Erde und reichten mir, seltsamer Weise, gleich darauf die Hand.

III.

Ein Nachmittagsthee. — Tempeldienst in Schiba. — Der unentbehrliche Chinese. — Anstellung eines Dieners. — Die wichtige Ernährungsfrage.

Britische Gesandtschaft, Yedo, den 7. Juni.

Das Leben eines Fremden ist in Tokiyo dem heimatlichen Leben sehr ähnlich, mit dem Unterschiede, daß es weniger Gegenstände zur Betrachtung und geringere Abwechselung darbietet. Abgesehen von einem kleinen Kreise von Gelehrten, bewegt sich die Unterhaltung in sehr beschränkten Grenzen. Außer den Mitgliedern der Gesandtschaften und der Missionsanstalten sind die meisten Fremden hier im Dienste der japanischen Regierung und ihre Anstellung dauert eine bestimmte Anzahl von Jahren. Es liegt nicht im Plane der geschickten Männer, welche die neue japanische Bewegung leiten, einen beständigen Stab von Fremden zu erhalten, vielmehr haben sie die Absicht, die Fremden so viel wie möglich auszubeuten und sie dann ihres Dienstes zu entbinden. Das Telegraphenamt hat in dieser Woche die fremde Direktion entlassen und die anderen Abtheilungen werden diesem Beispiele so bald wie möglich folgen.

Die Marineschule hat englische Lehrer, das Medizinalkollegium wird von Deutschen geleitet, die kaiserliche Universität hat Professoren, welche englisch sprechen, die Bauschule hat einen britischen Direktor, dem ein zahlreiches britisches Kollegium zur Seite steht, und eine französische Militärkommission ertheilt der Armee den Unterricht im Exerzitium und in der Taktik. Veränderungen im Lehrerpersonal finden häufig statt und im Publikum spricht man nicht von den gegenwärtigen, sondern von den noch möglichen Veränderungen, wessen Amt im nächsten

Monat oder Jahre abläuft, ob er wieder angestellt werde, was Dieser oder Jener im Amte erspart habe und dergleichen.

Auch in Tokiyo sind die Nachmittags-Theegesellschaften in Aufnahme gekommen, und Lady Parkes führte mich in eine solche ein, die Herr Hawes, ein Lehrer an der Marineschule, veranstaltete. Lady Parkes fuhr mit einem Paar kastanienbrauner Ponies, welche außerordentlich schön und feurig, aber zu allerhand muthigen und ausgelassenen Streichen geneigt waren, so daß sie augenscheinlich nur durch die geschickte Führung gehindert wurden, durchzugehen. Der Inspektor ritt voraus, doch nur, um uns den Weg zu zeigen, denn obgleich es in Yedo in der letzten Zeit von den bewaffneten fremdenhassenden Bravos wimmelte, welche zu den Anhängern der alten Adelspartei gehörten, so ist es doch jetzt so sicher, daß eine fremde Dame, ohne alle andere Begleitung als die eines „Betto", durch die einsamsten wie durch die volkreichsten Stadttheile fahren kann. Bürgersteige sind nicht vorhanden und das Volk ist so wenig an solch ein flüchtiges Fuhrwerk, wie Lady Parkes' Phaeton, gewöhnt, daß uns nur das Geschrei des voraus eilenden Betto einen schmalen Raum zur Durchfahrt öffnete.

Als wir die elenden, verworrenen Straßen von Tokiyo hinter uns hatten, gelangten wir durch einen Thorweg auf ein Gebiet, das von Waldbäumen feierlich beschattet wird und wo das Getöse der Stadt nicht mehr zu vernehmen ist, ein Gebiet von unzähligen Tempeln, Tempelhöfen und stattlichen Gräbern, in denen sechs Sjoguns „in ihrer Glorie ruhen, jeder in seinem eigenen Hause." Große überdeckte rothe Portale, bunte und goldige Arabesken, buntfarbige verödete Klöster, Haine und Alleen von prächtigen Cryptomerien, welche im Sommer Schatten spenden und im Winter durch ihr Grün ergötzen, Wasserfälle, blühende Sträucher, wundervolle japanische Künsteleien in lackirten Stoffen und Bronze und eine Todtenstille — dies Alles macht Schiba zu einer feierlichen, fesselnden Zufluchtsstätte. Früher lebten Hunderte von Priestern innerhalb der Einfriedigung, und ihre Häuser sowie die Gastzimmer für die Besucher und Pilger bildeten schon an sich eine Stadt, aber der alte Stand der Dinge hat sich geändert, der einfache Sinto-Glaube ist dem prunkreichen Buddhismus gewichen und die Priester sind zerstreut worden; in einem der kleinen Tempel findet der englische bischöfliche Gottesdienst statt und die Regierung hat Priester- und Pilgerhäuser, Tempel und Schulen zu Wohnungen für die in ihrem Dienste stehenden Fremden hergegeben.

In dieser Beziehung ist auch nur unser Nachmittagsthee der Erwähnung werth, denn unser Wirth wohnt in dem Hause eines Priesters, der einem kleinen Fuchstempel dient. In seinem Garten befindet sich ein kleines Heiligthum, unter welchem zwei Füchse oder Dachse hausen, denen der Priester jeden Morgen das Futter als Opfergabe spendet. Das aus Holz gezimmerte und regelmäßig gestaltete Haus sieht aus, als ob es für eine Puppe gebaut wäre und den gewichtigen Tritt eines schweren Menschen nicht aushalten könnte. Vermittelst lackirter Papierwände, welche in Furchen des Fußbodens eingeschoben werden, lassen sich die beiden großen Zimmer binnen wenigen Minuten in fünf oder sechs kleinere verwandeln. Der Fußboden ist mit weißen, feinen Matten bedeckt. Die Häuser aller Fremden sind hier gleichsam in japanische Raritätenkabinette verwandelt, deren Gegenstände das Zimmergeräth bilden und zugleich Stoff zur Unterhaltung darbieten. Gestalten und Farben, selbst das Material erscheinen uns jedoch so fremdartig, daß sich das Auge erst durch lange Uebung an ihren Anblick gewöhnt. Manche dieser Gegenstände, die gerade sehr geschätzt werden, erscheinen mir durchaus häßlich, andere gefallen mir beim ersten Anblick; ich verwahre mich jedoch dagegen, ein Kunstwerk nur aus dem Grunde zu bewundern, weil es alt oder japanisch ist, und werde nichts kaufen, bevor ich nicht ein halbes Jahr in Japan gewesen bin; jedenfalls werde ich nicht Tausende von Theekannen nach Hause mitbringen, wie eine nach Raritäten begierige Engländerin zu thun pflegt.

Lieutenant Hawes reichte uns Erdbeeren, welche vor kurzem eingeführt sind; sie waren von gutem Geschmack; man meint jedoch, daß sie, ebenso wie andere ausländische Früchte, denselben bald verlieren werden. Einige Tage vorher genossen wir völlig reife Erdbeeren von erbsengrüner Farbe, die aber nicht wie Erdbeeren sondern wie Catawba-Trauben schmeckten und rochen.

„Und der nächste Tag war der Sabbath." Dieses Wort hat freilich hier keine Geltung und somit fuhren wir durch belebte und geschäftige Straßen nach den stillen Hainen von Schiba und dem kleinen Tempel, in welchem liturgischer Gottesdienst abgehalten wird. Ein einfacher Abendmahltisch hat die Stelle des Schreins und des Buddha-Altars eingenommen und wenige Sitze auf dem Fußteppich reichten für die spärliche Versammlung aus. Auf einer Seite öffnet sich der Tempel auf eine waldige Bucht, in welcher der Lotus und die blaue Iris in reicher Fülle wachsen. Vögel sangen und zwitscherten in den Zweigen und Hunderte von buntschillernden Fliegen, blaue und scharlachrothe Wasserjungfern und Schmetterlinge mit schwarzen und goldigen Flügeln erlustigten sich über dem Wasser im Maisonnenschein. Nicht zu verwundern ist es, daß die Blätter und die Blüten der Lotuspflanze für geheiligte Sinnbilder gelten, denn sie scheinen von der Natur zu religiösem Gebrauche bestimmt zu sein. Um diese Zeit waren die Schloßgräben und die Tempelteiche mit ihren großen blaugrünen, von Thautropfen schimmernden Blättern bedeckt.

Ich begab mich auf eine Woche nach Yokohama, um dem Doktor Hepburn und seiner Gattin einen Besuch abzustatten. Der Bischof Burdon von Hongkong mit seiner Gemalin waren ebenfalls zu Gaste und wir unterhielten uns angenehm. Doktor Hepburn gehört hier zu den ältesten Fremden, denn er hält sich hier bereits seit neunzehn Jahren auf. In der seltsamen Zeit des alten Regime kam er als ärztlicher Missionär hierher und bevor die Japanesen Hospitäler und Krankenhäuser mit geeigneter ärztlicher Behandlung einrichteten, behandelte er in einem Jahre gegen 7000 Kranke, welche aus großer Ferne kamen, um seinen Rath einzuholen. Er ist nicht der Ansicht, daß in gegenwärtiger Zeit die ärztliche Wirksamkeit erforderlich sei, um dem Christenthum Eingang zu verschaffen und hat sich aus Gesundheitsrücksichten von der Praxis zurückgezogen. Er besitzt eine außerordentliche Kenntniß von vielen japanischen Dingen und Zuständen und das musterhafte japanisch-englische Wörterbuch ist die Frucht seiner fast alleinigen philologischen Arbeiten, denen er dreizehn Jahre lang obgelegen hat. Jetzt gehört er zu den drei Gelehrten, welche das Neue Testament in das Japanische übersetzen, und bekleidet, obgleich Laie, ein Amt bei einer japanischen Gemeinde in Yokohama. Seine außerordentlichen Kenntnisse und wissenschaftlichen Forschungen, sein ruhiges Urtheil und seine völlige

Uneigennützigkeit machen ihn zu einem sehr anziehenden Manne. Von den Japanesen ist er nicht übermäßig eingenommen, hegt für ihre Zukunft keine zu großen Erwartungen und spricht ihnen auch, wie es scheint, eine gewisse Gründlichkeit ab.

Der Bluff, wo Herr Hepburn wohnt, ist wirklich in dem niedlichen Stil von Neu-England angelegt, Alles erscheint rein und zierlich. Steile Pfade mit hübschen Einfassungen auf beiden Seiten, halb unter dichtem Gebüsch und Heckenwerk versteckt, führen aufwärts und der sauber gehaltene Boden prangt jetzt mit Azaleas, Rosen und anderen blühenden Sträuchern. Der beträchtlichen Höhe des Hügels verdankt man eine schöne Aussicht nach beiden Seiten, nach der See und dem Innenlande hin und der Fujisan gewährt morgens und abends einen prachtvollen Anblick. Die japanische Stadt mit ihren unzähligen Merkwürdigkeiten liegt unten; bis jetzt kann ich aber nichts davon beschreiben, da ich nicht einmal die bloßen Umrisse völlig wahrgenommen habe. Japan ist ein großes Reich mit sehr alter, ausgeprägter Civilisation und bietet vielleicht mehr Merkwürdiges dar als eine Reise nach einem andern Planeten.

Man kann nicht einen Tag in Yokohama sein, ohne eine Klasse von Orientalen zu sehen, die sich auffallend von den kleinen, kärglich gekleideten und meistens ärmlich aussehenden Japanesen unterscheiden. Von den 2500 Chinesen, welche in Japan wohnen, leben 1100 in Yokohama, und wenn man sie plötzlich entfernte, so würden alle Geschäfte in Stillstand gerathen. Hier, wie überall, hat sich der chinesische Einwanderer unentbehrlich gemacht. Er schreitet wiegenden Ganges und mit einer Miene des Selbstbehagens durch die Straßen, als ob er zu der herrschenden Klasse gehöre. Er ist groß und dick und sieht noch größer und dicker aus in seinen vielen Kleidern und dem hübschen Brokat-Obergewande, seinen wenig sichtbaren, an den Knöcheln anschließenden seidenen Beinkleidern und den hohen Schuhen, deren schwarze seidene Spitzen vorn ein wenig aufwärts gebogen sind. Das Haupt ist meistens geschoren, das hintere Haar jedoch mittelst vieler schwarzer Schnüre zu einem Zopf zusammengebunden, der bis in die Kniekehlen reicht und über welchem er stets eine nach hinten gesetzte steife Kappe aus schwarzer Seide trägt. Das Gesicht ist sehr gelb, die länglichen dunklen Augen und Augenbrauen ziehen sich aufwärts nach den Schläfen hin. Von Bart ist keine Spur vorhanden und das Kinn ist glänzend. Er sieht durchaus behaglich aus, nicht ungefällig, aber so, daß wir fühlen, ein Himmlischer könne nur auf uns hernieder blicken. Habt ihr in einem Comptoir zu thun, oder Geld zu wechseln oder ein Eisenbahn- oder ein Dampfschiffbillet zu kaufen oder einen Einkauf in einem Laden zu besorgen, so erscheint der unvermeidliche Chinese. Auf der Straße geht er mit einer Geschäftsmiene an euch vorüber und wenn er in der Kuruma an euch vorüberfährt, so hat er ein Geschäft zu erledigen. Er ist mäßig und zuverlässig und begnügt sich damit, seinen Kunden lieber ein wenig zu pressen als ihn zu berauben — sein einziger Lebenszweck ist das Geld. Dafür ist er fleißig, treu, aufopfernd: und er erhält seinen Lohn.

Kaum ist man eine Stunde hier, so vernimmt man schon das neue Wort „Compradore“, und als Compradors haben die Chinesen die Kühnheit und in Geschäftssachen auch etwas von der Gewalt jener fremden Verbindung. Jede Firma hat ihren chinesischen Compradore, ein Faktotum, Vermittler und gelegentlicher Tyrann. Die japanischen Fabrikanten und in vielen Fällen selbst die Händler bekommen niemals den fremden Kaufmann zu sehen, sondern verkehren mit ihm durch diesen Chinesen, der das „Pidgun“ Englisch mit dem „Pidgun“ Japanischen verbindet und noch außerdem den Vortheil hat, daß die chinesische Schrift hier sehr gebräuchlich ist. Mit einer gewissenhaften Rücksicht auf die Wünsche seines Auftraggebers betreibt er den Kauf und den Verkauf von Waaren, miethet und lohnt die Kulis, wechselt Geld und dergleichen. So beliebt er bei den fremden Kaufleuten ist, die ihm das, was er als eine rechtmäßige „Pressung“ ansieht, kaum verargen, ebenso sehr wird er von den japanischen Händlern verabscheut, die seiner Raubgier nicht gewachsen sind und bei jeder Gelegenheit von ihm übervortheilt werden. Diejenigen Chinesen, welche nicht Compradores sind, leben als Geldwechsler, Tröbler und Comptoiristen und es steht jeden Tag in ihrer Macht, die Räder des Verkehrs in Yokohama zu hemmen. Unmöglich könnt ihr den Werth eures Geldes wissen oder den Börsenkurs oder irgend ein Geheimniß des Finanzlebens, ohne eure Zuflucht zu dem geschmeidigen, gut gekleideten, unerschütterlichen, auffallend gemüthlichen Chinesen zu nehmen. Die japanische Höflichkeit ist fast servil in Haltung und Ausdruck; der Chinese erscheint dagegen unabhängig, beinahe hochmüthig. Im Leben wie im Tode ist er Niemanden etwas schuldig. Er hat seine wohlthätigen Vereine, seine Gilden und Tempel, und sollte es ihm zu seinem Unglück nicht vergönnt sein, in seine Heimat zurückzukehren und dort sein Geld zu verzehren, so verordnet er, daß seine Ueberreste daselbst zu ewiger Ruhe bestattet werden. Es giebt in Japan keine regsamere und betriebsamere Nation.

Mehrere von meinen neuen freundlichen Bekannten bemühten sich selber bei der Lebensfrage, mir einen Diener und Dolmetscher zu verschaffen, und es kamen viele Japanesen zu mir, um sich, wie sie sagten, nach der Stelle umzusehen. Ein verständlich gesprochenes Englisch war zur Hauptbedingung gemacht und es war ergötzlich, daß die Bewerber sich für vollkommen brauchbar hielten, wenn sie wenige Wörter schlecht aussprachen und noch schlechter zusammensetzten. Könnt Ihr englisch sprechen? „Ja." Wie viel Lohn verlangt Ihr? „Zwölf Dollars monatlich." Dies wurde fließend und in hoffnungsvollem Tone gesprochen. Wo seid Ihr bisher gewesen? Darauf wurde ein fremder Name genannt, der sich selbstverständlich nicht auffinden ließ. Was für Reisen habt Ihr gemacht? Die Antwort lautete gewöhnlich: „Nach Tokaido, Nakasendo, Kiyoto, Niko," lauter Fahrten, die schon von zahllosen Touristen unternommen wurden. Wisset Ihr irgend etwas von dem nördlichen Japan oder Hokkaido? „Nein," lautete die Antwort, von einem verwunderten Blick begleitet. An dieser Stelle legte sich dann Doktor Hepburn theilnehmend als Dolmetscher ins Mittel, denn ihr englischer Vorrath war erschöpft. Drei schienen etwas zu versprechen. Der eine war ein munterer Jüngling in modischem hellfarbenen Tweed nach europäischem Schnitt, mit umgeklapptem Halskragen, einer zweifelhaften Diamantbusennadel und einem weißen Oberhemd, das so steif gestärkt war, daß er sich kaum zu einer europäischen Verbeugung niederbücken konnte. Er trug eine goldene Kette mit einem Uhrgehänge, aus seiner Brusttasche sah der Zipfel eines sehr weißen Battisttuches hervor und in der Hand hielt er einen Rohrstock und einen Filzhut. Es war ein japanischer Stutzer vom reinsten Wasser. Ich sah ihn verlegen an. Für mich selber gehörten gestärkte Halskragen für die nächsten drei Monate zu den unbekannten Luxusartikeln. Seine feine fremde Kleidung hätte überall erhöhte Preise bewirkt und, davon abgesehen, würde es mir immer schwer geworden sein, gewöhnliche Dienstleistungen von einem feinen Herrn zu verlangen. Daher fühlte ich mich ordentlich getröstet, als er auf die zweite Frage mit seinem Englisch stecken blieb.

Der zweite war ein sehr anständig aussehender Mann von fünf und dreißig Jahren, in guter japanischer Kleidung. Er hatte schätzbare Empfehlungen und sprach auch die ersten englischen Worte gut aus, hatte aber als Koch im Dienste eines wohlhabenden englischen Beamten gestanden, welcher mit großem Gefolge gereist und Diener voraus geschickt hatte. In der That verstand er nur wenig Englisch und sein Erstaunen darüber, daß er keinen Herrn fand und einer Frau dienen sollte, war so groß, daß ich in Zweifel bin, ob ich ihn oder er mich abwies.

Der dritte trug schlichte japanische Kleidung und hatte eine offene, verständige Miene. Obgleich Doktor Hepburn japanisch mit ihm sprach, meinte er doch, er verstände mehr Englisch als die anderen und würde sich besser ausdrücken, wenn er weniger aufgeregt wäre. Wie es schien, so verstand er auch, was ich sagte und obgleich ich den Verdacht hegte, daß er mich gelegentlich bemeistern würde, so wurde ich doch so sehr zu seinen Gunsten eingenommen, daß ich ihn beinahe sogleich angestellt hätte.

In diesem Augenblicke erschien aber eine andere Person, ohne eine weitere Empfehlung, als daß einer von Doktor Hepburns Dienern mit ihm bekannt war. Er ist erst achtzehn Jahre alt, doch dies gilt so viel wie bei uns drei oder vier und zwanzig; er ist 4 Fuß 10 Zoll hoch und, abgesehen von seinen krummen Beinen, gut gestaltet und anscheinend kräftig. Sein Gesicht ist voll und auffallend glatt, seine Zähne gesund, seine Augen länglich und seine trübselig herabfallenden Augenlider machen sein Antlitz fast zu einem Zerrbilde der gewöhnlichen japanischen Physiognomie. Es sieht so auffallend dumm aus, wie ich noch keinen Japanesen gesehen habe; ich schließe jedoch aus den schnellen und verstohlenen Blicken, die ihm zuweilen entschlüpften, daß er sich beschränkter anstellt als er wirklich ist. Er sagte, er sei bei der amerikanischen Gesandtschaft gewesen, alsdann Buchhalter bei der Osaka-Eisenbahn und hätte Herrn Maries, einen Botaniker, auf seiner Reise nach dem Osten und in Yezo begleitet; er verstände, Pflanzen zu trocknen, auch ein wenig zu kochen, könne englisch schreiben, täglich fünf und zwanzig englische Meilen weit gehen und wisse vollkommen Bescheid mit dem inneren Lande. Dieser vorgebliche Mustermensch hatte keine Empfehlungen und begründete dies mit der Angabe, dieselben seien bei einer Feuersbrunst im elterlichen Hause verbrannt. Herr Maries war nicht aufzufinden und überdies mißfiel mir der Bursche und erschien mir verdächtig. Da er jedoch mein Englisch verstand und ich gern meine Reise antreten wollte, so nahm ich ihn mit einem monatlichen Gehalt von zwölf Dollars in meinen Dienst. Bald darauf brachte er einen schriftlichen Vertrag, worin er sich heilig verpflichtete, mir für den ausgemachten Lohn treu zu dienen. Dieser Kontrakt wurde von ihm besiegelt und von mir unterschrieben. Am nächsten Tage verlangte er den Lohn für einen Monat voraus; ich gab ihm das Geld, Herr Hepburn meinte aber zu meinem Troste, ich würde ihn nicht wieder zu sehen bekommen.

Seit jenem verhängnißvollen Abend, wo der Vergleich geschlossen wurde, war es mir, als ob mich der Alp drückte, und seitdem er gestern pünktlich zur festgesetzten Stunde erschienen ist, habe ich die Empfindung, als ob „der Alte von der See" auf meinen Schultern laste. So geräuschlos wie eine Katze schlüpft er die Treppen hinauf und die Flurgänge entlang und weiß bereits, wo ich alle meine Sachen aufbewahre. Nichts setzt ihn in Erstaunen oder in Verlegenheit; er verbeugt sich tief vor Sir Harry und Lady Parkes, wenn er ihnen begegnet, ist aber im Gesandtschaftsgebäude, wie man merkt, schon völlig zu Hause und gestattete nur einer Ordonnanz, ihm zu zeigen, wie man mit einem mexikanischen Sattel und einem englischen Zügel umgehen müsse, ohne daß er sich um meine Wünsche bekümmerte. Er scheint mir so schlau und verschmitzt wie nur möglich zu sein und hat bereits Alles für die drei ersten Reisetage eingerichtet. Sein Name ist Ito und man wird wahrscheinlich mehr von ihm zu hören bekommen, da er für die nächsten drei Monate mein guter oder böser Genius sein wird.

Da bisher noch keine englische Dame allein durch das innere

Land gereist ist, so erweckt mein Plan große Antheilnahme bei meinen Freunden, und ich vernehme viele warnende und abmahnende Stimmen, aber wenige ermuthigende. Die ernsteste Abmachung, weil sie die verständigste ist, wird mir von Doktor Hepburn zutheil, welcher meint, ich sollte die Reise nicht unternehmen und würde niemals durch die Tsugaru-Straße kommen. Wollte ich dem Rathe folgen, mir verzinnte Speisen und Saucen, Rothweine und eine japanische Magd mitzunehmen, so brauchte ich ein Gefolge von wenigstens sechs Saumrossen. Was die Flöhe anbetrifft, so herrscht eine klägliche Uebereinstimmung darüber, daß sie in der Sommerzeit ein Fluch für eine Reise in Japan seien. Einige rathen mir, ich möchte in einem Sacke schlafen, der unter dem Halse fest zugebunden ist; Andre empfehlen mir, mein Bettzeug reichlich mit Insektenpulver zu bestreuen, Andre, meine ganze Haut mit Karbolöl einzuschmieren und noch Andre rathen zu reichlichem Gebrauch von getrocknetem und pulverisirtem Flöhkraut. Doch kommen Alle darin überein, daß diese Abwehrmittel sämmtlich unzuverlässig seien. Hängematten sind leider in japanischen Häusern nicht in Gebrauch.

Die Lebensmittelfrage soll für alle Reisende die wichtigste sein und wird, nicht bloß in Rücksicht auf meine Tour, beständig und sehr eingehend erörtert. Selbst Diejenigen, die sich in Bezug auf andere Gegenstände gleichgültig verhalten, betheiligen sich, so bald dieser Frage nur Erwähnung geschieht. Alle haben in diesem Punkte schon gelitten oder können noch leiden und Jeder wünscht, seine Erfahrungen mitzutheilen oder von Andern zu lernen. Fremde Minister, Professoren, Missionäre, Kaufleute — Alle erörtern diesen Gegenstand, den sie für eine Lebensfrage halten, mit gebührender Gründlichkeit. Die Thatsache ist die, daß man Brot, Butter, Milch, Fleisch, Geflügel, Kaffee, Wein und Bier nur in wenigen Hotels erhält, welche in volkreichen Gegenden für die Fremden vorhanden sind; frischer Fisch ist selten, und falls man nicht von Reis, Thee und Eiern, hin und wieder mit den Zuthaten von geschmacklosen frischen Pflanzenspeisen leben kann, so muß man sich mit Lebensmitteln versehen, da die abscheulichen Fischspeisen und Gemüse, die unter dem Namen „japanische Kost“ bekannt sind, nur von Wenigen und auch nur nach langer Gewöhnung genossen und verdaut werden können.

Eine andere geringere Schwierigkeit, welcher man jedoch große Wichtigkeit verleihet, ist die unter der japanischen Dienerschaft herrschende Sitte, sich bei allen Ausgaben während der Reise noch einen Nebenverdienst zu sichern, so daß die Kosten oft verdoppelt, zuweilen verdreifacht werden, je nach der Geschicklichkeit oder Verschmitztheit der Bedienten. Drei Herren, welche weit gereist sind, gaben mir ein Verzeichniß von den Preisen, die ich zu zahlen hätte und welche in den verschiedenen Gegenden verschieden und auf den gangbareren Touristenpfaden bedeutend waren; Herr Wilkinson las Ito diese Liste vor und dieser hatte mancherlei Einwendungen zu machen. Nach der Unterredung, die in japanischer Sprache geschah, bemerkte Herr Wilkinson, ich müßte mich genau um meine Geldangelegenheiten bekümmern — eine peinliche Aussicht, da ich niemals im Stande war, irgend Jemand zu meistern und vollends keine Macht über diesen geschickten und verschlagenen Japanesen habe, der mich in den meisten Fällen wird betrügen können.

Bei meiner Rückkehr fand ich, daß Lady Parkes das Nothwendigste für mich besorgt hatte, eingerechnet zwei leichte, mit Oelpapier bedeckte Körbe, ein Reisebett, einen Klappstuhl und eine Badewanne aus Gummi, lauter Gegenstände, die sie für eine schwächliche Person auf einer weiten Reise nothwendig erachtete. Diese Woche brachte ich damit zu, Bekanntschaften in Tokiyo anzuknüpfen, charakteristische Gegenden zu sehen und mir einige Aufklärungen über meine Tour zu verschaffen, aber die Fremden scheinen wenig über das nördliche Japan zu wissen, und eine Regierungsabtheilung, an die ich mich wendete, ließ 140 Meilen von meiner beabsichtigten Fahrt aus, auf Grund „ungenügender Kenntnisse“. Sir Harry bemerkte darauf in scherzendem Tone: „Sie werden die betreffenden Kenntnisse auf der Reise selber erlangen und das wird das Unterhaltendste sein.“ Ja, aber wie?

IV.

Theaterunternehmen. — Das Sintomi-Theater. — Theater-Reform. — Eine ländliche Posse.

Britische Gesandtschaft, Yedo, den 7. Juni.

Einer förmlichen Einladung folgend, begaben wir uns zu der Eröffnung des neuen Sintomi-Theaters, welches einer neuen Epoche des japanischen Drama Bahn brechen soll. Obgleich die Leidenschaft für das Schauspiel in Japan allgemein ist, so beschränkte sich der Genuß des Theaterbesuchs doch bisher auf die mittleren und niederen Klassen, und es würde als ganz erstaunlich erscheinen, wenn der Mikado, Jwakura, Teraschima oder irgend ein Anderer von der Regierung die öffentlichen Theatervorstellungen mit ihrer Gegenwart beehren wollten; es giebt jedoch besondere Aufführungen, wo der Kaiser und der Hof der Vorstellung des „No" beiwohnten, dem erlesensten lyrischen Drama Japans, der Blüthe dramatischer Kunst. Wie aber Japan in so vielen Dingen den Beispielen des Westens folgt, so ist es auch Morita, dem unternehmenden Eigenthümer jenes neuen Theaters beigefallen, ein neu geschaffenes Drama mit einer verbesserten Bühne und einem hellen, gut gelüfteten Zuhörerraum würde, „ebenso wie in Europa, ein Mittel darbieten, um die Höchststehenden im Lande zu erbauen", und zugleich die Wahrheit eines japanischen Sprüchworts bethätigen, welches auch die einheimische Zeitung „Meiroku Zasschi" bei dieser Gelegenheit anführt: „Nichts vereinigt die Höchsten und die Niedrigsten in dem Grade, wie die Gemeinsamkeit der Unterhaltung."

Die Theater werden „Schibaiya" (Turfplätze) genannt, weil die frühesten Vorstellungen auf Rasenplätzen stattfanden. Der Ursprung des Drama war in Japan, wie in den meisten anderen Ländern, religiöser Art und es hatte zunächst den Zweck, die Götter zu verherrlichen. Zuerst bestand es in Tänzen nach einer Instrumentalmusik, welche von maskirten und sauber kostümirten Tänzern aufgeführt wurden. Zwei solcher Tänze, deren einer japanischen Ursprungs ist, sich auf eine der ältesten Sinto-Traditionen gründet und im 6. Jahrhundert v. Chr. von China eingeführt wurde, sind noch erhalten geblieben; aber die älteste Darstellung, welche sich einem Schauspiele näherte, war im 9. Jahrhundert ein Tanz, den der Schauspieler in Greisengestalt aufführte; drei Jahrhunderte später trat eine Schauspielerin, Namens Iso no Zuiji auf; sie tanzte und spielte im Kostüm des Hofadels und wird von Einigen für die Gründerin des japanischen Drama gehalten. Erst im Jahre 1624 eröffnete ein Mitglied des Sjogun-Ordens das erste Theater in Yedo; die Theater befinden sich noch meistens in Einer Straße, welche nach ihm die Saruwakastraße heißt.

In den letzten drei Jahrhunderten sank das Drama von der Legende zur Geschichte und noch weiter zu der Alltäglichkeit des Menschenlebens hinab; mit der künstlichen Scenerie, der Vermehrung der Darsteller und dem Aufgeben der dramatischen Einheit sind allmälig neue Bedingungen aufgekommen, woraus sich das moderne Drama oder Melodrama entwickelte. Die besten japanischen klassischen Stücke sind zum Theil noch historischer Art. Eines der volksthümlichsten sind „die sieben und vierzig Ronins", nach einer höchst einfachen Geschichte aus Mitford's „Erzählungen aus Alt-Japan." Unter den schlechtesten, von denen viele gerade die beliebtesten sind, mögen wohl diejenigen vorzuziehen sein, von denen am wenigsten gesprochen wird. Manche einheimische Blätter beschuldigen das Theater, daß es die japanische Jugend verderbe, und „Meiroku Zasschi" verlangt eine Reform des Theaters, aus dem Grunde, weil die herkömmlichen Vorstellungen im Allgemeinen „unsittlich, falsch, ohne Sinn und langweilig" seien. In dem „Sittengesetz für die Weiber" ist angeordnet, keine Frau unter vierzig Jahren solle das Theater besuchen, in den niederen Klassen wird dieses weise Verbot im Allgemeinen mißachtet. Indessen kann das aufwachsende Geschlecht nur aus den besten historischen Stücken Etwas über die Trachten, Etikette, Sitten und Gebräuche des alten Regime lernen und daraus erklärt sich, daß das Theater eine fesselnde Wirkung auf das Volk ausübt, indem es allein jenes stattliche nationale Leben wieder veranschaulicht, welches bei allen Leuten von dreißig Jahren noch in lebhafter Erinnerung steht.

Der Beruf des Schauspielers ist erblich und in seiner Familie werden handschriftliche Mittheilungen von Geschlecht zu

Geschlecht sorgfältig überliefert. Die Schauspieler wurden als eine verächtliche Klasse angesehen, diese Aechtung ist jedoch gleichzeitig mit der der „Eta“, einer Pariahklasse, abgestellt worden. Eine Schauspielerfamilie, zu welcher Ichikawa Danijiro, der berühmteste lebende Schauspieler in Japan, gehört, machte eine Ausnahme von der allgemeinen Verachtung. Unter den Sjoguns war es den Frauen untersagt, mit Männern aufzutreten; die jetzt bestehenden weiblichen Schauspielertruppen sollen jedoch weder zahlreich noch beliebt sein. Die Bartlosigkeit des gewöhnlichen Japanesen macht es einem Manne leicht, für eine Frau zu gelten, doch erweckt die verstellte Stimme Mißfallen und allen Rollen, welche auf diese Weise dargestellt werden, fehlt es an Reiz und Anmuth. Jetzt werden Frauen in die Theaterpersonale aufgenommen. Das Zusammenspiel im Stücke soll befriedigend sein, das Geberden- und Mienenspiel aber erscheint, nach europäischen Begriffen, gezwungen und übertrieben; der Ausdruck von Kummer oder Verzweiflung wird durch eine elende Musik und das klagende Geheul der Chöre noch auf eine ungebürliche Weise verstärkt. Manche Fremde, die sich für japanische Alterthumskunde interessiren und sich leidlich mit der Sprache bekannt gemacht haben, sind außerordentlich vom klassischen Drama eingenommen; wenn jedoch die Vorstellung im Sintomi-Theater ein Musterbild davon sein sollte, so muß ich es für langweilig und ermüdend erklären.

Ein gewöhnliches japanisches Schauspiel beginnt um 6 oder 10 Uhr morgens, dauert den ganzen Tag, möglicher Weise auch zwei oder drei auf einander folgende Tage und währt in Tokiyo bis zur Nachtzeit. In den Zwischenakten begeben sich viele Zuschauer in die benachbarten Theehäuser, um sich zu erfrischen, doch ist es gebräuchlich, daß auch Erfrischungen im Theater selber dargereicht werden und an jenem Eröffnungstage gingen beständig Theehaus-Kellner umher, welche den Zuschauern in den Logen Thee, Reis und Butterschnitte auf lackirten Tellern darboten. Wie sich von selbst versteht, ist das Tabakrauchen hier, wie in Tempeln und überall, gestattet. Falls die Vorstellungen bis zur Dunkelheit dauern, wird eine Reihe Lichter längs der Bühne angezündet und außerdem sind Gehülfen mit langen Stöcken, an deren Ende sich brennende Lichte befinden, so aufgestellt, daß die Gesichter der auf der Bühne befindlichen Schauspieler beleuchtet werden. Knaben mit schwarzen Mützen, von denen angenommen wird, daß sie unsichtbar seien, kriechen hinter den Schauspielern umher, um abgeworfene Requisiten aufzuheben oder auch um einem Schauspieler, der sich lange Zeit in einer ermüdenden Stellung halten muß, verstohlen eine Stütze unterzuschieben. Die Bühne, welche beim No-Drama in Anwendung kommt, ist ein viereckiger, aus schlichtem Holz gefertigter, mit Pfeilern gestützter Raum, auf allen Seiten offen, mit Ausnahme der einen, deren Wand, nach herkömmlichem Brauche, mit einem Tannenbaum bemalt ist; drei kleine Tannenbäume stehen in dem Vorraume zwischen der Bühne und den Zuschauern. Verzierungen sind nicht vorhanden; die Scenerie auf der Bühne ist jedoch sehr stattlich und die Kostüme außerordentlich prächtig, zum Theil alterthümlich und vermöge der schönen antiken Stickerei überaus kostbar.

Morita's Einladung erging an das diplomatische Corps, die Fremden, welche bei der Regierung angestellt sind, und eine große Zahl höherer japanischer Beamter. Die ganze Umgegend war festlich geschmückt. Die großen Theehäuser, welche Billets für Plätze und Erfrischungen verkaufen, prangten in Flaggen und bunten Papierlaternen und die Thüren zum Theater konnten für die Besucher nur durch Reihen von Polizisten freigehalten gehalten werden, welche in aller Ruhe die Volksmenge auf der Straße zurückhielten. Ein Aufseher in europäischer Kleidung wies uns unsere Plätze der Bühne gegenüber an, auf der vorderen Gallerie, deren eine Hälfte für die Fremden, die andere für die japanischen Beamten bestimmt war; die Sitze auf dieser und auf den Seitengallerien waren bei dieser Gelegenheit mit sehr häßlichen Teppichen bedeckt. Während der langen Zeit vor dem Beginn des Stückes wurden die eingeladenen Gäste mit Thee und Eis bedient.

Das Haus sah einfach und nackt aus. Da die Bühne zu einer No-Vorstellung diente, so waren alle Scenerieen und Verzierungen weggeräumt; im anderen Falle würde sie auch mit allerhand Maschinerien versehen gewesen sein. Die ganze Ausstattung besteht in weißem Holzwerk. Das Parterre ist in Abtheilungen gesondert, welche mit schmausenden, plaudernden und rauchenden Männern, Weibern und Kindern angefüllt waren. Das Parterre wird von den sogenannten „Blumenpfaden“, zwei erhöhten Gängen, durchschnitten, welche die Schauspieler zuweilen beim Auftreten und Abgange von der Bühne benutzen. Die Decke, wie das Ganze aus Zimmerarbeit, ist auf das vollkommenste in weißem Holz ausgeführt. Die größte Neuerung besteht darin, daß zwei Gasleuchter eingeführt sind und tiefstehende Gasflammen anstatt der häßlichen Reihe von Talglichtern und der schwarzen Stocklichterträger, die sonst den Schauspielern zu folgen pflegten. Das Theater enthält Sitzplätze für 2000 Personen, doch ist der Ausdruck Sitzplätze nicht wörtlich zu verstehen, denn die Logen sind nur mit feinen Matten ausgelegt, worauf die Zuschauer, nach der üblichen Sitte, auf den Fersen kauern. Die einzigen Zierrathe bestanden in einer Anzahl weißer Flaggen mit den rothen Emblemen der Schauspieler, abwechselnd mit Flaggen und Papierlaternen in den Nationalfarben Roth und Weiß. Diese fast eintönige und doch harmonische Einfachheit gewährte dem Auge einen wohlthätigen, beruhigenden Eindruck. Die Bühne war theilweise durch einen weißen Vorhang mit rothem Theaterwappen verdeckt; Roth und Weiß sind hier die einzig gebräuchlichen Farben.

Vor dem Anfange der Vorstellung erhielt jeder eingeladene Gast einen hübschen weißen Fächer, mit Morita's Namen in rothen chinesischen Schriftzeichen verziert. Glückliches Volk, deren Schriftzüge schon das Mittel zu einfachen und geschmackvollen Verzierungen darbieten! Nach fast unerträglich gewordenem Verzuge und nachdem die Nerven durch das abwechselnde lärmende Spiel der Marine- und der Militärmusik auf das äußerste gemartert worden waren, wurde ein Seitenvorhang weggezogen und Morita, von vierzig europäisch gekleideten Schauspielern begleitet, trat auf; sie stellten sich in den Vordergrund und auf die rechte Seite der Bühne, während diejenigen, welche die weiblichen Personen vorstellten und mit Kimono und Hakama bekleidet waren, sich zur linken Hand gruppirten. Die Schauspieler in europäischer Kleidung stellten sich unordentlich und linkisch auf. Ach, wo war Ichikawa Danijiro, der Abgott der Theaterfreunde, mit dessen stattlicher Gestalt in der Brokatrobe ich durch zahllose Photographien bekannt geworden war? und wo das Gefolge der unbedeutenderen Helden, die mit Schwertern bewaffnet und in den reichen Gewändern des alten Regime einherschritten? Die sechsjährige Fanny Parkes sagte: „Papa, wie komisch doch alle diese häßlichen Leute aussehen!“ — eine treffendere Bemerkung hätte sie nicht machen können, wenn sie sechszig Jahre alt gewesen wäre. Die ganz gleichen gelben ausdruckslosen Gesichter, die kugelrunden Köpfe, das starre, kurz geschnittene, emporstehende Haar, die flachen Brustkasten, die runden Schultern und die hageren, mißgestalteten Beine — dies Alles kam bei der europäischen Kleidung in seiner ganzen Häßlichkeit zum Augenschein, zum ersten und hoffentlich zum letzten Male. Die Kleider sahen aus, als wären sie sämmtlich für Einen Mann gefertigt, der nicht zu den anwesenden vierzig Männern gehörte; allerdings hatten sie dieselben angelegt, trugen sie aber eigentlich nicht. In einer kläglichen Haltung standen sie da, mit schlaff herabhangenden mageren Armen, die Hände in schlecht anschließende weiße Lederhandschuhe gezwängt, so trübselig aussehend wie Missethäter, die ihrer Züchtigung entgegengehen.

Morita las folgende Anrede in japanischer Sprache:

„Einige Personen, die an theatralischen Vorstellungen Geschmack finden und es beklagten, daß dieselben in Folge ihrer allgemeinen Verderbniß bisher von geringem Nutzen waren, drückten dem Besitzer des Schimabara-Theaters und den Schauspielern ersten Ranges den Wunsch aus, sowohl eine Veränderung in den Einrichtungen des Hauses wie in dem Charakter der aufzuführenden dramatischen Stücke vorzunehmen, alle Unschicklichkeit zu vermeiden und es als das wichtigste Ziel ins Auge zu fassen, daß nur solche lebendige historische Gemälde auf die Bühne gebracht werden, welche zur Tugend anleiten und vom Laster ablenken, so daß auf diese Weise einerseits eine sittliche Förderung bewirkt, andererseits dieses Haus die wichtigste Erholungsstätte werde, sowohl für den Adel und die hervorragenden Männer wie auch für die Minister der auswärtigen Staaten — mit einem Worte: für die Elite der Gesellschaft. Diese Erfolge würden in gewissem Grade einer geordneten Regierung und dem Fortschreiten der Gesellschaft auf dem Pfade der Civilisation förderlich sein. Morita und die Schauspieler haben es zu diesem Zweck an keiner Bemühung fehlen lassen; nicht nur die Einrichtungen des Hauses und die Tendenzen des Drama, sondern auch das Benehmen und die Gebräuche der darstellenden Künstler sind einer entsprechenden Reform unterworfen worden, um auf den Schutz der Elite der Gesellschaft hoffen zu dürfen. Jetzt ist der Tag gekommen, da das Theater fertig ist. Man eröffnet es in derselben feierlichen Weise, wie man nützliche Anstalten einweihet; man hat das Musikcorps des Militärs eingeladen zu spielen; die ganze Elite der Gesellschaft ist gebeten worden, uns mit ihrer Anwesenheit zu beehren: der Statthalter, der obere, mittlere und untere Polizei-Inspektor, die höheren Beamten, der Adel, die angesehensten Kaufleute und die fremden Gesandten. Eine so glänzende Eröffnung möge uns denn die Hoffnung verleihen, daß damit zugleich eine neue Epoche der Reform des Theaters beginne!"

Darauf folgte der beliebteste Schauspieler mit einem ähnlichen Prolog in seinem und seiner Collegen Namen. Trotzdem daß die Nachahmung der europäischen Tracht der Sache einen Anflug von Lächerlichkeit verlieh, hat doch Morita's Ansprache insofern eine besondere Bedeutung, als daraus wieder der Wunsch nach einer „Reform von innen heraus" und zugleich die Uebereinstimmung mit dem in Japan jetzt vorherrschenden Hinstreben nach europäischer Bildung sichtbar werden. Mit seiner Absicht, die Bühne zu reinigen, stimmen die Maßregeln der Regierung überein, wenn sie den Verkauf unsittlicher Bilder und Darstellungen verbietet, auf den Straßen der Stadt eine Bekleidung verlangt, Unanständigkeiten in den öffentlichen Badehäusern untersagt und viele andere Anordnungen trifft, um die öffentliche Sittlichkeit, wenigstens im Aeußeren, zu fördern.

Nach Verlauf einer Pause, während welcher in den Gallerien Thee und Champagner verabreicht und im Parterre vielfach jubilirt wurde, zog man den Vorhang auf und enthüllte die No-Bühne und die Schauspieler. Herr Chamberlain, der gelehrte Verfasser des Berichtes über diese Vorstellung, im „Cornhill-Magazin" vom October 1876, versuchte, mich für dieses alte lyrische Drama zu begeistern, aber trotz seinen Auseinandersetzungen, trotz dem glänzenden Kostüm und der antiken Würde der Schauspieler fand ich das Stück doch vorherrschend langweilig und das Jauchzen, Schreien und Stampfen, womit man die traditionellen Stellen begleitet, kann den Fremden wahrhaft erbittern. Es folgte darauf ein kurzes Stück, dessen Handlung im alten Palast von Kiyoto spielte und mit einer ländlichen Posse schloß, in welcher die Schauspieler, blühende Kirschenzweige schwingend, die „Blumenpfade" entlang tanzten. Das letztere Stück war sehr angenehm und das Kostüm besonders schön; die Kostüme in dem No waren kostbar, zum Theil mehrere Jahrhunderte alt.

V.

Ein Volkstempel. — Ein beständiger Jahrmarkt. — Gebete und Papierkügelchen. — Fuchskultus. — Schießstände für Bogenschützen. — Japanische Blumenzucht. — Europäische Neuerungen.

Ein für allemal werde ich einen Buddhistentempel beschreiben und zwar den volksthümlichen Tempel von Asakusa, welcher der tausendarmigen Kwan-non, der Göttin der Barmherzigkeit, geweiht ist und mit welchem ein beständiges Jahrmarktsfest in Verbindung steht. Im Allgemeinen kann gesagt werden, daß in Bezug auf die Gestalt, die Bedachung und den Gesammteindruck alle japanische Buddhistentempel übereinstimmen. Die Idee der heiligen Architektur ist fast überall in derselben Form ausgedrückt: ein einfach oder doppelt bedeckter Eingang, an beiden Seiten große bunte Figuren in Nischen; ein gepflasterter Tempelhof mit steinernen oder bronzenen Laternenhaltern; „Amainu" oder große Hundsgestalten aus Stein, auf steinernen Fußgestellen; steinerne bedeckte oder offene Behälter für Weihwasser; eine Treppe; ein Porticus und eine anschließende Veranda, die den ganzen Tempel umgiebt; ein schrecklich ungestaltetes, großes und schweres Dach mit einer eigenthümlichen Krümmung; eine längliche oder viereckige Halle, durch ein Gitter vom Chor getrennt, wo sich ein niedriger und ein hoher Altar, ein Schrein mit Buddha oder der Gottheit, welcher der Tempel geweiht ist, ein Weihrauchbecken und einige kirchliche Schmucksachen befinden.

Die Symbole, Götzenbilder und Zierrathe sind abhängig von der Secte, welcher der Tempel gehört, oder von dem Reichthum der Stifter oder von der Erfindung der Priester. Einige Tempel sind voll gefüllt mit Götzenbildern, Schreinen, Bannern, Bronzegegenständen, Ringen, Armbändern und Schmucksachen, und andere, wie die Tempel der Monto-Secte, sind so äußerst einfach, daß es kaum einer Abänderung bedürfte, um sie für den christlichen Gottesdienst in Gebrauch zu nehmen.

Die Grundlage bilden Quadersteine, auf welchen Pfeiler aus Ulmenholz stehen, die durch Querstücke verbunden sind. Der große Umfang und das ungeheure Gewicht der Dächer erklärt sich daraus, daß sehr große Bauholzstämme, in Vierecke von abnehmender Größe zusammengefügt, bis zur Spitze hin auf einander gehäuft sind. Sie sind entweder mit schweren und kunstreichen Ziegeln oder mit vergoldeten Kupferplatten oder ein bis drei Fuß hoch mit Schindeln oder Baumrinde bedeckt. Die Verkleidung der äußeren Wände ist gewöhnlich aus lackirten oder unangestrichenen Ulmenholzbrettern; die der inneren aus dünnen, sehr sauber gearbeiteten Planken aus dem feinsten Holz. Die Dachunterlage besteht aus platten Tafeln, die stützenden Pfeiler sind stets rund und aus feinem Maserholz gefertigt. Die Balkenenden, welche unter den Dachtraufen hervorragen, sind entweder kunstreich gefraist, mattroth lackirt oder, wie die Balkenverbindungen, mit Kupfer bekleidet. Nägel sind selten gebraucht und die Balken durch Zapfen, Krammen oder sonstwie zusammengefügt.

In einer von drei Kulis gezogenen Kuruma fuhr ich mit Herrn Chamberlain schnell durch die drei Meilen langen, volkreichen Straßen zwischen der Gesandtschaft und Asakusa. Letzteres ist ein ehemaliges Dorf, das jetzt mit der riesigen Stadt zusammengewachsen ist. Eine breite Straße geht nach der Adzuma-Brücke, die über den Sumada-Fluß führt und zu den wenigen steinernen Brücken in Tokiyo gehört, die das östliche Tokiyo, ein wenig interessantes Gebiet von Kanälen, Waarenhäusern und Holzplätzen, mit den übrigen Stadttheilen verbindet. Diese Straße, von Fußgängern und Fuhrwerken überfüllt, ist der Halteort für eine Menge Stadtwagen, und man findet in der Mitte etwa zwanzig elende, bedeckte Wagen, die mit noch elenderen Ponies bespannt sind und auf Passagiere warten. Gerade hier ist das rechte Leben von Tokiyo wahrzunehmen, denn in der Nähe eines Wallfahrtsortes finden sich stets zahlreiche harmlose oder lasterhafte Vergnügungsörter, und so ist denn auch die Nachbarschaft dieses Tempels voller Restaurants, niederer Theater und Sammelörter für Gauklerinnen.

Eine breite gepflasterte Allee, nur für Fußgänger zugänglich, führt aus dieser Straße nach dem Haupteingange, einem zweistöckigen, doppelt bedeckten, roth angestrichenen Thore. Zu beiden Seiten sind Reihen von Buden aufgebauet, die ihren reichen und glänzenden Inhalt zur Schau stellen, vorzugsweise Spielbuden, Pfeifenbuden und Buden, wo Haarnadeln und andere Schmucksachen feilgeboten werden. Dem Thore näher stehen Buden zum Verkauf von Rosenkränzen, von Kästchen mit messingenen und hölzernen Götzenbildern, die im Busen und im Aermel getragen werden, von Amuletbeutelchen, Abbildungen des fröhlich blickenden Daikoku, des Gottes der Gesundheit, des beliebtesten Hausgottes der Japanesen, von Schreinen, Denkzetteln, geweihten Schellen, Leuchtern, Räucherpfannen und allen unendlich mannigfaltigen Artikeln, die mit dem öffentlichen und dem privaten Buddhadienste in Verbindung stehen. In Asakusa ist jeder Tag ein Festtag; der Tempel ist der volksthümlichsten der großen Gottheiten geweiht und ist die populärste religiöse Stätte. Kein Fremder, möge er Buddhist, Sintoist oder Christ sein, kommt in die Hauptstadt, ohne die belebten Tempelhöfe zu besuchen oder einen Einkauf an den verlockenden Buden zu machen. Um keine Ausnahme zu machen, wagte ich es mit kleinen Feuerwerksblumen, von denen jede, langsam verbrennend, wunderschöne Funken sprüht; ein Bündchen von 50 dieser kleinen Blumen kostet 2 „Sen“ oder 1 Penny. Auch wurde ich durch kleine Schachteln zu 2 Sen in Versuchung geführt, worin kleine Streifen enthalten sind, die wie getrocknetes Mark aussehen, in Wasser gelegt sich aber zu allerhand Bäumchen und Blümchen gestalten.

Einen gepflasterten Durchgang zur rechten Hand durchschreitend, gelangt man an einen künstlichen, nicht sehr sauberen Fluß, über welchen ein gewölbter Stein als Brücke zu einer

Reihe Stufen führt, und von hier zu einem kleinen Tempel mit einer prächtigen bronzenen Glocke. Am Eingange beteten mehrere Frauen und in der Nähe befanden sich zwei sitzende Buddhafiguren aus Bronze, die eine mit gefalteten Händen, die andere eine Lotusblume haltend, beide mit dem „Lichte der Welt“ auf der Stirn. Das große rothe Thor, welches in die Tempelhöfe führt, macht einen stattlichen Eindruck und überdies ist es das Portal zu dem ersten großen Heidentempel, den ich gesehen habe. Ich gedachte dabei jenes anderen Tempels, dessen Höfe in gleicher Weise mit Käufern und Verkäufern angefüllt waren, und gedachte Dessen, der, die Geißel schwingend, den Tempel und die Höfe als Seines Vaters Haus in Anspruch nahm. Nicht mit weniger gerechtem Zorn würde der edle Stifter der Buddha-Religion die entweihten Höfe von Asakusa reinigen. Hunderte von Männern, Frauen und Kindern zogen in unaufhörlichen Strömen hin und her durch den Thorweg und so geht es zu jeder Stunde jeglichen Tages im Jahre. Aus Tausenden werden Zehntausende an den großen „Matsuri“-Festtagen, wenn der „Mikoschi“ oder heilige Wagen mit den Symbolen des Gottes ausgestellt ist und, nachdem heilige Spiele und Tänze aufgeführt worden, in prächtiger antiker Prozession nach dem Ufer und wieder zurückgeführt wird. Unterhalb des Portals befinden sich auf beiden Seiten die Königsfiguren „Nio“, zwei riesige Gestalten in fliegenden Gewändern; die eine, roth und mit offenem Munde, stellt den „Yo“ oder das männliche Prinzip der chinesischen Philosophie dar; die andere, grün und mit geschlossenem Munde, bedeutet die „In“ oder das weibliche Prinzip. Es sind scheußliche Geschöpfe mit hervortretenden Augen, die Gesichter und Gestalten verzerrt und mit übertriebener, krampfhafter Geberde. Diese Figuren bewachen die Thore der meisten größeren Tempel und kleine Abbilder von ihnen befestigt man über den Hausthüren, zum Schutz gegen Diebstahl. An dem vorderen Gatter hangen viele Strohsandalen, den Leuten gehörend, welche die Gottheit anflehen, daß ihre Gliedmaßen ebenso stark wie die des Nio werden möchten.

Durch das Thor schreitend, gelangten wir in den eigentlichen Tempelhof und sahen den Tempel selber vor uns, ein mächtig hohes und breites Gebäude von dunkelrother Farbe, mit einem großen Dach aus schweren, grauen Eisenziegeln, welches durch eine leichte Schwingung ein großartiges und zugleich gefälliges Ansehen erhält. Die Balken und Stützen sind stark und massiv, im Uebrigen aber ist das Gebäude, wie alle japanischen Tempel, buddhistische wie Sintotempel, gänzlich aus Holz gefertigt. Eine breite Treppenflucht führt nach dem Säulengange hinauf, bestehend aus vielen runden Pfeilern, die ein hohes Dach stützen, von wo zehn Fuß lange Papierlaternen herabhangen. Von hier zieht sich eine Gallerie, unterhalb der Altane, rund um den Tempel. Eine äußere Abtheilung des Tempels ist ohne Matten; in die innere, hinter dem Gitter befindliche, dürfen Diejenigen eintreten, welche Geld bezahlen, um in größerer Ruhe beten zu können oder die Priester für sich beten zu lassen.

In dem äußeren Tempel herrscht eine beständige Bewegung und ein verwirrendes Getöse. Dichte Haufen laufen auf ihren klappernden Holzschuhen hin und her; Hunderte von Tauben, die in dem Säulengange nisten, fliegen über unserm Haupte und ihr Girren und das Geschwirr ihrer Flügel mischt sich mit dem Klange der Glocken, dem Schalle der Trommeln und Gongs, dem Gesumme der Priester, dem dumpfen Murmeln der Betenden, mit dem kichernden Gelächter der Mädchen, den barschen Stimmen der Männer und dem allgemeinen Getöse der Menge. Vieles erscheint auf den ersten Anblick überaus wunderlich. Auf dem Fußboden kauern Männer, welche Amulette, Rosenkränze, gedruckte Gebete, Weihrauchstäbe und andere Waaren feilbieten. Gelübdebilder aller Art hangen an den Mauern und an den großen runden Pfeilern; viele von ihnen sind sehr grobe japanische Malereien. Das eine stellt ein Dampfschiff auf dem Sumidagawa dar, welches in die Luft fliegt, wobei 100 Menschen ums Leben kommen, der Stifter aber durch die Gnade der Göttin Kwannon gerettet wird. Viele Gedenktafeln rühren von Leuten, welche hier Gebete darbrachten und dafür Gesundheit oder Reichthum gewannen; andere von Jonkenführern, deren Leben in Gefahr geschwebt hatte. Einige zwanzig Männerzöpfe und etliche staubige Haarflechten von Frauen sind für kranke Verwandte bei Gelegenheit von Gelübden oder Gebeten dargebracht worden. Ueber dieser bunt gemischten Sammlung befinden sich prächtige Holzschnitzereien und Engelbilder, zwischen denen die Tauben einen ungestörten Wohnsitz finden.

Nahe dem Eingange erblickt man eine prächtige Räucherpfanne in dem massiven Stil der älteren Bronzearbeiten, von mythologischen Thieren umgeben, und rings herum in Hochrelief die japanischen Zeichen des Thierkreises: die Ratte, das Rind, den Tiger, das Kaninchen, den Drachen, die Schlange, das Roß, die Ziege, den Affen, den Hahn, den Hund und das Schwein. Weihrauchdämpfe steigen beständig von dem durchlöcherten Rande des Beckens auf und ein schwarzzähniges Weib, welche die Flamme unterhält, empfängt dafür von den Andächtigen, die nach dem Altar vorbeigehen, reichliche Spenden von kleiner Münze. Der Hochaltar und Alles, was zum eigentlichen Tempel zu gehören schien, ist durch einen Schirm von grob geflochtenem Eisendraht geschützt. Dieses Allerheiligste ist voll von Schreinen und Götterbildern, riesenhaften Leuchtern, kolossalen Lotusblumen aus vergoldetem Silber, Opferspenden, Lampen, Litaneibüchern, Trommeln, Glocken und allen geheimnißvollen Sinnbildern einer Religion, welche für den Gebildeten und Eingeweihten ein sittliches und metaphysisches System, für die große Menge ein abergläubiger Götzendienst ist. In diesem inneren Raume waltete ein trübes Licht, die Lampen brannten düster, die Luft war mit Weihrauchdämpfen geschwängert und mitten in den Rauchwolken bewegten sich baarhäuptige Priester in Tempelgewändern geräuschlos auf den Matten um den Hochaltar, auf welchem Kwannon in einem Schrein verwahrt wird, indem sie die Lichter anzündeten, die Glocken ertönen ließen oder Gebete murmelten. Der Schirmwand gegenüber steht der Schatz, ein hölzerner Kasten mit einer Spalte, in welche die Gläubigen ihre klingenden Kupfermünzen werfen.

Dort verrichten sie auch ihre Gebete, wenn man die Wiederholung eines unverstandenen Satzes in fremder Sprache so nennen darf, indem sie den Kopf beugen, die Hände erheben und an einander reiben, einige Worte murmeln, die Knöpfchen am Rosenkranze abzählen, dann in die Hände klatschen, sich abermals verbeugen und hinaus oder nach einem anderen Heiligthum gehen, um dieselbe Förmlichkeit zu wiederholen. Kaufleute in seidenen Kleidern, Soldaten in schäbigen französischen Uniformen, Landleute, Kulis in gemeiner Tracht, Mütter, junge Mädchen, Stutzer in europäischer Kleidung, sogar Polizeileute aus dem alten

Regime — Alle verneigen sich vor der Göttin der Barmherzigkeit. Die meisten Gebete wurden schnell gesprochen, wie bloße augenblickliche Eingebungen, im Tone eines harmlosen Gesprächs und ohne Anspruch auf tiefere Andacht; einige der Betenden schienen jedoch ihre Gelöbnisse in frommem Glauben darzubringen. Ich bemerkte besonders zwei europäisch gekleidete Männer, die sich zu wiederholten Malen niederwarfen, mehrere Minuten lang vor dem Altar verweilten und ihre Gebete mit leiser Stimme, mit geschlossenen Augen und mit allen Anzeichen wahrer Frömmigkeit sprachen; ferner einige Frauen in sichtbarer Trübsal, welche in dringender Inbrunst vermuthlich die Genesung erkrankter Angehöriger erflehten.

In einer Kapelle steht ein großes Götzenbild, welches völlig mit Papierkügelchen überdeckt ist; Hunderte solcher Kügelchen haften in dem Drahtgeflecht, welches das Bild umgiebt. Der Gläubige schreibt seine Bitte auf ein Blättchen Papier oder läßt sie lieber von einem Priester aufschreiben, kaut den Zettel zu einem Klümpchen und spuckt denselben auf die Gottheit. Hat er wohl gezielt, so daß das Kügelchen durch den Draht geht und am Bilde sitzen bleibt, so gilt dies für eine gute Vorbedeutung; bleibt es im Geflecht stecken, so ist das Gebet muthmaßlich nicht erhört worden. Der Nio und einige der außerhalb des Tempels stehenden Götter sind in übereinstimmender Weise mißgestaltet. Zur linken Hand befindet sich ein beschirmter Schrein, an dessen Schranken sich unzählige Betende versammeln. Zur Rechten, für Jeden zugänglich, sitzt Binzuru, einer der ursprünglichen sechszehn Schüler Buddha's. Sein Antlitz und Aussehen war einmal ruhig und holdselig, etwa so würdevoll wie das eines ältlichen Landedelmannes, jetzt aber ist er abgenützt und entstellt und hat nichts mehr von Augen, Nase und Mund wie die Sphinx; die glänzende rothe Lackirung ist von seinen Händen und Füßen verschwunden, denn Binzuru ist ein großer Medicingott und seit Jahrhunderten haben die Kranken sein Antlitz und seine Gliedmaßen gerieben und darauf die ihrigen. Eine junge Frau trat zu ihm heran, rieb erst seinen und dann ihren eigenen Nacken. Dann erschien ein bescheiden aussehendes Mädchen, das eine alte Frau mit entzündeten Augenlidern und gelähmten Armen führte; sie rieb zuerst die Augenlider des

Götzen und strich darauf mit ihren Händen sanft über die geschlossenen Augenlider der alten Frau. Alsdann kam ein Kuli mit einem geschwollenen Knie, machte sich kräftig mit Binzuru's Knie zu schaffen und drückte nachher das seinige weniger unsanft. Man muß erwägen, daß dies der große Tempel für die Volksmenge ist und „nicht viele Reiche, nicht viele Vornehme, nicht viele Mächtige" seine düsteren, schmutzigen, überfüllten Hallen betreten.

Der große Tempel von Kwannon ist jedoch nicht der einzige beachtenswerthe Gegenstand. Draußen sind unzählige Kapellen und Tempel; steinerne „Amainu" oder große Hunde auf Steinblöcken; große Wasserbehälter aus Stein und Bronze, mit und ohne Bedachung, welche Waschwasser für die Andächtigen enthalten; gußeißerne „Amainu" auf behauenen steinernen Fußgestellen; Laternen aus Bronze und Stein; ein Gebetrad auf

Laternen aus Stein.

steinernem Pfosten; Abbildungen des Buddha mit der heiteren Miene, als ob er von seiner Arbeit ausruhe; steinerne Götzenbilder, an welche die Andächtigen ihre gekneteten Papierkügelchen mit Gebeten geheftet haben; davor Räucherstöcke, die aus Haufen von glimmenden Stöcken hervorragen; behauene Steinblöcke mit Sanskrit und chinesischen Inschriften; ein achteckiger Tempel mit den Figuren der fünf hundert Schüler Buddha's; ein Tempel, woran das Dach und der untere Theil der Mauern bunt gefärbt ist; der runde Sintospiegel in einem besondern Heiligthum; ein bronzenes Schätzkästchen, außen mit einer Glocke versehen, welche geläutet wird, um die Aufmerksamkeit des Gottes zu wecken; eine auffallende fünfstöckige Pagode, lebhaft roth lackirt und an den Enden der Dachbalken künstlich ausgeschnitzt, die schweren Dachränder mit beweglichen Glöckchen behangen, das Dach oben in eine zierliche, hohe kupferne Spirale auslaufend, mit der von Flammen umgebenen heiligen Perl an der Spitze. Daneben befindet sich, wie bei den meisten Tempeln, ein aufrecht stehender Rahmen aus schlichtem Holz mit Tafeln, worauf die Namen Derjenigen, welche Geld für den Tempel spendeten, und die Beträge ihrer Geschenke geschrieben stehen.

Zu den vielen Heiligthümern gehört auch ein Inari oder Fuchstempel, denn die Verehrung des Fuchses ist einer der abergläubigen Gebräuche, die in Japan am weitesten verbreitet sind. Die Füchse sind jedoch nur Diener einer mythischen Person Namens Uga, welcher die Ehre zugeschrieben wird, die Reispflanze und ihre Cultur entdeckt zu haben. Dem Volksgebrauch gemäß wird jedoch die Verehrung, welche dem Inari Sama gebührt (so heißt Uga als Gottheit), seinen Dienern gewidmet. Vor den beiden vergoldeten Füchsen, die in diesem Heiligthum stehen, befindet sich ein Gitter, woran Schüsselchen voll Reis und in Zucker geformte Füchse als Opfergaben gestellt werden. In demselben Tempel sieht man auch an den weißen Wänden eigenthümlich zugeschnittene und gefaltete Papiere angeheftet, welche die Sinto-Kami oder vergötterte Helden vorstellen sollen; nahe dem Eingange befinden sich auch die geheiligten Thorhallen, „Torii“ genannt.

Ein hübscher Tempel mit steinernem Fußboden, südöstlich vom Hauptgebäude gelegen, wurde von uns allein besucht. In der Mitte ist ein achtseitiger Raum oder vielmehr eine roth lackirte prächtig geschmückte Kapelle. Sie ruht auf einem schwarzen, ausgeschnitzten Rahmen und ist von einer Gallerie umgeben, auf die sich mehrere reich verzierte Thüren öffnen.

Auf einen starken Druck gegen die Gallerie kommt die Kapelle in drehende Bewegung. In der That ist sie eine drehbare Bibliothek, welche die buddhistischen Schriften enthält, und wem es gelingt, sie ein Mal umzudrehen, hat dasselbe Verdienst erworben, als wenn er jene Schriftwerke ein Mal andächtig durchgelesen hätte. Der Schrein ist ein außerordentlich schönes Probestück von alterthümlicher Dekorationsarbeit. Im Hintergrunde des Tempels steht eine erzene drapirte Bildsäule des Buddha, die eine Hand erhoben — ein geschätztes Gußwerk. Alle Buddha's haben Hindugesichter und die von Indien überkommene orientalische Ruhe und die anmuthige Gewandung bilden einen seltsamen Gegensatz zu den wunderlichen, übertriebenen Darstellungen der Japanesen. In demselben Tempel stehen vier lebensgroße, aus Holz geschnitzte ungeheuerliche Figuren, mit klauenartigen Fußzehen und zwei mächtigen Fangzähnen. Die Häupter aller sind von Flammen umgeben. Auffallend sind ihre Gewänder, denn sie sehen aus, als ob sie im Winde flatterten; sie tragen Helme und einzelne Panzerstücke und halten in der rechten Hand ein Mittelding zwischen einem königlichen Scepter und einem Priesterstabe. Ihre Augen sind glotzend und der Mund weit geöffnet, die Mienen erscheinen entstellt und übertrieben leidenschaftlich. Eine hellroth angestrichene Figur tritt einen sich krümmenden Teufel unter ihre Füße; eine andere smaragdgrüne trampelt auf einem meergrünen Teufel; ein indigoblaues Ungeheuer tritt auf einen himmelblauen Gegner und ein blaßrothes Ungeheuer hat einen fleischfarbenen Dämon zwischen seine Fußklauen genommen. Ihr scheußliches Aussehen läßt sich kaum beschreiben und man ist eher geneigt, den unschuldig aussehenden Unholden, die sie mißhandeln, seine Theilnahme zu schenken. Man sieht sie häufig in Buddhatempeln und sie sollen, wie man sagt, Folterknechte des Yemma, des Herrn der Hölle, vorstellen.

Einen ungewöhnlichen Anblick gewähren die Tempelgründe. Kein englischer Jahrmarkt kann an den festlichsten Tagen so viele Reize darbieten. Hinter dem Tempel befinden sich zahlreiche gewölbte Gallerien, wo freundliche Mädchen uns lächelnd den hellgelben Thee in niedlichen Tassen und geschmackloses Zuckerwerk auf lackierten Präsentirtellern bringen, ihre Pfeifchen rauchen und uns Bogen aus biegsamem Bambusrohr, Köcher und Pfeile darbieten, welche letztere, aus Kirschholz gefertigt, roth, blau und weiß gefiedert und mit knöchernen Spitzen versehen sind. Lächelnd, aber ohne aufdringlich zu sein, ermuthigen sie uns, unsere Geschicklichkeit oder unser Glück an einer Scheibe zu versuchen, die vor einer viereckigen Trommel hangt und mit rothen Kissen umgeben ist. Der Erfolg wird durch einen Schlag oder mittelst einer Stange oder durch ein kaum hörbares „Thud!" angezeigt. Beinahe alle Bogenschützen sind erwachsene Männer und viele von ihnen verbringen ganze Stunden in diesem kindischen Spiel.

Alle Plätze sind bedeckt von Buden mit dem gewöhnlichen Holzkohlenfeuer, eisernen, merkwürdig gearbeiteten Kesseln, kleinen duftigen Theekannen und anmuthigen Mädchen, die uns zum Ausruhen und Trinken auffordern; es fehlt auch nicht an solideren, aber weniger einladenden Erfrischungen. Sämmtliche Buden sind mit hübschen Papierlaternen ausgeschmückt. Ferner erblickt man photographische Ateliers; theatralische Theegärten; Diorama mit zahlreichen Figurengruppen in Lebensgröße und mit zugehöriger Scenerie, die durch ein großes knarrendes Rad in Bewegung gesetzt werden; mit Matten bedeckte Ruhebänke; Schüsseln voll Reis, Bohnen und Erbsen zur Spende für die Götter; Tauben und die beiden heiligen Rosse, Albinoponies, mit rothen Augen und Nasenlöchern, erschrecklich gefräßige Geschöpfe, die den ganzen Tag über fressen, ohne satt zu werden. Ferner Buden für Tänzer und Sänger und in der einen trug ein berufsmäßiger Erzähler der dicht gedrängten Volksmenge eine alte beliebte Verbrechergeschichte vor. Ferner Buden, wo man für geringes Geld das Vergnügen haben kann, einige häßliche, gierige Affen zu füttern oder räudige Meerkatzen zu beobachten, die abgerichtet sind, sich nach japanischer Weise niederzuwerfen. Zu den bedeutendsten Sehenswürdigkeiten gehört eine Sammlung bildlicher Darstellungen in Lebensgröße, das Werk eines Künstlers, welcher, nachdem er die drei und dreißig Tempel der Göttin der Barmherzigkeit besucht hatte, in dem Grade von ihrer Macht und Güte erfüllt war, daß er fünf und dreißig Figurengruppen fertigte, um seinen Landsleuten die Wohlthaten ihres Kultus zu veranschaulichen. Diese Figuren sind wunderbar naturgetreu und mit wirklichen Gewändern bekleidet. Auf den meisten Gemälden ist die Göttin als ein liebliches, sanftes Weib dargestellt, — eine Madonna, mit göttlicher Macht verliehen. Die beiden merkwürdigsten stellen zwei Artikel des Buddhistenglaubens vor: die künftige Strafe und die Seelenwanderung — ein hungriger Dieb eignet sich die Opfergaben zu; daneben zeigt sich sein künftiges Schicksal: man erblickt ihn auf einem glühenden Wagen, von Teufeln umgeben. Auf dem zweiten Bilde zeigt Kwannon einem Manne, der an Kopfschmerzen leidet, die Ursache seiner Schmerzen: der Schädel, den er in einem früheren Leben getragen, ist von der Wurzel einer Pflanze gespalten, welche durch eine der Augenhöhlen hindurchwächst.

Damit ist das Verzeichniß der Sehenswürdigkeiten bei weitem nicht erschöpft. Zur Linken des Tempels sind Gärten, worin noch blühende Azaleen stehen und wo sich die herrliche japanische Flora in ihrer Abwechselung Tausenden von Bewunderern darbietet: Kamellien im Januar, blühende Pflaumenbäume zu Anfang des März, blühende Kirschen im April, der heilige Lotus im Juli und das Chrysanthemum im November. Gewisse Blumen lieben die Japanesen leidenschaftlich und die Besuche der Kirschblüthen-, Iris-, Peonien- und Lotusausstellungen bilden einen Theil vom jährlichen Lebenslauf der Japanesen. Die Wappen vieler berühmter Geschlechter enthalten blühende Pflanzen. Das kaiserliche oder öffentliche Wappen des Mikado ist eine Chrysanthemumblüthe mit sechszehn Staubfäden; sein Palast- oder Privatsiegel stellt Blüthen und Blätter der Paulowna Imperialis dar und das berühmte Wappenschild des Sjoguns von der Tokugawa-Dynastie enthält drei an der Spitze vereinigte Blätter einer Malvenart.

In dieser Jahreszeit bieten die Asakusa-Gärten jedoch mehr künstliche als natürliche Reize dar. Zum großen Theil besteht die höhere japanische Gartenkunst darin, die Natur zu verrenken, zu verunstalten, zu verkümmern, zu übertreiben und zu verschieben. Die Ränder der Beete sind mit beschnittenen Theesträuchern besetzt; die Büsche und Bäume sind mit großer Sorgfalt so gezogen und zurecht geschnitten, daß sie Regenschirmen, Böten, Häusern, Männern mit seltsamen Hüten, Schildkröten, Störchen und Katzen ähnlich sehen; die beliebte Gestalt des Fuji findet sich verschiedene Male wiederholt. Die Blumengärtner haben ihre Zünfte, ihr Gewerbe ist erblich und die verschiedenen Familien besitzen eine forterbende Geschicklichkeit in den mannigfaltigen Verunstaltungen der erwähnten Art. Durch die sorgfältig verkleinerten verschiedenartigen Bäume, die seltsame Umgestaltung der Blätter und Blüthen, die mühevolle Vermehrung der Kelche, Blumenkronen und Stengel, die sorgsame Entwickelung und Erhaltung der wunderlichsten Verunstaltungen der Natur werden diese Gärten dem Fremden nicht weniger interessant als durch die darin befindlichen mächtigen Waldbäume, welche sich selber überlassen geblieben sind.

Aber auch hier, wie überall, fesselten die Menschen mich mehr als die Dinge. Ihre andächtige, aber noch öfter unehrerbietige Frömmigkeit; ihr grober, kindischer Aberglaube; das Nichtvorhandensein von Bettlern und liederlichem Gesindel; die kindlichen Vergnügungen von Männern und Weibern; die steife Kleidung und die ernste Förmlichkeit der Kinder; das seltsame Gemisch von Religion und Erlustigung; die auffällige und doch nicht verletzende Neugier, mit welcher die Fremden noch immer betrachtet werden; der Mangel an eigentlichen Familiengruppen, dabei aber doch die völlige Freiheit der Frauen, sich unter Männern zu bewegen; die Aufmerksamkeit, welche die Eltern den Kindern widmen; der niedrige Wuchs der Volksklassen; die offenen, aber doch bescheidenen Gesichter der Frauen; das reinliche Aussehen und die saubere Kleidung Aller; ihre außerordentliche Ruhe; der Anstand und die Ordnung, von Tausenden bewahrt, welche sich am Nachmittage in die Tempel und auf den Plätzen drängten, ohne daß ein einziger Polizeimann anwesend war: dies Alles machte einen tiefen Eindruck auf mich.

Obschon die Frauen und namentlich die Mädchen bescheiden, artig und freundlich aussahen, so erblickte ich doch keine, die auch nur einigermaßen hübsch genannt werden konnte. Die Nasen sind platt, die Lippen dick und die Augen haben die schiefe mongolische Form. Durch die gewöhnliche Sitte, die Augenbrauen zu scheeren und die Zähne zu schwärzen und den gänzlichen Mangel an charakteristischem Ausdruck erhalten alle Gesichter etwas Leeres und Nichtssagendes. Die enge, knappe Kleidung gestattet ein Urtheil über die Körperbeschaffenheit und in dieser Beziehung machen sie den Eindruck, als ob die Rasse dem Verfall entgegen ginge. Ihre Schultern sind rund und herabgezogen, Brust und Hüften schmal, Hände und Füße sehr klein, ihre Statur erreicht die Höhe von vier Fuß acht Zoll bis fünf Fuß einen Zoll. Die Kinder sind zu dick und schwer, um von ihren kleinen Müttern auf dem Rücken getragen zu werden; und auch sie nehmen mit zunehmendem Alter ab und es scheint ihnen an eigentlicher Lebenskräftigkeit zu fehlen. Die Männer sehen nicht viel besser aus. Gewöhnlich sind sie fünf Fuß hoch, oder fünf Zoll darüber, kümmerlich gestaltet und meistens hager und ohne Muskelkraft. Auf mich machen sie den Eindruck des häßlichsten und doch angenehmsten, artigsten und scharfsinnigsten Volkes, das ich jemals sah.

Wollte man Asakusa und seine Sehenswürdigkeiten nach dem frisch erhaltenen Eindruck nicht wenigstens so ausführlich schildern, wie es hier geschehen ist, so würde man die anziehendste Erscheinung in Japan außer Acht lassen.

Auf dem Rückwege begegneten uns rothe Postwagen, den Landauern ähnlich, eine Schwadron Kavallerie in europäischen Uniformen und mit europäischen Sätteln und der Wagen des Marineministers, ein englischer Brougham mit englisch geschirrten Pferden bespannt und von sechs Reitern begleitet — eine peinliche Vorsicht, die erst nöthig geworden ist, seitdem Okubo, der Minister des Innern, vor drei Wochen ermordet wurde. So steht Altes und Neues in dieser großen Stadt in Gegensatz und Widerspruch zu einander. Der Mikado und seine Minister, die Marine und die Officiere und Mannschaften der Landtruppen, alle bürgerlichen Beamten und Polizisten tragen europäische Kleidung; ebenso die zerfahren aussehenden jungen Leute, welche Anspruch machen, das „junge Japan" vorzustellen. Fuhrwerke und Häuser in englischem Stil, mit Tapeten, Stühlen und Tischen, werden immer zahlreicher und man erkennt den schlechten Geschmack im Ankauf ausländischer Möbel ebenso leicht wie den guten Geschmack, der es vorzieht, die Häuser nach rein japanischer Weise auszustatten. Glücklicher Weise sind die kostspieligen und unpassenden Neuerungen kaum auf die weibliche Kleidung übergegangen und einige Damen, welche die europäische Mode angenommen hatten, haben dieselbe wegen ihrer Unbequemlichkeit und Schwierigkeit wieder aufgegeben.

Die Kaiserin erscheint bei öffentlichen Gelegenheiten in scharlachrothen seidenen „Hakama“ und weiter Robe; sie und ihre Hofdamen tragen unverändert das Nationalkostüm. Nur zwei Damen sah ich hier in europäischer Kleidung an einer Mittagstafel; es war die Gemalin des Viceministers im auswärtigen Amt und die des japanischen Consuls zu Hongkong; Beide hatten bei ihrem langen Aufenthalt im Auslande diese Kleidung mit Anmuth tragen lernen. Die Gattin des Unterrichtsministers besuchte mich eines Tages in einem kostbaren japanischen Kleide von Seidenkrepp, und einem blaßrothen Unterkleide aus dem gleichen Stoff, am Halse und an den Aermeln ein wenig ausgeschnitten. Schmucksachen und Zierrathe trug sie gar nicht, mit Ausnahme einer einfachen Nadel im Chignon; dabei sah sie reizend und graziös in ihrem japanischen Kostüm aus, wogegen sie sich durch unsere Tracht wahrscheinlich entstellt haben würde. Ihre Tracht gewährt einen großen Vortheil vor der unsrigen. Eine Frau ist vollkommen gekleidet, sobald sie ein Gewand mit einem Gürtel hat, und vollkommen im Staat, wenn sie deren zwei trägt. Ein Unterschied, der jedoch von japanischen Künstlern übertrieben dargestellt ist, besteht zwischen den Gesichtern der Frauen von vornehmer Geburt und denen der mittleren und niederen Stände. Mir widersteht es, fette Gesichter, Stumpfnasen, dicke Lippen, lange, schief geschlitzte Augen und bepuderte und geschminkte Wangen zu bewundern. Die Gewohnheit, die Lippen mit einem gelbrothen Stoffe zu färben und das Gesicht und den Hals dick mit Perlpuder zu bedecken, erscheint mir abscheulich. Es ist jedoch nicht glimpflich, so ungünstig über Frauen zu urtheilen, die so freundliche und angenehme Manieren haben.

VI.

Reise-Ausstattung. — Amtliche Verbote. — Ein Yedo-Diorama. — Der Morast von Yedo. — Theehäuser an der Straße. — Verwandlungsscenen. — Nächtlicher Alarm. — Schreckliche Uebelstände.

Kasukabe, den 10. Juni.

Ich habe meine Reise angetreten, wenngleich nicht auf „unbetretenen Pfaden", die ich einzuschlagen hoffe, nachdem ich Nikko werde verlassen haben. Mein erster einsamer Abend inmitten dieses asiatischen Gewühls ist seltsam, fast erschreckend. Jeden Tag fühlte ich mich nervös leidend — in Furcht, geängstigt oder roh behandelt zu werden, wie Herr Campbell warnend in Aussicht gestellt hatte, oder durch die Verletzung der herkömmlichen Landessitte Anstoß zu erregen, — in Furcht vor allen möglichen Dingen. Ito ist meine einzige Zuflucht und vielleicht bewährt er sich wie ein schwankendes Rohr. Oefters war ich im Begriff, meinen Plan aufzugeben, schämte mich aber meiner Verzagtheit, wenn zuverlässige Personen jede Gefahr in Abrede stellten.

Die Vorkehrungen waren gestern beendigt und meine Ausstattung wog 110 Pfund, was, Ito's Gepäck von 90 Pfund dazu gerechnet, gerade so viel ist, wie ein japanisches Pferd durchschnittlich zu tragen vermag. Meine beiden, aus Weidenzweigen geflochtenen Körbe, mit Papier ausgeschlagen und mit wasserdichtem Ueberzuge, passen für die beiden Seiten eines Saumrosses. Ich habe einen Klappstuhl — denn in einem japanischen Hause kann man sich nur auf den Fußboden setzen und findet nicht einmal eine feste Wand, um sich anzulehnen — ein Luftkissen, das bei einer Reise im Kurumawagen nothwendig ist, ein Waschbecken aus Gummi, Betttücher, Laken, ein mit Kannevas überzogenes leichtes Bettgestell, welches binnen zwei Minuten zusammengesetzt werden kann und, da es dritthalb Fuß hoch ist, Sicherheit gegen Flöhe gewähren soll. Die Nahrungsmittelfrage ist dadurch gelöst worden, daß ich fast alle Rathschläge unbefolgt ließ. Ich habe nur einen kleinen Vorrath von Liebigs

Fleischextrakt, vier Pfund Rosinen, etwas Chokolade zum Essen und Trinken und ein wenig Branntwein für den Nothfall mitgenommen. Ich besitze einen eigenen mexikanischen Sattel, eine gehörige Anzahl von Kleidern nebst einem weiten Ueberwurf für die Abendzeit, einige Kerzen, Brunton's große Karte von Japan, mehrere Bände von den Verhandlungen der englisch-asiatischen Gesellschaft und Satow's englisch-japanisches Wörterbuch. Mein Reiseanzug besteht in einem kurzen Kleide aus grau gestreiftem Tweed, einem Paar Stiefel aus starkem ungeschwärzten Leder und einem japanischen Hut, der wie eine umgekehrte Schüssel aussieht, aus hellem Bambusgeflecht, mit weißem baumwollenen Ueberzug und einem leichten inneren Rande, der an die Stirn anschließt, aber doch so lose sitzt, daß ein Zwischenraum zum Zutritt der Luft frei bleibt. Derselbe wiegt nur 2½ Loth und ist einem schweren Filzhute bei weitem vorzuziehen, da er trotz seiner Leichtigkeit den Kopf vollkommen schützt und jede andere Bedeckung unnöthig machte, obgleich die Sonne jeden Tag hell geschienen und das Thermometer auf 86° gestanden hat. Mein Geld besteht in Päckchen von 50 Yen-, 50, 20 und 10 Sen-Noten nebst einigen Rollen Kupfermünze. Eine Tasche mit meinem Paß hangt auf meiner Brust. Mit Ausnahme des Sattels, den ich als Fußbank benütze, findet mein ganzes Gepäck auf einer Kuruma Platz, und Ito, den ich auf 12 Pfund beschränkt habe, trägt das seinige mit sich.

Ich habe drei Kurumas genommen, die bis Nikko, neunzig englische Meilen weit, gehen sollen, ohne daß die Läufer wechseln; jeder kostet etwa 11 Schillinge.

Auf den Pässen wird dem Reisenden die Route gewöhnlich vorgeschrieben, Herr Parkes verschaffte mir jedoch einen unbeschränkten, ohne genaue Angabe, so daß ich durch ganz Japan im Norden von Tokiyo und in Yezo reisen kann. Dieses kostbare Dokument, ohne welches ich mich fortgesetzt an den englischen Consul wenden müßte, ist, wie sich versteht, in japanischer Sprache abgefaßt, doch enthält der Deckel die ausführlicheren Bestimmungen in englischer Sprache. Ein Paß wird ertheilt „aus Gesundheitsrücksichten, behufs botanischer Entdeckungen und wissenschaftlicher Forschungen". Der Inhaber darf in den Wäldern kein Feuer anzünden, keine Zündstoffe zu Pferde mit sich führen, nicht über Felder, durch Gehäge oder Wildschranken fahren, keine Tempel, Kapellen und Wände bekritzeln, auf schmalen Wegen nicht schnell fahren und die Wegeverbote nicht mißachten. Gegen die japanischen Behörden und gegen das Volk soll er sich in ordnungsmäßiger und freundlicher Weise benehmen; seinen Paß jedem Beamten aufweisen, der danach fragt, bei Haftstrafe; im Innern des Landes ist es untersagt zu schießen, Handel zu treiben oder Handelsverträge mit Japanesen abzuschließen, so wie auch Pferde oder Quartiere auf längere Zeit zu miethen als die Reise nöthig macht.

Nikko, am 13. Juni. Dies ist eines der japanischen Paradiese! Ein Sprüchwort lautet: „Wer Nikko nicht gesehen hat, weiß nicht, was Schönheit bedeutet;“ aber davon später. Ich wollte meinen Bericht schon in Kasukabe abfassen, wurde aber von einem Heer von Flöhen gehindert, das mich auf mein Bettgestell trieb; die beiden letzten Abende war nicht an Schreiben zu denken.

Ich verließ die Gesandtschaft am 11. des Vormittags und erreichte Kasukabe um 5 Uhr Nachmittags; die Läufer blieben auf der ganzen Reise von drei und zwanzig Meilen im Trabe, machten aber oft Halt, um zu essen und zu rauchen.

Diese Kurumaläufer tragen kurze blaue baumwollene Hosen, Gürtel, worin Tabaksbeutel und Pfeife stecken, kurze blaue Hemden aus Baumwolle, mit weiten Aermeln, vorn offen und bis zu den Hüften reichend; blaue baumwollene Tücher um den Kopf; wenn jedoch die Sonne sehr heiß scheint oder wenn es regnet, setzen sie die flachen, schlaffen Hüte auf, die zwei Fuß im Durchmesser haben und stets hinten an den Kurumas hangen. Sie tragen Strohsandalen, die sie zwei Mal des Tages wechseln. An den Scheerbäumen hangen blaue und weiße Handtücher, womit sie den reichlich fließenden Schweiß von ihrem hageren braunen Körper wischen. Der obere Theil der Kleidung flattert stets im Winde, so daß Brust und Rücken mit den tättowirten Drachen- und Fischfiguren sichtbar werden. Die Tättowirungen sind neuerdings verboten worden; sie waren aber nicht bloß ein beliebter Schmuck, sondern auch ein Ersatz für mangelhafte Bekleidung.

Die meisten Männer der niederen Klassen tragen ihr Haar in sehr häßlicher Weise — Stirn- und Scheitelhaar sind abgeschoren, das lange Haar vom Hinterhaupte und den Schläfen wird in die Höhe genommen, zusammengebunden, dann mit Wachs gesteift, kurz geschnitten und in einem Zopf, mit der Spitze nach vorn, von hinten über den Schädel gelegt. Das Scheeren und Zurichten des Haars erfordert die Kunst eines erfahrenen Barbiers. Früher trug das Adelsgefolge des alten Regime das Haar in dieser Weise, um den Helm fest zu setzen; jetzt ist diese Haartracht vorherrschend bei den unteren Klassen gebräuchlich.

Eine Kuruma.

In einem munteren Trabe zogen uns die Kulis aus der freundlichen Gruppe fort, die sich unter dem Thorwege der Gesandtschaft angesammelt hatte. Dann ging es fort über die inneren Gräben, den inneren Schloßbezirk entlang, an Portalen und riesenhaftem Gemäuer vorüber, über den zweiten Graben, durch meilenlange graue Straßen von Buden und Schuppen, wimmelnd von Fußgängern und Kurumas, von Packpferden, drei Fuß hoch beladen, mit weit herabhangenden weißen Decken, rothen, vergoldeten Sattelbögen, rothen Stirnriemen, Hufschuhen aus Stroh, den Kopf auf jeder Seite mit einem straffen Riemen an den Sattelgurt befestigt.

Die Kulis zogen ihre schweren Lasten, indem sie in Kehllauten den Ruf „Hai! huida!" ausstießen; eine Menge Kinder mit abscheulich geschorenen Köpfen liefen umher. Wie eine moralische Mahnung inmitten des wirbelnden Diorama zog auch noch ein Leichenzug durch das Gedränge: eine bedeckte Bahre mit der Leiche; ein reich gekleideter Priester, der Gebete murmelte; ein Trauergefolge in blauen Gewändern und weißen Schleiern. Dann gelangten wir in die Vorstadt von Yedo, wo die Häuser weniger dicht stehen. Alle waren auf der Vorderseite offen, so daß man die Beschäftigungen der Bewohner, das eigentliche häusliche Leben deutlich sehen konnte. Viele dieser Häuser waren an der Straße liegende „Chayas" oder Theehäuser und in fast allen verkaufte man Zuckerwaaren, getrocknete Fische, Eingemachtes, rohe Reiskuchen, getrocknete Persimmonen, Regenhüte und Strohschuhe für Menschen und Thiere. Die Straße, breit genug für zwei Wagen, war nicht gut und die auf beiden Seiten befindlichen Gossen oft unrein und übelriechend. Ich brauche wohl nicht zu versichern, daß die Häuser elend, ärmlich, schäbig, sogar unfläthig aussahen, daß ein übler Geruch herrschte, und die Leute häßlich, dürftig und arm erschienen, obgleich Jeder irgend einer Beschäftigung oblag.

Das Land ist eine öde Ebene, zum größten Theile künstlich in einen Morast oder eine Schlammfläche verwandelt, auf welcher zahllose Wasservögel im Sumpfe wateten. Hunderte von Männern und Weibern wateten ebenfalls bis über die Kniee im Morast, denn diese Ebene von Yedo ist hauptsächlich ein großes Reisfeld und es war gerade die geschäftige Jahreszeit für die Pflanzung. In Japan wachsen acht oder neun verschiedene Arten Reis, und alle, mit Ausnahme der auf der Hochebene gedeihenden, erfordern Schlamm, Wasser und eine schmutzige, garstige Arbeit. Der Reis macht die wichtigste Nahrung und den Wohlstand von Japan aus. Die Einnahmen des Staates werden nach dem Reis abgeschätzt und man baut ihn an, wo irgend Ueberrieselungen auszuführen sind.

Nachdem die Körner eingefeuchtet worden, bis sie dem

Keimen nahe sind, werden sie dicht in kleine Gräben gesäet und diese jeden Abend drei bis vier Zoll tief unter Wasser gesetzt und während des Tags wieder getrocknet. Wenn die Saat gut aufgeht, wird Fischdung oder schlechtes Oel darüber gethan, um das Wachsthum zu fördern, und nach etwa fünfzig Tagen sieht man die Furchen mit drei Zoll hohen Pflanzen bedeckt, deren glänzendes Grün jetzt über ganz Yokohama prangt. Die Leute sammeln dann die Pflanzen, je drei oder vier zu Bündchen und pflanzen sie reihenweise ein, so daß zwischen den Reihen und auch zwischen je zwei Pflanzen ein fußbreiter Zwischenraum bleibt. Das Pflanzen findet jedoch noch nicht überall statt und ich sah einen großen Theil von einer vorbereitenden Arbeit, wobei ein Pferd, den Sumpf auf und nieder schreitend, einen an den Strohsattel gebundenen gezähnten Pflug hinter sich herzog und mittelst eines langen Bambusrohrs, das neben seiner Nase befestigt war, von einem nachschreitenden Manne gelenkt wurde. Durch dieses Verfahren werden die alten Reiswurzeln ausgerissen, der Boden aufgelockert und mit dem Dünger vermischt; denn die Reisfelder werden, wie alle japanischen Fruchtfelder, reichlich mit allerhand Düngerstoffen behandelt. Nach diesem Pflügen lagert sich ein schäumiger Schlamm auf dem schwarzen Wasser und verbreitet im heißen Sonnenschein einen pestilenzialischen Gestank.

Gewöhnlich wird der Reis auf terrassenförmigen, abschüssigen Feldern gepflanzt und in diesem Falle ist die Berieselung leicht herzustellen; auf diesem ebenen Gefilde jedoch wird das Wasser aus den Hauptkanälen in höher gelegene Gräben gehoben. Dazu bedient man sich einer tragbaren sinnreich gefertigten Pumpe mit einem großen Rade, das in Art einer Tretmühle von einem Manne in beständiger Bewegung erhalten wird. Ist die Bewässerung an irgend einer Stelle nothwendig geworden, so wird der Apparat an einen Platz zwischen den höher und den niedriger gelegenen Gräben gestellt und mittelst Bambusständer befestigt; der auf einem Querbrett sitzende Arbeiter bewegt das Rad mit den Füßen.

Die Reisfelder sind gewöhnlich nur klein und von verschiedener Gestalt. Ein Viertel Morgen Landes ist dazu genügend groß. Der im Juni gepflanzte Reis wird nicht vor dem

November reif, muß aber inzwischen drei Mal „gepuddelt“ werden. Sämmtliche Arbeiter begeben sich alsdann auf das Schlammfeld, jäten das Unkraut aus, befreien die Reispflanzen von den Schlinggewächsen und lockern die Schlammerde, welche die Wurzeln umgiebt. Der Reis wächst im Wasser, bis seine Reife eintritt und die Felder getrocknet werden. Ein Morgen des besten Landes trägt jährlich etwa vier und fünfzig, mindestens dreißig Scheffel Reis.

Außer den fast ununterbrochenen Dörfern längs der chaussirten Straße befinden sich auf der Ebene von Yedo gleichsam Dörfer-Inseln, umgeben von Bäumen und Hunderten von freundlichen Oasen, worauf reifer Waizen und blühende Zwiebeln, Hirse, Bohnen und Erbsen standen. Auch Lotusteiche sind vorhanden, auf denen das prächtige Liliengewächs Nelumbo nucifera zu dem unheiligen Zweck, gegessen zu werden, gezogen wird. Die schönen klassischen Blätter stehen bereits einen Fuß über dem Wasser. Eine Art Pfeilkraut wird ebenfalls als Nahrungsmittel cultivirt, gehört aber, ebenso wie der Lotus, zu den Luxusgegenständen. Nirgends sind Hecken oder Gehäge zu sehen; die bäuerlichen Eigenthümer sind jedoch mit ihren Grenzen genau bekannt und bis jetzt sind noch keine Länderräuber erstanden. Abgesehen von einzelnen Fällen, wo Pferde und Rinder zum Pflügen der Reisfelder benutzt werden, geschieht der ganze Bau durch Handarbeit. Paulownia Imperialis, deren leichtes Holz zur Verfertigung von Holzschuhen verwendet wird, erblickt man auf einzelnen Strecken, die jedoch der eintönigen Landschaft keinen größeren Reiz verleihen.

Nachdem wir mehrere Meilen weit in munterem Trott gefahren waren, setzten mich meine Leute in einem Theehause ab, um zu essen und zu rauchen, während ich im Garten verweilte, welcher getrockneten Schlamm, gepflasterte Pfade, einen kleinen Goldfischteich, eine verunstaltete Tanne und eine steinerne Laterne enthielt. Es ist wohl zu merken, daß die Fremden mit Unrecht alle japanischen Gasthäuser ohne Unterschied Theehäuser nennen. Ein Theehaus oder „Chaya“ ist ein Haus, wo man Thee und andere Erfrischungen, Speisezimmer und Bedienung bekommen kann. Was einem Hotel einigermaßen entspricht, heißt „Yadoya“ und hier erhält man auf Verlangen Schlafstätten und Beköstigung.

Theehäuser giebt es von allen Klassen, von den dreistöckigen, mit Fahnen und Laternen geschmückten Gebäuden in den Hauptstädten und besuchtesten Oertern bis zu dem unten abgebildeten Theehause am Wege, dessen Dach von vier schwarz angestrichenen hölzernen Pfeilern gestützt wird und worin gewöhnlich nackte Kulis in ruhiger und behaglicher Lage sichtbar sind. Der Fußboden dieser Theehäuser ist etwa achtzehn Zoll über dem Boden erhaben und in der Mitte befindet sich eine mit einem Geländer

Theehaus an der Straße.

umgebene Plattform, „Doma" genannt, wo die Reisenden ihre beschmutzten Füße zu waschen pflegen. Zu diesem Zweck wird ihnen sogleich Wasser dargeboten, denn es ist nicht gestattet, mit unsauberen Füßen oder ausländischen Schuhen auch nur einen Schritt auf dem Fußteppich zu machen. Auf einer Seite der Doma ist die Küche mit einem Holzkohlenfeuer, wo die Kulis auf der Matte kauern, essen und rauchen, während auf der anderen Seite die Familie ihren Verrichtungen obliegt. Auch in den kleinsten Theehäusern befinden sich fast überall ein oder zwei Hinterstuben, der eigentliche Verkehr hat aber nur in dem offenen Vorderraum statt. In den kleinen Theehäusern ist im Fußboden eine mit Sand oder Asche gefüllte Vertiefung, worin man die Holzkohle verwahrt, die zum Küchenfeuer gebraucht wird; außerdem sind kleine Bretter für Speise- und Trinkgeschirr vorhanden; in den großen dagegen sind mehrere Kohlentöpfe, die Wände sind bis zur Decke mit Gesimsen versehen und für den Gebrauch der Gäste sind Tische mit lackirten Geräthen und Porzellangeschirr vorhanden. In den großen Theehäusern lassen sich binnen kurzer Zeit, vermittelst schiebbarer Tapetenwände Querbalken und Furchen in Fußboden und Decke, eine Anzahl' Zimmer herstellen.

Während wir in den Theehäusern an der Straße verweilten, wuschen sich die Läufer die Füße, spülten sich den Mund aus und genossen Reis, Eingemachtes, Salzfisch und abscheuliche Brühen, worauf sie aus ihren kleinen Pfeifen rauchten, die nach drei Zügen immer wieder gefüllt werden müssen. Sobald ich abstieg, brachte mir eine freundliche Dirne das Tabaksgeräth, ein viereckiges lackirtes Brettchen mit einem Kohlenbecken aus Bambus oder Porzellan und einem Aschenbecher; ein anderes Mädchen bot mir auf einem Tischchen eine kleine gehenkelte Theekanne, die kaum zwei unserer Tassen enthielt und zwei Tassen ohne Henkel, deren jede etwa den Inhalt von zehn bis zwanzig Fingerhüten fassen konnte. Das heiße Wasser läßt man nur eine Minute auf den Theeblättern und dies giebt einen klaren hellgelben Aufguß von köstlichem Geruch, der ebenso wohlschmeckend wie erfrischend ist. Wenn der japanische Thee lange „zieht", so erhält er einen strengen bitteren Geschmack und eine nachtheilige, zusammenziehende Eigenschaft. Milch und Zucker sind nicht gebräuchlich. In allen Theehäusern findet man einen sauberen hölzernen oder lackirten Eimer voll vorräthigem kalten Reis, da der Reis nur täglich drei Mal frisch gekocht wird, wenn man ihn nicht besonders bestellt; die Kulis wärmen ihn auf, indem sie heißes Wasser darüber gießen. Während des Essens erscheint eine Kellnerin mit jenem Eimer und füllt die Reisschüssel so lange, bis wir unser Genüge erklären. Für den Thee und eine einstündige Rast ist es auf dieser Tour gebräuchlich, drei oder vier Sen auf den Präsentirteller zu legen.

Den Tag über fuhren wir durch Reisfelder, auf einer sehr lebhaften Straße bis Kasukabe, eine gut gelegene, aber elende Stadt, deren Hauptstraßen wie die armseligsten Gassen in Tokiyo aussehen. Für die Nacht rasteten wir in einer großen Yadoya, wo wir Zimmer im unteren und oberen Stockwerk, eine Menge Reisende und viele üble Gerüche vorfanden. Bei unserer Ankunft faltete der Wirth die Hände und warf sich nieder, wobei er den Erdboden drei Mal mit der Stirn berührte. Es ist ein großes, altes und geräuschvolles Haus und in der offenstehenden Küche tummelten sich gegen dreißig Diener. Ich nahm ein oberes Zimmer mit einem Balkon, einen Raum, der sogleich in vier Stuben verwandelt wurde, indem man dunkelfarbene Tapetenwände in die dazu bestimmten Fußbodenritzen einschob. Auch ein Hinterzimmer wurde in der Eile hergestellt, aber aus Rahmen mit durchscheinendem Papier, das allerhand Löcher und Risse hatte. Nachdem dies geschehen war, sah ich mich im Besitze eines Zimmers von etwa sechszehn Quadratfuß, ohne Haken oder Gesimse oder sonst eine Vorrichtung, um Sachen aufzuheben; nichts weiter als ein mit Matten bedeckter Fußboden. Unter japanischen Fußdecken muß man sich jedoch saubere und weiche Decken von der Güte der feinsten Axminster-Teppiche vorstellen. Sie sind 5 Fuß 9 Zoll lang, 3 Fuß breit und 2½ Zoll dick. Der Untergrund ist aus grobem Stroh geflochten, dieses ist mit einem feinen Gewebe überzogen und gewöhnlich mit dunkelblauem Tuche besetzt. Tempel und Gemächer werden nach der Zahl der Teppiche, die sie enthalten, geschätzt und die Zimmer in entsprechender Größe gebauet, da man die Teppiche nicht zerschneidet. Sie haben gleiche Höhe mit den polirten Leisten, womit der Fußboden eingefaßt ist, sind weich und elastisch und die feineren Sorten wirklich schön, aber auch ebenso theuer wie die besten Brüsseler Tapeten. Die Japanesen legen großen Werth auf ihre Teppiche und ärgern sich stets, wenn unachtsame Fremde mit ihren schmutzigen Füßen darauf treten; leider beherbergen diese Decken eine Unzahl von Flöhen.

Der Balkon außerhalb meines Zimmers bietet nur die Aussicht auf einen Haufen verfallener Dächer und Traufen. Die Zimmer sind alle gefüllt. Ito fragte mich ein für alle Mal um meine Anordnungen, stellte mein Bett unter ein großes Moskitogeflecht aus grobem grünen, dumpf riechenden Kannevas, brachte mir Thee, Reis und Eier, nahm meinen Paß, um ihn vom Hausmeister abschreiben zu lassen und ging dann fort, wohin weiß ich nicht. Ich versuchte einen Brief zu schreiben, wurde jedoch durch Flöhe und Moskitos davon abgehalten; überdies wurden die Tapetenschirme mehrmals behutsam auf die Seite gerückt und verschiedene schwarze, längliche Augen lugten durch die Spalte, denn in dem Zimmer zur rechten Hand wohnten zwei Japanesenfamilien und zur linken Hand fünf Männer. Ich verschloß die Fenster mit durchsichtigen Papierscheiben und ging zu Bett, doch fühlte ich mich schrecklich unheimlich und bis jetzt habe ich noch nicht genügendes Vertrauen zu meinen Mitmenschen, um mich ohne Mauern, Schlösser und Thüren sicher zu fühlen. Unaufhörlich spähete man durch die Ritzen; ein Mädchen schob zwei Male den Schirm bei Seite, der das Zimmer nach dem Flur hin abschließt; ein blinder Mann trat ein und sprach einige unverständliche Worte, um mir seine Dienste als Muskelkneter anzubieten und im Allgemeinen nahm das Getöse kein Ende. Auf einer Seite wurden buddhistische Gebete mit kreischender Stimme gesprochen, auf der anderen lärmte ein Mädchen auf einem „Samisen", einer Art Guitarre; im Hause schwatzte und lärmte man, draußen wurden Tomtoms und Trommeln gerührt; von der Straße erscholl vielfältiges Geschrei und ganz unerträglich war das Geklapper des Nachtwächters, der auf den japanischen Dörfern umherzieht und, zum Zeichen seiner Wachsamkeit, zwei Stücke Holz an einander schlägt. Es war mir ein ganz fremdartiges, störendes und doch unterhaltendes Treiben. Mein Geld lag offen da und es schien nichts leichter, als die Hand durch eine Spalte zu stecken und es zu nehmen. Ito sagte mir, der Brunnen sei verpestet und mithin war neben der Beraubung auch noch Erkrankung zu befürchten. Im Grunde aber waren, wie ich späterhin erfuhr, alle meine Befürchtungen ungegründet, obgleich sie einer allein stehenden Frau zu verzeihen sind. Ich bin seitdem 1200 englische Meilen weit im inneren Lande und in Yezo in völliger Sicherheit und Ungestörtheit gereist und ich glaube, es giebt kein Land in der Welt, wo eine Frau auf der Reise so sicher vor Gefahr und Rohheit sein kann wie in Japan.

Mein Bett ist nur ein Stück Segeltuch, auf zwei hölzerne Latten genagelt. Als ich mich niederlegte, riß das Segeltuch krachend von den Nägeln ab und senkte sich auf eine eckige Leiste, welche die beiden Latten verband. So lag ich, den Moskitos und Flöhen preisgegeben, drei Stunden und durfte mich nicht rühren, wenn ich nicht noch weiter hinabfallen wollte. Meine peinliche Lage verschlimmerte sich mit jedem Augenblick, bis Ito mir von draußen zurief, es wäre ein Bote von der Gesandtschaft und zwei Polizeimänner da, die mit mir

Sir Harry's Bote.

sprechen wollten. Bei meiner Ankunft hatte ich, der Vorschrift gemäß, dem Hausmeister meinen Paß zugestellt und dieser hatte ihn in sein Buch eingetragen und eine doppelte Abschrift an das Polizei-Amt geschickt; diese nächtliche Störung war mithin ebenso unerklärlich wie unverantwortlich. Trotzdem fühlte ich mich sogleich beruhigt beim Anblick der beiden Männchen in europäischen Uniformen, mit ihren herkömmlichen Stöcken und runden Laternen. Sie erwiesen sich ehrerbietig, ohne sich etwas zu vergeben und erschienen mir insofern willkommen, als sie mir die Ueberzeugung gewährten, daß ich bekannt und vermerkt war, und daß eine Regierung, die aus besonderen Gründen darauf bedacht ist, den Fremden von ihrer Macht und Allwissenheit zu überzeugen, auch die Verpflichtung habe, für seine Sicherheit zu haften.

Während sie beim spärlichen Lichte ihrer Laternen meinen Paß buchstabirten, öffnete ich das Packet aus Yedo und fand darin eine zinnerne Büchse mit Citronenzucker, eine sehr freundliche Notiz von Sir Harry Parkes und ein Pack Briefe von meinen englischen Freunden. Als ich im Begriff war, die Briefe zu öffnen, schlüpften die Polizisten mit ihren Laternen aus meinem Zimmer und, das ungeöffnete Telegramm und, die sechs Wochen lang ersehnten Briefe neben mir, lag ich schlaflos bis zum Tagesanbruch.

VII.

Ländliche Trachten und Gebräuche. — Reise-Erfahrungen. — Landhäuser und Dörfer. — Eine Puppenstraße. — Trennung von den freundlichen Kulis.

Um sieben Uhr am nächsten Morgen war der Reis verzehrt, das Zimmer so leer, als wäre es nicht bewohnt gewesen, die Rechnung von 80 Sen bezahlt, der Wirth und die Dienerschaft hatten sich, eine glückliche Reise wünschend, niedergeworfen und in raschem Trabe ging die Kuruma-Fahrt weiter. An der ersten Haltestelle erkrankte einer meiner Läufer, ein freundlicher, gutmüthiger, aber sehr häßlicher Mensch, plötzlich an Leibschmerzen und Erbrechen, was er dem schlechten Trinkwasser in Kasukabe zuschrieb. Als er zurückgelassen werden mußte, gefiel es mir sehr, daß er in der ehrlichsten und unabhängigsten Weise für einen Stellvertreter sorgte und sich dabei streng an unser Abkommen hielt, ohne eine besondere Vergütigung für seine Erkrankung in Anspruch zu nehmen. Er hatte sich so freundlich und hülfreich erwiesen, daß ich ihn mit Bedauern entließ.

Es war ein köstlicher Tag, trotz hohem Thermometerstande doch keine drückende Hitze. Zur Mittagszeit erreichten wir den Tone; ich wurde auf den tättowirten Schultern eines Kuli über den seichteren Theil getragen und dann fuhren wir nebst den Kurumas, einigen schlechten Saumrossen und einer Anzahl Reisender in einem Boote mit flachem Boden hinüber. Die Bootführer, Reisende und Landleute waren fast alle unbekleidet; die wohlhabenderen Bauern aber arbeiteten auf den Feldern, bekleidet mit gewölbten Bambushüten von der Größe eines Regenschirmes, Kimonos mit weiten, herabhangenden Aermeln und mit großen, an den Gürtel befestigten Fächern. Viele Reisende, denen wir begegneten, waren ohne Hüte, schützten aber die Vorderseite des Kopfes vor der Sonne, indem sie einen Fächer vorhielten. Die Unzweckmäßigkeit der Nationaltracht für die Arbeiter mag es erklären, daß sie sich überall derselben gern entledigen. Sie ist sogar beim bloßen Ausschreiten so hinderlich, daß die meisten Fußgänger gleichsam „aufgeschürzt“ gehen, indem sie den Kimono vorn am unteren Saume aufnehmen und ihn unter den Gürtel stecken, so daß die gewebten, eng anschließenden und elastischen baumwollenen Beinkleider, die bis zu den Fußknöcheln reichen, sichtbar werden.

Nachdem wir bei einem Dorfe, von wo ein Dampfboot nach Tokiyo fährt, noch über einen anderen Fluß gesetzt worden waren, wurde die Landschaft gefälliger, die Reisfelder seltener, die Bäume, Häuser und Scheunen zahlreicher und in der Ferne zeigten sich hohe Hügel, in Nebel eingehüllt. Ein großer Theil des Waizens, woraus aber nicht Brot, sondern Nudeln bereitet werden, wurde schon eingebracht. Mit Verwunderung sieht man zehn Fuß hohe Haufen sich langsam fortbewegen und wird endlich vier Füße darunter gewahr; denn alle Ernten werden auf Pferden fortgeschafft oder von den Arbeitern auf dem Rücken getragen. Ich sah mir mehrere Dreschtennen an, reinliche, offene Räume vor den Scheunen, wo das Korn auf Matten gelegt und mittelst schwerer Dreschflegel ausgedroschen wird. Nach anderer Art wird das Getreide auf eine Unterlage von neben einander geschichtetem Bambusrohr gebracht und von Weibern gedroschen. Nach einem dritten Verfahren, welches sowohl auf den Feldern wie in den Scheunenhöfen zur Anwendung kommt, stecken die Frauen eine Handvoll Garben durch eine Art schräg stehender, mit eisernen Zähnen versehener Krempelmaschine, welche die Aehren abschneidet und die Halme unversehrt läßt. Es ist wahrscheinlich das gezähnte Instrument, dessen schon Jesais erwähnt. Die Aehren werden nachher zwischen den Händen gerieben. In dieser Gegend wurde der Waizen überall mit den Händen ausgeschwungen und das Korn, nachdem es durch den Wind von der Spreu gesondert worden, auf Matten zum Trocknen ausgelegt. Sicheln sind nicht gebräuchlich; die Schnitter schneiden je so viele Halme, wie sie mit der Hand fassen können, dicht über dem Boden ab, wobei sie sich eines kurzen Messers bedienen, dessen Klinge rechtwinkelig am Heft sitzt. Der Waizen wird in weitläufigen Reihen gesäet und die Zwischenräume zu Bohnen und anderen Gemüsearten benutzt; sobald er geerntet ist, kommen Rettige, Gurken und dergleichen Gewächse an seine Stelle, denn das Land trägt bei sorgfältiger Pflügung und reichlicher Düngung jährlich zwei, sogar drei Ernten. Der Boden für Waizen wird ebenso umgegraben wie für die anderen Feldfrüchte, Reis ausgenommen; kein Unkraut ist zu sehen und das ganze Land gewährt den Anblick eines gut gepflegten Gartens. Die Scheunen sind in dieser Gegend sehr hübsch und bei vielen hat das große Dach dieselbe gewölbte Schweifung, die wir bei den Pagodendächern wahrgenommen haben. Viele Bauernhöfe haben hübsche Thorwege, ähnlich den alterthümlichen Portalen auf einigen englischen Kirchhöfen, aber in vergrößertem Maßstabe. Da die Thiere weder zur Molkerei, noch zum Ziehen oder Schlachten verwendet werden, so ist kein Weideland vorhanden. Das Land und die Bauernhöfe sind wundersam still und unbelebt; ein verkümmerter Hund und etwas Geflügel sind die einzigen Vertreter der Hausthiere; ich sehne mich ordentlich danach, wieder Rindvieh brüllen und Schafe blöken zu hören.

Um 6 Uhr erreichten wir Tochigi, eine große Stadt, früher zu dem Schlosse eines Adligen des alten Regime gehörig. Da in der Umgegend viel Hanf wächst, so werden hier vorzugsweise Seilerarbeiten verschiedener Art gefertigt. Viele Dächer sind mit Ziegeln gedeckt, und die Stadt sieht massiver und hübscher aus als die vorhergehenden, dennoch erging es mir hier noch schlechter als in Kasukabe und ich hätte beinahe die ganze japanische Reise aufgegeben und wäre schmählich nach Tokiyo zurückgekehrt, wenn sich die Umstände nicht seit gestern Abend wesentlich verbessert hätten.

Das Wirthshaus war groß, und da schon sechszig Gäste

vor mir eingetroffen waren, so durfte ich nicht auf besondere Bequemlichkeit Anspruch machen, sondern mußte mich mit einem Zimmer begnügen, das nicht von schiebbaren Tapetenwänden sondern nur von Papierschirmen umschlossen war, und mit einem Platz für mein Bett, meine Reisegeräthschaften und ein übelriechendes grünes Moskitonetz, das von Flöhen wimmelte. Die eine Seite meines Zimmers grenzte an einen belebten Gang und die andere öffnete sich nach einem kleinen Hofe, auf dessen gegenüber liegender Seite sich noch drei andere Zimmer befanden, die von mehreren ziemlich unanständigen Reisenden eingenommen waren. Die Papierschirme waren voller Löcher, und an jedem zeigte sich öfters ein menschliches Auge. An Abgeschlossenheit war nicht zu denken. Nebenbei waren die Diener laut und grob und guckten ohne irgend eine Veranlassung in mein Zimmer; ebenso machte es auch der behäbig aussehende Wirth; Gaukler, Musikanten und Sängerinnen schoben die Wandschirme bei Seite, und ich dachte schon, Herr Campbell hätte nicht Unrecht, wenn er meinte, eine Frau dürfe in Japan nicht allein reisen. Ito, der im Nebenzimmer wohnte, fürchtete, ich könnte leicht beraubt werden, und bat um Erlaubniß, mein Geld in Verwahrung nehmen zu dürfen; er ging aber in der Nacht nicht damit durch! Vor acht Uhr legte ich mich auf mein gebrechliches Bett, aber mit jeder nächtlichen Stunde vermehrte sich der Lärm im Hause, wurde wahrhaft teufelmäßig und gelangte erst nach ein Uhr zum Schweigen. Trommeln, Tomtoms und Cymbeln wurden geschlagen; Gauklerinnen tanzten, von Gesängen begleitet, die zuweilen in lächerliche Mißklänge ausarteten; Erzähler trugen ihre Geschichten in kreischendem Tone vor und in der Nähe meines Zimmers nahm das Plaudern und Lärmen kein Ende. Zuletzt wurde gar meine unsichere Schirmwand zufällig umgeworfen und es enthüllte sich ein höchst heiterer Auftritt, wo mehrere Menschen badeten und einander mit Wasser bespritzten.

Bei Tagesanbruch begann das Getöse der Abreisenden und ich war froh, um sieben Uhr aufbrechen zu können. Noch vor der Abreise wurden die Scheidewände weggeschoben und das ehemalige Zimmer in einen großen offenen Raum umgestaltet — ein Verfahren, wodurch zugleich eine heilsame Lüftung bewirkt wird.

Obgleich der Weg ein wenig bergauf ging, und die Männer zu ermüdet waren, um zu traben, legten wir doch binnen neun Stunden dreißig englische Meilen zurück. Eine immerwährende Freude gewährte mir die Güte und Freundlichkeit, womit die Kulis sich gegen mich und Andere benahmen. Höchst unterhaltend ist es, zu sehen, mit welcher ausgezeichneten Höflichkeit sich Männer begrüßen, die nur mit einer Jacke und einem Hute bekleidet sind. Der Hut wird stets abgenommen, wenn sie mitsammen sprechen und drei tiefe Bücklinge dürfen nicht vergessen werden.

Bald nachdem wir das Gasthaus verlassen hatten, kamen wir durch eine lange Straße, auf beiden Seiten mit großen und schönen Häusern besetzt, welche alle vorn offen standen. Die polirten Flure und Gänge blinkerten wie Wasserspiegel; an den Seitenwänden erblickte man schöne Wandgemälde und die Matten waren außerordentlich fein und weiß. Hinter den Häusern lagen Gärten voll Blumen und Springbrunnen; kleine Bäche, über welche kleine steinerne Brücken führten, flossen hin und wieder durch die Häuser. Nach dem Anschein kam ich auf die Vermuthung, daß es Wirthshäuser wären; als ich Ito fragte, weshalb wir nicht in einem derselben abgestiegen seien, antwortete er mir, alle wären Theehäuser, die in schlechtem Rufe ständen.

Je weiter wir fuhren, desto hübscher wurde das Land und entwickelte sich zu steilem waldigen Hügelland; in den Wolken in der Ferne wurden Gebirge sichtbar. Die Bauerndörfer liegen bequem von Gehölz umschlossen; die wohlhabenderen Besitzer sondern ihre Wohnungen durch dichte Gehäge oder eigentlich Heckenschirme, die zwei Fuß breit und oft zwanzig Fuß hoch sind. Neben jedem Hause wächst Thee, dessen Blätter gepflückt und auf Matten getrocknet werden. Anpflanzungen von Maulbeerbäumen deuteten auf Seidenbau und längs der Straße sah man schwefelgelbe Cocons im Sonnenschein ausgebreitet. Zahlreiche Weiber saßen vor den Häusern und woben baumwollene Zeuge; fast in allen Dörfern wurde Baumwollengarn, meistens von England eingeführt, mit einem einheimischen Indigo gefärbt. Alte Frauen waren mit Spinnen beschäftigt und junge wie alte plauderten gewöhnlich zu ihren altklug aussehenden Kindern, die sie, in ihr Gewand gehüllt, auf dem Rücken trugen, von wo sie listig über die Schulter guckten. Sogar kleine Mädchen von sieben oder acht Jahren trugen bei ihrem Spiel Kinder auf dem Rücken, und die noch kleineren, welche dazu nicht stark waren, hatten sich wenigstens Puppen aufgebunden. Unzählige Dörfer, volle Häuser und überall Kinder — danach erschien das Land überaus bevölkert.

Mit der zunehmenden Pracht des Tages wurden auch die landschaftlichen Bilder schöner und mannichfaltiger. Große schneebedeckte Berge schaueten über die Hügel herüber, auf deren steilen Abhängen das Dunkelgrün der Nadelhölzer mit den helleren Farbentönen der Laubwälder abwechselten. In Tannenhainen auf kleinen Hügeln standen Sinto-Kapellen, zu welchen breite steinerne Treppen hinaufführten. Das Goldgelb der Erntefelder bildete einen angenehmen Gegensatz zu dem frischen grünen Blattwerk des Hanfes; Rosen und weiße Azaleen schmückten die Gebüsche; und als die breite Straße in die Allee von riesigen Cryptomerien einbog, welche den Weg nach den heiligen Stätten von Nikko beschattet, als ein bunter Wechsel von zitternden Sonnenstrahlen und von Schatten sich auf den Rasenflächen spiegelte — da fühlte ich, daß Japan ein schönes Land ist und nur wie ein böser Traum erschien mir die sumpfige Ebene von Yedo.

Zwei Straßen führen nach Nikko. Ich vermied die eine, welche gewöhnlich von Utsunomiya eingeschlagen wird und dadurch entging mir die prächtigste der beiden Alleen, die sich beinahe funfzig Meilen weit längs der Hauptstraße Oschiukaido hinziehen. Längs dem Reiheischi-Kaido, meinem Wege, dehnt sie sich dreißig Meilen weit aus und beide, häufig von Dörfern unterbrochen, laufen bei dem Dorfe Imaichi, acht Meilen von Nikko, zusammen und ziehen sich von dort, neben einander laufend, bis zum Eingange der Stadt. Man sagt, ein Mann habe sie den begrabenen Sjoguns zum Andenken gepflanzt, da er zu arm gewesen sei, ihnen eine bronzene Laterne in ihren Kapellen zu stiften. Ein großartigeres Denkmal konnte nicht errichtet werden und sie sind wohl das Grandioseste ihrer Art in der Welt. Die Allee von Reihischi-Kaido ist ein guter Fahrweg mit schrägen Seitenwällen, welche acht Fuß hoch und mit Gras und Farrnkraut bewachsen sind. Auf der Höhe dieser Dämme stehen die Cryptomeria; dann folgen zwei mit Gras bewachsene Gänge, an die sich ein breiter Raum voll Buschwerk und Gesträuchen anschließt. Viele Baumstämme messen siebenundzwanzig Fuß im Umfange; erst in einer Höhe von 50 oder 60 Fuß verzweigen sie sich und sie erscheinen noch dadurch höher, daß die röthliche Rinde der Länge nach in Streifen zerspalten ist. Die Bäume sind pyramidenförmig und sehen von weitem wie Cedern aus. Einen wahrhaft feierlichen Eindruck macht diese prachtvolle Allee mit ihren schattigen Laubkronen, durch welche die Sonnenstrahlen spielend eindringen und durch deren Zwischenräume sich zuweilen die hohen Berge aus der Ferne blicken lassen. Unwillkürlich ahnt uns, daß sie uns dorthin führt, wo wir ebenso Großartiges und Schönes finden werden. Nur mitunter wird sie von Dörfern unterbrochen, deren große Glocken zwischen zwei Pfählen hangen; oder durch am Wege stehende Kapellen mit Opfergaben aus Tüchern und Blumen; oder durch steinerne Bildnisse von Buddha und seinen Schülern, welche meistens entstellt und umgeworfen sind, alle mit dem Ausdruck seliger Ruhe und Gleichgültigkeit gegen die irdischen Dinge; oft trifft man auch halb verfallene hölzerne Tempel, deren sanfte Glockenklänge die Abendluft erfüllen.

Imaichi, wo sich die beiden stattlichen Alleen vereinigen, ist eine lange Dorfstraße, die sich einen Hügel hinaufzieht; in der Mitte derselben fließt in einer steinernen Rinne ein Gebirgsbach, der hin und wieder mit Steinplatten überbrückt ist. Ueber dem Strome befindet sich ein Polizeiwachthaus, von wo man die ganze Straße übersehen kann. Der Ort sieht düster und leblos aus, als fühlte er sich gedrückt von den Heiligthümern droben und von den stattlichen Alleen, die sich unterhalb hinziehen; wir fanden jedoch ein gutes Wirthshaus, wo ich in Ruhe übernachtete.

Am frühen Morgen brachen wir bei feinem Regen auf und fuhren acht Meilen geraden Wegs die Allee aufwärts. Die Vegetation ist so üppig, wie sich bei dem heißen und schwülen Sommerklima und den reichlichen Regenfällen der Gebirgsgegend erwarten läßt; jeder Stein ist mit Moos und die Seiten des Wegs mit grünendem Steinleberkraut bedeckt. Wir befanden uns auf den Vorhügeln des Nantaizan-Gebirges, welche 1000 Fuß hoch, zerklüftet und auf dem Gipfel bewaldet sind und von denen unzählige Ströme brausend und tosend zu Thale fließen. Die lange Straße von Hachiischi und ihre munter gefärbten Häuser mit hohen Dächern und Altanen, so wie der steile Dammweg, der zuweilen von Stufen unterbrochen wird und die mit Tannenholz bewachsenen Höhen geben dem Orte ein malerisches schweizerisches Ansehen, wenn man ihn zu Fuß durchschreitet, während die Kurumas über die Treppen gehoben werden. Dieser Eindruck verbleibt auch, wenn man die steile Straße hinaufsteigt und überall Klafterholz und Körbe voll Holz und Gras zum Verkauf ausgestellt sieht. Die Straße ist still und nett, und die Leute kommen heraus und starren die Reisenden an, als ob ihnen noch keine Fremden vorgekommen wären, seit Sir Parkes und seine Gemahlin hier durchkamen, um ihre Wohnung im kaiserlichen Hombo aufzuschlagen; sie waren die ersten Europäer, welchen es gestattet wurde, Nikko zu besuchen. Die Straße sieht aus, als ob sie für Puppen gemacht wäre: die Häuser klein und niedrig, mit so feinen Matten ausgelegt, so außerordentlich rein und sauber, so leicht und zart, daß, selbst als ich sie ohne Schuhe betrat, ich mir „wie der Ochs im Porzellanladen" vorkam; ich fürchtete, schon durch meine bloße Schwere die Sachen umzuwerfen und zu beschädigen. Eine so peinliche Sauberkeit herrscht, daß ich hier im schmutzigen Schuhwerk ebenso wenig über die Straße wie über den Teppich eines Putzzimmers gehen würde. In diesem schweigsamen Gebirgsorte verkauft man in den meisten Läden Curiositäten, Lackirwaaren, Schachteln mit überzuckerten schwarzen Bohnen, allerhand Büchsen, Theebretter und Tassen aus polirtem Holz und wunderliche Zierrathe, aus Baumwurzeln gefertigt.

Es lag nicht in meinem Plane, in dem schönen Gasthause zu Hachiischi, zu verweilen und ich schickte Ito eine halbe Meile vorauf, um mich bei dem Besitzer des Hauses, wo ich wohnen sollte, durch eine Notiz in japanischer Sprache anzumelden. Unterdessen saß ich auf einer felsigen Erhöhung am oberen Ende der Straße und überblickte die feierlichen Haine auf den Hügeln, wo die beiden größten der Sjoguns in ihrer Glorie ruhen. Unter mir drängte sich der rauschende Daiyagawa, von nächtlichem Regen angeschwollen, mit Donnergetöse durch eine enge Schlucht.

Drüben verlieren sich kolossale Steintreppen in die düsteren Haine, über welchen das Nikkosan-Gebirge sichtbar wird. Gerade an der Stelle, wo sich der Ungestüm des Stromes an zwei Steinwällen bricht, ist er von einer roth angestrichenen Brücke überspannt, die auf jeder Seite von zwei steinernen Pfeilern getragen wird. Sie gewährt eine angenehme Abwechselung unter dem dunklen Grün und matten Grau der Umgebung, obgleich sie nicht großartig erscheint und nur dadurch Bedeutung erhält, daß sie die Mihaschi- oder heilige Brücke ist, im Jahre 1636 erbauet, und früher nur zugänglich für die Sjoguns, das Gefolge des Mikado, und zwei Mal im Jahre für Pilger. Ihre beiden Thore sind verschlossen. Mächtig und einsam erscheint Nikko, die Stätte des Regens und Nebels. Hier hört der Weg für die Kurumas auf und wer weiter reisen will, muß zu Fuß gehen oder reiten oder sich tragen lassen.

Ito war weit fort und die angenommenen Kulis redeten mich in japanischer Sprache an, so daß ich mich verlassen und hülflos fühlte. Mein Gepäck nahmen sie auf die Schultern und, nachdem wir eine Treppenflucht hinuntergestiegen waren, überschritten wir die hundertjährige Brücke und bald darauf begegnete uns mein Wirth Kanaya, ein sehr freundlicher Mann von gefälligem Aeußeren, der sich beinahe bis auf die Erde bückte. Terrassenförmige Wege führen in jeder Richtung nach den Tempelhainen; der unsrige ging an manchem stattlichen Gebäude vorüber, aber nicht nach den Tempeln hinauf; obgleich der Hauptweg nach dem beliebten Wallfahrtsorte Chiuzenjii, nach dem volksthümlichen Erholungsorte Yumoto und nach verschiedenen Dörfern, ist er doch ziemlich unbequem und nur zu Fuß oder zu Pferde zu passiren, da er hin und wieder durch steinerne Treppen unterbrochen wird.

In dem Hause, das mir auf den ersten Anblick gefiel, trennte ich mich mit Bedauern von meinen Kulis, die mir so hingebend und treu gedient hatten. Mancherlei kleine Aufmerksamkeiten hatten sie mir erwiesen, unter Anderem meine Kleider ausgeklopft, mein Luftkissen gefüllt und mir Blumen gebracht. Stets bezeigten sie sich dankbar, wenn ich bergauf zu Fuß ging; jetzt kehrten sie von einem Spaziergang in die Berge zurück und brachten mir Azalea-Zweige, indem sie mir Lebewohl sagten.

VIII.

Meine Heimstätte in Nikko. — Kanaya's Haushalt. — Begräbniß eines Sjogun. — Prachtvolle Kapellen. — Religiöse Kunst der Japanesen und der Inder.

Nikko, in Kanaya's Hause, d. 15—21. Juni.

Was ich über mein Haus schreiben soll, weiß ich nicht. Es ist ein japanisches Idyll; nichts ist vorhanden, weder innen noch außen, das dem Auge nicht gefiele und nach dem Getöse der Wirthshäuser ist seine Stille, nur vom lieblichen Geplätscher des Wassers und vom Gezwitscher der Vögel unterbrochen, wahrhaft erquickend. Es ist ein einfaches unregelmäßiges Gartenhaus von zwei Stockwerken, auf einer untermauerten Terrasse, zu welcher eine steinerne Treppe hinaufführt. Der Garten ist gut gepflegt und prangt jetzt von blühenden Päonien, Iris und Azaleen. Im Hintergrund erhebt sich ein Berg, dessen Fuß mit rothen Azaleen überdeckt ist und ein herabfließender Bach versieht das Haus mit frischem und klarem Wasser; ein anderer bildet einen kleinen Wasserfall, fließt dann unterhalb des Hauses vorüber durch einen Fischteich mit steinigen Inselchen und ergießt sich unten in den Fluß.

Kanaya's Schwester, eine sanfte Frau von gebildetem Aussehen, kam mir an der Thüre entgegen und zog mir die Schuhe aus. Die beiden Verandas sind sehr sauber; ebenso der Eingang und die Thüre, die zu meinem Zimmer führt. Die Teppiche sind so fein und weiß, daß ich kaum in Strümpfen darauf zu gehen wage. Die saubere Treppe führt auf einen großen Balkon, von wo man einer schönen Aussicht genießt; von hier aus tritt man in ein geräumiges Zimmer, welches bald in zwei verwandelt wurde, da es für mich zu groß war. Vier sorgfältig gescheuerte Stufen führen in ein hübsches Hinterzimmer, welches Ito bewohnt; eine andere Treppe geht nach dem Badehause und dem Garten. Die ganze Vorderseite meines Gemachs besteht aus Papierschirmen, die bei Tage zurückgeschoben sind. Die Decke ist von hellem Holz gefertigt, mit Leisten aus dunklerem Holz durchkreuzt. Die Wandtapeten sind aus rippigem hellblauen Papier mit goldenen Tüpfeln. Auf der einen Seite liegen zwei Alkove mit polirtem Holzfußboden und in dem einen derselben befindet sich ein Gemälde auf weißer Seide, welches einen blühenden Kirschenzweig darstellt — ein vollkommenes Kunstwerk, das schon allein dem Gemach zu schöner Zierde gereicht. Der Künstler, der es fertigte, hat nur Kirschblüthen gemalt und ist in der Revolution gefallen. Auf einem Gesims in dem andern Alkoven steht ein kleiner Schrank mit schiebbaren Thüren, worauf Päonien auf Goldgrund gemalt sind. Eine

Kanaya's Haus.

weiße Vase mit einem Zweig einer rosenfarbenen Azalea und eine andere mit einer Iris, welche an einem polirten Pfosten hangen, bilden die einzige Verzierung. Das Geräth besteht nur in einem stellbaren Wandschirm, worauf einige Phantasie-Landschaften in indischer Farbe gemalt sind. Ich möchte wünschen, daß die Zimmer weniger prächtig wären, denn ich bin in beständiger Besorgniß, Tinte zu verschütten, in die Decken einzuschneiden oder die Papierfenster zu zerreißen. Unten befindet sich ein ebenso schönes Gemach und ein großer Raum für alle häuslichen Bedürfnisse. Eine „Kura“ oder feuerfeste Vorrathskammer liegt auf der rechten Seite des Hauses.

Kanaya dirigirt die mißklingende Musik an den heiligen Stätten, hat aber wenig zu thun und beschäftigt sich vorzugsweise mit der Verschönerung seines Hauses und Gartens. Seine Mutter, eine ehrwürdige alte Dame, und seine Schwester, die liebenswürdigste und anmuthigste Japanesin, die ich, eine ausgenommen, jemals gesehen habe, wohnen bei ihm. Sie schwebt wie eine Fee durch das Haus und ihre Stimme klingt wie Musik. Ein beschränkter Bedienter und ein Knabe und ein Mädchen, die der Schwester angehören, vervollständigen die Familie. Kanaya ist der angesehenste Mann im Dorfe, sehr verständig und, wie es scheint, gebildet. Er ist von seiner Frau getrennt und seine Schwester hat sich schicklicher Weise von ihrem Manne geschieden. In der letzten Zeit vermiethet er, um sein Einkommen zu verbessern, diese reizenden Gemächer an Fremde, die an ihn empfohlen werden; er läßt es sich angelegen sein, ihren Ansprüchen zu genügen, wird aber durch seinen guten Geschmack bestimmt, jede europäische Umgestaltung seines Hauses zu vermeiden.

Das Abendessen wurde auf einem sechs Zoll hohen, goldig lackirten Tischchen aufgetragen; der Reis in einer Schüssel aus gleichem Stoff; die Theekannen und die Tassen waren aus feinem Kaga-Porzellan. Für meine beiden Zimmer, nebst Thee und Reis, bezahle ich täglich 2 Schillinge. Ito schafft den Proviant für mich an. Es ist interessant, in einem Privathause zu wohnen und wenigstens die äußerlichen Lebensverhältnisse einer japanischen Familie der Mittelklasse kennen zu lernen.

Nikko hat eine ausgeprägte Eigenthümlichkeit. Diese besteht weniger in seiner mannichfaltigen Schönheit als in seiner feierlichen Großartigkeit, in einem schwermüthigen Anhauch, in seinem langsamen, sicheren Verfall und in der historischen und religiösen Atmosphäre, die es umgiebt und nicht so bald schwindet. Es ist auch eine Gräberstadt, wo beständiger Regen herrscht, eine seltsame Stille waltet, und eine Glorie vergangener Zeiten. Den berühmten heiligen Stätten habe ich fast täglich einen Besuch gemacht; ihre Ausschmückungen sind aber so reich, ihre mythologische Bedeutung so vielfach, daß sich keine umständliche Beschreibung davon geben läßt; das, wovon mir nur eine leichte Skizze verstattet ist, mag jedoch zu dem Schönsten gehören, was die Welt zu schauen darbietet.

Nikko bedeutet „sonniger Glanz“ und seine Schönheiten werden in ganz Japan durch die Poesie und die bildende Kunst verherrlicht. Hohe Gebirgszüge, zum großen Theil mit Schnee bedeckt, häufen sich um den Nantaisan, ihren Monarchen, der wie ein Gott verehrt wird; prächtige Wälder; noch unerforschte Schluchten und Pässe; dunkelgrüne, von ewiger Stille umgebene Seen; der tiefe Bergschlund Kegon, in den sich die Gewässer des Chinzenjii aus einer Höhe von 250 Fuß hinabstürzen; die prächtigen Kiri-Furi-Wasserfälle; die lieblichen Gärten von Dainichido; die düstere Großartigkeit der Pässe, durch welche sich der aus der Höhe kommende Daiyagawa hindurchzwängt; die Pracht der Azaleen und Magnolien; eine üppige Vegetation, wie sie vielleicht in Japan nicht ihres Gleichen hat — dies Alles sind nur wenige von den fesselnden Reizen, mit denen die Umgebung der Heiligthümer der beiden größten Sjoguns geschmückt ist.

Hidetada, der zweite Sjogun aus der Tokugawa-Dynastie, bestattete den Leichnam seines Vaters Iyeyasu im Jahre 1617 an einer glorreichen Ruhestätte auf dem Hügelabhange Hotoke, der 767 geweihet worden war, als ihn ein buddhistischer Heiliger, Namens Schodo Schonin, besuchte und erklärte, die alte Sinto-Gottheit des Berges sei die einzige Offenbarung des Buddha. Es war ein prächtiges Begräbniß. Ein kaiserlicher Zug, ein Priester aus der Familie des Mikado, der Hofadel von Kiyoto, Hunderte vom Daimyo-Adel des alten Regime, und Häuptlinge und Edelleute von untergeordneterem Range nahmen an der Ceremonie Theil. Eine Priesterschaar in reichen Gewändern sang während dreier Tage ein heiliges Lied 10,000 Mal, und durch eine Verfügung des Mikado wurde Iyeyasu unter einem Namen, welcher „Licht des Ostens, große Incarnation Buddha's“ bedeutet, zu einer Gottheit erhoben. In Folge dessen wurde alljährlich ein Mal ein Gesandter hohen Ranges von dem Kaiser nach der heiligen Stätte abgeschickt, nicht um gewöhnliche „Gohei“, bestehend aus Papierzetteln, an einen langen Stab befestigt, sondern um echt vergoldete „Gohei“ zu spenden. Der andere Sjogun, welcher hier begraben liegt, ist Iyemitsu, der würdige Enkel des Iyeyasu. Er vollendete die Nikko-Tempel und die des Toyeisan zu Uyeno in Yedo. Die minder wichtigen

Sjoguns aus dem Geschlecht Tokugawa sind zu Uyeno und Schiba in Yedo beerdigt. Seit der Restauration oder — wie man sagen könnte — seit der Abschaffung des Buddhismus — ist das Heiligthum des Iyeyasu aller religiösen Verehrung und der prächtigen buddhistischen Paraphernalien verlustig gegangen; die 200 Priester, welche seinen Glanz unterhielten, sind zerstreuet; sechs Sinto-Priester haben jetzt abwechselnd den Dienst dort und verkaufen zugleich die Eintrittskarten.

Alle Straßen, Brücken und Alleen führen hier zu jenen Heiligthümern; der Hauptweg jedoch über die rothe Brücke und eine Straße entlang, welche hin und wieder von Stufen unterbrochen und auf jeder Seite mit einem untermauerten Damm versehen ist, auf dessen Höhe Cryptomerien stehen. Am oberen Ende dieses Aufganges befindet sich ein „Torii“ oder Tempelthor, aus schönem Granit, 27 Fuß 6 Zoll hoch, mit Säulen von 3½ Fuß im Durchmesser, eine Opfergabe, welche der Daimiyo von Chikuzen im Jahre 1618 aus seinen eigenen Steinbrüchen spendete. Dann folgen 118 prächtige Bronze-Laternen auf massiven steinernen Gestellen, auf welchen der göttliche Titel des Iyegasu, der Name des Stifters und die Bedeutung der Spende eingeschrieben stehen: lauter Geschenke des Daimiyo; ferner ein heiliger Wasserbehälter auf Granit, mit einem Dache auf zwanzig viereckigen Granitpfeilern, eine Glocke aus Erz, eine Laterne und Armleuchter von wundervoller Arbeit, welche die Könige von Corea und Linkin darbrachten. Zur Linken steht eine fünfstöckige, 104 Fuß hohe Pagode, mit vielen Holzschnitzereien und reich bemalt und vergoldet. Das untere Geschoß wird von den Zeichen des Thierkreises umgeben.

Die große Pforte steht auf der Höhe einer hübschen Treppe, vierzig Ellen vom Torii entfernt. Ein weißer Vorhang mit dem schwarz gedruckten Wappen des Mikado bedeckt zum Theil das Portal, in welchem man jedoch nicht lange verweilt, um die vergoldeten „Amainu“ in den Nischen oder die kunstvoll geschnitzten Tiger unter dem Dache zu betrachten, denn die Pracht und Schönheit des ersten Hofes ist überwältigend. Der ganze Stil der Gebäude, die Anordnung, die Kunst jeder Art, der Gedanke, der sich in dem ganzen Werke offenbart, — dies Alles ist durchweg japanisch und ein Blick vom Rio-Thore enthüllt eine Schönheit der Form und der Farbe, die man sich vorher nicht träumen ließ.

Rund um den sauberen, mit Kieselsteinen ausgelegten Hof, der von einer hellrothen Holzwand umgeben ist, stehen drei prachtvolle Gebäude, die Tempelschätze enthaltend, ein herrlicher Stall für die drei heiligen Albino-Pferde, die dem Gott zu Gebrauch stehen, eine prächtige granitne Cisterne mit Weihwasser, die aus dem Somendaki-Wasserfall gespeist wird, und ein reich verziertes Gebäude, in welchem eine vollständige Sammlung buddhistischer Schriften verwahrt wird. Von hier führt eine Treppenflucht in einen kleineren Hof, der einen außerordentlich künstlich gearbeiteten Glockenthurm enthält, ferner einen fast ebenso schönen Trommelthurm, eine Kapelle, eine Glocke, einige sehr große Laternen aus Bronze und die schon erwähnten Candelaber, Glocke und Laterne.

Von diesem Hofe geht eine andere Treppe nach dem Yomei-Thore, dessen Pracht ich von Tag zu Tage mit wachsender Bewunderung betrachtete. Die Kapitäle der weißen Säulen, welche es stützen, sind aus Köpfen des mythischen Kirin gebildet. Ueber dem Tragebalken zieht sich rund um das Thor ein hervortretender Balken, dessen Gitter von Drachenköpfen getragen wird. In der Mitte sind zwei weiße Drachen im Kampfe dargestellt. Im unteren Theil erblickt man in Hochrelief eine Gruppe spielender Kinder; dann folgt ein Balkennetz und sieben Gruppen chinesischer Weisen. Das hohe Dach wird von vergoldeten Drachenköpfen mit dunkelrothen Hälsen getragen. Im inneren Theile des Thorweges sind weiß gemalte Seiten-Nischen, in anmuthiger Weise mit Arabesken verziert, deren Grundform Päonien bilden. Ein Platz erstreckt sich nach rechts und links und umschließt einen anderen Hof auf drei Seiten; die vierte Seite, von dem Hügelabhange begrenzt, wird durch eine steinerne Mauer abgeschlossen. Die äußeren Mauern des Platzes sind in ein und zwanzig Felder getheilt, worin Vögel, Blumen und Bäume sehr künstlich ausgehauen sind. Zur rechten Hand befinden sich zwei verzierte Gebäude, von denen das eine die Bühne für die heiligen Tänze und das andere den Altar enthält, auf welchem das Räucherwerk aus Cedernholz verbrannt wird. Das Gebäude zur linken Hand verwahrt die drei heiligen Wagen, die an Festtagen in Gebrauch genommen werden. Von einem Hofe zum anderen schreitend, gelangt man von Pracht zu Pracht; unsere Kräfte und Fähigkeiten reichen kaum aus, um so viel Bewundernswerthes zu schauen und man ist beinahe froh, zu Ende zu kommen.

In der Mitte befindet sich die heilige Kapelle, von einem vergoldeten Gitterwerk umschlossen, ein viereckiger Raum, dessen jede Seite 150 Fuß mißt. Unterhalb des Gitters erblickt man Gruppen von Vögeln, meisterhaft aus Holz geschnitzt und reich bemalt und vergoldet. Von dem stattlichen Portale führt eine doppelte Baum-Allee über verschiedene Höfe, an Tempeln, Pagoden und allerhand Herrlichkeiten vorüber; durch die Pracht verwirrt, überschreitet man den letzten Hof und tritt endlich durch eine goldene Pforte in einen dunklen goldenen Tempel, wo man nichts erblickt als — als einfachen, schwarz lackirten Tisch, auf welchem ein runder Metallspiegel liegt.

Innerhalb ist ein 24 Fuß breiter und 27 Fuß tiefer, mit schönen Teppichen ausgelegter Saal; auf jeder Seite ein prächtiges Gemach, von denen das eine für den Sjogun, das andere für den heiligen Abt bestimmt ist. Beide sind, wie sich begreifen läßt, leer. Die Decke des Saals ist getäfelt und mit Malereien verziert. Das Sjoguns-Gemach enthält einige sehr schöne Tapetenschirme, worauf fabelhafte Ungeheuer auf mattem Goldgrund gemalt sind, und vier Panele aus Eichenholz mit verschiedenartigen Reliefdarstellungen des Phönix. Aehnliche Panele, mit meisterhaft ausgeführten Habichten verziert, erblickt man in dem Gemach des Abts. Unter den prächtigen Gegenständen dieser düsteren Kapelle macht der schlichte goldene „Gohei" den einzigen geistlichen Schmuck aus. Im Hintergrunde führen Stufen in eine, mit Steinen gepflasterte Kapelle mit einer schön getäfelten Decke, auf welcher Drachenfiguren auf dunkelblauem Grunde dargestellt sind. Jenseits gelangt man durch einige vergoldete Portale in die Hauptkapelle mit vier Gemächern, die aber nicht zugänglich sind; wenn sie jedoch der sauber polirten und vergoldeten Außenseite entsprechen, so müssen sie wahrhaft prächtig sein.

Aber keines dieser prachtvollen Heiligthümer hat Iyeyasu

zur Ruhestätte für seine Asche auserſehen. Begiebt man ſich in den letzten Hof zurück, ſo muß man aus den umſchloſſenen Räumen durch einen bedeckten Thorweg auf dem öſtlichen Platze in eine ſteinerne, mit Moos bedeckte Gallerie treten. Im Innern iſt durch Reichthum und Kunſt ein farbiges, goldenes Feenreich geſchaffen; daußen hat die Natur das Grab des großen Sjogun mit einer Fülle ſchwermüthiger Pracht umgeben. Eine Treppe von 240 Steinſtufen führt auf den Gipfel des Hügels, wo, erhaben über die Herrlichkeit der Schreine, die man ihm zu Ehren errichtet, Iyeyaſu's Ueberreſte in einem ſchmuckloſen aber rieſigen Grab aus Stein und Bronze ruhen, welches von einer bronzenen Urne überragt wird. Davor ſteht ein Steintiſch mit einem bronzenen Räucherbecken, einer bronzenen Vaſe mit Lotuspflanzen in Erz, und einem bronzenen Storch, der einen Leuchter im Schnabel trägt. Ein großartiger ſteinerner Wall mit einem Geländer umgiebt die einfache, aber impoſante Stätte, über welche die hohen Cryptomerien, die auf dem Hügel ſtehen, ein beſtändiges Zwielicht verbreiten. Nur ſpärlich dringen die Sonnenſtrahlen durch die Zweige; nirgends blühende Blumen oder ſingende Vögel, nur trauernde Stille umgiebt das Grab des begabteſten und größten Mannes, den Japan erzeugte.

So großen Eindruck die erſtaunlichen Arbeiten in Holz, Bronze und Lackirungen auf mich gemacht hatten, ſo bewunderte ich doch nicht weniger das Mauerwerk des rieſigen Walles, der den Raum umſchließt, die ſteinere Gallerie, die Treppe mit ihrem Geländer; Alles iſt ohne Mörtel oder Cement, und ſo genau zuſammengefügt, daß die Verbindungen durch Regen, Feuchtigkeit und den ſeit 260 Jahren wuchernden Pflanzenwuchs kaum gelockert werden. Die Treppenſtufen beſtehen aus ſchönen Monolithen, und die Seiteneinfaſſungen, das maſſive Geländer und die obere Schranke ſind aus ſchweren, 10 bis 18 Fuß langen Steinblöcken verfertigt. Die Arbeit an der großen Graniteiſterne, die das Weihwaſſer enthält, iſt nicht minder merkwürdig. Sie iſt genau auf ihre Unterlage befeſtigt, und das Waſſer, das ihr von einer benachbarten Cascade zufließt, ſtrömt in gleichmäßigen Säulen über ihre Ränder ein und aus.

Die Tempel des Iyemitſu liegen in der Nähe der Iyeyaſu-

Tempel und machen, obgleich weniger prächtig, einen fast noch erstaunlicheren Eindruck, insofern sie sich noch in den Händen der Buddhisten befinden und überfüllt sind mit den Göttern des buddhistischen Pantheon und dem glänzenden Zubehör des buddhistischen Gottesdienstes, in auffallendem Gegensatz zu dem einfachen Sinto-Spiegel inmitten von Gold und Farbenpracht. Im großen Portal stehen riesenhafte Nio, die Buddhisten Gog und Magog, zinnoberroth angestrichen und in bemalten Gewändern, welche beblümte Seide vorstellen sollen. Ein anderes Paar, roth und grün bemalt, ist aus Iyemitsu's Tempel in die Nischen des Portals gestellt worden. Eine Treppenflucht führt nach einem anderen Thore, in dessen Nischen scheußliche Ungeheuer in Menschengestalt stehen, die Götter des Windes und des Donners vorstellend. Der Wind hat Krystall-Augen und eine halb lustige, halb teuflische Miene. Er ist grün angestrichen und trägt quer über seinem Rücken einen Windsack, dessen beide zusammengebundene Enden er vorn mit den Händen hält. Der Gott des Donners ist roth angestrichen, mit purpurrothem Haar und hält, auf Wolken stehend, Donnerkeile in der Hand. Dann folgen andere Stufen und noch ein anderes Thor mit den Tenno oder Göttern der vier Jahreszeiten, kühn geformt und in lebhaftem Ausdruck, mit langen Eckzähnen versehen. Endlich haben wir den Haupttempel erreicht.

Ein alter Priester, der mich bei dem ersten Besuch führte, sagte, als wir an den Göttern des Windes und des Donners vorüberkamen: „Früher pflegten wir an diese Dinger zu glauben, aber jetzt nicht mehr." Diese Art, sich über andere Gottheiten zu äußern, ist ein wenig verächtlich. Dennoch verlangte er von mir, daß ich an der Thüre des Tempels meinen Hut abnehmen und meine Schuhe ausziehen mußte. Drinnen war ein prachtvoller Schrein, der, als der Vorhang aus Goldstoff fortgezogen wurde, im Innern ebenso kostbar erschien. Er enthielt Buddha und zwei andere Figuren aus vergoldetem Erz, mit untergeschlagenen Beinen auf Lotusblumen sitzend, und mit der seligen Ruhe im Antlitz, die selbst bei den gewöhnlichsten Bildern an der Landstraße ausgedrückt ist. Vor dem Schreine brannten mehrere Kerzen, Opferspenden einiger betender Leute; der ganze Raum war durch Lampen mäßig erleuchtet. Auf einer Stufe des Altars krümmte sich eine verrenkte Teufelsgestalt höchst unbehaglich, denn sie war überwunden und mußte, zu grimmigem Spott, eine massive Räucherschale auf dem Rücken tragen. In diesem Tempel befanden sich mehr als hundert aufgereihete Götzenbilder, mehrere in Lebensgröße; einige traten Teufel unter ihre Füße, alle aber sahen häßlich aus, schon wegen des grünen, zinnoberrothen oder blauen Anstrichs. Eine ausgeprägte Muskulatur war allen eigen und ihre Geberden wie ihre Mienen waren irgendwie aufgeregt, lebhaft, aber meistens übertrieben dargestellt.

Zum zweiten Male bemerkte ich in auffallender Weise den Gegensatz zwischen den schrecklichen und seltsamen Schöpfungen der religiösen Phantasie der Japanesen neben ihrer verkümmerten Gestalt und ihrer auffälligen, lumpigen Kleidung einerseits, und der orientalischen Ruhe im Antlitz, in der Gestalt und Bekleidung des eingeführten Buddha, wie ihn die religiöse Kunst Indiens schuf, andererseits. Die Zähne aller japanischer Götter in diesem Tempel machten sich auf eine unangenehme Weise bemerkbar. Einige Götzenbilder, wie die Gottheiten der Landleute und der Seefahrer, standen in Schreinen und vor ihnen lagen viele kleine Opferspenden in Reis und Zuckerwerk. Die Priester verkaufen Papierzettel mit den aufgeschriebenen Namen dieser Gottheiten als Zaubermittel gegen Schiffbruch und Mißernten, und Ito kaufte eine Anzahl davon, da er von verschiedenen Landbesitzern in Yokohama den Auftrag dazu erhalten hatte. Obgleich es keine Zeit zu Wallfahrten war, ließen sich doch mehrere Pilger sehen, welche Kerzen, Weihrauch und Reis spendeten.

Während wir über den Hof schritten, ließen sich zwei Mal Erderschütterungen wahrnehmen; alle kleine goldene Windglocken am Dachrande erklangen leise und die Priester eilten in den Tempel und schlugen wohl eine halbe Stunde lang verschiedene Trommeln.

Zu Iyemitsu's Grabe führt eine Treppe, auf der rechten Seite der Kapelle. Es ist in dem gleichen Stile wie Iyeyasu's angelegt, aber die vorderen Thore sind aus Erz und mit bronzenen Inschriften in Sanskrit versehen. Von dem obersten Tempelthore genießt man der schönsten von den vielen Aussichten.

Zur rechten Seite der Einggngs-Allee steht noch ein großer Tempel, bestimmt, die Buddha-Insignien aufzunehmen, die aus dem Schreine Iyeyasu's verworfen wurden. Einlaßkarten zu jedem einzelnen Heiligthume werden für 7 Pence verkauft; es ist jedoch nicht ausgemacht, daß das eingebrachte Geld zu Reparaturen verwandt wird, und da Holz, Malerei und Vergoldung nicht ewig dauern kann, und die japanische Regierung mehr auf materiellen Fortschritt als auf die Erhaltung ihrer Alterthümer bedacht ist, so ist es die Frage, ob jene Heiligthümer nicht bestimmt sind, gleichzeitig mit dem Glauben des Volkes zu verfallen.

Die Dachbedeckung einzelner Gebäude besteht aus Kupferplatten, die der meisten aber aus Ziegeln. Die Ziegelbrennerei ist in Japan beinahe zur Würde einer Kunst erhoben worden. Die Ziegel selber sind kupferbraun mit einem Anfluge von metallischem Glanz. Sie sind ein wenig ausgehöhlt und über ihre Fugen laufen convexe Röhren vom Giebel bis zum Dachrande und endigen dort in kleinen Scheiben, auf welchen das goldene Tokugawa-Wappen sichtbar ist, das sich in diesen Stätten überall zeigt, wo es nur irgend wahrgenommen werden kann. Die Dächer sind so massiv, daß sie die volle Stärke der Tragebalken in Anspruch nehmen und schimmern ebenfalls von Gold und anderen glänzenden Metallen.

Die Heiligthümer sind in ihrer Art die wundervollsten Werke in Japan. In stattlichen Cryptomeria-Hainen gelegen, fesseln sie durch ihre Schönheit bei allem Mangel an regelrechter europäischer Kunst und nöthigen uns zu dem Bekenntniß, daß es eine bisher unbekannte Schönheit der Form und Farbenverbindung giebt und daß sich ein wahrhaft erhabener Kunstgedanke auch mittelst lackirten Holzes ausdrücken läßt. Die Bronze-Ciselirungen allein erfordern schon ein Studium und die meisterhaft gedachten und ausgeführten Holzschnitzereien eine angestrengte Arbeit von vielen Wochen. Eine Schirmwand besteht aus 60 Panelen von 4 Fuß Länge, deren jedes mit wunderbar ausgeführten Schnitzereien verziert ist, Darstellungen von Pfauen, Fasanen, Störchen, Lotusblumen, Bambus, Päonien und Blätterwerk. Die Gestalt, die Farbe und die Bewegung der Vögel sind unübertrefflich treu wiedergegeben. Die Blumen gefallen mir fast noch besser. Der Künstler hat sich in sein Werk vertieft und mit Lust geschnitzt und gemalt. Die Lotusblumen erhalten ihre schimmernden Thautropfen, die Päonien ihr schattirtes Milchweiß, das Bambuslaub zittert auf anmuthigem Stamm, im Gegensatz zu den steifen Nadeln der Tanne, und zahllose Blütenkronen, in lebendiger, vollendeter Färbung, entfalten sich unter dem Laubwerk der prachtvollen Verzierungen.

Die Einzelheiten entschwinden täglich meinem Gedächtniß, sobald ich die Heiligthümer verlassen habe und vor meinen Blicken stehen dann nur malerische Massen von rothen oder schwarz lackirten, goldenen oder vergoldeten Thüren, die sich geräuschlos öffnen; von Sälen, mit so weichen Matten ausgelegt, daß kein Fußfall zu hören ist, durchleuchtet von den Sonnenstrahlen, die verstohlen durch die Dämmerung dringen und auf die mit Arabesken verzierten Wände, auf die kunstvoll ausgeschnitzten Panele und und Deckengetäfel fallen; ich sehe eine Menge von goldenen Schreinen, goldenen Lilien, Vorhängen von Goldbrokat, Räucherpfannen, kolossalen Glocken und goldenen Giebeln; von mythologischen Thieren, Drachen, Elephanten, Affen und Tigern, in buntem Gemisch von Blumen, Bäumen und goldenen Zierrathen, geblümter Arbeit, auf Goldgrund lackirten Schirmwänden, Pagoden und bronzenen Laternen; ich sehe geschorene Priester in Brokatgewändern und Sinto-Diener in schwarzen Kappen und schimmernde Vergoldungen überall und einfache Urnen, Denkmäler und Bergabhänge, mit Wäldern bedeckt, in deren feierlichem Schatten leuchtende rosafarbene Azaleen erblühen.

IX.

Japanische Saumrosse und ihr Geschirr. — Gebirgspfad nach Chiuzenjii. — Der Yumoto-See. — Ein Badeort nach der Mode.

Yaschimaya, Nikkozan-Gebirge, den 22. Juni

Heute machte ich eine Versuchsreise zu Pferde, legte auf ununterbrochener Tour fünfzehn englische Meilen zurück und lernte zum ersten Male das japanische Packpferd kennen, ein Thier, dem viel Uebles nachgesagt wird und das für mich ein so mythisches Geschöpf war wie der „Kirin“ oder der Drache. Ich bin jedoch weder geschlagen, noch gebissen, noch abgeworfen worden; die Pferde werden in dieser Gegend ausschließlich gebraucht und sind gutartige Geschöpfe, etwa vierzehn Hände hoch, von schwachem Hintertheil, mit Köpfen, die unter der struppigen Mähne und dem Stirnhaar fast versteckt sind. Man leitet sie

Japanisches Saumroß.

mittelst eines Strickes, der um die Nase befestigt ist; sie sind unbeschlagen und nur auf steinigem Boden legt ihnen ihr Führer, der „Mago“, Strohsandalen an ihre Hufe. Der Packsattel besteht aus zwei acht Zoll dicken Strohkissen mit rothem Besatz, welche vorn und hinten durch einen hell angestrichenen oder bemalten Bogen aus Eichenholz verbunden sind. Als Gurt dient ein Strick, der lose unter dem Bauch verknüpft ist, und die Last wird mittelst eines Schwanzriemens festgehalten, gewöhnlich mittelst eines Stückes Bambus, das an den Sattel geschnürt ist; ein anderes Seil geht um den Hals und dient beim Aufsteigen als Steigbügel, wenn man auf den hohen Packsattel hinaufklettert. Die Ladung muß genau im Gleichgewicht gehalten werden, wenn sie nicht ins Schwanken gerathen soll und der Mago sucht sie gleichmäßig zu vertheilen, indem er nöthigen Falles einen Stein auf der einen oder anderen Seite hinzufügt. Man sieht hier Frauen die Pferde beladen und leiten, angethan mit gegürteten Kimonos und blauen Beinkleidern und das Haupt mit einem ungeheuren Regenhut bedeckt. Ich stieg von einer Mauer auf mein beladenes Pferd, nachdem man einen gefaltenen „Futon“, ein mit Baumwolle wattirtes Polsterkissen, auf die Sattelbäume und verknüpften Stricke gelegt hatte; so saß ich fünfzehn Zoll hoch auf dem Rücken des Thieres, die Füße über den Hals herabhangend. Man muß sorgfältig balanciren, wenn nicht die ganze Ladung überkippen soll, doch lernt man sich durch Uebung bald im Gleichgewicht halten. Falls das Pferd nicht strauchelt, so bleibt der Packsattel ziemlich gerade auf dem Rücken, anders aber, wenn es bergauf geht; beim Abwärtssteigen ist die Lage aber so unerträglich, daß es mir fast wie eine Erleichterung erschien, als ich bei dieser Gelegenheit über den Kopf des Pferdes und in eine Pfütze fiel. Dabei ist man völlig hülflos, da das Thier nicht dem Zügel gehorcht, wenn man ihm einen angelegt hat, sondern blindlings dem vorauslaufenden Führer folgt.

Der erste Theil des Weges ist erträglich, obgleich er mehrmals über Treppen führt; er geht durch ein Thal, vorüber an Wasserfällen, Tempeln, vereinzelten Bauernhöfen und ärmlichen Flecken, deren Bewohner meistens hölzerne Theebretter anfertigen, die in Hachiischi lackirt werden. Als wir das Dorf Magaeschi erreichten, machten Ito und der weibliche Mago Halt, um in einem Theehause an der Straße Tabak zu rauchen, und ich ging zwei Meilen vorauf, auf einem zickzackförmigen Pfade durch ein breites Strombett, wo jetzt der ungestüme Dayagawa zertrümmerte Lavablöcke zusammengehäuft hat. Das Thal wird zu einer Schlucht aus hohen Basaltmauern, über den rauschenden Strom führen häufig Knüttelbrücken, die leichthin mit Erde und Zweigen bedeckt sind. Wie es scheint, so macht der Nantaisan zuweilen das Fortkommen unmöglich, aber noch wurde er von dem Flusse und dem Pfade umgangen, bis wir eine 2000 Fuß hohe, immer großartiger werdende Höhe erstiegen hatten und an einen Abhang gelangten, der durch einen breiten Riß zerklüftet war. Hier eröffnete sich eine prächtige Aussicht auf schneebedeckte Berge, die durch zwei gleichlaufende, tiefe Schluchten getrennt wurden, über deren Ränder zwei Wasserfälle in die Tiefe stürzten. Ein zickzackförmiger Weg führt an den steilen Berglehnen hinauf und, um das Aufsteigen zu erleichtern, ist eine lange Treppe aus Holzblöcken angebracht, die aber die Pferde nicht gern betreten.

Die Durchsichten durch die Bäume wurden immer herrlicher, und auf dem Gipfel, in einer Höhe von 3000 Fuß, erreichten wir den reizenden See Chiuzenjii, der am Fuße des Nantaisan schlummert, ein friedlicher Wasserspiegel, der von seiner ungekräuselten Fläche die Bilder der waldumkränzten Höhen am Ufer zurückstrahlt. Der Nantaisan wird verehrt und auf seinem steilen Gipfel, 3500 Fuß über dem See, befindet sich ein kleines Sinto-Heiligthum neben einem Felsen, worauf etwa hundert rostige Schwertklingen liegen — Opfergaben von bußfertigen Menschen, die ihre Gewaltthätigkeiten bereueten, bis sie sich auf die Pilgerfahrt begaben und die Werkzeuge ihrer Verbrechen vor dem Schrein des Berggottes niederlegten. Ein seltsam traurig aussehendes, wüstes Dorf aus langen, grauen, kasernenartigen Häusern zieht sich eine Strecke weit am See entlang und die darin befindlichen zwei oder drei Theehäuser sehen kaum so aus, als ob sie bewohnt wären. Sie werden auch im October für die Winterzeit geschlossen. Im Juli aber wird das ganze Dorf von Pilgern überfüllt und die langen grauen Kasernen vollgestopft, denn auf einer steilen Anhöhe steht ein großer rother Tempel mit einem schwarzen Portal, eine wahrhaft heilige Stätte, insofern er das ursprüngliche Heiligthum des Gongen von Nikko ist. Den gewöhnlichen Pilgerfahrten der Japanesen ist nichts Andächtiges oder Feierliches eigen und sie sind, mit seltenen Ausnahmen, nur Feiertagsausflüge, großartige gesellschaftliche Spaziergänge.

Ich folgte einem kahlhäuptigen Priester, dessen Pferd von einem Mädchen geleitet wurde; der Weg führte mehrere Meilen durch einen dichten Wald von Eichen, Kastanien, Tannen, Ulmen und verschiedenartigen Ahornbäumen, mit einem üppigen Unterwuchs von Azalea, Hartriegel, Syringen, Hortensien, wildem Wein, Bambusgras und vielen, mir unbekannten blühenden

Sträuchern. Der Pfad schließt sich so dicht an die Biegung des Sees, daß man während der ganzen Zeit seine kleinen Wellen gegen die Ufersteine plätschern hörte. Am meisten gefiel mir ein fünfzehn Fuß hoher Busch einer karmoisinrothen Azalea, so blütenreich, daß die Blätter völlig verdeckt wurden. An einem Baumzweige sah ich zwei dicke, etwa vier Fuß lange Schnecken hangen, die eine von grüner, die andere von braunrother Farbe; wie es schien, so befanden sie sich in erstarrtem Zustande.

Sobald der Pfad vom See abbiegt, zieht er sich steil aufwärts; man vernimmt den Schall eines herabfallenden Gewässers und erblickt bei einer plötzlichen Wendung eine zerfallene hölzerne Brücke und einen reißenden Bergstrom, zwischen Felsenwänden hinabstürzend, die mit allerhand dunkelgrünen Pflanzen bewachsen sind, überhangen von Kastanienbäumen und Ahornbäume mit fein gezähnten Blättern aus jeder Spalte ragend. Dazwischen liegen längst gefällte, mit Moos und Farrn bedeckte Cedern; sogar Ahornsträucher haben in ihren riesigen Stämmen Wurzel geschlagen und die ganze Arkade prangte, so weit ich sehen konnte, von rosenrothen Azaleen, die hin und wieder von den Strahlen der Nachmittagssonne berührt wurden. Es war so überaus lieblich hier, daß ich, auf einem umgestürzten Buddha ausruhend, gern eine Stunde lang auf meine Leute wartete, die ich theetrinkend und rauchend in Chiuzenjii zurückgelassen hatte.

Nachdem wir eine sumpfige Ebene überschritten hatten, gelangten wir eine andere Höhe hinauf, nach dem Yumoto-See, einer reizenden, dunkelgrünen Wasserfläche, von hohen Bergen überschattet, und von hier in einen außerordentlich schönen Wald, dessen Boden mit lauter großen und kleinen scharfkantigen Steinen bedeckt war, als ob ein Felsblock zerbröckelt worden wäre; alle waren überdeckt von feuchtem Moos, Leberkraut und Frauenhaar. Sämmtliche Bäume waren prächtige Cedern, deren Schatten nur durch die feuerfarbenen Azaleen erhellt wurde.

Der Schritt des Saumrosses war so angreifend, daß ich froh war, als wir aus dem feuchten Wald nach dem See gelangten. Schon erblich der letzte Sonnenschimmer, denn der See wird von hohen Bergen umgeben, von denen der Schiraneyama, gerade über Yumoto gelegen, 8500 Fuß hoch und in seinen tiefen Schluchten mit Schnee bedeckt ist. Hier endet die

Straße, doch können rüstige Fußgänger, unter guter Führung, das Gebirge in zwei Richtungen überschreiten. Der Eintritt in Yumoto wird durch ein offenes Badehaus verunziert, wo eine Menge Leute in Schwefelwasserstoff-Dämpfe gehüllt liegen; denn diese Sackgasse ist ein berühmter Badeort, der gegen rheumatische Leiden und hartnäckige Hautkrankheiten vielfach in Anspruch genommen wird; viele Schwefelquellen ergießen sich, nach dem sie im Bade benutzt worden, in den See, der an dieser Stelle mit einem gelben Schaum bedeckt ist und einen starken Schwefelgeruch verbreitet.

Die beschwerliche Tagesreise endete in einem ausgezeichneten Wirthshause, das innen und außen schön und eher für Feen als für sterbliche Reisende geeignet schien. Die schiebbaren Schirmwände waren aus hellem, wohlriechendem Holz, die Teppiche weiß, die Balkone aus polirtem Tannenholz. Bei meinem Eintritt brachte mir ein freundliches Mädchen einen Thee aus Pflaumenblüten, von köstlichem Mandelgeruch, überzuckerte Bohnen und gefrorenen Schnee in einer lackirten Schaale. Nach der Mahlzeit brachte ich den Abend draußen zu, da ein japanischer Badeort als eine fesselnde Neuigkeit zu betrachten ist.

Das malerische Dorf mit seinen neu erbauten zierlichen Häusern aus röthlichem Cedernholz findet kaum Platz zwischen dem See und dem Gebirge. Im Winter liegt der Schnee hier zehn Fuß hoch und am 10. October hüllen die Leute ihre schönen Wohnungen, auch sogar die Dächer, in grobe Matten, begeben sich bis zum 10. Mai in das tiefer gelegene Land und lassen einen Mann zur Wache zurück, der wöchentlich ein Mal abgelöst wird. Wenn mir die Häuser gehörten, so würde ich in Versuchung gerathen, sie an jedem Regentage einzuwickeln.

Das Dorf besteht aus zwei kurzen, acht Fuß breiten Straßen, welche nur Yadoyas oder Wirthshäuser verschiedener Klassen enthalten. Die Front dieser Häuser bietet eine malerische Abwechselung von Altanen, zierlichen Balkonen, Reihen chinesischer Laternen und offenen Erdgeschossen. Der Ort ist sehr besucht und die vier Badehäuser überfüllt. Manche energische Patienten baden des Tages zwölf Mal. Jeder Spaziergänger trägt ein blaues Handtuch über dem Arm und auf den Gittern der Balkone sieht man eine Menge dieser blauen Handtücher zum

Trocknen aufgehängt. Das Leben im Orte kann nur wenig Unterhaltung darbieten. Die Berge erheben sich dicht beim Dorfe und sind fast unwegsam. Am See liegt ein bedecktes Boot zu Lustfahrten und ein Paar Dirnen spielten den „Samisen.“ Da aber das Spiel untersagt und außer den Badehäusern kein öffentlicher Vergnügungsort vorhanden ist, so verbringen die Leute beinahe ihre Zeit nur mit Baden, Schlafen,

Aufwärterin in einem Theehause.

Rauchen und Essen. Die Hauptquelle ist jenseits des Dorfes, in einem umschanzten, viereckigen Teiche. Sie sprudelt sehr kräftig auf und verbreitet einen stinkenden Dampf. Darüber sind breite Bretter gelegt, worauf die von Rheumatismen verkrüppelten Kranken oft Stunden lang einhergehen oder liegen, um der schwefligen Ausdünstung zu genießen. Die Temperatur des Quells beträgt 130 Grad Fahrenheit; nachdem das Wasser aber in einer offenen hölzernen Rinne durch das Dorf geflossen ist, hat es nur 84 Grad. Yumoto ist 4000 Fuß hoch und sehr kalt.

Bevor ich Yumoto verließ, erfuhr ich, welche Bewandtniß es mit den „Nebenverdiensten“ hatte. Als ich die Rechnung vom Wirthe verlangte, gab er sie mir erst, nachdem er hinauf gegangen und Ito gefragt hatte, wie viel er anschreiben sollte; der Mehrbetrag wurde unter Beiden getheilt. Der Diener nimmt von Allem, was er für uns kauft und an den Hotel-Rechnungen einen „Nebenverdienst“, und da dies geschickt gemacht wird und nicht verhindert werden kann, so ist es am besten, nicht darüber zu murren, so lange die vernünftigen Grenzen nicht überschritten werden.

Auf der Rückreise besuchte ich die Yunotaki-Wasserfälle, die von einem Wasserstrom gebildet werden, der vom Yumoto-See ausfließt und, indem er unter einem schiefen Winkel über Felsenklippen hinwegrauscht, sich in unzählige kleine Wasserfälle zertheilt, die wie glänzende Seidenfäden aussehen. Einen herrlichen Anblick gewährte auch ein anderer Wasserfall, der Kegon-notaki, wo der Daiya aus dem See von Chiuzenjii in einen tiefen Thalkessel stürzt, im Vordergrunde strahlende rosenfarbene Azaleen, im Hintergrunde sehr hohe, mit Nadelholz bewachsene Berge. Nicht weniger prächtig ist der Anblick, wie der Daiya in einem ungeheuren Bergspalt verschwindet. Am Rande des Abgrundes führt ein gezackter Pfad nach einem 200 Fuß tiefer gelegenen Aussichtspunkt; doch besteht das spaßhafte Verbot, daß Kinder, alte Leute und Diejenigen, die zu viel Reisbier getrunken haben, nicht hinunter gehen dürfen. Auch hier, wie bei allen schönen Aussichten, kann man bedeckte Sitzplätze und Erfrischungen bekommen.

Es trat strömendes Regenwetter ein, die Flüsse und Ströme schwollen zusehends; die Luft war erfüllt von dem Wasserstaube der 200 Cascaden, welche Nikko besitzen soll; mehr gleitend als gehend bewegte sich das Pferd die schlüpfrige Hügellehne hinab. Bei Irimichi ging der Weg fast steil über steinerne Stufen abwärts. Mit durchnäßten Kleidern und Gepäck kehrte ich heim, fand meine hübschen Zimmer in Beschlag genommen und traf einen Herrn und eine Dame an, die ihre Kleider auf meinem

Balkon trockneten. Dennoch war ich so erfreut, Menschen von meiner Abstammung und Sprache zu sehen, daß ich mich gern auf ein Hinterzimmer beschränkte. Sobald wir uns in trockene Kleider geworfen hatten, machte ich ihre Bekanntschaft. Es war Herr Goodrich aus Peking, der sich mit seiner Gemalin auf eine Flitterwochen-Reise begeben hatte.

X.

Eine Dorfschule. — Eine Kindergesellschaft. — Weibliche Beschäftigungen und Abendunterhaltungen.

Irimichi, Nikko, den 23. Juni.

Mein friedliches, einförmiges Leben ist hier beinahe zu Ende. Die Leute sind so ruhig und freundlich, fast zu still; ich habe etwas von dem äußerlichen Landleben kennen gelernt und bin von dem Orte sehr eingenommen. Aber das Klima ist widerwärtig. Regnet es nicht, so ist die Luft wie ein Dampfbad, und wenn es regnet, was gewöhnlich der Fall ist, so geschieht es in Strömen. Die Temperatur wechselt zwischen 72 und 86 Graden und in der feuchten Atmosphäre rosten die Nadeln, die Bücher und Stiefeln werden mit Schimmel überzogen und die Wände und Wege bedecken sich mit grünen Flechten. Die Luft ist ermüdend und eignet sich nicht zu weiten Spaziergängen; trotzdem habe ich, in Kanaya's und Ito's Begleitung, Alles zu sehen gesucht. Nachdem ich die Tempel, die Wasserfälle, die großartigen hufeisenförmigen Gebirge, welche Nikko umgeben, und ihre wichtigsten Gipfel Nantai, Akanagi, Nioho nebst dem großen und kleinen Manago in Augenschein genommen, nachdem ich ferner von dem Tozama-Hügel die Ebene überschauet hatte, die ich von Yedo aus durchkreuzte und welche sich jenseits des wellenförmigen Hügellandes bis zu den Tsukuba-Gipfeln erstreckt, habe ich dem Landleben meine vorzüglichste Theilnahme zugewendet.

Das Dorf Irimichi, welches mir jetzt im Kleinen das ganze Dorfleben in Japan veranschaulicht, besteht aus etwa dreihundert

Häusern, längs drei Straßen, welche hin und wieder von je drei oder vier Stufen gekreuzt werden. In der Mitte jeder derselben fließt ein schneller Bach in einer steinernen Rinne abwärts, und dies gewährt den Kindern, namentlich den Knaben, unendliches Vergnügen, insofern sie allerlei sinnreiche Spielwerke, die durch Wasser in Bewegung gesetzt werden, erfinden können. Um 7 Uhr morgens aber ertönt der Trommelschall, der die Kinder in die Schule ruft. Die Schulhäuser stehen den englischen nicht nach; sie erschienen mir sogar zu sehr europäisch und die Kinder sitzen unbequem auf hohen Bänken vor den Pulten, wogegen sie früher nach japanischer Weise niedergekauert saßen. Das Schulgeräth ist sehr gut und an den Wänden hangen gute Landkarten. Der Lehrer, ein Mann von etwa 25 Jahren, bediente sich der Tafel und richtete seine Fragen sehr schnell an die Schüler. Wer die beste Antwort gab, wurde der Erste in der Klasse, wie bei uns. Gehorsam ist in Japan die Grundlage der gesellschaftlichen Ordnung und da die Kinder zu Hause gewöhnt werden, unbedingt zu gehorchen, so hat der Lehrer keine Mühe, um Stille, Aufmerksamkeit und Gelehrigkeit zu erlangen. Es lag fast ein peinlicher Ernst in den altklugen Gesichtern ausgeprägt, die sich über die Schulbücher bückten; ebenso auffallend war es, daß die jungen Studenten sich durch den Eintritt eines Fremden durchaus nicht stören ließen. Die jüngeren Schüler erhielten vorzugsweise einen anschaulichen Unterricht und die älteren übten sich, geographische und geschichtliche Bücher laut zu lesen; dies geschah aber in einem hohen und sehr unangenehmen Ton, sowohl bei dem chinesischen wie beim japanischen Text. Es wurden auch Rechenkunst und die Anfangsgründe der Naturkunde gelehrt. Die Kinder sagten einen Vers auf, der vielleicht eine Anwendung der Sprachregeln enthielt. Man hat ihn mir folgendermaßen übersetzt:

„Farbe und Duft vergehen.
Was könnte in dieser Welt bestehen?
Das Heute sinkt in den Abgrund des Nichts;
Es ist nur ein schwindendes Traumbild, das wenig in Verwirrung setzt."

Es ist dies der Wiederhall von dem überdrüssigen Ausruf des sinnlichen Menschen: „Alles ist eitel!" und zeugt von der eigenthümlichen orientalischen Lebensverachtung, aber für Kinder ist es ein schrecklicher Spruch. Die chinesischen Klassiker, welche früher die Grundlage der japanischen Erziehung bildeten, werden jetzt nur als ein Mittel benutzt, die chinesischen Schriftzeichen zu erlernen, von denen die Kinder aber nur eine mittelmäßige Kenntniß erlangen und womit ihnen zugleich eine größtentheils nutzlose Anstrengung auferlegt wird.

Die Strafen für schlechtes Betragen bestanden gewöhnlich in einigen Ruthenstreichen gegen den Vordertheil des Beines oder darin, daß der Zeigefinger mit dem beißenden Moxakraut berührt wurde — ein Strafmittel, welches im Hause häufig zur Anwendung kommt; der Lehrer sagte mir jedoch, das Nachbleiben im Schulhause wäre jetzt die einzige übliche Strafe; gegen Strafarbeiten äußerte er sich entschieden mißbilligend. Um zwölf Uhr verließen die Kinder in geordneter Weise die Klassenzimmer, Knaben und Mädchen in gesonderten Abtheilungen, und gingen dann ruhig aus einander.

Die Regierung hat bereits viel gethan, indem sie den Unterricht allen Klassen zugänglich machte, jedoch bestehen noch keine Zwangsmaßregeln und von 5,000,000 abgeschätzten schulpflichtigen Kindern besuchen jetzt nur wenig über 2,000,000 die Schule. Das Unterrichten eignet sich dazu, die den Frauen offenstehenden Beschäftigungen zu vermehren und es sind schon 800 im Lehramte thätig. In Nikko wird der Lehrer von der Regierung angestellt, sein Gehalt hangt jedoch von der Höhe des Schulgeldes und von freiwilligen Spenden ab. Das Schulgeld beträgt für den Monat einen Halfpenny bis drei Halfpence, je nach den Mitteln der Eltern; dabei ist aber das Geld für Tinte, Papier, Schiefertafeln und Bücher nicht eingerechnet. Der Lehrer sagte mir, es gäbe dreizehn Klassen von Lehrern; er gehörte zur achten und erhielt ein Pfund Sterling monatlich.

Zu Hause angekommen, essen die Kinder zu Mittag und des Abends hört man fast in jedem Hause an dem einförmigen Gesumme, daß sie sich zu den Lehrstunden vorbereiten. Nach dem Mittagsmahle steht es ihnen frei, zu spielen; die kleinen Mädchen bleiben jedoch meistens des Nachmittags zu Hause und spielen die Hausmütter, indem sie ihre Puppen auf den Rücken gebunden tragen. Am Abend begegnete mir ein Zug von sechszig Knaben und Mädchen mit weißen Fahnen, worauf sich eine schwarze runde Scheibe befand; nur der Zugführer trug eine weiße Flagge mit einer goldenen Scheibe; unterwegs ließen sie einen heulenden Gesang vernehmen. Die anderen Vergnügungen sind meistens sitzender Art; großen Reiz gewähren die Spielzeuge mit Wasserrädern, welche die Kinder in dem Strome schwimmen lassen.

In unserm Hause wurden förmliche Kindergesellschaften veranstaltet, wozu die Einladung durch ein zwölfjähriges Mädchen im Namen des Kindes vom Hause ergeht. Um drei Uhr Nachmittags stellen sich die Gäste ein, häufig von Dienern begleitet. Das Kind vom Hause, Haru mit Namen, empfängt sie oben auf den steinernen Stufen und geleitet Jeden in das Empfangszimmer, wo sie ihren Platz, den herrschenden Anstandsregeln gemäß, erhalten. Haru's Haar ist über der Stirn zurückgestrichen, nach hinten gekämmt und in einem doppelten Knäuel zusammengenommen, der mit einigen scharlachrothen Schnüren verziert ist. Antlitz und Hals sind weiß geschminkt bis auf den Nacken, aus welchem die kurzen Härchen sorgfältig mittelst kleiner Zangen entfernt worden sind. Ihre Lippen sind roth gefärbt und ihr Gesicht sieht wie das eines Puppenkopfes aus. Sie trägt einen blauen geblümten Kimono mit weit herabhangenden Aermeln, einen blauen, scharlachroth besetzten Gürtel und unterhalb des geschminkten Nackens ein rothes Kreppuch. Die kleinen Füße sind mit „Tabi" versehen, Socken aus Bauwollenzeug, mit einer besonderen Abtheilung für die große Zehe, so daß sie die rothen Riemen zwischen den Zehen hindurch ziehen kann, wenn sie die hübschen lackirten Ueberschuhe anlegt, um ihre Gäste auf der Treppe zu empfangen. Alle übrigen kleinen Damen waren in derselben Weise angekleidet und alle sahen wie schlecht gefertigte Puppen aus. Sie wurden mit sehr förmlichen Verbeugungen empfangen.

Als sie alle versammelt waren, wurde einer jeden von Haru und ihrer sehr graziösen Mutter Thee und Zuckerwerk auf lackirten Präsentirtellern dargeboten und dann spielten sie sehr ruhig und artig, bis es dunkel wurde. Sie redeten einander mit ihren Namen an, wobei sie aber die ehrende Vorsilbe „O" gebrauchten, welche sonst nur den Frauen gebührt, und die Silbe „San" anhängten; aus Haru wurde auf diese Weise O-Haru-

San, was soviel wie „Fräulein Haru“ bedeutet. Die Frau vom Hause wird O-Kami-San angeredet; und O-Kusuma — so viel wie „Meine Dame“ — ist bei verheiratheten Frauen gebräuchlich. Frauen haben keine Vornamen; man sagt also nicht Frau Saguchi, sondern: die Gemalin von Saguchi-San; in der Anrede heißt es: O-Kusuma. Unter den Kindernamen finden sich: „Haru“, Frühling; „Yuki“, Schnee; „Hana“, Blüte; „Kiku“, Chrysantemum; „Gin“, Silber.

Eines der Spiele war sehr unterhaltend und wurde mit vieler Würde und gewissermaßen mit Geist ausgeführt. Ein Kind stellte einen Kranken vor und ein anderes den Arzt; die Trübsal und Schwäche des Patienten, so wie die würdevolle, wichtige Manier des Doktors wurden täuschend nachgeahmt. Unglücklicher Weise kurirte der Doktor den Patienten zu Tode und auch der Todesschlaf wurde mit großer Wirkung dargestellt; dann folgte das Begräbniß und die Trauer. Auf diese Weise werden Hochzeiten, Gastereien und viele andere Begebenheiten des Lebens dramatisch aufgeführt. Der Ernst und die Gemessenheit dieser Kinder sind wunderbar. In der That werden sie, sobald sie sprechen können, schon in Alles eingeführt, was die japanische Etikette erfordert, so daß sie im Alter von zehn Jahren genau wissen, was sie unter jederlei Umständen zu thuen und zu lassen haben. Bevor sie sich entfernten, wurde noch ein Mal Thee und Zuckerwerk herumgereicht, und da es nicht schicklich ist, Etwas abzuweisen oder das Angenommene liegen zu lassen, so ließen einige kleine Damen die Ueberreste in ihre geräumigen Aermel schlüpfen. Beim Abschiede fanden dieselben Förmlichkeiten statt wie bei der Ankunft.

Yuki, Haru's Mutter, spricht und geberdet sich mit einer reizenden Grazie. Mit Ausnahme des Abends oder wenn sich Freunde zum Nachmittagsthee einfinden, ist sie stets irgendwie häuslich beschäftigt, mit Scheuern, Nähen oder Kochen oder mit verschiedener Gartenarbeit. Alle japanische Mädchen lernen nähen und ihre eigenen Kleider anfertigen, doch giebt es bei ihnen keine solche Geheimnisse und Schwierigkeiten, die uns den Unterricht in der Nätherei verleiden. Kimono, Haori und Gürtel, selbst die langhangenden Aermel haben nur gleichlaufende Säume und sind einfach zusammengeheftet, so daß sie bei der Wäsche in

Stücke zertheilt werden; jeder Theil wird leicht gestärkt und auf einem Brett zum Trocknen ausgelegt. Es giebt keine Unterkleider mit Bändern, Besätzen, Krausen und Knopflöchern; die ärmeren Frauen tragen keine und die wohlhabenderen, wie Yuki, tragen ein Unterkleid aus dünnem Seidenkrepp, welches ebenso einfach wie das Obergewand gefertigt ist.

Hier und in den meisten Dörfern giebt es Leihbibliotheken und des Abends lasen Yuki und Haru Liebesgeschichten oder Erzählungen aus der alten Heldenzeit, leicht geschrieben und dem Geschmack des Volkes angemessen. Ito hat in seinem Zimmer etwa zehn Bände Romane und bringt die halbe Nacht mit Lesen zu.

Yuki's Sohn, ein Bursche von dreizehn Jahren, kommt öfters auf mein Zimmer, um seine Kunst in der chinesischen Buchstabenschrift zu zeigen. Er ist ein sehr begabter Knabe und bekundet ein bedeutendes Talent für die Zeichenkunst, und in der That ist der Uebergang vom Schreiben zum Zeichnen nicht schwer. Die chinesischen Buchstaben schreibt man nicht mittelst einer Feder, sondern mit einem Pinsel aus Kameelhaaren, der in indische Tinte getaucht wird. Jener Knabe bringt mit drei oder vier kräftigen Zügen fußlange Buchstaben hervor, wie sie auf den Aushängeschildern der verschiedenen Läden zu sehen sind. Yuki spielt den Samisen, der als das National-Instrument der Frauen gelten kann, und Haru geht jeden Tag zu einem Lehrer, um sich in diesem Spiel unterrichten zu lassen.

Die Kunst des Blumenschmuckes wird in Handbüchern gelehrt, deren Studium einen Theil der weiblichen Erziehung ausmacht; es vergeht kaum ein Tag, wo mein Zimmer nicht neu ausgeschmückt würde. Für mich liegt viel Belehrendes darin; ich fange an, die außerordentliche Schönheit einer einfachen Dekoration zu schätzen. Im Alkoven hangt ein besonders schöner blühender Kirschenzweig. An einem Panel des Wandschirms ist eine einfache Iris. Die zierlichen Vasen, welche an polirten Pfosten hangen, enthalten je eine bloße Päonie, eine Schwertlilie oder eine einfache Azalea, wobei aber Stengel, Blätter und Blumenkrone in voller Pracht entfaltet sind. Giebt es wohl etwas Seltsameres und Barbarischeres als unsere Blumenmacher-Bouquets, ein Bündel concentrischer Blumenkreise von verschiedener Farbe, von Moos und einem Stück Papier umhüllt, so daß Stengel, Blätter, sogar die Blüten wüst zusammengedrückt und die Grazie und Eigenthümlichkeit der einzelnen Blumen fast absichtlich zerstört wird?

Kanaya ist der angesehenste Mann in diesem Dorfe, dirigirt außerdem das mißtönende Gequiek, welches sich auf den Sinto-Festlichkeiten als Musik geltend macht, und verfertigt auch in einem geheimnißvollen Hinterraum allerlei Arzneimittel zum Verkauf. Seitdem ich hier bin, hat er sich vorzugsweise mit der Verschönerung seines Gartens beschäftigt, einen sehr achtbaren Wasserfall, einen rauschenden Strom, einen kleinen See, eine ländliche Bambusbrücke und verschiedene Rasenbänke angelegt, überdies auch mehrere große Bäume verpflanzt. Er geht willig und oft mit mir aus und da er sehr verständig ist und Ito sich als ein vortrefflicher und treuer Dolmetscher erweist, so wird mir der hiesige Aufenthalt sehr angenehm gemacht.

Man steht bei Tagesanbruch auf, legt die wattirten Kissen und Decken, auf und unter welchen man geschlafen hat, zusammen und birgt sie in einen Schrank mit schiebbarer Thüre. Dann werden die Altane und das Holzgeräth abgestäubt und die „Amado" oder hölzernen Laden geöffnet, welche sich in einer Furche in der Veranda hin und her schieben lassen und des Nachts das ganze Haus umschließen, bei Tage aber nur so weit vorstehen, daß sie als Zierde dienen. Nachdem man noch die Papierfenster zurückgeschoben hat, begiebt man sich an das Frühstück; darauf folgen häusliche Beschäftigungen, um ein Uhr das Mittagsessen, dann Gartenarbeiten und Besuche bis sechs Uhr, wo das Abendbrot eingenommen wird.

Gewöhnlich finden sich bald nach dieser Zeit Besuche ein und verweilen bis elf oder zwölf Uhr. Japanisches Schachspiel, Erzählungen und Musik auf dem Samisen füllen den ersten Theil des Abends aus, bis später ein sogenannter Gesang beginnt, ein wahrhaft heidnischer Lärm, bestehend in dem, mit zitternder Stimme lang ausgehaltenen Laut „No". Sobald ich ihn vernehme, ist mir zu Muthe, als ob ich mich unter Wilden befände. Bevor die Gäste Abschied nehmen, wird stets „Sake" oder Reisbier in kleinen Tassen dargereicht, auf deren Boden der Gott des Glücks dargestellt ist. Wenn der Sake heiß getrunken wird, steigt er leicht zu Kopf und eine kleine Tasse voll reichte schon hin, den blödsinnigen Diener zu allerlei närrischen Gesangsvorträgen zu begeistern. Mit Bedauern muß ich gestehen, daß es seiner Herrschaft stets zu großem Vergnügen gereicht, wenn er sich selber zum Narren macht, und Ito, der überhaupt nicht viel auf Anstand hält, bricht dann in ein krampfhaftes Lachen aus.

Eines Abends wurde ich von der Familie eingeladen und zu meiner Unterhaltung zeigte man mir Bilder und Reisehandbücher. Die meisten japanischen Provinzen haben ihre Reiseführer, illustrirt mit Holzschnitten von den wichtigsten Gegenständen, nebst Angabe der Haupttouren, der Wirthshäuser und anderer Lokalnachrichten. Ein Band voll schöner Abbildungen auf Seide war über hundert Jahre alt. Außerdem besah ich Porzellan, alte goldlackirte Gegenstände, einige antike Silberstickereien und sehr schöne Musik-Instrumente, welche mehr als zweihundert Jahre alt sein sollten. Keiner dieser Schätze wurde im Hause, sondern im „Kura", dem feuerfesten Nebengemache, verwahrt. Die Zimmer werden nicht mit Zierrathen überhäuft; ein einfaches „Kakemono", ein hübscher Gegenstand aus Porzellan oder Lackirwaare, wird auf einige Tage ausgestellt und dann durch einen anderen ersetzt; auf diese Weise hat man neben der Einfachheit auch Abwechselung und kann jeden Gegenstand ohne Zerstreuung genießen.

Kanaya und seine Schwester besuchen mich oft des Abends und mit Hülfe der Bruntonschen Landkarte entwerfen wir dann ganz erstaunliche Pläne zu einer Reise nach Niigata, die gewöhnlich von den Reisenden plötzlich wieder aufgegeben wird, sobald sich eine bisher noch nicht passirte Bergkette in den Weg stellt. Das Leben dieser Leute scheint friedlich genug zu verlaufen, dennoch beklagt es Kanaya, daß er kein Vermögen besitzt; er möchte reich sein und beabsichtigt, ein Hotel für die Fremden zu bauen.

Von religiösen Gegenständen befindet sich in diesem Hause nichts weiter als ein hölzerner Schrank, auf einem Sims stehend, eine Art Sinto-Tempel, der die Gedenktäfelchen der verstorbenen Verwandten enthält. Vor diesen Schrein wird jeden Morgen ein Zweig Immergrün, Reisbier und ein wenig Reis, des Abends eine brennende Lampe gestellt.

XI.

Schlechte Beleuchtung. — Häusliche Industrie. — Elternliebe. — Häusliche Wundarzneikunde. — Besuch der Läden. — Reisetransport und Kosten.

Daß die Japanesen so früh aufstehen, ist nicht zu verwundern, denn ihre Abende sind in Folge der schlechten Beleuchtung höchst ungemüthlich. Hier wie in anderen Häusern besteht die Lampe aus einem viereckigen oder runden, 2½ Fuß hohen, mit durchscheinendem Papier beklebten Behälter, in welchem eine mit Oel gefüllte Schale hangt; den Docht bildet ein querliegender, in der Mitte beschwerter Halm, der an einem Ende angezündet wird. Diesen elenden Apparat nennt man „Andon", und bei der „sichtbaren Finsterniß", die er verbreitet, sitzt die Familie beisammen, die Kinder mit Lernen oder Spielen, die Frauen mit Nähen beschäftigt. Es würde auch kein Japanese schlafen gehen, ohne einen Andon im Schlafzimmer zu haben. Fast noch kläglicher ist ein Leuchter von derselben Höhe, oben mit einem Stift versehen, worauf ein ärmliches Licht gesteckt wird, dessen dicker Papierdocht beständig geschnäuzt werden muß und, nachdem er kurze Zeit mit düsterem Flämmchen gebrannt hat, mit einem üblen Geruch erlischt. Es giebt zwar viele Manufakturen von Lampen und zahlreiche Magazine von einheimischem wie von eingeführtem Mineralöl; aber, abgesehen von der Feuergefährlichkeit, ist es sehr kostspielig, das Oel nach den ländlichen Bezirken zu transportiren.

Die Dörfer sind hier voller Läden, und es ist kaum ein Haus, wo nicht irgend Etwas verkauft würde. Woher die Käufer kommen und in welcher Weise das Geschäft einträglich sein könne, ist in der That ein Geheimniß. Viele Waaren sind eßbare Gegenstände, wie getrocknete, anderthalb Zoll lange Fische, die auf einen Stab gesteckt sind; Kuchen; Zuckerwerk, aus Reis, Mehl und sehr wenig Zucker bestehend; runde Klumpen Reisteig, „Mochi" genannt; in Salzwasser gekochte Wurzeln; eine weiße Gallerte aus Bohnen; außerdem Stricke, Strohschuhe für Menschen und für Pferde, Ueberschuhe aus Stroh, Papier-Regenschirme, wasserdichte Sachen aus Papier, Haarnadeln, Zahnstocher, Tabakspfeifen, Taschentücher aus Papier, und eine Menge Gegenstände aus Bambus, Stroh, Gras und Holz. Diese Güter liegen auf Regalen; in dem dahinter befindlichen Zimmer, welches nach der Straße hin geöffnet ist, werden die häuslichen Geschäfte verrichtet und man erblickt gewöhnlich die Hausfrau, ein Kind auf dem Rücken tragend, mit Nähen oder Kochen beschäftigt. Neuerdings hat sich eine Zündholz-Fabrik aufgethan und in vielen Häusern sieht man vorn Männer sitzen, welche Holz zu den Streichhölzern spalten. In anderen wird Reis ausgehülst, eine sehr mühsame Arbeit, wobei der Reis, der in einem eingegrabenen Mörser liegt, mittelst eines breitkolbigen hölzernen Stößels gestampft wird; Letzterer ist an einen langen wagrechten Hebel befestigt, den ein Mann mit nackten Füßen in Bewegung setzt.

In einigen Häusern sieht man Frauen weben, in anderen Baumwolle spinnen. Gewöhnlich sitzen drei oder vier beisammen, die Mutter, Schwiegertochter und ein oder zwei unverheirathete Mädchen. Die Mädchen verheirathen sich im sechszehnten Jahre und dann verwandeln sich binnen kurzem diese schönen, rosigen und gesund aussehenden Geschöpfe in garstige, gealterte Weiber mit faden Gesichtern; dies ist dem Umstande zuzuschreiben, daß bei der Verlobung oder nach der Geburt des ersten Kindes die Zähne geschwärzt und die Augenbrauen vertilgt werden.

In anderen Häusern sind Frauen mit ihrer Toilette beschäftigt, schwärzen sich die Zähne vor einem runden Metallspiegel oder waschen den entblößten Oberkörper. Während die Kinder in der Schule sind, ist es im Dorfe sehr still; bei ihrer Rückkehr wird es ein wenig lebhafter, doch sind sie sehr artig beim Spielen. Noch reger wird es, wenn gegen Abend die Männer zurückkehren; nachdem sie sich gewaschen haben, laufen sie gewöhnlich umher und spielen mit den jüngeren Kindern, während die älteren sich ihre Aufgaben für den nächsten Tag in einförmigem, kreischendem Tone einprägen. Sobald es finster wird, werden die Papierfenster eingeschoben, die hölzernen Läden werden geschlossen, die Lampe vor dem Familienschrein wird angezündet, man nimmt das Abendessen ein und dann erlustigen sich die Kinder in ruhigen Spielen um die Lampe herum. Gegen zehn Uhr werden die Decken und die wollenen Kissen aus dem

Schranke genommen, die Läden verriegelt und die Familie begiebt sich in einem gemeinschaftlichen Zimmer zur Ruhe. Neben den Erwachsenen stehen immer einige Platten mit Nahrungsmitteln, auch Feuerzeug und Aschenbecher bereit, und es ist sehr gewöhnlich, daß man sie während der Nacht von Zeit zu Zeit die Pfeife ausklopfen hört. Die Kinder bleiben ebenso spät auf wie die Eltern und nehmen Theil an allen ihren Gesprächen.

Nirgends habe ich Leute gesehen, die so viel Freude an ihren Kindern haben, wie es hier geschieht. Sie tragen sie umher, führen sie an der Hand, mischen sich in ihre Spiele, versehen sie immer mit neuen Spielwerken, nehmen sie in Clubs und Gesellschaften mit sich und fühlen sich ohne sie nicht zufrieden; andrer Leute Kinder behandeln sie ebenfalls gütig und wohlwollend. Die Eltern sind stolz auf ihre Kinder. Es ist höchst ergötzlich, gegen sechs Uhr morgens eine Anzahl Männer auf einer niedrigen Mauer sitzen zu sehen, deren jeder ein oder zwei Kinder in seinen Armen hält, sie liebkost, mit ihnen spielt und sich ihrer körperlichen und geistigen Entwickelung freuet. Dem Anscheine nach, machen die Kinder den Hauptgegenstand ihrer Unterhaltung aus. Schauet man des Abends, nachdem die Häuser geschlossen sind, durch die Thürspalten, so sieht man den Vater, der im häuslichen Kreise nur mit einer kurzen Jacke bekleidet ist, sein häßliches, freundliches Gesicht über ein niedliches Kind neigen, während die Mutter zwei nackte Kinder auf den Armen hält. Aus gewissen Gründen ziehen sie die Knaben vor, behandeln aber die Mädchen mit gleicher Liebe und Zärtlichkeit. Obgleich die Kinder, nach unsern Begriffen, zu steif und ernst sind, so gewinnen sie uns doch durch ihr Aeußeres und ihr Betragen. Sie sind artig und gehorsam, ihren Eltern zugethan, gütig gegen die jüngeren Geschwister und so lange ich sie auch in ihren Spielen beobachtete, so habe ich doch niemals ein ärgerliches Wort gehört oder etwas Unschickliches in ihren Mienen und Handlungen wahrgenommen. Aber sie sehen eher wie kleine Männer und Frauen als wie Kinder aus, und ihr altmodisches Aeußere wird noch dadurch verstärkt, daß sie, wie schon erwähnt, dieselbe Kleidung wie die Erwachsenen tragen.

Die Mädchen haben jedoch eine verschiedenartige Haartracht und man kann danach ihr Alter bis zur Zeit ihrer Verheirathung genau bestimmen; mit Letzterer tritt eine bestimmte Aenderung ein. Die Knaben sehen sämmtlich dicköpfig aus, zum Theil in Folge der Sitte, daß sie während der ersten drei Lebensjahre völlig kahl geschoren werden. Nach dieser Zeit sind drei Haarbüschel gestattet: einer über jedem Ohr und ein dritter hinten im Nacken; doch nicht selten sieht man auch einen Haarbüschel oben am Hinterhaupte. Im zehnten Jahre wird nur der Scheitel kahl geschoren und ein Büschel auf der Stirn getragen; mit fünfzehn Jahren, wo der Knabe schon auf Mündigkeit Anspruch macht, darf er sein Haar wie die Männer tragen. Wenn nur diese so entblößten Schädel stets glatt und rein wären! aber es ist peinlich, eine Menge widerwärtiger Krankheiten wahrzunehmen, wie Kopfgrind, schlimme Augen und bösartige Ausschläge; überdies sind gewiß 30 Procent der Dorfbevölkerung durch Pockennarben entstellt.

Bei der mangelhaften Bekleidung hat man Gelegenheit, den menschlichen Körper zu betrachten und ich war erstaunt, stets acht runde Brandmaale zu bemerken: vier auf jeder Seite des Rückgrates, oftmals ebenso viele an den Beinen und zuweilen erhalten auch die Brust und die Seiten des Oberkörpers ihren Antheil. Diese Maale werden durch die „Mogusa" oder Moxa hervorgebracht, kleine Pröpschen aus getrocknetem Beifuß, welche angebrannt und auf die Haut gelegt werden. Diese Pröpschen sind fast in jedem Hause zu finden und die Leute lassen sich im Frühling brennen, so wie es früher in England gebräuchlich war, sich im Sommer zur Ader zu lassen. Ich sah, wie eine Mutter diese Operation an ihrem Sohne ausübte, der sie mit großem Gleichmuth ertrug; aber der Schmerz, der sich nachher bei der Eiterung einstellt, ist oft sehr peinlich. Diese Operation gilt nicht nur für ein altes volksthümliches Heilmittel gegen viele Krankheiten, sondern man glaubt auch, daß der sechsmalige Gebrauch einen sicheren Schutz gegen den bösen Geist „Kak-ke" (den „Beri-Beri" auf Ceylon und in Indien) gewähre. Ein andres beim Volke gebräuchliches Mittel ist die Acupunctur, die auch häufig von Leuten ohne ärztlichen Beruf vollzogen wird. Eines Abends litt Yuki an Neuralgie oder Zahnschmerz und Kanaya nahm eine feine vergoldete stählerne Nadel, zog die Haut der Wange straff und stach senkrecht hinein, wobei er die Nadel leise zwischen den Fingern drehte. Es giebt auch eine Arznei, aus „hundert Kräutern" bereitet, auf die man so großes Vertrauen setzt, daß die Männer ein Büchschen davon in ihrem Gürtel mit sich auf das Feld nehmen, um sie bei Schmerzen oder Unwohlsein zu gebrauchen. Ito ist stets damit versehen und bietet mir davon an. Es ist ein dunkelbraunes Pulver von würzigem Geschmack und eine kleine Dosis davon verbreitet eine lebhafte Wärme durch den ganzen Körper.

Ich hatte in Hachiischi einige kleine Einkäufe für meine Reise zu machen. Die Vorderseite der Läden steht, wohl zu merken, ganz offen; etwa zwei Fuß über dem Fußboden befindet sich eine breite Leiste aus polirtem Holz, worauf man sich niedersetzt. Die Besitzerin des Ladens ist eine Frau, die ein Kind auf dem Rücken trägt und beschäftigt ist, Wasser in einem ehernen Kessel zu sieden und zu diesem Zweck die glühenden Kohlen mittelst einer Zange schürt. Sie verhält sich gleichgültig, bis sie die Vermuthung hegt, daß man etwas zu kaufen beabsichtige, alsdann tritt sie hervor und macht eine tiefe Verbeugung, wonach ich mich erhebe und mich ebenfalls höflich verneige. Darauf frage ich nach dem Preise eines Gegenstandes und sie fordert vermuthlich das Vierfache von dem, was sie sonst verlangt. Ihr bietet 3 Schillinge, sie lacht und verlangt 3½ Schilling; ihr bietet jetzt 2 Schillinge, sie fordert lachend 3, indem sie euch das Brettchen mit dem Tabaksgeräth darbietet; endlich wird das Geschäft dadurch erledigt, daß ihr 1 Schilling bezahlet und sie sehr erfreuet darüber erscheint. Man trennt sich mit gegenseitigen Verneigungen und ihr geht mit dem angenehmen Bewußtsein fort, einer industriösen Frau zwei Mal so viel bezahlt zu haben, wie das Ding für sie werth ist und weniger als es euch werth ist.

Während des Handels macht die Kaufmannsfrau häufig Gebrauch von dem „Soroban", einem Rahmen mit verschiedenen Reihen Kugeln, die sich auf Drathschnüren hin und her schieben lassen. Dieser Rahmen ist in Japan bei allen Geschäften in Gebrauch und so zur Gewohnheit geworden, daß ein Japanese ohne ihn nicht zwei und zwei zusammenzuzählen vermag. Die Frau war auf die Kugeln dermaßen erpicht, daß ich anfänglich glaubte, sie mache eine mühevolle Berechnung, ob sie aus meinem

Angebot auch nur einen Bruchtheil von Profit erzielen könne. Ito sagt, sie forderten von einem Japanesen nicht mehr, als sie zu verlangen beabsichtigen; die Fremden aber, welche sie mit Grobheiten übertäubten, erhielten die Sachen noch billiger als die Eingebornen, welche sich auf ein so unhöfliches Verfahren nicht verstehen. Vor jedem Laden versammelten sich, sobald ich mich gesetzt hatte, eine Menge Weiber und Kinder, meistens mit kleinen Kindern bepackt, und betrachteten mich mit ruhigem, ernstem, verdutztem Staunen, das aber doch ein wenig lästig wurde.

Es sind mehrere Barbierläden vorhanden und dort scheint der Abend die geschäftigste Zeit zu sein. Auch das Scheeren geschieht, wie fast Alles auf dem Lande, nicht in privater Abgeschlossenheit, sondern im offenen Laden. Seife wird nicht gebraucht und das Verfahren ist schmerzhaft. Die Opfer entblößen sich bis auf die Hüften und Jeder hält in der linken Hand ein lackirtes Brett, um die abgeschorenen Haare aufzufangen. Das häßliche Japanesengesicht erhält dabei einen höchst wundersamen Ausdruck von Ergebung, während der Operateur dasselbe nach allen Richtungen wendet, um den Effekt seines Verfahrens zu prüfen. Zu den Abendansichten von Nikko gehört auch das Bartscheeren, das Haarabschneiden und die Behandlung des Zopfes mittelst Wachs und Papierwickeln.

Die Lackirwaaren und Holzschnitzereien sind die reizendsten Verkaufsgegenstände, ziehen mich aber weniger an als die Dinge, welche im täglichen Leben der Japanesen gebraucht werden, da sie höchst sinnreich erfunden und auf das vollkommenste ausgearbeitet sind. Jeden Tag fesselt mich ein Sämereiladen, wo die Pflanzen wahrhaft idealisirt sind. Es stehen dreißig Arten, verschieden an Gestalt und Farbe, kunstvoll zu Kauf aufgestellt; andere sind in Päckchen zusammengebunden und mit einem Papier verziert, worauf die Wurzel, Blätter und Blüte in Wasserfarben außerordentlich naturgetreu abgebildet sind. Diese wirklich werthvollen Malereien führt ein Bursche, der im Hintergrunde auf einer Matte liegt, mit wenigen kühnen Pinselstrichen aus. Er verkaufte mir bereitwillig eine Päonie, meinen Wandschirm zu verzieren, für drei „Sen“. Mit dieser Ausnahme waren meine Einkäufe nur nothwendige Gegenstände: ein Mantel aus wasserdichtem Papier und einige große zusammengefügte Bogen Oelpapier, mein Gepäck einzuschlagen; es gelang mir auch, Ito zu bewegen, daß er seinen straffälligen großen Hut mit einem von der Form des meinigen vertauschte; denn, so häßlich er mir erscheint, so besitzt er doch einen großen Theil Eitelkeit, putzt seine Zähne, pudert sein Haar sorgfältig vor einem Spiegel und vermeidet die Sonnenstrahlen. Er pudert auch seine Hände, polirt seine Nägel und geht niemals ohne Handschuhe aus.

Erstaunt bin ich über die Armuth dieser Dörfer. Eine obere Klasse giebt es nicht und der Mittelstand ist durch Kanaya und einen anderen Mann jenseits des Flusses vertreten. Das Volk „steht früh auf und isset das Brot der Sorge." Alle sind verschuldet und in Irimichi, das letzthin von einer Feuersbrunst betroffen wurde, halten sie sich eben nur über Wasser. Sie thuen mir leid, nicht weil sie arm sind, sondern weil sie, obschon abergläubig, doch Materialisten sind und den Daikoku, den Gott des Reichthums, mit Leib und Seele anbeten.

Morgen lasse ich den Luxus hinter mir und vertiefe mich in das innere Land, mit der Hoffnung, an irgend einer Stelle auf das Japanische Meer hinaus zu kommen. Nachweise kann man hier nicht bekommen, ausgenommen über den Weg nach Niigato, den ich nicht einzuschlagen beschlossen habe; so habe ich mich denn nach sorgfältigem Studium der Bruntonschen Landkarte für einen bestimmten Platz entschieden und gesagt: „Ich gehe nach Tajima." Falls ich ihn erreiche, kann ich weiter gelangen, aber allgemein heißt es: „Es ist ein sehr schlimmer Weg, der fortgesetzt durch das Gebirge geht." Ito, der sehr auf seine eigene Bequemlichkeit bedacht ist, räth mir von der Reise ab, unter dem Vorgeben, daß sie mir zu unbequem werden würde; diese Aussicht schreckt mich jedoch nicht, da die guten Leute hier mein Bett in besseren Stand gesetzt und ich mich in den letzten drei Tagen gewöhnt habe, von Reis, Eiern und groben Nudeln, so dick wie Regenwürmer, zu leben.

In Japan besteht eine Land-Transport-Gesellschaft, mit Namen „Rikuun-Kaischa", mit einem Hauptamte in Tokiyo und Neben-Comptoiren in Städten und Dörfern. Sie besorgt die Personen- und Waarenbeförderung mittelst Packpferde und Kulis gegen festgesetzte Sporteln und stellt die entsprechenden Empfangscheine aus. Sie miethet Pferde von den Gutsbesitzern und zieht einen mäßigen Gewinn, schützt aber den Reisenden vor Schwierigkeiten, Verzug und Erpressung. Die Preise sind beträchtlich verschieden, je nach den Futterpreisen, dem Zustande der Wege und der Zahl der Pferde, die zu beschaffen sind. Auf einen „Ri“, etwa 2½ englische Meilen, betragen sie zwischen 6 und 10 „Sen“ für ein Pferd und den Führer; für eine Kuruma mit einem Mann zwischen 4 und 9 „Sen“ auf gleiche Entfernung; und beinahe ebenso für die Gepäck-Kulis. (Diese Transport-Gesellschaft ist bewundernswerth eingerichtet. Ich bediente mich derselben auf einer Reise von mehr als 1200 englischen Meilen und fand sie stets vortheilhaft und zuverlässig.) Ich bin willens, stets Gebrauch davon zu machen, trotz der Abneigung Ito's, der manchen „Nebenverdienst“ mit den Farmern zu theilen hoffte.

Meine Reise wird nun ausschließlich auf „unbetretenen Pfaden“ stattfinden und durch das sogenannte „Alt-Japan“ führen. Da es nöthig sein wird, aus Mangel an englischen Ausdrücken, japanische Bezeichnungen für Geld und Entfernungen zu gebrauchen, so will ich dieselben hier vermerken. Ein „Yen“ ist eine Note, die einen Dollar oder nach englischem Gelde 3 Schillinge 7 Pence gilt; ein „Sen“ ist etwas weniger als ein Halfpenny; ein „Rin“ ist eine dünne runde Münze aus Erz oder Bronze, mit einem viereckigen Loch in der Mitte; 10 derselben gelten einen „Sen“ und 1000 einen „Yen“; ein „Tempo“ ist eine hübsche ovale, in der Mitte durchlöcherte Münze aus Bronze, deren 5 soviel wie 4 „Sen“ gelten. Die Entfernungen werden nach „Ri“, „Cho“ und „Ken“ gemessen. Sechs Fuß betragen einen „Ken“, sechszig „Ken“ einen „Cho“ und sechszig „Cho“ einen „Ri“ oder beinahe 2½ englische Meilen. Wenn ich von Wegen spreche, so meine ich damit acht Fuß breite Pfade; breite Kuruma-Straßen sollen als solche besonders bezeichnet werden.

XII.

Wie ein Pferd gezäumt wird. — Mein Mago. — Die Schönheiten von Kinugawa. — Ein Buddhisten-Kirchhof. — Traumhafte Schönheit. — Sorge über Sorge.

Fujihara, den 24. Juni.

Ito's Befürchtungen waren gegründet. Die Bequemlichkeit mußte ich in Nikko zurücklassen.

Um 6 Uhr des Morgens brachte eine kleine Frau zwei kläglich aussehende Mähren; der einen wurde mein Sattel und Zaumzeug angelegt, auf der anderen erhielt Ito nebst dem Gepäck seinen Platz. Nachdem ich mit meinen Wirthsleuten die besten Wünsche und Dankesworte ausgetauscht und die Frau einen Strick um die Nase der traurigen Mähre geschlungen hatte, ließen wir die prächtigen Heiligthümer und Cryptomeria-Haine von Nikko hinter uns, zogen die langen, sauberen Straßen hinab, und wo die geweihete Allee am dichtesten und dunkelsten ist, schlugen wir einen nach links abweichenden Pfad ein, der das Bett eines Baches zu sein schien; derselbe wurde späterhin außerordentlich rauh und wand sich zwischen den ungestümen Armen des Daiya hindurch, über welche hin und wieder ein mit Erde und Zweigen bedeckter Knütteldamm führt. Nachdem wir einen der niedrigen Ausläufer des Nikkosan-Gebirges überschritten hatten, wandten wir uns um Hügel herum, deren steile Abhänge mit Ahorn, Eichen, Magnolien, Ulmen, Tannen und Cryptomerien besetzt sind; zwischendurch schlingen sich üppige Gehänge von der chinesischen Wistaria, abwechselnd mit Azalea- und Fliederbüschen. Jede Aussicht wurde durch einen hohen Berg abgeschlossen, Wasserfälle stürzten hernieder, glänzende Ströme schimmerten durch die Bäume und die Landschaft erschien im hellen Sonnenglanz des Juni unbeschreiblich schön.

Wir legten kaum einen „Ri“ in der Stunde zurück, denn wir müheten uns entweder durch tiefen Schlamm oder zwischen Felsen hindurch. Die Frau trabte mit ihrem aufgeschürzten Rock und Strohsandalen wacker vorauf; plötzlich ließ sie schreiend den Strick fallen und lief zurück, in Schrecken gesetzt durch eine große graue, roth gesprenkelte Schlange, welche, ebenfalls durch unsere Annäherung erschreckt, noch in der Eile einen dicken Frosch zu verschlingen suchte, bevor sie in das Gebüsch entschlüpfte. Nach mühseligen drei Stunden gelangten wir den Berg hinunter und nach der Farm Kohiaku, am Rande eines mit Reis bepflanzten Thales, wo die Frau das Gepäck untersuchte, ob nichts verloren gegangen sei und dann, ohne ein Trinkgeld abzuwarten, mit ihren Pferden den Rückweg antrat. Ich setzte meinen Stuhl auf die Veranda eines Hauses, das im Scheunenhofe eines reichen Reisbier-Brauers stand, in der Nähe von ärmlichen Wohnungen zahlreicher Bauernfamilien. Eine Stunde lang wartete ich, fast verhungernd, bis mir ein wenig schwacher Thee und gekochte Gerste gereicht wurde; dann mußte ich noch eine Stunde warten, denn die Pferde waren alle in den Bergen, um Blätter zu fressen. Alsdann wurde es ein wenig lebhaft. Die Männer trugen Gerstengarben auf ihren Rücken heim und brachten sie unter Dach. Mit Lumpen bekleidete Kinder gafften mich stundenlang an und die Erwachsenen entblödeten sich nicht, sich zu der Gruppe zu gesellen, denn sie hatten noch niemals eine fremde Frau, eine Gabel oder einen Löffel gesehen. Höchst seltsam erschien mir ein anständig aussehender Mann im mittleren Lebensalter, mit einer Brille, der in der Veranda auf dem Bauche lag und, das Haupt auf die Ellenbogen gestützt, andächtig in einem Buche las. Neben diesem wunderlichen Stillleben schöpften die Weiber das Wasser aus einem Ziehbrunnen, der noch die ursprünglichste Einrichtung hatte: einen zwischen zwei Stangen angebrachten Hebel, an einem Ende mit einem Eimer, am anderen mit einem Stein beschwert.

Als die Pferde ankamen, erklärten die Männer, ihnen nicht die Zügel anlegen zu können; nach vielem Hin- und Herreden gelang es jedoch, indem zwei von ihnen dem Thiere gewaltsam die Kinnladen aus einander zerrten und ein dritter den geeigneten Augenblick wahrnahm, um das Gebiß in das Maul zu bringen. Beim nächsten Wechsel erschien ein Zaum als etwas Unerhörtes und als ich behauptete, daß das Thier den Mund von selber öffnen würde, sobald man das Gebiß an die Zähne brächte, sagte ein nebenstehender Mann in spöttischem Tone: „Ein Pferd macht das Maul nur auf, wenn es fressen oder beißen will.“

Sie wurden erst überzeugt, als ich das Pferd selber zäumte. Die neuen Pferde hatten einen stoßenden Gang und ich war froh, ihrer ledig zu werden, als wir nach Kisagoi kamen. Dies ist ein kleiner Weiler auf der Hochebene, ein sehr armseliger Ort, voll elender Häuser, schmutziger Kinder mit Hautausschlägen und Frauen von keineswegs schöner Gestalt und mit Gesichtern,

Sommer- und Wintertracht.

die von harter Arbeit und Holzrauch starr, schwarz und häßlich geworden sind.

Ich schildere die Gegenstände der Wahrheit gemäß, so wie ich sie sehe, und wenn meine Berichte nicht mit denen der Touristen übereinstimmen, die über den Tokaido und Nakasendo, den See Biwa und Hakone schreiben, so folgt daraus noch nicht, daß die einen oder die anderen ungenau seien. Es ist in der That ein neues Japan, von dem ich durch kein Buch eine Vorstellung bekommen hatte, und es ist kein Feenreich. Die Männer sind so gut wie unbekleidet. Die Frauen tragen nur einen eng anschließenden kurzen Unterrock oder oben weite, an die Beine eng schließende blaue Hosen, ein blaues Kleid aus Baumwolle, das über der Brust offen steht und am Halse zugeknöpft ist, und ein Halstuch aus gleichem Stoff. Aus der Kleidung läßt sich das Geschlecht nicht erkennen, selbst aus den Gesichtern nur an den geschorenen Augenbrauen und den geschwärzten Zähnen. Der kurze Unterrock sieht wirklich abscheulich aus und wenn ich ein Weib sehe, das, mit einem nackten Kinde auf dem Rücken oder auf dem Arme, den Fremden anstarrt, so kann ich kaum glauben, daß ich im „civilisirten Japan" sei. Ein gut gestaltetes Kind, stark genug, den Kopf aufrecht zu tragen, schauet recht vergnügt über der Mutter Schultern in die Welt hinaus; aber peinlich ist es mir stets, wenn ich sechs- oder siebenjährige Kinder häßliche kleine Geschöpfe mit querblickenden Augen auf dem Rücken tragen sehe, deren Köpfe in der Sonne braten und hin und her wackeln, als ob sie herabfallen sollten.

In dieser Gegend werden viele Seidenraupen gezogen und man sieht in den offenen Scheunen Männer im Naturzustande und Weiber mit entblößtem Oberkörper in Gruppen beisammen stehen, beschäftigt, Maulbeerzweige abzustreifen. Die Häuser sehen alle ärmlich aus und das Volk schmutzig an Kleidung und Körper. Manche jüngere Frauen möchten vielleicht hübsch aussehen, wenn ihre Gesichter hinlänglich mit Wasser und Seife gereinigt wären, aber Seife ist nicht in Gebrauch und die Kleidungsstücke werden nur im Bach mit einem wenig Sand abgerieben.

Ein treffendes Beispiel von einem auffallenden Mißverständnisse ist folgendes: Ich hatte viel von der Bösartigkeit und Widerspenstigkeit der Saumrosse sprechen hören und man sagte mir, es würden ihnen Maulkörbe angelegt, um sie zu verhindern, die Menschen oder andre Pferde zu beißen; jetzt weiß ich aber, daß sie dadurch nur abgehalten werden sollen, unterwegs zu fressen. Hier werden ausschließlich Stuten gebraucht und sie sind die artigsten Thiere ihrer Rasse. Wenn man das Gewicht auf ein Packpferd berechnet hat und es findet sich, daß es für ein schwächliches Thier zu schwer ist und der Agent es auf zwei oder gar drei Pferde vertheilen muß, so zahlt man dennoch nur für ein Pferd. Als wir Kisagoi verließen, bestand unser Zug aus vier kleinen krausköpfigen Stuten, die unter den dichten Stirnbüscheln kaum herausschauen konnten, nebst drei munteren Füllen und einer Frau mit drei Mädchen, welche die Thiere führten; trotzdem hatte ich nur für zwei Pferde zu bezahlen.

Meine Mago, mit ihren von Arbeit gehärteten, aber durchaus gutmüthigen Gesichtszügen, die aber durch die schwarzen Zähne entstellt wurden, trug Strohschuhe, eine abgenutzte Weste, welche in die blauen baumwollenen Beinkleider gesteckt war und um den Kopf ein doppelt geschlungenes blaues Tuch. Da der Himmel mit Regen drohte, so führte sie einen aus Stroh geflochtenen Regenmantel bei sich, zwei zusammenhangende Mantelkragen, von denen der eine im Nacken, der andere auf der Brust befestigt wird und einen flachen Hut mit schlaffer Krämpe, dritthalb Fuß im Durchmesser, der ihr wie ein Schild auf dem Rücken hing. Auf und nieder, über Felsen und durch tiefen Schlamm ging sie festen Schrittes vorauf und blickte sich zuweilen mit ihrem häßlichen, freundlichen Gesicht um, ob die Mädchen ihr folgten. Der feste, sichere Gang, den dieses unkleidsame Kostüm gestattet, ist mir doch lieber als das mühevolle Geschlürfe, wozu die gebildeteren Frauen durch ihre eng anschließenden Kleider und die hohen Absätze genöthigt werden.

Von Kohiaku ging der Weg durch ein unregelmäßiges, mit Gras bewachsenes Thal, zwischen dicht bewaldeten Hügeln; im Thale selber standen parkähnliche Gruppen von Tannen und spanischen Kastanien. Hinter Kisagoi änderte sich jedoch die Landschaft. Ein steiler Felspfad führte uns nach dem Kinugawa, einem klar fließenden Fluß, der sich ein tiefes Bett zwischen bunten Felsen ausgehöhlt hat und in beträchtlicher Höhe mit einer steilen Bogenbrücke versehen ist, von wo man einer schönen Aussicht auf hohe Berge genießt, unter Anderem auf den Futaragama, an den sich einige der ältesten Sinto-Legenden knüpfen.

Eine Strecke weit hörten wir den Kinugawa, auf den uns zuweilen eine herrliche Aussicht gewährt war; stürmisch braust er dahin, von Porphyrmauern eingeengt, oder er breitet in ruhigerem Laufe seine meergrünen Gewässer über große Gerölle von hellrothen und grünen Felsblöcken, hell von der Sonne beschienen oder von einem Regenbogen überspannt oder in beschatteten Teichen absetzend, aber immer voller Pracht. Die Berge, durch welche er sich auf der anderen Seite einen Weg bahnt, sind steil und bis zum Gipfel mit Nadelholz bewachsen, während die weniger abschüssige Seite, auf welcher der Pfad entlang führt, sich am unteren Theile zu grünen Hügeln krümmt, bewachsen mit großen spanischen Kastanienbäumen, die kaum erst in Blüte stehen, mit Ahornbäumen, die das Scharlachroth, das sie im Frühling und Herbst tragen, noch nicht abgelegt haben, mit einem Untergrund von rothen Azaleen, Syringen, himmelblauen Hortensien, gelben Himbeeren, Farrnkräutern, Waldreben, weißen und gelben Lilien, blauen Schwerteln und mit allerhand mir ganz unbekannten blühenden Bäumen und Sträuchern, umschlungen und verknüpft durch das schöne Laub der Wistaria, das hier so gewöhnlich ist, wie bei uns der Brombeerstrauch. Es war der Glanz einer wahrhaft tropischen Vegetation, und die Pracht und Mannigfaltigkeit der lebendig grünen Gewächse, auf welchen noch die Tropfen des letzten Regens schimmerten, wurde durch die matten Strahlen der Nachmittagssonne noch erhöht.

Wir kamen über mehrere gefüllte Begräbnißstätten und in diesem Thale scheint wirklich die Anzahl der Todten größer als die der Lebenden zu sein. Die Plätze waren sauber gehalten; die Grabsteine, die sich selbst die Aermsten zu verschaffen suchen, lagen dicht bei einander in Reihen mit drei Fuß breiten Zwischenräumen. Auf vielen derselben saß Buddha, mit gefaltenen Händen, in unerschütterlichem Gleichmuth. Nach unserer Vorstellung sind drei Fuß nur ein geringer Raum für ein Grab, aber die Buddhisten werden nicht in liegender Stellung beerdigt und die ärmeren Klassen in verschlossenen Kübeln aus Tannenholz, worin der Körper in eine kauernde Haltung mit gesenktem Haupt gezwängt wird. Die Begräbnißformen sind jedoch bei allen Klassen feierlich und werden sorgfältig beobachtet.

Die wenigen Dörfer, welche wir antrafen, bestanden nur aus Bauernhäusern, deren Dach das Wohnhaus, die Scheune und den Stall gemeinsam bedeckte. In jeder Scheune waren unbekleidete Leute mit verschiedenartigen Arbeiten beschäftigt. Es begegneten uns ganze Reihe von Packpferden, an den Köpfen und Schwänzen zusammengebunden, mit Reis und Reisbier beladen; Frauen und Männer trugen große Küpen voll Maulbeerblätter. Der Hohlweg wurde immer schöner und, durch einen dichten Wald von pfeilblätterigen Cryptomerien niedersteigend, gelangten wir zu dem reizend gelegenen Dorfe, von wo sich eine Anzahl kleiner, für den Reisbau künstlich terrassirter Thäler nach der großen Schlucht des Kinugawa hinabzieht.

Fujihara hat sechs und vierzig Bauernhäuser und ein Wirthshaus, sämmtlich düster und schmutzig, gleichzeitig Wohnhaus, Scheune und Stall. Das Wirthshaus bestand in einem „Daidokoro", einer offenen Küche, darunter ein Stall und oben ein theilbarer Bodenraum. Als ich von einem Spaziergange zurückkehrte, fand ich zu meiner Verwunderung den Raum, den ich durchschreiten mußte, von sechs fast nackten Japanesen eingenommen. Ohne darauf zu achten, setzte ich mich zum Schreiben nieder, wurde aber bald auf den Balkon hinaus getrieben durch Myriaden von Flöhen, die aus den Matten hervorkamen und auch noch draußen auf meinen Brief hüpften. Die beiden äußeren Wände klebten von Schmutz und in den Fugen wimmelte es von lebendigem Ungeziefer; an den unbekleideten Balken hingen Spinneweben; die Matten waren braun vor Alter und Schmutz, der Thee schmeckte dumpfig, ebenso die Eier, und der Reis war nur zum Theil verlesen.

Draußen nahm ich mit Ito Alles in Augenschein: den geduldigen Fleiß, das reizend gelegene Dorf, die Abendbeschäftigungen und die schwermüthig stille Umgebung; dann betrachtete ich Alles noch ein Mal vom Balkon aus und las wiederum die Stelle in dem Berichte der asiatischen Gesellschaft, die mich zu dieser Reise bewogen hatte: „Es führt ein außerordentlich malerischer, aber beschwerlicher Weg nach dem Kinugawa hinauf, der den Japanesen fast ebenso unbekannt zu sein scheint wie den Fremden."

Ueber mir war ein klarer, gelblich gefärbter Himmel, unter mir ein fußtiefer Schlamm. Durch das Dorf führte ein Weg, der jetzt in eine Kothlache umgewandelt war, durchschnitten von einem schnell fließenden, hin und wieder mit Planken bedeckten

Bach. Dieser Bach diente gleichzeitig zum Baden und Trinken. Wenn die Leute von der Arbeit zurückkehrten, so setzten sie sich auf die Planken, zogen ihre schmutzigen Kleider aus, wuschen sie und badeten alsdann ihre Füße in dem Strom. Auf der anderen Seite stehen die Wohnhäuser und vor denselben liegen Düngerhaufen, welche von den Weibern aufgebrochen und mit den nackten Füßen zu Klumpen geknetet werden. Alle Frauen tragen bei der Arbeit die Weste und die Hose, in den Häusern aber nur den kurzen Unterrock und ich sah achtbare Familienmütter in dieser Kleidung über die Straße gehen und Besuche abstatten, ohne daß sie sich einer Unschicklichkeit bewußt waren. Die jüngeren Kinder tragen nur eine Schnur mit einem Amulet. Die Menschen, Kleider und Häuser wimmeln von Ungeziefer und man könnte diese Leute unflätig nennen, wenn dieser Ausdruck sich von einem fleißigen Volke brauchen läßt. Käfer, Spinnen und Wanzen feierten nach dem Eintritt der Dunkelheit ihre Fastnacht in meinem Zimmer und, da in dem Hause auch Pferde stehen, so gesellten sich auch Bremsen hinzu. Zwar bestreuete ich mein Lager mit Insektenpulver, aber das Laken hatte nur eine Minute auf dem Fußboden gelegen und somit machten die Flöhe den Schlaf unmöglich. Die Nacht währte lange. Die Lampe ging aus und hinterließ einen Geruch von ranzigem Oel. Der ursprüngliche japanische Hund, ein fahl gefärbtes, wolfähnliches, kläffiges aber feiges Thier, war in Fujihara zahlreich vertreten und das Bellen, Heulen und Zanken dieser unnützen Köter währte fast fortgesetzt bis zum Anbruch des Tages.

Um fünf Uhr kam Ito und trieb zur Abreise, indem er sich beklagte, er hätte vor Flöhen nicht schlafen können; er schäme sich, meinte er, daß ein Fremder solchen Ort kennen lerne. Er ist auf einem anderen Wege nach der Tsugaru-Straße durch das innere Land gereist und versichert, er hätte nicht geahnt, daß ein Platz derart in Japan vorhanden wäre und die Leute in Yokohama würden es ihm auch nicht glauben. Durch seine Umsichtigkeit auf der Reise und seine geistige Befähigung setzt er mich jeden Tag in Erstaunen. Er ist darauf bedacht, „gut" Englisch zu sprechen, zum Unterschiede vom „gewöhnlichen" Englischen, und neue Wörter mit ihrer richtigen Aussprache und Orthographie zu lernen. Jeden Tag vermerkt er in seinem Notizbuche alle von mir gebrauchten Wörter, die er nicht vollkommen versteht, legt sie mir des Abends vor und schreibt sich ihre Bedeutung und die entsprechenden japanischen Ausdrücke auf. Er spricht schon viel besser englisch als mancher Dolmetscher von Profession, leider hat er aber auch einige amerikanische Ausdrücke von gewöhnlicher Art aufgeschnappt. Für mich ist es von Wichtigkeit, einen guten Dolmetscher zu haben; sonst hätte ich einen so jungen unerfahrenen Menschen nicht in meine Dienste genommen; aber er ist so geschickt, daß er schon als Koch, Garderobier und Aufseher ebenso wie als Courier und Dolmetscher dienen kann und mir wahrscheinlich nützlicher als ein älterer Mann ist. Auch versuche ich, ihn zu beherrschen, weil er mich, namentlich in Bezug auf die „Nebenverdienste", zu beherrschen meinte. Er ist durchaus ein Japanese, seine Vaterlandsliebe paart sich mit der Stärke und Schwäche persönlicher Eitelkeit und Alles, was fremd ist, hält er für untergeordnet. Unsere Manieren, unsere Augen und unsere Art zu essen erscheinen ihm kurzweg abscheulich. Mit Vorliebe erzählt er von den schlechten Sitten der Engländer, wie sie Jedem unterwegs ihr „Ohio" zurufen, die Theehaus-Nymphen in Schrecken setzen, ihre Kulis schlagen oder mit Füßen stoßen, auf die weißen Matten mit schmutzigen Stiefeln treten, sich im Allgemeinen wie schlecht erzogene Böcke benehmen, auf dem Lande überall unverhohlenen Haß erwecken und sich und ihr Vaterland verächtlich und lächerlich machen. Er hält viel auf mein gutes Benehmen und da ich ebenfalls darauf bedacht bin, mich überall nach japanischer Art höflich zu erweisen und die üblichen Regeln des Anstandes nicht zu verletzen, so benutze ich gern seine Anweisungen im Thuen und Lassen und meine Verbeugungen werden mit jedem Tage tiefer. Die Leute sind so freundlich und höflich, daß es wirklich eine Rohheit seitens der Fremden ist, wenn sie sich nicht in gleicher Weise benehmen. Somit bin ich von Ito gänzlich abhängig, nicht nur in den Einrichtungen auf der Reise, sondern auch in Betreff von Fragen und Erkundigungen, sogar hinsichts der Gesellschaft. Da wir uns gemeinsam auf eine beschwerliche und abenteuerliche Reise begeben haben, so, hoffe ich, werden wir dadurch auch gegenseitig freundlich und rücksichtsvoll werden. Dem Namen nach ist er ein Sinto-Gläubiger, was nichts bedeuten will. Als ich ihm in Nikko die ersten Kapitel aus Sankt Lukas vorlas und an die Geschichte vom verlorenen Sohn kam, so unterbrach er mich mit einem fast spöttischen Gelächter und der Bemerkung: „Nun, das Alles haben wir in unserem Buddha!"

Unsere Reise am 25. Juni war, obgleich beschwerlich, dennoch ziemlich unterhaltend. Der Regen ließ um Mittag ein wenig nach und ich verließ Fujihara zu Fuß, nur bekleidet mit meinem amerikanischen Gebirgsanzuge und Wellington-Stiefeln, dem einzigen Kostüm, worin Damen in diesem Lande zu Fuß oder auf einem Packpferde reisen können; auf meinen Schultern hing eine leichte Strohmatte, hier zu Lande der wasserdichte Regenmantel. So arbeiteten wir uns mit zwei Saumrossen durch den fußtiefen Schlamm, bis der Regen gänzlich aufhörte, das Gebirge durch den Nebel sichtbar wurde, und der angeschwollene Kinugawa unter uns donnerte. Nun bestieg ich meinen Packsattel und wir überschritten einen Ausläufer des Takadayama in einer Höhe von 2100 Fuß, auf einer Reihe von Zickzack-Pfaden, von welchen an einer Stelle acht unter einander sichtbar waren. Hier ist der Wald nicht so dicht wie gewöhnlich und die unteren Bergabhänge sind mit edlen spanischen Kastanienbäumen bewachsen. Der Niedergang war steil und schlüpferig, das Pferd war schwach auf den Füßen, strauchelte, kam zu Falle und warf mich über seinen Hals, zur großen Bekümmerniß meines weiblichen Mago. Die mittelst Halme um die Fußfesseln der Pferde gebundenen Strohschuhe sind sehr unzweckmäßig. Die Schuhbänder lösen sich beständig und die Schuhe halten auf weichem Boden nur etwa für zwei „Ri", auf hartem Boden noch kürzere Zeit. Sie machen die Hufe so weich und schwammig, daß die Pferde ohne sie gar nicht mehr laufen können und zu straucheln anfangen, wenn sie dünn werden. Sobald der Mago dies merkt, hält er sogleich an; vier andere Schuhe, die am Sattel hangen, werden dann in Wasser getaucht und dem Pferde mit vieler Mühe angelegt. Die Reitwege sind mit diesen ungeschickten, vergänglichen Gegenständen ordentlich bestreuet und die Kinder sammeln sie, um sie als Dünger zu verwenden. Vier zusammengehörige kosten 3 oder 4 „Sen" und die Männer in jedem Dorfe wenden ihre Mußezeit an, sie anzufertigen.

Auf diesem Wege sieht man häufig eine sehr merkwürdige Maschine, den Reis zu reinigen. Dieselbe steht immer am Rande eines Bergstromes und sieht beinahe wie eine Wassermühle im Kleinen aus. Man sieht keinen Menschen dabei beschäftigt, hört aber regelmäßig wiederholte Hammerschläge. Durch das Wasser nämlich, welches durch eine Kufe ein- und ausfließt, wird ein Hebel, an welchen ein Hammer befestigt ist, auf und nieder bewegt; der Hammer fällt in einen mit Reis gefüllten Mörser.

Auf der nächsten Station in Takahara erhielten wir ein Pferd für das Gepäck, gingen über den Fluß und durch die Schlucht, dann eine steile Anhöhe hinauf und erreichten eine einsame „Yadoya", mit der gewöhnlichen offenen Front und der Feuerstätte, „Irori" genannt, um welche mehrere alte und junge Leute saßen. Bei unserer Ankunft ergriff ein ganzer Schwarm hübscher Mädchen die Flucht; sie wurden jedoch durch Ito wieder zurückgerufen. Ich trug einen Hut, der von Frauen nur auf dem Felde zum Schutze gegen Sonne und Regen getragen wird, meine Augenbrauen waren nicht abgeschoren und meine Zähne nicht geschwärzt; daher hielten mich die Mädchen für einen fremden Mann. Ito erklärte mir: „Sie haben noch keinen männlichen Fremden gesehen, aber Jeder erzählt ihnen, wie roh sich die Fremden gegen die Mädchen betragen, und deswegen geriethen sie in solche Furcht." Von genießbaren Dingen waren nur Reis und Eier vorhanden und ich speiste, angestaunt von achtzehn Paar dunkler Augen. Die heißen Quellen, zu welchen viele Kranke ihre Zuflucht nehmen, liegen am Flusse, unterhalb einer steilen Treppe und in einem offenen Verschlage; ich konnte jedoch ihre Temperatur nicht prüfen, da viele Frauen und Männer davon Gebrauch machten. Sie baden täglich vier Mal und jedes Mal eine Stunde lang.

Den fünf Meilen langen Weg nach Ikari legten wir bei strömendem Regen zurück, auf einem neu angelegten, abwechselnd hohen und niedrigen Pfade, der von dem herabstürzenden Kinugawa völlig eingeschlossen wird und an herausragenden Felsensäulen vorüber führt. Er gehört zu den schönsten Gegenden in Japan.

Der Fluß, immer krystallblau oder grün und durch die

Regengüsse mächtig angeschwollen, zwängt sich durch hellfarbene Felsen, die seinen glänzenden, rauschenden Strom zu wiederholten Malen verzögern, aber selten gänzlich hemmen. Er wird von hohen, prächtig bewaldeten Bergen umrahmt, die mit dunklen Schluchten abwechseln, von wo schäumende Ströme rauschend herabfallen, deren Getöse durch den Wiederhall vermehrt wird. Jede Schlucht eröffnet Aussichten auf fernere Berge, Spalten und Wasserfälle und auf eine so üppige Vegetation, daß mir zuweilen der Anblick einer grauen Klippe oder eines nackten Felsblockes als eine Abwechselung willkommen erschien. Längs des Pfades boten sich einzelne reizende Landschaftsscenen dar, mannichfaltiger Pflanzenwuchs, der in feuchter Wärme gedeihet; Farrenkräuter; Moose; grüne Wasserfäden; Algen; kleine Bäche durch Grotten fließend, die mit den schönen gefiederten Blättern der Trichomanes behangen waren; üppige Wedel, die über den ländlichen Pfad herüberhingen und bis in den Fluß reichten; das fein gezähnte Laubwerk verschiedenartiger Ahornbäume, die das Sonnenlicht nur in einen grünen Schleier gehüllt sehen ließen. Die Farben des Frühlings sind noch nicht in die dunklere, eintönigere Färbung des Sommers übergegangen; noch stehen leuchtende rosafarbige Azaleen auf den Hügellehnen und massenhafte Cryptomerien verleihen der Landschaft Tiefe und Schatten. So schön dies Alles erscheint, so sehnt man sich doch nach einer ausgeprägten, besonderen Anmuth der Form, wie sie die Cocospalmen und Bananen in den tropischen Gegenden darbieten. Daher gefallen mir auch vor Allem das gefiederte Laub des Ahorns und die pfeil- und pyramidenförmigen Cryptomerien am besten. Doch wozu kritisiren? Zehn Minuten Sonnenschein würden das Ganze in ein Feenreich umwandeln.

Weder Häuser noch Menschen waren zu erblicken. Wir verließen den schönen Fluß, gingen quer über einen Hügelauslauf, dessen Bäume sämmtlich mit blendend weißem Geisblatt behangen waren, und kamen in ein offenes Thal hinab, wo sich ein ruhig fließender Strom mit dem tosenden Kinugawa vereinigt. Ein weiterer Weg von einer Meile führte uns in ein reizend gelegenes Dorf, aus fünf und zwanzig Häusern bestehend, von Bergen umgeben und in der Nähe eines Bergstromes, welcher Okawa genannt wird. Die Namen der japanischen Flüsse gewähren wegen ihrer Veränderlichkeit nur geringen geographischen Anhalt. Innerhalb eines Laufes von dreißig oder vierzig Meilen ändert ein Fluß mehrmals seinen Namen, je nach den Distrikten, die er durchströmt. Der Kinugawa ist mein alter Freund, den ich auf zweitägiger Reise heimgesucht habe.

Die Enge des Raumes ist dem malerischen Eindruck günstig. Ikari liegt dicht zusammengedrängt an einem Hügelabhange und seine kurze, alterthümliche, dunkelbraune und graue Straße gewährte bei dem aufgeklärten Himmel einen fesselnden Anblick. Mein Halteplatz ist in dem Transport-Amte, oben auf dem Hügel, einer Art großer Scheune, auf einer Seite mit einem Pferdestall, auf der anderen mit einem Wohnzimmer versehen; in der Mitte eine Menge Waaren, die befördert werden sollen, und eine Gruppe von Leuten, welche Maulbeerzweige abblättern. Da der nahebei wohnende Daimiyo auf seiner Fahrt nach Tokiyo hier anzuhalten pflegte, so sind zwei Passagierzimmer eingerichtet, sogenannte „Daimiyozimmer", funfzehn Fuß hoch, mit einer hübschen Decke aus dunklem Holzwerk, mit Papierschirmen von der saubersten Arbeit, reich verzierten Wandschirmen, feinen, sauberen Matten und und einem goldlackirten Waffenschrank in einem Alkoven. Das innere Zimmer ist für mich bestimmt; das äußere wird von Ito und vier Reisenden besetzt. Der übrige Theil des Hauses ist der Seidenraupenzucht eingeräumt. Hier, wie in Fujihara, wissen die Gastwirthe nicht mit den Pässen Bescheid und Ito, der für einen jungen Mann von großstädtischer Erziehung gilt, hat den meinigen erklärt, abgeschrieben und den versammelten Landleuten laut vorgelesen. Da er für den Ausdruck „wissenschaftliche Forschungen" kein entsprechendes Wort zu finden wußte, mir aber eine größere Wichtigkeit verleihen wollte, um auch zugleich die seinige zu erhöhen, so gab er mich bei den Leuten für eine „Gakusha", eine Gelehrte aus.

Ein Polizei-Amt giebt es hier nicht, aber jeden Monat besuchen die Polizeibeamten diese ausliegenden Yadoyas und sehen die Fremdenlisten nach. Der Ort ist hübscher als der vorige, aber die Menschen sehen hier dumm und theilnahmlos aus. Ich möchte wohl wissen, was sie von den Männern denken, welche den „Daimijo" und die Lehnsherrschaft abschafften, dafür aber die Parias zu einem Bürgerthum erhoben und das Reich auf der Bahn europäischer Kultur weiter fördern!

Seitdem die Schindeln die Stelle des Schilfrohrs einnehmen, sehen die Dörfer bewundernswerth hübsch aus, mit ihren hohen Dächern und Balkonen und bräunlichen Mauern, mit dem bunten Gemisch der Farmhäuser, den Hecken von Camellien und Granaten, den Bambusgruppen und Obstgärten und den behäbig ausschauenden Landbesitzern.

Nahrungsmittel sind hier, außer Reis und Eiern, nicht zu bekommen und ich bin verwöhnt durch das Geflügel und die Fische von Nikko, der Fleischtöpfe der Gesandtschaft zu geschweigen.

Das Thermometer fällt des Nachts bis auf 70 Grad und ich erwache gewöhnlich schon um 3 Uhr morgens vor Kälte, da meine Bettdecken nur auf den Sommer berechnet sind und ich sie, aus Furcht vor den Flöhen, nicht durch eine Steppdecke zu ersetzen wage. Gewöhnlich gehe ich bald nach 7 Uhr zu Bette, denn eine Dämmerung giebt es kaum und es ist nicht sehr unterhaltend bei der Lampe oder dem düster brennenden Licht zu sitzen. Die vergangenen Tagereisen auf langsamen, stoßenden und strauchelnden Pferden habe ich sehr angreifend gefunden, und wenn ich nur einigermaßen gut zu Fuße wäre, so würde ich eine Fußreise sicherlich vorziehen.

XIII.

Der Köcher der Armuth. — Des Reispflanzers Feiertag. — Ungesunde Gewohnheiten. — Schätzbare Arznei. — Der Paß von Sanno. — Stätten der Naturverehrung.

Kurumatoge, den 30. Juni.

Nach einer sechstägigen beschwerlichen Reise ist es wahrhaft erquickend, am Sonntage an einem stillen, hochgelegenen Orte auszuruhen. Berge und Pässe, Reisfelder in Thälern, Wäldern und Dörfern; Armuth, Gewerbefleiß, Schmutz, Tempeltrümmer, umgestürzte Buddhas, Reihen von Saumrossen in Strohschuhen; lange, graue, nichtssagende Straßen; stumme gaffende Volkshaufen — dies Alles spielt in meiner Erinnerung bunt und phantastisch durch einander. Schönes Wetter begünstigte meine Fahrt durch die herrliche Landschaft zwischen Ilari und Yokokawa, wo ich, von fast allen Einwohnern umringt, auf offener Straße frühstückte, um die unzähligen Flöhe im Theehause zu vermeiden. Anfänglich waren die Kinder dermaßen erschrocken, daß sie fortliefen; allmälig kamen sie dann schüchtern zurück und klammerten sich an die Röcke der Eltern, entliefen aber wieder, sobald ich nach ihnen hinblickte. Der Hause war über alle Beschreibung garstig und unsauber. Weshalb muß der Köcher der Armuth so gefüllt sein? fragt man, wenn man die Haufen nackter, greisenhafter Kinder sieht, die als Erben harter Arbeit geboren sind, um, gleich ihren Eltern, von Ungeziefer verzehrt und durch Steuern gedrückt zu werden? Ein Pferd warf meinen Sattel ab, bevor er gegürtet war, die Menge stob aus einander und ging wieder an die Arbeit, die sie zwei Stunden unterbrochen hatten, um die Fremden anzugaffen.

Ein langer Pfad aufwärts brachte uns auf die Spitze eines 2500 Fuß hohen Passes, eines vorspringenden, kaum 30 Fuß breiten Ausläufers, mit einer Aussicht auf Berge, Schluchten und ein Labyrinth von Flüssen, die sich zu einem reißenden Strom vereinigen, dessen Laufe wir einige Stunden lang folgten, bis er sich zu einem ruhigen Flusse verbreiterte und sich gemächlich durch ein ausgebehntes Reisfeld hinzog. Ich vermuthete und fand es nachher bestätigt, daß wir auf diesem Passe die Wasserscheide überschritten, von wo sich die Gewässer nicht mehr in den stillen Ocean, sondern in das japanische Meer ergießen. In Itosawa stolperten die Pferde in so unerträglicher Weise, daß ich die letzte Station zu Fuß zurücklegte und Kayaschima, ein elendes Dorf aus funfzehn Hütten, erreichte. Ich war so erschöpft, daß ich nicht weiter gehen konnte und mit geringerer Bequemlichkeit, als ich selbst in Fujihara angetroffen hatte, vorlieb nehmen mußte.

Das Wirthshaus war wirklich entsetzlich. Auf der Feuerstätte brannte in einer Grube ein großes Feuer und erfüllte den ganzen Raum mit übelriechendem Qualm, von dem auch mein

Zimmer nicht verschont blieb, da es nur mit gebrechlichen Wandschirmen abgeschlossen war. Der Wirth blieb auf dem Fußboden meines Zimmers sitzen, bis Ito ihn hinauswies, und entschuldigte den Schmutz in seinem Hause so gut, wie er es vermochte. So erstickend, dunkel und rauchig mein Zimmer auch war, mußte ich dennoch die Papierfenster schließen, weil sich ein Volkshaufe auf der Straße ansammelte. Es war weder Reis noch Sago zu haben und Ito, der etwas auf seine eigene Bequemlichkeit hält, begann den Wirth und die Dienerschaft in lautem und grobem Tone auszuschelten und meine Sachen umher zu werfen; ich machte diesem Benehmen aber sogleich ein Ende, denn nichts ist nachtheiliger für den Fremden und zugleich beleidigender für die Leute, als wenn ein Diener sich roh und anmaßend benimmt. Der Wirth war übrigens sehr höflich und nahete sich mir stets mit einer Verbeugung. Als ich ihm, der Sitte gemäß, meinen Paß überreichte, berührte er seine Stirn damit und dann mit der Stirn den Erdboden.

Zu essen fand ich nichts weiter als schwarze Bohnen und gekochte Gurken. Das Zimmer war dunkel, schmutzig, geräuschvoll und, wie gewöhnlich, durch einen dumpfigen Geruch vergiftet. Sobald das Reispflanzen beendigt ist, tritt ein zweitägiges Fest ein, wo dem Inari, dem Gott der Reispflanzer, zahlreiche Opfer gespendet werden; dann dauert der Jubel Tag und Nacht und man kann vor dem Getöse der Trommeln keinen Schlaf finden.

Ein kleiner Knabe, der Sohn des Wirthes, litt an einem quälenden Husten und ich linderte denselben durch einige Tropfen Chlorodyne. Schnell verbreitete sich das Gerücht von der Kur und schon am frühesten Morgen des nächsten Tages war die ganze Bevölkerung vor meinem Zimmer versammelt, wisperte, schuffelte auf den nackten Füßen umher und lugte durch die Spalten der Papierfenster. Als ich den Papierschirm bei Seite schob, wurde ich ganz bestürzt von dem Anblick, der sich mir darbot. Die Eltern hielten nackte, aussätzige und grindköpfige Kinder auf den Armen; Mädchen führten ihre halb erblindeten Mütter; die Männer trugen peinvolle Krankheiten zur Schau; da waren Kinder mit entzündeten oder beinahe blinden Augen, lauter schlecht gekleidete, entsetzlich schmutzige und von Ungeziefer wimmelnde Menschen.

Die Kranken verlangten Arznei und die Gesunden führten entweder die Kranken oder waren aus dummer Neugierde gekommen. Sehr verdrießlich sagte ich ihnen, daß ich von ihren mannichfaltigen Uebeln und Gebresten nichts verstände, auch überdies keine Arzneien mit mir führte; um solche Hautkrankheiten zu verhüten und zu heilen, verordneten bei mir zu Lande die Aerzte oft nichts weiter, als daß die Kleider rein gehalten und die Haut sorgfältig gewaschen und mit reinen Tüchern abgerieben würde. Um sie einigermaßen zu befriedigen, machte ich eine Salbe aus Schmalz und Schwefelblumen, die mit großer Mühe aufgebracht worden waren, und zeigte ihnen, wie dieses Mittel im Nothfalle anzuwenden sei. Als das Pferd, des Gürtens ungewohnt, beim Satteln unruhig wurde, gerieth der ganze Haufe in Schrecken und der Mago wagte es nicht, das Thier wieder anzurühren. Die sanften Stuten fürchteten sie, als wären es Pantherthiere. Bei der Weiterreise folgten mir die Kinder eine beträchtliche Strecke weit und auch die Erwachsenen machten einen Vorwand, um dieselbe Richtung einzuschlagen.

Auf die anscheinende Armuth und die sichtbare Unreinlichkeit und Trostlosigkeit, die ich seit meiner Abreise von Nikko angetroffen habe, war ich durchaus nicht vorbereitet. Bei uns ist die unfläthige Armuth gewöhnlich mit Faulheit und Trunksucht verbunden; die erstere ist aber hier unter den Landbewohnern unbekannt und die zweite selten. Sie sind unermüdlich fleißig, haben keinen Sonntag und feiern nur, wenn nichts zu thuen ist. Mit ihrer Hände Arbeit verwandeln sie das Land in einen schönen Garten, worin kein Unkraut zu erblicken ist. Sie sind mäßig und sparsam und suchen aus Allem Nutzen zu ziehen. Den Boden düngen sie reichlich, verstehen sich auf die abwechselnden Ernten und haben von den neueren Verbesserungen des Landbaues wenig oder gar nichts zu lernen. Ich vermuthe daher, die anscheinende Armuth rühre von ihrer Gleichgültigkeit gegen Lebensgenüsse her, an die sie nicht gewöhnt sind. Der Schmutz ließe sich verhindern und damit zugleich die vorherrschenden Hautkrankheiten bei den Kindern. Ohne Zweifel herrscht in fast allen Gegenden, die ich durchreiste, ein großer Mangel an Reinlichkeit und dies setzt mich in Erstaunen.

Die Leute sagen mir, daß sie jede Woche ein Mal ein Bad

nehmen, doch walten dabei sehr beschränkende Umstände ob. In Privathäusern badet man nur in einer vier Fuß hohen Kufe, die gerade so breit ist, daß ein Mensch von mittlerer Größe in der üblichen kauernden Lage darin Platz hat, und man nimmt das Wasser so heiß, daß die Dämpfe zuweilen von schlimmer Wirkung sind und bei alten Leuten Ohnmachten verursachen. Das Badewasser wird im Hause von allen Bewohnern, in den öffentlichen Bädern von einer Menge der Besucher gebraucht, ohne erneuert zu werden. Man badet nicht, um sich zu reinigen, sondern zum Vergnügen und aus sinnlichem Luxus. Seife wird nicht gebraucht und das Abtrocknen geschieht mit einem weichen, schmutzigen Handtuch. Die theilweisen Waschungen bestehen darin, daß man die Füße, wenn sie beschmutzt sind, in warmes Wasser steckt, und Gesicht und Hände wäscht oder mit einem nassen Tuche abwischt.

Linnenzeug wird nicht getragen, die Unterkleider wäscht man selten und trägt sie, bei Tage und bei Nacht, so lange, bis sie zerrissen sind. Des Nachts versperren sie ihre Häuser so luftdicht wie möglich und kriechen in dem mit Tabaksrauch und Kohlendampf verpesteten gemeinschaftlichen Schlafzimmer haufenweise zusammen; in ihre schmutzigen Kleider gehüllt, liegen sie unter wattirten Bettdecken, die während des Tages in verschlossenen Schränken verwahrt und das ganze Jahr kaum ein Mal gewaschen werden. Die Hausmatten sehen äußerlich ganz hübsch aus, sitzen aber voller Ungeziefer, voll Staub und schädlichen organischen Stoffen. Das Haar, mit Oel und Bändern überladen, wird in diesen Gegenden kaum ein Mal wöchentlich gekämmt und man kann sich die Folgen dieser Nachlässigkeit vorstellen. Die von den Matten bedeckten Fußbodendielen liegen weitläufig aus einander und nur etwa anderthalb Fuß über der feuchten Erde, so daß die schädlichen Ausdünstungen durch die Ritzen und Matten in die Zimmer dringen können. Das Trinkwasser ist jedenfalls verunreinigt, wo die Brunnen inmitten der Häusermassen liegen. Auf den Dörfern ist es Sitte, das unreine Wasser in einem Faß, welches vor der Hausthüre in die Erde eingegraben ist, aufzusammeln und von hier aus in offenen Eimern auf die Felder zu schaffen.

Die Häuser werden hier in jeder Jahreszeit bei Tage und

bei Nacht dicht verschlossen und von den erwähnten „Amado", welche ohne Luftlöcher sind, in der Weise eingeschachtelt, daß die durch das Athmen so vieler Personen, durch die Ausdünstung von Menschen und Kleidern und durch den Dunst des Holzkohlenfeuers verunreinigte Luft nicht im mindesten erneuert werden kann. Körperliche Uebungen werden selten freiwillig unternommen und wenn die Frauen nicht gerade auf dem Felde zu thuen haben, so hocken sie während fünf Monate des Jahres den ganzen Tag am Kohlenfeuer, entweder um beständig zu kochen oder sich zu erwärmen. Ein großer Theil der Nahrung besteht beim Landmanne in rohem oder halb rohem Salzfisch und in Gemüsen, die schlecht eingemacht und fast unverdaulich sind und so hastig verzehrt werden, als ob es eine Lebensaufgabe wäre, die Mahlzeit so schnell wie möglich zu erledigen. Die verheiratheten Frauen sehen aus, als hätten sie gar keine Jugend gekannt und ihre Haut gleicht dem gegerbten Leder. In Kayaschima fragte ich des Wirthes Frau, die etwa funfzig Jahre alt zu sein schien, nach ihrem Alter und sie erwiederte mir zu meinem Erstaunen, sie zähle einundzwanzig Jahre. Ihr Knabe war fünf Jahre alt und noch nicht entwöhnt.

Die Pferde wechselten wir in Tajima, ehemals der Wohnsitz eines Daimiyo und, für eine japanische Stadt, ziemlich malerisch. Man verfertigt hier für den Export Holzschuhe, grobe Töpferwaaren, Lackirwaaren und Körbe.

Wir kamen durch Reisfelder von verschiedener Ausdehnung, wo man den oberen Theil der Dämme zur Anpflanzung von Zwergbohnen benützt hatte, und erreichten einen großen Fluß, Arakai genannt. Nachdem wir uns zwei Tage lang an seinen Nebenflüssen abgemühet und verschiedene unsaubere Dörfer passirt hatten, setzten wir auf einer Fähre hinüber. Hohe gabelförmige Pfähle auf jeder Seite des Ufers stützten ein Seil, das aus Zweigen der Wistaria geflochten war. Ein Mann griff mit den Händen abwechselnd an diesem Seil entlang, ein anderer ruderte am hinteren Ende des Fahrzeuges und das Uebrige that der reißende Strom. In dieser Weise sind wir über viele Flüsse gefahren. Bei allen Fähren ist ein Zolltarif angeschlagen, ebenso bei den Brücken, wo Zoll bezahlt wird, und ein dazu angestellter Beamter nimmt das Geld in Empfang.

Die Wistaria, welche zu besonders starken und dauerhaften Tauen verarbeitet wird, erblickt man fast überall. Als ein zwerghaftes Gewächs bedeckt sie die Hügel und die Seiten der Pfade und als eine kühne Schlingpflanze klimmt sie an den höchsten Bäumen hinauf, tödtet sie auch gelegentlich durch ihre unbarmherzigen Umschlingungen und breitet dann schwelgerisch ihre üppige Pracht über die erstorbenen Aeste. Zuweilen glaubte ich neue Arten schöner Bäume entdeckt zu haben und fand dann, daß es eine Ulme oder Cryptomeria war, welche die verheerende Schlingpflanze getödtet und umgestaltet hatte. Zuweilen ist ihr verzweigter Stamm von Mannesdicke; in Parks wird sie zu großartigen Lauben gezogen. Ein einzelner Baum kann oft hundert Menschen Schatten und Obdach gewähren.

Schnell auf einander folgten die Dörfer mit ihrer unermüdlichen Betriebsamkeit, und die Feldfrüchte zeigten sich mannigfaltiger als früher: Bohnen, die in ihren verschiedenen Arten nebst dem Reis das wichtigste Nahrungsmittel ausmachen, Waizen, Gerste, Hirse, Reis, Hopfen, Erbsen, Wassermelonen, Gurken, die wie die Erbsen an Stangen gezogen werden, süße Potato, Eierpflanzen, eine purpurrothe Colea, deren Blätter als Spinat gegessen werden, Lattich und Indigo. Häufig zeigten sich Strecken, mit hohem gelbem Chrysanthemum besetzt, dessen Blütenblätter angekocht und dann mit Weinessig als eine Delikatesse verzehrt werden. Am schätzbarsten ist in dieser Gegend der Anbau von „Ninjin", chinesisch „Ginseng", mit dem botanischen Namen Panax repens. In den chinesischen Apotheken nimmt diese Pflanze eine Hauptstelle ein und wird gegen Fieber angewandt, wie bei uns das Chinin. Zu manchen Zeiten ist sie mit Gold aufgewogen worden und obgleich ihr Preis jetzt auf 40 Schillinge für das Pfund gefallen ist, bleibt ihr Anbau noch immer einträglich. Das Ginseng, welches jährlich von Japan nach China ausgeführt wird, beläuft sich auf einen Werth von 200,000 Pfund Sterling und nach zwei Jahren wird man den doppelten Ernte-Ertrag auf den Markt bringen. In der Cultur des „Ninjin" erreicht die Sauberkeit der Japanesen ihren Höhepunkt.

Es wird auf Beete gesäet, welche 27 Fuß lang, 2½ Fuß breit, 1 Fuß hoch und 2 Fuß breit von einander getrennt sind.

In jedem Beete sind 438 Vertiefungen und in jede derselben werden drei Samenkörner gelegt. Ich erwähne dieses als eines Beispiels von der sorgfältigen Genauigkeit, die allen Arbeiten dieser seltsam förmlichen Nation eigen ist. Zum Schutz gegen die Sonne sind alle Beete, sowohl im Sommer wie im Winter, mit sauber gefertigten Strohdächern bedeckt. Nur die stärksten Pflanzen werden für das nächste Jahr bewahrt. Im fünften Jahre werden die Wurzeln ausgegraben, gebrühet und in Mulden bei einer mäßigen Hitze vier bis acht Tage lang, je nach der Größe, gedörrt. Die Stengel und die Blätter werden zu einer dicken, schwarzen Gallert eingekocht, die dem Lakritzen ähnlich, aber sehr bitter ist und gegen Schwäche gebraucht wird. Jetzt fängt man auch an, das orientalische Sesam zu kultiviren, das zu einem Haaröl und zu Fischsaucen gebraucht wird. Der Gestank, der sich beim Kochen dieser Pflanze verbreitet, gehört zu den abscheulichsten Gerüchen in Japan.

Das Land war in der That bezaubernd. Die Aussichten wurden schöner und umfassender als an den vorhergehenden Tagen und breiteten sich über Reihen spitzer Berge, die bis zum Gipfel bewaldet sind. Von der Höhe des Sanno-Passes erschienen die an einander gedrängten Gipfel, von dem mattgoldenen Schein der Abendsonne beleuchtet, in unbeschreiblicher Pracht. In dem hübsch gelegenen, von Bergen umringten Dorfe Ouchi schlief ich in einem Hause, welches gleichzeitig eine Seiden-Farm, ein Post- und Botenamt und ein Daimiyo-Hotel war. Am frühem Morgen des nächsten Tages machte ich den weiten Weg durch ein kraterförmiges Thal, an dem hübschen kleinen Oyake-See vorüber, und stieg den herrlichen Paß von Ichikawa hinan. Wir schlugen die sogenannte Hauptstraße ein, in der That aber einen abscheulichen Pfad, der aus einer Reihe von etwa einen Fuß breiten holperigen Erhöhungen bestand; dazwischen fußtiefe, kothige Löcher, die gleichmäßigen Fußspuren der Saumrosse. Der Aufgang zu der 2400 Fuß hohen Anhöhe war sehr steil und der Mago rief fortgesetzt den Thieren sein „Hai! hai!“ zu, wodurch ihnen wahrscheinlich besondere Vorsicht anempfohlen wurde. Ihre Schuhbänder lösten sich beständig und auf vier Meilen wurden zwei Mal neue Schuhe nothwendig. Den Gipfel dieses Passes, wie vieler anderen, bildet eine schmale Firste, von deren Verlängerung der Pfad jählings in einen furchtbaren Schlund hinabgeht. An der Seite desselben stiegen wir etwa eine Meile abwärts, begleitet von einem Flusse, dessen dröhnender Donner jedes Gespräch unmöglich machte. Prachtvoll war der Niederblick zwischen den bewaldeten Abhängen hindurch auf eine, von Indigopflanzen beschattete Ebene, umschlossen von baumreichen Bergen und überragt von schneebedeckten Höhen. Der Pflanzenwuchs deutete auf ein milderes Klima. Magnolia und Bambus zeigten sich wieder und tropische Farrnkräuter mischten sich mit der schönen blauen Hortensia, der gelben japanischen Lilie und der großen blauen Glockenblume. Es war ein Meer von Bäumen, umschlungen von der schönen Actinidia, deren üppiges weißes Laub aus der Entfernung wie weiße Blütengruppen aussieht. Der verworrene Untergrund dieser waldigen Region ist jedoch nicht anziehend und kann zum Theil als Unkraut bezeichnet werden, denn er besteht aus nichtssagenden, struppigen Schirmpflanzen, plumpen Kletten, üppigen Nesseln und anderem derartigen Zeuge.

Nahe am Ende dieses Abhanges ging meine Stute mit mir durch und brachte mich in einem tölpischen Galopp nach dem schön gelegenen Dorfe Ichikawa, welches von einem hübschen Wasserfall mit einem beständigen feuchten Nebel erfüllt wird; an dem Wege und an den Bäumen erblickt man überall das Grün des Protococcus. Die Wirthshäuser, Läden und Felder besorgen und bebauen die Frauen ebenso gut wie die Männer. In allen Dörfern sind Tafeln aufgehängt, worauf die Zahl der männlichen und weiblichen Bewohner, der Pferde und Rinder angegeben ist und ich ersah in Ichikawa, wie überall, daß die Männer an Zahl überwiegend sind.

Ringsum erblickt man kegelförmige, dicht mit Cryptomerien bewachsene Hügel und fast jeder ist mit einer steilen Steintreppe versehen, an deren Fuße sich ein „Torii" aus Holz oder Stein befindet. Von unten aus erscheint der Gipfel geheimnißvoll umhüllt; steigt man aber zu dem wirklich feierlichen Schatten hinauf, so erblickt man einen kleinen hölzernen Schrein und einige Zeichen der Verehrung, wie einige Blumen, ein wenig Reis oder einen Zweig Immergrün. Diese Haine oder „hohe Stätten" sind die Kapellen der alten Götter- und Helden-Verehrung, die auf jedem hohen Hügel und unter jedem grünen Baume ihre Sinnbilder hat. An einigen Orten findet man nur ein rothes Portal, das zu dem Haine führt und an welchem einige Strohhalme hangen; an anderen einen einzelnen ehrwürdigen Baum oder eine Gruppe Bäume, mit einem Strohseile oder mit Strohbündeln behangen, dem Zeichen der Heiligkeit; an noch anderen eine Reihe grauer, verfallener Portale, durch die sich ein Pfad ohne ein bestimmtes Ziel hinzieht. Die großen steinernen Treppen, die zu den Heiligthümern in die Haine hinauf führen, verleihen dieser Gegend ein religiöses Ansehen und deuten auf eine frömmere Zeit als die jetzige ist. Die Buddhisten-Tempel haben in letzter Zeit an Zahl abgenommen und obgleich sie anspruchsvoller als die Sinto-Heiligthümer und in ihrer Umgebung gewöhnlich mit steinernen Laternen und verschiedenartigen Denkmälern versehen sind, so sind sie doch in Verfall, die Farbe auf dem Holze ist verblichen, und man sieht ihnen deutlich an, daß sie abgeschafft sind. Das auffälligste Gepräge erhält dieses Land durch die verfallenen religiösen Gebäude und Sinnbilder. Ueberall erblickt man umgestürzte Buddhas unter Gras und Unkraut und aufrecht stehende Buddhas ohne Nasen, mit Moos und Flechten bedeckt, hin und wieder mit einem Streifen hellrothen Tuches um den Hals. An Hunderten kommt man auf einer Tagesreise vorüber.

Im Widerspruche mit der Vernachlässigung dieser religiösen Symbole steht es, daß die Begräbnißstätten, selbst die vereinsamten auf den wilden Bergabhängen, stets in gutem Stande erhalten sind; die Grabsteine stehen immer aufrecht und auf den meisten Gräbern liegen frische Blumen. Neben einigen Dörfern befinden sich noch andere Begräbnißplätze, die weniger sorgfältig gepflegt sind und wo die Denkmäler eine andere Gestalt haben; es sind die Plätze, wo die Saumrosse der Gegend beerdigt liegen.

XIV.

Die Ebene von Wakamatsu. — Amtliches Einschreiten. — Japanisches Papier. — Zeichen des Fortschrittes. — Ein furchtsamer Volkshaufe. — Böse Pferde. — Ein pittoreskes Wirthshaus. — England ist unbekannt.

Kurumatoge, den 30. Juni.

Ein kurzer Ritt brachte uns auf eine etwa elf Meilen breite und achtzehn Meilen lange Ebene; sie ist mit Städten und Dörfern besetzt und nahe an ihrem südlichen Ende liegt die Stadt Wakamatsu. Unweit davon ist der See Iniwaschiro. Die Ebene ist reich und fruchtbar. Aus der Ferne nehmen sich die Dörfer mit ihren hohen Dächern und ihren Hainen sehr malerisch aus. Wie gewöhnlich ist weder eine Einfriedigung noch ein Thor zu erblicken; nur ein großes Gehäge umgiebt die Wohnungen der reicheren Landbesitzer. Es ist eine liebliche, gut bewaldete und bewässerte Ebene, mit gedeihlichen Dörfern, halb unter Persimmonen und Wallnußbäumen versteckt, und mit ihren fruchtbaren Aeckern, die so sorgfältig bebauet sind, daß selbst in dieser üppigen Jahreszeit kein Unkraut zu sehen ist. Der Firniß-Sumach ist hier in Ueberfluß vorhanden und einer der schönsten einheimischen Bäume; die japanische Ulme, erreicht eine außerordentliche Größe. Ich maß den Umfang einer derselben, die mit dem Sinto-Strohseil umwunden war, und fand, daß derselbe, vier Fuß über dem Boden, 36 Fuß, 10 Zoll betrug; dieser Dicke entsprach auch die herrliche, dichte Laubkrone. Der Theestrauch wächst in jedem Garten und die reichlich vorhandenen Maulbeerbäume bekunden, daß der Seidenbau in diesem Bezirk zu den wichtigsten Industriezweigen gehört; der Papier-Maulbeerbaum kommt ebenfalls häufig vor.

Schlechte Wege und schlechte Pferde beeinträchtigten meine frohe Stimmung. Ein gutes Pferd würde mich binnen einer Stunde über die Ebene gebracht haben; es wurden aber sieben langweilige Stunden dazu gebraucht. Das Wetter schlug in einen stillen, warmen Regen um, die Luft war erstickend und elektrisch, der zu große Sattel glitt beständig herab, die Strohschuhe hinderten mehr als gewöhnlich, die Pferdebremsen waren lästig, die Menschen und Pferde keuchten. Die Reisfelder wurden zum zweiten Male umgegraben und viele der beschäftigten Leute trugen nur einen Hut und am Gürtel einen Fächer.

Eine Cryptomeria-Allee und zwei hübsche, theilweise vergoldete Buddhisten-Tempel verkündeten die Nähe eines wichtigen Ortes und dafür gilt auch Takata, eine große Stadt, welche mit Seide, Tauwerk und „Ninjin" handelt und der Wohnsitz eines „Ken" oder höheren Verwaltungsbeamten ist. Die Straße ist eine englische Meile lang und jedes Haus ist ein Kaufladen. Der Gesammtanblick ist dürftig und armselig. Sobald man in diesen wenig bereisten Gegenden in eine Stadt eintritt, eilt der erste Mensch, der uns begegnet, die Straße entlang und ruft auf Japanisch: „Hier kommt ein Fremder!" und bald darauf versammeln sich Blinde und Sehende, Bekleidete und Nackte, Alt und Jung. Vor der „Yadoya" wuchs der Haufen dermaßen an, daß der Wirth mich in ein hübsches Gartenzimmer führte, aber alsdann kletterten die Erwachsenen auf die Dächer, von wo sie hineinsehen konnten, und die Kinder auf ein Pfahlwerk, das unter ihrer Last zusammenbrach, so daß nun die ganze Menge hereinströmte. Auf diese Weise mußte ich den „Schoji" schließen, mit dem unangenehmen Bewußtsein, während meiner ganzen Rastzeit draußen von einem wogenden Volkshaufen belagert zu sein. Bald darauf drangen fünf Polizeimänner, in schwarzen Alpaca-Leibröcken und weißen Beinkleidern, in meine unsichere Zurückgezogenheit und verlangten, meinen Paß zu sehen — eine Forderung, die sonst nur an den Orten gestellt wurde, wo ich übernachtete. In ihrer europäischen Tracht konnten sie sich nicht mit der japanischen Förmlichkeit verbeugen, waren aber sehr höflich, zeigten sich auch ungehalten über die Menge und trieben sie aus einander; kaum waren sie aber fortgegangen, als diese sich auch wieder versammelte. Als ich heraustrat und 1000 Menschen erblickte, bekam ich eine Vorstellung von der zahlreichen, aber besser bekleideten Menge, die aus den Städten Judäas strömte, sobald die Wunderthäter von Galilea gekommen waren, aber nicht davon, wie lästig solcher unruhiger Haufe für Den sein mußte, der während eines ganzen Tages zu predigen und zu wirken hatte. Dieses japanische Volk benimmt sich jedoch ruhig und anständig und drängt sich niemals auf rohe Weise heran. Vier Polizisten kehrten zurück und geleiteten mich bis zur Stadtgrenze, während der Volkshaufe in klappernden Holzschuhen nebenher trabte.

Das Papier spielt in Japan eine so wichtige Rolle, daß ich gern die Gelegenheit wahrnahm, auf einem Pachtgute bei Takata, wo ich Zutritt erhielt, etwas Näheres darüber kennen zu lernen. Der Besitzer benahm sich sehr gefällig. Die Broussonetia papyrifera, eine Maulbeer-Art, ist die Pflanze, woraus die Polynesier ihr „Tapa“ oder Papiertuch bereiten, und deren Kultur in Japan von großer Bedeutung ist. Man benützt auch einige Arten von der Buddlea und der Baumwollenstaude, aber nur in geringer Menge, um sie mit der Maulbeerrinde zu vermischen. Mehr als sechszig Sorten Papier werden fabricirt und der Gebrauch einer jeden ist auf ein Etikett vermerkt. Abgesehen von Wänden, Fenstern, Tassen, Taschentüchern, Laternen, Riemen, Umschlagtüchern, Mänteln, Hüten und Verpackungen, wird es im Hause wie im Geschäft zu allen Zwecken gebraucht, wo wir Binden, Charpie und Tücher anwenden, und der Verbrauch ist ungeheuer groß. Es ist so zähe, daß sich selbst das feinste fast nicht zerreißen läßt; die feinste Sorte, worin man die Goldfirniß-Waaren einwickelt, ist ein besonders dünnes, beinahe durchsichtiges Fabrikat, so weich wie der zarteste Seidenkrepp.

Auf dieser Farm wurde das Papier für den Hausgebrauch in geringer Menge angefertigt. Der Farmer Tanaka sagte mir, die Schößlinge des Papier-Maulbeerbaumes würden, nachdem sie eine Länge von fünf Fuß erreicht, alljährlich abgeschnitten und einige Tage in Wasser geweicht; darauf löst man die Rinde ab und kocht sie in Lauge; die innere weiße Borke wird von der äußeren getrennt und zur Anfertigung der besseren Papiersorten verwandt. Er benützte nur die gröbere Qualität. Die Rinde wird zu Klumpen verarbeitet und zu kleinen Theilen auf einem Brett in der Sonne getrocknet. Tanaka fertigte nur die graue gröbere Sorte, womit die Polsterkissen der ärmeren Klassen überzogen werden. Die 14 Zoll langen, 10 Zoll breiten Bogen werden je drei für einen Farthing verkauft.

Wir ritten nun fünf Stunden lang auf unbequemen Wegen durch Reisfelder. Das feuchte Klima und diese anstrengende

Art zu reisen wirkten nachtheilig auf meine Gesundheit ein; der täglich zunehmende Schmerz in meinem Rückgrat wurde so heftig, daß ich kaum zwanzig Minuten lang fortgesetzt reiten oder gehen konnte, und wir bewegten uns so langsam, daß wir erst um sechs Uhr in Bange ankamen. Letzteres ist eine Handelsstadt mit 5000 Einwohnern, inmitten eines Reis-Sumpffeldes gelegen, dürftig, schmutzig, feucht, verfallen und mit dem Gestank der schwarzen, schlammigen Gräben angefüllt. Das Thermometer stand auf 84 Grad und es fiel ein warmer Regen bei gänzlich stiller Luft. Wir stiegen in einem Schuppen ab, der mit dem erstickenden Geruch von großen Ballen getrockneter Fische erfüllt war; bald darauf strömte eine Menge durchnäßter und schmutziger Leute ein, welche die Fremden angafften und die Luft völlig untauglich zum Athem machten.

Es fehlte jedoch nicht an Zeichen des Fortschrittes. Es fand eine dreitäge Versammlung von Schullehrern statt und alle Wirthshäuser waren überfüllt; ausführliche pädagogische Erörterungen ergingen namentlich über den Werth der chinesischen Klassiker als Unterrichtsgegenstand.

Bange war sehr ungesund und es herrschte ein so bösartiges Fieber, daß die Regierung ärztliche Hülfe gesendet hatte. Da die Hügel nur einen „Ri“ weit entfernt waren, so schien es gerathen, sie zu besuchen. Es konnte jedoch erst gegen 10 Uhr abends ein Pferd beschafft werden; der Weg war schlechter als jemals, meine Schmerzen wurden heftiger und erschöpften mich immer mehr, so daß ich mich entschließen mußte, anzuhalten. Es folgte dann eine langweilige Stunde, während welcher Zeit fünf Boten der Transport-Gesellschaft erschienen, um ein Zimmer aufzusuchen. Erst nach Eintritt der Dunkelheit fand ich eine alte überfüllte Yadoya und darin ein Zimmer, das auf Pfählen über einem stehenden Wasser lag. Die Moskitos schwärmten in dichten Haufen umher und nach einer elenden, fieberhaften Nacht war ich froh, früh aufstehen und abreisen zu können.

Es hatten sich vollkommen 2000 Menschen angesammelt. Als ich aufgestiegen war und in Begriff stand, meinen Dollond aus dem Futteral zu nehmen, das am Sattelknopf hing, entstand eine wahrhaft erschreckende Verwirrung. Alte und junge Leute stoben in wilder Hast aus einander und stießen in der Eile die

Kinder zu Boden. Ito sagte mir, sie glaubten, ich hätte eine Pistole ergriffen, um sie in Schrecken zu setzen und er mußte ihnen die Sache erklären, denn die Leute sind so artig und harmlos, daß es Einem leid thut, sie zu ängstigen. In vielen Gegenden Europas und sicherlich auch in England würde eine allein reisende Dame der Rohheit, Beleidigung und Erpressung, wenn nicht gar wirklicher Gefahr ausgesetzt sein; es ist mir jedoch hier kein Beispiel von Unhöflichkeit oder wirklicher Belästigung vorgekommen und selbst der Volkshause ist von aller Rohheit frei. Die Magos sind besorgt, daß man nicht durchnäßt oder beunruhigt werde, sehen, wenn die Reise beendigt ist, sorgfältig nach dem Gepäck, ob alle Schnüre in Ordnung sind; und, anstatt sich nach dem Trinkgelde zu drängen oder die Zeit mit Schwatzen und Trinken zu verbringen, packen sie schnell die Pferde ab, holen den Schein vom Transport-Agenten und kehren wieder heim. Nur gestern wurde ein Riemen vermißt; obgleich es schon dunkel war, ging der Mann, um ihn zu suchen, einen „Ri" weit zurück, und als ich ihm ein Trinkgeld dafür anbot, schlug er es aus, mit dem Bemerken, daß er verpflichtet sei, jeden Gegenstand richtig an Ort und Stelle zu bringen. Die Leute sind unter einander so freundlich und höflich, daß man seine Freude daran hat. Ito, der in seiner Weise nicht gerade sehr gefällig oder höflich gegen mich ist, beobachtet doch gegen seine Landsleute alle Formen des Anstandes, spricht ebenso artig und verbeugt sich ebenso tief wie jeder Andere.

In einer Stunde hatten wir die ungesunde Ebene hinter uns und reisten fortan nur zwischen Berggruppen. Der schändliche Weg war so schlüpfrig, daß mein Pferd mehrmals stürzte und das Saumroß, worauf Ito ritt, vorn über fiel und das Gepäck nach allen Richtungen zerstreuet wurde. An guten Wegen fehlt es ganz besonders in Japan. Es wäre weit besser, wenn die Regierung das Land bereicherte, indem sie gangbare Straßen für die Waarenbeförderung im Inneren anlegte, als daß sie das Land arm macht, indem sie Panzerschiffe von England kauft und kostspieligen europäischen Eitelkeiten fröhnt.

Zu unserer Verwunderung trafen wir auf diesem schrecklichen Wege eine gute Brücke an, die über den breiten Fluß Agano führt. Sie besteht aus zwölf breiten Planken, getragen von Tauen, die aus geflochtenen Zweigen der Wistaria gefertigt sind und sich hoch über den Fluß herüberziehen, so daß es möglich wird, die Brücke, je nach dem Wasserstande, hoch und niedrig zu stellen.

Ito wurde durch seinen Unfall auf eine Stunde zurückgehalten und ich saß unterdessen auf einem Reissack in Katakado, einem Flecken, der aus einigen Häusern mit steilen Dächern besteht und auf einer Anhöhe über dem Agano liegt. Hier waren mehr als 200 bösartige Saumrosse beisammen, die sich wiehernd unter einander bissen und schlugen. Bevor ich absteigen konnte, schlug eines dieser bösen Geschöpfe gegen mich aus, traf aber nur den großen hölzernen Steigbügel. Nur mit Mühe fand ich Platz in einiger Entfernung von diesen gefährlichen Hufen und Zähnen. Auch mein Saumroß erwies sich wüthend, nachdem es von der Last befreiet war. Es griff die umstehenden Leute mit den Zähnen an, bäumte sich, schlug aus und versuchte, seinen Herrn gegen die Wand zu drängen.

Nachdem wir diesen Auftritt überstanden hatten, zogen wir durch das Gebirge weiter; unabsehbare Bergreihen, von deren Gipfeln die Aussicht sich immer großartiger gestaltete, denn wir näherten uns jetzt dem hohen Gebirgszuge Aidzu. Der doppeltgipfelige Bandaisan, die steilen Abhänge des Itoyasan und der gewaltig massenhafte Miyojintaki zeigten sich bereits alle mitsammen mit ihren weiten Schneefeldern und schneegefüllten Schluchten. Diese Gipfel von nacktem Fels oder blendendem Schnee, die sich über dem sanften Grün der niederen Reihen in den köstlichen blauen Himmel erhoben, bewirkten gerade jenen ganz besonderen mächtigen Eindruck, welcher der japanischen Landschaft eigen ist. Vorauf reitend, kam ich allein in der kleinen Stadt Nozawa an, um die Neugierde des Volkes zu erregen, und nach einer Rast ritten wir drei Meilen weit an dem Rande einer Felsspalte entlang, über einen, von grauen Klippen überragten reißenden Strom und hatten den großartigen Anblick von den riesigen Höhen des Aidzu, die beim goldigen Sonnenuntergange in violetter Färbung erschienen.

Durch die stille Luft drang der sanfte, trauernde Klang der erzenen Tempelglocken, so daß fast nur die weidenden Viehheerden fehlten, um den pastoralen Eindruck vollständig zu machen.

Beim Anbruch der Dunkelheit erreichten wir das malerische Dorf Nojiri, am Rande eines Reisthales. Ich fühlte jedoch kein Behagen, den Sonntag hier zu verleben, sondern erspähete ein einsames Haus, das genau am Rande eines 1500 Fuß höheren Hügels stand, und als ich erfuhr, daß es ein Theehaus sei, machten wir uns dahin auf den Weg. Es kostete drei Stunden, um die steilen zickzackförmigen Wege zu erklimmen, welche diesen merkwürdigen Paß überragen. Es wurde finster, es blitzte und donnerte, und gerade als wir ankamen, beleuchtete ein gezackter blauer Flammenstrahl das Haus und das Innere dessében, so daß wir eine Gruppe Menschen am Feuer sitzen sahen; dann trat wieder tiefe Finsterniß ein. Es war von erstaunlicher Wirkung.

Das Haus hat eine prachtvolle Lage und hangt an einer scharfen Kante des Kuruma-Passes. Es ist die einzige Yadoya, von der man eine Aussicht genießt. Die Dörfer liegen sonst fast sämmtlich im Thale und die besten Zimmer nach hinten hinaus, so daß die Aussicht durch den gewöhnlichen Gartenzaun begrenzt wird. Wenn mich nicht die unzähligen Flöhe hinderten, so möchte ich hier länger verweilen, denn der Anblick von dem Schneegipfel des Aidzu ist kostbar und man kann hier unbelästigt umhergehen, da nur wenige andere Häuser vorhanden sind.

In einem dieser Häuser hatte ein Kind von dritthalb Jahren am vorigen Abend eine Fischgräte verschluckt und schon den ganzen Tag über Schmerzen geschrieen, so daß die Mutter höchst besorgt war und Ito mich zur Hülfe herbeirief. Sie hatte das Kind achtzehn Stunden lang umher getragen, aber nicht daran gedacht, ihm in den Schlund zu sehen, und zeigte sich unwillig, als ich dies thuen wollte. Die Gräte war sichtbar und wurde ohne Schwierigkeit mittelst einer gekrümmten Nadel herausgezogen. Eine Stunde später schickte mir die Mutter ein Theebrett mit vielen Kuchen und grobem Zuckerwerk zum Geschenk, nebst einigen Zweigen Seegras, die solcher Gabe stets beigefügt werden. Vor Abend stellten sich sieben Personen mit kranken Beinen ein und baten um meinen Rath. Das Uebel war oberflächlich, bei Allen gleich und war, wie man mir sagte, dadurch entstanden, daß sie die Stiche der Ameisen beständig gerieben hatten.

An diesem Sommertage erschien das Land ebenso fruchtbar wie schön und man konnte kaum begreifen, daß in dem Dorfe Nojiri, das am Fuße des Hügels lag, die bitterste Armuth herrschte; aber an einer Crytomeria hing noch der hanfene Strick, an welchem sich ein ältlicher Mann vor zwei Tagen erhängt hatte, weil er zu arm war, seine zahlreiche Familie zu ernähren, und Ito sowohl wie die Wirthin erzählten mir, daß die Männer, die noch junge Kinder haben, sich nicht selten das Leben nehmen, sobald sie zu alt oder zu schwach zur Arbeit werden.

Der Selbstmord scheint gewöhnlich zu sein. Wenn junge Leute sich zu verheirathen wünschen und die Einwilligung der Eltern nicht erlangen können, so ertränken sie sich mitsammen und diese Art Selbstmord kommt so häufig vor, daß das neue Strafgesetz zehnjährige Strafarbeit über Diejenigen verhängt, welche dabei betroffen werden. Die Frauen erhängen sich niemals, doch kommt begreiflicher Weise der Selbstmord bei ihnen öfter vor als bei den Männern. Tiefe Kränkung, Liebeszwist, Grausamkeiten, welche Gauklerinnen oder Sängerinnen von denen erdulden müssen, die sie auf eine bestimmte Zeit gedungen haben, der Verlust körperlicher Reize in Folge von Alter oder Krankheit oder auch nur die Furcht davor: dies sind die gewöhnlichen Ursachen. In solchen Fällen gehen sie bei Nacht aus, füllen ihre weiten Aermel mit Steinen und springen in einen Fluß oder Brunnen. Ich kam an zwei Brunnen vorüber, die außer Gebrauch gesetzt waren, weil vor kurzem solche Selbstmorde stattgefunden hatten.

Meine Wirthin ist eine Wittwe mit Familie, eine gutmüthige unstäte Frau, die sehr gern schwatzt. Ihr Haus steht den ganzen Tag völlig offen, da gar keine Wände vorhanden sind. Das gesonderte obere Stockwerk und das Dach ruhen auf Pfählen und meine Stiege berührt beinahe das Küchenfeuer. Während der Tageszeit wird der große Bodenraum unter dem Dache nicht abgetheilt und eine Menge Reisender und Magos liegen gruppenweise umher, denn Jeder, der auf einer Seite des Kurumatoge herauf gekommen ist, trinkt hier eine Tasse Thee und nimmt einen Imbiß. In der Nähe des Feuers ist ein großer Brunnen.

Zimmergeräthe ist, wie sich von selbst versteht, nicht vorhanden, aber unter dem Dache zieht sich ein Gesimse entlang, worauf ein Buddhahaus mit zwei schwarzen Götzenbildern steht; eines derselben ist der viel verehrte Daikoku, der Gott der Gesundheit. Außer einigen Haken mit Küchengeräthen, findet sich nur ein Untersatz, auf welchem einige Nahrungsmittel in großen braunen Schüsseln zu Kauf stehen: eingesalzener Schellfisch in einer dunklen Brühe, getrocknete Forellen, auf einen Stab gesteckt, Meerschnecken in Salzwasser, ein Teig aus zerstampften Wurzeln und grüne Kuchen aus schleimigen, getrockneten und gepreßten Flußalgen — lauter übelriechende und geschmacklose Speisen. An diesem Nachmittage wurde das Feuer umlagert von einem unbekleideten Manne, der Mehl auf einer Matte zu einem Teige knetete, von einem Reisenden, der rauchend am Boden lag und von fünf leicht gekleideten Frauen mit zierlichen Chignons und geschwärzten Zähnen. Auf Verlangen der Wirthin verfaßte ich eine rühmende Beschreibung von der Aussicht, die ihr Haus gewährt, und las sie in englischer Sprache vor; Ito's Uebersetzung erntete den Beifall der Versammlung. Alsdann ersuchte man mich, auf vier Fächer einige Zeilen zu schreiben. Die Frau hat niemals von England gehört. Dieser Name übt keinen Zauber in dieser Wildniß. Ebenso wenig kennt sie Amerika. Rußland und China sind ihr als mächtige Reiche bekannt, aber damit hört ihre Wissenschaft auf, obgleich sie in Tokiyo und Kiyoto gewesen ist.

Am nächsten Morgen fand ich nichts weiter zu essen als einige Eier und den Teig, den der Mann gestern auf der Matte geknetet hatte; derselbe war in Streifen getheilt und gesotten worden und bestand aus grobem Buchwaizenmehl. Doch habe ich mich begnügen gelernt.

XV.

Barbarei und Unwissenheit. — Der Firnißbaum. — Der Wachsbaum und die Wachslichte. — Das Wirthshaus in Tsugawa und das Packetboot. — Phantastische Scenerie. — Die Umgebung von Niigata. — Das Missionshaus der englischen Kirche. — Missionen in Niigata.

Niigata, den 4. Juli.

Die Reise am 2. Juli war fast beschwerlicher als jemals und wir legten, trotz aller Anstrengung in zehn Stunden nur funfzehn englische Meilen zurück. Der Weg von Kurumatoge westwärts ist so abscheulich, daß die Stationen zuweilen nicht weiter als eine Meile aus einander liegen. Auf diesem Wege aber müssen, wenigstens so weit der Tsugawa-Fluß reicht, die Produkte und Fabrikate der reichen Ebene von Aidzu mit ihren zahlreichen Städten und die des ausgedehnten inneren Landes nach Niigata abgesetzt werden. Jedem modernen Fortschritte Trotz bietend, geht der Weg steil auf und steil abwärts und ist gegenwärtig nur ein langer Sumpf mit hineingeworfenen Steinen, von welchen einige auf die Seite geschoben, andere gänzlich verschwunden sind. Es ist der schlechteste Weg, der mir auf dieser Reise vorgekommen ist, und das will viel sagen! Kurumatoge, über 2000 Fuß hoch, war der letzte von den siebenzehn Gebirgspässen, welche ich, seitdem ich Nikko verließ, überschritten habe. Zwischen hier und Tsugawa hat die Landschaft fast denselben Charakter wie bisher, nur in kleinerem Maßstabe: Hügel mit bewaldeten Gipfeln, von Schluchten unterbrochen, die sich gelegentlich zu einer Aussicht auf ferner liegende Höhenzüge öffnen; alle in Grün gekleidet, das ich zuweilen unwillig eine verschwenderische Vegetation nenne. Wenn doch nur dieses eintönige Grün zuweilen, wenn auch in störender Weise, durch einen Strich von Wüstenei oder durch irgend etwas Glänzendes oder Auffallendes unterbrochen würde!

Die Dörfer in dieser Gegend übertreffen an Unsauberkeit alles Schmutzige in Hozawa und Saikaiyama. Hühner, Hunde, Pferde und Menschen sind in verräucherten Hütten eingepfercht und die Düngerhaufen fließen in Brunnen ab. Kein Knabe ist irgendwie bekleidet. Wenige Männer tragen mehr als den „Maro"; die Frauen gehen mit entblößtem Oberleibe, und was sie sonst an Kleidungsstücken an sich tragen, ist schmutzig und hält nur nothdürftig zusammen. Die Erwachsenen sind mit entzündeten Insektenstichen und die Kinder mit Hautausschlägen bedeckt. Ihre Häuser sind unsauber. Wenn die Leute niedergekauert sitzen oder auf dem Bauche liegen, so sehen sie wenig besser als Wilde aus; ein Vergleich mit verschiedenen Wilden, unter welchen ich gelebt habe, würde sogar in Betreff ihres Aeußeren und ihrer Sitten zu ihrem Nachtheil ausfallen. Wenn ich kürzere Zeit in Nikko, Hakone, Miyanoschita und an anderen besuchten Orten verweilt hätte, so würde ich vielleicht einen anderen Eindruck erhalten haben. Ist ihre geistige Beschaffenheit vollkommener als ihre körperliche? frage ich oftmals verwundert. Sie sind höflich, freundlich, fleißig und frei von groben Verbrechen; aus der Unterhaltung jedoch, die ich mit Japanesen gepflogen habe und aus mancherlei Beobachtungen schließe ich, daß sie in sittlicher Beziehung nur auf niedriger Stufe stehen und daß ihr Leben weder wahrhaft noch rein ist.

Was ihnen von Religion verbleibt, ist bloßer Aberglaube und die Zukunft gereicht ihnen ebenso wenig zur Hoffnung wie zur Furcht. Allerdings fehlt es ihnen an veredelnden Einflüssen, um zu einer höheren Stufe der Menschenwürde erhoben zu werden. Wären sie weniger höflich und gütig, so würde man ihren Standpunkt weniger beklagen, dem, auch im günstigsten Falle, die Grundbedingungen zu einem edlen Dasein mangeln.

Die Tagesfahrt durch den Sumpf endete in einem weiten Thal, von kegelförmigen Hügeln umgeben, die mit dunklen Cryptomerien bedeckt waren. In dieser ganzen Gegend kommt der Firniß-Sumachbaum (Rhus vernicifera) in Ueberfluß vor. Derselbe wird nicht größer als unsere gewöhnliche Esche und gleicht ihr auch in den allgemeinen Umrissen. Man zieht ihn, um den berühmten Lack zu gewinnen, nach welchem die schönsten japanischen Fabrikate ihren Namen erhalten. Die Bäume werden in der Länge mit zahlreichen Einschnitten versehen, aus denen sich die Substanz im Frühling ergießt. Wenn sie vom Baume kommt, so hat sie die Farbe und Zähigkeit von dicker Sahne, wird aber an der Luft dunkler. Der Firniß wird zu allen möglichen Zwecken gebraucht, von den goldenen Schreinen in Schiba und Nikko bis hinab zu der Reisschüssel, aus welcher der ärmlichste Kuli seine Mahlzeit verzehrt. Man kann sich Japan ebenso wenig ohne Lack wie ohne Papier vorstellen. Die fein lackirten Waaren, die in den Läden verkauft werden, sind mit fünf Lagen Firniß überzogen, und guter alter Lack kann mit heißer Asche in Berührung kommen, ohne blasig zu werden. Aus dem Saamen des Firnißbaumes kann ein reichliches Oel gewonnen werden. Der Geruch oder die Berührung des Sumach, oder Beides zusammen, verursacht bei vielen Menschen, eingeborenen und fremden, ein lästiges Uebelbefinden, welches als Sumach-Vergiftung bekannt ist und in milderen Fällen nur die Haut, in ernsteren aber den ganzen Körper angreift. Ito mag unter keiner Bedingung einen Firniß-Sumach berühren oder unter ihm Schutz gegen den Regen suchen.

Eine verwandte Art, Rhus succedanea, woraus das Pflanzenwachs bereitet wird, wächst in dieser Gegend nur in geringer Ausdehnung. Ich setze es mit manchem unheilvollen Abend in Verbindung, wo ich Briefe zu schreiben versuchte, bei dem seltsam kränklichen Lichte einer grünen Kerze mit dickem Papierdocht, welche blakig brannte und einen Talggeruch verbreitete. Das Wachs, das man zur Verfertigung von Wachskerzen nach England ausführt, wird sorgfältig gebleicht; für den heimatlichen Gebrauch jedoch wird der bohnenförmige, dunkelgelbe Kern, nachdem er, in ähnlicher Weise wie der Reis, von der Hülse befreiet worden, nur abgedämpft, damit er weich werde. Danach wird er gepreßt und das gewonnene Oel in irdenen Gefäßen aufgefangen, worin es zu einer blaugrünen Masse verdickt und zu Kerzen verarbeitet werden kann.

Ich stieg hier in einem gefüllten Wirthshause ab, wo ich zwei hübsche, still gelegene Gartenzimmer erhielt. Ito hegt stets den Wunsch, mich überall, wo wir ankommen, in mein Zimmer einzuschließen und bis zur Abreise am anderen Morgen gefangen zu halten; hier aber befreiete ich mich und hatte mein Vergnügen daran, in der offenen Küche zu sitzen. Der Wirth gehörte zu den „Samurai", der mit zwei Schwertern bewaffneten Klasse des alten Regime, die jetzt erloschen ist. Sein Antlitz ist länger, seine Lippen schmaler, seine Nase gerader und vorstehender als bei der niederen Klasse und er unterscheidet sich von dieser auch durch seine Haltung und Benehmen. Ich habe mich mit ihm angenehm unterhalten.

In demselben offenen Raum schrieb sein Buchhalter an einem Pult von der gebräuchlichen niederen Form; eine Frau war mit Schneiderarbeit beschäftigt; mehrere Kulis wuschen ihre Füße auf dem „Itama“, und einige andere kauerten rauchend und Thee trinkend am Feuer. Eine Kuli-Magd wusch Reis für mein Mittagsmahl, nachdem sie ihre Kleider abgelegt hatte, und die Frau ließ, bevor sie denselben kochte, ihren Kimono auf die Brust herabfallen, wie es sich für ehrbare Frauen geziemt. Die Wirthin und Ito plauderten verstohlen über mich. Ich fragte, was sie sprächen. „Sie meint,“ erwiderte er, „daß Sie sehr höflich seien — für eine Fremde,“ fügte er hinzu. Auf mein weiteres Befragen erklärte sich jenes Urtheil daraus, daß ich meine Stiefel abgelegt hatte, ehe ich auf die Matte trat, und mich verbeugte, als man mir das Tabaksgeräth darbot.

Wir wanderten durch die Stadt, um etwas Eßbares für die bevorstehende Flußreise einzukaufen, fanden aber nur Waffeln aus Eiweiß und Zucker, Kugeln aus Zucker und Gerstenmehl und kandirte Bohnen. Die malerischen Strohdächer sind verschwunden und die Dächer in Tsugawa bestehen aus Rindenstreifen, die mit Steinen beschwert sind; doch ist die Stadt weniger einförmig als die meisten japanischen Städte, insofern die Häuser ihre Giebelseiten der Straße zuwenden, eine Promenade unter den Altanen entlang führt und die Straße zwei Mal unter rechtem Winkel abbiegt und auf Tempelgärten führt, welche auf einer Erhöhung oberhalb des Flusses liegen. Sie hat 3000 Einwohner und führt viele Produkte zu Schiffe nach Niigata aus. An diesem Tage war sie mit Saumrossen angefüllt. Es war viel gemeines Volk vorhanden und ein Kind machte eine Ausnahme von der Regel, indem es mir einen Namen zurief, der dem chinesischen „Fan Kwai“ entspricht, so viel wie „Fremde“. Es wurde aber gescholten und ein Polizeibeamter kam zu mir und bat um Entschuldigung. Ich erlangte ein Stück frischen Lachs, der ganz köstlich war.

Hier hatte ich den ersten Theil meiner Landreise beendigt

und wollte am anderen Morgen in einem Boote nach Niigata fahren. Das Boot sollte um 8 Uhr abgehen; um 5 Uhr trat jedoch Ito bei mir ein und meldete, das Boot sei voll, und man wolle sogleich abfahren. Wir brachen also eilig auf und der Wirth trug einen meiner großen Gepäckkörbe auf dem Rücken nach dem Flusse, um dem Gaste behülflich zu sein. Zwei Flüsse vereinigen sich hier zu einem schönen Strom und dem heiteren, zart gefärbten Morgen folgte ein schöner, nicht zu heller und nicht zu heißer Tag. Das Packetboot war ein stark gebautes Fahrzeug, 45 Fuß lang und 5 Fuß breit, geleitet von zwei Männern, von denen nur einer am Stern lenkte, der andere ein breites Ruder führte, das sich in einer Wistaria-Oese am Bug bewegte und mit einer gekrümmten Handhabe versehen war, die der Mann bei jedem Ruderschlage in der Hand drehte. Der Steuerer und der Ruderer standen während der ganzen Zeit aufrecht, mit einem Schirmhute bedeckt. Der vordere und der mittlere Theil des Bootes waren mit Reissäcken und Töpferwaaren angefüllt; der hintere Theil hatte ein Strohdach, das bei unserer Abfahrt fünf und zwanzig Japanesen beschattete, von denen wir jedoch die meisten in verschiedenen Gehöften am Ufer absetzten, so daß wir nur mit dreien in Niigata anlangten. Ich saß über der Ladung auf meinem Stuhle und fand, daß die Reise nach den ermüdenden täglichen Fahrten auf sumpfigen Pfaden eine ergötzliche Abwechselung darbot. Diese Strecke heißt der reißende Strom von Tsugawa, weil der Fluß, von hohen Klippen eingeengt und mit sichtbaren oder versunkenen Felsstücken angefüllt, das Boot etwa zwölf englische Meilen weit schnell mit sich fortreißt, und es soll langer Erfahrung, großer Geschicklichkeit und Umsicht seitens des Fährmannes bedürfen, um ernste und häufige Unglücksfälle zu verhüten. Wenngleich der Strom aber reißend ist, so hat er doch kein fürchterliches Aussehen. Bei seiner gegenwärtigen Beschaffenheit legt das Boot binnen acht Stunden fünf englische Meilen zurück, mit der Länge des Weges mehrt sich jedoch die anstrengende Arbeit, es mittelst Ruder und Zugseilen fortzuschaffen.

Das Boot hat ein durchaus einheimisches Ansehen, mit seinem gebräunten Schiffsvolk, dem Strohdach und den am Maste hangenden Schirmhüten der Passagiere. Ich genoß jeder Stunde des Tages. Es war köstlich, den Strom hinab zu gleiten, die Luft war wundervoll und die Schönheit Tsugawa's überraschte mich um so mehr, als ich niemals davon hatte sprechen hören; außerdem brachte mich jede Meile den ersehnten Briefen aus der Heimat näher. Bald nachdem wir Tsugawa verlassen hatten, wurde die Fahrt stromabwärts scheinbar durch phantastisch gestaltete Berge gesperrt, die aber ihre Felsenthore weit genug öffneten, uns hindurch zu lassen, und sich dann wieder an einander schlossen. Spitze Gipfel nackter Felsgruppen erhoben sich aus dem überreichen Pflanzenwuchs — an den Quiraing, ohne seine Nacktheit, und an den Rhein, ohne seine Ruinen, erinnernd, aber viel schöner als Beide. Man erblickte Berge, verbunden durch Felsendämme, die nicht breiter als der Rücken eines Pferdes waren; andere mit großen grauen Wällen; tiefe, von Strömen durchbrochene Abgründe; auf der Höhe Tempel mit Pagodendächern; sonnige Dörfer mit hohen Strohdächern, unter blühenden Bäumen versteckt; und durch die Spalten der näherliegenden Züge die durchschimmernden schneebedeckten Gebirge.

Nach einem raschen Lauf, der uns zwölf englische Meilen weit durch diese bezaubernde Scenerie führte, nimmt der Tsugawa den Gang eines breiten, starken Stromes an und windet sich in wunderbaren Krümmungen durch ein bewaldetes, ziemlich ebenes Land, das theilweise von schneebedeckten Bergen umgeben ist. Das Leben auf dem Flusse war sehr hübsch. Man sah eine sehr große Menge Böte, einige mit Gemüsen beladen, einige mit Waizen, andere mit Knaben und Mädchen, die von der Schule heimkehrten. „Sampans" mit weißen faltigen Segeln, in kleinen Flotten von zwölfen bei einander, schlichen stromaufwärts oder wurden über die seichten Stellen von einem fröhlich jauchzenden Schiffsvolke bugsirt. Dann wurde der Strom zu einem breiten und tiefen Flusse, der durch die angehäuften Pflanzenstoffe einen besonderen Geruch erhielt. Ruhig floß er zwischen dicht bewaldeten oder mit Bambusrohr bewachsenen Hügeln, die hoch genug waren, das angrenzende Land zu verdecken. Es war fast kein Haus zu erblicken, wohl aber die Anzeichen von einer ständigen Bevölkerung. Nur kurze Strecken von einander entfernt, sah man häufig Pfade, die durch das Dickicht zum Flusse und zu einem angebundenen Kahn hinführten. An vielen Stellen zeigten sich Vorrichtungen mit einem schwebenden Bambusrohr, an dessen einem Ende ein Eimer, am anderen ein Stein befestigt war, als Anzeichen von benachbarten Wohnhäusern, die ihren Wasserbedarf aus dem Flusse bezogen. Wo das hügelige Ufer es gestattete, wurden Pferde im Flusse gebadet; Kinder wälzten sich im Schlamme; das Geschrei von Geflügel, Menschenstimmen und das Getöse von Fabriken drang von den grünen Ufern zu uns herüber und verrieth uns ihre zahlreiche Bevölkerung. Außer mir und den Fährleuten blieb Keiner während der stillen, heißen Nachmittagszeit munter. Hin und wieder wurden Weinberge sichtbar, wo die Reben an wagrechten Gittern gezogen waren, oder horizontale Gerüste aus langen, auf hohe Cryptomerienzweige genagelten Bambusstangen, worauf kleine Waizengarben zum Trocknen ausgehängt waren.

Alsdann verschwand der Wald und die üppige Vegetation; der Fluß lief zwischen niedrigen Ländereien oder Sand- und Schilfhügeln und um 3 Uhr befanden wir uns in der Umgebung von Niigata, dessen niedrige Häuser sich über eine sandige Fläche ausbreiteten, hinter welcher sich ein Hügelland mit einigen Tannengruppen erhob. Am Ufer standen Theehäuser mit Balkonen, und die Gäste ergötzten sich an Reisbier und Gaukeleien; im Allgemeinen aber sehen die Straßen, welche am Flusse liegen, ärmlich aus und auch die auf der Landseite sind einer Hauptstadt des westlichen Japan nicht würdig; man könnte die Stadt kaum für einen Handelshafen ansehen, denn die See war noch nicht sichtbar und auch keine Consularflagge zu erblicken. Wir fuhren einen der zahlreichen Kanäle hinunter, welche als Transportwege für Güter und Fabrikate dienen; zwischen Hunderten von befrachteten Böten, welche im Mittelpunkte der Stadt vor Anker lagen. Nach wiederholten Fragen erreichten wir endlich das englische Missionshaus, ein unbeschattetes, außerordentlich kleines hölzernes Gebäude, dicht bei den Regierungsgebäuden gelegen. Ich wurde von Herrn Fyson und seiner Gattin freundlich willkommen geheißen und man kann sich kaum vorstellen, wie angenehm mir ein verfeinerter europäischer Hausstand nach dem Aufenthalte unter plappernden und unbequemen Japanesen erschien.

Niigata ist der einzige Handelshafen auf der Westseite

Japans und von diesem Außenposten hat das protestantische Christenthum durch zwei Männer Besitz ergriffen: durch Herrn Fyson und den Dr. Palm. Beide stehen nicht in nothwendiger Verbindung mit einander und würden, wenn sie nicht edelmüthige und gefühlvolle Männer wären, vielleicht das unziemliche Beispiel von Zwietracht, Nebenbuhlerei oder wohl gar von Feindseligkeit darbieten.

Doctor Palm ist ein Mediciner, den die Edinburgher ärztliche Missions-Gesellschaft ausgeschickt hat. Natürlicher Weise ist er ohne einen Collegen und wird nur durch die Mitwirkung japanischer Doctoren unterstützt. Herr Fyson befindet sich zu gewissen Zeiten des Jahres auf Reisen. Auf dem Lande trifft er großes Vorurtheil gegen das Christenthum und in der Stadt eine außerordentliche Gleichgültigkeit dagegen. Auf seiner ersten Reise sammelten sich große Volkshaufen um ihn, um die neue Lehre zu vernehmen, aber diese Theilnahme hat sich vermindert. In den niederen Klassen glaubt man, die Missionäre ständen im Solde der englischen Regierung und hätten außerdem noch politische Zwecke. Die Lokalbehörden von Echigo stellen der Verbreitung des Christenthums keine thatsächlichen Hindernisse entgegen und bis auf die letztere Zeit haben sich die Priester auf dem Lande gleichgültig verhalten. In der Gleichgültigkeit gegen alle Religion liegt überhaupt die größte Schwierigkeit, dem Christenthum Anhänger zu erwerben. Die „religiöse Anlage“ scheint bei den Japanesen verloren gegangen zu sein.

Der wichtigste Zweck meiner Reise nach Niigata bestand in der Absicht, etwas über das ärztliche Missionswerk des Dr. Palm kennen zu lernen. In dieser Wirksamkeit wird ihm eine schätzbare Unterstützung zutheil, insofern als er sich die Theilnahme einer Menge japanischer Doctoren gewonnen hat, welche ihm in der Stadt- und Landpraxis beistehen und jetzt unter seiner Leitung die bewährtesten europäischen Methoden der Krankenbehandlung einführen. Bei den einheimischen Aerzten steht der englische Doctor in so hohem Ansehen, daß er über die vertragsmäßig festgestellten Grenzen berufen wurde, um sein ärztliches Gutachten abzugeben, wenn die Paßbeschränkungen es nicht hinderten.

In buddhistischen Oertern ist die Abneigung gegen den

Fremden, gegen seine Religion und Arznei gleich stark, während man in Sinto-Oertern in Beziehung auf die beiden ersteren Dinge gleichgültig ist, dagegen aber die fremde Arznei sehr schätzt.

Dr. Palm wohnt in einem kleinen japanischen Hause in der Mitte der Stadt, nahe bei der Polyklinik und am vor kurzem eröffneten Hospital. Beide Anstalten besuchte ich. In der Polyklinik werden täglich zwischen sechszig und siebenzig Kranke behandelt. Die Arzneien werden von japanischen Gehülfen angefertigt. An dem Tage, wo ich die Polyklinik besuchte, war gewiß die Hälfte der Patienten mit Augenkrankheiten behaftet. Bei der Ankunft, um 9 Uhr morgens, erhält Jeder ein Billet, welches bestimmt, wann die Reihe an ihm ist. Es findet stets eine christliche Andacht statt; Viele aber gehen wieder fort, sobald sie ihre Karte empfangen haben, und kehren erst wieder zurück, wenn sie an die Reihe kommen, behandelt zu werden.

Erstaunlich ist der rasche Fortschritt der ärztlichen Mission. Das Werk begann erst vor vier Jahren und hatte nicht bloß mit dem Vorurtheil gegen das Christenthum, welches damit in Verbindung steht, sondern auch mit der Abneigung gegen fremde Arzneien und namentlich gegen die chirurgischen Operationen zu kämpfen. Im ersten Jahre war die Zahl der Patienten unter 500; im verflossenen Jahre überschritt sie 5000, von denen 1500 auf dreizehn Landstationen behandelt wurden, unter Beihülfe eingeborener Aerzte, welche die Arzneien nach Dr. Palms Verordnung verabreichen und klinischen Unterricht von ihm erhalten. Im letzten Jahre war das Vertrauen des Volks so weit gewonnen, daß 174 Personen sich wundärztlichen Operationen unterzogen, von denen einige der schwierigsten auf dem Lande vorgenommen wurden. Dr. Palm hält die jüngeren Doctoren für gut erzogene und intelligente Männer, die sich die Verbesserung ihres Berufes angelegen sein lassen. Eine Anzahl derselben gründete im vergangenen Jahre einen Verein für gegenseitige Förderung und medicinische Fragen. Dr. Palm wurde eingeladen, den Vorsitz zu übernehmen und monatlich einen Vortrag zu halten. Er ist darauf eingegangen, und da einige der jungen Leute mit der englischen Sprache vertrauet sind, so liefert er ihnen das britische medicinische Journal, welches auch schon in ziemlich guten Uebersetzungen erscheint.

XVI.

Die Tempelstraße. — Ein Volksprediger. — Abneigung gegen das ewige Leben. — Das europäisirte Niigata. — Malerische Straßen.

Niigata, den 9. Juli.

Es giebt hier eine Straße, welche Teramachi oder Tempelstraße heißt. Auf einer Seite, fast der ganzen Länge nach, stehen Buddhisten-Tempel, Tempelhaine und Priesterhäuser; die andere Seite besteht nur aus „Yoroyas“ (übel berüchtigten Häusern). Diese Tempel sind sehr hübsch und geräumig. Die getäfelten Decken und die Pfeilerreihen, welche sie stützen, sind aus schön geadertem und glänzend gefärbtem Holz der Retinospora obtusa. In allen ist beinahe die Hälfte des Raumes durch ein Gitter gegen die Laien abgeschlossen; in allen ist der Hochaltar prachtvoll und frei von Schnörkeleien und gemeinen Verzierungen. Die eigentlichen Altarstücke bestehen aus einem Räuchergefäß in der Mitte, mit einem durchbohrten Deckel, daneben auf jeder Seite Blumenvasen, neben diesen zur Rechten und zur Linken ein Armleuchter. Alles ist aus Bronze gefertigt und oft nach alten chinesischen Mustern, von denen die Originale von den ersten Verbreitern des Buddhismus aus Indien herübergebracht sein sollen. Im Allgemeinen haben die Niigata-Tempel das Ansehen von Stätten der Andacht und Frömmigkeit und wenn einige buddhistische Sinnbilder weggeräumt würden, so könnten sie unverändert zu christlichem Gottesdienst gebraucht werden. Die darin befindlichen erzenen Gefäße sind sehr schön und die Kelche, Flaschen, Lampen und Leuchter sind streng einfach und von klassischer Form.

An den Altären stehen drapirte, aufrechte Buddha-Figuren, mit einer Glorie um das Haupt wie die Madonna, in kostbaren Schreinen; unter ihnen die erwähnten Vasen mit frischen Blumen, von dem einschläfernden Duft der aufwirbelnden Weihrauchwolken eingehüllt. Vor dem Schrein hangen antike Lampen mit mattem, aber nicht verlöschendem Lichte. Die Weihrauchdämpfe, das Geklingel der kleinen Glocken, die brennenden Kerzen am Hochaltare, die geschorenen Häupter und fliegenden Gewänder der Priester, das Niederfallen und die Prozessionen, der Gesang der Litaneien in einer unbekannten Sprache, der umgitterte Raum, das düstere Licht, und viele andere größere oder geringere Aehnlichkeiten erinnern an die Pracht des römischen Ritus. Woher kamen die Vorbilder aller dieser Schreine, Lampen, Leuchter und erzenen Gefäße, welche bei Buddhisten, Ritualisten, Griechen und Romanen in gleicher Weise in Gebrauch sind? woher die flammigen Zungen

Buddhisten-Priester.

in den Tempeln, das Weihwasser, die Gewänder der dienenden Priester, die Kerzen und Blumen auf dem Altar, die weißen Kleider der Pilger und alle anderen dazu gehörigen Uebereinstimmungen, die uns täglich in Verwirrung setzen? Selbst die Läden der Schreinmacher sehen aus wie die „geistlichen Decorations-Läden" in Oxford Street.

Die Aehnlichkeit verminderte sich auch nicht durch das Gedränge der Gläubigen, welche murmelnd ihren Rosenkranz abbeteten und auf den Matten des Fußbodens kauerten, als wir in den großen Tempel traten, um die Nachmittagspredigt zu hören. Es war ein überraschender Anblick. Der priesterliche Redner saß innerhalb des Gitters auf einer viereckigen Erhöhung, die mit violetter Seide bedeckt war. Er trug einen Priesterrock aus silbergestickter bernsteinfarbener Seide, ein violettes Meßgewand, eine Kappe von gleicher Farbe und eine Casel aus weißer Seidengaze; in seiner Hand hielt er einen Rosenkranz. In seinem Schoße lagen einige buddhistische Handschriften, aus denen er den Text seiner Predigt entnahm. Er sprach mit unbeschreiblicher Kraft und mit lebhaften Geberden, in einem seltsam hohen Tone, der einen peinlichen Eindruck machte. Der Gegenstand war die zukünftige Züchtigung, das heißt: die buddhistischen Höllenstrafen. Als er zum Schlusse des ersten Theils kam, wobei er in einen fast wahnsinnigen Eifer gerathen war, machte er plötzlich eine Pause und sprach dann mehrmals die Worte: „Namu amida Butsu"; die ganze Versammlung erhob die mit den Rosenkränzen umwundenen Hände und antwortete mit mächtig schallender Stimme: „Ewiger Buddha, erlöse uns!" Darauf zog sich der Priester hinter den Altar zurück, die erwachsenen Gläubigen verließen ihre betende Stellung, zündeten ihre Pfeifen an und plauderten, während die Kinder in dem Gedränge umherkrochen. Alsdann schritt der Priester mit einer Verbeugung an dem Altar vorüber, und nahm wieder seinen Platz auf der Rednerbühne ein; bevor er jedoch den zweiten Theil seiner Predigt begann, hörte man die ganze Menge, die den Tempel erfüllte, das Gebet: „Ewiger Buddha, erlöse uns!" mit dumpfer Stimme sprechen. Der Gottesdienst währte noch zwei Stunden. Draußen stand unter einem Baldachin das geweihete Wasser, und auf den Stufen, die zum Eingange führten, waren die Holzschuhe und die Schirme der Andächtigen in zwei Reihen aufgestellt. Im Tempel wie im Hause vermahnt auf diese Weise der Prediger die Versammlung, einem Glauben anzuhangen, der bereits seinen Anklang beim Volke verloren hat; er predigt ihnen die Sittenlehren des Religionsstifters und verleihet denselben Nachdruck, indem er die Strafen schildert, die den Frevler erwarten, entsetzliche Qualen, die über alle Beschreibung gehen, indem er auch darlegt, wie die unreine Seele sich Wanderungen durch die Leiber verabscheuter Thiere unterwerfen müsse. Ich bezweifle, daß durch die so entsetzlich eindringliche Rede des Volkspredigers die Herzen der Zuhörer gebessert und gereinigt worden seien.

In dem Haine dieses Tempels befindet sich eine sehr hübsche Bronzefigur Buddha's, wie gewöhnlich auf einer Lotusblume sitzend. Es ist der Zustand Nirvana, den der Buddhist erlangt, sobald er durch Reinheit und Rechtschaffenheit den Qualen der Hölle entgangen ist. Er schläft nicht, er wacht nicht er handelt nicht, er denkt nicht, er ist vielleicht ohne Bewußtsein, — er existirt, das ist Alles; sein Werk ist vollbracht, es bleibt eine nebelhafte Glückseligkeit, eine Verneinung. Dies ist das höchste Glück der Zukunft, welches der fromme Buddhist beanspruchen kann. Das größte Uebel ist das Leben. Das größte Gut ist Nirvana, oder der Tod im Leben.

Niemals besuche ich einen Buddhisten-Tempel, ohne den Buddhismus zu preisen, daß er einem asiatischen Volke Mitleid, Sanftmuth und Achtung vor dem Leben lehrte. Auf seinen Altären sind keine Schlachtopfer dargebracht worden, seine schattigen Haine waren niemals Stätten der Grausamkeit und des Entsetzens, keinem Moloch zum Opfer sind Kinder durch das Feuer geführt worden. So groß ist die Achtung vor dem Leben in jeder Gestalt, welcher der Buddhismus einprägt, daß die Ausdrücke der Theologen und selbst der heiligen Schrift in Bezug auf die Versöhnung Christi sicherlich in ihrem ersten Eindruck abschreckend auf das Gemüth des Japanesen einwirken; auch das ganze levitische Opfersystem und Aussprüche wie: „Ohne Blutvergießen ist keine Vergebung" sind ohne Zweifel nur geeignet, vom Christenthume abzuschrecken. Die Japanesen haben keine Vorstellung von der Sünde, und es kann noch lange Zeit dauern, bevor die christliche Lehre ihre Begriffe darüber und über andere Dinge umwandelt.

Die Vorstellung vom ewigen Leben, welche die Bewohner von Hawai mit Freude erfüllt, erscheint den Japanesen eher als ein Fluch denn als eine Gabe Gottes. Der Sintoismus lehrt nichts über die Zukunft, der Buddhismus verheißt dem Reinen ein völliges Nichts oder die Vernichtung des Bewußtseins oder ein Maß persönlichen Bewußtseins, das sich in die heilige Sakya versenkt. Eine Abneigung gegen ein verlängertes

Dasein ist dem Orientalen wesentlich eigen; Lebensmüdigkeit, selbst inmitten weltlicher Genüsse, drückt den Asiaten nieder und der unwissende japanische Bauer denkt sich das ewige Leben in der Art der allgemein verbreiteten buddhistischen Lehre von der Seelenwanderung, als ein endloses Geborenwerden und Sterben, mit stets neuen Qualen unter neuer Gestalt, ein Versinken in eine immer tiefere Hölle oder ein mühseliges Erheben zu immer höheren Himmelsräumen, zu dem seligen Zustande, wo das persönliche Bewußtsein geschwunden ist. Das ewige Leben bedeutet mithin eine endlose Kette, deren Ringe aus auf einander folgenden Existenzen gebildet werden. Das gebräuchliche japanische Sprüchwort: „Hassest du einen Menschen, so lasse ihn leben!" bekundet in der Kürze die japanische Vorstellung von der lästigen Nichtigkeit des Lebens.

Ein anderes Hinderniß, welches dem Christenthum in den Weg tritt, liegt in dem Umstande, daß die Japanesen, welche auf Anlaß ihrer Regierung in England oder Amerika studiren, nach ihrer Rückkehr ihren Landsleuten erzählen, es glaubte kein gebildeter Mensch mehr an das Christenthum und es sei eine Lehre, die nur noch die Geistlichkeit und die unwissende Menge festhalte. Trotz der sehr langsamen Verbreitung des Christenthums muß man alle diese Umstände in Erwägung ziehen, bevor man es unternimmt, die Zukunft des japanischen Reiches vorauszusagen, ohne in erhebliche Irrthümer zu verfallen.

Nachdem ich länger als eine Woche in Niigata verweilt habe, werde ich es morgen verlassen, — und zwar mit Bedauern, nicht bloß wegen der Freunde, die ich hier gefunden habe, sondern auch um seiner selbst willen. Niemals verlebte ich eine Woche von so schlechtem Wetter. Die Sonne war gerade ein Mal sichtbar, das dreißig Meilen entfernte Gebirge gar nicht. Die Wolken waren bräunlich grau, die Luft feucht und regungslos und das Thermometer wechselte von 82 Grad bei Tage auf 80 Grad bei Nacht. Die Familie im Hause ist von Müdigkeit befallen und ohne Eßlust. Der Abend bringt keine Kühlung, aber Tausende von fliegenden, kriechenden, springenden und laufenden Geschöpfen, welche alle schädlich sind und die Stelle der Tages-Moskitos einnehmen, jener häßlichen Thiere mit sprenklichten Beinen, die uns den Tag über mit giftigen Stichen quälen, ohne uns durch

Summen zu warnen. Die Zahl der Nacht-Moskitos ist Legion. Spaziergänge giebt es nicht, außer in den Straßen und den öffentlichen Gärten, denn Niigata ist auf einen sandigen heißen und kahlen Platz gebauet; es ist auch keine waldige Höhe da, die einen Ueberblick über die Stadt gewährte.

Niigata ist ein Handelshafen ohne auswärtigen Handel und fast ohne fremde Bewohner. Weder im vergangenen noch in diesem Jahre hat ein fremdes Schiff den Hafen besucht. Es giebt hier nur zwei fremde Firmen und zwar deutsche, und nur achtzehn Fremde, von denen fast alle, mit Ausnahme der Missionaire, im Dienste der Regierung stehen. Der Fluß, der Schinano, ist der größte in Japan und führt mit seinen Nebenflüssen eine erstaunliche Menge Wasser herunter. Die japanischen Flüsse sind jedoch voller Sand und Gestrüpp, das von den Gebirgen herunter gespült wird. Alle Flußbetten, die ich sah, mit Ausnahme derjenigen, die thatsächlich von Mauern und harten Felsen begrenzt werden, sind wüste Strecken voll Sand, Reisig und Gerölle, durch deren Mitte der eigentliche Fluß, zwischen Sandbänken und Untiefen hindurch, seinen unregelmäßigen Weg nimmt. Bei den Anschwellungen, welche jedes Jahr in größerem oder geringerem Maaße eintreten, strömen ungeheure Wassermassen über diese Wüsten und verstopfen die Mündungen mit Sand und allem Gerölle, das sie von den Bergen herabgespült haben. Da der Schinano der größte dieser Flüsse ist, so ist er auch der widerspenstigste und hat an seinem Eingange eine Schranke aufgehäuft, die beständig untief ist und nur einen Durchgang von sieben Fuß Tiefe frei läßt. Die Ingenieure sind viel mit dem Schinano beschäftigt, und die Regierung ist darauf bedacht, den Kanal zu vertiefen und West-Japan mit einem Hafen zu versehen, den es bis jetzt noch nicht hat; die dazu erforderlichen Arbeiten machen aber ungeheure Kosten und inzwischen wird ein beschränkter Seeverkehr nach außen durch Jonken und einige kleine japanische Dampfschiffe hergestellt. Ein britisches Vice-Consulat ist vorhanden, aber wohl nur Wenige mögen sich zu solchem traurigen, verlorenen Posten verstehen, wenn sie ihn nicht gerade als eine Uebergangsstufe ansehen.

Niigata ist jedoch eine hübsche, blühende Stadt von 50,000 Einwohnern, die Hauptstadt der reichen Provinz Echigo mit einer

Bevölkerung von anderthalb Millionen, und ist der Sitz des „Kenrei“ oder Provinzial-Statthalters, der Obergerichtshöfe, guter Schulen, eines Hospitals und mehrerer Kasernen. Es ist bemerkenswerth, in einer so abgeschlossenen Stadt eine Schulanstalt anzutreffen, die den Namen eines Gymnasiums verdient, denn sie umfaßt Mittel-, Elementar- und Normalschulen, eine englische Schule mit 150 Zöglingen, welche von englischen und amerikanischen Lehrern geleitet wird, eine Bauschule, und ein Museum für Geologie, glänzend ausgestattet mit Laboratorien und den neuesten und bewährtesten wissenschaftlichen und Lehr-Apparaten. Man findet auch ein großes Hospital mit dazu gehöriger medicinischer Lehranstalt, von einem europäischen Arzt gegründet; dieses so wie der „Kencho“, der „Saibancho“ oder das Hofgebäude, die Schulen, die Kasernen, und eine große Bank, welche mit allen wetteifert, sehen alle europäisirt, keck, steif und geschmacklos aus. Die großen öffentlichen Gärten sind sehr hübsch angelegt und mit sauberen Kieswegen versehen. In den Straßen brennen 300 Lampen, die mit dem Mineralöl des Distrikts gespeist werden.

Da aber der widerspenstige Schinano die Hauptstadt gegen das Meer, ihre natürliche Hauptstraße, hartnäckig abschließt, so ist sie in einer üblen Lage und die reichste Provinz Japans, welche nicht nur Reis, Seide, Thee, Hanf, Ninjin und Indigo in Ueberfluß, sondern auch Gold, Kupfer und Petroleum hervorbringt, sendet die meisten Produkte nach Yedo über Gebirgszüge, auf Saumrossen und auf Pfaden, die beinahe ebenso erbärmlich sind wie derjenige, auf welchem ich hierher gelangte.

Das Niigata der Regierung, mit den Anzeichen von europäischem Fortschritt, gewährt nur geringes Interesse in Vergleich mit dem ächten japanischen Niigata, der nettesten, saubersten und gemüthlichsten Stadt, die ganz frei ist von den störenden Einflüssen fremder Niederlassungen. Sie ist berühmt wegen der schönen Theehäuser, welche Besucher aus fernen Gegenden anlocken und wegen ihrer vortrefflichen Theater und bildet für einen großen Bezirk den Mittelpunkt der Vergnügungen und Erholungen. Sie ist so außerordentlich sauber, daß ich hier, wie in Nikko, Anstand nahm, in schmutzigen Schuhen über die rein gefegten Straßen zu gehen. Die Stadtbehörde von Edinburgh könnte sich hier ein Beispiel nehmen, denn jeder Strohhalm, jeder Stock oder Papierstreifen wird sogleich fortgeschafft und kein Kehrichthaufen darf nur einen Augenblick auf der Straße bleiben, wenn nicht in einem verschlossenen Kasten oder Eimer. Die Stadt ist in regelmäßige, viereckige Abschnitte getheilt, jeder aus fünf, über eine Meile langen Straßen bestehend, von zahlreichen kürzeren Gassen durchkreuzt und von Kanälen durchschnitten, welche die eigentlichen Fahrstraßen ausmachen. Packpferde habe ich in den Straßen nicht gesehen; Alles wird auf Böten hereingeschafft und

Straße und Kanal.

die meisten Häuser erhalten ihre Güter mittelst nahe gelegener Kanäle zugestellt. Auf diesen Wasserstraßen geht es den Tag sehr geschäftig her und namentlich herrscht des Morgens ein unbeschreibliches Gewühl, sobald die Böte mit den Gemüsen ankommen, ohne welche das Volk nicht einen Tag leben könnte. Vorzugsweise sieht man jetzt die Böte mit Gurken beladen. Die Kanäle befinden sich in der Mitte der Straße und haben auf beiden Seiten ziemlich breite Fahrwege. Sie liegen niedriger als die Straße, und die senkrechten Uferseiten sind sauber mit Holz eingefaßt, hin und wieder mit Treppen versehen. Die

Kanäle, welche durch das Flußwasser immer frisch erhalten werden, bekommen noch ein besonderes reizendes Ansehen durch die kleinen Brücken, welche sie in kurzen Zwischenräumen überspannen, und durch die Bäume am Ufer, unter denen sich viele Trauerweiden befinden.

Die hohen Schindeldächer der Häuser sind mit Steinen beschwert, und da die Gebäude von ungleicher Höhe und die hohen Giebel des oberen Stockwerks der Straße zugekehrt sind, so erhält die Stadt dadurch ein malerisches Aussehen, wie es in Japan ungewöhnlich ist. Die Verandas stehen längs der Straße in Verbindung mit einander und gewähren auf diese Weise eine geschützte Promenade, wenn im Winter der Schnee tief liegt. Mit ihren Kanälen und den Baum-Alleen, ihren hübschen Gärten und sauberen pittoresken Straßen ist die Stadt wirklich reizend; die Verschönerungen sind jedoch neueren Ursprungs und erst in letzter Zeit durch Masakata Kusumoto, den jetzigen Statthalter von Tokiyo, vollendet worden. In keinem Theile der Stadt bemerkt man ein Anzeichen von Armuth, doch wird auch der Wohlstand, wo er vorhanden ist, sorgfältig verborgen gehalten. Zu den Eigenthümlichkeiten der Stadt gehören die Reihen Wohnhäuser mit vorspringenden Fenstern aus Holzscheiben, durch welche die Leute blicken können, ohne selber gesehen zu werden; wenn wir jedoch des Abends spazieren gingen und die Lampen in den Zimmern brannten, konnten wir gewöhnlich die Familien in der nachlässigsten Hauskleidung um das Kohlenbecken sitzen sehen.

Die Fronten der Häuser sind sehr schmal und die Räume erstaunlich lang nach hinten ausgedehnt, begrenzt von Brücken und Gärten, worin Blumen, Sträucher und Moskitos gedeihen, so daß man von der Straße aus in ein Feenreich zu blicken glaubt. Die wichtigsten Gemächer liegen in allen japanischen Häusern nach hinten hinaus, mit einer Aussicht auf jene Miniatur-Landschaften, deren jede höchst kunstvoll in einen Raum eingeengt ist, der oft nicht mehr als 30 Quadratfuß mißt. Ein See, Felsengruppen, eine Brücke, eine steinerne Laterne, eine verunstaltete Tanne sind unentbehrlich; wo jedoch die Umstände und Mittel es gestatten, da sind allerlei niedliche Sachen angebracht: kleine Lusthäuser; Gemächer zur Theebereitung, zum Lesen, ungestört und kühl zu schlummern, unter Dach zu fischen und Reisbier zu trinken; bronzene Pagoden; Wasserfälle, die sich aus den Rachen von erzenen Drachen ergießen; Felsengrotten mit hinein- und hinaushuschenden Gold- und Silberfischen; Seen mit Felseninseln; Ströme, von grünen Brücken überwölbt, die hoch genug sind, daß ein Frosch oder eine Ratte darunter wegkommen kann; Rasenflächen mit Trittsteinen beim Regenwetter; Grotten; Hügel; Thäler, Haine mit Palmen, Sagopalmen und Bambus in Miniatur; und mannigfache Zwergbäume von purpurrother oder dunkelgrüner Farbe, die ihre Aeste über kleine Seen ausstrecken oder zu täuschend ähnlichen Thiergestalten zugeschnitten sind.

Meine Spaziergänge erstreckten sich über einen großen Theil von Niigata. Wenn ich von Frau Fyson, die jetzt hier die einzige europäische Dame ist, und von ihrer kleinen dreijährigen Tochter Ruth begleitet war, so folgte uns stets eine unzählige Volksmenge, denn das niedliche Geschöpf mit den goldenen, herabwallenden Locken ist wahrhaft bezaubernd. Männer und Frauen haben eine gewinnende freundliche Art, die Kinder für sich einzunehmen und Ruth, anstatt sich vor der Menge zu fürchten, lächelt den Leuten zu, verbeugt sich nach japanischer Art, spricht japanisch mit ihnen und scheint nicht übel Lust zu haben, ihrem Vaterlande untreu zu werden. Wir können sie nur mit Mühe bei uns halten und als wir sie einige Mal vermißten und uns umschauten, sahen wir sie nach japanischer Manier mitten in einem Haufen von mehreren hundert Menschen sitzen und ihre Huldigung und Bewunderung entgegennehmen; nur unwillig ließ sie sich von ihnen entfernen. Die Japanesen sind wirklich leidenschaftlich für die Kinder eingenommen; es ist jedoch nicht gerathen, europäische Kinder viel mit ihnen verkehren zu lassen, da sie von ihnen lügen lernen.

Das Klima von Niigata und des größten Theiles dieser großen Provinz unterscheidet sich nicht zu seinem Vortheil von dem der anderen Gebirgsseite, die vom Golfstrom des nördlichen stillen Meeres erwärmt wird und wo der Herbst und der Winter zu den angenehmsten Jahreszeiten gehören, insofern die Atmosphäre still, die Temperatur milde, der Himmel blau und sonnig ist. Hier kommt durchschnittlich auf zwei und dreißig Tage Schneewetter. Kanäle und Flüsse gefrieren und selbst der reißende Schinano vermag zuweilen ein Pferd zu tragen. Im Januar und Februar liegt der Schnee drei bis vier Fuß tief; ein Wolkenschleier verdunkelt den Himmel; die Leute begeben sich in ihre höher gelegenen Wohnungen, um Tageslicht zu bekommen; der Verkehr mit Saumrossen wird eingestellt; Fußgänger bewegen sich nur mühsam in plumpen Schneeschuhen fort, und in Folge des vorherrschenden kalten Nordwest-Windes ist die Küste fast ein halbes Jahr lang der Schifffahrt unzugänglich. In der Stadt selber kriechen die Leute unter den Verandas entlang, in wattirte Kleider gehüllt, so daß nur die Augen herausschauen können. Zitternd kauert man sich um die Kohlenbecken, denn das Thermometer, das im Sommer auf 92 Grad steht, fällt im Winter bis auf 15 Grad. Und dies geschieht unter einer Breite von 37° 55′ — drei Grad südlicher als Neapel!

XVII.

Wunderdinge der Läden. — Literatur für Frauen. — Literarisches Verlagsrecht. — Papierlampen. — Quacksalber.

Niigata 9. Juli.

Der Ausdruck „glänzender Osten“ läßt sich nur auf einige Tempel anwenden. Die Städte mit ihren niedrigen, grauen hölzernen Häusern sind durchaus gewöhnlich und die Läden, was ihr Aeußeres anbelangt, ebenso gewöhnlich wie alles Andere; denn die besten Textil-Waaren können der Feuchtigkeit, des Staubes und Regens wegen nicht ausgestellt werden, und obgleich es eine Menge „Curio“, oder was wir Detail-Läden nennen, giebt, so stellen sie nur gewöhnliche Sachen in den Straßen aus. Porzellan, Confections-Waaren, Spielwaaren und Schrein-Läden nehmen sich am glänzendsten aus. Hat man Zeit und Geduld, sich in einen kleinen, nach hinten gelegenen Laden zu verfügen oder auf einer steilen Leiter in einen Bodenraum hinauf zu klettern, so kann wohl unschätzbare alte Lackirwaaren in Augenschein nehmen, aber jeder Gegenstand ist in einer besonderen

Schachtel verwahrt und in viele Umhüllungen aus Seiden- oder Krepp-Papier eingewickelt. Die Böttcher- und Korbmacherläden enthalten Artikel von außerordentlich sauberer und geschickter Arbeit. Niemals gehe ich an einem Böttcherladen vorüber, ohne daß mich die Lust zu kaufen anwandelte. Ein gewöhnliches Faß wird durch das sorgfältig ausgewählte Holz und die geschmackvolle und saubere Arbeit in den einzelnen Theilen zu einem Kunstgegenstande. Die Korbmacher-Arbeiten, selbst die großen Bambuskörbe, welche, mit Steinen gefüllt, zu Versenkungen gebraucht werden, sind in ihrer Einfachheit doch wundervoll und die Heuschrecken, Spinnen und Käfer, an geflochtene Fächer befestigt, sind so täuschend nachgeahmt, daß man in Versuchung geräth, sie fortzuscheuchen. Die Läden gleicher Art stehen beisammen; so sieht man in einer langen Straße fast nur Spielwaaren-Läden mit ausgestopften oder aus Porzellan gefertigten Thieren auf Rädern, Windmühlen und Wasserrädern, Götzenbildern und Götzenwagen zum Spielen, Ballracketen und Weberschiffchen, Zuckerspielzeug jeder Art und Puppen in allen Größen. Eine kurze Straße enthält einige Barbierläden; eine andere dient dem Verkaufe von Perücken, Chignons, Toupées und Strähnen aus dickem schwarzen Haar, welche die Frauen geschickt mit ihrem Haupthaar verflechten. Eine angrenzende Straße ist voller Läden, wo alle Arten Haarnadeln verkauft werden, von der einfachen kupfernen oder silbernen Nadel, die nur eine Kleinigkeit kostet, bis zu der kunstreichen Nadel aus Schildpatt mit sauber geschnitzten Vögeln oder Bambus, zum Preise von wenigstens 8 oder 12 „Yen". Ich zählte 117 verschiedene Arten von Schmuck-Haarnadeln. In derselben Straße verkauft man die steifen Rollen, über welche die Nackenwulste geschlungen werden. Nicht weit davon ist eine Straße besonders ausgestattet mit Holzschuhen, wovon Tausende von Paaren alljährlich in Niigata angefertigt werden; eine andere mit papiernen Schirmen, Sonnen- und Regenhüten, wasserdichten Mänteln und Gepäckdecken, Strohschuhen für Menschen und Pferde, Regenmänteln und Regenmatten aus Stroh; dann folgen Ladenreihen mit roth lackirten Packsätteln. In den Hauptstraßen sind die Läden gemischt, obgleich auch hier je acht oder zehn gleicher Art bei einander liegen. Niigata ist berühmt wegen der groben Lackwaaren, wie sie in den Londoner Läden und Bazars verkauft werden, schwarz oder roth grundirte Theebrettchen mit Vögeln, Bambus oder in Gold gemalten Päonien. Aehnliche Brettchen auf Füßen oder kleine Tische werden zu zehn Stück für den Familiengebrauch verkauft; ferner Reisschüsseln, Reiseimer und Kochlöffel, Kissen, Waaren aus lackirtem Seegras und zahllose andere Artikel für die Wirthschaft.

In derselben Straße, wo die Lackirwaaren sind, befinden sich auch die Läden für Kirchengeräthe. Im Hinterraume derselben kann man das ganze Verfahren sehen, wie es Jesaias beschreibt, wie der Gott aus dem rohen Block gehauen wird, bis er zuletzt die feinste Ausarbeitung erhält. Hier finden sich alle Hausstandsgötter, darunter Daikoku, der grinsende Gott des Reichthums, der die Aufmerksamkeit besonders fesselt, ferner Götterbilder von allen Größen, von acht Fuß Höhe bis hinab zu einem Zoll, in goldgestickten Säckchen, welche die Kinder als Talisman tragen, und andere kunstreiche, welche die Erwachsenen in ihren Aermeln mit sich führen. Ich besitze eines der letzteren, welches die Göttin der Barmherzigkeit vorstellt. Das Gehäuse ist eine Lotusknospe, schön in dunklem Holz ausgearbeitet; wenn man es öffnet, zeigt sich auf einem Fußgestell eine stehende drapirte, weibliche Figur, mit einer goldenen Glorie um das Haupt, einem goldenen Scepter zur Seite, die Arme über der Brust in einander geschlagen; noch zehn Paar andere Arme sind hinten am Körper angebracht, aber so geschickt, daß die Figur nichts Ungeheuerliches erhält. In der Gestalt und dem Antlitz liegt der Ausdruck majestätischer, heiterer Ruhe. Die ganze Figur ist über zehn Zoll hoch und die auserlesenste Holzschnitzerei, die ich jemals gesehen habe. Man erblickt ferner prächtige Tempelschreine, worin Buddha in seliger Ruhe steht; Schreine für Schüler und für Familien von allen Größen und zu jedem Preise, von erzenen und goldenen zu 200 „Yen“ bis abwärts zu solchen aus ungefärbtem Holze, zu einem Dollar; schwarze oder vergoldete Täfelchen für „Kaimiyo“ oder die Namen Verstorbener; bronzene oder kupferne Räucherpfannen; kupferne, sechs Fuß hohe Lotuspflanzen; reich in Gold gestickte Altardecken; Trommeln, Gongs, Glocken und die zahlreichen musikalischen Instrumente, die beim Tempeldienst gebraucht werden, und hunderterlei verschiedene, mehr oder weniger kunstreiche Gegenstände, deren sich einige Buddisten-Sekten bei ihrer verworrenen sinnbildlichen Götzenverehrung bedienen. Abgesondert befinden sich die Läden mit Räucherwerk, das in ungeheuren Massen verbraucht wird.

In vielen Läden verkauft man nur fertige Männerkleidungsstücke im Detail; die Kleider der Frauen werden immer bestellt oder von ihnen selber angefertigt. In einigen sind Bettdecken oder englische Wollenwaaren aus den schlechtesten Abgangsstoffen zu haben; andere enthalten nur dünne, gestreifte Seidenstoffe, die in der Nachbarschaft angefertigt und vielfach für Mantelärmel verwandt werden. Besondere Läden giebt es für Fächer von drei „Sen" bis hinauf zu vier oder fünf „Yen", für „Kakemonos" oder Wandgemälde, „Makemonos" oder gerollte Gemälde, Blumen-Albums, Klappschirme, seidene Halter für die Mantelärmel, Kreppwaaren und blaue und weiße Handtücher. Die große Zahl derjenigen Läden, welche nur Rauch-Apparate verkaufen, ist insofern nicht zu verwundern, als alle männliche Personen über funfzehn Jahre und auch die meisten Frauen rauchen, und alle Männer ihre Pfeife und den Tabaksbeutel am Gürtel tragen. Es giebt noch Läden ausschließlich für Federn, Tinte und Tintenfässer, und andere, wo nur Schreibkästchen zu kaufen sind.

Große Buchläden, welche die Landstädte mit Büchern versorgen, und kleine Krämer, durch welche die Dörfer mit Büchern versehen werden, sind zahlreich vorhanden. An anständigen Lese-Vereinen herrscht in Japan großer Mangel. Die am meisten gesuchten Bücher sind diejenigen, die im kleinsten Volumen die größte Anzahl von Verbrechergeschichten enthalten und auf alle Klassen unsittlich einwirken. Ein Buchhändler sagte mir, acht Zehntheile seines Vorrathes beständen aus Novellen, meistens mit groben Illustrationen, und das Uebrige aus „musterhaften Werken." Man wird gespannt sein, die Namen derjenigen Werke zu erfahren, welche fast alle Familien, mit Ausnahme ganz ungebildeter, besitzen.

Dazu gehören gewisse Bücher für Frauen, die mit dem gemeinschaftlichen Namen „Bunko" bezeichnet werden, im besonderen: „Das große Lehrbuch der Frau", die sittlichen Pflichten der Weiber, nach den chinesischen Klassikern; „das kleine Lehrbuch der Frau“, eine Einleitung zu dem vorigen; „Unterricht im weiblichen Haushalt, Pflichten in Bezug auf Kleidung, Hausgeräthe, Empfang von Gästen und die Einzelheiten des täglichen Lebens und festlicher Gelegenheiten; „Briefsteller für Damen“, und „Vier und zwanzig Kinder“, Geschichten von vier und zwanzig chinesischen Musterkindern. Diese Bücher, welche in kleinen römischen Typen gedruckt sind, enthalten, wie ein Sachkundiger sagt, alle Grundsätze und Regeln, zum Theil tausend Jahre alt, worauf sich die Sitten und Gebräuche aller japanischen Frauen begründen, so daß sich daraus ihre erstaunliche Aehnlichkeit leicht erklären läßt. Sie werden von Kindheit auf studirt und gelehrt. In mancher Beziehung ist diese zufällige Abrichtung für die häuslichen Pflichten des Ehestandes und für alle besonderen Verhältnisse viel weiser als die principienlose Art, wie wir unsere Mädchen den Zufälligkeiten des Lebens preisgeben, für die sie nicht erzogen wurden, so daß sie die Lebensregeln erst aus der schwierigen Schule der Erfahrung erlernen müssen. Es giebt noch ein anderes Buch, welches von den Frauen in jedem japanischen Hausstande immer wieder gelesen und dem Gedächtniß eingeprägt wird; den Inhalt desselben bildet eine Sammlung von hundert Gedichten, von hundert Poeten verfaßt, Lebensgeschichten musterhafter Frauen, Regeln zu einem friedfertigen Ehestande, Beispiele von solchen glücklichen Verhältnissen, und andere nützliche Kenntnisse für Mädchen, Frauen und Mütter.

Die Bücher sind merkwürdig billig. Das Verlagsrecht erwirbt ein japanischer Autor dadurch, daß er der Regierung eine Summe entrichtet, welche dem Verkaufspreise von sechs Exemplaren seines Werkes gleichkommt. Der Druck geschieht von Holzstöcken auf Seidenpapier, welches doppelt genommen wird, so daß der Druck nur die äußere Seite bedeckt; die Einbände, die ich sah, bestanden immer nur aus stärkerem Papier als die Blätter des Buches; nur colorirte Bilderbücher sind zuweilen in Brokat oder Gold- und Silberstoff eingebunden.

Jener Buchhändler, der ungewöhnlich mittheilend war und auch sehr verständig zu sein schien, sagte mir auch, die Nachfrage nach einheimischen Werken über japanische Geschichte, Geographie und Pflanzenkunde sei nicht mehr so stark wie früher. Er zeigte mir ein botanisches Werk, vier dicke Foliobände stark, worin Wurzeln, Stengel, Blätter, Blüten und Saamen von 400 Pflanzen mit der genauesten Zeichnung und naturgetreuer Farbe abgebildet waren. Dies ist ein sehr werthvolles und interessantes Buch. Er hat auch Uebersetzungen von einigen Werken von Huxley, Darwin und Herbert Spencer, welche, wie er sagt, von den jungen Leuten der höheren Schule gekauft werden. Das Werk über den Ursprung der Arten findet den größten Absatz. Der Mann fragte mich mancherlei über den Buchhandel in England, und Ito bewährte sich bei dieser Gelegenheit als Dolmetscher. Bücher religiösen Inhaltes waren gar nicht vorhanden.

Papierhandlungen giebt es in erstaunlicher Anzahl. In einigen Läden werden nur kupferne Zangen, in anderen Kohlenbecken verkauft, von denen einige aus feiner Bronze gefertigt und sehr schön sind, alle in so gutem Geschmack, um für Kunstwerke gelten zu können.

Die Papierlaternen-Läden gehören zu den merkwürdigsten und anziehendsten. Man kann sich kaum vorstellen, wie weit der Gebrauch der Laternen ausgedehnt ist; sie gehören zu den närrischen Liebhabereien der Japanesen. Kein weltliches oder religiöses Fest kann in würdiger Weise ohne Hunderte oder Tausende derselben begangen werden. Papierlaternen brennen während der Nacht an den Außenseiten der Häuser und Läden; die „Yadoyas", die Theehäuser und die Theater sind beständig damit illuminirt und jeder Fußgänger und Kuruma-Läufer führt eine bei sich, mit seinem Namen in schwarzen oder rothen chinesischen Schriftzügen auf weißem Grunde. Sie sind von allen Größen, von denen, die in den Tempeln hangen und 10 bis 12 Fuß hoch und 3 oder 4 Fuß breit sind, bis zu den kleinen Hängelaternen, einen Fuß lang und 5 Zoll breit, die in den Straßen geführt werden. Sie sind sinnreich und geschmackvoll verziert und viele, namentlich die zum gewöhnlichen Gebrauche bestimmten, sind sehr hübsch. Ihre gewöhnliche Gestalt ist rund, bei festlichen Gelegenheiten aber sind sie von länglicher oder viereckiger Form, Fächern oder Fischen ähnlich, und können eher für bewegliche Transparente als für Laternen gelten. Zu den hübschesten gehören die mit rothem Familienwappen auf weißem Grunde oder mit Namen in chinesischen Petschaftzügen. Der Preis ist 8 „Sen" bis 8 „Yen".

Die Läden für Papierlampen, eiserne Kessel, Arbeitskästchen, die wesentlich zur Ausstattung einer japanischen Frau gehören, Küchengeräthe, die Theeläden und Reisbierläden — alle sind interessant, stehen aber doch den Töpferläden nach, die eine ganze Straße einnehmen. Bewunderer von blauem Porzellan könnten in Verwirrung gerathen über die Mannigfaltigkeit, über die Schönheit einzelner Stücke und namentlich über die kühnen Musterzeichnungen auf manchen großen Fischtellern. Im inneren Lande sieht man überall Saumrosse, die damit beladen sind, und ich habe an der Landstraße kaum ein Theehaus ohne Porzellangeschirr gefunden, oftmals sehr alte Stücke. Die „Sake"-Tassen, mit den sieben Göttern des Glückes verziert, sind verführerisch, aber nichts geht über die berühmten japanischen Theekannen von allen Größen und Mustern und aus verschiedenartigem Stoff. Jede ächte japanische Theekanne hat einen hohlen rechtwinkligen Henkel und eine kurze, gerade Tülle; in vielen Läden wird nichts Anderes verkauft.

Ein Stadttheil, den Nahrungsmittel-Läden eingeräumt, ist stets gedrängt voll; doch merkt man nichts von dem lärmenden Feilschen, wie es bei uns in diesen Stadtvierteln vorkommt. Zuckerbäcker, schlichte Verkäufer von Reisklößen oder Gerstenkuchen; Fischhändler mit Tischen voll Bonito-Schnitten, Meeralen, Schollen, Austern, Stern- und Blackfischen; Verkäufer von getrocknetem Fisch, Reis und Korn, von Saucen, Gewürzen, Wein und Theeblättern — Alle bunt durch einander gemischt. Selbst jetzt in der frühen Jahreszeit sehen die Obstläden verführerisch aus, mit Loquats und Pflaumen, jungen Steckrüben, Möhren, Gurken, Erbsen und Bohnen; auch die Blumenhändler stellen abgeschnittene Blumen, niedliche Sträucher und wundervolle Zwergbäumchen in Vasen zur Schau. Bewundernswerth ist der Verbrauch von Gurken. Männer, Weiber und Kinder essen sie; drei oder vier des Tages zu verzehren ist nicht unbillig; für vier „Sen" erhält man einen großen Korb voll. Dann folgen die Verkäufer von getrockneten und überzuckerten Früchten; die Eierhändler; Schneider, die vorn im Laden sitzen und auf japanischen Nähmaschinen arbeiten; Baumwollen-Wäscher; Reishülser; Weber;

Nadler; Brillenmacher; Gelbgießer; Gemüsekrämer; Geldwechsler; Tabaksfabrikanten; Bilderläden mit vorherrschend grotesken Bildern; Drogisten mit Vorräthen in hübschen Krügen aus blauem und weißem Porzellan und mit rothen chinesischen Aufschriften; Verkäufer von Quacksalbereien mit verlockenden, drei bis vier Fuß langen schwarzen Schildern, worauf goldene oder rothe chinesische Inschriften stehen.

In vieler Hinsicht zeigt die japanische Regierung eine väterliche Fürsorge um das Wohl ihrer Unterthanen und hat namentlich ein wachsames Auge auf die Kurpfuschereien. Um Arzneien anfertigen und verkaufen zu dürfen, muß eine genaue Beschreibung von ihrer Natur und Wirkung bei dem Alles umfassenden Ministerium des Inneren eingereicht werden. Die Erlaubniß kostet für jede Arznei 8 Schillinge jährlich. Diejenigen, welche Apothekerwaaren ohne Erlaubniß anfertigen und feil bieten verfallen in schwere Geldstrafen. Apotheker und reisende Verkäufer zahlen eine namhafte Abgabe für die Erlaubniß, sie verkaufen zu dürfen. Die Bauern setzen auf diese Mixturen und auf die in den Tempeln verkauften Zaubermittel größeres Vertrauen als auf die Arzneien, welche ihnen die Aerzte von Beruf verschreiben.

Merkwürdig ist die vollendete Arbeit an vielen Artikeln und manche schöne Gegenstände werden in schlecht erleuchteten Gemächern und mit auffallend mangelhaften Werkzeugen angefertigt. Viele der feinsten Eisen- oder Bronzewaaren werden von Schmieden gemacht, die neben dem Feuer am Boden hocken, während der eine die Glut mit einem kleinen Blasebalg anfacht und der andere das Eisen auf einem acht Fuß hohen Amboß hämmert. Ich kann jedoch in das unbegrenzte Lob mancher Reisenden nicht einstimmen. Viele Artikel, namentlich in Lackwaaren, sind gezwungen und geschmacklos; einige Baumwollen-Waaren verrathen den nachtheiligen Einfluß der faden Manchester-Muster; ein großer Theil Porzellan ist unbestritten häßlich; das Wunderliche ist oft übertrieben; Darstellungen von menschlicher Form sind fast immer verzeichnet; Gegenstände nach der Natur sind oft manierirt dargestellt und einige Schmucksachen, wie Haarnadeln, sehen ungraziös und gemein aus.

Die Läden bekunden den Geschmack, die Gewohnheiten und

Bedürfnisse des Volkes; wenn die von Niigata, wie ich vermuthe, die Grundform angeben, so fehlt es hier entweder an kostspieligem Begehren oder an Geldmitteln, dasselbe zu befriedigen.

XVIII.

Ladenbesuch. — Schamlose Verfälschungen. — Lebensmittel und Kochkunst.

Der Ladenbesuch in Japan ist augenscheinlich eine Kunst, die angeeignet sein will und dazu habe ich keine Geduld. Gewöhnlich zahle ich viel lieber gleich den geforderten Preis, als daß ich lange Zeit darum handle; die erfahrenen Fremden jedoch sind nicht so ausschweifend und, nach der Meinung der Händler, nicht so thöricht. Wünscht man irgend einen Gegenstand zu kaufen, so muß man nicht nach dem Preise dieses, sondern anderer Dinge fragen und ihn gleichgültig liegen lassen. Gegen den Preis des Verkäufers muß man einen viel niedrigeren bieten und in demselben Maße das Gebot erhöhen, wie Jener von dem vorgeschlagenen Preise herunterläßt. Er lacht gewöhnlich gutmüthig bei dem Handel, schlägt zuletzt frohlockend in die Hände und ruft: „Yuroschi“, so viel bedeutend wie: „Sie sollen es haben!“ — Sähen die Kaufleute unfreundlich und sauer dabei aus, so würde solcher Handel unerträglich sein; sobald man sich aber artig gegen sie benimmt, sind sie die gefälligsten und gemüthlichsten Leute.

In verschiedenen Läden verkauft man Speisen in Zinnbüchsen, condensirte Milch und dergleichen Reisebedürfnisse. Ich kaufte condensirte Milch mit dem „Adler“ gestempelt. Als ich das Gefäß öffnete, fand ich eine weißliche Substanz, dem Theriak ähnlich, mit einem Anflug von Baldrian. Auch kaufte ich „Citronenzucker“ zu dem kühlenden Getränk, das allein genießbar ist; ich fand aber nur angefeuchteten Zucker und in der Mitte ein Fläschchen, das nicht etwa Citronensaft sondern eine ölige Flüssigkeit mit einem Theergeruch enthielt. Flaschen französischen Cognacs, mit französischen Etikets, werden das Quart zu vierzig „Sen“, dem neunten Theil des Kostenpreises, verkauft. Smith's

Kaffee-Essenz kaufte ich zu einem hohen Preise und fand einen stückigen, bitteren Teig, den Ito als eine Abkochung von „Ninjin“-Blättern erkannte. Ich versuchte es auch zur Probe mit einer halb durchsichtigen Seife, bekam aber eine halbe Stunde nach dem Gebrauch einen scharlachähnlichen Ausschlag.

Leider muß man bekennen, daß die Japanesen sich durch Habgier zu den schamlosesten Betrügereien verleiten lassen. Die Hälfte der Waaren, die sie als fremde Speisen und Getränke verkaufen, sind aus schlechten und ungesunden Stoffen zusammengesetzt, die in Tokiyo und sonstwo bereitet und in Flaschen und Krüge gefüllt werden, worauf die Namen und Etikets sehr achtbarer Fabrikanten angebracht sind. Die Firma Crosse und Blackwell fügt ihren Anzeigen in den Zeitungen von Yokohama jedes Mal die Bemerkung hinzu, man möge die leeren Flaschen und Krüge vernichten, um ekelhafte und giftige Verfälschungen zu verhüten. Um sich aber bei ihrem betrügerischen Handel sicher zu stellen, besitzen jene gewissenlosen Schurken ihre Fabriken in Tokiyo, wo nicht nur die gefälschten Waaren sondern auch die zum Umsatze erforderlichen Etikets verfertigt werden. Häufig sind diese geschickten Betrügereien vom besten Erfolg, zuweilen wird jedoch der Käufer durch wunderliche Fehler auf den Betrug hingewiesen. So giebt es zum Beispiel ein Zahnpulver in englischen Büchsen, mit der Bezeichnung „Rose Dentifrice“ auf dem Deckel; auf dem aufgeklebten Etiket steht jedoch: „Rose Dentifrice, ein unübertreffliches Mittel gegen Zahnschmerz.“ Diese Fälschung ist insofern harmlos, als sie wahrscheinlich ebenso wirkungslos ist wie das Originalmittel.

Meine Pläne für die übrige Sommerzeit sind dadurch bestimmt worden, daß beinahe vor Ablauf eines Monats kein Dampfschiff nach Yezo führt. Die Reise zu Lande beträgt über 450 englische Meilen und ich kann über den Weg, den ich einzuschlagen denke, nichts erfahren, obgleich aber Ito allerlei von geräuschvollen Wirthshäusern, unwegsamen Straßen, schwierigem Transport und anderen Unbequemlichkeiten vorzubringen weiß, so zweifle ich dennoch nicht, daß ich, wenn nur meine Kräfte aushalten, alle Schwierigkeiten überwinden werde; ich kann mir auch nicht denken, daß sich der Sommer auf eine gesündere Weise verleben ließe, als eine Reise durch das nördliche Gebirge gewährt. Ito ist sowohl als Courier wie als Dolmetscher unschätzbar. Meine Erfahrungen benützend, habe ich mein Gepäck bis auf 65 Pfund vermindert; auch wußte ich mir ein vorzügliches Moskito-Netz zu verschaffen.

Mit mir nehme ich etwas Sago und zwei zinnerne Büchsen voll condensirter Milch; dies sind die sämmtlichen Nahrungsmittel, die ich bei meinem eiligen Besuch der Kaufläden erstanden habe; Frau Fyson hat jedoch eine Zinnbüchse voll Zwieback und Dr. Palm ein wenig Chokolade und Chinin hinzugefügt.

Ueber die japanischen Nahrungsmittel habe ich schon so viel und doch so wenig gesagt, daß ich mich gedrungen fühle, meine bisherigen vereinzelten Bemerkungen noch durch einige zusammenhangendere zu vervollständigen.

Die Reihe der japanischen Speise ist fast endlos, obgleich Reis, Hirse, Salzfisch und Rettig den Stamm der Nahrung für die ärmste Klasse ausmachen. Man ißt mehr als neunzig Arten von See- und Flußfischen, gekocht, gebraten und roh, von Bonito- und Walfisch-Schnitten abwärts bis zu einer kleinen Gattung Fische, wovon jeder gerade einen Bissen ausmacht, und die man zahlreich in den Wirthshausküchen, auf Bratspieße von Bambusrohr gesteckt, vorfindet. Bonito, Walfisch, scharf gesalzener und getrockneter Lachs, Seeschnecken, Kuttelfische und andere Arten werden roh verzehrt. Manche Fische werden in dem Oel des orientalischen Sesam gebacken, das einen höchst widerwärtigen Geruch hat. Aale und andere Leckerbissen werden mit Soy („Schoyu") aufgetragen; dies ist die beliebteste japanische Sauce, von dunkelbrauner Farbe, aus gegohrenem Waizen und Bohnen, nebst Salz und Weinessig bereitet, zuweilen auch mit einem geringen Zusatz von Reisbier, um den Wohlgeschmack zu erhöhen. Von Weichthieren werden dreizehn oder vierzehn Arten gegessen, Meerschnecken und Austern eingerechnet.

Kraniche und Störche sind Luxusartikel der Reichen, aber wilde Enten und Gänse, Fasanen, Schnepfen, Reiher, Auerhühner, Feldlerchen, Wachteln und Tauben werden von den Mittelklassen gegessen, und da, wo der Sintismus vorherrscht oder wo die buddhistische Lehre von der Heiligkeit des Lebens durch den Umgang oder den mittelbaren Einfluß der Fremden in Vergessenheit gerathen ist, werden auch Hühner und zahme Enten gegessen.

Unendlich mannigfaltig sind die Gemüse, mit wenigen Ausnahmen aber gänzlich geschmacklos. Von eßbaren Bohnen werden vierzehn verschiedene Arten gebauet, außerdem Erbsen, Buchwaizen, Mais, Kartoffeln, Kohlrüben, Möhren, Lattich, Endivien, Gurken, Schoten, Moschus- und Wassermelonen, Spinat, Lauch, Zwiebeln, Knoblauch, spanischer Pfeffer, Yams, süße Basiliensaamen, eine Art Schachtelhalm, gelbe Chrysanthemum-Blüten, die Wurzeln und Blätter der Lotuspflanze, Pfeilkraut, eßbares Aron und andere Arten. Außer den kultivirten Pflanzen ißt man auch Farrnkräuter, wilden Ingwer, Wasserpfeffer, Bambusschößlinge und verschiedene andere Wurzeln und Stengel. Die Eierpflanze wird außerordentlich kultivirt; ebenso die Zwiebel der gefleckten und der weißen Lilie. Die wichtigste Pflanzenspeise nenne ich zuletzt: das berühmte „Daikon" (ein Rettig), von welchem jeder Fremde und Reisende zu leiden hat. Es ist eine berühmte Pflanze und der Ehre werth, hat aber auch schon manchen braven Mann in die Flucht getrieben. Die Pflanze wird von den niederen Klassen überall gezogen und gebraucht, um den geschmacklosen Speisen einigen Reiz zu geben. Die Blätter, denen der Kohlrübe ähnlich, sind schön grün und beleben die Felder bei früher Winterszeit. Die Wurzel ist ganz weiß, ziemlich glatt und sieht wie ein mächtig großer, armdicker Rettig aus; die Länge beträgt ein bis zwei Fuß. Diese Wurzel wird getrocknet und dann in Salzbrühe und Reiskleie gelegt, wo sie drei Monate verbleibt; durch diese Pökelbrühe erhält sie aber einen ganz unleidlichen Geruch.

Pilze, getrocknet, gekocht und mit einer Sauce angerichtet, findet man unterwegs in jedem Theehause.

Obst wird, mit einer einzigen Ausnahme, roh, ohne Zucker und Gewürz genossen. Die feinste Frucht in Japan ist die Persimmone (Diospyros Kaki), eine große goldgelbe Frucht, die auf einem schönen Baume wächst. Es giebt davon viele Arten, doch ist die härtere Sorte wohl die beste; sie wird, nachdem sie geschält worden, in der Sonne getrocknet und erhält den Geschmack der Feige. Der Loquat, mit Zucker gedämpft, ist sehr wohlschmeckend; die großen Saamenkörner schmecken ähnlich wie die Pfirsichkerne. Weintrauben und Apfelsinen sind nur mittelmäßig; gelbe und rothe Himbeeren wachsen wild, haben aber weniger

Geschmack als die europäische Brombeere. Die übrigen Früchte, wie Pfirsich, Aprikosen und Melonen, sind sauer und geschmacklos.

Seegras ist eine allgemein verbreitete Speise und wird getrocknet in das ganze innere Land geführt. Ich habe fast keinen Kuli seine Mahlzeit halten sehen, ohne daß es nicht gekocht, gebraten, eingesalzen oder als Suppe dazu gehört hätte.

Eingemachtes wird ungeheuer viel verbraucht. Gurken und „Brinjal" oder Eierpflanzen werden in Soy oder Reisbierhefen eingemacht und sind, als Appetit erregend, sehr beliebt; noch andere Pflanzen werden mit Salz und Pfefferblättern eingemacht und zuerst des Morgens zum Thee genossen, angeblich gegen die Einwirkung der feuchten Luft.

Puddings, Torten, Sahnenspeisen oder Fladen oder irgend solche Speisen, zu denen Butter und Milch erforderlich sind, kommen bei den Japanesen nicht vor; auch spielen die süßen Gerichte keine große Rolle in der Kochkunst; dennoch habe ich nirgends so viele Kaufläden für Zuckerwerk und Zuckerbäckerei angetroffen wie hier, und sobald der Gast ein Wirthshaus der besseren Klasse betritt, wird ihm sogleich mit dem Thee ein Präsentirteller mit Zuckerwerk dargeboten; ebenso geschieht es da, wo man einen Morgenbesuch abstattet. Die feineren Arten Zuckerwerk kommen von Tokiyo und bestehen in schönen Blumen und Blättern, naturgetreu gestaltet und gefärbt. Ob die glänzend grünen und gelben Farben unschädlich sind oder nicht, vermag ich nicht zu entscheiden. Fast jeder Flecken hat seine Conditorei, meistens für die Kinder berechnet, worin Männer, Frauen, Kinder, Tempel, Trommeln, Hunde und allerhand andere Dinge aus grobem Zucker gefertigt sind. Das gewöhnliche Zuckerwerk wird, selbst in jedem Dorfe, zu Hause bereitet. Ito bepackt sich überall mit Zuckerwerk und es scheint ihm ebenso nothwendig zu sein wie der Tabak; er meint, wer sich des Reisbieres enthalte, begehre eifrig nach Zucker.

Zu verwundern ist es, wie man mittelst einer so geringen Menge Brennmaterials und so dürftiger Kochgeräthe so viel zu leisten vermag. Denke man sich zum Beispiel eine „Yadoya" mit vierzig Gästen, vom hohen Regierungsbeamten bis zum Kuruma-Läufer und Gepäckträger, so würde es nicht schwer sein,

ein Mittagsmahl für vierzig Personen herzustellen; es sind aber in der That vierzig Mittagsmahlzeiten erforderlich, das heißt: jede Person muß ihren besonderen lackirten Tisch und vier bis zwölf Näpfe oder Schüsseln mit Speisen erhalten. Obschon ich ihre Speisen verabscheue, so sehe ich niemals einen Kuli sein Mittagessen verzehren, ohne immer aufs neue die saubere und zierliche Weise, wie es aufgetragen wird, und die Zweckmäßigkeit und Schönheit des Tischgeschirres zu bewundern. Es ist ebenso anziehend, ihre Gewandtheit, Reinlichkeit und Sparsamkeit beim Kochen zu beobachten, und wie sie vermöge Geschicklichkeit und Uebung dahin gelangen, mit wenigen Unzen Holzkohle, die sie mittelst einer erbärmlichen kupfernen Zange handhaben, ein Mahl für eine Familie zu kochen. So schmutzig auch die Kleidung und selbst die Häuser der ärmeren Klassen sind, so fand ich bei der Bereitung und Darreichung der Speisen doch die äußerste Reinlichkeit, und gar oft verweilte ich lieber eine Stunde in der Küche als in meinem einsamen Zimmer.

Jedes Kochgeschirr ist von besonderer Schönheit und Zweckmäßigkeit und die Leute legen großen Werth auf die Sauberkeit und Alterthümlichkeit dieser Gegenstände. In vielen Wirthshausküchen findet man Artikel aus Bronze oder Eisen, die an Werth allen geschmacklosen Kram der Kurzwaaren-Läden in Yokohama aufwiegen, namentlich eiserne und bronzene Kessel von antiker und kunstreicher Arbeit, in der Zeichnung wenigstens so schön wie die Gegenstände in der kaiserlichen Schatzkammer zu Nara und sogar noch graziöser und zarter in Form und Ausführung als die Kochgeräthe aus dem pompejanischen Zimmer im Museum zu Neapel. Ich habe gerade zwei anmuthig gestaltete Kessel aus antiker Bronze vor Augen; geziert mit vier oder fünf kleinen Medaillons in „Niello“-Arbeit, deren jedes aus einem goldenen Kreis besteht, mit einer in Gold ausgelegten Iris, Chrysanthemum- oder Kirschenblüte in der Mitte. Natürlicher Weise ist das Holzkohlenfeuer ohne Rauch und der Kessel steht auf einem eisernen Dreifuß über den Kohlen, so daß er unversehrt bleibt.

In den größeren Küchen wird an einer Reihe kleiner Feuerstätten von zweckmäßiger Höhe gekocht, doch herrscht auch hier die gleiche Sparsamkeit wie bei dem „Irori“. Fische kocht man in Wasser und Soy und in einer Art von süßem Reisbier, welches „Mirinschu" heißt, und mit einem wenig Zucker versetzt ist. Werden sie gebacken, so wird gewöhnlich Salz darüber gestreuet; will man sie aber pikanter machen, so benetzt man sie von Zeit zu Zeit mit Soy und Mirinschu. Mit Ausnahme von Wachteln, Truthühnern und Fasanen, die am Spieß gebraten werden, schneidet man alles Geflügel zunächst in kleine Stücke und kocht sie dann in Wasser und Salz ab. Roher Fisch wird auf zweierlei Art servirt. Nach der ersteren Manier wird das Fleisch in kleine längliche Schnitte, nach der zweiten in sehr schmale Streifen zerlegt. Der Karpfen wird oft noch lebendig zerschnitten. Während ein Theil roh von den Gästen verzehrt wird, bewegt sich noch der übrige Theil des Körpers und man besprengt nicht selten noch das arme Geschöpf mit Wasser, damit es sich lebhafter bewege. Dieses Gericht gilt für eine Delikatesse und heißt „lebendig zubereiteter Koi."

Die gebräuchlichsten Suppen bei den Mittelklassen sind Bohnen-, Eier- und klare Suppen. Die letztere ist zweierlei Art: aus Wasser und Salz oder aus Wasser und Soy. Bei den niederen Klassen kommen verschiedene Arten vor, von denen die meisten wie gesalzenes schmutziges Wasser schmecken und geronnenen Bohnenbrei, Stücke getrockneten Fisches oder rohen Blackfisch enthalten. Eine Art Suppe ist eine schwarze Flüssigkeit mit getrockneten Schnecken, so hart wie Leder, und entspricht der biblischen Bezeichnung: „eine Brühe von scheußlichen Dingen." Eiersuppe wird gewöhnlich von den Fremden ziemlich schmackhaft gefunden. In den höheren Kreisen werden den Suppen apart gekochte Fische und Gemüse beigegeben. Zum Karpfen giebt man gewöhnlich nur Bohnensuppe.

Bei allen Gastmählern spielt „Sake" oder Reisbier eine wichtige Rolle. Es ist eine strohgelbe Flüssigkeit von fadem Geschmack und Geruch und enthält, je nach der Sorte, von 11 bis $17\frac{1}{2}$ Procent Weingeist. Häufig wird es warm vor der eigentlichen Mahlzeit getrunken.

Bevor das Mahl beginnt, wird jedem Gaste Fisch mit Sake auf einem Lack- oder Porzellanteller oder auf besonderen Platten vorgesetzt; dieses Gericht heißt „Sake no sakana" oder „Beigabe zum Sake" und gehört nicht zu den Gängen der Mahlzeiten, deren Zahl sich bei den wohlhabenderen Klassen gewöhnlich auf drei beläuft. Der in längliche Streifen oder „Saschimi" zerlegte rohe Fisch wird meistens zu diesem Zwecke verwandt, gelegentlich besteht auch die Beigabe zum Sake aus einer großen Schüssel mit zubereitetem Fisch, gekochten Wachteln und anderen, auf einander gehäuften Leckerbissen. Vor diesem Eingangsgericht wird Thee und Zuckerwerk herumgereicht, aber selten genossen.

Die gewöhnlichen Getränke sind nur Thee, heißes Wasser, Sake und das noch weniger schmackhafte „Strochiu", ein alkoholhaltiges Getränk, welches während der heißen Jahreszeit zu unbestimmten Zeiten genossen wird. Thee wird gewöhnlich bei den Mahlzeiten getrunken; man bereitet ihn, indem man das nicht völlig kochende Wasser durch die Blätter laufen läßt. „Usu-cha", aus gepulvertem Thee bereitet, sieht wie Erbsensuppe aus und ist bei der reicheren Klasse sehr beliebt. Es wird vor und nach der Mahlzeit servirt, nebst heißem Wasser, dem alten Nationalgetränk, das noch heute bei den Ainos zu jeder Speise getrunken wird.

Man ersieht aus diesem keineswegs erschöpfenden Bericht, daß die Küche der wohlhabenden Japanesen durchaus nicht zu verachten ist; ihre Gerichte sind jedoch für den Fremden so unschmackhaft, daß sich ein Engländer nur nach langer Gewöhnung ohne Widerstreben dazu entschließen kann, die japanische Kost zu genießen. Die Diät der ärmeren Klassen ist mager und wenig nährend, von widerwärtigem Aussehen und Geschmack, und die vielen Saucen und Zuthaten, wodurch man ihren Reiz erhöhet, sind den Verdauungswerkzeugen höchst nachtheilig. Sie benutzen Alles, was irgend zur Nahrung dienen kann, sogar aus dem Wasser, worin der Reis gekocht wurde, machen sie eine Gallerte. In den Städten sind die wesentlichsten Bestandtheile der Diät eines gewöhnlichen Japanesen Reis, Fisch und eingemachter „Daikon"; im inneren Lande Reis oder an dessen Stelle Hirse, Bohnen oder Erbsen und „Daikon": Ein Kuli verzehrt durchschnittlich des Tages zwei Pfund Reis. Von den Luxusspeisen, deren ich erwähnte, habe ich auf meiner nördlichen Tour keine gesehen — niemals Wildpret und sehr selten Geflügel und frischen Fisch; ein Reisender, der sich mit den Delikatessen der japanischen

Küche bekannt machen will, findet jedoch dazu Gelegenheit in allen „Yadoyas" der besseren Klasse zu Yedo, Kiyoto, Osaka, Otsu und in Yokohama selber.

XIX.

Abreise von Niigata. — Verfallener Buddhismus. — Kurokawa. — Das Centralgebirge. — Winterabende. — Bevölkerung. — Der Ritt auf einer Kuh. — Vorübergehende Entmuthigung. — Schwere Ladung.

Ichinono, den 12. Juli.

Zwei fremde Damen, begleitet von zwei blondhaarigen fremden Kindern, einem langhaarigen fremden Hund und einem fremden Herrn, welche ohne diese Gesellschaft unbemerkt geblieben wären, zogen einen großen aber freundlichen Volkshaufen herbei, als ich Niigata verließ und die Kanalseite erreichte. Dann entfernten sich die Eingeborenen mit ihren Kindern auf dem Rücken, die Fyson'sche Familie trat an den Rand des Kanals, um mir noch ein Mal Lebewohl zu sagen, der „Sampan" begann seine Fahrt auf dem breiten rauschenden Schinano-Flusse und mich überkam ein banges Gefühl der Verlassenheit. Wir überfuhren den Schinano, schifften in den schmalen, eingeengten Schinkawa, hatten einen verzweifelten Kampf gegen den angeschwollenen Aganokawa, wurden auf dem schmalen, farblosen Kajikawa durch ganze Reihen von ekelhaften Düngerböten gehindert, verwunderten uns über die unendlichen Melonen- und Gurkenfelder und das unruhige Leben auf dem Flusse und gelangten nach sechsstündiger mühevoller Fahrt nach Kisaki, nachdem wir genau zehn englische Meilen zurückgelegt hatten. Dann fuhren uns drei Kurumas mit trabenden Läufern zwanzig Meilen weit, um den niedrigen Lohn von $4\frac{1}{2}$ „Sen" für die Meile. An einer Stelle war der Weg durch eine Planke versperrt; als dem Vorsteher des Dorfes jedoch erklärt wurde, ich sei eine Fremde, gestattete er mir höflich den Durchgang. Die Straße war auf der ganzen Tagesreise ziemlich volkreich und die Dörfer, deren sich mehrere längs des

Weges ausbreiteten, erschienen sauber; einige Farmen waren durch Bambushecken von der Straße abgetrennt. Im Ganzen war es ein angenehmes Land und das Volk, obgleich wenig bekleidet, sah doch weder arm noch sehr schmutzig aus. Der Boden war nur leicht und sandig; die sandigen Hügel waren nur mit dünnen schottischen Fichten und Fichtensträuchern bedeckt; die dazwischen liegenden Ebenen jedoch, reich gedüngt und wie Gärten gepflegt, trugen eine Fülle von Gurken, die wie Erbsen gezogen waren, von Melonen, eßbarem Aron, süßen Kartoffeln, Mais, Thee, gefleckten Lilien, Bohnen und Zwiebeln. Ausgedehnte Obstgärten mit Aepfeln und Birnen, an acht Fuß hohen Spalieren gezogen, erschienen als etwas ganz Neues in der Landschaft.

Da wir uns jeden Tag dem bewaldeten Gebirge mehr näherten, so nahm der Reichthum der Vegetation ab, die Reissümpfe verminderten sich und die Luft wurde trockener und weniger abspannend. Als meine Läufer munter über einen Fichtenhügel trabten, begegnete mir Dr. Palm von einem seiner medicinisch-religiösen Ausflüge heimkehrend, in einem Planwagen, der von zwei hastig fortschreitenden, nackten Kulis gezogen wurde. Einige Wochen lang werde ich keinen Europäer mehr zu sehen bekommen. Von Tsuigi, einem netten Dorfe, wo wir die Kurumas wechselten, gelangten wir auf einem holprigen Pfade nach Nakajo, einer ansehnlichen Stadt, die noch eben innerhalb der Vertragsgrenzen liegt. Einige der dortigen japanischen Aerzte sind dem Dr. Palm hülfreich und er hegt von ihnen die Ueberzeugung, sie besäßen die seltenen Tugenden der Rechtschaffenheit und Aufrichtigkeit, bei ernstem Streben; sie haben einen Verein geschlossen, um eine Polyklinik anzulegen und wenden nach seiner Anweisung die antiseptische Behandlung mit gutem Erfolge an.

Obgleich Nakajo ein Sinto-Ort ist, so bemerkte ich doch im Verlauf des Tages Anzeichen von dem in Verfall gerathenen Buddhismus — gebrechliche Tempeldächer in grüner Umgebung, Kapellen mit Buddha-Figuren an der Straße, vor welchen zuweilen betende Männer knieten. Zu den anderen Merkwürdigkeiten gehörten kleine, in die Erde gesenkte und mit Strohdächern bedeckte Zuber, worin man Dünger aufbewahrte, und Wagen mit schweren hölzernen Rädern, die von Männern oder Frauen gezogen wurden.

Wir fuhren eilig durch Nakajo, denn die Kuruma-Läufer haben stets Eile, wenn es durch Städte und Dörfer geht; dann kamen wir in eine drei- oder vierreihige Föhren-Allee, die sich von Nakajo nach Kurokawa und noch einige Meilen weiter hinzieht, holperten durch ein dumpfiges Thal, wo Thee und Reis abwechselnd standen, überfuhren auf unsicheren Brücken zwei Arme des Kurokawa und rasselten dann in die Stadt gleichen Namens, die mit Flaggen und Laternen geschmückt war. Das Volk war um einen Schrein versammelt; man rührte die Trommeln und einige bemalte und ausgeputzte Mädchen zeigten ihre Tänze und Stellungen auf einer erhöheten Plattform, zu Ehren des Gottes der Stadt, dessen Festtag gerade begangen wurde. Weiter fuhren wir, unbarmherzig geschüttelt, in der Dämmerung unter den Föhren hin, bis wir ein einsames Haus erreichten, dessen Besitzer einige Schwierigkeiten machte, uns aufzunehmen, da ihm die Bewirthung von Gästen erst vom nächsten Tage gestattet war. Endlich gab er unserem Begehren nach und räumte mir ein Zimmer im oberen Geschoß ein, genau fünf Fuß hoch, so daß ich mich, mit dem Hute bedeckt, kaum darin aufrichten konnte. Dieses Gemach machte er noch erstickend, indem er die Amodo schloß, aus dem gewöhnlich angeführten Grunde, daß er, wenn er sie offen ließe und dann beraubt würde, er sich nicht nur einer strengen Polizeistrafe aussetzte, sondern auch Hindernisse fände, sein Gut wieder zu erlangen. Da kein Reis vorhanden war, so begnügte ich mich mit einem Gericht köstlicher Gurken. Nirgends sah ich so viele verzehren als in dieser Gegend; die Kinder nagen sie den ganzen Tag und selbst die kleinsten auf dem Rücken der Mutter saugen mit Begierde daran. Man verkauft jetzt das Dutzend zu einem „Sen“.

Es ist nicht rathsam, nach Eintritt der Dunkelheit in einem Wirthshaus abzusteigen. Selbst wenn die besseren Zimmer nicht besetzt sind, so vergeht doch völlig eine Stunde, bevor man zu essen bekommt und das Gemach eingerichtet ist; inzwischen kann man, der Moskitos wegen, die Zeit nicht nützlich verwenden. Während der ganzen Nacht fiel ein starker Regen, begleitet von dem ersten Winde, den ich seit meiner Landung hörte, und von dem Knarren der Tannen und dem Trommellärm, der von dem Schrein her erscholl, so daß ich froh war, in der Frühe aufstehen zu können.

An diesem Tage reisten wir in Kurumas über Sekki nach Kawaguchi, das heißt: wir holperten zuweilen über Steine; manchmal wurden wir am Rande eines Sumpfes abgesetzt und stiegen lieber aus; mitunter waren wir gezwungen, meilenweit auf dem schändlichen Reitwege zu gehen, der über den Arai-Fluß führt, worauf zwei Männer nur mühsam einen Wagen fortziehen oder schieben können. Da sie denselben sogar aufheben und eine Strecke weit tragen mußten, so war es mir sehr lieb, als sie bei unserer Ankunft im Dorfe erklärten, nicht weiter fortzukommen; wir konnten jedoch nur ein Pferd erhalten und ich mußte die letzte Station unter strömendem Regen zu Fuß zurücklegen, nur durch meinen papiernen Regenmantel geschützt.

Wir befinden uns jetzt in der Mitte der großen Centralkette des japanischen Gebirges, welches sich beinahe ohne Unterbrechung 900 englische Meilen weit erstreckt, zwischen 40 bis 100 Meilen breit ist, und sich in unendliche Züge theilt, die sich nur auf steilen, 1000 bis 5000 Fuß hohen Pässen übersteigen lassen. Die Flüsse, Schluchten und Thäler sind nicht zu zählen; die Höhen und Schluchten sind reich bewaldet, die Flüsse ungestüm und zu Ueberflutungen geneigt, die Thäler ohne Unterschied von Reis-Terrassen umgeben. Die Dörfer befinden sich in den Thälern, durch schlechte Straßen von dem übrigen Lande getrennt, und ich habe niemals eine so verlassene Gegend angetroffen. Die Häuser sind ärmlich; die Sommerkleidung der Männer besteht nur in dem „Maro“, die der Frauen in einem offenen Hemde und Beinkleidern. Der Verkehr ist gering und man hält nur etwa drei Pferde, um die Lebensmittel für das große Dorf anzuschaffen. Die Läden enthalten nur die nothwendigsten Lebensbedürfnisse. Die Grundlage der Diät bilden Reis, Hirse und Buchwaizen, nebst dem allgemeinen „Daikon“. Das Klima ist im Sommer heiß, im Winter bitter kalt; sogar jetzt ist es so unbehaglich, daß die durchnäßten Leute hereinkommen, um sich die Fingerspitzen am Flurfeuer zu wärmen, während welcher Zeit sie fast in beißendem Rauch ersticken; der naßkalte Wind dringt durch die zerrissenen Papierscheiben und die Zugluft fegt die Asche über die Matten, bis endlich das Haus zur Nacht luftdicht verschlossen wird.

Von dem, was wir als Bequemlichkeit ansehen, lernen diese Leute nichts kennen. Wenn in dem langen Winter die elenden Pfade durch Schnee versperrt sind, der eisige Wind heftig wehet, und die Familien beim trüben Lampenschimmer um das rauchige Feuer hocken, ohne Arbeit, Bücher oder Spiel die langen Abende fröstelnd und schauernd verdämmern und des Nachts, um sich zu erwärmen, wie die Thiere zusammenkriechen, — dann muß ihre Lage so elend sein, wie sie nur die drückendste Armuth machen kann. Die stumpfen und theilnahmlosen Gesichter in dieser Gegend machen einen peinlichen Eindruck auf mich und der stiere Blick der Frauen ist hier auffallender als sonst. Schulen giebt es in diesen Gebirgsdörfern nicht und ärztliche Hülfe, wenn nicht nach der alten chinesischen Schule, ist schwer zu bekommen. Die Lebensbedürfnisse werden theurer, die Regierungsmaschine in Tokiyo kostet viel, um geschmiert zu werden, der Steuer-Einnehmer kommt gleich nach der Ernte und das Volk lernt wohl die Kosten aber nicht den Segen des Fortschrittes kennen. Zum Glück aber hat diese Schilderung auch eine andere Seite. Die alte Unterdrückung hat ihr Ende erreicht. Die Regierung ist bemüht, die Last der Abgaben zu lindern und ihren Druck gleichmäßiger zu vertheilen; die Häupter der Familien sind bäuerliche Besitzer; es giebt keine Kasteneintheilung; die Rechte des Eigenthums sind gesichert und keine Reihe von Palästen verhöhnt durch Pracht und Luxus die niedrigen Häuser und die dürftige Speisung des Landmannes.

An dem Abend, als ich in den Flecken Numa kam, erlebte ich die schlimmsten Unfälle. Durch die abschüssigen Straßen floß ein angeschwollener Strom und vertrieb die Leute aus ihren Häusern. Ich war durchnäßt und ermüdet und die Frau in der einzigen elenden Yodoga kam mir mit den Worten entgegen: „Es thuet mir leid, aber hier ist es sehr schmutzig und nicht auf einen so ehrenvollen Besuch eingerichtet“; und sie hatte Recht, denn zu dem einzigen Zimmer mußte man auf einer Leiter hinaufsteigen, die Fenster waren zerrissen und der Herd auf dem Flur ohne Kohlen; Eier waren nicht vorhanden und der Reis war so schmutzig und voll schwarzer Samenkörner, daß er sich nicht genießen ließ. Das Schlimmste war, daß es kein Transport-Amt gab; ein Pferd war im Dorfe nicht zu finden und erst am nächsten Tage konnte ich nach vielem Handeln eines bekommen, nachdem ich fünf Meilen weit zu einem Farmer geschickt hatte.

Wenn man in Japan die Bevölkerung nach der gegebenen Anzahl Häuser schätzen will, so pflegt man die Häuserzahl mit fünf zu multipliciren; als ich jedoch durch Numa spazierte und mir von Ito die Tafeln übersetzen ließ, die an allen japanischen Häusern hangen und die Namen, die Zahl und die Geschlechter der Bewohner angeben, so fanden sich 307 Menschen in vier und zwanzig Häusern. In einigen wohnten vier Familien, die Großeltern, die Eltern, der älteste Sohn mit Frau und Familie, und eine oder mehrere Töchter nebst ihren Männern und Kindern. Der älteste Sohn, der das Haus und das Gut erbt, bringt stets seine Frau in das elterliche Haus, wo sie fast nur eine Sklavin der Schwiegermutter ist. Nach strenger Sitte muß sie ihre eigene Verwandtschaft aufgeben und ihre töchterlichen Pflichten der Mutter ihres Gatten zuwenden, welche ihr oft abgeneigt ist und den Sohn zur Scheidung anreizt, falls sie keine Kinder bekommt. Meine Wirthin hatte ihren Sohn bewogen, sich von seinem Weibe zu trennen und konnte keinen anderen Grund anführen, als daß jene faul sei.

Die Leute in Numa hatten, wie mir die Frau sagte, noch niemals einen Fremden gesehen und so waren sie schon in der Frühe auf den Beinen, obgleich es noch immer stark regnete. Sie wollten mich sprechen hören und ich ertheilte demnach Ito meine Befehle öffentlich. Der Tag war sehr mühevoll und wurde damit zugebracht, die großen Pässe Futai, Takanasi und Yenoiki hinaufzustolpern und wieder hinabzugleiten; alle sind waldige Berge, tief zerklüftet durch belaubte Schluchten; zuweilen wird das eintönige Meer von Grün durch einen der Schneegipfel des Aidzu unterbrochen. Die Schuhschnüre der Pferde wurden alle zwanzig Minuten gelöst oder wieder verknüpft und wir legten eine Meile binnen einer Stunde zurück. Zuletzt wurden wir an einem sehr wenig verheißenden Orte des Fleckens Tamagawa abgesetzt und erfuhren, daß ein Reishändler, nachdem er drei Tage lang gewartet, sämmtliche Pferde im Lande in Beschlag genommen hätte. Nach zweistündigem Geschwätz verschaffte man uns einen Gepäck-Kuli, einige Sachen wurden auf die Reispferde gepackt, und für mich brachte man ein gesatteltes Reitthier in Gestalt einer dicken, hübschen kleinen Kuh, die mich glücklich über den herrlichen Paß von Ori und hinunter in die Stadt Okimi brachte, wo ich zwischen Reisfeldern unter strömendem Regen mit einer Anzahl Kulis bei einem Feuer wartete, bis eine andere Saumkuh herbeigeschafft war und von wo wir dann durch die Reisfelder weiter, aufwärts wieder nach Kurosawa zogen, wo ich zu rasten beschlossen hatte. Es war jedoch kein Wirthshaus vorhanden und die Farm, wo Reisende aufgenommen wurden, abgesehen davon, daß sie am Rande eines ungesunden Sumpfes lag und mit stinkendem Rauch angefüllt war, schien so schmutzig und voll Ungeziefer zu sein, daß ich, obgleich erschöpft, weiter reisen mußte. Es wurde jedoch dunkel, kein Transport-Amt war vorhanden und zum ersten Male zeigten sich die Leute ein wenig ungehalten und brachten Ito beinahe aus der Fassung. Die Bauern gehen nicht gern aus, wenn es dunkel geworden ist, denn sie fürchten sich vor Geistern und allerhand Teufeleien, so daß es schwierig war, sie am späten Abend von der Stelle zu bringen.

Da kein Haus sauber genug war, um darin zu rasten, so setzte ich mich auf einen Stein und betrachtete eine Stunde lang die Leute. Kinder mit Grindköpfen und kranken Augen liefen schaarenweise umher. Jede Frau trug ein kleines Kind auf ihrem Rücken und jedes Kind keuchte ebenfalls unter einem anderen. Die Frauen hatten keine andere Kleidung als eine baumwollene Hose. Ein Weib taumelte betrunken umher. Ito saß auf einem Steine und barg sein Gesicht in seine Hände. Als ich ihn fragte, ob er unwohl wäre, antwortete er: „Ich weiß es nicht, aber ich schäme mich, daß Sie solche Dinge zu sehen bekommen.“ Ich fragte ihn, ob die Frauen oft betrunken wären, worauf er erwiderte, dies geschähe wohl in Yokohama, aber sie hielten sich alsdann zu Hause. Wenn ihre Männer ihnen Geld geben, um die Rechnungen am Ende des Monats zu bezahlen, erzählte er, so verwenden sie es häufig in Sake, und zuweilen kaufen sie Sake in den Läden ein und lassen Reis oder Thee auf die Rechnung setzen. Indem ich die schmutzige

Rohheit betrachtete, fragte ich mich, ob dies die Japanesen seien, von denen ich gelesen hatte. Als ich aber einer Frau 2 oder 3 „Sen" geben wollte, wie man gewöhnlich für eine Rast bezahlt, weigerte sie sich, das Geld zu nehmen, und meinte, ich hätte keinen Thee sondern nur heißes Wasser bekommen, und nachdem ich ihr das Geld aufgezwungen hatte, gab sie es an Ito zurück. Dieser versöhnliche Zwischenfall ließ mich getröstet weiter reisen.

Die Entfernung von Numa bis hierher beträgt nur 1½ „Ren", der Weg geht jedoch über den steilen Honoki-Paß, zu dem Hunderte von rohen steinernen Stufen hinaufführen und ebenso viele abwärts, die in der Dunkelheit sehr unbequem sind. Auf diesem Paß sah ich zum ersten Male Birken; am Fuße desselben kamen wir über eine gute Brücke und erreichten bald das Dorf Yamagata, wo keine andere Ruhestätte zu finden war als ein Farmhaus, dessen Aeußeres nicht viel versprach. Fast alle Zimmer waren von Seidenraupen eingenommen; die noch übrigen zwei sind jedoch hübsch und haben eine Aussicht auf einen See und Felsen in Miniatur. Der einzige Uebelstand ist der, daß der Durchgang zu meinem Gemach durch ein anderes führt, welches fünf Tabakshändler eingenommen haben. Diese warten auf Weiterbeförderung und verkürzen sich die Zeit, indem sie auf dem unangenehmen „Samisen" klimpern. Wenn ich an meinen Rückgratschmerzen leide, ist Ito stets in großer Besorgniß, daß ich sterben könnte; diese Theilnahme giebt er jedoch durch mürrisches und unangenehmes Betragen zu erkennen. Er ist der Meinung, wir würden nimmermehr durch das innere Land kommen. Brunton's vortreffliche Karte läßt uns hier in Stich und wir richten uns nur nach den vermuthlichen Wegen, welche nach der bekannten Stadt Yamagata führen. Wir verbringen den halben Abend, indem wir japanische Landkarten zu Rathe ziehen, wenn wir solche bekommen können, oder den Wirth, den Transport-Agenten oder irgend einen Reisenden befragen; die Leute wissen jedoch wenig weiter als auf einige „Re" Bescheid und die Agenten geben gewöhnlich nur eine Auskunft bis zur nächsten Station. Wenn ich nach den „unbetretenen Pfaden" frage, die ich einzuschlagen beabsichtige, so lautet die Antwort stets: „Das ist ein schrecklicher Weg durch Gebirge", oder „Da muß man über viele schlimme Flüsse hinüber", oder: „Da trifft man nur Bauernhäuser an, um rasten zu können." Niemals erhält man ermuthigenden Bescheid, aber wir werden dennoch weiter reisen.

Es werden hier nur wenige Pferde gehalten. Die meisten Waaren werden durch Kulis und Kühe fortgeschafft und die Frauen sowohl wie die Männer tragen schwere Lasten. Ein Gepäck-Kuli trägt über 50 Pfund; die hiesigen Kaufleute aber, die ihre eigenen Waaren von Jamagata holen, tragen 90 bis 140 Pfund und noch mehr. Es ist betrübend, diesen armen Leuten zu begegnen, wenn sie, sichtlich erschöpft, über die Gebirgspfade keuchen. Gestern Abend rasteten fünf solcher Männer auf dem Gipfel eines jähen Felsenabhanges. Ihre Augen blickten starr, alle ihre übermäßig angestrengten Muskeln zitterten, von ihren entblößten Körpertheilen rann das Blut aus den Stichen der Insekten, die sie nicht abwehren können und wurde nur hin und wieder durch den reichlichen Schweiß abgewaschen. Buchstäblich im Schweiße ihres Angesichts aßen sie ihr Brot und erwarben den Unterhalt für ihre Familien. So viel sie aber auch leiden und so schwer sie arbeiten, so sind sie doch unabhängig. Die Frauen trugen 70 Pfund. Diese Lastträger bedecken ihren Rücken mit einer dicken Strohschütte; auf diese wird eine Leiter gelegt, deren Holme an den unteren Enden wie Schlittenläufe gekrümmt sind und hierauf wird die Ladung gleichmäßig gepackt, so daß sie vom Kreuz bis über den Kopf hinausragt. Die Last wird mit wasserdichtem Papier bedeckt, sicher verschnüt, mit Stroh überdacht und durch einen breiten Riemen unter dem Halse festgehalten. Da der Mann in ganz gekrümmter, peinlicher Haltung gehen muß, so ist er oft genöthigt, auszuruhen, und wenn er nicht eine passende Erhöhung findet, so setzt er die Last auf einem kurzen starken Pfahl ab, den er bei sich führt und der am oberen Ende eine hakenförmige Verlängerung hat. Das Tragen schwerer Lasten gehört zu den Charakterzügen dieser Gegend; leider gehören dazu auch die rothen stechenden Ameisen und die kleinen Wespen, welche die Kulis belästigen.

Am gestrigen Tagen wurden 18 englische Meilen in zwölf Stunden zurückgelegt! Ichinono ist ein niedlicher gewerbthätiger Flecken, wo vorzugsweise Seidenbau getrieben wird und die weißen und schwefelgelben Cocons überall in der Sonne zum Trocknen ausliegen.

XX.

Gemüthliche Küche. — Die Ebene von Yonezawa. — Die Urtheilssprüche des Höllengottes. — Ankunft in Komatsu. — Der Seidenbau. — Böse Pferde. — Ein asiatisches Arkadien. — Ein modischer Badeort. — Eine Schöne. — Der Gott des Reichthums.

Kaminoyama.

Eine beschwerliche Tagesreise über Gebirge brachte uns in ein anderes Reich. Früh am Morgen verließen wir Ichinono mit drei bepackten Kühen, auf deren einer ich ritt, — artige Thiere mit kleinen Nasen, kurzen Hörnern und starken Bäuchen. Ich hoffte, frische Milch zu bekommen, die Leute lachten aber bei dem Gedanken, daß eine Kuh anders als durch ihr Kalb gemelkt werden könnte, und Ito erzählte mir, sie hielten es für ganz abscheulich und die Japanesen überhaupt fänden es höchst widerwärtig, wenn die Fremden einen Stoff von so starkem Geruch und Geschmack in ihren Thee mischten. Alle Kühe hatten baumwollene, mit blauen Drachen bedruckte Tücher über den Leib hangen, um sie vor Schmutz und Insekten zu behüten; sie trugen auch Strohschuhe und durch den Nasenknorpel war ein Tau gezogen. Da es schönes Wetter war, so befand sich viel Reis und Reisbier unterwegs und wir begegneten Hunderten von bepackten Kühen, in Reihen von je vieren.

Wir kamen durch Sakurotoge, das eine schöne Aussicht gewährt, erhielten Pferde in dem Gebirgsdorfe Schirakasawa, durchschritten noch einige Pässe und erreichten am Nachmittage das Dorf Tenoko. Dort saß ich, wie gewöhnlich, unter der Veranda des Transport-Amtes und wartete auf das einzige Pferd, das zu Diensten stand. Es war ein großer Laden, der aber nicht ein einziges europäisches Fabrikat enthielt. In dem einen Gemach saß eine Gruppe von Weibern und Kindern um das Feuer, und der Agent saß, mit seinen Comptoirbüchern beschäftigt, an einem fußhohen Tische, worauf sein Enkelkind auf einem Kissen lag. Ito verzehrte hier sieben abscheuliche Gerichte zu seinem Mittagsmahl und mir brachte man Sake, Thee, Reis und schwarze Bohnen; letztere schmeckten sehr gut. Wir unterhielten uns über das Land, und der Mann ersuchte mich, seinen Namen mit englischen Buchstaben zu schreiben und den meinigen in ein Buch einzutragen. Unterdessen versammelte sich ein Volkshaufen, von dem die erste Reihe sich auf den Boden setzte, damit die anderen über ihre Köpfe sehen könnten. Sie waren schmutzig und dicht an einander gedrängt und als die Frauen merkten, daß ich von der Hitze belästigt wurde, holten sie ihre Fächer und wedelten mir eine Stunde lang Kühlung zu. Als ich nach meiner Schuld fragte, wollten sie nichts annehmen. Sie hätten noch niemals einen Fremden gesehen, erklärten sie, und würden verächtlich handeln, wenn sie etwas von mir nehmen wollten; dafür hätten sie meinen schätzbaren Namen in ihrem Buche stehen. Sie schenkten mir sogar noch ein Päckchen Zuckerwerk und der Mann bestand darauf, daß ich einen Fächer, worauf er seinen Namen geschrieben hatte, annehmen mußte. Es that mir leid, daß ich ihnen nichts weiter als einige englische Stecknadeln geben konnte; sie hatten solche aber niemals zuvor gesehen und ließen sie bald unter der Menge herumgehen. Beim Abschiede erklärte ich ihnen in aufrichtiger Rührung, ich würde ihrer Güte so lange gedenken, wie ich mich an Japan erinnern würde.

Der hohe Utsu-Paß, an welchem auf- und abwärts eine Anzahl steinerner Platten führen, ist der letzte in diesen dicht gedrängten Bergreihen. Von seinem sonnigen Gipfel blickte ich freudig hernieder auf die herrliche Ebene von Yonezawa, die etwa 30 englische Meilen lang und 10 bis 18 breit ist — einer der Gärten Japans, bewaldet und bewässert, bedeckt mit blühenden Städten und Dörfern, umgeben von prächtigen Bergen, die nicht alle belaubt sind, und am südlichen Ende von Gebirgsketten begrenzt, deren Gipfel noch jetzt, in der Mitte des Juli, mit Schnee bedeckt sind.

In der langen Straße des Dorfes Matsuhara kam zu meiner Verwunderung ein Mann auf mich zu, und redete mich an, und als Ito sich näherte, wendete er sich auch an diesen mit eifrigen Worten. Es erwies sich, daß er mich für einen Aino hielt, für einen unterjochten Urbewohner von Yezo. Früher bin ich für eine Chinesin gehalten worden!

In der Provinz Echigo sah ich zu wiederholten Malen mitten in einem ruhigen Strome vier Bambusstäbe, an welchen ein Stück baumwollenen Tuches mit seinen vier Zipfeln aufgehängt

Die fließende Anbetung.

war. Dahinter befindet sich gewöhnlich eine lange schmale Tafel, ähnlich wie auf den Kirchhöfen, mit Schriftzeichen beschrieben. Zuweilen steckt in dem oberen Ende jeder der vier hohlen Bambusröhren ein Blumenstrauß und meistens ist das Tuch selber mit einer Aufschrift versehen, stets aber liegt ein hölzernes Schöpfgefäß darin. Als ich von Tenoko herunter ritt, kam ich an einem solchen Tuche vorüber, das dicht an der Straße hing, und ein buddhistischer Priester war gerade beschäftigt, mittelst des Schöpfgefäßes Wasser in das Tuch zu gießen und es langsam hindurchfließen zu lassen. Als er nachher denselben Weg einschlug wie wir, so schlossen wir uns ihm an und er erklärte uns die Bedeutung.

Danach enthält die Tafel den „Kaimijo" oder den Namen, den eine verstorbene Frau nach ihrem Tode erhalten hat. Die Blumen rühren von der Hand eines Verwandten, so wie man sie auch auf Grabhügeln findet. Wenn Schriftzeichen auf dem Tuche stehen, so drücken sie das bekannte Gebet der Nichiren-Sekte aus. Ebenfalls ein Gebet bedeutet es, wenn man Wasser in das Tuch gießt, wobei auch zuweilen noch ein Rosenkranz gebetet wird. Das Ganze heißt „die fließende Anbetung", und hat die rührende Bedeutung, daß ein Weib in der ersten Freude der Mutterschaft hinweggenommen wurde, um — dem Volksglauben gemäß — eine Sünde, die sie in einem früheren Dasein begangen hat, in dem Blutsee, einem der buddhistischen Höllenörter, abzubüßen. Zu gleicher Zeit wird jeder Vorübergehende aufgerufen, die Strafe der leidenden Frau abzukürzen, denn in jenem See muß sie so lange bleiben, bis das Tuch so abgenützt ist, daß das Wasser sogleich hindurch läuft.

Selten kam ich an einer fließenden Anbetung vorüber, ohne einen Wanderer zu sehen, der den Zuber füllte und leerte, und selbst Ito, so ungläubig er auch ist, thuet desgleichen. Um die Erlösung der gequälten Seele zu bewirken, ist es erforderlich, daß das Tuch in einem Tempel gekauft werde. Damit schloß die Auskunft, welche mir der Priester ertheilte; Ito aber sagt mir, daß reiche Leute ein Tuch kaufen können, das in der Mitte künstlich abgeschabt ist, so daß es das Wasser schon in wenigen Tagen durchläßt, während der Arme sich mit einem dicht gewobenen Tuche begnügen muß, durch welches das Wasser sehr langsam hindurchsickert. Es giebt noch viele ähnliche Beispiele von schmutzigem Priestertrug, so viele, daß ein allgemeines japanisches Sprüchwort lautet: „Die Urtheilssprüche des Höllengottes hangen vom Gelde ab." Andere Uebereinstimmungen mit den Geldspenden für Messelesen, wie es in der römischen Kirche gebräuchlich ist, kommen in verschiedener Form auch im Buddhismus vor. So besuchen in dem ersten und dem siebenten Monate viele Leute die Tempel, worin die Götzenbilder Yemma's, des Herrn der Hölle, verehrt werden, in der Absicht, die Qualen zu erleichtern, welche die Seelen ihrer Freunde im Fegefeuer zu erdulden haben und setzen voraus, Yemma verzeichne in seinem Buche die Missethaten je nach dem Verhältnisse der Geldsummen, welche den Priestern bezahlt werden.

Wo das Gebirge sich zu der Ebene von Yonezawa hinabsenkt, treten verschiedene Hügel auf, so daß man stufenweise von den Gebirgsabhängen in das flache Land gelangen kann. Der Boden dieses Ueberganges ist trocken und mit Kies bedeckt; man erblickt Gruppen von Tannen, und das Aeußere der Häuser zeugt von vermehrter Reinlichkeit und Behaglichkeit. Auf einem Pfade von sechs englischen Meilen kamen wir von Tenoko nach Komatsu, einer schön gelegenen Stadt von 3000 Einwohnern, mit ausgebreitetem Handel in Baumwollen-Waaren, Silber und Reisbier.

Als ich in Komatsu eintrat, wendete sich der erste Mann, dem ich begegnete, hastig um und rief in das nächste Haus die Worte: „Kommet schnell herbei! hier ist ein Fremder.“ Drei Zimmerleute, die bei der Arbeit waren, ließen ihr Werkzeug fallen und eilten, ohne erst ihre Röcke anzuziehen, die Straße hinab, um die Neuigkeit auszurufen, so daß ich, von einer Menge umringt, das Wirthshaus erreichte. Die Vorderseite der Yadoya sah nicht gerade einladend aus; als ich jedoch den Strom, der das Haus durchfloß, auf einer steinernen Brücke überschritten hatte, fand ich ein Hinterzimmer, 40 Fuß lang und 15 hoch, mit der offenen Seite nach dem Garten hinaus gelegen, worin sich ein großer Goldfischteich, eine Pagode, Zwergbäume und die gewöhnlichen Miniatur-Verzierungen vorfanden. Vermittelst einer Tapetenwand aus blauem, goldgesprenkeltem Papier wurde diese Galerie in zwei Räume verwandelt; eine Abgeschlossenheit war jedoch nicht möglich, denn die Menge kletterte auf die Dächer der Hintergebäude und verweilte dort geduldig bis zum Abend.

Es waren „Daimiyo's“-Gemächer. Die Pfosten und das Täfelwerk bestanden aus Ebenholz und Gold, die Matten waren sehr fein, die polirten Alkoven mit zierlich inkrustirten Schreibtischen und Waffenschränken geschmückt; in der Veranda hingen neun Fuß lange Speere, mit Handgriffen versehen, die lackirt und mit Muschelwerk ausgelegt waren; die Waschschüssel war aus fein inkrustirtem schwarzen Lackstoff und die Reisschüsseln und die Deckel mit Gold lackirt.

In dieser Yadoya und in vielen anderen befanden sich „Kakemonos“ oder Gedenktafeln mit chinesischen Inschriften, enthaltend die Namen der obersten Minister, Provinzial-Statthalter oder ausgezeichneter Generäle, welche das Haus mit ihrem Besuch beehrt hatten; auch poetische Zeilen und Verse hingen an den Wänden. Mehrmals wurde ich aufgefordert, etwas niederzuschreiben, um mich in gleicher Weise zu verherrlichen. Den Sonntag verlebte ich in Kumatsu, doch wurde meine Nachtruhe durch das Gequäke der Frösche im Teiche gestört. Man trifft hier, wie in vielen Städten, Läden an, wo nur weiße Schaumkuchen verkauft werden, womit man die beliebten Goldfische füttert. Drei Mal des Tages kamen die Frauen und Kinder des Hausstandes in den Garten, um ihnen Futter zu geben.

Die Fragen über die Verhältnisse in meiner Heimat, welche überall die Frauen durch Ito an mich richteten, verletzten zu meinem Erstaunen vielfach unsere Begriffe von Anstand und Schicklichkeit; es würde jedoch ungerecht sein, wollte man aus dergleichen Reden oder aus ihren Gewohnheiten, die von den unsrigen abweichen, einen ungünstigen Schluß auf ihre Sittlichkeit machen. Meinem Ermessen nach sind die verheiratheten Frauen tugendhaft und treu, die Männer aber gerade das Gegentheil, und die Kinder, die von Jugend auf die lockere Unterhaltung der Eltern anhören, wachsen ohne jene Reinheit und Unschuld auf, wodurch der Häuslichkeit der größte Reiz verliehen wird.

Seide ist überall; Seide nimmt die besten Zimmer des Hauses ein; um die Seide dreht sich jede Unterhaltung; die ganze Gegend scheint von Seide zu leben. In vielen Dörfern muß man sehr behutsam gehen, um nicht die Cocons zu zertreten, die auf Matten ausgelegt sind und so appetitlich wie Mandelconfekt aussehen. Der Wirth führte mich in eine Seidenfarm, deren Besitzer die Eier aufzieht und die feine Seide abspinnt. Eier werden jährlich zum Belauf von drei Millionen Dollars aus Japan ausgeführt. Die für die Eier bestimmten Cocons werden in schmalen geflochtenen Mulden aufgereihet; nach Verlauf von zwölf oder vierzehn Tagen verwandelt sich die Puppe in eine kleine weiße Motte von gewöhnlichem Aussehen. 100 bis 130 Motten werden alsdann auf einen Kartenbogen gesetzt, welcher binnen zwölf Stunden mit Eiern bedeckt und dann an einer Schnur bis zum Herbst aufgehangen bleibt. Darauf werden die Karten in Kasten gepackt und die Eier im nächsten Frühjahr ausgebrütet. Die besten Karten aus dieser Gegend bringen das Stück 3½ „Yen" ein. Hier beginnt die Seidenzeit am Anfange des April, wo die Karten aufgehängt werden. Nach etwa zwei und zwanzig Tagen kommen die Raupen zum Vorschein. Die Frauen pflegen sie sorgfältig, indem sie die Karten in ein Korbgeflecht auf Papier legen und jeden dritten Tag mit einer Feder abkehren, bis alle Raupen ausgebrütet sind. Die Maulbeerblätter, womit man sie füttert, werden fein gehackt und verlesen, und, nachdem die Rippen ausgesondert worden, mit Hirsekleie vermengt. Die vom Papier genommenen Raupen werden in saubere Körbe auf eine Lage Matten gelegt. Sie verleben vier Schlafzeiten, deren erste am zehnten Tage, nachdem sie ausgebrütet worden, eintritt. Zwischen den folgenden Schlafzeiten liegt immer eine Zwischenzeit von je sechs bis sieben Tagen. Während dieser Zeit treffen die Wärter die sorgfältigsten Vorkehrungen. Das Futter wird gewöhnlich fünf Mal des Tages gereicht, bei heißem Wetter aber acht Mal und in dem Maaße wie die Würmer wachsen, wird auch ihre Nahrung derber, bis sie nach dem vierten Schlaf die ganzen Blätter erhalten können. Die Menge wird sehr genau abgemessen, da die Würmer weder zu kärglich noch zu reichlich genährt werden dürfen. Erforderlich ist eine große Reinlichkeit und eine gleichmäßige Temperatur, wenn nicht Krankheit eintreten soll; auch werden sie bei Tag und Nacht unaufhörlich bewacht, so daß die Frauen während dieser Zeit wenig Anderes thuen können. Nach dem vierten Schlafe hören die Raupen bald zu fressen auf, und sobald man bemerkt, daß sie einen Platz suchen, um sich einzuspinnen, so werden die besten ausgesucht und auf ein Strohgestell gelegt, worauf sie ihre Cocons innerhalb dreier Tage spinnen. Die zur Seidenbereitung bestimmten Cocons werden drei Tage lang im Sonnenschein ausgelegt, wodurch die Chrysalide getödtet wird.

Fast vor jedem Hause, an welchem ich vorüberging, waren

die Frauen mit Seidespinnen beschäftigt. Bei diesem Verfahren werden die Cocons in ein kupfernes Becken mit heißem Wasser gelegt, an dessen Rand sich ein Ring aus Pferdehaar oder sehr feinem Draht befindet. Zu der feinsten Seide werden die Fäden von fünf oder sechs Cocons mittelst zweier Finger der linken Hand aufgenommen und durch den Ring nach der Haspel geführt, während die rechte Hand die Kurbel der Haspel dreht. Dazu ist große Uebung erforderlich. Das Wasser muß sehr rein sein und wird stets vor dem Gebrauch filtrirt, damit die Seide nicht ihren natürlichen Glanz verliere.

Als ich Kumatsu verließ, waren völlig sechszig Menschen im Innern des Hauses versammelt und 1500 außen, da die Mauern, Verandas und selbst die Dächer voll gepackt waren. Von Nikko nach Kumatsu wurden ausschließlich Pferde in Gebrauch genommen und hier lernte ich zum ersten Male das schreckliche japanische Saumroß kennen. Vor der Thüre standen zwei fürchterlich wild aussehende Thiere, die Köpfe tief niedergebunden. Als ich aufsteigen wollte, folgte mir die Menge, so daß das Pferd durch das Gewühl und das Klappern der Holzschuhe scheu gemacht wurde und den Halfter zerriß. Der erschrockene Mago ließ es los und es lief nun, auf den Hinterfüßen aufgerichtet, wiehernd die Straße hinab, indem es wild mit den Vorderfüßen um sich schlug. Die Volksmenge stob nach rechts und links aus einander und als sie an dem Polizei-Amte vorüber strömte, kamen vier Polizeimänner heraus, konnten sie aber nur auf kurze Zeit zum Stillstand bringen. Inzwischen hatte mein Pferd eine längere Straße eingeschlagen, wo es sich in gleicher Weise wie vorher bewegte. Als ich mich umschauete, sah ich, daß Ito's Pferd sich bäumte und er selber am Boden lag. Mein Thier setzte über alle Gräben, griff jeden Fußgänger mit den Zähnen an und benahm sich so vollkommen wie ein wildes Thier, daß ich, trotz meiner Bekanntschaft mit den Tücken der Pferde, nichts mit ihm zu theilen haben mochte. Als wir in Akayn ankamen, fand gerade ein Pferdemarkt statt; alle Pferde standen mit niedergebundenen Köpfen an die Pfähle gehalftert und schlugen schreiend mit den Hinterfüßen aus. Unsere Thiere wurden dermaßen gereizt, daß das Saumroß Ito und den größten Theil des Gepäcks abwarf. Als ich von meinem Pferde abstieg, bäumte es sich, warf mich zu Boden und hätte mich mit seinen Zähnen und Vorderfüßen zermalmt, wenn nicht einige Mago zu meiner Hülfe herbeigesprungen wären. Diese Bestien erinnern mich unwillkürlich an den Spruch: „Ihre Mäuler müssen gehalten werden, mit Zaum und Gebiß, wenn sie nicht über dich fallen sollen.“

Es war ein schöner aber so heißer Sommertag, daß die im Sonnenschein glitzernden Schneegipfel des Aidzu nicht einmal kalt aussahen. Die Ebene von Yonezawa, mit der blühenden Stadt gleichen Namens im Süden, und dem besuchten Badeort Alkayu im Norden, ist ein vollkommener Garten Eden, „mit dem Pinsel anstatt mit dem Pflug ausgearbeitet“, eine wachsende Fülle von Reis, Baumwolle, Mais, Tabak, Hanf, Bohnen, Eierpflanzen, Wallnüssen, Melonen, Persimmonen, Aprikosen, Granatäpfeln; ein lachendes Land des Ueberflusses, dessen freigebige Aecker denjenigen gehören, die sie bebauen und, frei von Bedrückung, unter ihren Weinstöcken, Feigen- und Granatbäumen leben — ein merkwürdiges Schauspiel unter asiatischem Despotismus. Aber noch ist Daikoku die oberste Gottheit und irdisches Gut der wichtigste Lebenszweck.

Es ist ein bezauberndes Reich von Schönheit, Kunstfleiß und Behaglichkeit, von Bergen umgürtet und von dem klaren Matsuka bewässert. Ueberall liegen schöne und wohlhabende Ackerbaudörfer, große Häuser mit verzierten Balkons und schweren Giebeldächern, jedes auf eigenem Grunde stehend, versteckt unter Persimmonen und Granatäpfeln, umgeben von Blumengärten, Weinspalieren, und durch dichte Gehäge von Granatbäumen und Cryptomerien von jeder Störung abgeschlossen. Außer den Dörfern, durch welche ich ritt oder an denen ich vorüberkam, zählte ich in der Ebene über fünfzig, deren braune Scheunendächer aus dem Waldlande hervorragten. In jedem befinden sich zwei 30 Fuß hohe Stangen mit weißen Flaggen, worauf der Name des Dorfgottes geschrieben steht; diese Flaggen werden am „Matsuri“, dem Festtage der Gottheit, aufgehißt, und nach der Anzahl derselben, die zwischen den Bäumen sichtbar waren, hatte es Anschein, als ob die Hälfte der Dörfer einen Festtag beginge. Eintöniger Trommelschall erfüllte die Luft, die kleinen Mädchen waren bemalt, und für die Erleuchtung am Abend hingen an allen Altanen große Laternen mit den Bildzeichen der Gottheit. Das Dorf Yoschida, wo ich das Verfahren beim Seidenbau ansah, ist das schönste und wohlhabendste von allen; aber auch hier waren Männer und Frauen mit ihrer Handarbeit beschäftigt, die Erwachsenen halb nackt wie in den Gebirgsdörfern, wenngleich die Kinder, namentlich die Mädchen, seidene und meistens scharlachrothe Stoffe trugen. In Bezug auf den Ackerbau bemerkte ich keinen Unterschied. Yoschida sieht reich und blühend aus, Numa arm und dürftig, aber die mageren Aecker von Numa, welche den Hügellehnen abgewonnen sind, werden eben so sauber, sorgfältig und vollkommen bebauet und tragen, dem Klima entsprechend, eben so reiche Ernten wie die breiten Aecker der sonnigen Ebene von Yonezawa, und dies findet man überall. Das Feld des Faullenzers kommt in Japan nicht vor.

Durch diese schönen Dörfer ritten wir vier Stunden lang auf einem fünf Fuß breiten Wege, und gelangten dann, nachdem wir auf einer Fähre über einen Fluß gesetzt waren, zu meinem Erstaunen auf Tsukuno, nach der Karte zu urtheilen, einen Nebenweg, in der That aber eine 25 Fuß breite Hauptstraße, gut in Stand gehalten, mit Gräben auf beiden Seiten und auf der ganzen Länge mit Telegraphenstangen besetzt. Es war mit einem Male eine neue Welt. Viele Meilen weit war die Straße belebt von gut gekleideten Fußgängern, Kurumas, Saumrossen und Wagen mit gediegenen oder mit bloßen Speichenrädern. Bei dieser anscheinenden Civilisation war es auffallend, öfters gebräunte Männer und Frauen zu erblicken, erstere ganz nackt, die anderen mit entblößtem Oberleibe, welche Lastwagen zogen. Ebenso wenig paßten die Telegraphendrähte zu den Männern, deren ganze Bekleidung nur in einem Sommerhut und einem Fächer bestand. Die Kinder kehrten mit Büchern und Schiefertafeln aus der Schule zurück.

In Akayu, einer Stadt mit heißen Schwefelquellen, hoffte ich zu schlafen; es war jedoch der geräuschvollste Ort, der mir vorgekommen ist. In dem belebtesten Theile, wo vier Straßen zusammenliefen, standen Badebuden, mit Menschen beiderlei Geschlechts angefüllt, die lärmend mit einander schwatzten; die nebenan gelegene Yadoya hatte etwa vierzig Zimmer, die fast alle von rheumatischen Kranken eingenommen waren; man hörte das Geklimper des „Samisens“ und das Gequiek des „Kotos“ und das Lärmen war so unerträglich, daß ich zehn Meilen weiter ritt, auf einer hübschen Straße, die sich zwischen gewöhnlichen Reisfeldern und niedrigen Hügeln hinauf zog und sich auf eine kleine, von Kieshügeln umschlossene Ebene öffnete. Auf einem dieser Hügel liegt Kaminoyama, ein reizender Badeort mit 3000 Einwohnern. Man feiert einen Festtag; Laternen und Flaggen hangen an jedem Hause und das Volk drängt sich in die Tempelhaine, deren mehrere droben auf dem Hügel liegen. Der Ort ist trocken und sauber, auf den Höhen stehen schöne Yadoyas und Lusthäuser mit Gärten und zahlreiche Spaziergänge ziehen sich über die Hügel hin. Es soll einer der trockensten Oerter in Japan sein, sagen die Leute. Wenn er den Fremden zugänglich wäre, so würden sie hier einen gesunden Erholungsort und Gelegenheit zu malerischen Ausflügen nach vielen Richtungen finden.

Es ist eine der großen japanischen Reisestraßen, und unterhaltend ist es, die Badeörter zu betrachten, in ihren Sitten, Vergnügungen und ihrer Civilisation, die von der europäischen nichts entlehnt hat. Die heißen Quellen sind eisenhaltig und stark mit Schwefelwasserstoff-Gas geschwängert. Ich untersuchte die Temperatur von dreien und fand 100, 105 und 107 Grad. Man hält sie für sehr wirksam gegen rheumatische Leiden und die Besucher kommen aus fernen Gegenden hierher. Die Polizei, die ich sehr oft um Auskunft angehe, sagte mir, es wären gegenwärtig beinahe 600 Menschen hier, um die Bäder zu gebrauchen, von denen gewöhnlich jeden Tag sechs genommen werden. Mir scheint es, als ob die altmodischen japanischen Aerzte bei rheumatischen wie bei anderen Krankheiten zu großen Werth auf Arzneien und äußerliche Mittel und zu geringen auf die Diät und Lebensweise legten. Die wohlthätige Wirkung dieser und anderer Heilquellen würde erhöhet werden, wenn man eine kräftige Abreibung statt des Abtupfens mit weichen Handtüchern anwenden wollte.

Das große Gasthaus ist voller Fremden und die Wirthin, eine verliebte und sehr einnehmende Wittwe, besitzt auf dem Hügel ein wirklich ausgezeichnetes Hotel für Badegäste. Sie hat elf

Kinder, unter denen zwei oder drei Mädchen schlank, hübsch und graziös sind. Die Eine erröthete, als sie bemerkte, daß ich sie bewunderte, war aber darüber nicht ungehalten und führte mich den Hügel hinauf, um mir die Tempel, Bäder und Wirthshäuser dieses anziehenden Ortes zu zeigen. Ihre Anmuth und feine Manier macht mir viel Freude. Ich fragte die Wittwe, wie lange sie schon dieses Wirthshaus hielte und sie antwortete in

Eine Schöne von Kaminoyama.

stolzem Tone: „Drei hundert Jahre", ein nicht ungewöhnliches Beispiel von der Vererbung der Geschäfte.

Mein Erholungsort besteht einzig in einer „Kura" oder einem „Godown", der in einem großen regelmäßigen Garten liegt; daselbst befindet sich ein Badehaus mit einer heißen Quelle von 105 Grad, worin ich schwelge. Gestern Abend waren die

Moskitos entsetzlich; hätten mich die Wirthin und ihre hübschen Töchter nicht fürsorglich eine Stunde lang befächert, so würde ich nicht eine Zeile haben schreiben können.

Diese „Godowns“ (vom malayischen Worte „Gadong“) oder feuerfeste Lagerhäuser gehören zu den merkwürdigsten Eigenthümlichkeiten der japanischen Städte, weil sie weiß sind, während die anderen Häuser eine graue Farbe haben, und weil sie gediegen sind, während die übrigen gebrechlich aussehen. Hotels, Läden und die Häuser des Mittelstandes haben ihre eigene „Kura“; für die Armen und in den Dörfern bestehen jedoch „Kuras“, wo die Leute ihre Sachen versichern können. Niemand behält eine Werthsache in seinem brennbaren Hause. Mehrmals sah ich ganze Gegenden, die bis auf den Grund niedergebrannt waren, aber die Kuras standen unversehrt, nur von Rauch geschwärzt. Sie sind alle nach gleichem Muster und sehen hübscher aus als die übrigen Häuser. Der Grund besteht aus Stein, worauf ein ziemlich gediegenes hölzernes Rahmenwerk errichtet ist; letzteres wird mit mehreren Lagen Lehm bedeckt. Ein Mörteldach von beträchtlicher Dicke bedeckt diese Mauern und ist durch einen fußbreiten Zwischenraum von einem darüber gelegenen Ziegeldache getrennt. Die Thüre und Fensterläden sind hübsch und dauerhaft, aus Eisen oder Bronze, selten aus Holz, mit Mörtel überzogen.

Ich wohne in dem unteren Theile, aber die eisernen Thüren stehen offen und werden für die Nacht durch papierne Schirme ersetzt. Zu seltsamen Träumen geben zwei hübsche Schreine Anlaß, von welchen zwei Buddhas mit ihren regungslosen Gesichtern herausblicken, außerdem eine hübsche Figur der Göttin Kwannon und eine ehrwürdige des Gottes der langen Lebensdauer. Ich erwähnte bereits zweier riesiger Figuren des Nio, welche die Tempelpforten bewachen. Kleine Nachbildungen derselben erblickte ich über den Thüren fast aller Häuser und auch über den Kura-Thüren. Wie es scheint, so sollen diese Abbildungen Schutz gegen Diebstahl gewähren. Neben dem Eingange der Yadoya steht die Figur des Daikoku, des Gottes des Reichthums, die größte, die ich je gesehen habe, obgleich ich mich nicht eines Hauses erinnere, wo sie sich nicht in größerem oder kleinerem Maaßstabe vorfände. Er sieht meistens fröhlich und schelmisch aus, wie es auch dem Gott geziemt, der alle Menschen und vorzugsweise die Thoren leitet. Seine Gestalt ist kurz untersetzt; er trägt eine Kappe, nach Art der Freiheitsmütze, sitzt auf Reissäcken, hat in der rechten Hand einen Hammer und mit der linken hält er einen großen Sack gepackt, den er auf den Schultern trägt. Die moralische Lehre dieser Figur ist schon längst vergessen. Die kurze Statur lehrt Demuth; der Sack

Daikoku.

bedeutet Reichthum, der, wenn erworben, festgehalten werden muß. Die Kappe beschattet zum Theil die Augen, um sie auf die realen Dinge der Welt hinzulenken. Der Hammer stellt die Handarbeit vor und die Reissäcke veranschaulichen die Reichthümer, welche erworben werden, sobald man die Regeln befolgt, wodurch der Niedere emporkommt. Handelsleute, Landbesitzer und Alle, welche sich ihren Lebensunterhalt erwerben müssen, versöhnen sich beständig mit Daikoku und er ist stets beräuchert und mit Opferspenden beschenkt.

XXI.

Sträflings-Arbeit. — Eine neue Brücke. — Yamayata. — Verfälschungen. — Eine Spinnerei. — Schneegebirge. — Bauernhäuser. — Ein Arzt nach altem Schlage. — Ländliche Verwaltung.

Kanayama, den 18. Juli.

Drei Tagereisen auf dem selben vortrefflichen Wege brachten mich beinahe 60 englische Meilen weit. Yamayata „Ken" macht auf mich den Eindruck, als sei es besonders reich, fortschreitend und voranschreitend. Die Ebene von Yamayata, welche ich bald betrat, nachdem ich Kaminoyama verlassen hatte, ist bevölkert und in hohem Grade kultivirt, und die breite, außerordentlich belebte Straße sieht gut gepflegt und civilisirt aus. Sie wird jetzt durch Sträflinge ausgebessert. Diese, in dunkelrothe, mit chinesischen Schriftzeichen bedruckte Kimonos gekleidet, entsprechen unseren beurlaubten Gefangenen, insofern sie von Landbesitzern und Kontrahenten in Lohnarbeit genommen werden und nur gehalten sind, die Sträflingskleidung zu tragen.

Am Sakamoki-Flusse war ich erfreuet, zum ersten Male ein durchaus gediegenes Werk von moderner japanischer Arbeit anzutreffen: eine merkwürdig hübsche steinerne Brücke, die beinahe fertig war — die erste, die ich erblickte. Ich stellte mich dem Baumeister Okuno Chinzo vor, einem gebildeten, angenehmen Japanesen, der mir die Pläne zeigte, sich viele Mühe gab, sie mir zu erklären und mich sehr höflich mit Thee und Zuckerwerk bewirthete.

Diese merkwürdige Brücke auf einer merkwürdigen Straße ist 192 Fuß lang und 30 Fuß breit und mit fünf Bogen versehen, mit einer Spannung von je 30 Fuß. Sie hat ein massives steinernes Geländer, mit Pfeilern in der Mitte und an den Enden. Die Steine werden 12 englische Meilen weit hergeholt und jeder einzelne, der 3 Fuß lang und 2 breit ist, wird von acht Kulis an das Ufer und an Ort und Stelle geschafft. Wie alles japanisches Gemäuer werden diese Steine ohne Mörtel und so außerordentlich genau zusammengefügt, daß die Fugen kaum zu sehen sind. Die Kosten werden auf 16,000 Yen oder etwas über 3000 Pfund Sterling angeschlagen. Diese Brücke ist insofern höchst interessant, als der Plan und die Arbeit japanisch sind und ihre Ausführung ohne fremde Hülfe gelungen ist. Ich machte dem Baumeister viele Complimente über sein Werk und dieselben werden schwerlich durch Ito's Uebersetzung verloren haben, da dieser, seitdem wir in diese reiche Gegend kamen, etwas spaßhaft Prahlerisches in Gang und Rede angenommen hat. Große Verluste und Hinderungen geschehen dadurch, daß die Brücken von den angeschwollenen Flüssen sehr oft weggerissen werden. Die Flüsse sind unzählig und in einem armen Lande steht nicht zu erwarten, daß Bauwerke wie diese Brücke auch nur auf den Hauptstraßen allgemein werden könnten; dennoch würden eiserne, mit einer schweren Masse gefüllte Cylinder an vielen Orten auf die Länge der Zeit billiger zu stehen kommen als die hölzernen Pfähle ohne Grundlage.

Yamayata, eine gedeihliche Stadt mit 21,000 Einwohnern und Hauptstadt des „Ken“, hat eine angenehme Lage auf einer mäßigen Erhöhung und erhält dadurch und durch die hervorragende Stellung des „Kencho“ am obersten Ende der Hauptstraße ein imposanteres Aussehen als die meisten japanischen Städte. Die Vorstädte sind überall gewöhnlich und daher setzten mich die hohen weißen Gebäude der neuen Regierungsämter, die sich über die niedrigen grauen Häuser erheben, in Erstaunen. Die Straßen von Yamayata sind breit und rein; die Stadt hat auch gute Läden und unter diesen befinden sich lange Reihen, wo nur eiserne Kessel und Messingwerk als Schmuckgegenstände verkauft werden. Unlieb war es mir, soweit im inneren Lande auch einige Läden anzutreffen, wo fast ausschließlich nichtswürdige Verfälschungen von europäischen Speisen und namentlich von Getränken feilgeboten wurden. Die Japanesen, vom Mikado abwärts, haben eine Neigung zu fremden berauschenden Genußmitteln angenommen, welche schon schädlich genug, wenn sie ächt wären, die aber durch Mischungen von Vitriol, Fuselöl, schlechtem Weinessig und dergleichen Stoffen noch verschlimmert werden. Ich fand zwei Läden in Yamayata, wo Champagner, Cognac, englisch Ale, französische Weine und schottischer Whisky mit den Etiketten der besten Firmen zum fünften Theil des Kostenpreises verkauft wurden — lauter giftige Mischungen, deren Verkauf untersagt sein müßte.

Die Regierungsgebäude, obgleich in dem gewöhnlichen Zuckerbäcker-Stil, haben zu ihrer Verbesserung Verandas erhalten und der „Kencho", „Saibancho" oder das Gerichtsgebäude, die Normalschule mit dazu gehörigen höheren Schulen und die Polizeigebäude stehen sämmtlich in Einklang mit der guten Landstraße und dem sichtlichen Wohlstande. Ein großes zweistöckiges Hospital mit einer Kuppel, welches 150 Kranke aufnehmen und eine medicinische Lehranstalt werden soll, ist beinahe fertig; es ist gut eingerichtet und ventilirt. In dem Gerichtsgebäude fand ich zwanzig müßig gehende Beamte und ebenso viele Polizeimänner, welche zu ihrer europäischen Kleidung auch noch nachgeahmte europäische Manieren angenommen, im Uebrigen aber ihre gemeine Art beibehalten hatten. Sie fragten nach meinem Paß, bevor sie mir Auskunft über die Bevölkerung des „Ken" und der Stadt ertheilen wollten.

Ich besuchte eine Spinnerei, wo der Direktor und die Ingenieurs sämmtlich europäische Kleidung trugen; sie waren außerordentlich höflich und mittheilend. Es ist ein helles, hohes, gut gelüftetes Gebäude, worin sauber gekleidete Mädchen an 100 Spindeln arbeiten. Diejenigen, welche noch lernen, erhalten, außer der Kost, nur geringen Arbeitslohn, die geschickteren bekommen wöchentlich 5 Schillinge außer der Beköstigung. Die Maschinerie wird durch eine Dampfmaschine von 20 Pferdekraft getrieben, welche von Japanesen angefertigt wurde. Vor den Spindeln steht eine Reihe Tische, woran die Mädchen auf hohen gepolsterten Stühlen sitzen; jede hat neben sich ein kupfernes Gefäß, worin die Cocons in Wasser von vorgeschriebener Temperatur liegen. Sie heben die Enden der Seidenfäden mittelst kleiner Pinsel empor und leiten sie durch Glasringe nach den Spindeln hin. Die tägliche Arbeitszeit dauert elf Stunden. Sämmtliche gesponnene Seide wird nach England geschickt. Die weiße erhält den höchsten Preis, die gelbe ist jedoch stärker. Die Seide, welche zum Verkauf kommt, muß nach bestimmten Quantitäten abgemessen, eingewickelt und mit dem Werthstempel versehen werden. Der Direktor klagte über die Verfälschungen der Seide, welche in Europa stattfinden, namentlich über die Vermengung von Seide und Baumwolle, die unter dem Namen japanischer Seide bekannt ist. Hinter der Spinnerei befindet sich ein großes feuerfestes Gebäude, auf dessen Dache die Cocons aufbewahrt werden, nachdem sie in geheizten Räumen einer hohen Temperatur ausgesetzt worden sind. Der Direktor bewirthete uns mit Thee von der ersten diesjährigen Ernte, der außerordentlich wohlschmeckend war.

Ein dichter zudringlicher Volkshaufe folgte mir nach der Spinnerei, versammelte sich abermals, nachdem er von der Polizei vertrieben worden war, wartete eine Stunde lang vor der Thüre und begleitete mich alsdann nach dem Theehause, wo mein Löffel und meine Gabel die allgemeine Aufmerksamkeit eine Stunde lang fesselten.

Im Norden von Yamayata erweiterte sich die Ebene und eine überaus reizende Gegend, mit vielen freundlichen Dörfern auf den Hügelabhängen, wird auf einer Seite von langen, mit Schnee bedeckten Bergreihen, auf der anderen von zerklüfteten Reihen mit seitlichen Vorsprüngen umschlossen. Das Thermometer stand nur auf 70 Grad, der Wind wehete aus Norden, und die Reise war sehr angenehm. Ich hatte die Absicht, in Tendo, einer Stadt von 5000 Einwohnern, zu rasten, mußte jedoch drei und eine halbe „Ri" weiter, weil diejenigen Wirthshäuser, welche für anständig gelten konnten, derartig mit Seidenwürmern angefüllt waren, daß ich keine Aufnahme fand.

Am nächsten Tage ging die Reise auf demselben schönen Wege weiter, durch eine Reihe von Dörfern und auch durch viele Städte von 1500 bis 2000 Einwohnern wie Tohiida und Obanasawa. Von den beiden letzteren hatte man eine prachtvolle Aussicht auf den Chokaisan, eine große schneebedeckte Kuppe, welche 8000 Fuß hoch sein soll, und sich ganz unerwartet aus einem ziemlich ebenen Lande emporhebt. Da gleichzeitig die Schneegefilde von Udonosan mit ihren pittoresken Hügelumgebungen sichtbar werden, so gehört dieser Anblick zu den großartigsten in Japan. Sobald man Obanasawa verlassen hat, führt die Straße an einem Thale entlang, das von den Nebenflüssen des Mogami bewässert wird, und über eine hübsche hölzerne Brücke zu einem Passe hinauf, der die herrlichste Aussicht darbietet. Nachdem man einen langen Pfad über leichten mit Tannen, Cryptomerien und Eichengestrüpp bewachsenen Boden hinaufgestiegen ist, geht ein langer Weg abwärts in eine schöne Allee und endigt in Schinjo, einer elenden Stadt mit 5000 Einwohnern, die in einer Ebene von Reisfeldern liegt.

Die Tagesreise, über drei und zwanzig Meilen weit, führte durch Ackerbau-Dörfer, worin sich keine Wirthshäuser, oft nicht einmal Theehäuser befanden. Der Baustil ist gänzlich verändert. Das Holz ist verschwunden und alle Häuser bestehen aus schweren Balken und Mauern aus Latten und braunem mit zerhacktem Stroh gemischten Lehm. Fast sämmtlich sind es große längliche, 50, 60 bis 100 Fuß lange Scheunen, von denen das der Straße zugekehrte Ende die Wohnungen enthält. Diese Bauernhäuser haben keine Papierfenster, sondern nur auswendige Läden, am oberen Theil mit einigen Papierscheiben versehen. Während des Tages werden diese Läden zurückgeschoben und an den vornehmeren Häusern hängt man Schirme aus Bambusrohr über die Oeffnungen. Deckengetäfel kommen nicht vor und zuweilen lebt in einer Spalte eine Ratte unangefochten und fällt gelegentlich in das Moskitonetz herab.

Allerdings ist Schinjo ein elender Ort. Es ist eine „Daimiyos"-Stadt und alle solche, die ich gesehen habe, sehen verkommen aus, theilweise weil das Schloß entweder niedergerissen ist oder weil man es verfallen ließ. Schinjo treibt ausgedehnten Handel mit Reis, Seide und Hanf und dürfte nicht so arm sein wie es aussieht. Moskitos finden sich zu Tausenden und, um vor ihnen sicher zu sein, mußte ich mich zu Bette legen, bevor ich mein kümmerliches Mahl aus Sago und condensirter Milch beendigt hatte. Während der ganzen Nacht fiel ein sehr warmer Regen, mein Gemach war schmutzig und dumpfig und die Ratten nagten an meinen Schuhen und liefen mit meinen Gurken davon.

Am anderen Tage war der Thermometerstand hoch und der Himmel trübe. Mit dem guten Wege hatte es ein Ende und die alten Beschwerden nahmen wieder ihren Anfang. Nachdem wir Schinjo verlassen hatten, kamen wir über eine steile Höhe in ein seltsames, schönes Thalbecken, in einem Halbkreise von pyramidenförmigen Hügeln begrenzt, die um so auffallender erschienen, als ihre Gipfel mit Cryptomerien bewachsen waren und sie, dem Anscheine nach, den weiteren Weg nordwärts versperrten. Am Fuße derselben liegt Kanayama äußerst romantisch und obgleich ich schon Nachmittags anlangte, blieb ich doch mehrere Tage, denn ich bewohnte ein sehr behagliches Zimmer im Transport-Amte, der Agent war höflich und vor mir hatte ich noch eine sehr beschwerliche Reise.

In diesem feuchten Klima und bei meinem jetzigen Gesundheitszustande halte ich es für unmöglich, mit einigem Behagen länger als zwei oder drei Tage auf der Reise zu sein, und es ist schwierig, einen hübschen, ruhigen und gesunden Ort zur Rast auf zwei Nächte zu finden. Frei von Flöhen und Moskitos zu sein, darf man niemals hoffen; letztere sind indessen nicht überall in gleicher Menge vorhanden und gegen die Flöhe habe ich ein Mittel gefunden, sie zu exmittiren; ich lege nämlich ein Stück geöltes Papier, sechs Quadratfuß groß, auf die Matte, streue längs der Ränder eine Lage Insektenpulver und stelle meinen Stuhl in die Mitte. Dann sitze ich wie auf einer Insel, denn die Unzahl von Flöhen, die auf das Papier springen, werden vom Pulver betäubt und lassen sich leicht tödten. Hier wurde ich genöthigt, unter allen Umständen zu verweilen, weil meine linke Hand von den Stichen einer Hornisse und einer Wespe schlimm entzündet war. Die Hornissen sind in manchen Gegenden sehr zahlreich und machen die Pferde wild. Ich leide außerdem an Entzündungen in Folge der Bisse von Pferde-Ameisen, von denen man beim Gehen angefallen wird. Von diesen haben die Japanesen viel zu leiden und ein vernachlässigter Biß verursacht oft ein bösartiges Geschwür. Die Fliege sieht übrigens hier so harmlos aus wie unsere Stubenfliege, sticht aber ebenso schlimm wie ein Moskito. Dies sind die Schattenseiten von einer japanischen Sommerreise, aber noch schlimmer ist der Mangel an solchen Nahrungsmitteln, die man genießen kann, nachdem man eine anstrengende Tagesreise in feuchter Luft, ohne Eßlust zu verspüren, zurückgelegt hat.

Am zweiten Tage hatte ich von den Stichen und Bissen solche fieberhafte Schmerzen zu leiden, daß ich gern einen japanischen Arzt aus Schinjo zu Rathe zog. Ito schwillt ordentlich auf, wenn ihm ein wichtiges Dolmetscher-Amt obliegt, zieht dann auch stets eine seidene „Hakama" an. Gegen Abend führte er einen Mann in mittlerem Lebensalter zu mir; derselbe war gänzlich in Seide gekleidet, bückte sich drei Mal bis zur Erde und nahm dann auf seinen Fersen Platz. Ito erklärte ihm mein Leiden in umständlicher Rede, worauf Doctor Nosoki meine „verehrte Hand“ zu sehen verlangte, sie aufmerksam untersuchte und dann um meinen „verehrten Fuß“ bat. Er fühlte mir den Puls, betrachtete meine Augen durch ein Vergrößerungsglas, stöhnte beim Athemholen — ein Zeichen von Höflichkeit und guter Erziehung, und erklärte dann, ich hätte ein starkes Fieber, was ich ebenfalls wußte; darauf zündete er seine Pfeife an und betrachtete mich. Dann fühlte er wieder meinen Puls, blickte mir nochmals in die Augen, prüfte die Anschwellungen und meinte, sie wären sehr entzündet, was ich schon schmerzlich wahrgenommen hatte; darauf klatschte er drei Mal in die Hände. Auf dieses Zeichen erschien ein Kuli mit einem hübschen schwarz lackirten Kasten, worauf sich ein gleiches Wappen in Gold befand, das der Doctor in Weiß an seinem Aermelmantel trug. Derselbe enthielt einen Medicinkasten aus feinem Goldlack, mit vielen Schubfächern, Muscheln und Fläschchen. Zunächst mischte der Arzt eine Flüssigkeit, in die er eine Bandage tauchte und mir damit die Hand und den Arm sorgfältig verband; von Zeit zu Zeit, so verordnete er, sollte ich die Binde mit dem Wasser benetzen, bis der Schmerz sich milderte. Der ganze Verband wurde mit Oelpapier umwickelt. Darauf bereitete er ein fieberstillendes Mittel, das ich unbedenklich einnahm, da es nur aus Pflanzenstoffen bestand; ich sollte es, wie er sagte, mit heißem Wasser gebrauchen und für einige Tage den Genuß von Reisbier meiden!

Als ich ihn nach seinem Honorar fragte, antwortete er nach vielen Verbeugungen und vielem Seufzen und Stöhnen, ob ich einen halben „Yen“ nicht für zu viel hielte; ich gab ihm einen Yen und als ich ihm mit einer tiefen Verbeugung versicherte, daß mir seine Dienste sehr angenehm gewesen wären, erwies er sich so übermäßig dankbar, daß ich fast beschämt wurde.

Die Aerzte erhalten in großer Anzahl von dem Medicinal-Collegium in Tokiyo ein Diplom, das sie ermächtigt, im ganzen Reiche zu prakticiren und die medicinischen Schulen, welche mit den Provinzialhospitälern in Verbindung stehen und an welchen europäisch studirte Aerzte Unterricht ertheilen, verleihen Diplome, welche zur Praxis innerhalb des entsprechenden Bezirkes berechtigen; Doctor Nosoki gehörte jedoch zu den altmodischen Aerzten, bei denen die Wissenschaft vom Vater auf den Sohn übergeht, und war, wie wahrscheinlich die meisten seiner Patienten, den europäischen Methoden und Arzneien abhold geblieben. In ganz Japan herrscht eine entschiedene Abneigung gegen Operationen, besonders gegen Amputationen. In Betreff der letzteren meinen die Leute, sie seien vollständig zur Welt gekommen und wären demnach auch gehalten, sie ebenso wieder zu verlassen; an manchen Oertern würde ein Wundarzt um keinen Preis die Vollmacht erhalten, einen Arm abzunehmen.

Abgesehen von Büchern, wissen diese älteren Männer nichts von dem Organismus des menschlichen Körpers, da Sektionen der heimischen Wissenschaft fremd sind. Doctor Nosoki sagte mir, er beschränke sich bei hitzigen Krankheiten auf die Anwendung der Moxa und der Acupunktur, bei chronischen auf die Reibungen, medicinische Bäder, gewisse animalische und vegetabilische Arzneien und besondere Nahrungsmittel. Den Gebrauch von Blutegeln und Zugpflastern kannte er nicht und mineralische Arzneien erschienen ihm durchaus verdächtig. Vom Chloroform hat er gehört, es aber niemals anwenden sehen, und ist der Meinung, daß es bei Entbindungen nothwendiger Weise der Mutter oder dem Kinde nachtheilig sein müsse. Er fragte mich, ob wir nicht dieses Mittel anwendeten, um unsere übermäßige Bevölkerung zu vermindern; dieselbe Frage war schon früher zwei Mal an mich gerichtet worden. Großes Vertrauen setzte er auf „Ginseng", Rhinoceros-Horn und auf die pulverisirte Leber eines Thieres, das mir, seiner Beschreibung nach, der Tiger zu sein schien — alle diese Mittel gehören der chinesischen Arzneikunde an. Doctor Nosoki zeigte mir eine kleine Büchse voll Horn vom „Einhorn" und erklärte, sie könne nicht mit Gold aufgewogen werden. Da sich mein Arm nach Gebrauch der Umschläge besserte, so bin ich verpflichtet, seiner Kur Glauben zu schenken.

Ich lud ihn zu Tische und man bedeckte die Tafel mit verschiedenen Gerichten, denen er wacker zusprach und sich besonders geschickt zeigte, mittelst seiner Eßstäbchen das Fleisch von einem kleinen grätigen Fisch abzulösen. Seltsam ist die Sitte, das Wohlgefallen an einer Speise durch lautes Rülpsen und stöhnende Athemzüge zu erkennen zu geben. Die Etikette schreibt diese Kundgebungen vor, die einem Europäer höchst widerwärtig erscheinen und mich beinahe aus meiner ernsthaften Fassung brachten.

Der Wirth und der „Kocho" oder Häupter des Dorfes statteten mir am Abend einen förmlichen Besuch ab, bei welcher Gelegenheit Ito in Staatskleidern erschien und sich ganz besonders hervorthat. Sie wunderten sich sehr, daß ich nicht rauchte, und vermutheten, ich würde durch ein Gelübde daran verhindert. Mancherlei fragten sie mich über unsere Gebräuche und Regierungsformen, kamen aber immer wieder auf den Tabak zu sprechen. Der Gebrauch desselben ist durchaus allgemein. Wie Satow berichtet, so wurde er vor 1605 nicht gebauet und in den Jahren 1612 und 1615 verbot der Sjogun sowohl den Anbau wie den Gebrauch desselben, aber der Hang nach dem „Rauch-Unkraute" war stärker als das Edikt und letzteres wurde im Jahre 1651 dahin abgeändert, daß den Leuten das Tabakrauchen außerhalb ihrer Häuser untersagt wurde. Es währte lange Zeit, ehe anständige Frauen diese Sitte annahmen. Jetzt giebt es in den Städten beinahe unzählige Verkaufsläden für Pfeifen, Taschen und Tabak; wo sich in einem Dorfe Läden vorfinden, ist sicherlich auch einer für Rauchgeräthschaften darunter; an den Landstraßen haben sie ihre Standörter, und der „Tabako-bon" mit Kohlenpfanne und Aschenbecher gehört selbst in der ärmsten Hütte zum Hausrath. In manchen Schriften über diesen Gegenstand wird der Tabak „Armuths-Unkraut" und „Narrenkraut" genannt, diese Namen rühren jedoch von Nichtrauchern her. Die Pfeife ist oft des Japanesen einziger Gefährte. Man sagte mir: „Alle Männer schmachten Tag und Nacht nach Tabak." Eine Abkochung davon wird, wie bei uns, gebraucht, Schmarotzer-Insekten von den Pflanzen zu vertilgen; Bündel von Tabaksblättern hängt man unter die Altane, um das Ungeziefer abzuhalten; getrocknete Blätter werden zu gleichem Zweck in die Bücher gelegt und getrocknetes Tabaksöl wird bei einigen Augenkrankheiten angewandt.

Ueber den Gebrauch des Tabaks haben in Japan häufige

und lebhafte Erörterungen stattgefunden, doch sprechen die Aerzte im Allgemeinen zu Gunsten des mäßigen Rauchens. Ein berühmter Schriftsteller, Kaibara, vergleicht den Tabak mit dem Thee und dem Reisbier und verdammt sie allesammt mit den Worten: „Der Tabak gewährt keinen Nutzen und schadet mehr als irgend ein Ding. Es verlohnt sich nicht der Mühe, die gemeinen Leute zu schelten, weil sie ihn einsaugen; aber eine klägliche Verirrung ist es seitens der Herren und „höherer" Männer, einem Gebrauche zu fröhnen, der aus einem barbarischen Lande eingeführt wurde, Vergnügen daran zu finden und zu preisen, was dem Körper nachtheilig ist."

In jedem Ackerbau-Orte, wo ich Gelegenheit fand, mit aufgeklärten Leuten zu sprechen, suchte ich Kenntnisse über die ländliche Verwaltung zu gewinnen und zu erfahren, welche Ansichten der Bauer über den gegenwärtigen Stand der Dinge hegt; aber wer es sich nicht selber versucht hat, kann sich nicht vorstellen, wie schwierig es ist, irgend eine zusammenhangende Auskunft zu erhalten; es ist unmöglich, eine Meinung von irgend welchem Werthe aussprechen zu hören; entweder sind diese Menschen von Natur unfähig, die Wahrheit zu sagen, oder sie hegen eine krankhafte Furcht vor der Auskundschafterei. Jene Männer machten eine Ausnahme von der allgemeinen Regel und wir pflogen eine Unterhaltung, die bis Mitternacht währte und durch den Genuß von Thee und Zuckerwerk angefrischt wurde.

Der „Kocho", als verantwortlicher Vorsteher des Dorfes, wird von den männlichen Bewohnern eines gewissen Bezirkes durch Stimmenmehrheit gewählt, die Wahl muß jedoch durch den Statthalter der Provinz bestätigt werden. Die Geschenke, welche ihm früher zuflossen, sind abgeschafft und er bekommt ein bestimmtes Gehalt von monatlich 5 bis 6 Yen, wenig genug für die mannigfachen und zunehmenden Pflichten, die er zu erfüllen hat. Alle Ankündigungen, Anfragen und Gesuche, welche von der Dorfgemeinde an den Statthalter ergehen, hat er mit seinem Siegel zu versehen; er muß darauf halten, daß Jeder nach der Ernte die kaiserlichen Abgaben bezahlt, muß die Register über Geburten, Todesfälle und Heirathen führen, die Provinzialsteuern einziehen, muß darauf achten, ob die Straßen, Uferseiten, Fähren und Brücken in gutem Stand sind, und es melden, sobald eine Ausbesserung nöthig wird.

Ihm übergeordnet ist der „Guncho", der Vorsteher des „Kori" oder Kreises von zehn Dörfern; er empfängt monatlich 12 Yen und hat ein hübsches Schreibamt, Gehülfen und Schreiber. Er beaufsichtigt den Kocho und seinen Bezirk, bestimmt die besonderen Ausgaben jedes Dorfes für Schulen, Wegeverbesserung, Gehälter und dergleichen und revidirt monatlich mit dem Kocho die Beisteuer, welche der Bezirk zur Provinzial-Verwaltung zu leisten hat.

An der Spitze der Lokalverwaltung steht der „Kenrei" oder Statthalter, welcher unmittelbar dem Ministerium des Innern verantwortlich ist. In einem großen Ken, wie Niigata, hat er seine Abgeordnete, die in den Hauptstädten wohnen, außerdem einen ersten Sekretair und mehrere Räthe. Seine erste Pflicht ist, die Ordnung mittelst der Polizei aufrecht zu erhalten; diese steht jedoch nicht unter ihm, sondern unter der Polizeibehörde zu Yedo. Bis zu einem gewissen Belaufe bestimmt er die kaiserlichen Abgaben und schreibt die Provinzialsteuern aus, beaufsichtigt die Landstraßen, Flüsse, Ufer und Schulen, und kommt, wo möglich, den Anforderungen des Handels und Verkehrs entgegen, indem er die Wege bessert und den Handelsgesellschaften Unterstützung gewährt; auch ist er Verwaltungsbeamter für alle Angelegenheiten, welche Erbschaften oder Adoptionen betreffen.

Die neue Veränderung, die Steuern in baarem Gelde anstatt in Reis zu erheben, erfordert eine sehr geschickte Handhabung. Das Land und was damit zusammenhangt ist der einzige Gegenstand, der den Bauer empfindlich berührt und wenn er in dieser Beziehung nur leicht gereizt wird, so ist dies hinreichend, daß die sonst harmlosen Ackerbauer ihre Hippen in Speere verwandeln und mit Aufstand drohen. Solche Empörungen sind ganz gewöhnlich und werden ebenso gewöhnlich durch wenige entscheidende Worte des Kenrei oder seines Abgeordneten beschwichtigt.

Im Falle daß der zweite Sohn anstatt des ältesten das Haus und die Ländereien erben soll, oder wenn die Wittwe die Vormundschaft über die Kinder übernimmt oder wenn ein

Familienvater ein Kind anzunehmen wünscht, so ist die Bestätigung des Kenrei erforderlich. Er scheint fast dieselbe Stellung zu haben wie der Präfekt eines französischen Departements.

Es gelang mir nicht, von dem Kocho viel über den jetzigen Stand des Landvolkes zu erfahren. Er scheint der Meinung zu sein, es sei früher besser gewesen, doch kann ich ihm nicht zustimmen. Mit einem Uebergang mögen und müssen freilich viele Uebelstände verknüpft sein, und der Bauer, der an die Bevormundung und in vielen Fällen an die väterliche Fürsorge des alten Regime gewöhnt war, wird sicherlich die Nachtheile einer unabhängigen Stellung empfinden, worin ihm kein Lehnsherr mehr in schlechten Ernten oder anderen Mißgeschicken beisteht; dennoch befindet er sich, wenn er es nur wüßte, in der beneidenswerthesten Lage, in der eines bäuerlichen Grundbesitzers. Er hat das Recht, nach Belieben über sein Land zu verfügen und anzubauen, was ihm gefällt; er ist dem Boden nicht mehr als Leibeigener zugehörig, wie es im alten Regime gebräuchlich war und damit sind auch die unzähligen Vorrechte der oberen Klassen und die Beschränkungen seiner eigenen Freiheit geschwunden. In jetziger Zeit ist jeder Landbesitzer abgeschätzt und erhält mit einem Besitztitel alle Anrechte an dem Boden, mit Ausnahme der Rechte an den Mineralien, welche dem Mikado als Herrn aller japanischen Erbgüter vorbehalten bleiben. Der größte Theil der Steuernlast fällt jedoch auf die bäuerlichen Gutsbesitzer, selbst nachdem in letzterer Zeit die Taxe auf 2½ Procent des Werthes der Ländereien vermindert worden ist.

Es bleibt zu erwarten, ob diese Leute fähig seien, die ihnen zutheil gewordenen besonderen Vortheile zu bewahren. Ein unwissenderes und abergläubigeres Bauernvolk mag es in der ganzen Welt nicht geben. Der Gelegenheiten, das Land zu verpfänden, bieten sich gar viele und auf diesem Wege könnten kleine Grundstücke den jetzigen Besitzern verloren gehen und es könnte ein großer Grundbesitz mit einer abhängigen Bevölkerung entstehen; doch liegt die Sicherheit gegen solche Veränderung in der außerordentlichen Anhänglichkeit, die der Japanese für sein Land hegt.

XXII.

Steindämme. — Die Kak-ke-Krankheit. — Eine Feuersbrunst. — Ein grotesker Vorfall. — Ein Torii. — Tod, Begräbniß und Trauer.

Schingoji, den 21. Juli.

Früh am nächsten Morgen nach meiner langen Unterredung mit dem Kocho von Kanayama weckte mich Ito zur Abreise. Ohne daß ich ihn darum ersucht hatte, schickte der Kocho im Dorfe herum und ließ den Leuten verbieten, sich zu versammeln; somit reiste ich in aller Stille mit einem Saumrosse und einem Läufer ab. Es war ein schrecklicher Weg; zwei steile Bergpässe waren zu überschreiten und ich mußte nicht nur beinahe den ganzen Weg zu Fuße gehen, sondern auch dem Manne mit dem Kuruma auf die steilsten Plätze hinaufhelfen. Wir machten in dem reizend gelegenen Dorfe Nosoki Halt und gingen dann auf einem Gebirgspfade längs dem Hauptstrom des Omono nach Innai. Unbeschreiblich ist die Schönheit und Wildheit dieser Bergstraße, die überraschenden Aussichten unterwegs, die gewaltigen Regengüsse, welche die Bäche in Ströme verwandelten und die Tagesreise überaus beschwerlich machten. Wir kamen durch die Schione- und Sakatsu-Pässe und legten in zwölf Stunden nur funfzehn Meilen zurück. Ueberall sagte man uns, auf diesem Wege könnten wir nicht durch das Land gelangen.

Die Frauen tragen hier noch Hosen; die Gewänder, die sie in die Beinkleider hineinstecken, sind aber viel länger als sonst. Die Männer tragen einen baumwollenen Brustlatz, der mit einer Schürze in Verbindung steht; sonst weiter nichts oder zuweilen den Kimono darunter. Die nach Innai hinabführende Cryptomerien-Allee und das Dorf selber nebst dem rauschenden Omono sind sehr schön. Kapellen und Figuren des Buddha sind in dieser Gegend zahlreich und an vielen Plätzen stehen aufrechte Steine ohne Inschriften, worauf die Sonne und der Mond grob ausgehauen sind. Zu den sinnreichen Einrichtungen gehören die Dämme, welche sich längs des Weges von Nikko hinziehen. Sie bestehen aus Röhren von verschiedener Länge, 2 bis 4 Fuß im Durchmesser, aus Bambusfasern gefertigt und in so kleine Maschen gewoben, daß ein sechspfündiger Stein nicht herausfallen kann. Diese Cylinder werden mit großen Steinen gefüllt und über einander gepackt, so daß sie die trefflichsten Deiche und Uferbeschälungen bilden. Durch diese einfache Vorrichtung werden die Verheerungen, welche die Fluthen anrichten, bedeutend vermindert.

In meiner Yadoya ging es sehr munter her, mein Zimmer war aber beständig den neugierigen Blicken der hereinguckenden Leute ausgesetzt. Nicht allein, daß in diesen entfernten Gegenden jeder Fremde und seine Besonderheiten die Aufmerksamkeit auf sich lenken, sondern bei mir kamen noch das Waschbecken aus Gummi, das Luftkissen und vor Allem mein weißes Moskitonetz hinzu. Ihre Netze sind sämmtlich aus schwerem grünen Canavas gefertigt und das meinige bewundern sie in dem Grade, daß ich beim Abschiede kein geeigneteres Geschenk geben kann als einige Fäden daraus, die sie dann in ihr Haar flechten. Im nächsten Zimmer befanden sich sechs Pioniere, welche die Gebirgspässe, durch die ich gekommen war, zu besichtigen hatten, ob dieselben getunnelt werden könnten; in diesem Falle würde der ganze Weg von Tokiyo bis Kubota am japanischen Meere für Kurumas und, mit geringer Frachterhöhung, auch für Lastwagen zu passiren sein.

In den beiden Dörfern Ober- und Nieder-Innai war eine Krankheit ausgebrochen, die von den Japanesen sehr gefürchtet wird und „Kak-ke" heißt. Innerhalb der letzten sieben Monate waren von einer Bevölkerung von 1500 Menschen 100 hingerafft worden und man hatte den Aerzten des Ortes noch zwei andere aus der medicinischen Lehranstalt zu Kubota zur Hülfe geschickt. Einen europäischen Namen weiß ich nicht; der japanische bedeutet eine Krankheit der Beine. Die ersten Anzeichen bestehen in einer Schwäche der Beine, Erschlaffung der Kniee, Wadenkrämpfen und Anschwellungen. Dr. Anderson, der diese Krankheit in mehr als 1100 Fällen zu Tokiyo beobachtete, nennt diese Erscheinungsform die sub-akute; die chronische ist eine langsame Erstarrung, die bei ungehindertem Verlauf, in einem Zeitraum von sechs Monaten bis zu drei Jahren den Tod zur Folge hat. Nachdem Dr. Anderson bemerkt hat, daß die ernsten

Symptome ganz unerwartet auftreten und sich sehr schnell verschlimmern, beschreibt er die dritte oder akute Form mit folgenden Worten: „Der Kranke vermag nicht länger liegen zu bleiben, sondern richtet sich auf und wendet sich rastlos aus einer Stellung in die andere. Die gerunzelten Augenbrauen, die starren und ängstlichen Blicke, die dunkle Hautfarbe, die blauen, aufgesprungenen Lippen, die aufgeblähten Nasenlöcher, die schwellenden Halsadern und die keuchende Brust: dies Alles bildet ein Bild des schrecklichsten Leidens, wie es nur mit der bösartigsten Krankheit verbunden ist. Es tritt nicht einmal auf einen Augenblick Linderung ein, und dem Arzt, der hier fast gar nichts wirken kann, bleibt nur übrig, auf die Verminderung des Pulses und die Abnahme der Körperwärme zu achten und den Augenblick zu erwarten, wo das Gehirn, von dem karbonisirten Blute gelähmt, unempfindlich wird und dem Sterbenden gestattet, die letzten Minuten bewußtlos zu vollbringen.

Ein Arzt von Kubota, mit dem ich eine Station weit reiste, machte mir noch interessante Mittheilungen über diese Krankheit. Nach der Meinung der einheimischen Aerzte wie auch des Dr. Anderson, sagte er, seien stehendes Wasser, Feuchtigkeit, überfüllte Räume und Mangel an Lufterneuerung die vorbereitenden Ursachen zu dieser Krankheit, ihr häufiges Vorkommen unter Soldaten und Polizeileuten ließe sich wohl aus dem Umstande erklären, daß diese Leute ausländische Schuhe tragen, die gewöhnlich feucht sind. Ito ist davon so überzeugt, daß er niemals fremde Stiefeln anzieht, wenn der Boden feucht ist. Man hält diese Krankeit für dieselbe, welche unter dem Namen „Beriberi“ zu manchen Zeiten so große Verheerungen in den Kerkern und Kasernen auf Ceylon und in Indien anrichtet. In der letzten Zeit ist sie in Tokiyo besonders bösartig aufgetreten und man hat zwei Krankenhäuser eröffnet, in deren einem die einheimische, in dem anderen die fremde Behandlung versucht wird.

Am nächsten Morgen reisten wir neun Meilen weit durch sumpfiges Land, unter einer Cryptomerien-Allee, und nahmen mit Bedauern wahr, daß die Telegraphenstangen aufhörten. Wir erreichten Yusowa, eine Stadt mit 7000 Einwohnern, wo wenige Stunden vorher eine Feuersbrunst siebenzig Häuser zerstört hatte, darunter die Yadoya, wo ich absteigen sollte. Zwei Stunden lang mußten wir auf Pferde warten, da alle zur Fortschaffung von Menschen und Gütern gebraucht wurden. Auf dem Boden, wo die Häuser gestanden hatten, war nichts weiter als Asche zu erblicken; die Lagerhäuser waren geschwärzt und zuweilen leicht geborsten, aber sonst sämmtlich unverletzt. Es wurden bereits die Gerüste zu neuen Häusern errichtet. Von Menschen ist nur ein betrunkener Mann um sein Leben gekommen; ich würde wahrscheinlich Alles, außer meinem Gelde eingebüßt haben.

Yusowa ist ein Ort, der ganz besonders widerwärtig aussieht. Ich nahm im Hofe mein Frühstück ein, ein kümmerliches Mahl aus geschmacklosem weißen Bohnenbrei mit einem Zusatz von condensirter Milch. Das Volk drängte sich zu Hunderten an die Thüre und als die Hintenstehenden nicht sehen konnten, verschafften sie sich Leitern und kletterten auf die angrenzenden Dächer, wo sie so lange verweilten, bis ein Dach krachend zusammenbrach und über fünfzig Männer, Frauen und Kinder in das untere Zimmer hinabstürzten, das glücklicher Weise leer stand. Bemerkenswerth ist es, daß Keiner einen Schrei ausstieß. Die Verletzungen beschränkten sich auf einige Beulen. Bald darauf erschienen vier Polizisten und fragten nach meinem Paß, als ob ich den Unfall verschuldet hätte; da sie, wie gewöhnlich, nicht ein Wort davon lesen konnten, so forschten sie nach dem Zweck meiner Reise und als ich ihnen sagte, ich wollte das Land kennen lernen, fragten sie, ob ich eine Landkarte anfertigen wollte. Nachdem sie ihre Neugierde befriedigt hatten, verschwanden sie und der Haufe drängte sich noch mehr heran. Der Transport-Agent bat sie, fortzugehen, sie erwiderten jedoch, solcher Anblick würde ihnen vielleicht nicht wieder dargeboten. Ein alter Bauer meinte, er würde weggehen, wenn er erfahren hätte, ob ich ein Mann oder eine Frau sei, denn er möchte doch gern zu Hause erzählen, was er gesehen hätte. Dies erweckte meine Theilnahme und ich gebot Ito, ihm auch zu sagen, daß ein japanisches Pferd, wenn es mein Vaterland erreichen sollte, 5½ Woche ununterbrochen galoppiren müßte, — eine Auskunft, die er unterwegs verschwenderisch ertheilt. Es ist ein seltsames schweigendes, gaffendes Volk; Stunden lang stehen sie regungslos und auch die kleinen Kinder, welche die Frauen auf den Rücken und die Männer auf den Armen tragen, hört man niemals schreien. Ich würde froh sein, wenn ich einmal ein gemeinschaftliches herzhaftes Gelächter hören könnte, und wenn es auch auf meine Kosten wäre. Dieses melancholische Starrsehen ist aber niederdrückend.

Die Landstraße war zehn Meilen weit von Landleuten bewandert, welche die Brandstätte sehen wollten. Es war ein guter Weg und eine angenehme Gegend und an den Seiten zeigten sich zahlreiche Schreine und Figuren der Göttin der Barmherzigkeit. Ich hatte ein außerordentlich boshaftes Pferd. Obgleich sein Kopf doppelt an den Sattelgurt gekettet war, so begegnete es doch keinem Menschen, ohne daß es mit angelegten Ohren auf ihn zulief, um ihn zu beißen. Ich hatte geglaubt, die Pferde würden durch Quälereien oder gewaltthätige Dressur bösartig gemacht; dies erklärt aber nicht die Tücken der japanischen Pferde, denn hier werden sie von den Menschen gefürchtet und mit großer Schonung behandelt; man schlägt und stößt sie nicht, spricht immer in sanften Worten zu ihnen und im Ganzen haben sie es besser als ihre Herren.

Yokote, eine Stadt von 10,000 Einwohnern, worin die besten Wirthshäuser in üblem Rufe stehen, ist ein elender, schmutziger und übelriechender Ort, treibt aber bedeutenden Baumwollenhandel. Als ich durch die Straßen ritt, kamen die Leute völlig unbekleidet aus den Bädern, um mich zu sehen. Der Wirth war sehr höflich, ich erhielt jedoch ein dunkles und unsauberes Zimmer, zu welchem eine Bambusleiter hinaufführte. Obgleich ich ein wenig ermüdet und auch von den Insektenstichen gequält war, besuchte ich doch am nächsten Morgen einen Sinto-Tempel oder „Miya" und blieb vom Gedränge verschont, obgleich ich allein ging.

Der Eingang zu dem Tempel war, wie gewöhnlich, ein „Torii", bestehend aus zwei großen, 20 Fuß hohen Pfosten, die durch Querbalken verbunden sind, von denen der oberste über die Pfosten hinausragt und oft an beiden Seiten aufwärts gebogen ist. Das Ganze war dunkelroth angestrichen. Dieser „Torii" oder „Vogelrast" soll seinen Namen erhalten haben, weil das Geflügel, welches früher hier dargeboten aber niemals geopfert wurde, sich auf den Balken zu setzen pflegte. Ueber dem Thorwege hangen an einem Strohseil Papierstreifen und Quasten aus Stroh, ein besonderes Emblem des Sinto. In dem Hofe standen mehrere hübsche Laternen auf Fußgestellen aus Granit, wie sie fast allgemein sowohl in Sinto- wie in Buddhisten-Tempeln anzutreffen sind. In diesem Theile von Japan sind die Laternen gewöhnlich auf einer Seite mit einem Halbmond, auf der anderen mit einer Sonnenscheibe verziert, — Sinnbilder, welche von der chinesischen Vorstellung von einem männlichen und einem weiblichen Princip in der Natur hergeleitet werden. Der Tempel war von der gewöhnlichen Form, mit einem sattelförmigen schwarzen Schilfdach und einer Treppe, die zu dem

Torii.

Eingange hinauf führte; doch war hier eine Schranke angebracht, die man bei den Buddhisten-Tempeln nicht findet. Der Tempel war leer und enthielt nur einen polirten Spiegel aus Stahl; auch dieser wird, wie Satow in seiner gelehrten Schrift über den Sintodienst anführt, in einem besonderen Kasten verwahrt, wenn nicht der Tempel irgendwann durch eine Berührung mit dem Buddhismus entweihet worden ist. Hinter dem Spiegel befand sich ein verborgener Schrein, und vor diesem ein Tisch, worauf zwei kleine Schüsseln standen, von denen die eine Reis, die andere Sake enthielt, darüber lag ein Zweig Immergrün. Ein reiner Sinto-Tempel besteht immer außen und innen aus behobeltem Holz und ist mit Schilf gedeckt, nach dem Muster der Heiligthümer von Ise, der Wiege des Glaubens. Während ich am Eingange stand, kamen einige Leute herbei und zogen an einem abgenützten Tau, das im Thorwege hing und eine unangenehm tönende Glocke in Bewegung setzte. Dann schlugen sie in ihre Hände, murmelten einige Worte, machten drei Kniebeugungen, klatschten abermals in die Hände und gingen fort. Die ganze Vorstellung hatte etwa anderthalb Minuten gedauert. Durch den Glockenklang und das Händeklatschen sollte die Aufmerksamkeit des Gottes erweckt werden. Ein regelmäßiger Gottesdienst ist nicht eingeführt, die Vermittelung eines Priesters ist selten nothwendig und im Sinto findet der Priestertrug kaum eine Stelle, da er sich, im Gegensatz zum Buddhismus, um ein künftiges Dasein wenig kümmert. Gegen die Wand des Tempelhofes waren mehrere vier Fuß hohe Torii gelehnt, welche als Gelöbnißgeschenke gelten sollten.

Nachdem wir Yokote hinter uns hatten, kamen wir durch eine hübsche Gegend mit Aussichten auf das Gebirge und gelegentlichen Durchblicken der schneebedeckten Kuppe des Chokaizan; dann setzten wir auf zwei gebrechlichen Fähren über den Omono, der seine Ufer durchbrochen und seine Brücken zerstört hatte, und gelangten nach Rokugo, einer Stadt mit 5000 Einwohnern, schönen Tempeln, aber außerordentlich schlechten Häusern.

Hier wurde ich durch die Bereitwilligkeit der Polizei in Stand gesetzt, dem buddhistischen Begräbniß eines ziemlich reichen Kaufmannes beizuwohnen. Es zog mich durch seine feierliche Würde an, und Ito's Erklärungen waren höchst verständlich. Ich ging in der Kleidung einer japanischen Frau hin, die ich mir ein Theehause geliehen hatte und setzte eine blaue Haube auf. Auf diese Weise erregte ich kein Aufsehen, fand aber den Zwang des nach vorn eng zusammengenommenen Kimono sehr lästig. Ito gab mir viele Anweisungen, was ich zu thuen und zu lassen hätte und ich befolgte alle genau, denn ich war ängstlich bemühet, Alles zu vermeiden, was Denjenigen unlieb sein könnte, die einer Fremden so freundlich den Zutritt gestatteten.

Die Krankheit des Verstorbenen war nur von kurzer Dauer gewesen und man hatte nicht Zeit gefunden, Gebete oder Wallfahrten für ihn zu veranstalten. Sobald der Tod eintritt, wird der Leichnam mit dem Haupte nach Norden gelegt; eine Stellung, die der lebende Japanese ängstlich vermeidet. Zwischen dem Todten und einem Wandschirm befinden sich auf einem lackirten Ständer eine brennende Oellampe, Kuchen aus rohem Reisteige und ein Näpfchen mit Räucherstäben. Gleich nach dem Tode wählen die Priester den „Kaimiyo“ oder den Namen, den der Verstorbene nach dem Ableben führen soll, schreiben ihn auf ein weißes Holztäfelchen und setzen sich neben der Leiche nieder; an die Seite des Todten wird auch ein Ständer gesetzt, worauf Schüsseln und Tassen mit vegetabilischer Nahrung stehen; auf der linken Seite des Ständers liegen die Speisestäbchen. Nach Verlauf von vier und zwanzig Stunden schickt man sich an, den Leichnam in den Sarg zu legen, indem man ihn mit warmem Wasser wäscht und der Priester ihm, unter Aufsagen gewisser Gebete, das Haupt scheert. Bei Reichen und Armen ist das Todtengewand nach gebräuchlichem einfachen Zuschnitt und besteht aus weißem Linnen- oder Baumwollenstoff.

In Omagori, einer Stadt in der Nähe von Rokugo, werden große irdene Krüge angefertigt, die von den Reichen zu Begräbnissen gebraucht werden, wobei man sie in zwei viereckige Kasten stellt, deren äußerer aus sauber behobeltem Holze besteht. Die Armen bedienen sich eines bedeckten Fäßchens aus Tannenholz mit Bambusreifen. Die Frauen werden zum Begräbniß in ein seidenes Gewand gekleidet, das sie am Hochzeitstage getragen haben; neben sie oder zu ihren Füßen werden „Tabi“ gelegt, und gewöhnlich läßt man ihr Haar lose herabhangen. Die reichen Leute füllen den Sarg mit Zinnober, die ärmeren mit Spreu; in dem vorliegenden Falle wurden nur Mund, Nase und Ohren mit Zinnober gefärbt und der Sarg mit grobem Räucherwerk angefüllt. Der Leichnam wird, in der gewöhnlichen hockenden Stellung, in den Kasten oder das Faß gesetzt. Unerklärlich bleibt es, wie der menschliche Körper, viele Stunden nach seinem Tode, in einen so kleinen Raum hineingedrängt werden kann. Man hat gemeint, der starre Zustand der Leiche würde durch ein Pulver beseitigt, welches die Priester verkauften, doch hat sich diese Annahme nicht bestätigt und das Verfahren bleibt immerhin unbegreiflich.

An der äußeren Seite der Hausthüre hingen Fähnchen und

Schmuckstäbe. Zwei Männer in blauen Kleidern mit hellblauen flügelförmigen Obergewändern empfingen Jeden, der sich zum Begräbniß einstellte; zwei andere reichten eine lackirte Schüssel mit Wasser und ein Handtuch aus weißem Seidenkrepp. Darauf traten wir in ein großes Gemach, dessen Wände mit vielen hübschen Wandschirmen umstellt waren, worauf man Lotuspflanzen Störche und Päonien, sehr naturgetreu auf Goldgrund gemalt, erblickte. Am Ende des Gemachs stand der Sarg unter einem Baldachin aus weißer Seide, der höchst geschmackvoll mit weißen Lotusblumen verziert war. Das Antlitz der Leiche war nach Norden gerichtet. Sechs prächtig gekleidete Priester saßen zu beiden Seiten des Sarges und zwei andere knieten vor einem kleinen Altar.

Die Wittwe, eine sehr hübsche Frau, hockte neben dem Verstorbenen, an der Seite der Eltern; dann folgten die Kinder, Verwandte und Freunde in einer Reihe, in weiße und blaue weite Gewänder gekleidet. Die Wittwe war weiß geschminkt, ihre Lippen mit Zinnober gefärbt; ihr Haar war künstlich geordnet und mit Haarnadeln aus geschnitztem Muschelwerk verziert. Sie trug ein schönes, blaues Seidenkleid, mit einem Aermelmantel aus weißem Krepp und einem scharlachrothen, goldgestickten Gürtel und sah eher aus wie eine Braut am Hochzeitstage als wie eine Wittwe. In der That gaben die im Zimmer befindlichen schönen Gewänder und die Fülle von blauer und weißer Seide viel eher die Vorstellung von einem fröhlichen Feste als von einer Begräbnißfeier. Nachdem alle Gäste angekommen waren, wurde Thee und Zuckerwerk herumgereicht; Weihrauch wurde reichlich verbrannt; Litaneien wurden gemurmelt, und während man sich geräuschvoll nach dem Grabe in Bewegung setzte, benutzte ich die Zeit, mir einen Platz am Portal des Tempelhaines zu sichern.

Die Eltern nahmen an dem Leichenzuge nicht Theil, doch waren alle Trauernde aus der Verwandtschaft. Vorauf wurde die Tafel mit dem Todtennamen des Verstorbenen von einem Priester getragen, dann die Lotusblume von einem anderen Priester, dann folgten zehn Priester, zwei auf zwei, und sangen Klagelieder aus Büchern ab, dann kam der Sarg, mit weißen Tüchern behangen und auf einer Plattform von vier Männern getragen und endlich folgte die Wittwe mit den übrigen Verwandten. Der Sarg wurde in den Tempel geführt und auf ein Gestell niedergesetzt; inzwischen verbrannte man Weihrauch und sprach Gebete, bis man ihn nach einer engen, mit Cement ausgelegten Grube trug. Während die Erde aufgeworfen wurde, verweilten die Priester im Gebet; darauf ging das Gefolge auseinander und die Wittwe kehrte ohne Begleitung nach Hause zurück. Man sah keine gemietheten Klageweiber und kein Zeichen der Trauer, aber es konnte nichts Feierlicheres und Imposanteres geben als das ganze Traueramt. Der Kirchhof, der den Tempel umgab, war sehr schön, von Cryptomerien beschattet und, wie alle japanischen Begräbnißstätten, sehr sauber gehalten; Grabsteine waren in großer Zahl vorhanden. Sobald das Grab gefüllt war, wurde eine mannshohe Lotusblume darauf gepflanzt und daneben ein lackirtes Brett mit Gefäßen voll Thee oder Sake, Bohnen und Zuckerwerk gestellt.

Die Zeit der Trauer wird strenge innegehalten. Mitford giebt in seinen „Geschichten von Alt-Japan" eine Uebersetzung von mehreren Trauer-Vorschriften, die in dem Buche „Schorei Hikki" stehen. Darin lautet eine Stelle: „Das Begräbniß der Eltern ist die wichtigste Ceremonie, die im Leben eines Menschen vorkommt." Nachdem die Bestattung in geziemender Weise vollzogen ist, dauert die Trauer um den Vater oder die Mutter funfzig Tage, während welcher Zeit die Kinder sich des Sake enthalten und das Grab sowie den Tempel, worin der Trauerdienst stattfand, täglich besuchen müssen. Für Gatten, Ehefrauen, Geschwister und erstgeborene Kinder währet die tiefe Trauer nur zwanzig Tage, wird also für weniger wichtig angesehen als die Pflicht gegen die Eltern. Die zweite Trauerzeit dauert für die Eltern ein Jahr, und für die erwähnten Verwandten neunzig Tage. Eine Vernachlässigung der Trauer für Eltern oder Gatten wird mit Strafdienst von einem Jahre bestraft.

Die Freunde müssen das Grab am siebenten Tage besuchen und nach dieser Zeit jeden siebenten Tag bis zum funfzigsten; alsdann spricht der Priester die Gebete und die Leidtragenden tauschen Geschenke aus. Ein feierlicher Besuch des Grabes findet am hundertsten Tage statt, wenn der Grabstein errichtet wird. Der nächste Besuch geschieht bei der Jahresfeier des Sterbetages und später am dritten, siebenten, dreizehnten, siebenzehnten, funfzigsten und hundertsten Jahrestage. Ein Täfelchen mit dem posthumen Namen der Todten findet eine Stelle bei dem Hausgötzenbilde und ein anderes an einem Gesims im Tempel; die Spenden an Nahrungsmitteln hangen von der Freigebigkeit ab, die den Priestern zutheil wird.

Von den Verwandten werden bei ihren gelegentlichen Besuchen Stäbe oder lange Täfelchen mit chinesischen oder Sanskrit-Schriftzeichen auf das Grab gelegt. Jede Familie hat ihre besondere abgeschlossene Stätte auf dem Beerdigungsplatze. Niemals besuchte ich einen Friedhof, wo ich nicht frische Blumen in Fülle auf den Gräbern gefunden und Frauen angetroffen hätte, welche Weihrauch vor den Grabsteinen verbrannten. Diese Ehrerbietung vor den Todten ist jedoch verschieden von der chinesischen Verehrung der Vorfahren. Die Begräbniß- und Trauerförmlichkeiten sind vorschriftsmäßig geregelt; letztere ändern sich je nach den Gebräuchen der verschiedenen buddhistischen Sekten, sind aber alle in den Händen der Priester, kraft vorgeschriebener Gesetze, von denen sogar die christlichen Leichenbestattungen nur durch die Nachsicht der Priester ausgenommen sind.

Der Tempel in Rokugo war sehr schön und unterschied sich von einer römischen Kirche nur durch geschmackvollere und gediegenere Ausschmückungen. Der untere Altar, worauf Lilien und brennende Kerzen standen, war in Blau und Silber drapirt und auf dem Hochaltar, mit karmoisinrothen und goldenen Decken behangen, standen nur ein verschlossener Schrein, ein Räuchergefäß und eine Vase mit Lotuspflanzen.

XXIII.

Ein betrogener Polizist. — Beleidigende Zudringlichkeit. — Die Stromfahrt. — Das Hospital zu Kubota. — Die Normalschule. — Gegensätze und Widersprüche.

Kubota, den 23. Juli.

Bald nachdem ich Rokugo in meiner Kuruma verlassen hatte, begegnete mir der höfliche und angenehme junge Arzt, welcher sich während der Kak-ke-Krankheit in Innai aufgehalten hatte, und lud mich ein, das Krankenhaus zu Kubota zu besuchen, an welchem er als jüngerer Arzt angestellt war.

Als wir einen schmalen Pfad entlang fuhren, trafen wir auf einen Mann, der einen Gefangenen an einem Strick führte, während ein Polizeimann folgte. Sobald mein Läufer den Letzteren erblickte, warf er sich plötzlich auf den Erdboden nieder und suchte zu gleicher Zeit in ein Gewand zu schlüpfen, das über der Querstange der Scheerbäume gehangen hatte; die jungen Männer, welche die beiden nachfolgenden Kurumas zogen, bemüheten sich ebenfalls, in ihre Kleider zu kommen. Mein Läufer wand sich, in buchstäblichem Sinne des Wortes, im Staube und erhob nur das Haupt, wenn der Polizist sprach, um es desto tiefer wieder zu senken. Die Veranlassung zu dem ganzen Auftritt bot der Umstand, daß er unbekleidet war. Ich führte zu seiner Entschuldigung an, daß die Hitze sehr drückend sei und der Polizeimann erklärte, er würde ihn nicht verhaften, um mir Unannehmlichkeiten zu ersparen. Der ältliche Mann erholte sich jedoch nicht gänzlich von seinem Schreck; kaum aber war uns der Polizist aus dem Gesicht, als die beiden jüngeren Männer in ein jauchzendes Gelächter ausbrachen und ihre Kleider in die Höhe warfen.

In Schingoji langte ich zu ermüdet an, um weiter zu reisen, fand aber zu meinem Leidwesen nur ein niedriges und dunkles Zimmer, das von schmutzigen Papierschirmen umschlossen war. Auf einer Seite lag es nach einem kleinen dumpfigen Hofe hinaus, in welchen die Leute aus dem Nebenhause beständig hinein gafften; auf der anderen nach einem Durchgange, wo sich mehrere Reisende die Füße wuschen; die dritte führte nach der Küche und die vierte in das Vorzimmer. Außer Reis und Gurken konnte ich nichts zu essen bekommen. Am Nachmittage kam eine kleine Prozession mit einem Tragebett an meinem Hause vorbei. Die Priester, welche den Palanquin trugen und geleiteten, waren in karmoisinrothe Röcke und weiße Meßgewänder gekleidet, darüber die Stola. Diese Arche, sagte man mir, enthielt Papiere, worauf die Namen gefürchteter Personen und Uebel geschrieben waren, und die Priester waren in Begriff, diese Papiere in den Fluß zu werfen.

Ich flüchtete mich frühzeitig vor den Moskitos in mein Bett, ließ die trübe schimmernde Lampe brennen und schloß die Augen. Gegen neun Uhr vernahm ich ein anhaltendes Wispern und Schuffeln und als ich aufblickte, sah ich mir gegenüber über vierzig Männer, Weib und Kinder, welche in aller Stille drei Fensterschirme auf die Seite geschoben hatten, um mich anzuglotzen. Sie wichen nicht von der Stelle, als ich in die Hände klaschte und nach dem Diener rief; als jedoch Ito kam, stoben sie wie eine Heerde Schafe aus einander. Das neugierige Gedränge außerhalb des Hauses hatte ich bisher geduldig und sogar mit Lächeln ertragen; aber diese Art Einbruch erschien mir unerträglich und ich schickte Ito nach dem Polizei-Amt und ließ bitten, man möchte die Leute von meinem Hause fern halten, da der Wirth nicht dazu im Stande sei. Nachdem ich mich angekleidet hatte, trat ein Polizeibeamter in mein Zimmer, angeblich, um das Benehmen des Volkes zu entschuldigen, in der That aber in der Absicht, mich und besonders mein Bettgestell und mein Moskito-Netz anzustarren. Der Beamte sagte mir, die Leute hätten hier niemals einen Fremden zu sehen bekommen.

Am Montag Nachmittag gelangte ich auf dem Omono-Fluß nach Kubota und legte zu Wasser binnen neun Stunden eine Strecke zurück, die zu Lande zwei volle Tagereisen in Anspruch genommen hätte. Es kam darauf an, einen Plan weise zu überlegen und ihn mit Entschlossenheit durchzuführen. Festigkeit auf der Reise ist nirgendwo so erforderlich wie in Japan. Nach Brunton's Landkarte schloß ich schon früher, daß der Omono von Schingoji aus schiffbar sein müsse, und befahl Ito vor einer

Woche, sich danach zu erkundigen; man erhob aber überall Schwierigkeiten. Bald war das Wasser zu hoch, bald zu niedrig; dort gab es steile Anhöhen, hier tiefe Schluchten; es war zu spät im Jahre; alle Böte, die letzthin aufgebrochen, waren zu Grunde gegangen. Auf einer Fähre aber sah ich in der Ferne ein Frachtboot stromabwärts fahren und erklärte Ito, ich würde diesen und keinen anderen Weg einschlagen. Als ich in Schingoji ankam, sagte man mir, nicht auf dem Omono, sondern auf einem Flusse mit sehr reißender Strömung wären Böte gescheitert. Zuletzt sollte kein Boot zu finden sein; als ich jedoch erklärte, ich würde zehn Meilen weit nach einem schicken, verschaffte der Transport-Agent ein kleines Fahrzeug mit flachem Boden, worin eben Ito, das Gepäck und meine Person Platz fanden. Ito bemerkte salbungsvoll: „Bis jetzt ist uns auf unserer Reise noch nichts gesagt worden, was sich wahr erwiesen hätte!“ Und das ist keine Uebertreibung.

Die gewöhnliche Volksmenge versammelte sich nicht vor der Thüre, aber ging mir nach dem Flusse vorauf, wo sie die Ufer besetzte und auf die Bäume kletterte. Vier Polizeimänner gaben mir das Geleite.

Die Reise war zwei und vierzig englische Meilen weit köstlich. Die Wirbel waren nur unbedeutend, der Strom stark. Der eine Bootsmann schlief beinahe an seinem Ruder, der andere beschäftigte sich, das Wasser auszuschöpfen, sobald das Fahrzeug zur Hälfte gefüllt war. Die Ufer waren hübsch und still und fast unbevölkert, bis wir die große Stadt Araya erreichten, die sich eine Strecke weit auf dem hohen Ufer hinzieht. Nach neunstündiger ungehemmter Fahrt verließen wir den Hauptstrom des Omono bei der Vorstadt von Kubota und fuhren in einen schmalen grünen Fluß, der auf einer Seite mit verfallenen Hintergebäuden, Werften und Holzplätzen, auf der anderen mit Wohnhäusern und Gärten besetzt war. Dieser Fluß wurde von zahlreichen Brücken überspannt.

In einer freundlichen Yadoya erhielt ich ein hübsches Zimmer im oberen Stockwerk und ich verlebte hier drei angenehme und geschäftige Tage. „Ausländische Speise“ — ein gutes Beefsteak, vortreffliche Gurken, Salz und Mostrich waren leicht zu bekommen und ich fühlte mich nach dem Genusse ordentlich aufgeheitert.

Kubota ist eine sehr anziehende und ächt japanische Stadt mit 36,000 Einwohnern, die Hauptstadt des Bezirkes Akita. Ueber das fruchtbare Thal erhebt sich ein schöner Berg, Namens Taiheisan, und dicht dabei ergießt sich der Omono in das japanische Meer. Die Stadt ist sehr rege, treibt lebhaften Handel und fabricirt einen blau und schwarz und einen gelb und schwarz gestreiften Seidenstoff, der zu Unterbeinkleidern und Aermelroben verwandt wird, ferner Wandschirme, Holzschuhe und eine Art von weißem Seidenkrepp mit erhabenem Eintrag, den man in den Läden von Tokiyo zu hohem Preise verkauft. Obgleich eine Schloßstadt, ist sie doch frei von dem gewöhnlichen abgestorbenen Aussehen und nimmt sich blühend und gefällig aus. Straßen mit Läden sind nur wenige, ein großer Theil der Straßen und Gassen enthält jedoch hübsche vereinzelte Wohnhäuser, die von Bäumen, Gärten und gut gepflegten Hecken umgeben sind; den Eingang zu jedem Garten bildet ein massiver Thorweg. Diese meilenlangen Vorstadt-Wohnungen deuten fast auf eine Mittelklasse, die eines gemächlichen Privatlebens genießen kann. Fremder Einfluß ist kaum zu verspüren und nicht ein einziger Fremder ist bei der Regierung oder anderweitig angestellt, selbst das Hospital wurde von Anfang an nur durch japanische Aerzte verwaltet.

Dieser Umstand erweckte den Wunsch in mir, es zu sehen; als ich mich jedoch zu der Stunde, die für Besuche festgesetzt ist, hinbegab, machte der Direktor umständliche, jedoch höfliche Einwendungen. Jeder Fremde, der das Hospital besichtigen wolle, sagte er, müsse zuvor seinen Paß beim Statthalter einreichen und einen schriftlichen Befehl einholen; ich mußte mich also zu diesen Maßregeln verstehen und mein Besuch wurde auf den nächsten Tag, 8 Uhr morgens, festgesetzt. Ito, der bei geringen Gelegenheiten nicht viel auf sein Dolmetscher-Amt giebt, es sich aber bei solchen wichtigeren Vorkommnissen sehr angelegen sein läßt, begleitete mich, sehr schmuck in Seide gekleidet, wie es sich für einen Interpret geziemt, und übertraf sich selber.

Der Direktor und die sechs Stabsärzte, alle in seidenen Kleidern, empfingen mich oben auf der Treppe und führten mich in das Direktionszimmer, wo sechs Schreiber beschäftigt waren. Ein Tisch war sauber weiß gedeckt; wir nahmen auf Stühlen Platz und ließen uns Pfeifen, Thee und Zuckerwerk reichen. Von funfzig Studenten begleitet, deren intelligentes Aussehen gute Erfolge versprach, machten wir alsdann die Runde in dem Hospital. Letzteres ist ein großes zweistöckiges Gebäude in halb europäischem Stil, aber mit breiten Verandas umgeben. In dem oberen Geschoß befinden sich die Klassenzimmer, in dem unteren Räume für 100 Kranke und für die dort wohnenden Studenten. Mehr als zehn Patienten werden in einem Zimmer nicht behandelt, ernstere Fälle in besonderen Zimmern. Krebsartige Krankheiten sind vorherrschend und der Oberarzt, welcher das Hospital jetzt reformirt, hat in Folge dessen einzelne Krankenzellen abgeschlossen. Eine Klinik befindet sich unter demselben Dache. Jährlich werden über funfzig wichtige Operationen ausgeführt, wobei Chloroformirungen zur Anwendung kommen; das Volk des Akita-Bezirks ist jedoch conservativ und will mit Gliederabschneiden und mit fremden Arzneien nichts zu theilen haben. Durch diese Abneigung werden die Patienten auf eine geringere Anzahl beschränkt.

Dr. Kayobaschi, der jetzige Oberarzt, ist erst kürzlich von der medicinischen Lehranstalt zu Tokiyo abgegangen und hat das antiseptische Verfahren mit gutem Erfolge eingeführt. Betten sind nicht in Gebrauch; er selber billigt sie zwar, hält es aber für nothwendig, dem Vorurtheil, das jetzt dagegen herrscht, nachzugeben. Die Krankenpflege ist hier, wie überall, der schwächste Punkt. Es sind einige Krankenwärter beiderlei Geschlechts hier, gewöhnlich aber bringen sich die Patienten ihre Freunde mit, die sie verpflegen, sich jedoch nicht an die ärztlichen Verordnungen binden. Die Küche war nicht zu sauber und roch nach dem „Daikon" und dem gebratenen Fisch, den die Köche verzehrten, und die Feuerstätte war nur klein, doch kommt dabei in Betracht, daß die Freunde auf den Kohlenbecken in den Zellen kochen. Die Diät ist reichlich, aber im Allgemeinen streng japanisch. Fleisch ist nur in wenigen Fällen gestattet, dagegen häufig Branntwein, Port- und Rothwein; doch werden stets Eier in diese geistigen Getränke geschlagen. Jeden Tag wird noch über achtzig auswärtigen Patienten Rath und Arznei ertheilt.

Hier wie an anderen Orten war mir die Thatsache auffallend, daß die Regierung, indem sie Spitäler nach europäischer Art einrichtet, sich vom Publikum abhängig erhält, so daß dieselben kaum für mildthätige Anstalten gelten können. Die auswärtigen Kranken zahlen für die Arznei, die inneren für die tägliche Behandlung und nur die ganz unbemittelten werden, kraft einer Verfügung vom Statthalter, unentgeltlich aufgenommen.

Besser als die Kranken-Abtheilung gefiel mir die Polyklinik. Die Einrichtung derselben ist bewundernswerth und die hohen, hellen und luftigen Räume lassen nichts zu wünschen übrig. Es befanden sich sechszig Kranke in dem Wartezimmer, einem hübschen Gemach mit Bänken versehen. Die Namen der Patienten werden nach alphabetischer Reihe aufgerufen, und ein jüngerer Arzt weiset sie in eines der drei hellen und schicklich eingerichteten Zimmer, welche je für medicinische, chirurgische und Augenkuren bestimmt sind. Jeder erhält ein Recept, das in ein Buch eingetragen und numerirt wird, entsprechend der Nummer, die sich auf der Arzneiflasche des Patienten befindet. Nachdem die Kranken das Recept erhalten haben, treten sie in ein großes Wartezimmer und gelangen dann in die Apotheke, wo ihnen ihre Arznei verabreicht wird. Die Apotheke ist in der zweckmäßigsten Weise eingerichtet, die Droguen befinden sich in Büchsen mit zierlichen lateinischen und japanischen Etiketts. Ein Provisor und vier Gehülfen waren in Thätigkeit.

Das ganze Spital roch stark nach Carbolsäure und Sprengwasser wurde reichlich angewandt. Auf Wunsch des Dr. Kayobaschi sah ich mehrere schwere Wunden sorgfältig mit carbolisirter Gaze verbinden, wobei mit Carbolsäure gesprengt und alle Instrumente in desinficirende Flüssigkeit getaucht wurden. Der Doctor sagte mir, es sei sehr schwierig, die Studenten zu der außerordentlichen Sorgfalt anzuhalten, die bei dem antiseptischen Verfahren erforderlich ist. Tiefen Eindruck machte auf mich die Standhaftigkeit, womit die Patienten schmerzvolle chirurgische Operationen ertrugen, ohne nur zu stöhnen oder zu wimmern. Augenkrankheiten sind leider sehr häufig; als Ursachen nennt der Doctor mangelhafte Ventilation, überfüllte Räume, dürftige Kost und schlechtes Licht.

Mit dem Hospital steht eine medicinische Lehranstalt in Verbindung, die von 100 Studenten besucht wird und deren Diplom zur medicinischen Praktik im Akita-Bezirk berechtigt. Die geräumigen Klassenzimmer sind mit deutschen und französischen Zeichnungen ausgestattet, das Museum aber nur dürftig mit anatomischen Präparaten versehen und das Skelett ist das eines Wilden von niederer Rasse aus Micronesia. Es war unmöglich gewesen, ein Japanesen-Skelett zu bekommen und Exemplare für Sektionen erhält man nur in den Fällen, wo die Freunde der Patienten sich ganz besonders dankbar erweisen und die Todesursache sich nicht herausgestellt hat.

Nachdem wir unsere Runde beendigt hatten, kehrten wir in das Direktionszimmer zurück und fanden einen Tisch nach englischem Stil servirt, Kaffee in Tassen mit Henkeln und Untertassen und Teller mit Löffeln. Dann wurden wieder Pfeifen gereicht und der Direktor nebst den Stabsärzten geleiteten mich bis zum Ausgange und empfahlen sich mit tiefen Verbeugungen. Es freute mich, zu sehen, daß Dr. Kayobaschi, ein Mann unter dreißig Jahren und erst von Tokiyo abgegangen, so wie auch alle Stabsärzte und Studenten in die Nationaltracht gekleidet waren, die „Hakama" aus schwerem Seidenstoff. Es ist eine schöne Kleidung und sieht in dem Maße würdevoll aus wie das unpassende europäische Kostüm sich läppisch ausnimmt. Der Besuch war außerordentlich interessant, trotz der Schwierigkeit, sich vermittelst eines Dolmetschers zu unterhalten.

In einem so abgelegenen „Ken" ist es auffallend, öffentliche Gebäude mit schönen Gärten und Straßen mit gepflasterten Seitenstegen zu finden. Zu den schönsten Gebäuden zählt die Normalschule, wo ich aber erst Zutritt erhielt, nachdem ich meinen Paß gezeigt und mich über den Zweck meiner Reise ausgewiesen hatte. Erst nachdem diese Bedingungen erfüllt waren, führten mich Herr Tomatsu Aoki, der Ober-Direktor, und Herr Schude, der Oberlehrer, die Beide in ihrer europäischen Kleidung eher Affen als Menschen ähnlich sahen, in der Anstalt herum.

Ersterer beharrte darauf, englisch zu sprechen, wovon er beinahe so viel verstand, wie ich vom Japanischen; der Andere, nachdem er vergebliche Versuche gemacht hatte, ließ sich Ito's Dienste gefallen. Die Schule ist ein bequem eingerichtetes europäisches Gebäude, drei Stockwerke hoch, und bietet von dem oberen Balkon eine schöne Aussicht auf die Stadt mit ihren grauen Dächern, grüner Umgebung und angrenzenden Bergen und Thälern. Die Ausstattung der verschiedenen Klassenzimmer ist bewundernswerth, namentlich das Laboratorium der Chemie-klasse und der wirklich prachtvolle Apparat in dem naturwissenschaftlichen Klassenzimmer. Ganot's Physik ist in dieser Abtheilung zu Grunde gelegt.

Es sind 25 Lehrer und 700 Schüler, zwischen 6 und 20 Jahren. Der Unterricht besteht in Lesen, Schreiben, Rechnen, Erdbeschreibung, Geschichte, Staats-Oekonomie nach John Stuart Mill, Chemie, Botanik, Naturwissenschaften, Geometrie und Meßkunde. Von 6 zu 14 Jahren beträgt das Schulgeld 15 Sen monatlich, nachher 25 Sen und die besonderen Ausgaben werden durch eine Unterrichts-Taxe aufgebracht. Das Schulgeräth ist nach amerikanischem Muster und die Schüler sitzen auf Bänken mit Rückenlehnen an einzelnen Pulten. Die beiden Prüfungszimmer haben fünfzig Fuß im Geviert. Das Ganze befindet sich in bewundernswerther Ordnung. Der Direktor sagte mir, die strebsamen Schüler beabsichtigten, Aerzte, Advokaten oder Baumeister zu werden und der hier ertheilte Unterricht wäre eine vorzügliche Vorbereitung für die betreffenden Berufs-Lehranstalten.

Wenn ich schrieb, ein fremder Einfluß wäre in Kubote kaum zu spüren, so meinte ich damit die Einwirkung eines unmittelbaren Verkehrs mit Fremden; dagegen herrschen in der Schule wie im Hospital fremde Wissenschaft und System. Obgleich ich den Bescheid vorher wußte, so fragte ich doch beim Abschiede den Lehrer, ob auch Unterricht in der Religion ertheilt würde, und beide Herren erwiderten mir mit unverhohlenem verächtlichen Lächeln: „Wir haben keine Religion und eure gelehrten Männer wissen, daß an der Religion nichts Wahres ist.“

Ein kaiserlicher Thron, auf eine abgeworfene religiöse Einbildung gegründet; eine Staatsreligion, die äußerlich von Denjenigen geachtet wird, die sich darüber lustig machen; in den gebildeten Klassen ein übermüthiger Skepticismus; eine unwissende Priesterschaft, welche die niederen Klassen beherrscht; ein Reich, das in einem glänzenden Despotismus gipfelt und sich auf nackte

Kulis stützt; kahler Materialismus als höchster Glaube, dessen Streben Alles gefangen hält; so reformirt man, zerstört und bauet auf, eignet sich die Früchte christlicher Bildung an, aber verwirft den Baum, der sie erzeugt — dies sind die Gegensätze und Widersprüche, die man hier überall antrifft.

XXIV.

Eine Seidenfabrik. — Die japanische Polizeimacht. — Die Gerichtsbarkeit. — Das Muster von einem Diener. — Das Saumroß noch ein Mal.

Kubota, den 24. Juli.

Mein nächster Besuch galt einer hübschen Seidenfabrik, wo 180 Hände, zur Hälfte weibliche, beschäftigt waren. Diese neu eröffneten, achtbaren Erwerbszweige für Frauen und Mädchen sind höchst wichtig und leiten auf eine sehr nothwendige sociale Umgestaltung. Die gestreiften Seidenstoffe, die hier angefertigt wurden, sind nur für den Verbrauch im Inlande bestimmt.

Nachher ging ich in die Hauptstraße und kaufte, nachdem ich in vielen Läden danach gefragt hatte, condensirte Milch, mit dem Adlerstempel und dem richtigen Etikett; als ich jedoch das Gefäß öffnete, fand ich darin kleine Kugeln einer bräunlichen geronnenen Masse, von unangenehmem Geschmack. Während ich, von der Menge begafft, im Laden saß, wich das Volk plötzlich zurück, so daß ich wieder frei athmen konnte, und es erschien ein Bote vom Polizeimeister, der mir die Meldung brachte, es seien zwei Polizisten befehligt worden, mich für die übrige Zeit meines Besuches zu begleiten. Die schwarzgelben Uniformen waren mir höchst willkommen und ich bin seitdem nicht weiter belästigt worden. Bei meiner Rückkehr fand ich die Karte des Polizeimeisters, der bei dem Wirthe bestellt hatte, ich möchte den Zudrang des Volkes entschuldigen, da Kubota selten besucht würde und die Leute vermuthlich noch keine fremde Frau gesehen hätten.

Nachher ging ich nach dem Haupt-Polizei-Amt, um mich nach einem Landwege nach Aomori zu erkundigen, wurde sehr höflich behandelt, erhielt aber keine Auskunft. Die Polizei verfährt überall sehr milde mit dem Volke; einige ruhige Worte und ein Wink mit der Hand sind genügend, um die Leute zurechtzuweisen. Die Beamten gehören der „Samurai"-Klasse an und an natürlicher Ueberlegenheit stehen sie den „Heimin" gleich, welche auf die Adelsklasse folgen. Ihre Mienen und ein gewisses vornehmes Gebahren zeugt von einem unauslöschlichen Klassenunterschiede. Die gesammte Polizeimacht Japans besteht in 23,300 gebildeten Männern im besten Lebensalter, und wenn 30 Prozent davon Brillen tragen, so thuet dies ihrer Nützlichkeit keinen Eintrag. 5600 Mann stehen in Yedo, von wo sie überall hin geschickt werden, wo man ihrer bedarf, 1004 in Kiyoto, 815 in Osaka und die übrigen 10,000 sind über das Land verbreitet. Die Polizei kostet jährlich etwas über 400,000 Pfund Sterling und ist jedenfalls sehr wirksam zur Erhaltung der Ordnung. Der Sold eines gewöhnlichen Constablers schwankt zwischen 6 und 10 Yen monatlich. Das ganze Beamtenthum in Japan verrichtet eine ungeheure Menge unnützer Schreiberei und man sieht auch die Polizeimänner gewöhnlich schreiben. Meistens sind sie intelligente und anständige junge Männer und Fremde, welche im inneren Lande reisen, sind ihnen vielen Dank schuldig. Sobald ich mich irgendwie in Verlegenheit fühle, so wende ich mich an sie und obgleich sie gern eine vornehme Miene annehmen, sind sie doch stets hülfreich; nur in Bezug auf die Reisewege gestehen sie ihre Unkenntniß ein.

Kubota hat einen großen umzäumten Platz, der zum Schlosse gehört; das ganze Schloß aber, das nicht beseitigt wurde, ist in Verfall — in einem Verfall, der nichts Malerisches an sich trägt, in jenem schlotterigen Verfall, in welchen vernachlässigte hölzerne Gebäude gerathen. Die Ueberreste bestehen in einem Thorwege mit einem überhangenden Ziegeldach und einer Gruppe verfallener einstöckiger Häuser aus Gips und Latten.

Wie in den übrigen Bezirksstädten, hat auch Kubota ein Landgericht mit voller Competenz in Civil- und Criminalsachen; die Urtheilssprüche in peinlichen Fällen müssen jedoch von einem Obergericht bestätigt werden. Richterliche Abgeordnete, mit voller

Rechtskraft in Civil- und mit theilweiser in Criminalfällen, haben ihren Sitz in den Hauptstädten derjenigen Bezirke, die von den Landgerichten entfernt liegen; in allen größeren Städten bestehen Untergerichte für Bagatellsachen. Seit dem veränderten Gerichtswesen in Japan ist ein Geschlecht von Advokaten entstanden, und in Kubota finden sie sich in solcher Menge, daß man darüber erstaunt und fast glauben könnte, es sei ein sehr streitsüchtiger Ort. Das Rechtsstudium ist sehr beliebt geworden bei den „Samurai", die gewöhnlich geschickt mit der Feder umzugehen verstehen, und da die Befugniß zur Advokatur nur 2 Pfund Sterling jährlich kostet, so mag sie eine recht einträgliche Beschäftigung sein. Im Ganzen gefällt mir Kubota besser als irgend eine andere japanische Stadt, vielleicht weil es so völlig japanisch ist und nicht aussieht, als ob es bessere Zeiten gesehen hätte. Mich verlangt nicht mehr, mit Europäern zusammenzutreffen; ich möchte ihnen sogar aus dem Wege gehen. Ich habe mich vollkommen an das japanische Leben gewöhnt und glaube mehr darüber zu erfahren, indem ich diese abgelegenen Pfade einschlage, als in einer anderen Weise möglich sein würde.

Ich muß hier noch verweilen, nicht allein weil die Stadt fesselnd ist, sondern weil es unaufhörlich regnet. Die ankommenden Reisenden erzählen, daß die Wege nicht zu passiren und die Brücken weggerissen seien. Ito unterhält mich sehr mit seinen Bemerkungen. Er glaubt, mein Besuch in der Schule und im Hospital müsse mir eine höhere Meinung von Japan beigebracht haben und deswegen brüstet er sich nicht wenig. Er fragte mich, ob ich bemerkt hätte, daß alle Studenten den Mund geschlossen hielten wie die Gebildeten und die Bewohner von Tokiyo und daß alle Landleute mit offenem Munde einher gingen. Ich habe in letzter Zeit nicht viel von ihm gesprochen, aber ich fühle mich mit jedem Tage abhängiger von ihm, nicht allein wegen der Erkundigungen, sondern um überhaupt weiter zu kommen. Des Nachts hat er meine Uhr, meinen Paß und die Hälfte meines Geldes in Verwahrung und ich möchte wissen, was aus mir werden sollte, wenn er sich vor Tagesanbruch davon machte. Er ist kein guter Knabe; nach unsern Begriffen geht ihm das sittliche Gefühl ab; er mag die Fremden nicht leiden; seine

Manieren sind oft unangenehm; und doch glaube ich, daß ich keinen schätzbareren Diener und Dolmetscher hätte finden können. Als wir Tokiyo verließen, sprach er ziemlich gut englisch, jetzt aber, in Folge der Uebung und seines fleißigen Studiums spricht er besser als irgend ein amtlicher Dolmetscher und sein Wörterbuch nimmt mit jedem Tage zu. Sobald er ein Mal die Bedeutung eines Wortes richtig aufgefaßt hat, gebraucht er es niemals unrichtig und sein Gedächtniß läßt ihn nicht im Stich. Er führt ein Tagebuch in englischer und japanischer Sprache, das viele treffende Bemerkungen enthält. Zuweilen liest er mir daraus vor und es ist interessant zu hören, was einem so viel gereisten jungen Manne in dieser nördlichen Gegend neu erscheint. Er hat sich ein Hotel- und ein Transport-Buch gemacht, in welche er alle Rechnungen und Quittungen einträgt; jeden Tag überträgt er die Namen der Oerter in englische Buchstaben und bemerkt dabei die Entfernungen und die Summen, die wir für Transport und Wirthshausrechnungen bezahlt haben.

In jedem Orte erkundigt er sich bei der Polizei oder dem Schaffner nach der Zahl der Häuser und dem besonderen Handelsartikel der Stadt und notirt es für mich. Auf Genauigkeit legt er großen Werth und gelegentlich bemerkt er daneben: „Es ist nicht wahr; es ist nichts darauf zu geben.“ Er verspätet sich nie, tändelt nicht, geht des Abends nur aus, wenn er etwas für mich zu besorgen hat, trinkt niemals Reisbier, ist niemals ungehorsam, fragt nicht zwei Mal nach einer und derselben Sache, ist stets bereit, wenn er gerufen wird, hat ein richtiges Gefühl für das, was er sich merken will, und dies Alles aus unverhohlenem eigenen Interesse. Den größten Theil seines Lohnes schickt er seiner Mutter, denn, wie er sagt: „So ist es hier zu Lande Sitte“, — das Uebrige scheint er für Zuckerwerk und Tabak zu verwenden; auch liebt er den Luxus, sich häufig, nach der hiesigen Sitte, die Muskeln seines Körpers frottiren und kneten zu lassen.

Daß er auch lügt, sobald es seinem Vortheil dient, und es auch auf einen übermäßigen „Nebenverdienst“ absehen würde, wenn er es unvermerkt thuen könnte, bezweifle ich nicht im geringsten. Er scheint wenig Gefühl zu besitzen und hat nur eine Vorstellung von lasterhaften Vergnügungen. Religion hat er gar nicht, dazu ist er zu viel mit Fremden umgegangen. Seine Offenheit setzt zuweilen in Erstaunen, denn er hat keine Idee von Verschwiegenheit; dieser Fehler gestattet mir indessen, meine Kenntnisse über den wirklichen Zustand der Dinge zu vermehren. An die Tugend der Männer oder Frauen hat er geringen Glauben, sein voriger Herr ist jedoch davon ausgenommen. Er meint, Japan hätte Recht, sich die Entdeckungen der Fremden nutzbar zu machen, diese hätten ebenso viel von ihnen zu lernen und die Japanesen würden den Fremden den Vorsprung abgewinnen, weil sie sich nur das Werthvolle aneignen und den Alp des Christenthums von sich abweisen. Vaterlandsliebe scheint mir seine stärkste Seite zu sein und nur von einem Schotten oder Amerikaner habe ich sie in solcher prahlerischen Weise kundgeben sehen. Er verachtet die Ungebildeten, da er beide Schriftweisen zu lesen und zu schreiben versteht. Vor dem Range eines Fremden hegt er nicht die geringste Hochachtung, desto mehr aber vor dem japanischen Beamtenthum. Die geistigen Fähigkeiten der Frauen schätzt er gering, scharmirt aber wie ein großstädtischer Geck mit jeder Theehaus-Kellnerin.

Sehr angelegen läßt er es sich sein, das beste Englisch zu sprechen und gebraucht niemals einen Ausdruck, von dem er erfahren, daß er platt oder gemein sei. Zuweilen, wenn es schönes Wetter und Alles in guter Ordnung ist, zeigt er sich vorzüglich mittheilend und plaudert viel unterwegs. Vor einigen Tagen sagte ich: „Was für ein schöner Tag es ist!" Bald darauf nahm er sein Notizbuch zur Hand und fragte mich: „Sie sagten, es sei ein schöner Tag; ist dies besser ausgedrückt als „ein verteufelt hübscher Tag", wie die meisten Fremden sagen? Ich erwiderte, daß dies ein gemeiner Ausdruck wäre und seitdem bedient er sich stets meiner Redeweise. „Wenn Sie mich fragen, — hob er wieder an — so sagen Sie niemals: „Was zum Teufel ist das?" wie die anderen Fremden; drücken sich nur die Männer so aus, und nicht die Frauen?" Als ich ihm entgegnete, es sei ein gemeiner Ausdruck, der sich weder für Männer noch für Frauen schicke, so strich er ihn in seinem Notizbuche aus. Anfangs gebrauchte er stets das Wort „Kerle" anstatt Männer und fragte zum Beispiel: „Wie viele Kerle wollen Sie für Ihren Kuruma?" Letzthin nannte er den Oberarzt des hiesigen Hospitals einen Kerl und ich bemerkte ihm, dieser Ausdruck sei gemein oder wenigstens nur in der gewöhnlichen Umgangssprache üblich; seitdem spricht er fürsorglich nur von Männern. Heute führte er einen Knaben mit schlimmen Augen zu mir und ich rief: „Der arme kleine Kerl!“ und am Abend sagte er: „Sie nannten heute den Knaben einen Kerl; ich glaubte, es wäre ein gemeines Wort.“ Die Manieren vieler Fremden von Yokohama haben dazu beigetragen, seine Unterscheidung zwischen Recht und Unrecht auszulöschen, falls er sie überhaupt besessen hat. Wenn er von einem sehr betrunkenen Menschen sprechen will, so sagt er stets, „er hätte einen Kerl gesehen, so besoffen wie ein Engländer.“ In Nikko fragte ich ihn, wie viele rechtmäßige Frauen ein Japanese haben dürfe, worauf er erwiderte: „Nur eine rechtmäßige, aber sonst so viele wie er ernähren kann, gerade so wie die Engländer.“ Eine Verbesserung vergißt er nicht. Betrunkene Leute nannte er immer „geschnürt“ und als ich ihm die Ausdrücke „betrunken“ und „berauscht“ dafür nannte, fragte er mich, welchen man in gutem Englisch schreiben würde und seitdem spricht er nur von „berauschten“ Leuten.

Natürlicher Weise liebt er die großen Städte und sucht mich von den „unbetretenen Pfaden“, die ich vorziehe, abwendig zu machen; sobald er mich aber unerschütterlich findet, schließt er seine Beweismittel stets mit der Formel: „Nun, Sie können es ja nach Belieben halten; mir ist es ganz gleich.“ Ich glaube nicht, daß er mich betrügt. Wohnung, Beköstigung und die Reisekosten für uns beide betragen täglich etwa 6 Schilling 6 Pence und etwa 2 Schilling 6 Pence, wenn wir am Orte verbleiben; dabei sind die Trinkgelder und besonderen Ausgaben eingerechnet. Kost und Wohnung beschränken sich freilich auf Thee, Reis und Eier, ein kupfernes Becken voll Wasser, eine Papierlampe und ein leeres Zimmer. Obgleich sich Hühner genug auf allen Dörfern vorfinden, wollen die Leute sie doch nicht hergeben, um sie tödten zu lassen; dagegen verkaufen sie dieselben gern, wenn man sie zum Eierlegen halten will. Ito erzählt mir jeden Abend ergötzliche Geschichten von seinen vergeblichen Bemühungen, mir animalische Nahrung zu verschaffen.

Diese Art zu reisen hat viel Aehnlichkeit mit einer Reise „auf Schienen.“ Ich habe nun auf sechs und siebenzig Pferden geritten oder vielmehr gesessen, die alle abscheulich waren. Alle stolperten. Bei einigen sind die Hüften höher als die Schultern, so daß man nach vorn gleitet, und bei allen ist der Rückgrat scharfkantig. Ihre Hinterbeine sind vom frühzeitigen Lasttragen nach außen gewandt wie bei einer Katze und die Hufe aufwärts gebogen; dadurch wird ihr Gang unstät und dies verschlimmert sich noch durch die ungeschickten Schuhe. Im Sommer füttert man sie hauptsächlich mit Blättern, mit zerstampften Bohnen vermengt, und ihre Streu besteht ebenfalls aus Blättern. Das Futter wird ihnen nicht in einer Krippe, sondern in einem hangenden Eimer gereicht. Die Pferde, die man in diesem Theile von Japan gebraucht, kosten 15 bis 30 Yen. Niemals sah ich, daß man sie überlud oder schlecht behandelte; sie werden weder gestoßen, noch geschlagen, noch mit groben Worten gescholten und wenn sie sterben, werden sie anständig begraben und bekommen Denksteine auf ihr Grab. Ein abgenütztes Pferd zu tödten ist in dieser Gegend unerhört, da hier die buddhistische Abneigung, einem Thiere das Leben zu nehmen, überall verbreitet ist.

XXV.

Ein Wunderkind. — Japanische Silbenschrift und Siegel. — Hochzeitsgebräuche.

Kubota, den 25. Juli.

Ito meldete mir, ein Mann aus der Nachbarschaft wünsche, mein Bettgestell und Moskitonetz zu sehen; derselbe schickte mir zu gleicher Zeit einen Sack mit Kuchen, woran einige Halme Seegras befestigt waren, um die Sendung als ein Geschenk zu kennzeichnen. Die Japanesen glauben von Fischern abzustammen und sind stolz darauf; Yebis, der Gott der Fischer, ist einer der beliebtesten Hausgötzen. Das Seegras, welches dem Geschenk gewöhnlich beigefügt wird, und das Stück getrockneter Fischhaut, welches ein Geschenk an den Mikado begleitet, sollen an den

Ursprung der Rasse erinnern und gleichzeitig als Sinnbilder für einen einfachen Erwerb gelten.

Wie sich versteht, so willigte ich ein, den Besuch zu empfangen und bald darauf traten fünf Männer, zwei Knaben und fünf Frauen in mein kleines, niedriges und heißes Zimmer, verneigten sich drei Mal bis zur Erde und setzten sich dann auf den Fußboden. Augenscheinlich kamen sie, um den Nachmittag bei mir zuzubringen. Es wurde Thee und Zuckerwerk herumgereicht und dann das Rauchgeräth gebracht, denn ich hatte Ito befohlen, daß alle Höflichkeitsformen pünktlich beobachtet werden sollten. Sie drückten ihre Befriedigung aus, eine so „schätzbare" Reisende zu sehen; ich bezeigte meine Befriedigung, ein so „schätzbares" Land kennen zu lernen. Darauf verneigten wir Alle uns sehr tief. Ich legte dann Brunton's Landkarte vor, wies ihnen meine Reiseroute und die Verträge der asiatischen Gesellschaft und wie wir von links nach rechts anstatt von oben nach unten lesen, zeigte ihnen meine Strickarbeiten, worüber sie sehr erstaunt waren, und meine Berliner Fabrikate und vergaß nichts. Darauf begannen sie ihre Unterhaltung, woraus ich ersah, daß der Hauptzweck ihres Besuches darin bestand, mir ein Wunderkind vorzustellen, einen vierjährigen Knaben, dessen Kopf bis auf einen Büschel auf dem Scheitel kahl geschoren war, mit einem frühreifen, altklugen und ernsten Gesicht und dem ehrbaren und würdigen Benehmen eines ältlichen Mannes. Er trug eine scharlachrothe seidene Hakama, einen dunkelblauen, gestreiften seidenen Kimono, fächelte sich würdevoll und betrachtete jeden Gegenstand ebenso artig und verständig wie die Anderen. Es wäre eine Beleidigung gewesen, wenn man in kindlicher Weise mit ihm gesprochen oder ihm Spielzeug zur Unterhaltung angeboten hätte. Das Wunderkind hatte von selber lesen und schreiben gelernt und auch Gedichte gemacht. Der Vater erzählte, er spiele niemals und verstände Alles wie ein Erwachsener. Man wünschte, daß ich ihn zum Schreiben aufforderte und ich that es.

Es folgte nun eine feierliche Vorstellung. Man legte ein rothes Tuch auf den Fußboden und stellte ein lackirtes Schreibzeug darauf. Das Geschöpf rieb die Tinte mit Wasser von dem Tintenstein, rollte vier lange Papierbogen auf und beschrieb sie mit neun Zoll langen, höchst verwickelten chinesischen Schriftzeichen, indem er seinen Pinsel mit der größten Sicherheit und Gewandtheit handhabte. Darauf untersiegelte er die Schrift mittelst seines Petschaftes und einer Zinnoberfarbe, verbeugte sich drei Mal und die Vorstellung war zu Ende. Die Leute ließen sich Kakemonos und Gedächtnißtafeln schreiben und er hatte an diesem Tage eine Einnahme von zehn Yen oder mehr als 2 Pfund Sterling. Sein Vater will mit ihm nach Kiyoto reisen, um zu sehen, ob sich ein Knabe unter vierzehn Jahren findet, der so gut zu schreiben versteht. Niemals sah ich die Kinderverehrung so weit getrieben. Die Eltern wie die Freunde und Diener behandelten ihn wie einen Prinzen.

Nachdem meine Besucher ihre Pfeifen geraucht hatten, machten sie die Abschiedsverbeugungen. Das Kind erschien höchst merkwürdig, aber nicht liebenswürdig.

Es giebt in Japan zwei Arten von Alphabeten oder vielmehr Silbenschriften. Die „Hirakama“, aus sieben und vierzig Silben, deren jede durch verschiedene Zeichen dargestellt wird, besteht aus abgekürzten Formen der gewöhnlichen chinesischen Cursivschrift und enthält einige hundert Zeichen. Die „Katagana“ besteht ebenfalls aus sieben und vierzig Silben, für deren jede nur ein Schriftzeichen vorhanden ist. Die Frauen bedienen sich ausschließlich der ersteren, jenes Kind aber schrieb beide. Auf japanischen Zeichnungen bemerkt man auf jeder Seite ein rothes Siegel. Ein solches Siegel besitzt Jeder und die Schreibkästen enthalten den Zinnober, der zum Ausdruck erforderlich ist. Selbst die jungen Kinder besitzen solche Siegel und ohne dieselben haben keine Quittungen oder Bescheinigungen Gültigkeit. Das Siegel besteht aus den Namenszügen der Person, gewöhnlich in chinesischen Zeichen gravirt.

Mein Hauswirth, ein sehr höflicher Mann, überbrachte mir eine Einladung zur Hochzeit seiner Nichte. Er selber hat drei Frauen. Die eine hält ein Wirthshaus in Kiyoto, eine zweite wohnt in Morioka, und die dritte und jüngste lebt bei ihm. Aus ihrem geringen Kleidervorrath wählte sie einen Anzug, der mir, wie sie meinte, am meisten zusagen würde — ein Untergewand aus grünem Seidenkrepp, eine Aermelrobe aus hellgrüner, dunkel gestreifter Seide, einen weißen Kreppschleier, mit einer goldenen Spange im Nacken befestigt, und einen grünen seidenen Gürtel, auf welchen sich hin und wieder das Familienwappen in Golddruck befand. Ich ging mit meinem Wirthe, da Ito, zu seinem Aerger, keine Einladung erhalten hatte; mir war es bei seiner Abwesenheit, als ob mir einer meiner Sinne fehlte, denn ich konnte mir nichts erklären lassen.

Die Ceremonie stimmte nicht mit den Trauungsförmlichkeiten überein, die mir aus Büchern bekannt geworden waren; dieser Umstand mag aber dadurch zu erklären sein, daß jene für Personen aus der Samurai-Klasse gelten, während dieses Brautpaar, obgleich Kinder wohlhabender Kaufleute, zu den „Heimin" gehörte.

Die Heiraten werden durch die beiderseitigen Freunde zu Stande gebracht, wobei stets die weltliche Klugheit in Anschlag kommt. Doch halten sich die jugendlichen Neigungen nicht immer in den vorgeschriebenen Bahnen und ein anziehendes Mädchen wird, trotz ihrer Abgeschlossenheit im elterlichen Hause, doch mehrere Liebhaber haben; die häufigen Selbstmorde unter Liebenden beweisen, daß in Japan, wie überall, eine treue Herzensneigung nicht immer einen sanften Verlauf nimmt. Ito sagte mir, daß ein Liebhaber, der sich für eine Wahl entschieden hat, einen Celastrus-Zweig an das Haus der Eltern des Mädchens stecke; wird dieser vernachlässigt, so ist dies für ihn ein abschlägliches Zeichen; wenn dagegen das Mädchen sich die Zähne schwärzt, so ist er angenommen, vorausgesetzt, daß auch die Eltern ihre Zustimmung geben. Mein Hauswirth meinte, dies fände wohl in der Gegend von Kubota statt, meistens aber würden die Heiraten in der vorgeschriebenen Weise vollzogen.

Die Heiraten kommen gewöhnlich zu Stande, wenn der Bräutigam sein zwanzigstes und die Braut ihr sechszehntes Jahr vollendet hat. Der Ehestand ist die erklärte Bestimmung der japanischen Mädchen und sie werden zu den Pflichten desselben von frühester Kindheit auf erzogen. Die Braut erhält keine Mitgift, wird aber, je nach ihrem Stande, ausgestattet. Rücksichten auf Geld scheinen bei dem Abkommen nicht vorwiegend zu sein, doch ist es wesentlich, daß die junge Dame bescheiden, liebenswürdig und geschickt sei und sich auf die Etikette wie auf die Haushaltung verstehe. Wenn ein Vater, der keinen Sohn besitzt, seine älteste Tochter verheiratet, so wird ihr Gatte sein Adoptivsohn und führt seinen Namen. Der Hochzeit geht eine Verlobung vorauf und die Hochzeitsgeschenke fallen so reichlich aus, daß die Geldmittel der Geber nicht selten übermäßig in Anspruch genommen werden. Der Aussteuer fügen die Eltern der Braut noch ein Spinnrad, Küchengeräthe und einige Möbel hinzu; letztere sind aber nur unbedeutend, da der „Tatami" oder die Hausmatte die Betten, Sophas, Tische und Stühle ersetzt.

In dem vorliegenden Falle wurde die Ausstattung und das Mobiliar am frühen Morgen in das Haus des Bräutigams geschickt und es war mir gestattet, die Gegenstände in Augenschein zu nehmen. Es waren verschiedene seidene, goldgestickte Gürtel, mehrere Stücke Seidenbrokat zu Aermelgewändern, eine Anzahl fertiger Anzüge, sechs Fässer Wein oder Sake und mehrere Arten Gewürze. Geschmeide tragen die japanischen Frauen nicht.

Das Geräth bestand aus zwei hölzernen, lackirten Kissenrollen, von denen eine mit einem Schubfache voll Schmuckhaarnadeln versehen war, einigen baumwollenen und seidenen Futons seidenen Kissen, einem lackirten Arbeitskästchen, einem Spinnrade, einem lackirten Reiseimer nebst Kochlöffel, zwei eisernen Schmuckkesseln, verschiedenen Küchengeräthen, drei bronzenen Kohlenbecken, zwei „Tabakobons", einigen lackirten Theebrettchen und Ständern, Porzellankesseln, Theekannen und Tassen, lackirten Reisschüsseln, zwei kupfernen Becken, einigen Handtüchern und Besen aus Bambus, und einem inkrustirten lackirten Büchergestell. Da alle Gegenstände sehr hübsch waren, so mußten die Eltern wohlhabend sein.

Man hat öfters geschrieben, die Ehe müßte durch einen Priester geweihet werden; dies ist jedoch ein Irrthum. Die Ehe der Japanesen ist nur ein Civilvertrag und es ist dazu keine religiöse Ceremonie erforderlich. Die Heirat wird gesetzmäßig, sobald sie auf dem Amte des Kocho eingetragen ist. Die Leute, von denen ich eingeladen worden, waren Buddhisten und trotzdem war bei der Hochzeit kein Priester zugegen.

Der Bräutigam war zwei und zwanzig, die Braut siebenzehn Jahre alt und sehr hübsch, so weit ich es durch die reichlich aufgetragene Schminke sehen konnte. Gegen Abend wurde sie, von Eltern und Freunden begleitet, in einem „Norimon" nach des Bräutigams Hause geführt; Jeder, der zum Aufzuge gehörte, trug eine chinesische Laterne.

Als ich mit meinem Hausmeister ankam, war die Hochzeitsgesellschaft in einem großen Zimmer versammelt; die Eltern und Freunde des Bräutigams saßen auf der einen Seite, die der Braut auf der anderen. Zwei sehr schön gekleidete junge Mädchen führten die Braut herein, ein sehr hübsches Frauenzimmer, gänzlich in weiße Seide gekleidet, und vom Kopfe bis zu den Füßen in einen weißen Seidenschleier gehüllt. Der Bräutigam, der bereits in der Mitte des Zimmers saß, erhob sich nicht zu ihrem Empfange und hielt die Augen niedergeschlagen; die Braut setzte sich ihm gegenüber und blickte ebenfalls nicht auf. Dann stellte man vor ihnen einen Tisch auf, worauf zwei Kessel voll Sake, einige Flaschen und Tassen standen, und einen zweiten mit einigen kleinen Figuren, welche einen Fichtenbaum, einen blühenden Pflaumenbaum und einen Storch, der auf einer Schildkröte stand, vorstellten; die beiden ersteren bedeuten die weibliche Schönheit und die männliche Stärke, die dritte die Länge der Tage. Zuletzt setzte man vor jede Person einen Ständer mit Eßwaaren und demnächst nahm das Fest seinen Anfang, begleitet von den Lauten, wodurch man sein Behagen an dem Schmause kundgiebt.

Nach dieser Einleitung reichten die beiden Mädchen, welche die Braut eingeführt hatten, ein Brett mit drei Tassen Reisbier herum und jeder Gast leerte sie bis auf den Grund, auf welchem der Gott des Glücks dargestellt war.

Darauf zogen sich die Brautleute zurück, erschienen aber bald wieder in einem anderen Feierkleide; die Braut hatte jedoch ihren weißen seidenen Schleier behalten, der ihr zu ihrem Grabtuche bestimmt ist. Die beiden Brautjungfern füllten drei Tassen, die auf einem goldlackirten Theebrette standen, mit Reisbier und stellten sie vor die Schwiegereltern und die Braut. Der Schwiegervater trank drei Tassen und reichte die Tasse der Braut, welche zwei Tassen trank, hierauf ein Geschenk vom Schwiegervater erhielt, die dritte Tasse leerte und sie dann dem Schwiegervater zurück gab, der abermals drei Tassen voll Sake leerte. Dann wurde Reis und Fisch gebracht; die Schwiegermutter nahm die andere Tasse, leerte und füllte sie abwechselnd mit der

Braut und zwar in derselben Ordnung und Anzahl, wie dies vorher mit dem Schwiegervater stattgefunden hatte; die Braut erhielt dabei ein lackirtes Kästchen zum Geschenk. Nachdem noch Suppe aufgetragen worden war, wurde die dritte Tasse in Gebrauch genommen und abwechselnd von den beiden Schwiegereltern und der Braut, nach der vorigen Reihenfolge, geleert. Jeder von den dreien hatte mithin neun Tassen voll berauschenden Getränkes ausgetrunken; da dies aber nicht die geringste Unschicklichkeit zur Folge hatte, so vermuthete ich, daß der Trank nur leicht gewesen sei.

Hierauf boten die beiden Brautjungfern dem jungen Ehepaare die beiden Kessel dar und diese wurden abwechselnd bis auf den Grund geleert. Diese Schlußförmlichkeit soll sinnbildlich bedeuten, daß die Freuden und die Sorgen des Lebens gemeinschaftlich getragen werden müssen. Und so wurden sie Mann und Weib, bis der Tod oder die Scheidung sie trennte.

Das Wein- oder Reisbiertrinken, welches nach einer bestimmten Regel geschah, scheint zu den eigentlichen Trauungsfeierlichkeiten zu gehören, wozu nur die Verwandten eingeladen werden. Unmittelbar darauf erschienen die Hochzeitsgäste und der Abend wurde in einem fröhlichen Festgelage verbracht, wobei man sich nicht übernahm; Trunkenheit kommt niemals bei solchen Hochzeitsfesten vor. Jeder einzelne Umstand ist seit Jahrhunderten durch Förmlichkeitsgesetze vorgeschrieben und die ganze Ceremonie ist ziemlich langweilig und verläuft unter einem schwermüthigen Stillschweigen; die junge Braut mit ihrem weiß geschminkten Gesicht und bemalten Lippen sah wie eine Gliederpuppe aus und bewegte sich auch in dieser Weise.

Nach alledem glaube ich, daß die japanischen Frauen treu und tugendhaft sind, und zwar unter Umständen, die uns höchst verführerisch erscheinen würden, da die Treue des Mannes weder als eine Tugend noch als ein Erforderniß der Schicklichkeit angesehen wird. Ersichtlich ist es, daß das väterliche Ansehen höher als das mütterliche geachtet wird und das Bestreben obwaltet, das Weib der Mutter unterzuordnen. Das Loos der Frau wird um so härter, als es ihr nicht nur obliegt, Kinder in die Welt zu setzen, sie zu nähren und zu pflegen, sondern daß sie auch durch die Verhältnisse des Ehestandes eine Sklavin der Schwiegermutter wird.

XXVI.

Ein Matsuri. — Matsuri-Wagen. — Götter und Dämonen. — Ein möglicher Hafen. — Eine Dorfschmiede. — Die Sake-Brauerei und ihr Ertrag.

Tsugurata, den 27. Juli.

Eine drei englische Meilen lange, gute Straße, gedrängt voll Bewohnern von Kubota zu Fuß und zu Wagen; Polizeimänner, paarweise in Kurumas fahrend; mit Pferden bespannte rothe, wannenförmige Wagen; Hunderte von Kindern, die getragen wurden; andere Hunderte zu Fuß; kleine, frühreif und altklug aussehende Mädchen, die auf Holzschuhen mühselig einher hinkten, das Haar mit Scharlachkrepp und Blumen garnirt; gesonderte Männer- und Weibergruppen; fahrende Buden mit Kuchen und Zuckerwerk; Frauen, welche „Mochi" buken, so schnell wie die Käufer sie verzehrten; breite Reisfelder, einem grünen Meere ähnlich, zur rechten Hand; zur linken die grauen Dächer von Kubota, aus ihrer grünen Umgebung hervorragend; im Süden die Aussicht begrenzt durch den tiefblauen Taiheisan; ein glorreicher Tag, Alles überströmt von den Strahlen der Sommersonne — dies Alles bildete die fröhlichste und festlichste Scene, die ich je in Japan erlebte. Männer, Frauen und Kinder, Wagen und Kurumas, Polizeileute und Reiter, alle unterwegs nach einer gewöhnlich aussehenden Stadt, Minato, dem Jonkenhafen von Kubota, wo ein Festtag oder „Matsuri" zu Ehren des Geburtstages des Gottes Schimmai gefeiert wurde. Ueber die niedrigen grauen Dächer erhoben sich Gegenstände, die zuerst wie fünf ungeheure schwarze Finger aussahen, dann wie Bäume mit schwarzen Zweigen und dann ..... es hörte jeder Vergleich auf, sie waren nicht zu erklären.

Als die Kurumas nicht weiter konnten, stiegen wir aus und mischten uns unter das Volk, das eine schlechte, fast meilenlange Straße hinunter strömte, eine elende Straße mit armseligen Theehäusern und erbärmlichen offenstehenden Läden; in der That konnte man aber die Straße kaum vor der Menschenmenge sehen. Der ganzen Länge nach hingen Papierlaternen dicht bei einander. Es waren rohe Gerüste errichtet, mit Matten und Plattformen, worauf die Leute Thee und Reisbier tranken und sich das Gewühl unten anschaueten; Affen- und Hundetheater, zwei räudige Schafe und ein mageres Schwein zog die bewundernde Menge an, denn keines dieser Thiere ist in diesem Theile Japans bekannt. In einer Bude, wo der Eintritt 2 Sen kostete, schnitt sich eine Frau je halbstündlich den Kopf ab. Große Wagen mit Tempeldächern, worauf Kinder aus den vornehmeren Klassen Tänze aufführten, wurden in Prozession umhergetragen. Auf einem Theater zeigten sich zwei Männer, in antike Gewänder mit langen Hängeärmeln gekleidet, in einem langweiligen Tanze und langweiligen Stellungen, wobei sie die Aermel schüttelten, von Zeit zu Zeit mit den Füßen stampften und in heiserem Tone das Wort No heulten. Es braucht kaum erwähnt zu werden, daß eine fremde Dame die Aufmerksamkeit nicht im geringsten Grade fesselte. Die Kinderverehrung zeigte sich in ganzer Stärke; alle Arten Masken, Puppen, Zuckerfiguren, Spielsachen und Zuckerwerk waren auf Matten zum Verkauf ausgelegt und fanden ihren Weg in die Hände und Aermel der Kinder, denn kein Japanese würde einem Matsuri beiwohnen, ohne seinem Kinde ein Geschenk zu machen.

Die Polizei sagte mir, es wären 22,000 Fremde in Minato, doch genügte für 32,000 Feiernde eine Polizeimacht von fünf und zwanzig Mann. Bis zum späten Nachmittage sah ich keinen einzigen Menschen berauscht, nirgends ein Beispiel von rohem oder unschicklichem Benehmen; ebenso wenig wurde ich in lästiger Weise umdrängt, denn selbst da, wo das Gewühl am dichtesten war, bildeten die Leute von selber einen Kreis, um mir Luft zu lassen.

Wir begaben uns in das größte Gedränge, nach den beiden großen Matsuri-Wagen, deren kolossale Gerüste wir von weitem gesehen hatten. Es waren Gebäude aus dicken, dreißig Fuß langen Balken, mit acht mächtigen gediegenen Rädern. Darauf standen verschiedene Gerüste mit flachen hervorragenden Decken und darüber zwei Gipfel von ungleicher Höhe; das Ganze beinahe funfzig Fuß hoch vom Boden. Die flachen Decken waren mit schwarzem Tuch überzogen, aus welchem Tannenzweige heraus ragten; in der Mitte bewegten sich drei kleine Räder über einander und die weißen Baumwollenstreisen, welche dadurch in beständig drehende Bewegung gesetzt wurden, stellten einen Wasserfall vor; unten sollte durch eine ähnliche Vorrichtung ein Fluß nachgeahmt werden; ein Blasebalg setzte das Meer in Bewegung, das aus blauem Baumwollenzeuge bestand. Das Ganze sollte einen Berg vorstellen, worauf die Sintogötter mehrere Teufel erschlugen; es läßt sich aber kaum ein roheres und barbarischeres Machwerk denken. Vor jedem Wagen standen unter einem Baldachin dreißig Musikanten und erfüllten die Luft mit einem Höllenlärm von dreißig teuflischen Instrumenten, der eher an böse Dämonen als an ihre Besieger erinnern konnte. Aber auf den hervorragenden Flächen befanden sich ungeheuerliche Figurengruppen. Die eine stellte einen Riesen in erzerner Rüstung vor, der einen Dämon von empörendem Aussehen tödtete. Eine andere zeigte eine Daimiyos-Tochter, in goldtuchenen Gewändern mit Aermeln aus beblümter Seide, die auf dem „Zamisen" spielte; in einer anderen war ein Jäger, von dreifacher Lebensgröße, in Begriff, ein kolossales wildes Pferd zu tödten, dessen Fell aus den behaarten Blättern der Zwergpalme gemacht war. In anderen Gruppen mischten sich bunt gefärbte Götter mit ebenso abscheulichen Teufelsgestalten. Jeder dieser beiden Wagen wurde drei Stunden lang von 200 Männern die Straßen auf und ab gezogen; eine Menge Menschen war damit beschäftigt, die schweren Räder mittelst Hebestangen aus den Kothlöchern zu heben.

Zwei schöne Tragkörbe oder „Kago", reich vergoldet und mit Lilien verziert, wurden von je vier Männern in Prozession herum getragen; in jedem derselben saß, in Kissen aus Goldstoff gelehnt, ein Kind mit weiß gefärbtem Gesicht und künstlicher Haartracht, in prächtige Gewänder aus blumigem Satin gekleidet. Diese Kinder gehörten einem reichen Manne der Stadt und waren mit großen Kosten unterrichtet worden, bei diesem Matsuri antike Tänze öffentlich aufzuführen. Diese Vorstellung übte die höchste Anziehungskraft aus. Nachher bestiegen sie wieder ihren großen Wagen mit dem Tempelbach und den prächtigen Behängen und fuhren langsam die Straße hinab, von vielen tausend Menschen bewundert; von Zeit zu Zeit wurde angehalten und dann gaben sie ihre Vorstellung auf dem Vordertheil des Wagens, einer reich dekorirten kleinen Bühne; der hintere Theil enthielt das Garderobe-Zimmer und den Raum, in welchem sich die Verwandten und die Dienerschaft aufhielten. Das Spiel dieser Kinder war peinlich gelungen; es machte einen unangenehmen Eindruck, Kinder von acht und neun Jahren sich so gefaßt und würdevoll benehmen zu sehen. Das Mädchen trug ihr glänzendes Gewand und ihren Fächer so geschickt wie die Schauspielerinnen im Schintomi-Theater zu Yedo, führte den klassischen Tanz mit allen besonderen Stellungen und auffallenden Eigenthümlichkeiten ganz vollendet aus, und in dem Schluß-Akt, wo sie mit ihrem Bruder zusammen auftrat, zeigte sich viel Geist und Ausdruck, ohne die geringste Uebereilung.

Ich sah auch die Frau, die sich den Kopf abschnitt und stand eine halbe Stunde lang auf kothigem Boden; das Gaukelspiel war aber nur sehr mittelmäßig. Ebenso sah ich einem tanzenden Hunde zu; man merkte aber so deutlich den Einfluß der Furcht, daß ich ihn aus Mitleid kaufen wollte; sein tyrannischer Besitzer forderte aber nicht weniger als 50 Yen. Dieser Matsuri, der, wie unsere Messen und Jahrmärkte, seine ursprüngliche religiöse Bedeutung verloren hat, dauert drei Tage und Nächte, und dies war der dritte und wichtigste Tag.

Wir reisten auf sanftmüthigen Pferden weiter, die sich durchaus von ihren wilden Genossen im Bezirke Yamayata unterschieden. Zwischen Minato und Kabo liegt zur linken Hand eine merkwürdige Lagune, über 17 englische Meilen lang und 16 breit, durch einen schmalen Kanal mit dem Meere verbunden und von zwei hohen Hügeln, Schinzan und Honzan, begrenzt. Gegenwärtig sind zwei holländische Baumeister beschäftigt, die Eigenschaften des Grabens zu erforschen; falls seine Mündung ohne übermäßige Kosten vertieft werden könnte, so würde das nordwestliche Japan den so nothwendigen Hafen bekommen.

Längs des Weges ziehen sich große Reisfelder und viele Dörfer hin; die tief sandige Straße ist eine Allee von alten verkrümmten und knorrigen Tannenbäumen. Diese Allee hinunter strömten aus allen Dörfern Hunderte von Reitern und Fußgängern nach Minato und freueten sich des Sonnenscheins, der auf vier Regentage gefolgt war. Man sah viele wunderschöne Pferde mit prächtigen scharlachrothen Decken und ledernem Netzwerk behangen; auf jeder Seite der gothisch geformten Sattelpauschen hing ein Korb herab, in welchem zwei Kinder mit ernster und ehrbarer Miene saßen; zuweilen saß oben auf dem Sattel noch der Vater oder ein fünftes Kind.

Ich fühlte mich so unwohl, daß ich genöthigt wurde, in dem elenden Dorfe Abukawa in einer Dachkammer zu übernachten, wo es von Flöhen wimmelte. Der Reis war vor Schmutz nicht zu genießen und die Wirthin, die eine Stunde lang auf dem Fußboden meines Zimmers verweilte, war mit einer bösartigen Hautkrankheit behaftet. Die Lehmhäuser haben jetzt aufgehört und man bauet die Dörfer aus Holz; Abukawa sieht aber veraltet und verfallen aus, und in den Straßen liegen Balken und Stangen umher und gefährden die Passage.

Mir gegenüber wohnte der Dorfschmied; der Mann sah aber nicht besonders kräftig aus, auch fehlte jenes lustige Funkensprühen, das mich in meiner Kindheit so ergötzte. Auf dem Fußboden brannte ein Feuer aus zerstückelter Holzkohle, welches von einem hageren und mürrischen Gehülfen versorgt wurde; ein ebenso hagerer und mürrischer Mann, mit einem Lederschurz umgürtet, saß vor dem Feuer und hämmerte bis spät in die Nacht auf Eisenstangen, während er mit den Fußzehen den Blasebalg bewegte. An den Wänden hingen Stäbe und Stücke von verrostetem Eisen und eine Gruppe von Müßiggängern sah der kunstvollen Arbeit zu. Im Anschauen dieser Dorfschmiede verweilte ich eine Zeit lang auf dem Balkon, obgleich die unbekleidete Dorfbewohnerschaft während des ganzen Abends schweigend und mit offenen Mäulern vor dem Hause stehen blieb.

Am anderen Morgen versammelte sich derselbe trübselige Haufe schon in der Frühe bei einem feinen Regen; dieser verwandelte sich aber bald in einen strömenden Guß, der sechszehn Stunden anhielt. Die Tagesreise bot nichts weiter dar als einige Fußgänger, niedrige Hügel und breite Reisfelder, wo der Reis zum zweiten Male gepuddelt wurde, um ihn von Unkraut zu befreien. In Moriaka und anderen Dörfern dieser Gegend machte ich die Bemerkung, daß jedes große, hohe und gut gebauete Haus, welches auf einem umschlossenen Grundstück steht und einigen Wohlstand anzeigt, stets einem Sake-Brauer gehört. Ein aushangender Reisigbüschel deutet sowohl auf die Anfertigung wie auf den Ausschank des Sake; und diese Büschel sind von verschiedener Art, von dem dürren, längst vertrockneten Fichtenzweig bis zu dem sorgfältig erneuerten grünen Wedel aus Tannenzweigen. Seltsam ist es, daß das gleiche Zeichen früher in England den Verkauf von Wein bedeutet haben soll.

Ich kann nicht umhin, bei dieser Gelegenheit über den Sake zu sprechen, denn ohne ihn kann man sich Japan ebenso wenig vorstellen wie England ohne Bier; auch gehört es zu den herkömmlichen Anstandsgebräuchen des Reiches, bei besonderen Gelegenheiten eine vorgeschriebene Quantität Sake zu trinken. Die Sake-Brauereien sind jetzt still, weil die Zeit des Brauens nur vom Anfange des November bis zu Ende des Februar währet, da eine niedere Luftwärme erforderlich ist. Das Reisbier soll hier schon seit 2600 Jahren fabricirt worden sein, und man sagt, daß im Jahre 400 vor Christo Reisbierbrauer aus China kamen und das verbesserte chinesische Verfahren einführten; wie es scheint, so wurde dies Gebräu nur in den Häusern und in geringen Quantitäten hergestellt und erst seit 300 Jahren wurden Reisbierbrauereien in Osaka errichtet, wo noch jetzt der beste Sake gemacht wird. Sieben Prozent vom ganzen Reis-Ertrage werden in Japan zu Sake verwandt. Im Jahre 1874 betrug die jährliche Produktion 6 745 798 Hektoliter und der Verbrauch 20½ Liter auf den Kopf; seitdem ist die Fabrikation mit jedem Jahre gestiegen. Die Steuer auf das gegohrene Getränk, welche 322,616 Pfund Sterling in den Jahren 1875—1876 eintrug, belief sich in dem vorigen Finanzjahre auf 474,773 Pfund Sterling. Für das Staatseinkommen sind fünf Arten von Sake ausersehen und der Fabrikant zahlt jährlich 2 Pfund Sterling auf jede Sorte, für die Befugniß, sie anzufertigen, und zehn Procent von seinem gesammten Verkaufs-Einkommen. Die Concession des Kleinhändlers kostet 1 Pfund Sterling jährlich. Es ist daher nicht zu verwundern, daß diejenigen, welche einen so ausgedehnten und einträglichen Handel treiben, in diesen nördlichen Dörfern die schönsten Häuser besitzen.

Das ganze Verfahren bei der Sake-Bereitung erfordert vierzig Tage, und europäische Chemiker meinen, daß sich dasselbe nicht verbessern ließe. Während der Sommermonate wird der Sake dem sogenannten Pasteur'schen Prozeß unterworfen, obgleich derselbe schon drei Jahrhunderte lang in Japan zur Anwendung kam, ehe Pasteur geboren war. Das Reisbier muß, dem Geschmacke nach, fünf bestimmte Eigenschaften besitzen: es muß süß, scharf, sauer, bitter und zusammenziehend zu gleicher Zeit schmecken und dabei den Geruch von Fuselöl haben. Es enthält 11 bis 17 Prozent Alkohol. Ich halte es für schaal, ekelhaft und ungesund.

Wind und Regen waren an diesem Nachmittage fürchterlich. Ich konnte nicht reiten und ging einige Meilen weit zu Fuß, in einer Tannen-Allee und in fußtiefem Wasser, und mit durchnäßtem Regenmantel erreichte ich, durchgeweicht und erkältet, endlich Toyoka, um an einem Kohlenfeuer zu frösteln. In meiner reinlichen Dachstube hängte ich meine triefenden Kleidungsstücke auf, die ich am nächsten Tage noch feucht wieder anziehen mußte. Um fünf Uhr morgens versammelte sich ganz Toyoka, und ich war nicht bloß ein Wunderthier für das außen stehende Volk, sondern auch für mehr als vierzig Menschen, welche auf dem vorderen Flur standen und zu mir hinauf schaueten. Als der Wirth sie aufforderte, sich zu entfernen, antworteten sie ihm: „Es ist weder hübsch noch nachbarlich von dir, daß du diesen großartigen Anblick für dich allein behalten willst, da du doch weißt, daß wir vielleicht unser Leben lang nicht wieder Gelegenheit haben werden, eine fremde Frau zu sehen." Somit wurde ihnen zu bleiben gestattet.

XXVII.

Reisebeschwerden. — Die blinden Muskelkneter. — Blindenzünfte. — Ein vermuthliches Affentheater. — Gefahren auf dem Yonetsurugawa. — Ein ertrunkener Bootsmann. — Eine geräuschvolle Yadoya. — Hai, hai!

Odate, den 29. Juli.

Ich habe so viel an meinem Rückgrat gelitten, daß ich ununfähig war, täglich mehr als sieben bis acht englische Meilen weit zu reisen, und dies noch mit der größten Schwierigkeit. Ich versuchte es mit meinem eigenen Sattel, dann mit dem Packsattel und ging endlich zu Fuß durch den Koth; ich bringe mich jedoch nur fort, weil es nothwendig ist, und sobald ich die Raststätte für die Nacht erreicht habe, muß ich mich sogleich niederlegen. Nur starke Menschen sollten eine Reise im nördlichen Japan unternehmen. Die unvermeidlichen Beschwerden werden noch durch das üble Wetter vermehrt, und ohne Zweifel leiden auch die Eindrücke der Landschaft darunter, denn ein Dorf im Sumpfe und in Nebel oder strömenden Regen eingehüllt, nimmt sich viel weniger ergötzlich aus als im hellen Sonnenschein. Hier hat man seit dreißig Jahren solch ein Wetter nicht erlebt. Die Regengüsse waren entsetzlich. Ich steckte, trotz meinem Regenmantel, in eingeweichten Kleidern und schlief mehrere Nächte, ungeachtet meiner wasserdichten Decken, auf einem durchnäßten Bettgestell. Noch immer hat das Wetter keinen Anschein zur Besserung und auf der nördlichen Straße sind die Flüsse so angeschwollen, daß mich nicht nur der Schmerz sondern auch das Unwetter hier festhält. Ito giebt mir seine Theilnahme durch ein trotziges Wesen zu erkennen, obgleich er sehr gefühlvoll äußerte: „Sie dauern mich sehr, aber es hilft nicht, dies immer zu wiederholen; da ich nichts für Sie thuen kann, so würde ich Ihnen rathen, nach dem blinden Manne zu schicken.“

In japanischen Städten und Dörfern hört man allabendlich das eigenthümliche leise Pfeifen eines Mannes, der die Straßen entlang geht; in großen Städten ist dieses Geräusch sogar lästig. Der Mann ist ein Blinder; einen blinden Bettler trifft man jedoch in ganz Japan nicht, und die Blinden sind unabhängig, geachtet, eine Klasse, die ihr Auskommen hat und sich durch Musiciren, Geldleihen und Schampu ernährt. In alten Zeiten bildeten sie zwei Gilden. Die eine wurde durch einen Kaisersohn gestiftet, der sich über den Verlust seiner Gemalin blind weinte; und die andere durch einen General, der sich die Augen ausriß, damit er nicht in Versuchung käme, einen großmüthigen Fürsten zu schlagen, der ihn, nachdem er ihn gefangen genommen, mit ausgezeichneter Güte behandelt hatte. Die letztere Zunft enthält eine große Zahl von Musikanten, die man in Theatern, bei Hochzeiten, Prozessionen und Lustbarkeiten sieht. Die kahlköpfigen Schampuer sind sämmtlich blind und viele verbinden mit ihrem Geschäft eine Geldleihe zu einem monatlichen Zinsfuß von 15 bis 20 Procent. Ihre Pfeife ist es, die man jeden Abend hört. Neben dem Tabakrauchen und dem warmen Bade gehört das Schampuen zu den nationalen Schwelgereien und würde selbst vom ärmsten Japanesen nicht gern entbehrt werden. Es entspricht dem „Lomi lomi“ auf Hawaii und besteht darin, daß alle Gelenke äußerst geschickt gebogen und alle Muskeln so lange geknetet werden, bis Schmerz und Ermüdung völlig verschwunden sind. Der blinde Mann ist Ito's täglicher Luxusgegenstand und die Kurumaläufer unterwerfen ihre ermüdeten Gliedmaßen bei jeder Gelegenheit seinen Handhabungen. Die Zahl der Blinden ist sehr groß und man sieht mit Wohlgefallen, daß sie sich ohne Asyle und Mildthätigkeit ein unabhängiges Leben schaffen. In den Japanesen liegt ein ganz besonderer Hang, in dem Erwerb fürs Leben unabhängig zu sein, und dies giebt sich je mehr kund, je entfernter die Gegend vom Einflusse der Fremden ist.

Ein Regenmantel aus Stroh.

Von Toyoka hatten wir eine beschwerliche Reise. An diesem

Tage regnete es ohne Ende und bei dem treibenden Nebel konnte man nur niedrige Hügel am Horizonte wahrnehmen, dürre Tannen, Gestrüpp und überschwemmte Reisfelder, hin und wieder Dörfer längs der Straße, die in tiefem Sumpfe standen und deren Bewohner besonders zerlumpt und schmutzig gekleidet waren. Eine Ausnahme machte Hinokiyama, ein Samurai-Dorf, an einem schönen Abhange gelegen; mit seinen hübschen Häusern und Gärten, hohen Thorwegen und eingefaßten Terrassen hatte es den Anschein von ruhiger Behaglichkeit. Indigo war überall in Menge zu sehen und ist insofern nothwendig, als die sämmtliche Kleidung der unteren Klassen von blauer Farbe ist. Durch die Reisfelder reitend, Ito auf dem Packpferde vorauf, näherten wir uns einem Dorfe, als uns eine Anzahl Kinder begegnete, die aus der Schule kamen. Kaum hatten sie uns erblickt, so wendeten sie sich schreiend um, rannten davon oder sprangen sogar in die Gräben. Der Mago lief ihnen nach, ergriff den hintersten Knaben und schleppte ihn trotz seinem Widerstreben zurück. Er gestand nun, daß sie geglaubt hätten, Ito wäre der Direktor eines Affentheaters, ich ein großer Affe und die Leisten meiner Bettstelle wären die Stangen das Theatergerüstes.

So arbeiteten wir uns durch Sumpf und Wasser weiter und erfuhren, daß die Leute von Tubine uns zurückzuhalten suchten, indem sie sagten, alle Fähren seien in Folge des wachsenden Wasserstandes außer Gebrauch gesetzt. Ich war aber so oft durch falsche Gerüchte irre geleitet worden, daß ich frische Pferde nahm und weiter reiste. Der Pfad ging einen hübschen Hügelabhang entlang und gewährte eine Aussicht über den Yonetsurugawa, einen großen angeschwollenen Fluß, der sich weiter nach dem Meere hin über das ganze Land ausgebreitet hatte. Noch immer fiel der Regen in Strömen und alle Thätigkeit außer dem Hause war eingestellt. Unter allen Dächern hingen triefende Regenmäntel aus Stroh, unsere Papiermäntel waren durchweicht, unsere tropfenden Rosse dampften und so glitten wir einen jähen Abhang hinab in den Flecken Kiriischi. Derselbe bestand aus etwa dreißig Häusern, die, halb unter Persimmonen-Bäumen versteckt, auf der waldigen Anhöhe standen, aber so dürftig und unfläthig aussahen, daß man in keinem auch nur für die kürzeste Zeit ein Unterkommen suchen mochte. An dem Ufer des Flusses, der wohl an 400 Ellen breit war und wie ein Mühlstrom brauste, fanden wir eine amtliche Bekanntmachung, welche die Ueberfahrt für Menschen und Vieh verbot; ehe ich mich dessen versah, hatte der Mago das Gepäck niedergelegt und war über den Hügel verschwunden. Ich hätte gewünscht, daß die Regierung weniger väterlich gesonnen gewesen wäre.

Gerade zur gelegenen Zeit entdeckten wir einen flachen Kahn, der auf der anderen Seite den Fluß hinab fuhr und einen Mann an das Land setzte. Ito und zwei andere Männer schrieen, riefen und winkten so lange, bis sie bemerkt wurden und zu meiner Freude ließ sich trotz dem Getöse des Flusses ein antwortender Ruf vernehmen. Die Strömung ging so stark, daß die Bootsleute eine halbe Meile jenseits zu fahren hatten und erst nach drei Viertel Stunden zu uns herüber kamen. Sie wollten nach Kotsunagi zurück, wohin auch wir wollten, obgleich aber die Entfernung nur dritthalb englische Meilen betrug, so kostete es doch vier Stunden der härtesten Arbeit, die ich jemals Menschen verrichten sah. Alle ihre Muskeln zitterten und jeden Augenblick befürchtete ich, daß ihre Sehnen oder Blutgefäße zersprengt würden und daß die Ruderstangen brechen müßten, wenn sie alle Kräfte aufboten, um das schwankende Fahrzeug fortzubringen. Es war ein mächtiger Fluß, acht bis zwölf Fuß tief, dessen schlammiges Wasser in Wirbeln niederströmte; nach der langsamen und einförmigen Reise der letzten Tage war diese Ueberfahrt im höchsten Grade aufregend. Höher hinauf lag ein überflutetes Gehölz und nachdem wir es erreicht hatten, halfen sich die Männer, indem sie sich an den Bäumen entlang zogen; nachher aber erhielt der Yonetsurugawa noch einen Nebenfluß, der seine Kraft und sein Ungestüm noch vermehrte.

Lange schon hatte ich ein großes Boot beobachtet, welches jenseits und weiter über uns von zehn Männer gerudert wurde. Sie arbeiteten mit verzweifelter Anstrengung, aber als sie etwa eine halbe englische Meile fort gekommen waren, wurde das Boot vom Strome übermannt, herumgedreht und kam dann mit der Bordseite in wildem Laufe auf uns zu. Wir konnten uns gegen den Strom nicht regen und hatten dicht zur linken Hand große Bäume, und einen Augenblick schien es, als würden wir in Stücke zermalmt werden. Ito erbleichte vor Angst; aber eben als das Boot nur noch zwei Fuß von uns entfernt war, fuhr es gegen einen Baumstamm und wurde durch den Anprall von uns abgelenkt. Die Mannschaft faßte jetzt einen abgekappten Baumstumpf und schlang hastig das Ankerseil herum; acht Männer, hinter einander stehend, ergriffen dann das Tau, um das Fahrzeug gegen den Strom zu halten. Plötzlich zerriß das Seil; sieben Männer fielen rückwärts nieder und einer der vorderen stürzte über Bord und kam nicht wieder zum Vorschein. Zu gleicher Zeit gerieth der große Mast des plumpen Fahrzeuges ins Schwanken, schlug um und fuhr mit der Spitze in eine Baumkrone, so daß das Boot jetzt gehemmt war und fest gemacht werden konnte. Es war ein betrübendes Ereigniß. Als ich Ito fragte, was er während unserer Gefahr gefühlt hätte, erwiderte er: „Ich dachte mir, da ich mich ehrbar und gut gegen meine Mutter betragen habe, so würde ich an einen guten Ort kommen."

Die Form der Böte ist auf den verschiedenen Flüssen nicht übereinstimmend. Auf diesem Flusse kommen zweierlei Größen vor. Unser Fahrzeug war ein kleines Boot, 25 Fuß lang und $2\frac{1}{2}$ breit, mit flachem Boden und etwas einwärts gebogenen Rändern; es ging tief im Wasser und das hohe Vordertheil lief vom Rumpfe in eine längliche Krümmung aus.

Beim Eintritt der Dämmerung schwanden die Nebel und es entfaltete sich eine reizende, malerische Landschaft. In der Nähe von Kotsunagi verliert sich der Fluß in eine schmale Schlucht, gebildet von steilen vorspringenden Hügeln, die mit dunklen Tannen und Cryptomerien bewachsen sind. Um über den Fluß zu kommen, mußten wir eine volle Meile über unser Ziel hinaus fahren, bis wir den Landungsplatz an einer sumpfigen Stelle eines dichten Waldes trafen. Von hier aus hatten wir einen mühevollen Weg bis zum Wirthshause zurückzulegen. Es fiel ein dicker Nebel und diesem folgten abermals Regenströme. Der Flur stand fußtief in schwarzem Schlamm, die Küche war bis zum Dache offen, die Balken waren von Rauch geschwärzt und es brannte ein wackeres Feuer von feuchtem Holze. Rings um die Glut hatten sich funfzehn Personen, Männer, Weiber und Kinder, gelagert, ohne eine Beschäftigung vorzunehmen. Es war sehr malerisch und ich war ganz zufrieden, als man mittelst einiger hübscher Tapetenwände den größeren Theil des düsteren Raumes in schmucke Daimiyo-Zimmer verwandelte, die nach einem feuchten Garten hinaus lagen.

Die einzige Ausbeute dieser Tagesreise war eine prachtvolle Lilie, welche ich meinem Hauswirthe schenkte. Am anderen Morgen erblickte ich sie auf dem Gesimse neben dem Sinto-Schrein, aufgeblühet, in einer kleinen Vase von unschätzbarem alten Satsuma-Porzellan. Ito, der mich aus tiefem Schlafe erweckte, meldete mir, einige Reisende hätten die Nachricht gebracht, daß man den ersten Minister ermordet hätte und auch funfzig Polizeimänner getödtet worden wären. Vermuthlich war dies ein entstellter Bericht über die Meuterei der kaiserlichen Garde, wovon ich bei meiner Landung in Yezo hörte. Sehr aufregende politische Nachrichten gehören in diesen entlegenen Gegenden zur Tagesordnung und man kann sich nicht darüber wundern, daß der Bauernstand, nach den Veränderungen in den letzten zehn Jahren und der Ermordung des Ministers des Inneren, Mißtrauen gegen die bestehenden Verhältnisse hegt. Ich glaubte nicht an die Schreckenspost, denn der Fanatismus, selbst in der wildesten Form, zollt dem Gemeinsinne immer noch einigen Gehorsam; dennoch war die Nachricht störend, insofern als ich dahin gelangt war, den japanischen Angelegenheiten eine lebhafte Theilnahme zu widmen. Wenige Stunden später erschien Ito mit einem blutigen Schnitt in der Schläfe. Beim Anzünden seiner Pfeife — einer abscheulichen Gewohnheit, welche die Japanesen auch bei Nachtzeit nicht aufgeben — war er über den Rand des Kohlentopfes gefallen. Ich schlafe stets in einer japanischen Aermelrobe, um bei solchen Unfällen gleich zur Hülfe bereit zu sein; daher konnte ich ihm augenblicklich seine Wunde verbinden und wieder einschlafen, um in aller Frühe von einem Regengusse erweckt zu werden.

Ich hatte mich geirrt, als ich glaubte, daß die Kinder in den Orten, wo keine Schulen vorhanden sind, ohne Unterricht blieben. In Kotsunagi wie in verschiedenen Flecken, wo ich mich aufhielt, stellen die angesehensten Einwohner einen jungen Mann als Lehrer für ihre Kinder an; der eine giebt ihm Kleidung, ein anderer Wohnung und Beköstigung, die ärmeren zahlen ein monatliches Stundengeld und die ärmsten erhalten den Unterricht ihrer Kinder unentgeltlich. So scheint es der allgemeine Brauch zu sein. In Kotsunagi giebt der Gastwirth dem Lehrer Kost und Wohnung und dreißig Kinder werden in einem Theil der offenen Küche unterrichtet.

Wir brachen in der Frühe auf, legten aber in Folge schlechter Wege und langer Versäumnisse nur eine mäßige Strecke zurück. Alle Tage regnete es in gleichmäßigen Strömen, die Pfade waren fast unwegsam, mein Pferd stürzte fünf Mal, ich litt an Schmerzen und Erschöpfung und verzweifelte beinahe daran, das Meer erreichen zu können. In diesen wilden Gegenden giebt es keine Tragbahren und man kann nur auf Saumrossen fortkommen.

Es war, selbst bei diesem niederströmenden Regen, ein hübsches Land. Wenn die grauen Nebel schwanden, zeigten sich auf einen Augenblick Höhen, die mit Fichtenbäumen gekrönt waren; dann glitten wir hinab in ein tiefes Thal voller bemooster Steinblöcke, mit Flechten bedeckter Baumstumpfe, Teppiche von Farrnkräutern und balsamisch duftender pyramidenförmiger Cryptomerien und weiter hindurch ein brausender lohfarbener Waldstrom. Dann folgten niedrige Hügel, viel Strauchwerk, weit ausgedehnte Reisfelder und überschwemmtes Land. Es ist jedoch in der schönsten Gegend nicht angenehm, auf einem Packsattel zu hangen, ein nasses Kissen unter sich, in feuchten Kleidern, durch welche das Wasser langsam bis in die Stiefel hindurch sickert und dabei das Bewußtsein zu haben, daß man am Rastorte die durchnäßten Kleider mit feuchten vertauschen, in einem feuchten Bette schlafen und am nächsten Morgen die durchweichten Kleider wieder anlegen muß. Die Dörfer sind arm; die meisten Häuser nur aus rohen, zusammengenagelten Brettern mit Strohbekleidung bestehend; Fenster sind nicht vorhanden und der Rauch dringt aus allen Spalten. Diese Häuser unterscheiden sich von denen, die der Reisende im südlichen Japan sieht, ebenso wie die schwarzen Hütten in Uist von den netten Bauernhäusern in Kent verschieden sind. Diese ländlichen Besitzer haben in der Kunst des Lebens noch viel zu lernen.

In Tsugurito, auf der nächsten Station, war das Transport-Amt so schmutzig, daß ich mich genöthigt sah, mitten im Regen auf der Straße zu sitzen. Man sagte uns, wir könnten nicht einen „Ri" weiter kommen, da die Brücken alle weggerissen und die Furthen nicht zu passiren wären; ich miethete jedoch Pferde und mit Hülfe englischer Grobheit und der Bereitwilligkeit des Mago gelang es mir, sie einzeln und unbeladen auf kleinen Kähnen über die angeschwollenen Gewässer des Hayakuchi, des Yuwase und des Mochida zu bringen; schließlich überschritt ich drei Arme meines alten Freundes, des Yonetsurugawa, wobei der Schaum des brausenden Stromes die Schultern der Männer und das Gepäck der Pferde benetzte und hundert Japanesen der Thorheit der Fremden zuschaueten.

Die Gutmüthigkeit des Volkes erkenne ich stets gern an und die beiden Mago zeigten sich besonders gefällig, denn, als sie sahen, daß ich nach Yezo eilte, um nicht in der Wildniß des inneren Landes liegen zu bleiben, thaten sie alles Mögliche zu meiner Hülfe; sie hoben mich artig vom Pferde, boten mir ihren Rücken beim Aufsteigen und pflückten für mich ganze Hände voll rother Beeren, die ich aus Gefälligkeit verzehrte, obgleich sie wie widrige Arzneien schmeckten. Sie wünschten, ich möchte in dem malerisch gelegenen alten Dorfe Kawaguchi verweilen, aber Alles umher war dumpf und verschimmelt und der Gestank der grünen und schwarzen Gräben so überwältigend, daß ich genöthigt wurde, bis nach Odate zu reiten, einer übervölkerten, abgelegenen, halb verfallenen Stadt, wo die Dächer der Häuser aus Baumrinde bestanden und mit Steinen beschwert waren.

Die Wirthshäuser waren mit Reisenden angefüllt, die durch das Unwetter aufgehalten wurden, und ich mußte mühselig von einem zum anderen, von Schmerzen geplagt, von Volkshaufen begleitet und oft von Polizeileuten belästigt, die mir überallhin folgten und zur ungelegensten Zeit nach meinem Passe fragten. Nach langem Suchen fand ich nichts besseres als ein Zimmer mit Tapetenwänden aus gewirktem Papier, in der Mitte eines geräuschvollen Hauses, dicht neben dem Hofe und der Küche. Es waren funfzig Reisende hier, fast lauter Männer, die mit lauter Stimme sprachen und in einer kauderwälschen Provinzial-Mundart, die Ito zur Verzweiflung brachte. Kochen, Baden, Essen und obenein noch das Gequiek eines Brunnens, der beständig in Bewegung gesetzt wurde — dies Alles währte von

4 Uhr morgens bis 11 Uhr abends, und an beiden Abenden herrschte eine vom Alkohol angefeuerte Fröhlichkeit, begleitet von den mißtönenden Leistungen herumziehender Sängerinnen.

An allen Orten, wo ich zuletzt war, wurde statt des Wortes Ja „Hai“ zu Ito's Aerger „He“, „Chi“, „Na“ und „Ne“ gesprochen. Es klingt eher wie ein Ausruf als wie eine Antwort und scheint öfters nur Hochachtung oder Aufmerksamkeit auszudrücken. Zuweilen klingt es laut und schrill, oft wie ein Kehllaut, zuweilen fast wie ein Seufzer. In diesen Yadoyas hört man jeden Laut, ein verworrenes Geräusch von Stimmen und zwischen durch aus allen Winkeln des Hauses das scharf klingende „Hai, Hai“ der Aufwärterinnen. Die Gewohnheit, diesen Ausdruck zu gebrauchen, ist so verbreitet, daß man öfters dadurch aus dem Schlafe aufgestört wird und zuweilen, wenn ich mit Ito spreche, antwortet eine dumme Hebe mit ihrem „Hai“.

Kaum hatte ich mich zu Bette begeben, als Ito mit einer alten Henne eintrat und mir meldete, er würde sie kochen bis sie mürbe wäre. Als ich wieder eingeschlafen war, wurde ich von zwei Polizeimännern geweckt, unter dem Vorwande, meinen Paß zu sehen; das dritte Mal traten zwei Männer mit Papierlaternen ein und durchsuchten das ganze Gemach nach den Schnüren eines Muskitonetzes, die sie für einen anderen Reisenden brauchten. Dies sind die ergötzlichen Seiten einer Reise in Japan.

Um fünf Uhr weckte mich Ito, um mir zu sagen, er wäre der Ueberzeugung, daß eine Moxa meine Rückgratschmerzen heilen würde, und da wir den Tag über hier blieben, so wollte er einen Operateur holen; ich lehnte dies aber ebenso nachdrücklich ab wie die Dienstleistungen des blinden Mannes. Gestern kam ein Mann und beklebte alle Gucklöcher in dem Wandschirm mit Papierstreifen.

Die Zahl der Städte mit etwa 10,000 Einwohnern ist erstaunlich groß. Odate scheint, wie viele andere Städte, kein besonderes Anrecht auf ihr Dasein zu haben. Doch treibt sie Handel mit Noschiro vermittelst des reißenden Yonetsurugawa-Flusses, verfertigt eine große Menge grober Lackwaaren-Artikel zu Laternen und Schüsseln und die kurzen Messer, die bei der Ernte gebraucht werden, ferner die Harken und Grabeisen, die fast allein erforderlich sind, um die Felder Japans in einen gartenähnlichen Zustand zu versetzen. Die Stadt sieht elend aus, geflickt und gestützt, und die große Zahl von Eisenarbeitern mit ihren erbärmlichen Schmieden, welche die Straßen einiger Stadttheile einnehmen, erinnern an ein Nagelschmiede-Dorf in Staffordshire.

Der Regen ergoß sich noch immer in Strömen und jede Stunde brachte Nachrichten über zerstörte Wege und Brücken auf der nördlichen Route.

XXVIII.

Gequälte Gastwirthe. — Mängel der neuen Regierung. — Das Uebereinstimmende in Japan. — Gesellige Zusammenkünfte. — Verheerende Fluten. — Der Yadate-Paß. — Zerstörte Brücken.

Ikarigaseki, Aomori Ken, 2. August.

Am frühen Morgen verschwanden die Regenwolken und der helle blaue Himmel erschien wie gewaschen. Ich mußte bis zum Mittag warten, ehe die Flüsse zu passiren waren und kann des Tages nur sieben englische Meilen zurücklegen, bevor sich nicht das Wasser verlaufen hat. Wir hatten sehr schwache und träge Pferde; der Mago war halb betrunken, sang, schwatzte und hüpfte während des ganzen Weges. Das Reisbier wird häufig warm getrunken und bewirkt alsdann einen lärmenden aber gemüthlichen Rausch. Ich habe eine gute Zahl Berauschter gesehen, aber niemals einen, der im geringsten Grade streitsüchtig gewesen wäre; die Wirkung geht bald vorüber, hinterläßt jedoch zur Verwarnung eine Uebelkeit, welche zwei bis drei Tage anhält. Die abscheulichen Gebräue, bekannt unter den Namen Bier, Wein und Branntwein, erregen einen bösartigen und langwierigen Rausch und endlich den kläglichen Säuferwahnsinn, den man als eine Wirkung des Sake kaum kennt.

Die Sonne schien herrlich, und das von Hügeln umgürtete Thal, worin Odate liegt, erschien in voller Schönheit; der schmale, helle Fluß rieselte über grünes und rothes Gestein; die kegelförmigen Hügel rings umher waren reich mit Nadelholz bewaldet, andere bloß mit Strauchwerk, das in pittoresker Unordnung über die Abhänge verstreuet war. Beim Sonnenschein werden die waldbedeckten Hügel und die gartenähnlichen Thäler von Japan in Paradiese verwandelt. Auf einer Reise von 600 englischen Meilen fand ich kaum ein Stück Landes, das im Sonnenschein nicht schön ausgesehen hätte.

Wir setzten über fünf schwierige Furthen, wo die Pferde bis über den halben Leib im Wasser gingen; in einer warf der heftige Strom meinen Mago ab, so daß er sich mußte vom Pferde an den Strand ziehen lassen; er sang und sprang aber nachher weiter und sein trunkener Muth schien durch das kalte Bad nicht abgekühlt worden zu sein.

Alles ist hier in Verfall. Wo früher nur ein Flußbett war, sind oft drei entstanden; große Strecken weit findet man keine Spur von einem Wege, zehn Meilen weit keine Brücke, ganze Gefilde sind mit Blöcken, entwurzelten Bäumen und von den Bergen herabgeschwemmten Stämmen bedeckt. Die fleißigen Bauern fangen jedoch bereits an, Pfähle einzurammen, bringen Erde auf den Rücken der Pferde herbei, um Deiche anzulegen, und häufen Steine zu Dämmen auf, um neue Ueberschwemmungen zu verhüten. In dieser Gegend haben die Bauernfrauen bei der Feldarbeit eine kleidsamere Tracht: hellblaue Hosen und darüber eine lose Bluse, mit einem Gürtel über den Hüften festgehalten.

Als ich hier ermüdet ankam und wußte, daß mir kein weiterer Weg offen stand, mußte ich eine lange ärgerliche Unterredung zwischen dem Hausmeister und Ito anhören, während welcher Zeit die Pferde beladen blieben. Das Ende davon war, daß der Mann sich weigerte, mir ein Obdach zu geben, indem er sagte, die Polizei hätte in dieser Woche die Runde gemacht und angeordnet, daß kein Fremder aufgenommen werden sollte, der sich nicht vorher auf dem nächsten Polizei-Amte gemeldet hätte. Dieses war hier drei Stunden weit entfernt. Ich entgegnete, die Behörden von Akita könnten nichts gegen ein kaiserliches Edikt verfügen, kraft dessen mein Paß ausgestellt sei; er dagegen meinte, wenn er die Anordnung mißachtete, so würde man ihn in Geldstrafe nehmen und ihm seine Concession entziehen. Kein Fremder, sagte er, hätte jemals in Schirasawa logirt, und ich zweifle nicht, daß er auch die Hoffnung aussprach, kein

Fremder möchte es sich einfallen lassen. Mein Paß wurde also abgeschrieben und durch einen expressen Boten abgeschickt, da es mir leid gethan hätte, den armen Mann in Unhelligkeiten zu bringen, wenn ich auf meinem Recht bestände. Sehr zaghaft gab er mir ein Zimmer, das auf einer Seite nach dem Dorfe und auf der anderen nach einem Teiche offen stand. Auf letzteren war es, zum Vergnügen der Moskitos, theilweise gebauet. Man begreift es kaum, wie die Japanesen ein Loch voll schmutzigen Wassers als Zierde eines Hauses ansehen können.

Die Gastwirthe scheinen einigermaßen in ihrem Geschäft genörgelt zu sein; in der That ist das Zuviel-regieren und eine unaufhörlich abändernde Kleinigkeitskrämerei ein Fehler der jetzigen Regierung. Fast jede Woche ergeht eine Anzahl neuer Verfügungen und kaum haben die verdutzten Bauernköpfe eine Ladung davon aufgenommen, so erscheint schon wieder eine frische. Dabei achtet die Polizei scharf auf die Uebertreter. Die Wirthe sind verpflichtet, nicht nur die Namen und Bestimmungsorte der Reisenden, sondern auch ihren letzten Aufenthalt in ein Buch einzutragen und solches der Polizei bei ihrer monatlichen Runde vorzulegen. Abgesehen von diesen Schwierigkeiten, meine ich, daß ein Gastwirth berechtigt sei, einem Fremden die Rechnung höher zu stellen, weil derselbe allein ein Zimmer in Anspruch nimmt, mit dem sich acht Japanesen gern begnügen würden, außerdem Wasser in seinem Zimmer verlangt, ungelegene Gerichte zu ungelegener Zeit kocht und im Allgemeinen mehr Unruhe veranlaßt. Um so mehr bin ich über das knauserige Benehmen einiger Engländer und vieler Amerikaner beschämt. Meine Ausgaben im Hotel, nebst Ito's, beliefen sich auf kaum 3 Schilling den Tag, und fast an jedem Orte gab man das aufrichtige Bestreben kund, mir den Aufenthalt angenehm zu machen; bedenke ich dabei, daß ich oft in kleinen, gewöhnlichen Flecken abstieg, die weit von den großen Reisestraßen ab lagen, so muß die Bequemlichkeit, die mir geboten wurde, für ganz vortrefflich gelten und wird schwerlich ihresgleichen in ebenso abgelegenen Gegenden irgend eines Land der Welt finden.

Den schönen Abend brachte ich damit zu, daß ich in die Straße des ruhigen Dörfchens von 71 Häusern blickte — eines der tausend ähnlicher Dörfer mit ihrem „Kocho" und der Amtsstube, ihrem Tempel und Friedhof, ihren zerfallenen Götzen, ihren Götzenfesten, geselligen Einrichtungen, Hochzeiten und Begräbnissen, mit ihren kleinlichen Lokal-Interessen, Polizei-Visitationen, Steuern und Abgaben, kleinen Skandälern, mit ihrem Aberglauben und ihrer Unwissenheit — eine kleine Welt, aber ein Theil vom großen Japan. Die Centralisation ist der Grundsatz der japanischen Regierung; eine merkwürdige Thatsache aber bleibt es, daß das Recht überall ebenso streng gehandhabt wird wie in der Hauptstadt selber und der starke Arm der Macht nicht geschwächt wird, wenn er über 600 Meilen des Landes weit reicht. Obgleich das alte System der Ausspähung zu Ende ist, so bezweifle ich doch nicht, daß Alles, was in Schirawasa geschieht, dem Ministerium des Innern zu Tokiyo durch unzählige Berichte bekannt gemacht wird, denn das japanische Beamtenthum kann ohne Schreiberei nicht existiren.

Das Uebereinstimmende in dem Lande erweckt meine lebhafte Theilnahme. Ich habe nun verschiedene Distrikte bereist, die bis auf die letzte Zeit getrennt und nicht immer freundlich mit einander waren, Herrschaften mit gesondertem Lehnssystem, wo Klima und Vegetation innerhalb fünf Breitengraden sich beträchtlich änderten und die Sprache des Bezirkes selber sich wesentlich von der der Centralprovinzen unterschied; — aber überall waren die Tempel und Häuser nach gleichem Plane gebauet, und obschon einige groß und andere klein waren, hier hölzerne und dort Lehmwände, hier Schilf- und dort Rinden- oder Ziegeldächer vorherrschten, so trug doch das Innere der Wohnhäuser überall das gleichartige erkennbare Gepräge. Die Feldfrüchte ändern sich mit dem Boden und Klima, aber nicht die Art des Ackerbaues; die Düngung und andere Verfahrungsweisen des Feldbaues sind überall dieselben. Und noch weit übereinstimmender sind die Umgangsformen, welche die Gesellschaft auf allen ihren Stufen regieren. Der Kuli in Akita, so bäuerisch er sein mag, ist gerade ebenso höflich und förmlich im Umgange mit Anderen wie der Kuli in Tokiyo; die Mädchen in Schirasawa sind ebenso selbständig, würdevoll und artig wie die in Nikko; die Kinder spielen die gleichen Spiele, mit demselben Spielzeug und nehmen in gleichem Alter dieselben Stufen im Leben ein. Alle sind in gleichem Grade durch die übereinstimmenden Fesseln der gesellschaftlichen Ordnung gebunden, ein überliefertes Gesetzbuch, welches, wenn es auch einiges Uebel bewirkt, doch so viel Gutes erzeugt, daß es mir leid thun würde, wenn es durch eine verkehrte Nachahmung europäischer Manieren und Gebräuche ersetzt werden sollte.

An diesem Abend kamen die Männer, wie in tausend anderen Dörfern, von ihrer Arbeit heim, verzehrten ihre Mahlzeit, rauchten, freuten sich ihrer Kinder, trugen sie umher, beobachteten ihre Spiele, flochten Strohseile, machten Strohsandalen, spalteten Bambus, webten Regenröcke aus Stroh, und verbrachten die Zeit im Allgemeinen mit jenen kleinen ökonomischen sinnreichen Beschäftigungen und kunstvollen Fertigkeiten, deren sich leider unser Volk viel weniger befleißigt als irgend ein anderes. Da fanden keine Versammlungen im Bierhause statt. So arm die Heimstätten sind, so haben die Leute doch Freude daran. Die Kinder üben eine unschätzbare Anziehung aus und Geplärr und Ungehorsam, wie sie in den Familienkreisen unserer arbeitenden Klassen vorkommen, sind hier ganz unbekannt, wo Gehorsam und Folgsamkeit von der Wiege auf als selbstverständliche Eigenschaften eingeprägt werden.

Die religiösen Kundgebungen verminderten sich, je weiter ich nordwärts reiste und es scheint, als beständе der geringe Glaube, der noch vorhanden ist, nur in dem Glauben an gewisse Zaubermittel und abergläubige Dinge, den die Priester emsig verbreiten.

Eine tiefe Stimme gilt wenigstens beim Manne der niederen Klasse nicht für eine löbliche Auszeichnung. Das Volk in Japan spricht in den höchsten Stimmtönen, und obgleich die meisten Wörter und Silben in Vokalen endigen, so macht eine Unterhaltung meistens den selben Eindruck wie das mißlautende Geschnatter auf einem Hühnerhofe. Das Gemach, welches an das meinige grenzte, war von Reisenden bewohnt, die durch das schlechte Wetter zurückgehalten wurden, und sie unterredeten sich vier Stunden lang mit dem Wirthe. Ich vermuthete, der Gegenstand der Unterhaltung sei sehr wichtig und beträfe vielleicht die neue Verordnung, wodurch, wie ich in Odate hörte, örtliche Wahlversammlungen gestattet wurden. Auf mein Befragen erfuhr ich jedoch, daß sie vier sterbenslange Stunden mit der Erörterung verbrachten, ob die Tagesreise von Odate nach Noschiro besser zu Lande oder zu Wasser gemacht würde. Von einem Eingeweiheten hörte ich, daß selbst die Unterhaltung gebildeter Japanesen sich nur um die ärmlichsten Gegenstände bewegt. Politik und öffentliche Angelegenheiten sind verpönt, Religion und verwandte Materien kommen nicht vor, die Kunst hat an Theilnahme verloren, Literatur ist nicht vorhanden. Es fehlt der erhebende Einfluß gebildeter Frauen. Aus alter Gewohnheit oder aus gegenwärtigem Mißtrauen fürchtet Jeder, sich bloßzustellen, wenn er eine Meinung über irgend Etwas ausspricht, das der Rede werth wäre; die Unterhaltung artet daher in Scherze und Unfläthigkeiten aus, denen ein gebildeter Fremder keinen Geschmack abgewinnen kann.

Die japanischen Frauen haben ihre eigenen Zusammenkünfte, wo Gewäsch, Klatschereien und ächt orientalische Unziemlichkeiten den Stoff der Unterhaltung ausmachen. In vielen Dingen, namentlich in solchen, die auf der Oberfläche liegen, sind uns die Japanesen überlegen, in vielen anderen aber sind sie unendlich weit hinter uns zurück. Wenn man jedoch unter diesem artigen, betriebsamen und gebildeten Volke lebt, so vergißt man leicht, daß man ihm großes Unrecht zufügt, wenn man seine Art und Manier mit den Sitten eines Volkes vergleicht, welches durch viele Jahrhunderte des Christenthums gebildet wurde.

In dem mir gegenüberliegenden Zimmer wohnten zwei Männer, die mit einer Augenkrankheit behaftet waren und ihre Häupter kahl geschoren trugen. Sie waren mit kleinen Trommeln und mit großen Rosenkränzen versehen und auf einer Wallfahrt nach Meguro bei Yedo begriffen. Dort befindet sich das Heiligthum des Fudo, eines sitzenden Götzenbildes, von Flammen umgeben, mit einem blanken Schwert in der einen Hand und einem zusammengeknäuelten Tau in der anderen. Dieser Gott steht im Rufe, den Blinden das Gesicht wieder zu geben. Um fünf Uhr morgens begannen die Männer ihre Andacht, indem sie beständig sehr schnell und in hohem einförmigem Tone die Anrufung der buddhistischen Sekte Nichiren wiederholten: „Namu migo ho ren go Kiyo", welche sicherlich kein Japanese versteht, und über deren Bedeutung selbst die größten Gelehrten uneins sind. Einer übersetzte sie mir: „Ruhm den heilspendenden Schriften", ein anderer: „Heil dem kostbaren Gesetz und Evangelium der Lotusblume", und ein dritter: „Himmel und Erde! die Lehre der Sekte der wundervollen Lotusblume!" Zur Abwechselung hörte man zuweilen: „Namu amidu Butsu!" und während der ganzen Zeit wurden zwei Trommeln gerührt.

Sechs Tage und fünf Nächte regnete es, mit Ausnahme weniger Stunden, ohne Unterbrechung und die letzten dreizehn Stunden, wo eine völlige Finsterniß in Schirasawa herrschte, fielen solche Güsse, wie ich sie nur wenige Minuten lang am Aequator gesehen habe. Noch immer regnet es und Straßen, Brücken, Reisfelder, Bäume und Hügelabhänge bis hin zu der ach! so nahen Tsugaru-Straße — Alles ist in einen gemeinsamen Untergang fortgerissen. Das schlichte Volk fleht die vergessenen Götter der Flüsse und Berge, die Sonne und den Mond und das Heer der Gestirne an, sie zu erretten von dem unmäßigen Regen und den Gewässern. Für mich selber ist es etwas Wichtiges, im Stande zu sein, den ganzen Tag zu rasten und da ein gut geartetes Gemüth sich ebenso gleichmüthig in ein unüberwindliches Hinderniß wie in eine unabänderliche Thatsache ergiebt, so erzürne ich mich nicht mehr darüber, daß ich nicht weiter gelangen kann, sondern bin eher geneigt, die Vortheile der Gefangenschaft wahrzunehmen; und Letzteres ist höchst nothwendig, wenn ich meine Umgebung betrachte.

Der vorgestrige Tag war, trotz meinen Schmerzen, einer der unterhaltendsten meiner Reise. So wie ich auf Hawaii des Feuers Gewalt kennen lernte, so lerne ich in Japan die des Wassers kennen. Am Mittage, als das Wetter sich aufzuklären schien, nahmen wir zwei Pferde und drei Männer und verließen Schirasawa. Es ist eine schöne Landschaft — ein wildes Thal, zu welchem sich eine Anzahl Hügel hinabsenken, von mächtig malerischer Wirkung durch die dunkle pyramidenförmige Cryptomeria, den Stolz Japans. Fünf Furthen waren tief und reißend und es ließ sich schwer hineinkommen, da die abgeschrägten Ufer weggerissen und statt dessen steile Wände vorhanden waren, die der Mago erst mit der Hacke ebnen mußte. Weiterhin waren wieder die Furthen selber verschwunden; wo Tiefen gewesen waren, hatten sich Untiefen gebildet und aus seichten Stellen waren tiefe geworden; neue Flußbetten waren entstanden und große Hügel von Gerölle zusammengehäuft. Rings umher lauter Trümmerwerk. Die Straße und ihre kleinen Brücken waren fort, die Bäume entwurzelt oder durch den Anprall eines schweren Stammes abgebrochen und zu Barrikaden über einander geschoben worden; dicke Baumstämme schwammen in so großer Zahl und mit solcher Gewalt den Strom hinab, daß wir an einer Stelle eine halbe Stunde warten mußten, bevor wir sicher hinüber konnten.

Nachdem wir fünf Meilen zurückgelegt hatten, konnten die Pferde nicht weiter und zwei Mago mußten das Gepäck tragen. So ging es fort, indem wir durch das Wasser schritten oder bis an die Kniee in den feuchten Boden einsanken oder uns am Rande der Hügel weiter halfen. Glücklicher Weise dauerte diese erschöpfende Arbeit nicht lange, denn an einer Stelle, wo uns eine höhere bewaldete Bergkette umschloß, öffnete sich eine neue Straße, schön und breit genug für ein Fuhrwerk. Sie zieht sich über zwei Brücken in einen prächtigen Wald und schlängelt sich dann in einer Zickzacklinie den Paß von Yadate hinauf, auf dessen Höhe ein hübscher Obelisk aus Sandstein die Grenze zwischen Akita und Aomori bezeichnet. Es ist für Japan eine bewundernswürdige, kunstvoll aufgebauete Straße, die außerordentliche Arbeit erfordert hat, leider aber nur vier Meilen weit reicht und sich in einen elenden Reitweg verliert.

Ich ließ die Anderen hinter mir und wandelte allein über die Höhe des Passes und auf der anderen Seite abwärts, wo die Straße mit hellrothem und grünem Gestein ausgelegt war. Dieser Paß erschien mir bewundernswerther als vieles Andere, was ich in Japan erblickte, und ich möchte ihn bei klarem Himmel wohl wiedersehen. Er erinnert mich an den schönsten Theil des Brunig-Passes und auch in mancher Hinsicht an die Pässe in den nordamerikanischen Felsengebirgen, aber die Bäume sind weit schöner als dort. Es war einsam, düster und feierlich. Die großen Cryptomerien, schlank wie Masten, reckten ihre Gipfel nach dem Licht empor; Farrnkräuter, welche feuchte und schattige Plätze lieben, bildeten das einzige Unterholz; die Bäume erfüllten die Luft mit balsamischen Düften und in den dunklen Schluchten stürmten brausende Ströme dahin und übertönten mit ihrem Donnergetöse das klingende Geplätscher der kleineren Gewässer. Keines Reisenden Schritt störte die Einsamkeit, auch nicht der Gesang eines Vogels oder das Summen eines Insekts.

In der Mitte dieser erhabenen Landschaft, als ich eben die Höhe des Passes erreicht hatte, verwandelte sich der Regen, der bis dahin beständig aber nur fein gewesen war, plötzlich in Ströme. Da ich schon seit Wochen durchnäßt worden war, so achtete ich anfangs nicht darauf, aber bald sah ich schreckliche Veränderungen vor meinen Augen eintreten. Von allen Seiten strömte und rauschte das Wasser; große Bäume brachen um und zogen andere in ihrem Falle mit sich hinab; mit erschütterndem Getöse borst eine Hügelwand, so daß ein ganzes Stück Land mit allen Bäumen, die darauf standen, in die Tiefe sank; an ihrer Stelle war eine Schlucht entstanden, durch welche sich neu gebildete Ströme ergossen und sich selber einen Abgrund bahnten, in den sie Steine und Sand mit sich fortrissen. In kurzer Zeit war die schöne Straße überspült oder an einzelnen Stellen durch Erdhaufen versperrt und weiter unten wurde eine ganze Strecke derselben und mit ihr eine schöne Brücke fortgeschwemmt.

Beim Niedersteigen begegneten uns glücklicher Weise zwei Männer mit Saumrossen, die nicht wußten, daß die Straße nach Odate nicht zu passiren war. Sie tauschten die Ladung mit meinen Kulis. Die Pferde waren stark und die Mago muthig und gewandt. Wenn wir uns beeilten, meinten sie, so könnten wir den Flecken, von wo sie kämen, gerade noch erreichen. Inzwischen war aber die Straße und die Brücke weggerissen worden. Sie bestanden darauf, mich an den Packsattel festzubinden. Der mächtige Strom, dessen Schönheit ich vor kurzem so bewundert hatte, war jetzt ein Gegenstand des Schreckens, und wir mußten ihn vier Mal überschreiten, ohne eine Furth gefunden zu haben; mitten unter den erschütternden Scenen, die uns umgaben, wateten wir durch den Fluß, die Männer bis an die Schultern, die Pferde bis an den Rücken im Wasser. Da die Uferwände fortgespült waren, so war es zuweilen ebenso schwer, in das Wasser hinein wie heraus zu kommen. Die Pferde mußten schulterhoch klettern oder springen und mehrmals waren die Männer genöthigt, mittelst der Axt Stufen für sie anzulegen.

Nachdem wir endlich mit der größten Anstrengung über den Fluß gelangt waren, kamen wir auf das Gebiet, welches zu jenem Dorfe gehörte — aufgewühlte Reisfelder, deren ganzer Ernteertrag fortgeführt worden war. Um unsere Fahrt zu beschleunigen, banden mich die Männer los, damit ich bequemer sitzen möchte, redeten dann den Pferden zu und setzten sich in Trab. Die Schuhe meines Pferdes waren sehr abgenützt und es strauchelte fast bei jedem Schritt. Der Mago reichte mir eine Schlinge, woran ich mich fest halten sollte; plötzlich sprüheten Funken vor meinen Augen, dann wurde es dunkel um mich und ich hatte nur eine undeutliche Empfindung; ich kam wieder zu mir, als ich, gequetscht und beklommen, von drei Männern aus einem Graben gehoben wurde, und erfuhr nun, daß das Pferd beim Niedersteigen von einem steilen Hügel gestürzt und ich über den Hals desselben geschleudert worden war.

In wenigen Augenblicken saß ich wieder auf meinem nassen Kissen, die Männer trabten und die Pferde stolperten weiter; wir überschritten auf einer hübschen Brücke den Hirakawa und eine halbe Meile weiter gingen wir über eine andere Brücke auf dasselbe Ufer wieder zurück und kamen nach Ikarigaseki, einem Dorfe mit 800 Einwohnern, auf einem schmalen Landstrich zwischen einer steilen Höhe und dem Hirakawa gelegen, ein verlorener und verfallener Ort, dessen Bewohner angewiesen sind, Holz zu fällen und Ziegel zu machen; und überall sieht man Schindeln und Bauholz in allen Formen, — Blöcke, Bretter und Scheite, gehäuft und aufgestapelt. Das Dorf hat aber eine herrliche Lage und unterscheidet sich im Aeußeren von allen, die ich gesehen habe.

Die Straße ist lang und schmal und hat auf jeder Seite eine von Steinen eingefaßte Rinne. Diese Kanäle waren aber dermaßen übergetreten, daß Männer, Weiber und Kinder viereckige Dämme anlegten, damit das Wasser, das bereits in den Hof gedrungen war, nicht auch die Matten erreichen möchte. Wenige Häuser haben Papierfenster und diese sind von Rauch geschwärzt. Die Dächer sind beinahe flach und mit Schindeln gedeckt, die mit Steinen beschwert sind. Fast alle Häuser sehen aus, als wären sie nur einstweilen errichtet, und sind im Innern so schwarz wie Barro-Hütten. Bei vielen bestehen die Wände nur aus rohen Brettern, welche mittelst Strohseile an die Ständer befestigt sind.

Von Regen triefend, erreichten wir eine sehr unkultivirte Yadoya, deren unterer Theil neben der Küche von einigen Studenten, Pferden, Hunden und Hühnern eingenommen wurde. Mein Zimmer war eine elende Dachstube, zu welcher eine Leiter hinauf führte; unterhalb derselben befand sich eine Pfütze, so daß ich Wellingtonstiefel anziehen mußte, wenn ich hinabsteigen wollte.

Das Geräusch des Regens, der auf das Dach niederströmte, verhinderte Ito, mich zu verstehen, wenn ich zu ihm sprach. Mein Bett war naß, und als ich meinen Kasten öffnete, fand ich, daß das eingedrungene Wasser den Ueberrest von der condensirten Milch aufgelöst und meine Kleidungsstücke, Bücher und Papiere in einen nassen Klumpen verwandelt hatte. Mein Kimono war noch am wenigsten naß und ich legte mich darin zu Bett, bis mir nach Verlauf einer halben Stunde Ito aus seiner Dachkammer zurief, man befürchte, daß die Brücke, über die wir zuletzt gekommen waren, fortgerissen würde. Wir eilten nach dem Ufer und fanden dort eine Menge Menschen, die zu sehr mit dem bevorstehenden Unglück beschäftigt waren, als daß sie sich um eine fremde Dame hätten kümmern können, die sie zum ersten Male in ihrem Leben erblickten.

Der Hirakawa, noch vor einer Stunde nur ein klarer, schnell fließender Bergstrom von etwa vier Fuß Tiefe, war jetzt, wie es hieß, zehn Fuß tief und stürzte sein dickes schlammiges Wasser mit furchtbarem Getöse zu Thale. Ungeheure Mengen von gefällten Stämmen, Bäumen, Wurzeln, Zweigen und Kloben kamen herab geschwommen. Das angrenzende Land war sehr ausgehöhlt, aber abgesehen davon, daß der Mittelpfeiler wankte, wenn ein starker Block daran anprallt, so stand doch die Brücke fest, so daß zwei Männer es wagen konnten, hinüber zu gehen, um irgend etwas auf dem anderen Ufer zu sichern. Da die oberhalb gelegene Brücke bereits zerstört war, so langten allerlei Trümmer an, darunter vierzig lange Balken. Der größte Theil der Stämme, die auf dem Yadate-Passe gefällt worden, mußte verloren sein, denn in der kurzen Zeit, während ich am Flusse verweilte, wurden über 300 fortgeschwemmt. Dies ist ein schwerer Verlust für das Dorf, welches vom Holzhandel lebt. Es war höchst aufregend, die Stämme herunterkommen zu sehen und angstvoll zu erwarten, ob sie den Pfeiler treffen würden oder nicht. Eine Stunde nachher kamen zwei mächtige, volle dreißig Fuß lange Blöcke dicht bei einander herab und trafen fast gleichzeitig den Mittelpfeiler. Er wankte, die große Brücke brach mit furchtbarem Krachen mitten aus einander, sank in den Strom und zeigte sich dann nur noch in den entfernteren schäumenden Wellen als losgelöste Balken, die dem Meere zueilten. Keine Spur blieb von der Brücke übrig. Die unterhalb gelegene Brücke wurde am Morgen fortgerissen, so daß der kleine Ort völlig isolirt bleibt, bis der Fluß eine Furth erhält. Auf einer Strecke von dreißig englischen Meilen waren von neunzehn Brücken nur zwei stehen geblieben und die Straße selber fast gänzlich weggerissen worden.

XXIX.

Japanische Kinder und Kinderspiele. — Wettstreit der Papierdrachen. — Alphabetkarten. — Volksthümliche Sprüchwörter. — Das Tanabata-Fest.

Kuroischi, den 5. August.

Mein Zeitvertreib in Ikarigaseki bestand darin, daß ich drei Mal des Tages ausging, um zu sehen, wie weit der Fluß gefallen sei, daß ich mit dem Hausmeister und dem Kocho plauderte, die Spiele der Kinder und die Ziegelfabrikation beobachtete, Spielzeug und Zuckerwerk einkaufte und verschenkte, drei Mal täglich eine Menge kranker Augen mit Zinksalbe behandelte, das Kochen, Spinnen und andere häusliche Arbeiten in der Küche ansah; daß ich ferner sah, wie die Pferde anstatt mit Heu mit grünen Baumblättern gefüttert werden, daß ich die Aussätzigen sah, die hierher gekommen waren, um einen Gesundbrunnen zu gebrauchen, der ihre schreckliche Krankheit wenn nicht heilen, so doch lindern sollte; daß ich auf meinem Bettgestell lag und nähete und die Schriften der asiatischen Gesellschaft las und schließlich alle möglichen Wege nach Aomori überlegte. Dank der Augensalbe sind die Leute sehr freundlich geworden und führen mir viele Patienten vor, von denen die meisten nicht krank geworden wären, wenn sie ihren Körper und ihre Kleidung reinlich gehalten hätten. Durch den Mangel der Seife, das seltene Waschen der Kleider und den Mangel einer linnenen Unterkleidung werden viele Hautkrankheiten veranlaßt und durch Insektenstiche verschlimmert. Grindköpfe hat hier die Hälfte der Kinder.

Ich habe die japanischen Kinder sehr gern. Niemals sah ich eines störend oder ungehorsam und nie hörte ich ein kleines Kind schreien. Kindliche Liebe ist die wichtigste Tugend in Japan und Gehorsam eine Sitte seit Jahrhunderten. Die Künste, Schmeicheleien und Drohungen, womit die Mütter bei uns die Kinder zu einem unwilligen Gehorsam nöthigen, scheinen hier unbekannt zu sein. Bewundernswerth erscheint mir die Art, wie man den Kindern Unabhängigkeit in ihren Vergnügungen lehrt. Zu der häuslichen Erziehung gehört auch, daß man sie in den unumstößlichen Regeln gewisser Spiele unterrichtet und wenn sich ein Zweifel erhebt, so wird das Spiel nicht etwa durch einen Streit unterbrochen, sondern ein älteres Kind entscheidet über die Angelegenheit. Sie spielen unter sich und scheeren die Eltern nicht bei jeder Gelegenheit. Gewöhnlich führe ich Naschwerk bei mir und schenke es den Kindern, aber stets fragten sie erst die Eltern um die Erlaubniß, es anzunehmen; sobald diese ertheilt wird, verbeugen sie sich freundlich und bieten den Eltern das Zuckerwerk dar, bevor sie selber davon genießen. Es sind artige Geschöpfe, aber zu förmlich und altklug.

Seltsamer Weise habe ich eine eigentliche Kinderkleidung nicht gesehen. Sobald sie drei Jahre alt sind, legen sie den Kimono und den Gürtel an, eine Kleidung, die ihnen so schlecht steht wie ihren Eltern und sich beim kindischen Spiele höchst wunderlich ausnimmt. Niemals sah ich jedoch das, was wir Kinderspiel nennen, wobei sich die Kinder den verschiedensten Antrieben überlassen und sich in Gelächter, Geschrei oder Streit, in Balgereien oder Schlägereien austoben.

Zwei niedliche Knaben verstehen es, den Käfern Kartenstückchen mittelst Gummi auf den Rücken zu kleben und sie dann eine kleine Ladung Reis eine schiefe Ebene hinauftragen zu lassen. Bei uns würden alle Hände nach solchem Spielwerk haschen, hier aber sah ich, wie eine Anzahl Kinder dieser Vorstellung mit regungsloser Theilnahme zuschaueten, ohne daß ihnen erst bedeutet zu werden durfte, die Käfer nicht anzufassen. In vielen Häusern halten sich die Kinder Heuschrecken in Bambuskästchen und vergnügen sich, diese gefräßigen Thiere zu füttern. Auf den Straßenrinnen drehen sich eine Menge Spielzeug-Wasserräder, welche die verschiedensten kleinen Maschinen in Bewegung setzen; eine Maschine, womit der Reis ausgehülst wird, gehört zu den beliebtesten, und die Knaben verwenden viel Zeit auf dieses Spielwerk. Es sind jetzt Ferien, die Schüler erhalten aber Ferienarbeiten und des Abends hört man sie Stunden lang ihre Lektionen auf der Straße aufsagen. Die Schulprüfung findet bei dem Beginn des Unterrichts nach den Ferien, nicht am Schluß des Semesters statt.

An einem Nachmittage, wo es heiteres und windiges Wetter war, ließen die Knaben Papierdrachen fliegen, die aus zähem Papier und einem Rahmen aus Bambusrohr gefertigt waren, alle von rechtwinkliger Form, einige fünf und zwanzig Quadratfuß groß und fast alle mit den Gesichtern historischer Helden geschmückt; bei einigen war eine Vorrichtung aus Fischbein angebracht, die ein summendes Geräusch bewirkte. Der Wettstreit zwischen den großen und kleinen Drachen setzte die ganze Bevölkerung in Bewegung. Die Schnur jedes Drachens war etwa 30 Fuß unterhalb des Rahmens mit zerstoßenem Glase beklebt und zwei Stunden lang bemüheten sich die Drachenfechter, ihren Drachen in eine solche Stellung zu bringen, daß die Schnur des Gegners zerschnitten wurde. Endlich gelang es Einem, wornach der abgeschnittene Drache sein Eigenthum wurde und der Sieger und der Besiegte drei tiefe Verbeugungen austauschten. Ebenso schweigsam wie die Leute der Zerstörung der Brücke zugeschauet hatten, beobachteten sie auch diesen aufregenden Wettstreit. Einige Knaben gingen auch auf Stelzen, während sie den Drachen steigen ließen, eine sehr schwierige Uebung, an welcher nur wenige theilnehmen konnten; alsdann fand ein Wettlauf auf Stelzen statt. Die unterhaltendsten Spiele im Freien geschehen nur zu bestimmten Jahreszeiten und sind jetzt nicht an der Reihe.

Im Gasthause befanden sich zwölf Kinder und nach Eintritt der Dunkelheit spielten sie regelmäßig ein Spiel, welches, wie Ito sagt, zur Winterszeit in jedem japanischen Hause vorgenommen wird. Die Kinder sitzen dabei in einem Kreise, während die Erwachsenen aufmerksam zuschauen. Die Kinderliebe ist in Japan noch größer als in Amerika und wird, wie mir scheint, von den Japanesen in der besten Form bethätigt.

Jenes Spiel, „Iroha garuta" oder Alphabetkarten genannt, wird mit kleinen Karten gespielt, von denen je eine ein Sprüchwort, eine andere die dazu gehörige Illustration enthält. Jedes Sprüchwort beginnt mit einem Buchstaben der japanischen Silbenschrift. Die Karten werden gemischt und vertheilt und die Kinder wählen Einen, der sie vorliest. Er liest ein Sprüchwort von einer Karte ab und derjenige, der die dazu gehörige Illustration in Händen hat, meldet es an. Wer zuerst seiner Karten ledig wird, gewinnt das Spiel, während derjenige es verliert, der die letzte Karte behält. Das Spiel verlief mit großer Munterkeit und Schnelligkeit, dabei mit dem größten Anstande. Alle diese häßlichen gutmüthigen Gesichter mit geöffnetem Munde sahen vergnügt aus. Zuletzt wurde dem kleinen Mädchen, welches verloren hatte, ein Strohhalm in das Haar gesteckt; ein Knabe würde gewisse Zeichen mit Tinte auf sein Antlitz bekommen haben. Dieses Alles geschah, während der Rauch des schwelenden Holzes die Augen belästigte, während man am Feuer kochte, Baumwolle krempelte und vier Pferde aus dem Hintergrunde des spärlich erleuchteten Raumes dem Kreise zuschaueten. Dann wurde Thee herumgereicht und ich gab den Kindern Zuckerwerk. Ito übersetzte mir darauf viele der Sprüchwörter und einige ergötzten mich sehr, theils wegen der seltsamen Ausdrücke, deren er sich dabei bediente, theils wegen ihrer Aehnlichkeit mit den unserigen. Ich mußte laut auflachen und meine Heiterkeit wurde ansteckend und bewirkte, daß zwanzig Personen sich in Lachen ausschütteten.

Ito hat mir seitdem eine Uebersetzung derjenigen Sprüchwörter aufgeschrieben, die er für die besten hält. Man ersieht daraus, daß dieselben Ideen in auffallend ähnlicher Form in

Japan wie in England zusammengestellt wurden und dort in dieser Form schon gangbar waren, als unsere Vorfahren sich noch in Thierfelle kleideten.

„Wenn man von einem Manne spricht, so kommt sein Schatten." — „Eine drei Zoll lange Zunge kann einen Mann von sechs Fuß todtschlagen." — „Fluche einem Nachbar und grabe zwei Gräber." — „Gieb niemals einer Katze einen „Kobang." — „Die Fliege findet den kranken Fleck." — „Ein blödsinniger Mann sieht durch einen Schilfhalm nach dem Himmel." „Ein fahrlässiger Mann schärft den Pfeil, wenn er den Löwen erblickt." — „Ein Weib muß so nothwendig regieren, wie eine Henne des Morgens kräht." — „Gute Lehren braucht man nicht, um sich gegen Wunderdinge zu helfen." — „Die Liebe entflieht mit dem rothen Unterrock" (dieses Kleidungsstück tragen nur unverheirathete Mädchen).

Sprüchwörter, die Unmögliches ausdrücken, sind folgende: „Den Nebel mit einem Fächer zerstreuen." — „Brücken bis in die Wolken bauen." — „Das Meer mit einer Muschelschale ausschöpfen."

Die seltsamsten Schlußregeln enthalten folgende: „Wenn du einen Menschen hassest, so laß ihn leben." Dies zeugt wieder von dem Lebensüberdruß, der bei den Orientalen so gewöhnlich ist. — „Viele Worte, wenig Sinn." — „Richte deine Predigt nach dem Zuhörer ein." — „Allzu höflich ist grob." — „Der Doktor kann sich selber nicht helfen." — „Die Qualen der Höllen werden nach Geld bemessen." — „Der Wahrsager weiß sein eigenes Geschick nicht vorher." — „Keine Rose ohne Dornen." — „Erkundige dich sieben Mal, ehe du eine Nachricht glaubst." — „Um das Neue zu wissen, suche nach dem Alten." — „Der ist ein geschickter Mann, der eine kurze Predigt halten kann." — „Reibe kein Geschwür mit Salz ein." — „Ein Köter bellt muthig vor seiner eigenen Thüre." — „Behandle jeden Greis wie deinen Vater." — „Wenn ein Mann zu alt wird, so muß er seinen Kindern gehorchen." — „Ein guter Sohn macht einen glücklichen Vater." — „Aus eisernen Abfällen werden gute Schwerter gemacht." — „Ein weiser Mann hält zu seinem Gelde." — „Ein Mann, der einem Freunde Geld leihet, will entweder seinen Freund oder sein Geld nicht wiedersehen." — „Trau einem Weibe, so lange deiner Mutter Augen über sie wachen." — „Vertraue keinem Diener deine Geheimnisse." — „Dein eigenes Herz macht deine Welt."

Einige dieser Sprüchwörter enthalten, wie man sieht, gute Lehren, andere sind allzu weltlich. Von den übrigen, welche noch eine Verachtung oder Geringschätzung der Frauen ausdrücken, will ich nur zwei anführen: „Eine kluge Frau überschreitet selten die Schwelle ihres Ehemannes." — „Ein kinderloses Weib ist ein Fluch der Götter." — Ein schönes Sprüchwort lautet: „Der Dichter erblickt in seinem Hause die ganze Welt," — und ein anderes: „Der Thron der Gottheit ruhet auf der Stirn des Gerechten."

Von der Philosophie der Sprüchwörter zur persönlichen Entbehrung ist eigentlich ein Schritt abwärts, aber in Folge der vielfachen Verzögerungen auf der Reise ist mein kleiner Vorrath von heimatlichen Nahrungsmitteln aufgezehrt und ich mußte hier von Reis, Gurken und gesalzenem Lachs leben; letzterer war so sehr gesalzen, daß er, nachdem er zwei Mal gekocht worden, doch noch einen quälenden Durst verursachte. Auch diese Nahrung ging mir ab, da der Verkehr mit der Küste auf einige Zeit unterbrochen ist und das Dorf alle Vorräthe von Salzfisch erschöpft hat. Eier sind nicht vorhanden und Reis nebst Gurken gleichen der leichten Speise, welche die Israeliten verabscheueten. Neulich hatte ich einen Eierkuchen, der jedoch wie dumpfiges Leder war. In Tokiyo sagte der italienische Minister zu mir: „Mit keiner Angelegenheit ist es in Japan so ernst zu nehmen wie mit der Nahrung;" viele Andere wiederholten mir dasselbe, aber damals hielt ich es für eine sehr unwürdige Sache. Heute erkannte ich aber die Wahrheit, als ich meine letzte Hülfsquelle, eine Büchse mit Brand's Fleischplätzchen, öffnete und nur eine vermoderte Masse vorfand. Die Kleider kann man hier nur im Holzqualm trocknen und deshalb lasse ich sie lieber an der Wand verschimmeln. Ich kaufte mir einen Regenrock aus Stroh, der zuverlässiger ist als meiner aus wasserdichtem Papier.

Da das Wasser jetzt schnell fiel, so verließen wir Ikarigaseki nach viertägigem Aufenthalt schon am frühen Morgen, denn wir hatten funfzehn englische Meilen weit zu reisen, ohne Halt zu machen. Die Sonne beschien das schöne Land und alle

Trümmer und Verheerungen, so wie sie die kräuselnden Wellen des Oceans am Tage nach einem Sturme bescheint. Wir mietheten vier Männer und durchschritten mehrere Furthen, wo die Brücken fortgerissen worden waren. Ueberall waren Verwüstungen, zerstörte Ernten und gefällte Baumstämme zu erblicken. Nachdem wir unter einer 200 Fuß hohen Klippe, die aus hübschen sechsseitigen Basaltprismen bestand, vorüber gekommen waren, öffnete sich plötzlich eine weite Ebene, deren grüne Reisbeete im hellsten Sonnenscheine prangten. Diese Ebene enthält zahlreiche Dörfer, halb in Wald verborgen, und ist von Hügeln umschlossen, von denen die untere Reihe den Fuß des Iwakisan verdeckt, der mächtigen Schneekuppe, welche sich im Westen der Ebene zu einer Höhe von vermuthlich 5000 Fuß erhebt. Das Wasser ist in den meisten Dörfern bis zu vier Fuß gestiegen und hat den unteren Theil der Lehmwände weggespült. Das Volk war beschäftigt, die Matten, Kissen und Kleidungsstücke zu trocknen, alle Dämme und kleinen Brücken wiederherzustellen und die Baumstämme aufzufangen, die noch immer in großer Menge herunter geschwommen kamen.

In einer Stadt fielen uns zwei schäbige Polizisten an, ergriffen mein Pferd beim Zügel und hielten mich inmitten einer Volksmenge fest, während sie gemächlich meinen Paß durchschnüffelten, ihn um und um wendeten und gegen das Licht hielten, ob nicht irgend etwas Gefährliches daran wäre. Mein Pferd strauchelte so übel, daß ich genöthigt wurde, zu Fuß zu gehen, um nicht wieder zu stürzen; als aber eben meine Kräfte erschöpft waren, trafen wir eine Kuruma, die, gut gezogen, gelegentlich auch getragen, mich nach Kuroischi brachte, einer netten Stadt von 5500 Einwohnern, berühmt wegen der Anfertigung von Holzschuhen und Kämmen. Ich erhielt ein reinliches und lustiges Zimmer im oberen Stockwerk, von wo ich eine Aussicht auf die umliegende Gegend hatte und die Beschäftigungen meiner Nachbaren in ihren Hinterzimmern und Gärten beobachten konnte. Anstatt nach Aomori aufzubrechen, verweilte ich hier drei Tage und zwei Nächte; da das Wetter sich besserte und mein Zimmer außerordentlich freundlich war, so wurde mir eine angenehme Rast vergönnt. Wie schon erwähnt, ist es höchst schwierig, auch nur über eine Entfernung von wenigen Meilen eine befriedigende Auskunft zu erlangen und selbst auf dem Postamte wußten sie nicht, an welchen Tagen das Dampfpacketboot von dem zwanzig englische Meilen entfernten Aomori nach Hakodate abfährt.

Hier begnügte sich die Polizei nicht damit, meinen Paß zu sehen, sondern wollte auch mich selbst in Augenschein nehmen und am Abend meiner Abreise statteten mir zwei Beamte einen höflichen Besuch in meinem Hause ab. Am Abend nahm der Trommellärm kein Ende und da Ito mir meldete, es sei etwas höchst Merkwürdiges zu sehen, so ging ich in meinem Kimono und ohne Hut aus und wurde somit nicht als eine Fremde erkannt. Die Stadt ist nicht beleuchtet und in meiner Eile stolperte ich zu wiederholten Malen, bis der Wirth mit einer Laterne erschien und mir vorauf leuchtete.

Bald erreichten wir eine Stelle, wo wir den festlichen Aufzug auf uns zu kommen sahen, der so hübsch und malerisch war, daß ich ihm eine Stunde lang zuschauete. Der Zug geht in der ersten Woche des August zwischen 7 und 10 Uhr abends durch alle Straßen und führt eine Lade oder Arche mit sich, welche Papierzettel mit aufgeschriebenen Wünschen enthält; jeden Morgen um sieben Uhr wird diese Arche nach dem Flusse getragen, wo man die Zettel dem Strome anvertrauet. Zu der Prozession gehören drei Trommelschläger, die sich mit ungeheuren, fast mannshohen, mit Roßfellen bezogenen Trommeln umgürtet haben; daneben werden dreißig kleinere Trommeln ohne Unterlaß gerührt; auf jeder Trommel ist der „Tomoye" gemalt. Dann folgten Hunderte von Papierlaternen, welche eine mächtig hohe Laterne umgaben, worauf allerlei mythische und mystische Figuren in hellen Transparentfarben dargestellt waren. Die unzähligen Laternen und Transparente in der Umgebung waren von phantastischen Formen oder in Gestalt von Fächern, Fischen, Vögeln, Papierdrachen und Trommeln. Hunderte von Menschen, Erwachsene und Kinder, folgten mit runden Laternen und an den Dächern aller Häuser, an welchen der Zug vorüber ging, hingen Reihen von Lampen, auf einer Seite mit dem „Tomoye", auf der anderen mit chinesischer Schrift bemalt. Es sah wirklich wie eine Zauberposse aus: die auf und nieder schwebenden Laternen, deren Lichter und helle Farben sich hin und her bewegten, ohne daß man die Träger in der Dunkelheit gewahrte. Dieses Fest heißt „Tamabata“ oder „Seiseki“; Ito konnte mir keine Erklärung darüber geben, obgleich er sagte, daß er die Bedeutung desselben verstände. Wie gewöhnlich in schwierigen Fällen, fügte er hinzu: „Darüber wird Ihnen Herr Satow Auskunft ertheilen können.“ Später erfuhr ich, daß Tamabata den siebenten Tag des siebenten Monats und Seiseki den „Sternen-Abend“ bedeutet, an welchem man Schokujo, „die webende Frau“ (den Stern Vega) und Kengiu, „den Hirten“ (einen Stern der Aquila oder einen im Zeichen des Steinbocks oder des Schützen) verehrt.

XXX.

Damen-Toilette. — Christliche Bekehrte. — Der Aberglaube des Volkes.

Kuroischi, den 5. August.

Dies ist ein reizender Ort und mein Gemach bietet mir außer Licht und Sauberkeit auch noch viele andere Annehmlichkeiten dar; so kann ich zum Beispiel meine Nachbaren beobachten und habe eine Dame gesehen, welche Toilette zu einer Hochzeit machte. Ein junges Mädchen, das sich verheiratete, kniete vor einem schwarz lackirten Toilettenkasten, dessen Deckel mit goldenen Kirschenblüten bemalt war; darüber befand sich ein polirter Metallspiegel auf lackirten Ständern. Mehrere Schubfächer des Kästchens standen offen und auf dem Fußboden lagen lackirte Schachteln voll Toilettenrequisiten. Hinter der Dame stand ein weiblicher Friseur und theilte, kämmte und strählte ihr Haar, welches, wie bei allen japanischen Frauen, glänzend schwarz, aber weder fein noch lang war. Die Haartracht ist hochstehend, ein wirkliches Kunstwerk. Längs dem Scheitel wird das Haar in zwei Theile getheilt, mit einem drei Zoll breiten Zwischenraum; die dazwischen liegende Strähne wird gekämmt, mit einer Pflanzenpommade gesteift, zwei Zoll hoch über der Stirn aufgebauscht, dann nach hinten gelegt, zusammengebunden und mittelst einer Nadel an das Hinterhaar befestigt. Das übrige Haar wurde auf jeder Seite nach hinten gekämmt und dort lose mit papiernen Bändern zusammengebunden. Aus einer langen lackirten Schachtel wurden verschiedene Strähnen falschen Haares hervorgeholt und mit Hülfe von Pommade und einer festen Rolle, wozu noch verschiedene, mit dunkelblauem, goldpunktirtem Krepp durchwobene Flechten hinzugefügt wurden, kam der regelrechte glatte Chignon zu Stande. Durch das Ganze wurde eine einfache vierkantige Nadel aus Schildpatt als Zierrath gesteckt.

Die Haartracht unterliegt einer feststehenden Mode und verändert sich je nach dem Alter der Mädchen; auch ist ein geringer Unterschied zwischen der Haartracht der verheirateten und der unverheirateten Frauen. Die beiden Abtheilungen auf dem Scheitel und der Chignon bleiben unverändert. Die Steifung ist nothwendig, da sie den Kopf außerhalb des Hauses stets unbedeckt tragen. Diese Zurichtung hält sich vermöge der hölzernen Rolle über eine Woche lang in guter Ordnung.

Mit der Zurichtung des Haares war die Arbeit des Friseurs nur theilweise gethan, denn es mußte noch jedes aufsträubende Härchen der Augenbrauen geglättet und jedes vereinzelte Haar an den Schläfen und im Nacken mittelst einer Zwickzange beseitigt werden. Dadurch, daß jedes kurze Haar fortgeschafft wird, erhält selbst das natürliche Haar das Ansehen einer Perrücke.

Darauf nahm die Dame ein weißes Pulver aus einer Schachtel und trug es auf den Hals, die Ohren und das ganze Gesicht auf, so daß sie wie maskirt aussah. Dann strich sie vermittelst eines Pinsels aus Kameelhaar eine Mixtur auf die Augenlider, um den glänzenden Augen einen noch höheren Glanz zu verleihen; die Zähne wurden geschwärzt mittelst eines Federpinsels, der in eine Lösung aus Galläpfeln und Eisenfeilspähnen getaucht wurde; endlich wurde eine Lage rother Schminke auf die Unterlippe gelegt. Mir erschien der Eindruck keineswegs angenehm, wohl aber dem Mädchen, denn sie richtete den Kopf, um den Gesammteindruck im Spiegel zu betrachten, darauf lächelte sie und war befriedigt. Das Uebrige der Toilette, welche im Ganzen drei Stunden dauerte, fand privatim statt und als die Dame zum Vorschein kam, sah sie wie eine dumme hölzerne Puppe aus, die man, nach japanischer Weise, mit Geschmack und Sorgfalt ausgeputzt hatte.

Eine strenge gesellschaftliche Vorschrift stellt eine unabänderliche Grenze zwischen die Kleidung einer tugendhaften Frau und die ihrer leichtfertigen Mitschwester. Die beschämende Thatsache, daß bei uns viele weibliche Modetrachten gerade von solchen Personen ausgehen, deren Stellung wir verachten, und daß diese

Ein Damenspiegel.

Moden genau von den Frauen aller Stände nachgeahmt werden, findet bei den japanischen Frauen keinen Anklang, denn hier würde es eine Schande sein, sich ihnen nur im geringsten in Bezug auf Haartracht oder Kleidung anzunähern.

Verwundert war ich, als drei „christliche Studenten" von Hirosaki mich zu sehen wünschten, drei außerordentlich intelligent aussehende, hübsch gekleidete junge Männer, die alle ein wenig englisch sprachen. Der Eine hatte ein so offenes und kluges Gesicht, wie ich in Japan noch nicht gesehen hatte. Sie gehörten der Sumarai-Klasse an, was ich schon aus dem Benehmen und den äußeren Formen des Gesichts ersehen konnte. Sie hatten gehört, es sei eine englische Dame im Hause und fragten mich, ob ich eine Christin wäre, schienen aber nicht eher befriedigt, als bis ich auf ihr Befragen eine Bibel aufweisen konnte.

Hirosaki liegt viertehalb Ri von hier und ist eine Schloßstadt von einiger Bedeutung, wo die Ex-Daimiyos eine Schule höherer Ordnung oder ein Gymnasium unterhalten, an welchem zwei Amerikaner nach einander Direktoren waren. Diese Herren müssen sehr beständig in ihrer christlichen Lebensweise und ebenso nachdrücklich in der Unterweisung des Christenthums gewesen sein, denn dreißig junge Männer haben sich unter ihrer Leitung zur christlichen Religion bekannt. Da diese sämmtlich gut erzogen und theilweise bereit sind, in den Dienst der Regierung zu treten, so kann ihre Bekehrung von großer Bedeutung für die Zukunft dieser Gegend werden. Eine auffallende Thatsache bleibt es, daß in Japan die wichtigste Arbeit für die Verbreitung des Christenthums von Männern verrichtet wurde, welche den Missions-Einrichtungen fern stehen und in solchen Gegenden, wo keinem Missionair die Niederlassung gestattet ist.

Jene drei Studenten waren herüber gekommen, um zu predigen. Die Polizei macht ihnen keine Hindernisse, sie meinten aber, das Volk wolle sich nicht länger um Gott bekümmern. „Es ist meine Schuld,“ sagte der Eine; „mir ist keine Macht verliehen; als die Sache neu war, kamen Hunderte von Zuhörern, während sich jetzt nur noch zehn einfinden.“ Ich fragte, ob die Buddhisten- oder die Sinto-Priester ihnen entgegen wären; sie verneinten dies, meinten aber, das Volk, obgleich der alten Religionen überdrüssig, wäre keiner neuen bedürftig. Sie waren augenscheinlich sehr gebildete junge Leute, aber ihr Englisch war sehr unvollkommen und Ito, der die Christen haßt, erklärte, er müsse Aprikosen schmoren und könne nicht kommen, um den Dolmetscher zu machen. Nachher rief er mich zu dem „christlichen Schauspiel“, wie er es nannte, wo 100 Menschen einer eindringlichen Ansprache des einen der jungen Leute zuhörten. Es war mir interessant, sie zu sehen; im Uebrigen aber ist mir jetzt zu wenig an Europäern gelegen, als daß ich noch eine Tagereise nach Hirosaki daran setzen sollte, um ihren Lehrer zu besuchen.

Kuroischi unterscheidet sich insofern von den meisten kleinen Städten, als es auf einer Hochebene liegt, von wo man die große Ebene von Jwakisan überblickt, ein Meer von Reis, worin kleine Dörfer wie Eilande liegen: Nidi, Owani, Jakuschida, Onoye, Nakanowa und viele andere. Es befand sich hier ein kleines Schloß, das aber zerstört worden ist; von dem Walle, der den Bewohnern der Stadt jetzt als Spaziergang dient, hat man eine prächtige Aussicht auf die Berge und die reiche Ebene, über welche große dunkelblaue Wolkenschatten hinstreifen. Eine andere ungewöhnliche Eigenthümlichkeit ist eine Anzahl von viereckigen bedeckten Plattformen, auf Pfählen von zwanzig Fuß Höhe, auf welche die Leute ihre Betten tragen, wenn die Nächte sehr heiß sind und sie sich vor den Moskitos schützen wollen.

Ich besuchte mehrere Buddhistentempel, die alle verfallen und nicht gar sauber waren, dabei entstellt durch groteske und buntschedig bemalte Götzenbilder, von denen das eine Binzuru vorstellte, einen Gott der Heilkunde, eine dunkelrothe Figur mit gekreuzten Beinen.

Der Aberglaube ist im nördlichen Japan endlos; ich könnte ganze Bogen davon schreiben. Die Leute verstehen sich dazu, Mittheilungen darüber zu machen; Ito lacht auch darüber, trägt aber doch einen Talisman bei sich. Talismane werden von Jedermann getragen; es giebt keine Stadt, wo nicht kleine Taschen zur Aufbewahrung von Zaubermitteln verkauft würden und in Tokiyo ist eine ganze Straße beinahe gänzlich mit dergleichen Verkaufsläden angefüllt. Diese Taschen werden zum Preise von 50 Sen bis 5 Yen verkauft und sind gewöhnlich aus scharlachrothem, gold- und silbergesticktem Tuche verfertigt. Die Frauen tragen ihre Amulette in besonders dazu bestimmten, verborgenen Gürteln, von denen sie sich weder bei Tag noch Nacht trennen, ausgenommen wenn sie im Bade sind. Wenn man das Amulett fallen läßt, so bedeutet dies baldigen Tod. Der Gebrauch ist so verbreitet, daß Ito in jedem Wirthshaus gefragt wird, was für ein Amulett und wo ich es trage. Manche ältere Frauen sind mit einer so großen Anzahl versehen, daß sich unter dem Gürtel eine ordentliche Wulst bildet. Junge Mädchen und Kinder tragen die Amulette als Spielzeug, an ihrer Brust hangend. In einigen nördlichen Dorfschaften nähet man den Talisman in die steife Rolle, die den Chignon hält.

Die Männer tragen fast allein ein Amulett von Ise, der Wiege des Sintoismus. Betto's und viele Kulis tragen es um den Hals gehängt, die Mittelklassen aber verbergen es in ihren Tabaksbeuteln oder Aermeln. Diese Amulette enthalten oft nichts weiter als den Namen eines Gottes oder einige Worte aus buddhistischen Schriften.

Kleine Buddhisten-Götzenbilder in Kästchen werden häufig im Aermel getragen und die Reisbauer verwahren auch daselbst die Abbildungen des Fuchses, ein Sinnbild des Inari, ihres Schutzgottes. Viele Talismane sind Bildnisse heiliger Personen von größerer oder geringerer Würde, in kleine Taschen genähet, und sollen von besonderer Wirkung sein. Solche Figuren von den berühmten Heiligen Nichiren und Kobodaischi bringen sicher in das Paradies; Benten, die japapanische Venus, verleihet den Mädchen Schönheit und Anziehungskraft; eine andere Gottheit schützt gegen Schnecken, vor denen alle japanische Frauen eine entsetzliche Scheu haben; eine andere gegen die Hinterliste des Fuchses; eine andere spendet gut Glück; wieder eine andere bewahret gegen Unglücksfälle; noch eine andere macht die Kinder liebenswürdig, und so weiter bis ins Unendliche. Man erhält diese Amulette und Figuren aus den Tempeln und sie bilden für die Priester eine gute Einnahmequelle. Auf den Reisfeldern sah ich in letzter Zeit auf Stöcken hangende Papierzettel, mit Schriftzeichen beschrieben; dieselben schützen gegen Wurmfraß und sind ebenfalls in den Tempeln zu kaufen. Die meisten Pferde in Akita und Aomori tragen Amulette am Halse.

Die Buddhisten-Priester unterhalten und pflegen jede abergläubige Meinung, die sie zu ihrem Vortheil ausbeuten können. Ein Lumpen, an einem Medicin-Götzen gerieben und dem Kranken zugeschickt, soll unter Umständen dieselbe Wirkung haben wie ein persönlicher Besuch im Tempel. Das Amulett, welches gegen Ertrinken schützt, heilt auch Erstickungszufälle, sobald man es unbedenklich verschluckt. Auch bei dem Hausbau herrschen abergläubige Gebräuche. So bringt es Glück, die „Kura" oder das Waarenlager oder die Vorrathskammer auf die Nordost-Seite zu setzen, die Thür nach Südosten und den Speiseschrank nach

Südwesten gekehrt. Beim Schlafen darf der Kopf bei Leibe nicht nach Norden gerichtet sein, weil man den Leichnamen diese Lage giebt; auch muß man dem heißen Wasser in einem Gefäße das kalte zugießen, nicht umgekehrt, wie es bei der Leichenwäsche geschieht. Unglück bringt es, wenn man sich eines Speisestäbchens aus Bambus und eines aus Holz bedient, denn solcher Art sind die Zangen, womit man die Asche nach der Verbrennung sammelt.

An Geister glaubt man in Japan mehr als anderswo und ihre Erscheinung bleibt nicht auf menschliche Wesen beschränkt, sondern auch der weibliche Dachs und der Fuchs gestatten sich solchen Zeitvertreib, nachdem sie vom Körper geschieden sind. Die Füchse üben muthwillige Streiche aus, rauben den Menschen die Sinne und nehmen fast immer die Gestalt einer schönen Frau an. Der Fuchs folgt überall seinen Opfern, die er sich gewöhnlich unter den Männern ersieht; wogegen der Dachs stets den Weibern vorauf geht, die in hübsche junge Männer vernarrt sind. Wenn ein Mann an dem Grabe seiner Geliebten vorüber geht und ihrer gedenkt, so folgt ihm vom Kirchhofe aus eine schöne Frau mit einer Laterne, die aber einem Anderen als ein häßliches Gerippe erscheint. Die Geister können auf verschiedene Weise citirt werden, auch nach Art der außer Gebrauch gekommenen Hallow'schen Experimente. Eine Art besteht darin, daß man in der Zimmerlaterne hundert Binsenlichte anzündet und dabei eine Anrufung von hundert Zeilen ausspricht. Nach Vollendung je einer Zeile wird ein Licht herausgenommen und mit dem letzten noch brennenden begiebt sich der Beschwörer in die Dunkelheit und bläst es dort aus, worauf dann der Geist erscheint. Diesen Zauber versuchen häufig die Mädchen, die ihren Liebhaber durch den Tod verloren haben. Die Japanesen fürchten sich außerordentlich vor der Dunkelheit und selbst die ärmsten lassen des Nachts eine Lampe brennen. In diesen Gegenden geht man nicht gern im Dunklen ohne Begleitung auf den Landstraßen. Mehrmals mußte ich frühzeitig Halt machen, weil sich der Mago weigerte, sich selbst gegen doppelten Lohn einer übernatürlichen Gefahr auf der Rückkehr auszusetzen. In Singoji wurde ich durch einen Lärm aus dem Schlafe gestört, weil man ein kahlköpfiges Ungeheuer mit Glotzaugen und blökender Zunge über den Wandschirm hatte blicken sehen. Die Geister der Selbstmörder spuken an den Stätten ihres Todes, besonders an den Brunnen.

Der Spiritualismus ist als ein Mittel, Geister zu citiren, längst in Japan in Gebrauch gewesen. Die Mediums sind immer Frauen. In Innai sah ich eine solche in ein Haus treten, wo sie ihre Zauberkraft ausüben sollte. Ein Vater wünschte zu wissen, ob sein Sohn, der an einer Beinkrankheit litt, genesen würde. Stets tragen die Mediums eine kleine Schachtel in einem Bündel von besonderer Gestalt, und einen leichten Hut aus Baumrinde in der Hand, nicht auf dem Kopfe. Was die Schachtel enthält, weiß nur die Besitzerin. Einige sagen, sie enthielte den Kopf eines Hundes, den man lebendig bis an den Hals eingrub und verhungern ließ. Das Medium setzt sich nieder, stellt die Schachtel vor sich hin und schnellt unaufhörlich die Schnur eines kleinen Bogens gegen den Deckel. Der Befragende sitzt ihr gegenüber und sie bespritzt ihn mit Wasser aus einem kleinen Becher. Soll der Geist eines Abgeschiedenen gerufen werden, so wird das Wasser mittelst eines Blattes von einem Grabstrauße ausgesprengt; wenn der Geist einer lebenden Person angehört, mittelst eines Stäbchens. Die einzige Frage, welche das Medium vorlegt, ist die, ob man mit dem Geiste eines Lebenden oder eines Abgeschiedenen zu verkehren wünsche. Bei der spiritualistischen Vorstellung, welcher Ito zu Innai beiwohnte, wurde ein abgeschiedener Geist angerufen. Nachdem eine Beschwörung stattgefunden hat, spricht der Geist durch die Stimme des Mediums. Ito, so ungläubig er auch ist, gestand doch ein, er sei in Niigata zu einem Medium gegangen, um den Geist seines verstorbenen Vaters zu befragen, ob er die Reise in das innere Land gesund und glücklich bestehen würde.

Zu den vielen Geistern, woran die Jonkenführer glauben, gehört auch ein boshafter Kerl, der sich höflich bei ihnen einstellt, um sich ein Schöpffaß zu leihen. In diesem Falle muß man sich genau darauf verstehen, zu beurtheilen, mit wem man es zu thuen hat; denn wenn man ihm das Faß reicht, so schöpft er damit das Fahrzeug so voll Wasser, daß es untergeht; schlägt man aber hastig den Boden aus dem Füllfaß und wirft es ihm an den Kopf, so verschwindet er; bedient man sich aber in letzterem

Falle nicht gleichzeitig einer Gebetsformel, so verwandelt sich der Geist in eine See-„Kappa“, ein Ungeheuer mit vielen mächtigen Klauen, womit es wohl eine Jonke niederziehen konnte. Zu Minato sah ich in einem Tempel einen Götzen, welchem die Matrosen Opferspenden darbrachten, in dem Glauben, daß er sie vor jenem unholden Geiste schützen könnte.

Der allgemeine Hausstandsaberglaube wird vermuthlich bei allen Frauen und den meisten Männern der unteren Klassen seine Geltung haben, obschon Jung-Japan sich anstellt, als lache es darüber. Viele jener abergläubigen Ansichten und Gebräuche sind lokaler Art, so daß zum Beispiel einige, die in Nikko Glauben finden, an dem hiesigen Orte ganz unbekannt sind. Ein Aberglaube, den ich überall antraf, ist der, daß Denjenigen Unglück bevorstehe, welche Abschnitzel von Haaren oder Nägeln in das Feuer des „Kamado“ oder „Irori“ werfen; ferner ein anderer, daß man am Neujahrstage kein Wort gebrauchen dürfe, worin die Silbe „Schi“ enthalten ist, welche Tod bedeutet.

Zuweilen ist der Aberglaube sehr spaßhaft. Die Leute lassen beim Eintritt in ein Haus immer ihre Holzschuhe auf der „Doma“ oder dem Vorhofe stehen; nun glaubt man, daß man eines lästigen Besuches ledig werden könne, sobald man eine Moxa auf der hinteren Seite jener Schuhe verbrennt. Purpurroth oder Violett darf am Hochzeitstage weder von der Braut noch vom Bräutigam getragen werden, wenn nicht eine frühe Trennung eintreten soll, denn jene Farben verbleichen schneller als alle anderen. Zerreißt beim Gehen der Riemen eines Holzschuhes am vorderen Theile des Fußes, so bedeutet es Unglück für die Feinde dessen, der die Schuhe trägt; geschieht es hinten, so bedeutet es Unheil für ihn selber. Salz hat, wie bei uns, eine geheimnißvolle Bedeutung. Man darf es nicht des Nachts kaufen und wenn man es bei Tage kauft, so muß ein wenig davon in das Feuer gestreuet werden, um Unglück und Streit in der Familie zu verhüten. Nach einem Begräbniß bestreuet man auch die Schwelle damit.

Begegnet ein Fischer unterwegs einem Priester, so wird er während des ganzen Tages keinen Fisch fangen.

Feuersbrünste sind sehr häufig und an manchen Orten beachtet man sorgfältig Alles, was darauf hindeutet; dazu gehört, wenn ein Hund auf das Dach des Hauses klettert oder ein Wiesel ein Mal schreiet oder ein Hahn am Morgen krähet. Um das Unglück zu verhüten, muß Einer einen Schöpfkübel in die linke Hand nehmen und ihn drei Mal voll Wasser schöpfen.

Im Norden sind viele abergläubige Meinungen dem Volke gemeinsam. Wenn ein Stengel vom Thee in die Tasse fällt und einen Augenblick aufrecht stehen bleibt, so ist ein Besuch zu erwarten aus der Gegend, wohin der Stiel sich neigt. Wird der Thee aus Ungeschicklichkeit nicht in einem Strahle aus der Kanne ausgeschenkt, so bedeutet es die Ankunft eines Priesters. Zeigt sich auf dem Papierfenster der Schatten eines Vogels, so wird dadurch ein Besuch angemeldet; daran glaubt man so fest, daß alsdann die Mädchen zu ihrem Haarschmuck noch eine kleine Verzierung hinzufügen.

Zerbrechen die Eßstäbe während des Mahles, so zeigt dies einen Todesfall an. Der Nordosten ist diejenige Himmelsgegend, wo das Uebel besonders Sitz hat und Wenige würden ein Haus mit der Vorderseite nach jener Richtung bauen, ohne daß dasselbe der Zerstörung anheimfiele. Junge Mädchen lassen sich nicht dazu bewegen, Thee auf eine Schaale voll Reiß zu gießen, denn dadurch würden sie einen Regentag zu ihrer Hochzeit bekommen. Nach 5 Uhr nachmittags legt man nicht gern neue Kleider oder Sandalen an, aus Besorgniß, daß dies Unglück bringe. Zündet ein junger Mann seine Pfeife an der Zimmerlaterne anstatt am Kohlenfeuer an, so bekommt er keine gute Frau. Essen die Kinder den Ueberrest der Reisspeise, der sich zuweilen angebrannt auf dem Boden des Topfes festsetzt, so werden die Personen, die sie späterhin heiraten, von den Pocken befallen. Wo die Pockenkrankheit herrscht, kann man sich davor schützen, indem man an die Vorderseite des Hauses schreibt, die Kinder seien nicht zu Hause. Ein junges Kind darf nicht in einen Spiegel blicken, denn dadurch, daß es sein eigenes Antlitz sieht, setzt es sich der Gefahr aus, daß ihm später im Ehestande Zwillinge als Erstgeborene zutheil werden.

Gestern sah ich, wie ein Diener einen Zahn vergrub, der ihm ausgezogen worden war, und ich erfuhr, es herrsche der Glaube im Volke, daß sich die Lücke wieder fülle, wenn man den alten Zahn, falls er aus der unteren Kinnlade ist, auf das Dach des Hauses wirft, und daß man ihn dicht am Fundament vergraben müsse, falls er dem oberen Kinnbacken zugehört. Auf den Dörfern werden die Brunnen bei einer Sonnen- oder Mondfinsterniß zugedeckt, denn man ist der Meinung, daß um diese Zeit Gift vom Himmel tropfe; dies habe ich selber in Schirasawa gesehen.

Natürlicher Weise wird den Träumen eine große Wichtigkeit beigemessen, denn man glaubt, die Seele verließe während des Schlafes den Körper in Gestalt einer schwarzen Kugel und gehe auf Irrfahrten aus. Man nimmt daher auch Anstand, Jemanden plötzlich aus dem Schlafe zu wecken, denn wenn man der Seele nicht Zeit läßt, von der vielleicht weiten Wanderung zurückzukehren, so kann der Tod eintreten. Wie bei uns legt man den Träumen häufig eine entgegengesetzte Bedeutung bei. So bedeutet es Glück, wenn man träumt, man werde erstochen; träumt man aber, Geld zu finden, so kann man fast darauf rechnen, bettelarm zu werden. Sicher aber kann man sein, innerhalb eines Jahres sein Vermögen zu verbessern, wenn man, das im Tempel gekaufte Bild des Daikoku unter dem Haupte, an dem Tage der Ratte, eines Zeichens im japapanischen Thierkreise, von Reichthümern träumt. In der Nacht nach dem zweiten Tage des ersten Monats legt man sich auch ein Bild von dem fabelhaften, mit Schätzen beladenen Schiffe unter den Kopf, in der Hoffnung, davon zu träumen, was ein sicheres Zeichen von künftigem Reichthum ist.

Endlos ist der Aberglaube, der mit der Liebe in Verbindung steht. Ein Gebrauch kommt in ähnlicher Weise in England und Deutschland vor. Ein Mädchen sticht mit einer Nadel aus ihrem Haar in eine Strohmatte und zählt dann an den Strohfäden bis zum Rande: „er liebt mich, liebt mich nicht" u. s. w.

Wo die Sinto-Religion vorherrscht, giebt es heilige Bäume, deren fromme Bedeutung dadurch bezeichnet wird, daß man sie mit aufgefädelten Strohbüscheln behängt; wer diese Bäume entweihet, hat die Rache der Götter zu fürchten. Mit diesem Glauben steht in Japan der dunkelste Aberglaube in Verbindung. Wo die getäuschte Liebe nicht zum Selbstmorde führt, wird das Mädchen zuweilen angetrieben, die Rache der Götter zur Hülfe aufzurufen. Sie verfertigt eine Strohpuppe, die den treulosen Liebhaber vorstellt, und begiebt sich in der zweiten Morgenstunde nach einer heiligen Stätte im Walde, versehen mit jenem Abbilde nebst Hammer und Nägeln; hier nagelt sie die Strohpuppe an den heiligen Baum, indem sie zugleich die Gottheit anflehet, die Entweihung ihrem Geliebten anzurechnen und ihn mit ihrer Rache zu strafen. Dieser Besuch wird in mehreren auf einander folgenden Nächten zur selbigen Stunde fortgesetzt, bis der Gegenstand der Rache seinem Geschicke erliegt. Ich sah einen solchen Baum mit der angenagelten Mannspuppe aus Stroh, — ein Zeichen von den Sorgen und Leidenschaften, von der Familienähnlichkeit der Menschenherzen in allen Zeitaltern und Ländern, und von der Eifersucht, die in Japan wie überall grausam ist wie das Grab.

Dies ist nur eine oberflächliche Auswahl von den abergläubigen Kundgebungen, die ich seit meiner Abreise von Tokiyo wahrnahm. Viele derselben sind bereits aus den Städten gewichen und werden in vielen Theilen des südlichen Japan nur noch scherzweise behandelt; unter dem ursprünglichen Volke des Nordens führen sie jedoch noch ihre alte Schreckensherrschaft.

XXXI.

Bauernhäuser in Akita. — Oeffentliche Bäder. — Aomori. — Eine stürmische Seefahrt. — Im Hafen von Hakodate.

Hakodate, Yezo, 12. August 1878.

Bei schönem Wetter befreiete ich mich zum ersten Male von Ito's Begleitung, nahm eine Kuruma auf den Tag und machte einen höchst ergötzlichen Ausflug in eine eigentliche Sackgasse des Gebirges. Das einzige Unangenehme dabei war der schlechte Weg, der mich zu Fuße zu gehen zwang, wenn ich nicht unbarmherzig gestoßen werden wollte. Der Läufer war ein netter, freundlicher und fröhlicher Mensch, und war, wie Ito sagt, entzückt darüber, daß ihm das Glück zutheil wurde, eine erhabene

Fremde in einem Lande zu fahren, wo bisher noch kein Fremder gesehen wurde. Bei der Sicherheit, deren man sich auf einer Reise in Japan zu erfreuen hat und ich seit so langer Zeit genieße, blicke ich jetzt mit Verachtung auf die Befürchtungen zurück, die ich in Kasukabe hegte.

Die außerordentlich hübsche Landschaft gewann in jeder Beziehung durch das Sonnenlicht und die Färbung, durch die

Farmhaus in Akita.

wundervollen kobalt- und indigofarbigen oder blaugrünen Schattirungen und durch die weißschäumenden Gewässer, die sich von Zeit zu Zeit aus unvermutheten Felsenspalten ergossen.

Wir kamen durch mehrere Farmerdörfer, deren Häuser roh aus Lehm gebauet waren und aussahen, als ob der Lehm mit den Händen auf das Rüstwerk aufgetragen worden wäre. Die Mauern senkten sich ein wenig nach einwärts, die Dächer waren roh gedeckt und die Altane mit allerlei Gerümpel angefüllt. Einige hatten ein Loch, um dem Rauch Abzug zu geben, die meisten waren jedoch völlig geschwärzt wie Ziegelöfen. Fenster waren nicht vorhanden und die Wände und Querbalken sahen glänzend schwarz aus. Auf einer Seite des dunklen inneren Raumes leben Pferde und Geflügel, auf der anderen die Menschen. In den Häusern wimmelte es von Kindern, und als ich am Abend zurückkehrte, saßen unbekleidete Männer und Weiber mit nackten Oberleibern vor ihren Wohnungen, umgeben von dem jungen Nachwuchs; jeder Familiengruppe waren einige große gelbe Hunde zugesellt und die Hunde, Kinder und Erwachsene erschienen alle friedlich und zufrieden. Diese Farmer bedürften nur einiger Pferde, um die herrlichsten Ernten zu haben. Wahrscheinlich zeigen sie sich am „Matsuri" in feinen Kleidern, die sie aus großen Vorräthen hervorholen. Sie können in Rücksicht auf die Lebensbedürfnisse nicht so arm sein, aber sie sind in der Bildung weit zurückgeblieben. Sie kennen nichts Besseres und sind zufrieden; aber ihre Häuser sind die schlechtesten, die ich je gesehen habe und die paradiesische Einfachheit paart sich mit einem Schmutz, der mich zweifeln läßt, ob sie sich wöchentlich auch nur eine Abwaschung vergönnen.

Ober-Nakano ist sehr schön und muß im Herbst wohl einer langen Reise werth sein, wenn die Tausende von sternblätterigen Ahornbäumen scharlach- und karmoisinroth schimmern und sich auf dem dunklen Hintergrunde von Cryptomerien absetzen und der große Wasserfall wie eine Lawine erglänzt, bevor er sich in den schwarzen Abgrund hinabstürzt. Man kann sich nichts Hübscheres denken. Eine Flucht bemooster Steinstufen führt nach dem Wasser hinab; über eine hübsche Brücke, an zwei prächtigen steinernen Portalen, einigen Laternen und sauberen Häusern vorüber gelangt man zu einer schattigen Hügellehne, von welcher eine steinerne Treppe zu einem kleinen Sinto-Heiligthum hinauf führt. Nicht weit davon befindet sich ein heiliger Baum mit dem Zeichen der Liebe und der Rachsucht, dessen ich oben erwähnt habe. Der ganze Ort ist entzückend.

Nieder-Nakano, wohin ich zu Fuß gelangte, ist nur insofern von Bedeutung, als es einige warme Quellen besitzt, welche gegen rheumatische Leiden und Augenkrankheiten gebraucht werden. Es ist am Rande einer länglichen Niederung gebauet, an deren Grunde die Badehäuser stehen; zwei Eingänge führen geraden Weges zu den Bädern. In den beiden letzten Häusern badeten

Frauen und Kinder in großen Teichen und in den mittleren baden Frauen und Männer mitsammen, aber auf den gegenüberliegenden Seiten gesondert; die hölzernen Latten rings herum dienen als Sitzplätze. Ich folgte dem Kuruma-Läufer blindlings; wenn ich aber in ein Badehaus eingetreten war, so wurde ich von dem Volke auf der anderen Seite wieder hinaus gedrängt; sie waren jedoch so höflich, sich nicht unwillig über meinen unberechtigten Eintritt zu zeigen, und der Läufer führte mich hinein, ohne sich dabei etwas Unschickliches zu denken. Ich bemerkte, daß auch in diesen Badehäusern eine förmliche Höflichkeit herrschte und man reichte sich gegenseitig die Gefäße und Handtücher stets mit tiefen Verbeugungen. Das öffentliche Badehaus, sagt man, sei der Ort, wo sich die öffentliche Meinung bilde, wie in England in Clubs und Gemeindehäusern, und daß die Anwesenheit der Frauen alle gefährlichen und verführerischen Folgen verhindere; die Regierung ist jedoch bestrebt, die gemischten Bäder abzuschaffen und obgleich diese Reform sich nur langsam in diese entlegenen Gegenden verbreiten kann, so wird es doch früher oder später geschehen. Das öffentliche Badehaus gehört zu den Charakterzügen Japans.

Die Reise von Kuroischi nach Aomori, obgleich nur 22½ englische Meilen weit, war wegen der schlechten Straßen entsetzlich, denn es hatte wieder geregnet und durch Hunderte von Saumrossen, schwer mit Salzfischen beladen, waren die Pfade in Sümpfe verwandelt worden. Am Ende der ersten Station weigerte sich das Transport-Amt, mir bei dem schlechten Wege eine Kuruma zu stellen, und da ich mich nicht wohl fühlte, um noch weiter zu reiten, so miethete ich zwei Männer, mich für eine geringe Summe bis an die Küste zu bringen. Indem wir uns gegenseitig in einander schickten, ging die Sache leidlich von statten, obgleich ich alle Hügel hinauf und viele hinab zu Fuß gehen und überall aussteigen mußte, wenn eine kleine Brücke weggerissen war, oder wenn man die Kuruma über die Löcher hinwegheben und oft, des tiefen Sumpfes wegen, große Strecken weit tragen mußte. Trotz aller Vorsicht wurde ich in einen sumpfigen Graben geworfen, so daß die Kuruma auf mir zu liegen kam; zum Glück fiel mein Luftkissen zwischen mich und das Rad und so kam ich denn mit nassen und beschmutzten Kleidern davon, die mir freilich, da ich sie des Nachts anbehielt, eine Erkältung hätten zuziehen können; ich erkältete mich jedoch nicht.

Wir begegneten langen Zügen von Saumrossen, beladen mit Salzfisch, der im ganzen inneren Lande genossen wird.

Die Bergkette, welche sich durch die Hauptinsel zieht, senkt sich in der Provinz Nambu, erhebt sich aber an der Aomori-Bucht wieder zu großen getrennten Hügeln. Zwischen Kuroischi und Aomori theilt sie sich in zwei niedere Bergreihen, nur spärlich bewachsen mit Tannen, Eichengesträuch und Zwerg-Bambus. Der Sesam, woraus die Räucherstäbe gemacht werden, bedeckt einige Hügel ausschließlich. In den Thälern wächst Reis, im Ganzen jedoch ist der Ackerbau nicht bedeutend und das Land sieht rauh, kalt und nordisch aus.

Die Ackerbauflecken werden immer schlechter; die Häuser sind nur roh aus Lehm gebauet und haben an den Seiten Löcher, durch welche das Licht eingehen und der Rauch ausströmen soll. Die Wände bestanden zuweilen nur aus Borkenstücken und Strohbündeln, die mittelst Strohschnüren an die Pfosten befestigt waren. Die Dächer waren plump gestaltet, doch wurde dies oft durch die Fülle der Wassermolen verborgen, die darüber gewachsen waren. Das Volk sah sehr schmutzig aus, doch ist dies kein Zeichen von besonderer Armuth, da die Einnahme für die Pferde und Magos, die zu der Ausfuhr der Fische von Yezo und der Einfuhr von Reis nach jenem Orte erforderlich sind, sehr bedeutend sein muß.

Bei Namioka zeigte sich der letzte der zahlreichen Gipfel, die wir, seitdem wir Nikko verließen, zu übersteigen hatten; von einem Höhenorte, Tsugarusaka geheißen, blickt man über ein unebenes Land und auf ein dunkelgrünes Meer, das fast ganz von schönen, blauroth schimmernden, mit Tannen bewachsenen Hügeln umschlossen ist. Die vom Winde getriebenen Wolken, das üppige Colorit, die frische und kühle Luft, das hübsche Land, der balsamische Duft der Tannen — Alles erweckte durch Anschein, Geruch und Gefühl eine heimatliche Empfindung. Die graue See war die Aomori-Bucht; jenseits lag die Tsugaru-Straße — meine lange Landreise war zu Ende. Ein Reisender sagte mir, daß am Abend ein Dampfschiff nach Yezo abführe und in der freudigsten Erregung miethete ich vier Männer, die mich ziehend, stoßend und tragend nach Aomori schafften, einer Stadt mit grauen Häusern, grauen Dächern und grauen Steinen auf den Dächern, gebauet auf einem Ufer von grauem Sande um eine graue Bucht — einem elend aussehenden Orte, der aber die Hauptstadt des „Ken" ist.

Von hier aus geht ein bedeutender Ausfuhrhandel von Vieh und Reis nach Yezo, außerdem ist der Ort der Ausgangspunkt der großen Menge, welche alljährlich vom nördlichen Japan zum Fischfange nach Yezo strömt, und führt große Vorräthe von Fischen, Häuten und fremden Waaren von Hakodate ein. Er treibt auch einigen Handel mit einem hellfarbigen, hübschen aber nicht werthvollen Firniß, welcher Aomori-Lack heißt, aber nicht hier verfertigt wird, da die Spezialität in Zuckerwerk aus Bohnen und Zucker besteht. Die Stadt hat einen tiefen, geschützten Hafen, aber keine Steindämme oder sonstige Vorkehrungen für den Handel. Sie hat auch Kasernen und die gebräuchlichen Regierungsgebäude, doch hatte ich keine Zeit, etwas Näheres darüber zu erfahren, — es blieb mir nur eine kurze halbe Stunde, um mein Billet auf dem „Mitsu-Bischi"-Amte zu lösen, wo man meinen Paß forderte und abschrieb, ein Stück Fisch hastig in einem Speisehause zu verzehren, wo „fremde Nahrung" auf einem schmutzigen Tischtuche servirt wurde, und nach der grauen Bucht hinab zu eilen, wo ich auf einen großen „Sampan" geführt wurde, der mit japanischen Reisenden angefüllt war.

Der Wind erhob sich und es entstand eine ziemlich starke Brandung; das Sprühwasser ging über das Boot, das, stark geheizt, sich pfeifend und unruhig hin und her schaukelte; dann kam ein Regenschauer und ich mußte meinen wasserdichten Regenrock festhalten, damit er nicht vom Winde entführt wurde. Plötzlich sprangen drei Polizeimänner in das Boot und verlangten meinen Paß zu sehen. Im ersten Augenblick wünschte ich diese ungelegenen Gäste sammt dem Paß unter die Wellen.

Das Dampfschiff war ein kleines altes Ruderboot von etwa 70 Tonnen und hatte keine andere Bequemlichkeit als eine einzige Kajüte auf Deck. Es war rein und sauber gehalten wie eine Yacht und auch ebenso ungeeignet für schlechtes Wetter. Kapitain, Ingenieure und die ganze Mannschaft waren Japanesen und man hörte kein englisches Wort sprechen. Meine Kleider waren sehr naß und die Nacht kälter als der vergangene Tag, doch erwies sich der Kapitain so freundlich, mich mit einigen Betttüchern zuzudecken, so daß ich nicht zu leiden hatte. Wir fuhren frühzeitig am Abend ab, bei einer scharfen Nordbrise, die nach Südost umsetzte und sich gegen elf Uhr in starken kühlen Wind verwandelte. Die See ging hoch, der Dampfer arbeitete gegen die Wogen und das Wasser drang in die Kajüte. Der Kapitain kam alle halbe Stunden herunter, blickte nach dem Barometer, schlürfte ein wenig Thee, bot mir Zucker an und machte eine Geberde, um anzudeuten, daß es schlechtes Wetter sei. So wurden wir unbarmherzig bis 4 Uhr morgens fortgeschaukelt, als ein heftiges Regenwetter und gleichzeitig ein Sturmwind eintrat. Das Boot eignet sich nicht für eine Nachtfahrt und bleibt stets im Hafen liegen, sobald schlechtes Wetter in Aussicht steht, und da der Sturm heftiger war, als man ihn, wie es hieß, seit Januar auf der Tsugaru-Straße erlebt hatte, so war der Kapitain um das Schiff besorgt, zeigte sich jedoch so ruhig wie ein Engländer.

Nach Sonnenuntergang erhob sich der Sturm von neuem und als wir, nachdem wir sechzig englische Meilen binnen vierzehn Stunden zurückgelegt hatten, die Spitze des Hakodate-Hafens erreichten, blies und schnob es wie an einem stürmischen Tage in Argyllshire. Ein wirbelnder Wind fuhr über die Bucht, dunkel schimmerten die hohen Yezo-Gebirge durch Regen und Nebel, und Wind und Donner und das Brausen der See riefen mir am Eingange dieses nördlichen Strandes einen wilden Gruß zu. Eine Felsenspitze wie Gibraltar, eine kalte graue Stadt, die sich auf einer steilen Hügellehne erhob, ein wenig Nadelholz, eine große Menge grauer Jonken, einige Dampfer und fremde Schiffe, die vor Anker lagen, viele Sampans, die sich mitten im Regen und Wirbelwind sehen ließen und sich mit Leichtigkeit fort bewegten — dies war Alles, was sich mir zeigte, mich aber doch durch sein kühles nordisches Aussehen ansprach.

Da das Dampfschiff bei diesem Sturmwetter nicht erwartet wurde, so kam mir Niemand entgegen und ich fuhr, mit funfzig Japanesen auf einem verdeckten Sampan zusammengedrängt, an den Strand; wir brauchten anderthalb Stunden zu der halben englischen Meile. Dann verweilte ich schutzlos an der windigen Bucht, bis die Zollbeamten aus ihrem Schlummer erwachten und schlug mich dann gegen den Sturm einen steilen Hügel hinauf. Man erwartete mich auf dem gastfreundlichen Consulat; ich wußte es aber nicht zu finden und ging nach dem Missionshause, wohin mich Herr Dening und seine Gattin freundlich eingeladen hatten, als ich sie in Tokiyo kennen lernte. Ich war eigentlich nicht im Stande, in eine anständige Wohnung einzutreten, denn meine Kleider waren nicht nur durchnäßt, sondern auch bis zu meinem Hut hinauf mit Koth bespritzt; mit meinen Handschuhen und Stiefeln war es zu Ende; mein Gepäck war beschmutzt und mit Salzwasser getränkt; dennoch war ich, als ich Yedo wieder verließ, gewissermaßen stolz, alle Hindernisse besiegt und noch mehr erfüllt zu haben, als ich beabsichtigt hatte.

Wie Musik ertönt das Brausen des Nordmeeres. Das Geheul und Getöse des Sturmes begeistert mich. Selbst die kalten Schauer sind anregend und das starke Geplätscher des Regens kommt mir gar heimisch vor. Man kann sich nicht vorstellen, wie erfreuet ich war, mich in einem Zimmer mit einer verschließbaren Thüre zu befinden, in einem Bett anstatt auf einem Bettgestell zu schlafen, drei und zwanzig Briefe mit guten Nachrichten vorzufinden und im Stande zu sein, sie unter dem Dache einer warmen, stillen und behaglichen englischen Behausung zu durchlesen!

Ende des ersten Bandes.

Druck von Oskar Bonde in Altenburg.

Unbetretene Reisepfade in Japan.

Aino's von Yezo.

Unbetretene Reisepfade

in

Japan.

Eine Reise in das Innere des Landes

und

nach den heiligen Stätten von Nikko und Yezo

von

Isabella L. Bird,

Verfasserin von „Sechs Monate auf den Sandwichs-Inseln", „Das Leben einer Dame in den Felsen-Gebirgen" ꝛc.

Autorisirte deutsche Ausgabe.

Aus dem Englischen.

Mit Illustrationen und einer Landkarte.

Zweite Auflage.

Zweiter Theil.

Jena,

Hermann Costenoble.

1886.

Inhalt.

Verzeichniß der Illustrationen.

XXXII.

Bemerkungen über Yezo. — Die Kolonisations-Behörde. — Die neue Hauptstadt. — Fischereien. — Hakodate. — Ainos.

Yezo (Jeso) ist von der Hauptinsel Japans durch die Tsugaru-Straße und von Sachalin durch die schmale Straße La Perouse getrennt, hat die Gestalt eines unregelmäßigen Dreiecks und erstreckt sich von 139° 50′ bis 146° östlicher Länge und von 41° 30′ bis 45° 30′ nördlicher Breite; der nördlichste Punkt liegt um vieles südlicher als Lands-End. Das Klima ist streng, der Schneefall bedeutend, die nördlichen Theile haben einen sibirischen Winter. Das Bodengebiet der Insel beträgt 35 739 Quadratmeilen und ist also beträchtlich größer als das von Irland, während sich die Bevölkerung nur auf 123,000 beläuft. Die Insel ist eine Gebirgsmasse und enthält fruchtbare und reichlich bewässerte Ebenen. Undurchdringliche Waldungen und unwegsame Sümpfe nehmen einen großen Theil des Landes ein. Mehrere Vulkane sind noch in Thätigkeit und die Ruhe einzelner, die erloschen scheinen, ist nicht zuverlässig. Die Wälder und Moräste werden von unzähligen kleinen reißenden Strömen durchflossen, welche häufig bedeutend anschwellen. Längs der Küste trifft der Reisende je alle zwei oder drei Meilen auf einen derselben und wird Tage lang an seinem Ufer zurückgehalten. Der größte ist der Ischkari, berühmt wegen seiner Lachse.

Die Küste hat nur wenige sichere Häfen und wird, wenngleich von Wirbelwinden verschont, doch von starken Kühlten und häufigen Brandungen heimgesucht. Das bebaute Land befindet sich vorzugsweise in der Nähe des Meeres, mit Ausnahme der ausgedehnten Ebene um Satsuporo. Das Innere ist mit Wald bedeckt und liefert fast unerschöpfliche Mengen werthvoller Stämme, darunter sechsunddreißig Arten von nützlichem Bauholz. Die Waldlichtungen sind reichlich bewachsen mit Eulalia Japonica, einem Grase, das die Höhe eines Mannes zu Pferde übersteigt; der Wald selber wird undurchdringlich nicht nur durch die dicht stehenden derben Zwergbambus, welche eine Höhe von acht Fuß erreichen, sondern auch durch die verflochtenen und verknoteten Schlinggewächse, die überall in reicher Fülle gedeihen. Der Boden ist im Durchschnitt reich und der warme Sommer begünstigt das Wachsthum der meisten Getreidefrüchte und Wurzelgewächse. Für Reis ist das Klima nicht geeignet, aber der Waizen kommt überall zur Reife. Die meisten Feldfrüchte, welche im nördlichen Theile der Hauptinsel wachsen, gedeihen besonders auf Yezo und englische Obstbäume kommen hier besser als in irgend einem Theile Japans fort. Nirgends sah ich schönere Feldfrüchte als in Mombets an der Vulkansbai. Das geklärte Land, dessen fruchtbarer Boden aus zersetzten Pflanzenstoffen gebildet ist, bringt Ernteerträge wie in Amerika hervor, zwanzig Jahre ohne Düngung, und der Regen, der so regelmäßig und reichlich wie in England fällt, macht eine künstliche Bewässerung unnöthig.

Yezo's Reichthum an Mineralien besteht hauptsächlich in den Kohlenlagern; die Regierung ist jedoch der Einführung fremden Kapitals abgeneigt, und bevor nicht die Hafensperre aufgehoben ist, bleibt es unwahrscheinlich, daß diese Quelle des Wohlstandes sich sehr reichlich erweisen werde; auch werden die Geldsummen für die Bergwerksanlagen durch die amtlichen „Nebenverdienste“ bedeutend verkleinert. Dennoch mag dieser Kohlenreichthum gelegentlich von großer Bedeutung für die Welt werden. Lyman, der befähigte Direktor des geologischen Instituts, schätzt den Gehalt der Kohlenlager auf einhundert und fünfzig tausend Millionen Tonnen; so daß, mit anderen Worten, Yezo den gegenwärtigen jährlichen Ertrag von Großbritannien auf künftige tausend Jahre liefern könnte.

Der amtliche Name von Yezo ist „Hokkaido“ oder nördliches Seegebiet und, verschiedenen thatsächlichen oder eingebildeten Verhältnissen entsprechend, steht es unter einer besonderen Verwaltung oder Kolonisations-Behörde, welche „Kaitakuschi“ heißt, so viel bedeutend wie: „Entwickelungs-Departement." Diese Behörde hat ungeheuere Summen für Yezo verwendet, wovon ein Theil in unnützen und kostspieligen Versuchen aufging, ein anderer aber einträgliche Verbesserungen bewirkt hat. Der Vermögensbestand von diesem Jahre beträgt über 302,000 Pfund Sterling. Die Insel ist in Bezug auf ihre allgemeine Beschaffenheit und Naturprodukte so verschieden von dem übrigen Japan, daß sie von den gewöhnlichen Abgaben befreit und einer besonderen Ertragssteuer unterworfen ist, welche jährlich etwa 72,000 Pfund Sterling beträgt, eine große Summe, die von einer geringen Bevölkerung aufgebracht werden muß.

Satsuporo, am Ischkari-Flusse, ist die Schöpfung dieser Behörde. Zu ihren wichtigsten und hoffnungsvollsten Einrichtungen gehört die dortige Landwirthschaftliche Schule nach dem Muster des Agricultur-Collegiums von Massachusetts, unter einheimischer Leitung, aber mit vier tüchtigen amerikanischen Lehrern Der stufenweise Cursus dauert vier Jahre und die Zahl der Studenten ist auf sechzig beschränkt. Das Institut gewährt eine gesunde englische Erziehung, mit besonderer Berücksichtigung der Civil-Ingenieur-Wissenschaften behufs der Anlage von gewöhnlichen Landstraßen, Eisenbahnen, Drainage- und Bewässerungswerken, und eine vollkommene Ausbildung für Feld- und Gartenbau, welche für die Bodenkultur auf Yezo erforderlich ist. Musterfarmen befinden sich zu Satsuporo und zu Nanai bei Hakodate, außerdem Schulgärten für ausländische Bäume, Gemüse und Blumen. Das Departement führt Schafe und Schweine ein und ist durch die Aufnahme von Vollblut im Stande, die Pferde- und Hornviehzucht zu veredeln. In Satsuporo besitzt es große Sägemühlen, eine Seidenmanufaktur, eine Gerberei, eine Brauerei und große Mehlmühlen am Orte selber und in Nanai.

Vieles, was die Behörde für die Entwickelung von Yezo unternommen hat, erwies sich als völlig verfehlt und manches noch Bestehende wird nicht vollkommen und beharrlich genug ausgeführt, um einen Erfolg zu sichern. Ohne Zweifel werden ihre Fonds durch überzählige Beamte aufgezehrt, welche ihre Gehälter beziehen, sich Nebenverdienste machen und dafür wenig mehr thun, als daß sie Tabak rauchen und schwatzen. Landstraßen wären sehr nöthig. Die breite Straße von Hakodate nach Satsuporo, worauf noch immer viel Geld verwandt wird, ist beständig in elendem Zustande und dient hauptsächlich den langen Zügen von Saumrossen, deren tiefe Hufspuren noch im Septem bersichtbar sind, und die fünf und zwanzig englische Meilen lange Eisenbahnstrecke auf dieser Hauptstraße wird von Maschinen befahren, die höchstens fünf englische Meilen in einer Stunde zurücklegen und deren Kessel, wie die Eingeborenen sich ausdrücken, fast immer „krank" sind. Die Theorien zur „Entwickelung" sind sehr gut; Irrthümer sind begangen worden und finden noch heute statt; einige werthvolle praktische Unternehmungen sind utopischen Versuchen geopfert worden und einige gute Erfolge mögen noch erzielt werden.

Wie es scheint, so hat die Regierung bei der Entwickelung Yezo's zwei Zwecke im Auge. Der eine besteht in der Herstellung eines Gebiets für die Auswanderung der Bewohner derjenigen Theile von Japan, die man für übervölkert hält; der andere geht darauf hinaus, eine Bevölkerung auf Yezo zu schaffen und eine Art Bollwerk zu errichten gegen die Angriffspläne, die man von Seiten Rußlands voraussetzt; dieser Macht mißtraut man in Japan ebenso sehr wie in England. In verschiedenen günstigen Gegenden sind Ansiedelungen angelegt; einer Menge von „Samurai" sind Ländereien bewilligt worden und in Satsuporo haben sich nahe an tausend Soldaten mit ihren Familien in vereinzelten Häusern niedergelassen, deren jedes mit mehreren Morgen Landes versehen ist. Sämereien und Obstbäume werden den Ansiedlern zu niedrigem Preise verkauft und man gewährt dem Ackerbau mancherlei Vergünstigungen, die auf der Hauptinsel nicht bestehen; dennoch zieht das Seegebiet keine Bevölkerung herbei, sei es nun, daß man eine natürliche Abneigung gegen die Auswanderung hegt oder daß man die Ertragssteuer scheuet; das Gebiet, welches sechs Millionen unterhalten könnte, hat nur 123,000 zerstreut lebende Bewohner, welche vorzugsweise die Küstengegend einnehmen.

Die Fischereien von Yezo sind großartig und wetteifern mit denen auf der gegenüber liegenden Oregon-Küste; aber sie sind mit Abgaben überbürdet, denn die Steuer beträgt zehn bis fünf und zwanzig Prozent vom Ertrage. Lachs macht den hauptsächlichen

Artikel aus, doch sind auch Blackfische und Seegras wichtige Ausfuhr-Artikel. An der Südküste befinden sich viele Fischerei-Stationen, die bedeutendsten aber zu Ischkari im Norden, in der Nähe der neuen Hauptstadt Satsuporo. Die Lachsfischerei in Japan verspricht viel für die Zukunft. Manche Schlagnetze haben eine Länge von 4000 Fuß und erfordern siebenzig Mann zur Handhabung. Zwei derselben bringen, auf drei Zügen täglich, zuweilen einen Fang von 20,000 Lachsen, welche, zugerichtet, durchschnittlich je zehn Pfund wiegen. Die Einnahme von den Fischereien am Ischkari-Flusse beträgt allein jährlich 50,000 Dollars. Die Fische von Yezo werden nicht nur durch das Innere von Japan versandt sondern auch nach China verschifft. Die Ainos, die Urbewohner der Insel, beschäftigen sich besonders mit dem Fischfange und in der betreffenden Jahreszeit strömt eine Unzahl Einwanderer aus den Provinzen Nambu und Ugo nach Yezo.

Hakodate, der nördliche Handelshafen, eine blühende Stadt von 37,000 Einwohnern und mit einem herrlichen, tiefen Hafen gegen alle Winde geschützt, ist natürlicher Weise die Hauptstadt. An einem sandigen Hügelabhange gelegen, der Sonne ausgesetzt und mit natürlichen Austeichungen versehen, ist sie im Stande, Kräfte aufzubieten, welche in Yokohama und Tokiyo durch die schwüle Hitze erschöpft werden. Obgleich ihr Boden im November zuweilen mit neun Zoll tiefem Schnee bedeckt ist, so ist der Schneefall doch nicht so beträchtlich wie im Norden der Insel; er bleibt nicht für beständig liegen und der sonnigen Wintertage sind so viele, daß der Koth eigentlich schlimmer als der Schnee ist. Die Jahrestemperatur ist mäßig, etwa 10 Grad niedriger als die von Yedo, doch tritt die Kälte schärfer auf: vom Minimum von 2 Grad bis zum Maximum von 88 Grad. Selbst bei heißer Witterung sind die Nächte fast immer kühl. In einem Zeitraum von neun Jahren beträgt der jährliche Regenfall durchschnittlich 51$^{9}/_{10}$ Zoll und die Zahl der Regentage 98.

Als Fremdenhafen verliert Hakodate mit jedem Jahre mehr. In der That ist der auswärtige Handel von gar keiner Bedeutung. Es sind nur zwei fremde Firmen vorhanden und die Zahl der fremden Einwohner, die Chinesen abgerechnet, beträgt nur 37. Träfen nicht jeden Sommer zahlreiche Kriegsschiffe und einige Kranke zum Besuch ein, so würde die Stadt fast ebenso öde sein wie Niigata. Als japanesischer Hafen strebt sie jedoch zusehends empor. Für fremde Schiffe ist es nicht rathsam, von weit her gerade nach diesem einzelnen Punkte zu fahren, da jetzt die japanischen Dampfschiffe, welchen alle Häfen offen stehen, zahlreich genug sind. Fremde Waaren werden jetzt von japanischen Kaufleuten auf japanischen Schiffen eingeführt und die wichtigsten Ausfuhrartikel, nämlich getrocknete Fische, Seegras und Häute, werden auf einheimischen Schiffen direkt nach China und der Hauptinsel versandt. An jedem zehnten Tage fahren hübsche Passagier-Dampfböte der Mitsu-Bischi-Compagnie zwischen Hakodate und Yokohama; nach Niigata monatlich ein Mal; außerdem kommen und gehen bei jedem günstigen Winde zahlreiche Frachtböte, Jonken und einheimische Schiffe mit fremder Ladung.

Die Regierungsgebäude sind von bedeutender Ausdehnung; das Hospital und die Gefängnisse werden von einheimischen Beamten bewundernswerth verwaltet. Obgleich Hakodate neuen Ursprungs ist, so scheint es doch keiner anderen Stadt von gleicher Größe an Geschäftigkeit, Behaglichkeit, Ordnung und Reinlichkeit nachzustehen. Die Kaitakuschi-Behörde hat in der Stadt siebenzehn Schulen, wo die Zöglinge im Lesen, Schreiben, in der Arithmetik bis zur Bruchrechnung, in allgemeiner Geschichte und Erdbeschreibung unterrichtet werden; außerdem bestehen noch viele Privatschulen, worin nur lesen und schreiben gelehrt wird. Einige besonders aufgeklärte Kaufleute haben für die Lehrlinge und Gehülfen von zwölf bis achtzehn Jahren, welche den Tag über beschäftigt sind, eine Abendschule errichtet; in allen diesen Anstalten wird nur ein mäßiges Schulgeld gezahlt.

Das Postamt und das Zollhaus werden von japanischen Beamten vortrefflich und übereinstimmend mit den fremden Gebräuchen verwaltet. Obgleich die Gerichtsbehörde nur geringe Befriedigung gewährt, so ist dagegen die Polizei so wirksam, daß der britische Consul in seinem amtlichen Berichte erklärt, es könne kein Dieb oder Verbrecher der Wachsamkeit der Behörde entgehen. Japanische Schiffbauer verfertigen die kleinen Schooner, welche von Fremden in Gebrauch genommen werden; japanische Kaufleute führen die fremden Güter, wie Kleidungsstücke, Lebensmittel, Eisenwaaren, Steingut, Glas, Modeartikel und Liköre, in solcher Menge ein, daß kaum ein Mangel an fremden Waarenlagern fühlbar wird.

Dies sind die Zeichen des Fortschrittes in einer Stadt, welche, als Alcock sie im Jahre 1859 besuchte, um den britischen Consul einzusetzen, nur 6000 Einwohner hatte und nur von wenigen Walfischfängern heimgesucht wurde.

Sie bildet den Mittelpunkt für die Missionsthätigkeit auf der Insel und griechische wie römische Katholiken, die kirchliche Missions-Gesellschaft und die amerikanische bischöfliche Methodisten-Kirche haben hier ihre Agenten, die natürlich auf die Vertragsentfernung von fünf und zwanzig englischen Meilen beschränkt sind, wenn sie nicht Reisepässe unter den gewöhnlichen Bestimmungen erhalten haben.

Außer Hakodate giebt es nur zwei Städte von einiger Bedeutung: Matsumae, ein verfallener Ort mit etwa 16,000 Bewohnern, früher die Residenz eines mächtigen Daimiyo, und die Hauptstadt Satsuporo, mit 3000 Einwohnern, nach dem Plan einer amerikanischen Stadt angelegt, mit breiten rechtwinkligen Straßen und niedrigen, geschmacklos gebauten japanischen Häusern und Läden. Der amerikanische Styl ist auch bei dem Regierungsamte zu Grunde gelegt und das Capitol ist eine Nachahmung des Capitols zu Washington. Neben den Regierungsgebäuden und den schon erwähnten befindet sich auch ein Hospital, welches unter der Leitung eines amerikanischen Arztes steht.

In der Nähe von Satsuporo sind mehrere landwirthschaftliche Niederlassungen, und verschiedene Anlagen, die man hier und da auf der Insel antrifft, beweisen, daß troß dem langen und strengen Winter das Klima und der Boden besonders günstig sind für Winterkorn, Mais, Hirse, Buchwaizen, Kartoffeln, Erbsen, Bohnen und andere Gemüse und Körnerfrüchte, ebenso für japanischen Hanf, welcher wegen der Länge, Feinheit und seidenartigen Zartheit seiner Fäden in hohem Preise steht. Viele tausend Morgen von gut bewässertem Grasboden liegen unbenützt in der Nähe von Satsuporo am Ischkari-Flusse.

In den undurchdringlichen Wäldern des Innenlandes hausen wilde Thiere und Wildpret. Zu verschiedenen Jahreszeiten stehen auf dem Markte in Hakodate Haselhühner, Hasen, Wachteln,

Schnepfen, Kriechenten, Wildpret, Auerhühner, wilde Enten und Bären zu mäßigen Preisen zu Kauf; Bärenfelle und Hirschhäute gehören zu den wichtigsten Ausfuhrartikeln.

Den Reisenden fesseln vorzugsweise die Ueberreste der Aino-Rasse, der Urbewohner von Yezo und wahrscheinlich von ganz Japan, friedfertige Wilde, die an den Küsten und im Innern von Fischfang und Jagd leben und zu ihren japanischen Unterjochern in demselben Verhältnisse stehen, wie die rothen Indianer zu den Amerikanern, die Jakkums zu den Malaien und die Veddas zu den Sinhalesen. Doch muß, der Wahrheit gemäß, hinzugefügt werden, daß sie von ihren Herren besser behandelt werden, als irgend eine jener unterdrückten Rassen. Die folgenden Kapitel enthalten Alles, was ich aus persönlicher Beobachtung über sie erfahren konnte, doch hat, auf Sir Harry Parkes' Ansuchen, der erste Secretär der Kaitakuschi-Behörde, Herr Yasuda Sadanori, einige Ergänzungen hinzugefügt.

„Eine oberflächliche Schätzung vom Jahre 1873 ergab die Zahl von 6118 Männern und 6163 Frauen, im Ganzen 12,281. Seit jenem Jahre hat keine besondere Zählung stattgefunden, doch glaubt man, daß die Zahl der Ainos im Abnehmen begriffen sei.

„Die Steuern bezahlen sie theils in Geld, theils in Gütern.

„Das Unterrichtsgesetz des Ministeriums für öffentliche Erziehung steht nicht in Beziehung zu dem Seebezirk, doch hat das Kaitakuschi-Departement ein ähnliches System angenommen, das bei allen Bewohnern der Insel ohne Unterschied der Abstammung zur Anwendung kommt, da die kaiserliche Regierung den Ainos gleichen Unterricht gewährt wie den Japanesen.

„Besondere Einrichtungen sind getroffen worden, um den Ainos ihren Lebensunterhalt zu sichern."

Die „haarigen Ainos," wie sie genannt wurden, sind einfältig, artig, gutmüthig und unterwürfig. Von den Japanesen sind sie völlig verschieden. In ihrer Gesichtsfarbe gleichen sie den Spaniern und den süditalischen Völkern und ihre Züge wie ihre Umgangsformen sind eher europäisch als asiatisch. Ihr Haar ist gagatschwarz, sehr weich und auf dem Scheitel dick und wulstig, zuweilen herabhangend, aber niemals im geringsten gekräuselt. Bart, Knebelbart und Augenbrauen sind stark und voll und häufig zeigt sich auf der Brust und den Gliedmaßen ein reichlicher Wuchs von steifem Haar. Der Hals ist kurz, die Stirn hoch, breit und stark gebaut, die Nase breit und ein wenig platt, der Mund groß aber gut gestaltet, Augen und Augenbrauen sind vollkommen gerade und die Schläfe markirt. Ihre Sprache ist höchst einfach. Sie haben keine Schriftzeichen, keine Literatur, keine Geschichte, sehr wenige Ueberlieferungen und keine Erinnerungen von dem Lande, aus welchem sie vertrieben wurden.

In Yezo nimmt der Reisende eine freiere Atmosphäre wahr, als er auf der Hauptinsel einathmete, und es ist nicht nur die Luft, welche hier freier strömt, sondern auch Menschen und Vieh sind hier ungebundener. Man kann sich ein leidliches Pferd verschaffen und reiten, wohin man will, ohne durch eine Warnungstafel oder einen Reissumpf stutzig gemacht zu werden; man kann von der Landstraße abweichen und am kühlen Seestrande über mit Rosen bewachsene Triften meilenweit galoppiren; man kann ein halbwildes Leben führen, Flüsse durchschwimmen, Berge ersteigen und Feuer im Walde anzünden, ohne gegen die gesetzlichen Vorschriften zu verstoßen, kurzum: man kann Alles thun, was man auf der Hauptinsel nicht thun darf. Und abgesehen von dieser Befreiung von jeglicher Beobachtung und Ueberwachung, liegt noch ein besonderer Reiz über dieses spärlich bevölkerte Land verbreitet, ein besonderer Zauber in dem anhaltenden Klageton des stillen Oceans, der sich zwischen Tomakomai und Cap Erimo erstreckt, in der köstlichen Einsamkeit der Gegend, welche die Vulkansbucht umgiebt, in der frischen, kühlen Freiheit von Yezo, — und dies Alles macht meine Erinnerungen an das dortige Leben zu den freudigsten, die ich aus Japan mitnahm.

XXXIII.

Die windige Hauptstadt. — Missions-Agenturen. — Ein unordentlicher Gottesdienst. — Ein Buddhisten-Tempel und eine Buddhisten-Predigt.

Hakodate, den 13. August 1878.

Nach einem schrecklichen Sturm, welcher zwei Tage gewährt hatte, wurde das Wetter wunderschön und ich finde das hiesige Klima stärkender als das der Hauptinsel. Es ist noch immer Japan, aber doch mit einem Unterschiede. Wenn die Nebel sich aufklären, so enthüllen sie keine in Grün prangenden Berge sondern nackte Felsenspitzen, vor kurzem erloschene Vulkane, deren rothe Asche unter der Mittagssonne erglühet und beim Sonnenuntergange in dunkelrothen und violetten Schattirungen spielt. Sandstrecken begrenzen die Bucht, Hügelreihen, hin und wieder mit einem Strauch oder einer Fichtengruppe besetzt, verlieren sich in die blaue Ferne und ihre zerklüfteten Abhänge sind von dunkelblauen und purpurrothen Wolkenschatten umhüllt. Die vom Lande umschlossene Bucht ist so blau wie das adriatische Meer und auf ihrem azurblauen Grunde setzen sich die Segel der Jonken schneeweiß ab. Die steile Form der beiden Bergspitzen, die sich hinter der Stadt erheben, wird durch einen Gürtel von Cryptomerien gemildert; die Sandstrecke, welche das Vorgebirge mit dem festen Lande verbindet, vermehrt noch die Aehnlichkeit, welche die Landschaft mit den Umrissen von Gibraltar hat; während man sich jedoch in die europäische Welt versetzt glaubt, sieht man die Kuruma-Läufer im Trabe vorbeikommen, hört den Schall der Tempeltrommeln, der keine Aehnlichkeit mit dem rollenden Trommelschall der Britten hat; auf der Straße zieht ein buddhistischer Leichenzug vorüber oder vier gelbhäutige, halb nackte Männlein ziehen und stoßen einen kreischenden Lastwagen, indem sie dabei den eintönigen Ruf „Ha huida!" hören lassen.

Um zu fühlen, daß man sich in Japan befindet, bedarf es nur eines einzigen Blickes auf Hakodate selber. Die Straßen sind breit und rein, aber die Häuser niedrig und dürftig, nichts weiter als Zunder. Nirgends sieht man große Ziegeldächer, wie in einigen anderen Städten. Es ist kein beständiges Element in diesen großen windigen Straßen. Der Ort ist wachsend und geschäftig, erstreckt sich zwei englische Meilen längs der Küste, ist den Hügel hinaufgeklommen, so weit es möglich war; aber dennoch sehen die Häuser und die Leute arm aus. Steine bilden einen vorherrschenden Zug in der äußeren Erscheinung der Stadt. Wenn man von der Höhe auf sie herabblickt, so sieht man meilenweit große graue Blöcke, denn jedes Dach der windigen Hauptstadt ist mit einer Last Pflastersteine beschwert. Einige flachere Dächer sind sogar gleichsam mit Steinen gepflastert wie ein Hof; andere sind mit Erdschollen und Rasen bedeckt; durch beide Arten der Dachdeckung sucht man sich vor den Funken bei einer Feuersbrunst zu sichern. Diese Pflastersteine geben jedenfalls das billigste Mittel, um in dieser windigen Gegend die Dächer auf den Häusern festzuhalten, sehen aber seltsam aus.

Von den Straßen ist nur eine bemerkenswerth, welche sich oben auf dem Hügel befindet und eine Reihe von hübschen Tempeln und Tempelgärten enthält. Fast jedes Haus ist ein Kaufladen und die meisten enthalten nur die gewöhnlichen Artikel, welche eine große und arme Bevölkerung verbraucht; in der Hauptstraße findet man in Ueberfluß ächte oder nachgeahmte ausländische Waaren; Pelze, Felle und Hornwaaren finden sich in vielen Läden zum Verkauf. Mir gefallen besonders die Bärenpelze und die milchweißen Felle der Ainoshunde, welche wohlfeil und hübsch sind. Zahlreich sind die Läden der Kleinhändler, welche „Curioläden" genannt werden; die billigen Lackwaaren von Aomori sind verlockend für einen Fremden.

Wie erwähnt, beläuft sich die Zahl der Fremden nur auf sieben und dreißig. Der gesellige Verkehr ist in Folge der Verschiedenheit in Sitten und Gebräuchen nur gering, und sobald der letzte Fremde zu Ende des September fortgeht und der lange Winter eintritt, mag es für Leute, die nicht eine nützliche Beschäftigung haben, langweilig genug sein. Jetzt, im Sommer, geht es sehr lebhaft her bei der häufigen Ankunft und Abfahrt europäischer Kriegsschiffe und dem Besuch der fremden Patienten, welche einige kleine Seen am Fuße des ausgebrannten Vulkans von Komona-taki besuchen oder sich in das Innere bis zur

Hauptstadt Satsuporo wagen. Der englische Consul, Herr Eusden, der bereits neun Jahre hier ist, bietet den Fremden, ohne Rücksicht auf Nationalität, eine liebenswürdige Gastfreundschaft, welche höhere Genüsse gewährt als die kostspieligen und förmlichen Erlustigungen in anderen Seestädten. Außerdem bestehen die Vergnügungen nur in dem Besteigen des Piks, Schnepfenjagd oder einem Besuch von Nanai, einer Versuchsanlage der Kaitakuschi-Behörde.

Die vier christlichen Körperschaften, welche hier Missionen unterhalten, haben Kirchen gebaut, von denen die römische die größte, die griechische mit ihren mit Gemälden geschmückten Wänden die prächtigste ist. Bisher ist die griechische Mission in ihren Bekehrungen erfolgreich gewesen und obgleich der Pater Nicolai allein steht, hat er doch vier oder fünf Eingeborene als ordinirte Gehülfen. Neuerdings sind einige Schwestern bei der römischen Mission eingetroffen und werden wahrscheinlich der Sache einen großen Aufschwung verleihen. Die Mission der englischen Kirche ist verhältnißmäßig neu und wird durch Herrn Dening vertreten, in dessen Hause ich wohne, und durch Herrn Ogawa, einen merkwürdig erleuchteten Evangelisten aus der eingeborenen Samurai-Klasse. In Hakodate haben acht Taufen stattgefunden. Herr Dening hat acht auswärtige Stationen innerhalb der Vertragsgrenzen, wo er wöchentlich ein Mal predigt; Yezo ist jedoch buddhistisch und in einem dieser Oerter, Ono, wird ihm großer Widerstand geboten.

Wir machten dorthin einen Ausflug auf Pack-Ponies, die den ganzen Weg in einer Gangart zurücklegten, den man sehr bezeichnend „Yezo-Kletterei“ nennt. Nachdem wir die Landfirste, welche das Vorgebirge mit dem Festlande verbindet, verlassen hatten, machten wir einen angenehmen Ritt in hellem Sonnenschein über sandige Strecken, bedeckt mit Gras und großen rothen Rosen, untermischt mit Geisblatt, Sedum, der aromatischen Stephanandra flexuosa und den röthlichen Blättern der Anemonen; zuweilen hatten wir einen Durchblick auf die blaue Meeresbucht zur linken Hand und auf die rothen Spitzen des Vulkans, der sich über grüne Hügel erhebt. Von dem sandigen Dorfe Arakawa führt ein Reitweg zwischen Gärten, Weilern und hübschem Waldlande hindurch nach dem großen Dorfe Ono, wo die vielen ausländischen Bäume und Blumen, welche die Regierung gespendet hat, in herrlichster Blüte prangten. Unterwegs trafen wir einen Aino und mehrere mit Speeren und Flinten bewaffnete Reiter, die von einer Bärenjagd zurückkehrten. In der Nähe von Ono befindet sich eine Fabrik der Regierung, wo die starke Seide verarbeitet wird, welche die Gebirgs-Seidenraupe erzeugt, die sich von den zähen Blättern einer Eichenart ernährt.

In Ono, wo der Katechist Ogawa lebt, ist eine Schule eröffnet; obgleich aber der christliche Unterricht bereits seit einem Jahre ertheilt wird, ist kein Erfolg wahrzunehmen. Das Dorf beging das Matsuri-Fest und sobald das Schulzimmer um acht Uhr geöffnet wurde, drang eine ungestüme Menge von Männern, Weibern und Kindern ein, und, anstatt ihre Holzschuhe, wie es gebräuchlich ist, an der Thüre stehen zu lassen, machten sie einen betäubenden Lärm damit. Dreihundert Menschen, einige angetrunken, die mit ihren Schuhen klapperten, auf die Bänke stiegen, auf den Fenstersimsen hockten, lachten, aßen, ihre Pfeifen an den Lampen anzündeten, ihre Kimonos abwarfen und fünf Viertelstunden lang einen wahren Aufruhr unterhielten: dies war die viel versprechende Zuhörerschaft. Herr Dening besitzt eine außerordentliche Begabung für Sprachen und hat sich nicht nur eine erstaunliche Fertigkeit in der Umgangssprache der niederen japanischen Klassen angeeignet, sondern weiß auch sogar ihren Ton zu treffen, und da er von kräftigem Körperbau ist und eine sehr starke Stimme besitzt, so blieb er während des ganzen Lärmens verständlich. Vermuthlich war das Getöse nicht ausnahmsweise durch den Anblick dreier fremder Damen hervorgerufen, sondern findet regelmäßig statt, sobald eine christliche Predigt in Ono gehalten wird. Herr Dening widmet dem Werke seine Zeit, seine Kraft und sein Herz, mit unübertrefflicher Energie und Begeisterung, ungeschwächt durch Widerstand und Enttäuschung; im anderen Falle würde eine Zuhörerschaft in Ono schon längst seinen Bemühungen ein Ende bereitet haben, denn die Buddha-Priester wiegeln das Volk gegen die neue Lehre auf. Wo die Sinto-Religion überwiegt, herrscht in der Regel Gleichgültigkeit.

Wir verließen das Dorf um neun Uhr abends und da die

anderen Damen ermüdet waren, und, nicht an das Reiten gewöhnt, sich auch nicht willig zeigten, den Yezoschritt mit einem Galopp zu vertauschen, so dauerte es bis ein Uhr, ehe wir die fünf und zwanzig englische Meilen zurückgelegt hatten. Es war aber die erste wirklich schöne Nacht, die ich in Japan erlebte: die Schatten der Bäume auf dem thautropfenden Grase, heller Mondschein auf dem silberglänzenden Meere, hellstrahlende weiße Wolken zwischen den Berggipfeln und eine kühle milde Luft, erfüllt von dem Wohlgeruch schlummernder Blumen.

Am Sonntagabend wurde in der Hauptstraße von Hakodate eine neue Predigtstätte eröffnet: ein Vorderzimmer und eine Doma, die nach der Straße hinaus liegt, hinten eine Küche. Zu den Beweisen von der Duldung, deren sich das Christenthum zu erfreuen hat, gehört der Umstand, daß die Polizei, welche oft vorüberging, nicht gegen die Menge einschritt, die sich draußen versammelt hatte, nachdem die Räume gefüllt waren. Das Volk war still und verhielt sich auch ziemlich ruhig auf dem Platze, ganz anders als die Heiden in Ono. Einige, welche auf der Treppe saßen, verlangten die Geräthe zum Tabakrauchen, andere ließen sich Erfrischungen reichen; dies geschieht jedoch auch in ihren Tempeln.

Seitdem die Missionäre hierher kamen, halten die Buddhisten, wie in Niigata, ihre religiöse Andacht in einem oder dem anderen der großen Tempel, welche die eine Seite der Straßen einnehmen. Ich habe diesem Gottesdienst fast jeden Tag beigewohnt. An jedem Nachmittage ist der große Tempel mit Männern und Frauen gefüllt, welche sämmtlich den ärmeren Klassen angehören. Sie nehmen den Platz ein, welcher von dem heiligeren Raume, wo der Priester waltet, durch ein Gitter abgeschlossen ist, und verhalten sich so ruhig und ordentlich wie nur möglich. Tief und dumpf, jedoch über die ganze Stadt hinaus erschallt der Ton der großen ehernen Glocke und ruft die Hörer zusammen und pünktlich um drei Uhr schlagen die Priester die schwer vergoldeten Gitterthüren zurück und zünden die Lichter und Lampen an, welche ein schwaches, geheimnißvolles Licht durch den prächtigen Raum verbreiten. Man erblickt den Hochaltar mit einer grünen Brokatdecke und die Seitenaltäre, welche mit weißem, goldgestickten Brokat behangen sind. Von dem unteren Altare erheben sich Weihrauchdämpfe zwischen Vasen mit weißen Blumen und ein einschläfernder Sinnenreiz durchzieht das ganze Gebäude. Die Priester tragen weiße Gewänder, darüber Obergewänder aus schwarzer Seidengaze; auf ihrem Rücken hangt an grünen Seidenbändern ein großes viereckiges Stück aus grünem Brokat. Vier von ihnen knieen nieder, den Rücken dem Volke zugekehrt; ihnen gegenüber knieen acht andere Priester, welche ähnlich gekleidet sind, nur daß die Brokatstücke, die sie auf ihren Rücken tragen, zwischen grün und braun abwechseln und mit Silber gestickt sind. Vor Jedem befindet sich ein niedriges lackirtes Pult für die Bücher und die sanft klingenden Glöckchen, deren sie sich bei ihrem Amte bedienen. Noch zwei andere Priester knieen auf den Seiten des Altars. Sobald eine Glocke ertönt, beugen sich die vierzehn geschorenen Häupter drei Mal zur Erde nieder und es werden noch mehr Lampen angezündet; wieder ertönt eine Glocke und eintönige Litaneien erklingen, untermischt mit Geklingel; von Zeit zu Zeit antwortet das Volk in einer ihm unverständlichen Sprache: „Namu Amida Butsu!" Nach Verlauf einer Stunde entfernen sich die Priester in einem feierlichen Zuge; nur Einer von ihnen besteigt eine viereckige Kanzel innerhalb des umgitterten Raumes, setzt sich nieder, nicht nach japanischer Sitte, sondern mit gekreuzten Beinen, wie der Stifter ihres Glaubens es gelehrt hat, und predigt dann eine Stunde lang mit kraftvollem, eindringlichem Tone.

Eine japanische Predigt kann sehr unterhaltend sein. Ich fand eine in einer japanischen Zeitung vom Juni 1875, welche, wie gewöhnlich, einen Text aus einem chinesischen Klassiker behandelt:

„Was böse ist, sei es auch nur gering, das thue nicht!"
„Was gut ist, sei es auch nur gering, unterlasse nicht zu thuen!"

Die einleitenden Worte lauten, wie man sie von tausend Kanzeln wiederholt zu hören bekommt: „Diese Worte, meine lieben Freunde, stehen in der Sammlung, welche „Kagen des Schogaku" heißet und euch allen wohl bekannt ist. Es sind in der That gesegnete Worte, die sich wohl zu unserm Text am heutigen Abend eignen. Diese Worte sind kurz, aber sie enthalten eine unschätzbare Lehre." Dann folgen zwei oder drei Seiten voll gedrängter, höchst nützlicher Sittenlehren. Man kann sich keine gesunderen und klareren Moralsprüche denken, die sich durchaus auf den Gegenstand beziehen und hin und wieder durch Anekdoten und Vergleiche erläutert sind, der Fassungskraft eines Bauern oder eines Kindes angemessen. Die Predigt schließt mit einem erdichteten, ergötzlichen Zwiegespräch zwischen zwei Gatten, die sich veruneinigt haben und endet mit den Worten:

„Nicht die großen Dinge des Lebens nehmen unsere wachsame Sorgfalt in Anspruch, sondern die kleinen Angelegenheiten, die sogenannten geringfügigen Sachen, das Ja und das Nein, die Fragen und Antworten, die in unserem täglichen häuslichen Leben vorkommen. Friede im Hausstande ist gleich der freudigen Musik bei den Tänzen der Götter in den himmlischen Räumen."

So schließt die Predigt und ich finde, daß seit Salomo's Zeiten bis auf den heutigen Tag eine einförmige Uebereinstimmung unter den Menschen herrscht und „wie im Wasser sich das Antlitz im Bilde abspiegelt, so entspricht dem Menschen das Herz des Menschen."

XXXIV.

Ito's Fehltritt. — Das Hospital und das Gefängniß von Hakodate. — Das Laternenfest.

Hakodate auf Yezo.

Hakodate gefällt mir so sehr, daß ich hier noch einen Tag nach dem anderen verbringe, obgleich ich meinen Reiseweg bereits überlegt habe und alle Vorkehrungen getroffen sind.

Ueber Ito ist mir hier eine sehr unerfreuliche Aufklärung zutheil geworden. Man wird sich erinnern, daß ich ihn ohne ein Zeugniß in meine Dienste nahm und er mir sagte, er hätte seinem früheren Herrn, der ihn wieder anstellen wollte, mitgetheilt, daß er bereits mit einer Dame abgeschlossen hätte. Hier traf ich nun Herrn Maries, Ito's früheren Prinzipal, der mir mittheilte, Ito hätte sich verpflichtet, ihm, so lange es erforderlich sei, für 7 Dollars monatlich zu dienen; da ich ihm jedoch 12 Dollars geboten hatte, so war er seinem Herrn entlaufen und mit einer Lüge bei mir eingetreten. Herr Maries war durch diesen Abfall in große Verlegenheit gerathen und gehindert worden, seine botanische Sammlung zu vervollständigen, denn Ito ist sehr geschickt und er hatte ihn nicht nur gelehrt, die Pflanzen zu trocknen, sondern konnte ihn auch auf mehrere Tage ausschicken, um Sämereien zu sammeln. Ich traf Herrn Maries beim Consul und machte mit ihm aus, daß Ito wieder zu seinem rechtmäßigen Herrn zurückkehren könne, sobald meine Yezo-Tour beendigt sei.

Gestern speiste ich beim Consul und traf dort den Grafen Diesbach von der französischen Gesandtschaft, Herrn von Siebold von der österreichischen Gesandtschaft und Lieutenant Kreitner von der österreichischen Armee. Diese Herren wollten eine Entdeckungsreise in das Innere unternehmen und beabsichtigen, die Höhen einiger Berge zu messen und die Quellen der Flüsse aufzusuchen, welche sich auf der südlichen Küste in das Meer ergießen. Sie sind mit Nahrungsmitteln und Rothwein gut versehen, nehmen aber so viele Gepäck-Ponies mit sich, daß ich voraussehe, sie werden ihren Zweck nicht erreichen; dagegen wird es mir gelingen, da ich mein ganzes Gepäck auf 45 Pfund beschränkt habe.

Nach der Mittagstafel führte mich der Consul in das Hospital, wo wir von Dr. Fucasi empfangen wurden, der nicht nur die Anstalt nebst den Aerzten und Studenten leitet, sondern auch, in Ermangelung eines europäischen Arztes, das Vertrauen der ganzen europäischen Gemeinde gewonnen hat. Er ist ein aufgeklärter, umsichtiger Mann und für seinen Beruf begeistert. Er trägt eine Kleidung aus weißer Leinwand, nach europäischem Zuschnitt, spricht aber nicht englisch.

Das Krankenhaus besteht aus drei gut gelüfteten europäischen Gebäuden, von denen eines für die Seeleute bestimmt ist. Es sind in der That 120 „Betten“ vorhanden, denn der Dr. Eldridge, der die Anstalt einrichtete und in einen gedeihlichen Stand brachte, hat die eigentlichen Bettstellen eingeführt. Die Fremden, hauptsächlich Matrosen, zahlen 50 Sen, etwa 1 Schilling 8 Pence, täglich, die Eingeborenen 20 Sen, ganz mittellose Personen werden unentgeltlich aufgenommen. Es sind sechs japanische

Doctoren bei diesem Hospital angestellt, welches nebenbei eine medicinische Lehranstalt ist, wo täglich Vorlesungen und klinische Unterweisungen stattfinden. Die Anstalt ist sauber und freundlich und die Kranken scheinen sich ebenso behaglich zu fühlen wie in einem englischen Hospital. Bei jedem Bett befindet sich ein Sims zum Gebrauche des Patienten und ein Täfelchen, worauf vermerkt wird, wann die Arznei einzunehmen ist. Dr. Fucasi wendet die antiseptische Behandlung an, da er der Ansicht ist, daß diese Kuren schneller verlaufen und weniger Schmerzen verursachen. Es kamen viele chirurgische Fälle vor und drei Männer hatten sich eben bereit erklärt, ihre Beine abnehmen zu lassen. Dr. Fucasi zeigte mit Stolz einen Fall vor, wo ein Mann, dessen Bein erst vor fünf und zwanzig Tagen amputirt war, an seinen Krücken umher ging und entlassen werden konnte. Verschiedene Patienten, welche an der einheimischen Beinkrankheit litten, waren vorhanden und eine große Anzahl von Augenkrankheiten, die aus vernachlässigter Entzündung entstanden waren. Die Zahl der auswärtigen Patienten, die nur die Arzneien bezahlen, beläuft sich durchschnittlich auf 160 täglich und ist in stetem Zunehmen, obgleich noch vier andere Hospitäler in Yezo sind und jedes mittelgroße Dorf eine Apotheke und einen japanischen Arzt hat. Diese Anzeichen von Aufklärung und Fortschritt in dem entlegenen Theile des Reichs sind nicht nur interessant sondern auch erstaunlich, wenn man erwägt, daß noch nicht sieben Jahre verlaufen sind, seit Iwakura mit seiner Mission nach Europa und Amerika ging, um die westliche Civilisation zu erforschen und ihre Vorzüge auf japanischen Boden zu verpflanzen.

Vom Krankenhause war ein natürlicher Uebergang zu dem Gefängnisse, welches ich nachher mit Herrn Eusden besuchte. Es ist ein angenehmes Gefängniß, das, in geringer Entfernung von der Stadt, inmitten großer Gärten steht, — vielleicht zu angenehm! Diese Bemerkung äußerte ich zu dem Director und zu dem Polizeihauptmann, und der Letztere erwiderte lachend, daß manche Verbrecher es sich auch in der That angelegen sein ließen, recht oft hierher zu kommen. Was mir aber hier in dem Hakodate-System als eine übertriebene Milde erschien, das billigte ich später vollkommen, nachdem ich das große Gefängniß in

Canton besucht hatte, wo eine unbegrenzte Barbarei und Grausamkeit, eine Folge unersättlicher Habsucht, über die Behandlung der Verbrecher verfügt.

Zu dem Gefängnisse gehören verschiedene gesonderte Gebäude, enthaltend gut gelüftete Schlafräume, Werkstätten, Speisesäle und eine Zelle für die widerspenstigen Verbrecher, die einem Bärenkäfig ähnlich sieht. 170 Gefangene verbüßen ihre Strafe, darunter 10 Mörder; 19 sind zu lebenslänglicher Strafarbeit verurtheilt. Frauen waren nur 4 vorhanden. Alle stehen unter der Leitung von 17 Aufsehern. Es wird ihnen bedeutende Freiheit gestattet. Die zu harter Arbeit Verurtheilten sind beim Straßenbau behülflich oder müssen Lastwagen ziehen; die leichte Arbeit besteht in Gartenbau und Beschäftigung in der Werkstatt.

Sie haben eine Gerberei und verfertigen Kunsttischlerei, Wachslichte, Seife, spirituöse und wohlriechende Flüssigkeiten, Einige beschäftigen sich auch mit Kupferstechen und Holzschnittarbeiten. Gewöhnlich ist es Jedem gestattet, bei seinem Handwerk zu verbleiben; wer, wie der Landmann, keines erlernt hat, wird im Gefängnisse angelernt. In einem Zimmer befinden sich nicht mehr als acht Gefangene beschäftigt; zu meiner Verwunderung ist es ihnen gestattet, mit einander zu sprechen. Unter den vielen Gesichtern, die ich erblickte, erschienen mir nur zwei gemein und verbrecherisch; die Mehrzahl glich ordentlichen, verständigen Handwerkern und nur 7 Procent können nicht lesen und schreiben. Sie tragen rothe Kimonos, sind aber frei von jedem körperlichen Zwange, und ich habe, außer dem Käfig für die Widerspenstigen, nichts gesehen, was einer Zelle ähnlich wäre. Den Wächtern und einander sind sie nur der Nummer nach bekannt. Von denjenigen, welche auf länger als 100 Tage verurtheilt sind, wird eine Photographie abgenommen und bewahrt. Ihre Arbeit erhalten sie stückweise bezahlt, indem die Kosten für ihren Unterhalt abgerechnet und der Ueberschuß ihnen bei ihrer Entlassung ausgehändigt wird; die Summe beläuft sich zuweilen so hoch, daß sie in Stand gesetzt sind, ein Geschäft zu eröffnen. Mit großer Sorgfalt wird die Persönlichkeit der Gefangenen verschwiegen gehalten. Ich fragte durch den Dolmetscher des Consuls, welches Verbrechen ein Mann abzubüßen hätte, der sich durch ein vornehmeres Aeußere von den übrigen unterschied und ich hielt es nicht für möglich, daß diese Frage oder die Antwort von einem Gefangenen vernommen werden könne; der Polizeihauptmann ersuchte mich jedoch, mich so lange zu gedulden, bis uns die Gefährten jenes Mannes nicht hören könnten. In Verbindung mit dem Gefängnisse steht ein Blumengarten, an welchem die Gefangenen ihre Freude haben. Die einzigen Strafen scheinen in der Trennung vom Familienleben und in der Abgeschlossenheit von der Außenwelt zu bestehen; das System ist mithin äußerst milde und human; ob eine Besserung dadurch erzielt wird, weiß ich freilich nicht zu sagen.

Am Abend gingen wir zum „Bon"-Fest. Dies ist eine der großen Festlichkeiten Japans, „das Fest der Laternen." Es wurde im achten Jahrhundert von China eingeführt, und wahrscheinlich bedeutete es ursprünglich eine Befreiung der abgeschiedenen Geister aus dem buddhistischen Fegefeuer. Noch immer werden Nahrungsmittel auf den Gräbern gespendet, die Hauptzüge des Festes bestehen jedoch darin, daß es ein allgemeiner Feiertag ist, wo man reichlich Sake trinkt, Tausende von Laternen leuchten läßt und sich wie auf einem Jahrmarkt benimmt.

Wir gingen gegen neun Uhr aus und fanden die Mehrzahl der Bevölkerung von Hakodate theils auf dem großen Begräbnißplatze, theils auf den Straßen, die dahin führten. Letztere waren in Alleen von farbigen Laternen verwandelt, mit Pyramiden, Festons, Bogen, Transparenten in allen Formen und Farben, und Reihen von erleuchteten Buden, worin Spielzeug und Zuckerwerk feilgeboten wurde. Tausende von fröhlichen und anständigen Menschen drängten sich, so daß man nur immer wenige Schritte ohne Unterbrechung machen konnte, geputzte Kinder machten an allen Buden ihre Einkäufe; Trommeln, Glocken, Gongs und Saiten-Instrumente unterhielten einen mißklingenden Lärm; der Begräbnißplatz war prächtig erleuchtet und schwamm in Lichtglanz; die weißen Jonken auf dem silberglänzenden Meere waren mit bunten Laternen behangen; Alles sah schön und wundervoll aus.

In einem kleinen Buddhistentempel mit einem Sintospiegel kniete ein reich gekleideter Priester vor einem erleuchteten Altar, von dem sanften Licht zahlloser Lampen umflossen. Seine langen Litaneien sprach er unter der Begleitung einer ungeheueren

Trommel und er selber entlockte einer erzenen Schale einen glockenähnlichen Klang, indem er sie mit zwei Stäben abwechselnd schlug. Eine Menge Volk beobachtete ihn von außen, ohne dabei besondere Andacht zu verrathen. Am Eingange des Begräbnißplatzes standen funfzehn hölzerne Pfähle, jeder mit dem Namen eines Gottes beschrieben. In jedem Pfahle befand sich ein Rad, dessen Umdrehung so viel wie ein Gebet bedeutete. Manche Leute dreheten im Vorübergehen die sämmtlichen funfzehn Räder. An derselben Stelle war für diese Zeit ein Schrein aufgestellt, der die Menge vorzugsweise anzog. Er schimmerte von Lichtglanz und enthielt, wie es schien, zahlreiche ausgeschmückte Bilder; davor stand eine Pyramide von Lampen. Der Volkshaufe drängte sich vor diesem Schrein und auf den Stufen, welche hinauf führten, und obgleich einige höfliche Beamte uns Platz zu verschaffen suchten, wurden wir dennoch rückwärts die Treppe hinunter geschoben und waren wider Willen genöthigt, auf weiteres Vordringen zu verzichten. Als wir den zauberhaften Schauplatz verließen und nach Hause zurückkehrten, fanden wir alle Häuser mit Lampen behängt.

Morgen denke ich meine lange beabsichtigte Tour anzutreten, zu welcher ich mir den Plan unter Beirath eines erfahrenen Reisenden entworfen habe. Mit großem Vergnügen sehe ich der Reise entgegen, denn der Besuch der Ureinwohner muß viel Neues und Unterhaltendes darbieten.

XXXV.

Die Vollmacht der Regierung. — Das Frontepferd. — Mori. — Unterhaltungsspiele. — Die Dampffähre. — Gemischte Dörfer. — Ein Gespann von Wilden. — Pferdetreiben. — Ein unbeschrittener Pfad. — Eine geisterhafte Behausung. — Oede und Einsamkeit.

Einsainoma, den 17. August.

Wiederum befinde ich mich in der Wildniß. Ich sitze oben vor dem Zimmer eines Hauses, das dicht an einem einsamen

See steht; in der Ferne erblicke ich bewaldete Höhen, die beim Untergange der Sonne purpurroth schimmern. Vom nächsten Hügelabhange schleppten mehrere Männer einen Bären herunter, den sie mit Speeren erlegt haben. Es ist hier kein Dorf und durch die stille Abendluft erschallt nur das Zirpen der Grille und das Rauschen des Waldes. Die Abendröthe wechselt in Purpur und Grün; auf den bunt gefärbten Fluten schwimmen die wachsweißen Blüten der großen Wasserlilien und über den bewaldeten Höhen erglühet im röthlichen Schimmer des Sonnenunterganges der spitze, nackte Felsengipfel des Vulkans Komonotaki. Es ist nicht der geringste Reiz dieses Abends, daß ich völlig allein bin, denn ich bin von Hakodate achtzehn Meilen weit ohne Ito oder irgend einen Begleiter hierher geritten, habe mein Pferd selber abgesattelt und erhielt vermittelst höflichen Benehmens und des geschickten Gebrauchs einiger japanischer Hauptwörter ein gutes Zimmer und zum Abendbrod Reis, Eier und schwarze Bohnen für mich und eine Bohnenmaische für mein Pferd. Letzteres ist besonderer Beachtung würdig, da es dem Kaitakuschi gehört und mit Hufeisen beschlagen ist.

Ich habe die unbetretenen Pfade noch nicht verlassen, aber meine Lebensgeister werden reger bei dem schönen Wetter, der trockenen Luft und der Freiheit von Yezo. Yezo steht zu einem Bewohner der Hauptinsel von Japan in demselben Verhältniß wie Tipperary zu einem Engländer, Barra zu einem Schotten, Texas zu einem New-Yorker — es liegt im Rohen, ist wenig bekannt und dünn bevölkert. Hierher können die Leute allerhand unwahrscheinliche Geschichten verlegen, ohne zu befürchten, daß man hinter ihre Schliche komme; zu solchen Geschichten liefern die Ainos und die Ungezogenheit der Ponies den Hauptstoff und zur Ausschmückung dienen die Absonderlichkeiten der Menschen und Hunde, die Abenteuer mit Bären und Wölfen. Keiner gelangt hierher, ohne irgend einer Seltsamkeit zu begegnen und ohne einige Male mit oder von seinem Pferde zu stürzen. Von dem inneren Lande ist wenig mehr bekannt, als daß es mit Waldbäumen und Schlinggewächsen bedeckt ist, mit einem Untergrund von Bambusgesträuch, der sich nur mit der Axt durchdringen läßt, und hin und wieder mit ebenso unwegsamen Morästen, aus welchen hunderte von fischreichen Flüssen hervorgehen. Schlummernde Vulkane erblickt man auf verschiedenen Theilen der Insel. Die Wälder sind die Jagdgründe der Ainos, die in Allem völlig wild, ihrem Charakter nach aber sanft und harmlos sind, so daß man meint, ich könne mich in vollkommener Sicherheit unter sie begeben.

Daß eine Dame es zuerst unternimmt, in das Land der Ureinwohner zu reisen, hat freundliche Antheilnahme erweckt und der Consul Eusden hat es durch seine Bemühungen zu Stande gebracht, daß die Regierung mir einen „Schomon", eine Art amtlicher Verfügung, bewilligte, wonach mir das Recht zusteht, überall Pferde und Kulis zu 6 „Sen" für einen „Ri" zu erhalten; auch habe ich den ersten Anspruch, in den Häusern zu wohnen, welche den Beamten und ihren Gefolgschaften vorbehalten sind und kann überhaupt von allen Behörden Hülfe und Beistand verlangen. Der Statthalter hat auch auf telegraphischem Wege die Behörden jenseits der Vulkansbai angewiesen, mir das Dampfschiff und die Kurumas der Regierung zur Verfügung zu stellen. Durch dieses Dokument wird mein Paß überflüssig und meine Reise sehr leicht gemacht.

Hier, wo Reis und Thee eingeführt werden müssen, betragen die Unkosten in den Yadoyas überall 30 Sen für den Tag, wobei drei Mahlzeiten gerechnet sind, gleichviel ob man sie genießt oder nicht. Pferde sind reichlich vorhanden und billig, aber nur klein und nicht für schwere Lasten geeignet. Sie sind ganz unbeschuhet und obgleich ihre Hufe nur niedrig und an den Rändern aufgekippt sind, so bewegen sie sich doch mit Leichtigkeit auf rauhem Boden und legen binnen einer Stunde über vier englische Meilen zurück, wobei sie dem sogenannten Frontepferde folgen. Mago sind hier nicht gebräuchlich, sondern ein Mann reitet vorauf; wenn man aber ein solches Frontepferd erhalten kann, so geht es auch ohne Reiter. Jeden Morgen werden eine Menge Pferde von den Hügeln herunter getrieben und in den „Corrals" der Dörfer so lange aufbewahrt, bis man sie gebraucht. Da sie so wohlfeil sind, so werden sie nicht gut behandelt. Gewöhnlich ist ihr Rücken durch den Packsattel zerscheuert, denn man hält die beladenen Thiere noch zu schneller Gangart an.

Da es mir Mühe machte, ein Pferd zu bekommen, so schickte mir der Consul ein Reitpferd von der Regierung, ein hübsches aber träges Thier, das ich selten in Galopp zu setzen vermochte. Ito ließ ich mit dem Gepäck nachfolgen und genoß auf diese Weise des Vergnügens, einsam reiten und meinen Schritt selber bestimmen zu können.

Es begegneten mir Züge von Pferden, die mit Hirschfellen beladen waren, und ich überholte andere, mit Sake und Manufakturwaaren befrachtet, und jedes Mal hatte ich einen Kampf mit meinem zur Geselligkeit geneigten Thiere. In zwei Dörfern war es mir neu, zu sehen, daß die kleinen Läden Zündhölzer, baumwollene Schirme, Stiefel, Bürsten, Schuhe, Schiefertafeln und Stifte, eingerahmte Bilder, feuergefährliche Kerosene-Lampen und rothe und grüne Bettdecken enthielten; alle diese Artikel, mit Ausnahme des letzteren, welcher ohne Zweifel aus englischem Schoddy bestand, waren Nachahmungen von fremden Manufakturwaaren und mehr oder weniger geschickt angefertigt. Die Straße geht fünfzehn englische Meilen weit bergauf, zieht sich durch Nanai, ein nettes Dorf nach europäischem Zuschnitt, auf einem fruchtbaren Boden, einer der Oerter, wo die Regierung Akklimatisirungs- und landwirthschaftliche Versuche anstellt, und geht dann gerade in die Gebirge. Von dem Gipfel eines steilen Hügels erblickt man die Spitze von Hakodate, die sich wie eine Insel in der dunkelblauen See ausnimmt, und von einem noch höheren Hügel hat man eine herrliche Aussicht nordwärts auf den Vulkan mit seinem nackten, röthlich schimmernden Gipfel, der sich über drei hübsche, mit Wald umgebene Seen erhebt. Dies sind die plötzlich aufsteigenden nackten Felsgipfel, nach denen ich mich unter dem ermüdenden Grün der Hauptinsel sehnte, und die silbern schimmernden Seen, welche gleichsam die Augen im Antlitz der Natur bilden. Es war entzückend, in völliger Stille und von balsamischen Düften umflossen, nach dem Rande des Wassers hinabzusteigen, kein geräuschvolles, einförmiges, graues Dorf zu erblicken, sondern nur ein einzelnes, unregelmäßig gebautes Haus in einer reizenden Umgebung.

Der größte Theil der Straße ist äußerst unbequem; an den Seiten tiefe Spalten und in der Mitte ein Steig, erhöhet durch Aufschüttungen von Erde, die man in vielen hundert Ladungen durch Saumrosse hinaufgeschafft hat. Man hat vorausgesetzt, daß dieser Steig von Wagen benutzt werden könne, ein scheues

Pferd oder ein ungeschickter Führer würde sie jedoch umwerfen. Wie die Straße gegenwärtig ist, so ist sie nur gangbar für Packpferde, welche jetzt, wo die Brücken zerbrochen sind, in Gebrauch genommen werden. Ich kam an einer Reihe von Pferden vorüber, welche mit Reisbier beladen waren und nach dem Innenlande gingen. Das Volk von Yezo trinkt stark und die armen Ainos in lästerlicher Weise. Unterwegs stieg ich ab, um mich durch Bergsteigen zu erholen; der lose gegürtete Sattel hatte sich inzwischen verschoben, war bis unter den Bauch des Pferdes gerutscht und ich vermochte nicht, ihn wieder in die Höhe zu bringen. Bald darauf begegneten mir zwei Japanesen mit einem Zug Packpferde, die mit Hirschfellen beladen waren; sie legten nicht nur den Sattel wieder zurecht, sondern hielten mir auch den Steigbügel beim Aufsteigen und verbeugten sich höflich, als ich weiter ritt. Wer könnte ein so höfliches und freundliches Volk nicht lieb gewinnen!

Mori, an der Vulkanbai.

Selbst Ginsainoma ist kein Paradies, nachdem es dunkel geworden ist, und ich wurde durch die Moskitos frühzeitig zu Bette getrieben. Ito ist auf dieser Tour in vortrefflicher Laune und liebt, wie ich, die Freiheit des Seebezirks. Er benimmt sich auch sehr höflich und angenehm, richtet Alles nach meinem Behagen ein und ist sehr stolz auf die Vollmacht der Regierung, womit er sich in den Gasthäusern und auf den Transport-Aemtern breit macht. Der vorgestrige Tag war düster und leblos und ein sieben Meilen weiter Ritt auf sandigem Wege durch einförmige Wälder und Sümpfe, auf einer Seite den Vulkan, auf der anderen bewaldete Hügel, war langweilig und ermüdend. Dörfer giebt es nicht, sondern nur einige ärmliche Theehäuser und auf der anderen Seite der Straße lange Schuppen, worunter Tröge mit Pferdefutter stehen. Hier geht Niemand zu Fuße und die Männer reiten schnell; sie sitzen dabei oben auf dem Packsattel und halten die Beine gekreuzt auf dem Hals der Pferde; ihr Kopf ist mit einem großen Hute bedeckt. Auf hundert Pferde ist eines zu rechnen, das mit dem Koller behaftet ist, und die Thiere sind zuweilen dermaßen gereizt, daß sie plötzlich zu Boden stürzen und Reiter und Last abwerfen. Ich sah einen solchen

Vorfall zwei Mal. Oft überträgt sich der Koller sogar auf den Reiter.

Mori ist ein großes verfallenes Dorf, nahe am südlichen Ende der Vulkanbai, ein wilder, traurig aussehender Ort auf sandigem Strande, mit vielen übel berüchtigten Lokalen und Personen. Einige Yadoyas sind nicht anständig, die meinige gefällt mir jedoch und gewährt mir eine hübsche Aussicht auf den Vulkan, der an einem Punkte der Bucht liegt. Das Dorf ist kein Ankerplatz, wenngleich es einen unvollendeten Steindamm von 345 Fuß Länge hat. Hier ist die Dampffähre, welche über die Mündung der Bucht führt, ein hundert englische Meilen langer, unbequemer Reitweg umgiebt die Bai und eine Landstraße führt in das Innere. Aber der Ort ist vereinsamt und verfallen. Gestern Abend ging es sehr lärmend in dem Wirthshause her, denn einige Reisende, die neben mir wohnten, hatten Gauklerinnen gemiethet, welche bis um zwei Uhr morgens spielten und sangen und die ganze Gesellschaft sprach dem Reisbiere wacker zu. Unter diesem schon nördlichen Breitengrade schwindet der Sommer bereits. Die Blüten, welche bei meiner Ankunft in voller Pracht prangten, haben schon reife Samen und eine gelbe Färbung auf einer Hügelseite oder ein röthlicher Anflug der Anhornblätter verrathen hin und wieder die Annäherung des herrlichen kühlen Herbstes.

Die Reisenden in dem angrenzenden Zimmer unterhielten sich jeden Tag mit einem Spiele, welches ich überall in Japan sah, wo irgend Leute die Zeit tödten wollten. Dieses beliebte Erholungsmittel heißt „Go" und besteht aus 180 weißen Steinen, die aus Muschelschalen geschnitzt sind, und 181 schwarzen Kieseln. Das Brett ist in 361 Felder getheilt und es kommt beim Spiele darauf an, sich auf einen gewissen Raum zu beschränken und den Gegner zu hindern, dasselbe zu thuen. Der Tisch, worauf das Brett gelegt wird, heißt „Go-ban" und hat unten eine viereckige Höhlung, woran sich eine schreckliche Sage knüpft: wenn nämlich eine dritte Person sich in das Spiel mischt oder einem der Spieler seinen Rath ertheilt, so soll ihm, dem alten Spielgesetz gemäß, das Haupt abgeschlagen und in jene Höhlung gelegt werden, die deshalb auch den abschreckenden Namen „Blutsammler" führt. Diese Leute spielen „Go" von sieben Uhr morgens bis um elf Uhr in der Nacht. Das japanische Schachspiel, „Schogi“ geheißen, fand ich nicht so allgemein verbreitet wie das „Go“.

Yubets, auf Yezo.

Der laute Ruf: „das Dampfboot!“ und der Zusatz: man könne nicht eine Minute warten, störte das Gospiel und alles Andere und in glühender Sonnenhitze eilten wir den Steindamm hinunter und wurden mit einem Haufen Japanesen an Bord eines Dampfschiffes gebracht, das nicht geräumiger war, als ein großes verdecktes Boot. Die Eingeborenen wurden in eine Höhle unter Dach gepackt und mich führte man sehr höflich auf das Vorderkastell nach einem abgeschlossenen Platze von 25 Fuß im Quadrat, der zum Theil mit Tauknäulen angefüllt war; hier überließ man mich einer würdevollen Einsamkeit und den forschenden Augen von vier Personen, welche unaufhörlich durch die Fenster lugten. Der Dampfer hatte drüben zwei Tage lang auf mich gewartet, zum großen Mißvergnügen zweier Fremder, die nach Hakodate zurückkehren wollten, und zu meinem eigenen Verdruß.

Es war ein köstlicher Tag; der Schaum kräuselte sich auf dem wundervoll blauen Wasser, und im Sonnenlicht glühete die rothe Asche des Vulkans, der den südlichen Punkt der Bucht bildet. Dieser elende Dampfer, dessen Kessel so oft „krank“ sind, daß er sich gar nicht wieder erholen kann, ist das einzige Mittel, um die neue Hauptstadt zu erreichen, wenn man nicht einen sehr unbequemen Umweg einschlagen will. Es würde ein nützlicher Kostenaufwand sein, wenn man den Damm vollenden und ein taugliches Dampfschiff zur Ueberfahrt herstellen wollte.

Es wehete eine starke, uns günstige Brise, trotzdem brauchten wir sechs langweilige Stunden, um fünf und zwanzig englische Meilen zurücklegen und erst um acht Uhr abends erreichten wir die Mororan-Bucht, die fast gänzlich vom Lande eingeschlossen und von waldigen steilen Hügeln begrenzt ist; dicht am Ufer ist das Wasser tief genug für die fremden Kriegsschiffe, welche sich, zum Nachtheile der Stadt, hier zuweilen vor Anker legen. Wir wurden in überfüllten „Sampans“ ausgeschifft und mehrere Leute fielen, zu ihrem eigenen Vergnügen, in das Wasser. Die Diener der verschiedenen Wirthshäuser kommen mit großen

Papierlaternen herab, um Gäste zu gewinnen und die vielen buntfarbigen, durch einander schwebenden Lampenlichter gewährten einen fast ebenso zauberischen Anblick wie der Abglanz der Sterne in dem regungslosen Gewässer. Mororan ist eine kleine Stadt, höchst malerisch an dem steilen Ufer einer lieblichen Bucht gelegen; darüber erhebt sich noch eine andere reich bewaldete Höhe, zu welcher steinerne Treppen nach den dort befindlichen heiligen Stätten hinauf führen. Hinter diesem Hügel liegt das erste Aino-Dorf an der Küste.

Die lange unregelmäßige Straße ist ziemlich malerisch; ich wurde jedoch betroffen durch den ungewohnten Anblick von Herumtreibern und von dem wüsten Aeußeren des Ortes selber, hervorgebracht durch eine Anzahl liederlicher Lokale und Wirthshäuser, welche dem Gesindel als Zufluchtsstätten dienen. Ich konnte nur ein sehr kleines Zimmer in einer ärmlichen und schmutzigen Schenke erhalten, wo jedoch keine Moskitos waren und ich ein gutes Gericht Fisch verzehrte. Der Statthalter schickte mir frühzeitig seine Karte und ließ fragen, ob ich irgend etwas sehen oder unternehmen wollte; da jedoch der Morgen düster und unfreundlich aussah, so wollte ich weiter reisen und bald nach neun Uhr stieg ich in den Kuruma, der vor der Thüre eines Wirthshauses hielt. Dieser Kuruma ist hier der einzige und wird von der Regierung gehalten, um Kranke nach dem Hospital zu bringen. Ich saß sehr unbequem aber geduldig eine halbe Stunde lang und unterhielt mich nur damit, zu beobachten, wie Ito mit einem sehr hübschen Mädchen sponsirte. Es versammelten sich viele Müßiggänger, aber Keiner kam, um den Wagen zu ziehen, bis endlich die traurige Wahrheit offenbar wurde, daß die drei Kulis, welche angestellt waren, sich davon gemacht hatten und vier Polizisten nach ihnen suchten. Ich ging nun auf einem geschlängelten Pfade den steilen Hügel hinter der Stadt hinauf und traf einen angenehmen jungen Japanesen, welcher englisch sprach und Mororan für den schlechtesten Ort auf Yezo erklärte. Nachdem ich mich noch zwei Stunden über den Zeitverlust geärgert hatte, erschien Ito mit den Pferden und stammelte wüthend: „Nichtswürdigere Kulis giebt es in ganz Japan nicht; die ersten sind weggelaufen, nachdem sie bezahlt worden waren; dann sind noch zwei durchgebrannt, und die drei, welche jetzt kommen, haben sich für vier bezahlen lassen. Der Transport-Beamte sagte, er müßte sich vor der fremden Dame schämen und der Statthalter ist vollends in Wuth."

Außer dem Zeitverlust war für mich nichts Aergerliches an der Sache; als jedoch die drei Läufer mit dem Kuruma ankamen, erschienen sie mir äußerst schurkenhaft in ihrer schäbigen Kleidung. Ich gab deshalb Ito mein Geld in Verwahrung, als ich ihn wegen des Relais zwölf Meilen weit vorausschicken mußte. Obgleich es ihrer drei, statt der üblichen zwei waren, kamen sie doch nicht aus dem Spazierschritt, zogen den Wagen, wahrscheinlich absichtlich, über jeden Stein und in jede Furche und unterhielten dabei ein wüstes Geschrei, als ob sie Steine zu karren hätten. Sie haben keine Aehnlichkeit mit den Kuruma-Läufern von Hakodate, verstehen ihre Arbeit nicht und vollführen sie mit Unlust.

Von dem Gipfel der Höhe gesehen, erscheint die Mororan-Bai wahrhaft schön. Die Küstenlandschaften von Japan sind im Allgemeinen die herrlichsten, die ich je gesehen habe, mit Ausnahme eines Theils von Hawaii, und diese hier steht keiner anderen an Schönheit nach. Die unregelmäßige graue Stadt, darüber auf der Höhe ein alter Tempel, zieht sich auf waldigen, steilen Terrassen um die Bucht herum; dicht bewaldete Hügel, völlig mit breitblättrigen Schlingpflanzen bedeckt, senken sich jäh nach dem Ufer hinab; die Gehänge des wilden Weins spiegeln sich in den Fluten; und über dem dunklen Wald und jenseits des blinkenden Meeres erhebt sich der rothe spitzige Gipfel des Vulkans. Dann fällt die Straße steil auf sandige Schwellungen herab, die sich hin und wieder zu Klippen erhöhen; und dann sah ich zum ersten Male eine wogende Meeresfläche, die sich vom Ufer aus Tausende von Meilen weit in die Ferne erstreckt. Durchblicke nach dem stillen Ocean, ein unbebautes und unbewohntes ebenes Sumpfland, eine entfernte Hügelreihe, zum Theil bewaldet, — dies waren die wechselnden Landschaftsbilder, bis ich Horobets erreichte, ein Dorf auf sandigem Boden in der Nähe des Meeres, mit einer gemischten Einwohnerschaft von Ainos und Japanesen.

In diesen gemischten Dörfern sind die Ainos gezwungen, in einer ehrerbietigen Entfernung von den Japanesen zu leben, die sie häufig an Zahl übertreffen; in Horobets zum Beispiel sind sieben und vierzig Aino- und nur achtzehn japanische Häuser. Die Ainodörfer sehen größer aus als sie in Wirklichkeit sind, weil fast jedes Haus eine „Kura" hat, die mittelst hölzerner Stelzen sechs Fuchs über den Boden erhöhet ist. Die Häuser gleichen eher den polynesischen als den japanischen, da sie aus Rohr bestehen, das sehr sauber auf ein hölzernes Zimmerwerk befestigt ist. Sie haben kleine Fenster und sehr hohe Dächer

Lagerhaus in Horobets.

mit spitzem Giebel. Das Strohdach besteht aus sauber neben einander gelegten Schichten und die Balken der Firste sind mit Rohr bedeckt und verziert. Die Ainos an der Küste leben fast alle von Fischfang, in dieser Jahreszeit gehen jedoch die Männer in die Wälder, um Hirsche zu jagen. An dieser Küste sind viele Namen mit der Endsilbe „bets" oder „pets" zusammengesetzt, die so viel wie „Fluß" bedeutet, wie Horobets, Yubets, Monebets u. a.

Der Transport-Agent hatte sich anfänglich geweigert, Kuruma-Läufer anzuschaffen, bis Ito meinen Schomon aufwies. Ich konnte nun meine Reise fortsetzen, während Ito nach Schiraoi vorauf ritt, um mein Zimmer zu bestellen. Die drei Ainos, welche den Kuruma auf der ganzen Station zogen, ohne anzuhalten, nahmen einen Knaben und drei gesattelte Pferde zur Rückkehr mit; sie ritten und zogen abwechselnd; zwei jüngere zogen stets zwischen den Scheerbäumen, während ein älterer Mann von hinten stieß. Sie zeigten sich sehr freundlich und so höflich, in einer neuen Art, daß ich nicht gewahr wurde, mitten unter Wilden allein zu sein. Die Bursche waren jung und

Aino-Wohnungen.

bartlos, hatten dicke Lippen und einen großen Mund, und mir kam es vor, als ob sie sich am meisten dem Eskimo-Typus näherten. Auf beiden Seiten des Gesichts fiel das weiche schwarze Haar in reicher Fülle herab. Der erwachsene Mann war kein reiner Aino. Sein dunkles Haar war nicht dick und hatte, wie auch der Bart, einen bräunlichen Schimmer. Niemals sah ich ein Antlitz von solcher vollkommenen Schönheit der Züge und des Ausdrucks, mit solchem erhabenen, sanften und klugen Blick. Seine Manieren waren höchst anmuthig und er sprach sowohl die Ainosprache wie das Japanische in dem tiefen musikalischen Tone, welcher der Mundart der Urbewohner eigenthümlich ist. Diese Ainos legten niemals ihre Röcke ab, sondern ließen sie nur von einer oder beiden Schultern herabfallen, wenn es sehr warm war.

Der Weg von Horobets nach Schiraoi ist einsam, und man trifft auf der ganzen Straße nur vier oder fünf Häuser an. Er ist breit und gerade, ausgenommen da, wo er sich einen Hügel hinauf zieht oder in das innere Land abbiegt, und geht durch eine breite sumpfige Ebene, die mit hohen wilden Pflanzen bewachsen ist. Diese Ebene erstreckt sich von dem hohen Gestade, welches das Meer aufgeworfen hat, zwei Meilen weit landein bis zu einer hohen bewaldeten Felsenwand, hinter welcher das mit Wald bedeckte Gebirge des inneren Landes beginnt. Auf dem Gipfel des erhöhten Gestades befinden sich Aino-Dörfer und gelegentlich verbreitet sich über die Ebene ein fast erstickender Gestank aus den Schuppen, in welchen der Fischthran bereitet wird. Ich erfreute mich des schönen Nachmittags, froh, die Grenzen eines stereotypen Kulturlebens und die Beschwerden einer japanischen Reise hinter mir zu haben und mich in der Einsamkeit der Natur und in der Atmosphäre der Freiheit bewegen zu können. Es lag Alles im Dämmerlicht: am Horizonte der dunkle Streifen des Meeres, über der wüsten Ebene der graue Pfad mit den grauen Telegraphenstangen, der sich einförmig in die Ferne erstreckte. Die Brise wehete von der See herüber, raschelte in den Rohrsträuchern und wiegte die schlanken Federbüschel der Eulalia; vom stillen Ocean her drang ein tiefes donnerähnliches Getöse durch die Luft. Mein Geist erholte sich in dieser Einsamkeit, die mit Poesie und Musik erfüllt war.

Aufwärts zog sich der Weg und dann einen steilen Hügel hinab und dann wieder in ein Strauchwerk. Die Männer machten am Rande eines Abhangs Halt, der auf das steinige Ufer eines schäumenden Flusses hinabführte. Das Wasser dieses schönen Stromes war klar und blaugrün, roch aber nach Schwefel, den es wahrscheinlich aus einer oben gelegenen Mineralquelle aufgenommen hatte. Ueber den Fluß führten zwei runde Balken, die einen Fuß breit aus einander lagen. Ich versuchte, an der Hand des Aino hinüberzugehen; die Balken lagen jedoch nicht fest und ich bezweifle, daß irgend Jemand in Stiefeln hinüber gelangen könne. Der schöne Aino winkte mir, zurückzukommen und mich auf seine Schultern zu setzen; kaum war er jedoch einige Schritte weit gelangt, als die Balken derartig schwankten und zitterten, daß er genöthigt war, vorsichtig umzukehren, wobei ich genugsam an Angst und Schwindel zu leiden hatte. Dann trug er mich durch das brausende Wasser, das ihm bis an die Schultern reichte, eine Strecke weit durch ein morastiges Gebüsch und dann das steile Ufer hinauf. Zuletzt bemüheten sich die vier Männer, mit der größten Geschicklichkeit den Kuruma auf ihren Schultern über das Wasser zu tragen, wobei sie sich höchst besorgt zeigten, daß er benetzt werden könnte.

Als es dunkelte, erreichten wir Schiraoi, ein Dorf mit elf japanischen und ein und funfzig Aino-Häusern, nahe an der See gelegen. Es ist dort eine große Yodoya nach alter Art; Ito hatte jedoch eine hübschere neue gewählt. Als ich ankam, verkündete er mir die frohe Botschaft, daß ein Stück frischen Lachses über den Kohlen briete, und da das Zimmer rein und angenehm war und ich großen Hunger verspürte, so ließ ich mir die Mahlzeit beim Lichte einer Fischthranlampe ebenso gut behagen wie jeden anderen Genuß dieses Tages.

Sarufuto.

Die Nacht war zu kalt, um zu schlafen. Als ich bei Tagesanbruch großen Lärm hörte, blickte ich hinaus und sah etwa hundert Pferde die Straße entlang galoppiren, hinter ihnen her zwei berittene Ainos und eine Anzahl großer Hunde. Hunderte von Pferden leben fast wild auf den Hügeln und wenn die Ainos eine Menge davon zusammengebracht haben, so treiben sie dieselben geschickt in den Corral, wo die besten für den täglichen Gebrauch ausgewählt, und die übrigen, das heißt diejenigen, deren Rücken schon am schlimmsten durchscheuert ist, wieder losgelassen werden. Dieses Getrappel von den unbeschuheten Pferden ist der erste Lärm, den man des Morgens in den Yezo-Dörfern vernimmt.

Ich schickte Ito frühzeitig voraus und folgte mit drei Ainos nach. Dreizehn englische Meilen weit geht der Weg vollkommen eben über Sandflächen und Sümpfe, ziemlich einförmig aber doch nicht ohne besonderen Reiz. Man erblickte morastige Seen mit wilden Enten und weißen Wasserlilien; die Flächen umher waren mit Rohrgras, Blumen und Unkraut bedeckt. Der frühe Herbst hat viele Blumen welk gemacht; es bleiben aber noch genug, um zu zeigen, wie schön die jetzt gebräunten Gefilde im Sommer gewesen sein müssen. Eine Zwergrose von dunkler karmoisin Farbe, mit orangefarbenen, mispelförmigen Früchten und Blumenkronen von drei Zoll im Durchmesser, gehört zu den charakteristischen Produkten von Yezo; außerdem eine große rosenrothe Winde, eine blaue Glockenblume mit reihenweise stehenden Glöckchen, der japanische Eisenhut, die prunkende Calystegia soldanella, purpurrothe Astern, Parnassus-Gras, gelbe Lilien und eine kriechende Pflanze, deren zart geformte Blätter gar nicht in die grobe Umgebung zu gehören scheinen, mit rothbrauner, glockenförmiger Blüte, besonders merkwürg durch den Stand des Stengels, die grünen Staubfäden und einen ekelhaften faulen Geruch, durch den wahrscheinlich eine widerwärtig aussehende Fliege angezogen wird, die den Beruf hat, die Befruchtung zu verbreiten.

Wir holten vier junge und hübsche Ainofrauen ein, die auf ihren nackten Füßen wacker einher schritten. Nachdem sie eine Zeit lang mit den Männern gescherzt hatten, hielten sie sich zum Kuruma und unter Geschrei und Gelächter liefen alle sieben eine halbe Meile weit um die Wette. Bald darauf erreichten wir ein kleines Theehaus und die Ainos zeigten mir das Strohbündel und deuteten zugleich auf ihren geöffneten Mund, um mir verständlich zu machen, daß sie anzuhalten und zu essen wünschten. Später überholten wir vier berittene Japanesen, mit denen die Ainos eine beträchtliche Strecke weit um die Wette liefen — durch diesen Wettlauf gelangte ich schon zur Mittagsstunde nach Tomakomai, einem erbärmlichen Ort, wo die Dächer der Häuser mit Rasen gedeckt und reichlich mit Unkraut bewachsen sind. Nahebei ist der Vulkan Tarumai, ein grauer Kegel, dessen Fuß mit vielen Tausenden todter Bäume umgeben ist. So grau und ruhig sah er seit vielen Jahren aus, daß das Volk meinte, er sei zu endloser Ruhe gelangt, als er jüngst, an einem schwülen Tage, seine Kappe abwarf und das ganze Land meilenweit mit brennenden Kohlen und Asche bedeckte und die Wälder auf seinen Seiten niederbrannte; die Asche fiel auf die Dächer von Tomakomai nieder und funfzig Meilen weit bis zum Cap Erimo.

An dieser Stelle wendet sich die Straße und die Telegraphendrähte landeinwärts nach Satsuporo und nur ein Reitweg zieht sich nach Nordosten und windet sich etwa sieben hundert englische Meilen lang um die Insel. Zwischen Mororan und Sarufuto erblickt man überall Spuren von alter und neuer vulkanischer Thätigkeit, Bimsstein, Tuff, Conglomerate und hin und wieder Lagerungen von hartem Basalt, ganz mit frischem Bimsstein bedeckt, der von Schiraoi ostwärts alle Gegenstände überzogen hat.

In Tomakomai nahmen wir Pferde, und da ich meinen eigenen Sattel hatte, so wurde mir in Japan zum ersten Male das Vergnügen zutheil, zu einem annähernd regelrechten Ritt zu gelangen. Ich traf hier die Frau eines Arztes aus Satsuporo, die auf einer weiten Reise begriffen war, wobei sie rittlings auf dem Packsattel saß und sich verschleißter Taue statt Steigbügel bediente. Sie ritt gut, schwang sich behende in meinen Sattel und führte einige Reiterstücke mit der Geschicklichkeit einer Kunstreiterin aus, indem sie versicherte, sie würde sich glücklich fühlen, wenn sie einen solchen Sattel besäße.

Ich war froh, nach Satsuporo aufzubrechen und die betretenen Pfade zu verlassen. Vor mir sah ich, in weite Ferne ausgedehnt, unstete, sandige „Machirs", wie man sie auf den äußeren Hebriden findet, wüstenähnlich und öde, fast gänzlich mit Zwergrosen und Glockenblumen bedeckt, ein Steppenland, auf welchem man einen beliebigen Weg einschlagen kann. Ich schickte die Anderen voraus, folgte ihnen im „Yezo-Schritt", wagte aber bald einen anhaltenden Galopp auf dem elastischen Boden. Dabei hatte ich jedoch die absonderlichen Eigenschaften der Yezo-Pferde nicht in Betracht gezogen und mich nicht darum bekümmert, ob das meinige ein „Frontepferd" sei. Als wir in voller Eile waren, erreichten wir die Anderen und mein Pferd machte so plötzlich Halt, daß ich über seinen Hals hinüber flog. Als Ito sich umschauete, sah er nur, wie ich den Sattelgurt wieder befestigte und ich habe ihm auch meinen Unfall nicht erzählt.

Nachdem wir acht englische Meilen an diesem lustigen Belt entlang geritten waren, zur einen Seite das Meer, zur anderen die Wälder, kamen wir nach Yubets, einem Orte, der mich so fesselte, daß ich beabsichtige, wieder zu ihm zurückzukehren; ich muß jedoch gestehen, daß seine Reize mehr in seinen Mängeln als in seinen Eigenschaften bestanden, und Ito meinte, er müßte sterben, wenn er hier zwei Tage verweilen sollte. Der Ort sieht aus wie das Ende aller Dinge und als ob Öde und Verlassenheit nicht weiter gehen könnten. Auf drei Seiten eine Sandstrecke; ein Fluß, der auf seinem Wege zum Meere aufgehalten und durch die Höhe des vom Meere aufgeworfenen Gestades gezwungen wurde, sich langsam hinzuschleppen, um einen Abfluß zu suchen; ein ferner Waldgürtel, der sich in formlose, blau und grau schimmernde bewaldete Höhenzüge verliert; das weite Meer, das zwar jetzt außerhalb des Gesichtskreises liegt, aber doch in der Vorstellung verbleibt, — dies sind die Umgebungen, die man von zwei hohen Aussichtspunkten wahrnimmt; außerdem einige Schuppen, wo Fischthran gesotten wird, vier oder fünf japanische Häuser, vier Ainohütten auf dem Gipfel des Gestades, das sich über den Fluß wegzieht, und eine graue Baracke mit einem achtzehn Fuß langen Flur, auf dessen jeder Seite sich kleine Zimmer befinden; an einem Ende ein mit Kies bedeckter Hof, nach welchem zwei Zimmer hinaus liegen, an dem anderen Ende eine ungeheuer große Küche mit dunklen Winkeln und geschwärztem Balkon — ein verwunschener Aufenthaltsort. Man sollte meinen, es hätte eine besondere Absicht vorgelegen, die Häuser so weit aus einander zu bauen. So wenige vorhanden sind, so sind sie doch in dieser Jahreszeit nicht alle bewohnt und man sieht nur grauen Sand, spärliches Gras und einige Wilde, die umher kriechen.

Ein Fischerdorf macht stets einen geisterhaften Eindruck auf mich. In der langen grauen Mauer der langen grauen Baracke waren viele elende Fenster. Als wir Aufnahme begehrten, erschien an einem Fenster ein dummes Gesicht und verschwand dann wieder. Dann wurde ein Thorweg geöffnet und wir ritten in den Hof. Dreißig oder vierzig Zimmer, die zwischen dem Hofe und der Küche lagen, waren völlig öde und verlassen und nur mit Netzen und Fischerwerkzeug gefüllt. Der Wind fegte durch den langen Flurgang, rasselte durch die Wandschirme und warf die Schindeln von dem Dach; die Ratten jagten sich von einem Ende zum anderen. Ich begab mich nach der großen schwarzen Küche, um eine Spur von geselligem Leben aufzusuchen, fand aber nur ein wenig glühende Asche, eine Papierlampe, einen dumm aussehenden Menschen, der sein Geschick zu betrauern schien, und zwei verlassene Knaben. In der Jahreszeit, wo der Fischfang stattfindet, beherbergt die Baracke 200 bis 300 Menschen.

Ich ging über den langweiligen Fluß nach dem Meeresgestade und fand dort offen stehende, geschwärzte Schuppen, verlassene Rohrhütten und lange Speicher voll stinkender Kessel, in welchen der Thran aus den vorjährigen Fischen gekocht worden war. Einige Ainos, in Felle gekleidet, streiften wie Geister über die Sandbänke; außerdem sah ich nur zwei oder drei Hütten, eine Anzahl Wolfshunde, einige lange Böte, das Gerippe von einer gescheiterten Jonke, eine Menge verblichenen Treibholzes, eine dunkelgraue Sandbank und eine dunkelgraue Meeresstrecke unter einem düsteren windigen Himmel. An diesem Theile der Küste läßt der stille Ocean seine Wuth aus und hat eine hohe Anhäufung von Sand aufgeworfen. Wenn man seewärts von derselben hinabsteigt, so erblickt man nichts als Meer und Himmel und einen grauen Strandbogen, meilenweit bedeckt mit seltsam geformtem, verblichenem Treibholz und Trümmern von Waldbäumen, welche die Flüsse herunter geschwemmt und Wochen, Monate lang umher geschleudert haben, bis die unermüdlichen Wogen sie auf das Yubets-Gestade warfen, wo sie ihre Ruhe, eine schreckliche Ruhe fanden.

Das dumpfe Getöse der Brandung war Musik, und das seltsame Geschrei der Seevögel und der heisere Ruf der kecken schwarzen Krähen war harmonisch, denn die Natur, wo sie sich selber überlassen ist, erzeugt keine Mißklänge, weder in Tönen noch in Farben.

XXXVI.

Harmonien der Natur. — Der Wald. — Eine mißlungene Expedition. — Ein Waldpfad. — Gastfreundschaftliche Aufnahme. — Eine Sitzung mit den Wilden. — Trankopfer. — Das Weib des Häuptlings.

Aino-Hütte in Biratori, den 23. August.

Nein, die Natur hat keine Mißklänge. Am Morgen schimmerte das vollkommen ruhige Wasser in diamantenen Funken, begrenzt von einer schmalen Brandung, welche sich schäumend an dem Gestade brach. Die dunkle Bläue des Himmel wurde nur durch wenige glänzend weiße Wolken unterbrochen, deren Schatten langsam über die Ebene glitten. Im weiten Schoße der Erde sogen tausende von Blumenkronen das Sonnenlicht für ihr kurzes aber üppiges Leben; wellenförmige Höhenzüge schlummerten in tiefem, dunkelblauem Schatten; die jenseits gelegenen höheren Berge setzten sich in hellerer Färbung gegen den Grund des Himmels ab. Selbst die wenigen grauen Häuser von Yubets wurden durch einen hellblauen Anflug in Uebereinstimmung mit der Umgebung gesetzt und mir gefiel sogar das laute Gekrächze der geschwätzigen, vorlauten Krähen, denn es erklang froh und wie ein gutmüthiges Gespötte.

Vor allen Dingen hatte ich ein vortreffliches Pferd, das immer durchgehen wollte und so leicht über das blumenreiche Gras galoppirte, daß ich die siebenzehn englischen Meilen bis Sarufuto mit Leichtigkeit zurücklegte. Ein gutes Pferd, guter Boden zum Galoppiren und ein klarer Himmel — mehr braucht man nicht zu einer fröhlichen Reise. Einen Mißklang in der allgemeinen Harmonie machte nur der Anblick der Ainos, dieses harmlosen Volkes, das keinen Antrieb zum Fortschritt besitzt und in jenes weite Grab hinab sinkt, welches schon so viele besiegte und unbekannte Rassen vor ihnen aufgenommen hat.

Ein berittener Polizeimann brach gleichzeitig mit uns von Yubets auf und hielt sich den ganzen Weg bis Sarufuto an meiner Seite, aber ohne ein Wort zu sprechen. Wir kamen über mehrere breite und tiefe Flüsse, die wir zum Theil durchwateten, theils in Böten überfuhren; dann verließ der Pfad die Ebene, zog sich durch hohes Rohrgras, das dem Pferde bis an die Ohren reichte, dann einige Meilen bergauf und bergab, durch Wälder, die gänzlich aus Ailanthus glandulosus bestanden, dessen Blätter stark von der Gebirgs-Seidenraupe mitgenommen waren; den Untergrund bildete das gemeine Adler-Farnkraut. Die Lichter und Schatten dieser Gebüsche waren höchst anmuthig; lustig trabte mein Pferd die Hügel hinauf und hinunter; das Murmeln des Meeres mischte sich mit dem Sausen der Brise; zuweilen blinkte die weiße Brandung durch das grüne Laub; karmoisinrothe und blaue Libellen und Schmetterlinge flogen beständig wie glänzende Lichtstrahlen über den Weg — Alles erweckte in mir eine annähernde Erinnerung an die Küsten von Hawaii.

Wir gelangten an eine Ainohütte und einen schönen Fluß; zwei Ainos schafften die vier Personen und Pferde in einem Boote hinüber, der dritte watete im Wasser und lenkte das Fahrzeug. Sie trugen keine Kleidung; nur Einer von ihnen war behaart. Es waren stolz blickende, artige und außerordentlich höfliche Männer, die mir beim Ein- und Aussteigen behülflich waren und mir den Steigbügel hielten, als ich mich wieder zu Pferde setzte. Beim Abschiede streckten sie die Arme aus, winkten zwei Mal mit der Hand nach innen und strichen sich dann ihre langen Bärte — dies ist ihr gewöhnliches Zeichen beim Gruße.

Ein kurzer Ritt über Schieferboden brachte uns nach dem japanischen Dorfe Sarufuto, aus drei und sechszig Häusern bestehend, eine Niederlassung von Kolonisten, meistens Samurai aus der Provinz Sendai, welche dem sandigen Boden eine reiche Ernte abgewinnen. Die Gebirge, zwölf Meilen landeinwärts, sind stark mit Ainos bevölkert; einige leben in der Nähe der Dörfer und werden von den Bewohnern sehr verächtlich behandelt. Mein Zimmer liegt nach der Dorfstraße hinaus, und da es zu warm ist, um die Läden zu schließen, so stehen die Urbewohner Stunden lang und schauen in meine Wohnung.

Vor kurzem kamen Herr von Siebold und Graf Diesbach im Galopp vom Dorfe Biratori, wohin ich wollte. Der Graf sprang vom Pferde und lief auf mich zu, mit dem Rufe: Les puces! les puces! Sie brachten den Aino-Häuptling Benri mit sich, einen stolzen, aber ausschweifend aussehenden Wilden. Am Abend besuchte mich Herr von Siebold und ich beneidete ihn um seine frische, saubere Kleidung ebenso, wie er mich um mein Bettgestell und mein Moskito-Netz beneidete. Sie haben schrecklich von Flöhen, Moskitos und dem allgemeinen Ungemach zu leiden gehabt und sind sehr erschöpft. Dennoch ist Herr von Siebold der Meinung, ein Besuch bei den Gebirgs-Ainos sei einer langen Reise werth. Wie ich es erwartete, so ist ihre Entdeckungsreise gänzlich fehlgeschlagen und der Lieutenant Kreitner hat sie verlassen. Ich ersuchte Herrn von Siebold, mit Ito japanisch zu sprechen und ihm vorzustellen, wie wichtig es sei, sich freundlich und höflich gegen die Ainos zu benehmen, deren Gastfreundschaft ich in Anspruch nehmen will; Ito aber zeigte sich sehr unwillig darüber und entgegnete: „die Ainos höflich behandeln! die sind nur Hunde, keine Menschen.“ Seitdem erzählte er mir allerhand skandalöse Geschichten über sie, die er im Dorfe zusammengerafft hatte.

Wir hatten nicht nur Nahrungsmittel für Ito und mich, sondern auch Kochgeräthe mitzunehmen. Ich wurde dem Häuptling Benri vorgestellt und obgleich derselbe erst nach einigen Tagen zurückzukehren gedachte, so war er doch bereit, uns eine Botschaft mitzugeben, um uns gastliche Aufnahme zu sichern.

Jetzt bin ich nun in dem abgelegenen Ainolande angelangt, und ich glaube, daß es zu den anziehendsten Erfahrungen meiner Reise gehört, drei Tage und zwei Nächte in einer Aino-Hütte gewohnt und das tägliche Leben vollkommener Wilden gesehen und getheilt zu haben. Sie betrieben ihre gewöhnlichen Geschäfte, als ob ich gar nicht bei ihnen wäre. Der gestrige Tag war für mich voller Anstrengung und Aufregung, denn Alles war mir neu und interessant, selbst der Umstand, daß ich von Menschen, die wenige Gedanken mit mir theilten, alles Mögliche über ihre Religion und Gebräuche zu erfahren suchte, und zwar vermittelst eines Dolmetschers. Heute stand ich früh um sechs Uhr auf, um meine Notizen zu machen und schrieb fünf Stunden lang und binnen kurzem steht wieder eine neue Wilden-Sitzung in Aussicht. Dabei kommen allerhand Störungen vor. In diesem Augenblicke nimmt ein Wilder einen Becher voll Sake vom Feuer, welches sich in der Mitte des Fußbodens befindet.

Er grüßt mich, indem er seine Hände ausbreitet und sie gegen sein Gesicht schwenkt; dann taucht er eine Ruthe in den Sake und besprengt, als Trankopfer, sechs Mal das Götzenbild, das auf dem Fußboden des Zimmers steht: ein aufrechtes Stück Holz, mit Hobelspähnen befranzt. Darauf schwenkt er den Becher mehrmals gegen sich selber, macht noch andre Libationen und trinkt. Die anderen Männer und Frauen sitzen zu beiden Seiten des Feuers. Das Weib des Häuptlings kocht; die Männer schauen unthätig den Vorbereitungen zu ihrem Mahle zu; die übrigen Frauen, welche niemals müßig sind, spalten die Rinde,

Aino-Häuser.

woraus sie ihre Kleider verfertigen. Ich nehme als Gast einen erhöheten Sitz an einem Ende der Feuerstätte ein, der mit einem schwarzen Bärenfell bedeckt ist.

Ito ist sehr gierig und selbstsüchtig und beklagt sich dabei, nach Biratori zu kommen, als ob er gepfählt werden sollte. Er hat sich zu seinem eigenen Gebrauch eine Schlafmatte und „Futons“ geliehen und während ich mich selber mit kaltem Geflügel und Kartoffeln begnügte, verschaffte er sich ein Huhn, Zwiebeln, Kartoffeln, französische Bohnen, japanische Tunke, Thee, Reis, einen Kessel, eine Bratpfanne und eine Reisschüssel.

Wir nahmen drei Pferde und einen berittenen Aino als Führer und fanden einen gangbaren Pfad für die ganze Reise. Derselbe führt gleich beim Ausgange von Sarufuto in einen Wald und ist an den Seiten mit Rohrgras bewachsen, das einem Reiter bis über den Hut reicht; da er wenig über einen Fuß breit und überwachsen war, so mußten die Pferde beständig durch die vom Nachtregen durchnäßten Blätter schreiten und ich war bald naß bis an die Schultern. Die Bäume des Waldes bestehen fast ausschließlich aus Ailanthus glandulosus und

Aino-Familie.

Zelkowa keaki, die häufig durch eine weißblühende Kletterpflanze, eine Art Hortensie, unter einander verbunden sind. Das Unterholz ist ganz abscheulich und besteht nur aus grobem Rohrgras, Knöterich, verschiedenen Doldengewächsen und einem Unkraut, das, wie all dieses unnütze Zeug, eine Höhe von fünf bis sechs Fuß erreicht. Der Wald ist still und dunkel, von diesem schmalen Pfade durchzogen und von anderen, die von Jägern herrühren. Der Hauptweg geht zuweilen in tiefe Sümpfe hinab, ist an manchen Stellen sehr holprig durch Knorren und Baumwurzeln und zieht sich nicht selten am Rande eines steilen Abhanges entlang. Eines der Pferde stürzte beim Hinaufsteigen und rollte mehrere Fuß weit hinab, wobei beinahe unser ganzer Theevorrath verschüttet wurde. Ein andres Mal gerieth der Packsattel des Führers aus dem Gleichgewicht; Mann, Pferd und Sattel flogen den Abhang hinunter und das Gepäck nebst Töpfen und Kannen folgten nach; endlich versank mein Pferd bis an die Brust in einen Morast und ich war genöthigt, über den Hals abzusitzen, um festen Boden zu gewinnen.

Es schwebt etwas Düsteres über diesem schweigenden Lande mit seinen weiten Wiesenflächen und Wäldern, deren untere Theile von wilden Thieren durchstreift werden, die, wenn der Schnee die Gebirge bedeckt, herabkommen, um ihre Beute aufzusuchen; ihre Spuren bilden die einzigen Pfade, welche die Wilden mit ihren nackten Füßen betraten. Wir erreichten den Sarufutogawa, einen Fluß mit verrätherischem Boden, worin Herr von Siebold mit seinem Pferde in Lebensgefahr gerathen war, und ich rief einen Ainoknaben herbei, der mich in einem rohen Kahn über den Strom setzte; dann kamen wir durch Biroka, Saruba und Mina, von Ainos bewohnte Dörfer, zwischen kleinen Hirsebeeten, Tabak- und Kürbisfeldern gelegen, die derartig mit Unkraut überwachsen waren, daß man die Feldfrüchte kaum wahrnehmen konnte. Ich verwunderte mich über das nette und reinliche Aeußere der Häuser; in dieser Beziehung waren die Dörfer musterhaft zu nennen. Man erblickte außerdem nur große hölzerne Tröge für die zahlreichen gelben Hunde, die nothwendig zum Leben der Ainos gehören; nirgends sah man Streuhaufen oder schmutziges Wasser; sauber und in gutem Zustande standen alle Häuser auf dem sandigen Boden.

Biratori, die größte Aino-Niederlassung in dieser Gegend, liegt sehr hübsch zwischen Wäldern und Bergen auf einem erhöhten Boden, um dessen Fuß sich ein Fluß schlängelt; darüber erhebt sich eine waldige Höhe. Als wir an den Häusern vorüber gingen, erhoben die gelben Hunde ihr Gebell, die Frauen lächelten schüchtern und die Männer begrüßten uns ehrerbietig. Wir machten an dem Hause des Häuptlings Halt, wo wir natürlicher Weise unerwartete Gäste waren; sein Neffe Schinondi und zwei andere Männer kamen jedoch heraus, grüßten uns und waren Ito mit der größten Gastfreundschaft behülflich, die Pferde abzuladen. Ihre Bereitwilligkeit rief sogar eine große Aufregung hervor und Alle liefen ängstlich durch einander, um die Fremde willkommen zu heißen. Das Haus ist groß und man betritt es durch ein Vorzimmer, worin Hirsemühlen und andere Geräthschaften aufbewahrt werden. Der Thorweg war im Innern sehr dunkel und Schinondi nahm mich bei der Hand, zog den Vorhang aus Rohrgeflecht bei Seite und führte mich in das eigentliche Haus. Hier trat er einen Schritt zurück, breitete seine Arme aus, schwenkte die Hände drei Mal nach innen, strich mehrmals seinen Bart und deutete dann durch eine Handbewegung und ein freundliches Lächeln an, daß ich sein Haus und Alles, was darinnen war, als das meinige ansehen könne. Eine alte Frau, des Häuptlings Mutter, welche am Feuer Borke spaltete, schwenkte ebenfalls die Hände. Sie war die regierende Königin im Hause.

Indem Schinondi abermals meine Hand ergriff, geleitete er mich zu dem Ehrenplatze am Feuer, einem roh gearbeiteten, beweglichen Gestell, worauf er zur Zierde eine Matte legte und sich zugleich entschuldigte, daß er für den Augenblick kein Bärenfell zur Hand hätte. Durch mehrere bereitwillige Hände wurde mein Gepäck schnell herein gebracht; über die grobe Matte, welche den ganzen Fußboden bedeckte, breitete man einige lange Strohteppiche, und als sie Ito meine Bettstelle aufschlagen sahen, verhängten sie die rohe Wand mit einer hübschen Matte und befestigten eine andere an den Balken der Decke, um einen Baldachin herzustellen. Es war reizend, diese Menschen zu sehen, wie sie in ihrer eifrigen Gastfreundschaft hin und her liefen, um mir Alles recht angenehm zu machen, wenngleich eine eigentliche Bequemlichkeit sich in einer Ainohütte nicht vorstellen läßt. Die Frauen thaten, was die Männer anordneten.

Man bot mir sogleich zu essen an, ich sagte ihnen jedoch, daß ich mir Nahrungsmittel mitbrächte und nur bäte, sie am Feuer kochen zu dürfen. Tassen hätte ich nicht mitzuführen brauchen, denn sie besaßen viele lackirte Schalen, und Schinondi brachte mir auf einem lackirten Brettchen eine Schüssel Wasser aus einem ihrer vier Brunnen. Der Häuptling Benri, sagte sie, würde erfreuet sein, wenn ich sein Haus für die Zeit meines

Aufenthaltes als mein eigenes betrachten wollte und ich möchte in allen Dingen nachsichtig sein, wo ihre Sitten von den meinigen abwichen. Schimoni und vier Andere aus dem Dorfe sprachen ziemlich gut japanisch, wodurch eine Mittheilung möglich wurde. Ito benahm sich als Dolmetscher sehr wacker und ging gutmüthig und verständig auf meine Wünsche ein; wenngleich er sich damals unwillig zeigte, als Herr von Siebold ihm Höflichkeit anempfahl, so befleißigte er sich derselben doch thatsächlich und bemerkte dabei, die Gebirgs-Ainos seien doch besser, als er erwartet habe; „freilich," fügte er hinzu, „haben sie ihre Höflichkeit von den Japanesen gelernt."

Hirsemörser und Stößel.

Man hat hier niemals eine fremde Frau und nur drei fremde Männer gesehen, dennoch umdrängt und begafft man mich nicht wie bei den Japanesen; doch mag dies theilweise Stumpfsinn und Mangel an Intelligenz zuzuschreiben sein. Drei Tage lang sind sie ihrer anmuthigen und gütigen Gastfreundschaft treu geblieben, wobei sie jedpch ihre gewöhnliche Lebensweise und Beschäftigung nicht änderten, und obgleich ich bei Tage und bei Nacht das Zimmer mit ihnen theilte, so ist doch nichts vorgefallen, was den Anstand auch nur im geringsten hätte verletzen können.

Damit ich essen und ausruhen könnte, zogen sie sich Alle zurück, mit Ausnahme der Mutter des Häuptlings, eines hexenartigen alten Weibes von achtzig Jahren, in dessen Antlitz der Argwohn in jeder Furche ausgedrückt ist. Es war mir, als hätte sie den bösen Blick, wenn ich sie so lauernd dasitzen sah, immer lauernd und immer den Rindenfaden spinnend, wie eine der Parzen, immer ihr wachsames Auge auf die beiden Weiber ihres Sohnes gerichtet, oder auf andere junge Frauen, die zum Spinnen herkommen. An ihr ist nichts von der Stumpfheit und Ruhe des Alters zu verspüren, und ihre Augen glimmen in grünlichem Schimmer, sobald sie Reisbier erblickt, wovon sie eine ganze Schale voll in einem Zuge leert. Sie allein ist argwöhnisch auf die Fremden und meint, daß mein Besuch ihrem Stamme nichts Gutes bedeute; wenn ich ihre Blicke auf mich gerichtet sehe, so schaudert es mich.

Ich hielt eine gute Mahlzeit, indem ich auf meinem Stuhle saß, den ich, um mich vor den Flöhen zu schützen, auf den Ehrensitz gestellt hatte. Gegen Abend kehrte Schinondi zurück und bald darauf kamen noch Andere, bis acht beisammen waren; darunter der Unterhäuptling und mehrere würdig aussehende Greise, mit langen grauen Bärten. Das Alter steht hier in hoher Achtung und nach dem Herkommen liegt es in Abwesenheit des Häuptlings den Greisen ob, einem Gaste die Ehre des Hauses zu erweisen. Jeder Eintretende begrüßte mich mehrere Male, setzte sich und wendete sich dann wieder grüßend zu mir; diese Ceremonie erwies er auch den Uebrigen nach der Reihe. Sie erklärten, sie kämen, um mich willkommen zu heißen. Darauf setzten sie sich in strenger Ordnung auf beiden Seiten des Feuers nieder: Benri's Mutter auf den Ehrenplatz zur rechten Hand, dann der Unterhäuptling und auf der anderen Seiten die alten Männer. Außerdem saßen noch sieben Frauen im Hintergrunde und spalteten Rinde. Ueber dem Feuer hing von der Decke herab eine große eiserne Pfanne. Eines von Benri's Weibern zerschnitt wilde Wurzeln, grüne Bohnen und Seegras, mischte Alles mit getrocknetem Fisch und Wildpret und fügte dann noch Hirse, Wasser und etwas stark riechenden Fischthran hinzu; das Ganze mußte drei Stunden lang kochen und wurde dann und wann mittelst eines hölzernen Löffels umgerührt.

Einige der alten Männer rauchten und ich vertheilte einen leichten Tabak, den sie mit dankenden Handbewegungen in Empfang nahmen. Ich erzählte ihnen, ich käme aus einem fernen Lande von jenseits des Meeres, wo sie die Sonne untergehen sähen; es wäre so weit, daß ein Pferd, wenn es Tag und Nacht galoppirte, erst in fünf Wochen hin gelangen könnte; ich hätte die lange Reise gemacht, um sie zu besuchen und viele Fragen an sie zu richten, damit ich nach meiner Rückkehr meinen Landsleuten etwas über sie erzählen könnte. Schinondi und ein anderer Mann, welcher japanisch verstand, verbeugten sich und übersetzten der gegenübersitzenden Gruppe das, was ich gesprochen

Schinondi und Schinrichi.

hatte, in die Ainosprache. Darauf erwiderte Schinondi, er und Schinrichi, der andere japanische Sprecher, würden mir Alles mittheilen, was sie wüßten; sie wären jedoch noch junge Männer und wüßten nur, was ihnen mitgetheilt worden sei. Sie würden mir Alles sagen, was sie für wahr hielten; aber der Häuptling wüßte mehr als sie und wenn er zurückkäme und mir Manches anders erzählte, so könnte ich wohl gar glauben, daß sie gelogen hätten. Ich entgegnete, Niemand, der ihnen in's Gesicht sähe, würde glauben, daß sie jemals eine Lüge sprächen. Darüber waren sie befriedigt, winkten mit den Händen und strichen zu wiederholten Malen über ihre Bärte. Bevor sie mir jedoch etwas kundthaten, baten sie mich dringend, der japanischen Regierung nicht mitzutheilen, daß sie mir etwas von ihren Gebräuchen offenbart hätten; es würde ihnen sonst Harm widerfahren.

Die nächsten zwei Stunden und noch zwei nach dem Abendessen richtete ich Fragen an sie, welche ihre Religion und ihre Sitten betrafen, gestern ebenfalls eine beträchtliche Zeit lang; als Benri zurückgekehrt war, ging ich dieselben Gegenstände mit ihm durch und benützte auch mehrere Stunden, um gegen drei hundert Wörter von ihnen zu sammeln, die ich natürlicher Weise nach der Aussprache niederschrieb.

Das Verfahren ging langsam von statten, da Fragen und Antworten durch drei Sprachen gehen mußten. Sie zeigten sichtlich das Bestreben, die Wahrheit zu vermelden, und ich glaube, daß ihre Mittheilungen über ihre wenigen und einfachen Gebräuche als zuverlässig angesehen werden können.

Gegen neun Uhr war das Gericht fertig und die Frauen füllten es mittelst hölzerner Löffel in lackirte Schüsseln. Den Männern wurde zuerst vorgelegt, doch aßen Alle gleichzeitig. Nachher wurde Reisbier, ihr Fluch, in lackirte Bowlen gegossen und auf jede derselben ein zierlich geschnitztes Stäbchen gelegt. Nachdem die Schale mehrmals geschüttelt worden war, tauchte Jeder seinen Stab in den Sake, spendete dem Feuer sechs Trinkopfer und dann mehrere dem Gotte, einem hölzernen Pfahl, der mit einer Menge spiralförmiger weißer Spähne behangen war. Die Ainos sind nicht so leicht empfindlich für die Wirkungen des Reisbieres wie die Japanesen. Sie trinken dasselbe zwar kalt, aber Jeder genießt drei Mal so viel wie einen Japanesen betrunken machen würde, ohne daß sie eine Wirkung davon verspüren. Nachdem wir noch zwei Stunden verplaudert hatten, ging Einer nach dem Anderen fort, wobei jeder Einzelne mich und die Uebrigen mehrmals grüßte.

Meine Lichte waren vergessen worden und unsere Sitzung fand bei dem flackernden Schein eines brennenden Holzscheites statt; zur Aushülfe klemmte eine Frau noch einige Spähne von Birkenrinde in einen gespaltenen Stock und pflanzte ihn in das Feuerloch. Es war ein seltsam malerischer Anblick: diese Gruppe von prächtigen Wilden, mit dem Schimmer des Feuers auf ihren

Gesichtern, dazu die flackernde Fackel, die grellen Lichter, die finstere Decke und Winkel des Zimmers und die Reihe wilder Frauen im Hintergrunde: — es vereinte sich in dieser Hütte asiatische Wildheit mit europäischer Bildung und diese erhielt von jener Unterricht; der gelbhäutige Ito bildete das vermittelnde Glied zwischen beiden, als Stellvertreter einer uralten Civilisation.

Als Alle fort waren, ging ich hinaus unter den Sternenhimmel. Die Wohnungen waren alle dunkel und still und die Hunde, so sanft wie ihre Herren, beachteten mich nicht. Man hörte nur das Sausen der Brise durch den umliegenden Wald. Dann ging ich wieder zurück und begab mich in mein Moskito-Netz, wo ich zwar nicht von Flöhen aber von Kälte zu leiden hatte. Eine Zeit lang unterhielt sich Schinondi mit Ito in leisem, wohlklingenden Tone; vermuthlich wollte er mich nicht im Schlafe stören. Kein Japanese hatte bisher aus diesem Grunde sein endloses Geplapper bei Nachtzeit eingestellt. Später steckte Noma, das angesehenste Weib des Häuptlings, einen dreifach gespaltenen Stab in das Feuerloch, befestigte darauf einen Scherben, worin sich ein Docht und ein wenig Fischthran befand, und nähete bei dieser kümmerlichen Lampe bis zur Mitternachtstunde an einem Gewande aus Rindenfasern, das sie für ihren Gebieter mit Streifen blauen Zeuges besetzte; als ich am anderen Morgen meine Augen öffnete, saß sie schon wieder in der frühesten Stunde am Fenster und nähete. Sie sieht unter allen Frauen am geistreichsten aus, ist aber düster und ernst und spricht selten. Obgleich sie unter den Gattinnen des Häuptlings das größte Ansehen hat, so fühlt sie sich doch nicht glücklich, denn sie ist kinderlos, und es kommt mir vor, als ob ihre Züge einen bösen Ausdruck erhielten, wenn das andere Weib ihren hübschen Knaben liebkoste. Benri scheint mir ein wenig brutal zu sein und die Schwiegermutter hält sichtlich die Zügel der Regierung sehr straff. Nachdem die Frau bis Mitternacht gearbeitet hatte, kehrte sie die Matte mit einem Reisigbündel ab und kroch dann hinter eine Hängematte in ihr Bett. Einen Augenblick empfand ich in der Stille eine Anwandlung von Furcht, daß ich, allein unter den Wilden, einer Gefahr ausgesetzt sei. Ich unterdrückte jedoch diese Besorgniß, starrte nach dem Feuer, bis es erlosch und versank dann in Schlaf, aus dem ich erst durch die Kälte des anbrechenden Tages erweckt wurde.

XXXVII.

Elterliche Zärtlichkeit. — Morgenbesuche. — Eine Kahnfahrt. — Weibliche Beschäftigungen. — Ein neuer Ankömmling. — Ein gefährliches Rezept. — Der Tempel des Yoschitsune. — Des Häuptlings Rückkehr.

Als ich, von Kälte erstarrt, unter meinem Netz hervorkroch, fand ich etwa elf Personen in dem Gemach, welche alle mich anständig begrüßten. Vom Waschen scheinen sie nicht viel zu wissen, denn als ich Wasser verlangte, brachte Schinondi ein wenig in einer lackirten Schüssel, die er mir so lange hinhielt, bis ich Gesicht und Hände gewaschen hatte; er hielt dies für eine religiöse Handlung. Ich stand in Begriff, ein wenig kalten Thee zum Fenster hinaus zu gießen, als er mich mit ängstlicher Miene daran hinderte, und ich bemerkte nun erst, daß sich an jenem Fenster ein Götzenbild befand und daneben ein todter Vogel. Die Ainos halten täglich zwei Mahlzeiten und ihr Frühstück wurde in derselben Weise eingenommen wie das gestrige Abendessen. Wir aßen gemeinsam und ich gab den Kindern die Ueberbleibsel von meinem Reis. Die kleinen Geschöpfe von drei bis fünf Jahren trugen keine Bekleidung und hatten nur ein Stück Zinn an einem Faden um den Hals gehängt; es war belustigend, zu sehen, wie sie erst ihre Eltern in aller Form um Erlaubniß fragten, bevor sie den Reis nahmen, und wie sie mir alsdann Dank zuwinkten. Die Kinder leisten pünktlichen Gehorsam. Die Eltern äußern ihre Zuneigung auffallender als die Japanesen, indem sie die Kleinen oft liebkosen; zwei Männer haben sich Kinder angenommen. Die Kleinen sind sehr artig und benehmen sich ebenso ernst und verständig wie die japanischen.

Bald nach fünf Uhr ging ich aus, als die Thautropfen im Sonnenschein glänzten und der Bergkessel, in welchem Biratori liegt, sich im vortheilhaftesten Lichte zeigte. Obgleich die Leute alle bei Wege waren, so herrschte doch beinahe dieselbe Stille wie am vorigen Abend. Welch ein wunderliches Leben! sie wissen nichts, hoffen nichts und fürchten wenig; nur die Sorge um Kleidung und Nahrung setzt sie in Bewegung; Reisbier ist das einzige Gut, das sie sich in Ueberfluß wünschen. Wie ist es möglich, von so wenigen Dingen berührt zu werden! Eben als ich so dachte, holte mich Schinondi in sein Haus, um zu sehen, ob ich nicht einem Kinde, das an einer Hautkrankheit litt, hülfreich sein könne. Die außerordentliche Zärtlichkeit, die er diesem ekelhaften Wesen erzeigte, belehrte mich, daß auch sie dieselben menschlichen Gefühle hegen wie wir. Er hatte das Kind auf seinem Rücken aus einem fünf Meilen entfernten Dorfe hergebracht, in der Hoffnung, es könnte geheilt werden. Sobald ich eintrat, breitete er einen feinen Teppich über den Fußboden und bedeckte meinen Ehrenplatz mit einem Bärenfell.

Nach dem Frühstück führte er mich in die Wohnung des Unterhäuptlings, die größte im Dorfe, und dann wohl noch in zwanzig andere, welche alle in derselben Weise eingerichtet waren, doch hatten einige nur etwa 400 Fuß im Quadratgehalt. Ueberall wurde ich mit gleicher Höflichkeit aufgenommen; einige Leute baten jedoch Schinondi, mich nicht bei ihnen einzuführen, damit ich ihre Armuth nicht zu sehen bekäme. In jedem Hause fand ich das niedrige Gesims, worauf mehr oder weniger zierliche Gegenstände standen, außerdem aber nur die nöthigsten Lebensbedürfnisse, obgleich der Ertrag der Häute, welche sie alljährlich verkaufen oder vertauschen, sie in Stand setzen könnte, sich alle Bequemlichkeiten zu gewähren; für sie giebt es aber keinen anderen Lebensgenuß als das Reisbier. Sie führen kein herumschweifendes Leben, sondern hangen im Gegentheil fest an den Stätten, wo ihre Väter lebten und starben. Nichts kann aber kläglicher sein als ihre Versuche, die Umgebungen ihrer Wohnungen zu kultiviren. Der Boden ist wenig besser als weißer Sand, welchem sie ohne Düngung Hirse abzugewinnen suchen; diese vertritt bei ihnen Reis, Kürbis, Zwiebeln und Tabak. Die Ackerplätze sehen aber aus, als ob sie vor zehn Jahren bebauet worden und einiges auf gut Glück ausgesäete Korn oder Gemüse unter dem Unkraut aufgeschossen wäre. Wenn nichts mehr wachsen will, so klären sie ein anderes Stückchen Wald, um es auszubeuten.

In jedem Hause wurde dem Gaste gleiche Ehre zutheil, — eine Tugend der Wilden, die sich bei vermehrter Berührung mit der Civilisation nicht halten wird. Bevor ich in ein Haus eintrat, holte die Frau mehrere Matten herbei und bereitete mir daraus einen Fußsteig bis nach dem Feuerplatze. Da sie keine Vergütigung für die Wohnung oder sonst Etwas annehmen mochten, so wollte ich ihnen wenigstens etwas von ihren Arbeiten abkaufen, aber auch dieses hatte seine Schwierigkeiten. Sie waren sehr erbötig, mir Etwas zu schenken; als ich aber kaufen wollte, erklärten sie mir, daß sie sich nicht gern von ihren Gegenständen trennten. Ich verlangte solche Dinge, die sie gerade in Gebrauch hatten, wie eine Tabaksbüchse, ein Pfeifenfutteral, Messer mit geschnitztem Griff und Degenscheiden; für drei der letzteren bot ich 2½ Dollars. Sie wollten sie nicht gern verkaufen; am Abend aber sagten sie mir, jene Dinge wären nicht mehr als 1 Dollar 10 Cents werth und dafür wollten sie dieselben verkaufen. Mehr nahmen sie durchaus nicht an, indem sie erklärten, „es wäre nicht Gebrauch bei ihnen.“ Ich kaufte einen Bogen nebst drei vergifteten Pfeilen, zwei Matten aus roth gefärbtem Rohr, einige Messer mit Scheiden und ein Kleid aus Rindenzeug. Sie tragen große Ohrringe, anderthalb Zoll im Durchmesser und ein Paar derselben gehört zur Ausstattung einer Ainobraut; davon wollten sie sich aber nicht trennen. Ich hätte gern eines der Sake-Stäbchen gekauft, womit sie ihren Götzen Trankopfer spenden, aber es war wieder „nicht ihr Gebrauch,“ sich von dem Sake-Stäbchen eines lebenden Menschen zu trennen, — am nächsten Morgen jedoch brachte mir Schinondi eines von einem Verstorbenen, ein höchst schätzbares Geschenk. Bald darauf erschien der Mann, der mir die Pfeile verkauft hatte, und brachte zwei neue, die er gegen zwei beschädigte eintauschte. In allen ihren Handlungen und Verrichtungen fand ich sie im höchsten Grade ehrlich.

In einer der vergangenen Nächte war ein Haus abgebrannt und in solchen Fällen ist es Sitte, daß alle Männer sich an dem Wiederaufbau betheiligen. In ihrer Abwesenheit gewann ich zwei Knaben, die mich in ihrem rohen Boote eine Strecke weit den Sarufutogawa hinauf fuhren. Es ist ein lieblicher Fluß, der sich höchst anmuthig zwischen Wäldern und Bergen hindurch schlängelt. Mir war es wie jenem alten Seefahrer zu Muthe, der sich zuerst in die schweigende See hinauswagte, denn jedenfalls hatte noch kein Europäer vor mir dieses dunkle Waldgewässer befahren. Mit Behagen genoß ich der Stunden voll tiefster Stille; der Herbsthimmel glänzte hellblau und die Ferne war mit einem leichten blauen Schleier umhüllt.

Der Abend wurde wie der vorige verbracht, aber die Herzen der Wilden waren betrübt, denn es war kein Reisbier mehr in Biratori zu bekommen, und sie konnten nicht dem Feuer zutrinken und dem hölzernen Götzen keine Trankopfer spenden. Es war

Proviantshaus der Ainos.

auch kein Oel mehr vorräthig, und nachdem die Fremden fortgegangen waren, blieb die Hütte vollkommen dunkel.

Gestern frühstückten wir gleich nach Tagesanbruch und die kräftigen Männer begaben sich auf die Jagd. Ihre Beschäftigung besteht nur in Fischfang und Jagd und zu ihrer häuslichen Erholung schnitzen sie Tabaksbüchsen, Messerscheiden, Sakestäbe und Weberschiffchen. Es ist ihnen jedoch kein Bedürfniß, irgend etwas vorzunehmen; sie sind ganz zufrieden, wenn sie am Feuer sitzen und zuweilen rauchen und essen und schlafen können. Diese Ruhsucht wird nur durch eine krampfhafte Rührigkeit unterbrochen, wenn kein getrocknetes Fleisch mehr in den „Kuras" vorräthig ist und wenn die Felle nach Sarufuto gebracht werden müssen, um Reisbier einzutauschen.

Die Frauen scheinen keinen müßigen Augenblick zu haben. Sie stehen frühzeitig auf, um zu nähen, zu weben oder Borke zu spalten, denn sie kleiden nicht nur sich selber und ihre Männer in diesen fast unzerstörbaren Stoff, sondern weben ihn auch für den Tauschhandel und man sieht die unteren Klassen der Japanesen stets mit Erzeugnissen der Aino-Industrie bekleidet. Sie verrichten auch alle harte Arbeit, wie Wasser tragen, Holz spalten, Hirse stoßen und den Boden nach ihrer Art bebauen; um den Männern jedoch auch Gerechtigkeit widerfahren zu lassen, will ich bekennen, daß ich sie oft, mit einem oder gar zwei Kindern auf dem Arme, umhertraben sehe. Die Frauen haben die ausschließliche Verwaltung der Kuras oder Proviantháuser, die niemals von den Männern betreten werden.

In der Hütte befanden sich sieben Frauen und einige Kinder und ich war oft Stunden lang mit ihnen allein. Auf einer Seite des Feuers saß die Mutter des Häuptlings, wie eine Parze, immer beschäftigt, Rinde zu zerfasern und zu knöteln und dabei ihren kalten, zürnenden Blick auf mich zu lenken. Ihr dickes graues Haupthaar hangt wüst herab, die Tättowirung um ihren Mund ist beinahe verschwunden und verunstaltet nicht mehr ihre wirklich hübschen Züge. Sie trägt ein reich verziertes Rindenkleid und sehr große Ohrringe und hat um den Hals zwei silberne Knöpfchen an einem blauen baumwollenen Bande hangen. Im Hause steht sie in großem Ansehen, sitzt neben den Männern am Feuer, trinkt reichlich Sake und schilt gelegentlich ihren Enkel Schinondi, wenn er mir zu viel erzählt, denn sie behauptet, ich brächte ihrem Volke Unglück. Obgleich der Ausdruck ihres Gesichts streng und absprechend erscheint, so ist sie dennoch sehr hübsch und zwar nach europäischer, nicht nach asiatischer Weise.

Die jüngeren Frauen waren alle bei der Arbeit; zwei saßen auf dem Fußboden und webten aus freier Hand; die übrigen verfertigten oder flickten die Kleidungsstücke aus Rindentuch, die von beiderlei Geschlechtern getragen werden. Noma, die angesehenste unter den Häuptlingsfrauen, saß abgesondert und sprach selten ein Wort. Zwei von den jüngsten Weibern sind sehr hübsch und ihre Schönheit ist rosiger, ländlicher Art. Es zeigt sich, daß zwei von ihnen japanisch sprechen, obgleich sie es vor den Männern nicht hören lassen, und sie plaudern sehr lebhaft und heiter mit Ito, während die alte Parze unter ihren buschigen Augenbrauen nach ihnen hinblickt. Ich erlernte eine Anzahl Wörter von ihnen und sie lachten herzlich über meine falsche Aussprache. Sie ihrerseits richteten mehrere Fragen an mich über mancherlei Verhältnisse unserer Frauen, die sich aber nicht wiederholen lassen. Als die Heiterkeit zunahm, wurde die Alte zusehends ärgerlicher und unruhiger und drohete ihnen endlich in ernstem Tone, wie ich später erfuhr, wenn sie noch ein Wort sprächen, so würde sie es ihren Männern erzählen, daß sie mit der Fremden geplaudert hätten. Darauf verlautete kein Wort weiter und Noma, die geschäftige Hausfrau, kochte die Hirse zum Mittagsmahle.

Am Nachmittage erschien ein hübscher junger Aino, mit rein gewaschenem, bunt gefärbtem Gesicht und freundlichen, hellen Augen. Er kam von der Küste, wo er beim Fischfange behülflich gewesen war. Beim Eintritt grüßte er die Alte und Benri's Frau und reichte der Ersteren eine Kürbisflasche voll Reisbier, woraus sie einen gierigen Zug that. Dann begrüßte er mich und warf sich auf den Ehrenplatz am Feuer nieder, so behaglich wie ein Jagdhund. Dieser vollkommene Wilde, der angenommene Sohn des Häuptlings, heißt Pipichari. Er hatte sich den Fuß an einer Wurzel verletzt und bat mich, ihn zu heilen. Ich verordnete, der Fuß müsse vor allen Dingen in warmem Wasser gebadet werden; alsdann verband ich ihn mit Charpie. Er wollte nicht leiden, daß ich seinen Fuß berührte, denn, meinte er, derselbe sei nicht sauber genug und meine Hände seien zu weiß; als ich aber den Verband angelegt hatte und er den Schmerz vermindert fühlte, verbeugte er sich tief und küßte mir die Hand. Er war der einzige unter Allen, der den Gegenständen, die mir gehörten, einige Aufmerksamkeit widmete. Er betrachtete meine Scheere, befühlte meine Schuhe und beobachtete mich, während ich schrieb, mit der unbefangenen Neugierde eines Kindes. Er konnte ein wenig japanisch sprechen, sagte aber, er sei zu jung, um mir Etwas mittheilen zu können, was die älteren Männer wüßten. Er enthält sich gänzlich des Genusses von Reisbier und erzählte, es wären unter den zahlreichen Ainos, welche in Mombets fischten, außer ihm noch vier solcher Enthaltsamen.

Von den Uebrigen würden sie gemieden, denn man glaubte, die Götter zürnten ihnen, weil sie nicht tränken.

Während des Nachmittags brachte man mehrere Kranke, meistens Kinder. Ito war sehr unwillig darüber, daß ich diesen Leuten so viel Antheil erwies, und wiederholte, sie wären wahre Hunde; bei dieser Behauptung berief er sich auf ihren sagenhaften Ursprung, dessen sie sich selber nicht schämen. Seine Ansicht, sie hätten ihre Höflichkeit von den Japanesen gelernt, ist durchaus unbegründet. Ihre Höflichkeit ist von ganz anderem, mannhafterem Gepräge, dabei von wilder, nicht civilisirter Natur.

Als es dunkel wurde, kehrten die Männer zurück; das Essen wurde aufgetragen und wir saßen wieder rund um das Feuer. Es war aber kein Reisbier vorhanden außer dem, das sich in Besitz der Alten befand, und die Wilden zeigten sich abermals darüber betrübt. Ihre Höflichkeit offenbarte sich wieder bei verschiedenen Gelegenheiten. Pipichari, ein ungehobelter Wilder, zog seinen Rock von einer Schulter herab, aber Schinondi bedeutete ihn sogleich, ihn wieder anzulegen. Sobald sie erfuhren, daß ich gewöhnlich des Nachts Licht brennte, schickten sie sogleich eine Frau nach einem entlegenen Dorfe, um Oel zu holen. Dergleichen kleine Beweise von Aufmerksamkeit kamen fortgesetzt vor, mir aber gefiel eigentlich am meisten die ruhige Art und Weise, wie sie in ihren Lebensgewohnheiten verharrten.

Am Abend kam ein Mann und bat mich, eine Frau zu besuchen, die kaum Athem holen konnte. Ich fand sie schwer erkrankt an einer Luftröhrenentzündung und in fieberhaftem Zustande. Sie lag auf einem Fell, das über ein hartes Brett gebreitet war; unter dem Kopfe hatte sie eine mit Matten umwickelte Rolle; ihr Mann war bemühet, sie ein wenig Salzfisch verschlucken zu lassen. Ich ergriff ihre trockene, heiße Hand, eine kleine Hand, die auf der äußeren Seite tättowirt war. Das Zimmer war voller Leute, die alle sehr betrübt zu sein schienen. Ein ärztlicher Missionär würde hier von geringem Nutzen sein; aber eine ärztlich geschulte Krankenwärterin, welche Arznei und die geeignete Nahrung reicht und sich auf die angemessene Pflege versteht, könnte manches Leben retten und manches Leiden mildern. Es ist bei diesen Leuten ganz vergeblich, etwas zu verordnen, was zu wiederholten Malen gethan werden soll; sie sind gerade wie die Kinder. Ich gab der Frau ein wenig Chlorodyne, das sie nur mit Mühe hinunter schluckte; eine zweite Dosis ließ ich zurück, um sie ihr nach einigen Stunden zu reichen; um Mitternacht meldete man mir aber, daß sie sich schlechter befände und als ich hinkam, fand ich sie sehr kalt und schwach, schwer athmend und mit dem Kopfe wackelnd. Ich glaubte nicht, daß sie noch viele Stunden leben würde und fürchtete, man würde meinen, ich hätte sie getödtet. Ich sagte den Leuten, daß sie wahrscheinlich sterben würde; sie drangen aber in mich, sie noch länger zu behandeln. Als letztes Mittel reichte ich ihr etwas Branntwein mit fünf und zwanzig Tropfen Chlorodyne und einige Löffel starker Fleischbrühe. Sie konnte oder wollte es nicht verschlucken und ich goß es ihr in den Schlund. Eine Stunde später zeigte man mir wieder an, daß sie sich wie betrunken fühle; bei meinem abermaligen Besuche fand ich sie aber ruhig schlafend und leichter athmend. Als ich bei Tagesanbruch wieder zu ihr ging, schlief sie noch immer und ihr Puls war stärker und ruhiger. Jetzt befindet sie sich entschieden wohler, worüber ihr Mann und der Unterhäuptling sehr erfreut sind. Es ist aber traurig, daß sie nichts haben, was sich zur Krankenspeise eignet.

Von diesen nächtlichen Wanderungen und Besorgnissen war ich so ermüdet, daß ich gleich in Schlaf sank, sobald ich mich niedergelegt hatte. Beim Erwachen fand ich mehr Leute als gewöhnlich versammelt und die Männer schienen irgend etwas zu berathen. Sie haben eine besondere, hoffentlich unbegründete Furcht vor der japanischen Regierung. Herr von Siebold glaubt, daß die Beamten sie bedrohen und umherstoßen, und dies ist möglich; in der That aber glaube ich, daß die Kaitnikuschi-Behörde es gut mit ihnen meint und sie bei weitem humaner und milder behandelt als beispielsweise die Regierung der Vereinigten Staaten mit den nordamerikanischen Indianern verfährt, abgesehen davon, daß die Zwangsmaßregeln abgeschafft wurden, durch die sie, als ein besiegtes Volk, gefesselt waren. Dennoch sind sie sehr unwissend. Ein Mann, der sich sehr dankbar gezeigt, als ich gesagt hatte, ich würde den Dr. Hepburn ersuchen, ihm Arznei für sein Kind zu schicken, kam am anderen Morgen und bat mich, es nicht zu thuen, weil sonst die japanische Regierung böse sein würde. Nachher baten sie mich nochmals, es der japanischen Regierung zu verschweigen, daß sie mir Mittheilungen über ihre Gebräuche gemacht hatten.

Sie sprachen dann eifrig mit einander und endlich erklärte der Unterhäuptling, ich wäre so gütig gegen ihre kranken Leute gewesen und sie möchten mir gern ihren Tempel zeigen, den noch kein Fremder zu sehen bekommen hätte. Dennoch waren sie in großer Besorgniß und baten mich, es ja der japanischen Regierung zu verschweigen. Der Unterhäuptling bekleidete sich darauf mit einem japanischen Kriegsmantel, und Schinondi und noch zwei Andere gingen zur Begleitung mit uns. Ein schöner aber steiler Weg führte zu dem Gipfel einer vereinzelten Anhöhe hinter dem Dorfe, auf welchem der Tempel oder Schrein steht. Ohne die Ueberreste einer hölzernen Treppe, die nicht von den Ainos angelegt ist, würde man unmöglich hinauf kommen können.

Biratori ist von Wald und Bergen umgeben und die dichte grüne Umgebung wird nur durch Durchblicke der Gewässer des Sarufutogawa und der lohfarbenen Dächer der Aino-Wohnungen unterbrochen. Es ist eine abgelegene stille Landschaft, eher geeignet zu einem Versteck als zu einem Wohnort für Menschen.

Als Pipichari, der prächtige junge Wilde, wahrnahm, daß es mir Mühe machte, hinauf zu kommen, nahm er mich bei der Hand und half mir, so artig wie es ein englischer Herr gethan hätte; und als sich noch größere Schwierigkeit beim Hinuntersteigen zeigte, bestand er darauf, ich sollte mich auf seinen Rücken setzen, und er würde mich auch gewiß getragen haben, wäre nicht der Häuptling Benri, der uns nachgekommen war, hinzugetreten, um mich an seiner Hand hinunter zu geleiten. Dieser natürliche Antrieb, einer fremden Frau behülflich zu sein, setzte mich um so mehr in Erstaunen, als sie sich niemals gegen ihre eigenen Frauen höflich erweisen, sondern sie wie untergeordnete Wesen behandeln.

Dicht am Rande der Klippe, auf dem Gipfel der zackigen Höhe steht ein hölzerner Tempel oder Schrein, so wie man ihn in den Hainen und auf den Höhen der Hauptinsel findet, augenscheinlich ein japanisches Gebäude, wovon indessen die Ueberlieferung der Ainos nichts erwähnt. Kein Europäer hatte bisher auf diesem Punkte gestanden, wo ich mich jetzt befand und dieses Bewußtsein hatte etwas Feierliches. Der Unterhäuptling schob die Thüren bei Seite und Alle verbeugten sich voll Ehrfurcht. Es war eine einfache Kapelle aus unlackirtem Holze, hinten mit einem breiten Sims versehen, worauf ein kleiner Schrein stand, der die Figur des historischen Helden Yoschitsune, in ausgelegter erzener Rüstung, einige metallene „Gohei", ein Paar messingene Leuchter und eine farbige Abbildung einer chinesischen Jonke enthielt. Hier hatte ich also die große Gottheit der Gebirgs-Ainos vor Augen. Es liegt etwas Pathetisches darin, daß dieses Volk das Andenken an Yoschitsune lebendig erhält, nicht wegen seiner Kriegsthaten, sondern nur aus dem Grunde, weil ihre Tradition berichtet, daß er sich gütig gegen sie benahm. Sie zogen drei Mal an der Glocke, um seine Aufmerksamkeit zu erwecken, verbeugten sich drei Mal und brachten sechs Trankopfer von Sake, ohne welche Ceremonie man sich ihm nicht nähern darf. Mich forderten sie auf, ihren Gott zu verehren, als ich es aber ablehnte und erklärte, daß ich nur meinen Gott verehrte, den Herrn des Himmels und Erde, der Todten und Lebendigen, so bestanden sie nicht auf ihrer Anforderung. Für Ito hatte es keine Bedeutung, ob er sein bereits bevölkertes Pantheon noch um eine Gottheit vermehrte oder nicht und er verbeugte sich bereitwillig vor dem großen Helden seiner eigenen, der erobernden Rasse.

Während wir an dem schmalen Klippenrande versammelt standen, kam der Häuptling an, ein vierschrötiger breitschulteriger, ältlicher Mann, stark wie ein Stier und sehr hübsch; doch war der Ausdruck seiner Züge nicht einnehmend und seine Augen von starkem Trinken mit Blut unterlaufen. Die Anderen grüßten ihn sehr ehrerbietig, ich bemerkte jedoch später, daß er sich sehr gebieterisch benahm und seine Worte häufig mit Schlägen verband. Er hatte seinem Volke durch Ito sagen lassen, sie möchten meine Fragen nicht beantworten, bevor er zurückgekehrt wäre; Ito war jedoch so taktvoll gewesen, die Botschaft nicht auszurichten und mir auch nichts davon zu sagen. Der Häuptling war daher sehr ungehalten gegen die jungen Leute, daß sie so viel mit mir gesprochen hatten. Es war zu merken, daß seine

Mutter Bericht erstattet hatte. Er gefällt mir weniger als irgend Einer seines Stammes; zwar besitzt er einige gute Eigenschaften, darunter Wahrheitsliebe, ist aber durch die wenigen Fremden, mit denen er Umgang gehabt hat, verderbt worden, dabei roh und eitel.

XXXVIII.

Die Leerheit des Wildenlebens. — Körperbeschaffenheit der Ainos. — Die Schönheit der Frauen. — Qualvoller Schmuck. — Kinderleben.

Biratori, den 24. August.

Ich hatte gehofft, meine Notizen über die Ainos in dem ruhigeren und bequemeren Sarufuto vollenden zu können, aber Benri's verspätete Rückkehr und das Ausbleiben der Pferde zwangen mich, die Gastfreundschaft der Ainos noch für eine Nacht anzunehmen, wobei ich von Thee und Kartoffeln leben muß, da meine Vorräthe aufgebraucht sind. In manchen Hinsichten ist es mir lieb, noch länger hier zu bleiben, da ich in dieser Zeit sowohl meinen Wörtervorrath wie meine Notizen noch ein Mal mit Hülfe des intelligenten Häuptlings prüfen kann und es gereicht mir zur Freude, daß er die Mittheilungen der jungen Leute bestätigt. Der Firniß, welcher anfänglich die natürliche Blöße des Wildenlebens überdeckte, ist inzwischen verschwunden und es erscheint mir jetzt in seiner ganzen Nacktheit als ein Leben, das sich nicht über die Bedürfnisse der thierischen Existenz erhebt, furchtsam, einförmig, alles Guten baar, dunkel, dumm, ohne Hoffnung und ohne alles Göttliche; dennoch ist es in seiner niedrigsten und schlechtesten Art noch beträchtlich höher und besser als das vieler anderer ursprünglichen Rassen und leider auch beträchtlich höher und besser als das von Tausenden der versunkenen Massen unserer großen Städte, die auf den Namen Christi getauft sind; denn im Grunde sind die Ainos wahrhaft und keusch, gastfrei, ehrlich, ehrerbietig und gütig gegen das Alter. Die Trunksucht, ihr größtes Laster, widerspricht nicht, wie bei uns, der Religion, sondern ist in der That ein Theil derselben und würde schon aus diesem Grunde außerordentlich schwer auszurotten sein.

Die Dunkelheit ist wieder frühzeitig eingetreten und wieder sind die Aelteren in zwei langen Reihen um das Feuer versammelt. Die Jüngeren sitzen an den Enden und Pipichari, der gestern den Ehrenplatz einnahm und als neuer Ankömmling zuerst bedient wurde, sitzt jetzt als jüngster am Ende der rechten Reihe. Die Herzen sind nicht mehr traurig, denn am gestrigen Abend ist wieder Reisbier in jeder Hütte eingetroffen. Die Fackel aus brennenden Birkenspähnen flackert unstät, die Sake-Bowlen sind gefüllt und die Götzen empfangen ihre Libationen; die Alte sitzt noch immer wie eine Schicksalsgöttin und fädelt die Borke, und die jüngeren Frauen knüpfen die Fäden. Das Feuer beleuchtet eine herrliche Gruppe ehrwürdiger Häupter, wie sie sich ein Maler oder Bildhauer nur wünschen möchte. Aber was steckt in diesen Häuptern? Sie haben keine Geschichte; ihre Ueberlieferungen sind kaum des Namens werth; sie leiten ihre Abstammung von einem Hunde her; ihre Leiber und Häuser wimmeln von Ungeziefer; sie sind in die tiefste Unwissenheit versunken; sie kennen keine Buchstaben und kaum über tausend Zahlen; sie kleiden sich in Baumrinde und ungegerbte Thierfelle; sie verehren den Bären, die Sonne, den Mond, das Feuer, das Wasser und wer weiß was sonst noch; sie sind unbildsame und unverbesserliche Wilde; und dennoch sind sie anziehend, in gewissem Grade fesselnd und nie vergesse ich die Musik ihrer tiefen, sanften Stimmen, noch den milden Glanz ihrer braunen Augen, noch ihr wundervoll süßes Lächeln.

Der Anblick der Ainos macht einen sonderbaren Eindruck, nachdem man die Japanesen gesehen hat, mit ihrer gelben Haut, ihrem starren Haar, schwachen Augenlidern, länglichen Augen, platten Nasen, flachen Brüsten, mit ihren mongolischen Zügen und schwächlichem Körperbau, den schwankenden Gang der Männer und das abgemessene Getrippel der Frauen und den allgemein sichtbaren Verfall der Gattung. Mit Ausnahme von zweien oder dreien waren alle Ainos, die ich erblickte, schrecklich aussehende Wilde, genugsam körperlich kräftig, um die größten

Schandthaten zu verüben; sobald sie jedoch sprachen, strahlte ihr Antlitz in einem Lächeln, so mild wie das eines Weibes.

Die Männer sind über mittelgroß, von breiter Brust, breitschulterig, untersetzt und sehr stark gebaut; ihre Arme und Beine sind kurz, dick und muskelig, ihre Hände und Füße groß. Bei Vielen sind die Leiber, namentlich die Gliedmaßen, mit kurzem, aufgesträubtem Haar bedeckt. Ich sah zwei Knaben, deren Rücken mit einem Pelz bedeckt war, so glatt und sanft wie der einer Katze. Auffallend sind die Köpfe und Gesichter. Die Stirn ist sehr hoch, breit und hervorstehend und läßt beim ersten Eindruck ungewöhnliche Begabung und geistige Entwickelung vermuthen. Die Ohren sind klein und tief angesetzt, die Nase ist gerade, aber kurz und bei den Nasenlöchern breit; der Mund ist groß aber wohlgestaltet; die Lippen sind meistens nur schmal. Der Hals ist kurz, die Hirnschale rund, die Backenknochen sind flach und der untere Theil des Gesichts ist, mit dem oberen verglichen, nur klein, — ein sogenannter Fischkopf kommt bei ihnen nicht vor. Die Augenbrauen sind voll und ziehen sich in gerader Linie fast quer über das Gesicht. Die Augen sind groß, ziemlich tief liegend, sehr schön und von einer klaren braunen Farbe, ihr Ausdruck von einer eigenthümlichen Sanftheit; die Augenwimpern sind lang, voll und seidig. Die Haut hat die italienische Olivenfarbe, ist aber meistens fein und hell genug, um die wechselnde Farbe der Wangen wahrnehmen zu lassen. Die Zähne sind klein, regelmäßig und sehr weiß; die Schneide- und Eckzähne sind nicht so unverhältnißmäßig groß, wie es gewöhnlich bei den Japanesen der Fall ist. Die Deckfalte, welche bei den Japanesen dem oberen Theil des Augenlids vorliegt, kommt nicht vor. Die Züge, der Ausdruck und das ganze Gesicht sind eher europäisch als asiatisch.

Die hervorragende Wildheit im Aeußeren der Männer ist der Fülle des dicken, schlichten und schwarzen Haupthaares zuzuschreiben, das in der Mitte getheilt ist und in dichter Masse bis auf die Schultern herab fällt. Wenn sie ausgehen, so ist es durch ein Stirnband in die Höhe gehalten. Die Bärte sind in gleichem Grade voll, ganz prächtig und gewöhnlich lang herab wallend und den Greisen verleihen sie ein wirklich patriarchalisches, ehrwürdiges Ansehen, trotzdem sie durch Rauch und Unreinlichkeit gelblich gefärbt sind. Der wilde Ausdruck, durch das massenhafte Haupt- und Barthaar und die starken Augenbrauen bewirkt, wird durch die träumerischen braunen Augen gemildert und erlischt völlig bei dem überaus sanften Lächeln, das dem stärkeren Geschlecht in größerem oder geringerem Grade eigen ist.

Ich habe die Höhe von dreißig erwachsenen Männern dieses Dorfes gemessen und fand sie zwischen 5 Fuß 4 Zoll und 5 Fuß

Ein Aino-Patriarch.

$6^1/_2$ Zoll. Der Umfang des Hauptes beträgt durchschnittlich $22^1/_{10}$ Zoll und der Bogen von einem Ohr zum anderen 13 Zoll. Nach Davies' Angabe wiegt das Hirn eines erwachsenen männlichen Aino, mehrfachen Untersuchungen zu Folge, im Durchschnitt $45^{90}/_{100}$ Unzen, ein Gewicht, welches das aller Hindu- und Mongolenrassen in den indischen Ebenen und das der Urbewohner von Indien und Ceylon übertrifft und welchem nur das Hirngewicht der Himalaya-Rassen, der Siamesen und der chinesischen Burmesen gleichkommt. Davies giebt ferner an, es überträfe das der asiatischen Rassen im Allgemeinen. Und trotzdem sind die Ainos ein dummes Volk.

Flüchtig Reisende, welche einige Aino-Frauen auf der Straße nach Satsuporo gesehen haben, meinen, sie wären sehr häßlich, ersetzten aber den Mangel an Schönheit durch Fleiß und eheliche Treue. Letzteres außer Zweifel gestellt, kann ich doch der ersteren Behauptung nicht zustimmen. Die Häßlichkeit ist sicherlich der Künstelei und dem Schmutz zuzuschreiben. Die Aino-Weiber werden selten höher als fünf Fuß und einen halben Zoll, sind aber schön geformt, schlank, biegsam und gut entwickelt. Ihre Hände und Füße sind klein, die Fersen ausgebogen, die Gliedmaßen gerundet und die Büsten voll und schön gestaltet; ihr Gang ist fest und elastisch. Kopf und Antlitz sind klein, aber das Haar ist ebenso reich wie bei den Männern und fällt ebenfalls auf beiden Seiten des Gesichts herab. Ihre Zähne sind sehr schön und sie zeigen dieselben gern beim Lächeln. Der Mund ist ein wenig groß aber wohl gestaltet und von einem besonderen Reiz umschwebt, obgleich sie ihn völlig mit einem tättowirten Streifen umgeben, wodurch er größer und breiter erscheint. Ein Mädchen in Schiraoi, das aus irgend einem Grunde diesem Prozeß nicht unterworfen wurde, ist von Gesicht, Farbe und natürlicher Anmuth der Gestalt das schönste Geschöpf, das ich seit langer Zeit gesehen habe. Ihre Hautfarbe ist heller als die der Männer und es sind nicht Viele, die so dunkel wären wie unsere europäischen Brünetten. Einige verbinden die Augenbrauen durch einen tättowirten Strich, so daß eine gerade Linie entsteht. Gleich den Männern schneiden sie das Haar zwei oder drei Zoll über dem Rande des Nackens kurz ab; anstatt sich aber eines Stirnbandes zu bedienen, nehmen sie zwei Locken vor der Stirn ab und knüpfen dieselben an das hintere Haar.

Allgemein sind sie tättowirt, nicht nur mit dem breiten Streifen über und unter dem Munde, sondern auch mit einem Streifen, der sich um die Handknöchel zieht und an den sich eine künstlich ausgeführte Zeichnung anschließt, die sich über die ganze obere Fläche der Hand verbreitet; eine Reihe von Streifen, Armbändern ähnlich, setzt sich bis zum Ellenbogen fort. Die

Verunstaltung beginnt mit dem fünften Jahre, wo manche Kinder noch nicht entwöhnt sind. Ich sah heute die Operation an einem niedlichen kleinen Mädchen vollziehen. Eine Frau nahm ein großes Messer mit scharfer Schneide und schnitt eilig mehrere horizontale Linien über der Oberlippe ein, wobei sie sich dicht an die Biegung des Mundes hielt, und rieb dann, ehe noch die leichte Blutung aufgehört hatte, die wunden Stellen mit glänzendem Ruß ein. Nach zwei oder drei Tagen wird die vernarbte Lippe mit einer Abkochung aus Baumrinde gewaschen, wodurch die Einschnitte fixirt werden und einen blauen Anflug bekommen, den Manche für aufgemalt gehalten haben. Ein Kind, welches gestern diese zweite Operation überstand, hatte geschwollene und entzündete Lippen bekommen. Das Opfer von heute drückte die Hände krampfhaft zusammen, während die Einschnitte gemacht wurden, jedoch ohne zu schreien. Diese Schnitte

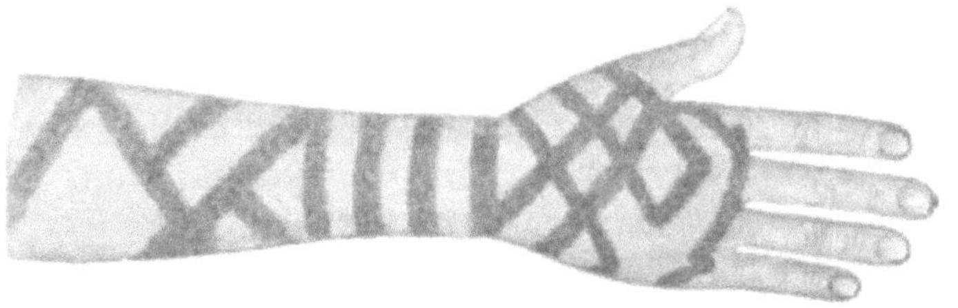

Tättowirte Frauenhand.

an den Lippen und die Kreise um den Arm werden bis zur Verheirathung jedes Jahr tiefer und breiter gemacht. Die Männer konnten mir keinen Grund für diese allgemeine Sitte angeben. Es wäre ein alter Gebrauch, der zu ihrer Religion gehörte, erklärten sie, und ohne denselben könnte kein Mädchen sich verheiraten. Benri bildet sich ein, die japanische Sitte, die Zähne zu färben, habe dieselbe Bedeutung; er irrt jedoch, denn jener Gebrauch folgt überall erst nach der Hochzeit. Die Arme tättowirt man, wenn ein Mädchen fünf oder sechs Jahre alt ist und man geht dabei vom Ellenbogen abwärts. Sie zeigten sich sehr betrübt über das neuerliche Verbot der Tättowirung und meinten, die Götter würden darüber erzürnt sein und die Frauen könnten sich nicht verheiraten, ohne tättowirt zu sein; sie baten auch, Herr von Siebold und ich möchten uns in dieser Beziehung bei der japanischen Regierung für sie verwenden. In dieser Angelegenheit zeigen sie sich weniger gleichgültig als in vielen anderen und wiederholten stets: „Es gehört mit zu unserer Religion."

Die Kinder sind sehr hübsch und anziehend und ihre Gesichter zeugen von einer Intelligenz, die den Erwachsenen fehlt. Sie werden sehr geliebt und erwidern die Liebkosungen, die ihnen zutheil werden. Den Kindern der Gebirgs-Ainos steckt man Hirsekörner in den Mund, sobald sie geboren sind, denen von der Küste einen Bissen Salzfleisch; zu welcher Stunde sie auch das Licht der Welt erblicken, so verlangt die Sitte, daß sie keine Nahrung erhalten, bevor eine Nacht vergangen ist. Entwöhnt werden sie nicht, ehe sie nicht wenigstens drei Jahre alt sind. Knaben werden den Mädchen vorgezogen, doch werden beide geschätzt; von einem kindlosen Weibe kann sich der Mann scheiden lassen. Sobald die Kinder vier oder fünf Jahre alt sind, erhalten sie einen Namen, der vom Vater gewählt wird. Auf der Reise trägt die Mutter das Kind entweder in einem Netze auf ihrem Rücken oder in dem hinteren Theile eines weiten Gewandes; in beiden Fällen aber wird die Last noch durch ein breites Band unterstützt, welches um die Stirn der Frau gelegt ist. Die Männer tragen die Kinder auf den Armen. Den sehr jungen Kindern wird das Haar abgeschoren und die Knaben von fünf bis fünfzehn Jahren tragen entweder eine breite Tonsur oder einen Haarbüschel über jedem Ohr; den Mädchen ist es dagegen gestattet, ihr volles Haar wachsen zu lassen.

Von frühester Kindheit an wird unbedingter und pünktlicher Gehorsam verlangt und schon die jüngsten Kinder werden angelernt, Botschaften auszurichten. Ich sah, daß man Kinder, die anscheinend erst zwei Jahre alt waren, nach Holz ausschickte, und selbst in diesem Alter werden sie in den Gebräuchen des Anstandes unterwiesen, so daß kleine Kinder, die kaum gehen können, niemals eintreten oder das Haus verlassen, ohne jede Person, mit Ausnahme der Mutter, höflich zu grüßen. Bis zum siebenten oder achten Jahre gehen sie nackt, von da ab werden sie ebenso gekleidet wie die älteren. Gegen die Eltern benehmen sie sich äußerst zärtlich. Erst heute, in Gegenwart des gebieterischen Häuptlings, sah ich, wie ein kleines nacktes Geschöpf, das

Stunden lang still gesessen und mit seinen großen braunen Augen in das Feuer gestarrt hatte, der eintretenden Mutter entgegen rutschte und sie mit seinen Armen umschlang, wofür es mit einem zärtlichen Blick und einem Kusse belohnt wurde. Diese kleinen olivenbraunen Geschöpfe, mit ihren hübschen Gesichtern, sind bezaubernd in ihrer unbewußten Unschuld und wegen ihres Gehorsams, um so mehr, als sie niemals durch ihre Neugierde lästig werden. Sie alle sind mit silbernen oder zinnernen Zierrathen geschmückt, die sie an einer blauen Schnur um den Hals hangen haben.

Wie es scheint, so sind die gewöhnlichen Kinderkrankheiten, wie Keuchhusten und Masern, nicht bösartig bei den Ainos; dagegen leiden die Kinder beim ersten Zahnen an heftigen Schmerzen und auch in dem Alter bis zum zehnten oder elften Jahre an Hautkrankheiten.

XXXIX.

Kleidung der Ainos. — Feiertagskleider. — Häusliche Baukunst. — Hausgötzen. — Japanische Raritäten. — Nothwendige Lebensbedürfnisse. — Suppe aus Thonerde. — Das Pfeilgift. — Fallstricke mit Pfeilen. — Weibliche Beschäftigungen. — Rindentuch. — Die Webekunst.

Die Kleidung der Ainos ist besser als man sie gewöhnlich bei Wilden findet. Im Winter besteht dieselbe aus einem oder mehreren Röcken aus Thierhäuten und Kappen aus gleichem Stoffe; wenn die Männer auf die Jagd gehen, so fügen sie noch roh gearbeitete Wildschuhe hinzu. Im Sommer tragen sie „Kimonos“ oder weite Gewänder aus Tuch, das aus den Rindenfasern eines Waldbaums gewebt wird. Dies ist ein schönes, dauerhaftes Fabrikat in verschiedenen Schattirungen der natürlichen rothgelben Farbe und ähnelt dem sogenannten „Panama-Canevas.“ Darunter wird eine Haut oder eine Jacke aus Birkentuch getragen. Diese Röcke reichen den Männern bis unter die Kniee, die Schöße sind von rechts nach links über einander geschlagen und mittelst eines Gürtels aus demselben Stoffe um den Oberleib befestigt. In diesem Gurt steckt ein grobes dolchähnliches Messer mit geschnitztem und ausgelegtem hölzernen Heft und Scheide. Da das Tabakrauchen keineswegs in allgemeinem Gebrauch ist, so gehören Pfeife und Tabaksbüchse nicht, wie bei den Japanesen, zu dem gewöhnlichen Zubehör der männlichen Kleidung. Eng anschließende Beinkleider, aus Fellen oder Birkentuch, werden von beiden Geschlechtern getragen, aber weder Schuhe noch Sandalen. Der Weiberrock reicht bis auf die Mitte zwischen Knie und Fußknöchel, sitzt lose und ohne Gürtel und ist bis zum Halse geschlossen. Eine Aino-Frau ist nicht nur vollständig bekleidet, sondern wird auch niemals vor Anderer Augen die Kleider wechseln, sondern nur wenn sie allein oder im Dunklen ist. Neulich nahm eine Japanesin in Sarufuto eine Aino-Frau in ihr Haus und drang darauf, daß sie ein Bad nähme. Sie weigerte sich aber so lange, bis man das Badehaus vollständig durch Wandschirme abgeschlossen hatte. Als die japanische Frau später hinging, um nach ihr zu sehen, fand sie sie angekleidet im Wasser sitzen, indem sie erklärte, die Götter würden erzürnt sein, wenn sie sich ihnen nackt zeigte.

Die Festtagskleider sind oft außerordentlich hübsch und mit regelmäßigen Figuren verziert; sie bestehen aus grober blauer Baumwolle, sehr kunstreich mit scharlachrothen und weißen Fäden besäumt. Das Festkleid der Männer wird durch eine längliche, reich verzierte Schürze vervollständigt. In diesen Staatskleidern nehmen sich die hübschen, kräftig gebauten Wilden außerordentlich gut aus. Niemals sah ich ein Kind, das über neun Jahre alt war, unbekleidet, gleichviel ob Knabe oder Mädchen. Die Geschmeide der Frauen bestehen in großen silbernen oder zinnernen Ohrringen und silbernen Halsverzierungen; Einige tragen Armbänder von Messing. Eine besondere Vorliebe haben die Frauen für auffällig rothe Farben und ich befreundete mich mit ihnen, indem ich Streifen aus einem rothen seidenen Halstuche unter sie vertheilte, die sie bald darauf zur Verzierung ihrer Röcke verwendeten.

Die Häuser in den fünf auf einander folgenden Dörfern sind sehr gut; ebenso in Horobets; schlechter jedoch sind sie in

Schiraoi, wo die Urbewohner unter dem Einflusse nahe gelegener Grogläden leiden. Sie unterscheiden sich in vieler Beziehung von allen, die ich bisher gesehen habe, ähneln aber am meisten den Grashäusern der Eingeborenen von Hawaii. Die Sitte scheint weder Veränderungen noch Neuerungen hold zu sein; bei allen ist der Styl derselbe und die Verschiedenheit besteht nur in der Größe und Ausführung. Für ein strenges Klima scheinen die Wohnungen schlecht geeignet zu sein; doch läßt sich dasselbe von denen der Japanesen sagen. In ihren Häusern, wie in ihren Gesichtern, haben die Ainos mehr Aehnlichkeit mit Europäern als ihre Besieger, denn sie haben Thorwege, Fenster, erhöhete Schlafstellen und ähnliche Feuerstätten wie die Schotten in den Hochlanden.

Gewöhnlich sieht man ein kleines Haus, an das Ende eines größeren angebauet. Das kleine Haus bildet den Flur oder das Vorzimmer, in welches man durch einen niedrigen, mit schweren Rohrmatten verhangenen Thorweg gelangt. Es enthält den großen hölzernen Mörser und den zweikolbigen Stößel zum Zerstampfen der Hirse, einen hölzernen Behälter für die Hirse, Netze oder Jagdgeräth und einige Rohrbündel zur Ausbesserung des Daches oder der Wände. Niemals befindet sich ein Fenster in diesem Gemach. Von hier führt ein mit dicken Rohrmatten bedeckter Gang nach dem größeren Zimmer. Letzteres hat eine Länge von 20 bis 35 und eine Breite von 15 bis 25 Fuß. Beim Eintritt verwundert man sich über die geringe Höhe der Wände, welche zu dem hohen und steilen Dache in keinem richtigen Verhältnisse stehen.

Das Fachwerk des Hauses bestehet aus Pfosten, welche 4 Fuß 10 Zoll hoch und 4 Fuß weit von einander entfernt sind. Sie sind am oberen Ende mit Ausschweifungen versehen, in welchen die schweren Balken der Decke ruhen, und außerdem durch zwei leichtere horizontale Balken verbunden. Die Mauer ist doppelt; der äußere Theil wird aus gleich großen Rohrbündeln gebildet, welche an das Gerüst befestigt sind; der innere Theil besteht aus einer einfachen Lage von Rohrhalmen. Der zwei und zwanzig Fuß hohe Dachrahmen ist aus Balken zusammengesetzt, die sich nach dem roh gehauenen Baum der Firste hinauf erstrecken. An einem Ende des Daches ist unterhalb des Giebelbaumes eine dreieckige Oeffnung, um dem Rauch Abzug zu geben. Eine besondere Sorgfalt ist auf die Außenseite des Daches verwandt, und die neben einander liegenden erhabenen Reihen von Schilfrohr nehmen sich sehr sauber und hübsch aus. Die Schilfdeckung auf dem obersten Giebelbaum und an den Ecken ist zierlich mit geschälten Ruthenzweigen eingefaßt. Die Deckenbalken des Zimmers liegen so niedrig, daß man sich bücken muß, um nicht mit dem Kopf anzustoßen, und sind mit Speeren, Bogen, Pfeilen, Pfeilschlingen und anderen rohen Geräthschaften behangen. Dach und Sparrwerk sind von Rauch geschwärzt. Unmittelbar darunter befinden sich an einem Ende und auf einer Seite des Hauses die kleinen quadratförmigen Fenster, welche bei Nachtzeit mit hölzernen Läden verschlossen werden.

Auf der linken Seite des Thorweges findet sich stets eine feststehende hölzerne Plattform, die mit einer einfachen Matte bedeckt ist und als Schlafstätte dient. Die kleinen steifen Polsterkissen sind zur Zierde mit einer Matte bedeckt. Falls die Familie zahlreich ist, so sind mehrere solcher Schlafstätten vorhanden. Ueber dem äußeren Rande derselben zieht sich eine wagrechte Stange entlang, auf welche Matten gehängt werden, um die Schlafplätze von dem übrigen Theile des Gemachs zu sondern; die äußere Seite dieser Matten ist mit kunstreich eingewobenen Figuren von hellrother und brauner Farbe bedeckt. Ueber den ganzen Fußboden ist ein Teppich aus grobem Rohr gebreitet. Der Feuerplatz ist länglich und an dem darüber befindlichen Sparrwerk hangt eine geschwärzte und glänzende Matte, damit der aufsteigende Rauch niedergehalten werde und sich gleichmäßig durch das Zimmer verbreite. Der Ruß, der sich an dieser Matte ansetzt, wird zum Tättowiren gebraucht. Der große Kochtopf, der vom Kochherde herabhangt, ist von der größten Bedeutung für den Haushalt der Ainos.

Die Hausgötter bilden einen wesentlichen Theil jeder häuslichen Ausstattung. In der Mauer zur linken Seite des Eingangs stecken zehn weiße Stäbe, die am oberen Ende mit gekräuselten Spähnen behangen sind; ein anderer Stecken befindet sich an dem Fenster, welches dem Sonnenaufgange zugekehrt ist. Der Hauptgott, ein weißer zwei Fuß hoher, mit spiralförmigen

Hobelspähnen behangener Pfahl steht immer auf dem Fußboden, neben der linken Wand, dem Feuer gegenüber und zwischen der Schlafstätte des Hausvaters und einem niedrigen, breiten Gesims. Letzteres gehört zu den Eigenthümlichkeiten aller Aino-Häuser, auch der ärmsten im Küstenlande wie im Gebirge, und enthält japanische Curiositäten, darunter manche kostbare alte Kunstgegenstände, die freilich durch Rauch und Staub gelitten haben. In den Wohnungen dieser nördlichen Urbewohner sind sie wirkliche Seltenheiten und mit fast feierlicher Sorgfalt an der Wand aufgestellt. In Benri's Hause sind vier und zwanzig

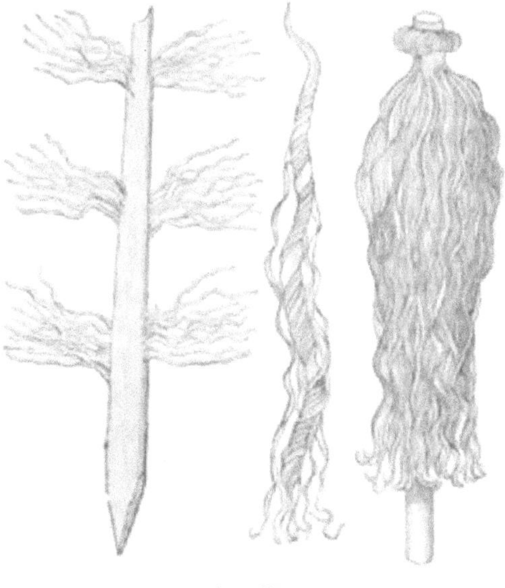

Aino-Götzen.

lackirte Urnen oder Theebüchsen, jede auf vier Füßen von gravirter Filigran-Arbeit; hinter denselben eine Anzahl lackirter Näpschen, Schalen und Theebretter; darüber hangen Speere mit ausgelegt gearbeiteten Griffen und schönen Kaga- und Awata-Schalen. Die Lackwaaren sind besonders schön und einige Urnen sind mit goldenen Daimiyo-Wappen versehen. Eine Urne und eine große bedeckte Schale sind köstlich mit Venusmuscheln ausgelegt. Die großen Urnen findet man in jedem Hause, nebenbei auch Rüstungen und Schwerter mit eingelegter Arbeit, gravirte Klingen und Scheiden, wofür ein Sammler jeden Preis zahlen würde. Sie lassen sich jedoch durch kein Gebot, sei es noch so hoch, bewegen, sich von diesen alten Besitzthümern zu trennen. „Nein,“ erwidern sie mit ihrer tiefen wohlklingenden Stimme, „wir können sie nicht verkaufen; es sind Geschenke von Denen, die sich freundlich gegen unsere Vorfahren erwiesen haben.“ Und somit bleiben die Goldlack-Waaren, die Perlen-Mosaike, die goldenen Niello-Arbeiten und Daimiyo-Wappen noch fernerhin an ihrem Orte, um in der rauchigen, dunklen Hütte zu glänzen. Einige dieser Gegenstände sind ohne Zweifel Geschenke, welche ihre Väter bald nach der Eroberung von Yezo erhielten, als sie hingingen, dem Stellvertreter des Sjogun und des Fürsten von Matsumae Tribut zu entrichten. Andere sind wahrscheinlich Geschenke von Samurai, die während des Aufruhrs hier Zuflucht fanden; noch andere müssen durch Tausch gewonnen worden sein. Diese Besitzthümer sind die einzigen, die sie nicht gegen Reisbier vertauschen und von denen sie sich nur trennen, wenn sie auf Befehl eines Häuptlings eine Geldstrafe zu erlegen haben oder wenn ein Mädchen zur Hochzeit ausgestattet werden soll.

Mit Ausnahme der ärmsten Häuser, wo man für den Gast nur eine Matte hinlegen kann, wird überall der grobe Teppich auf beiden Seiten der Feuers mit einem feineren bedeckt. Diese Matten und das Rindentuch sind in der That ihre einzigen Manufaktur-Erzeugnisse. Sie werden aus feinen Halmen in dunkelrothen und braunen Mustern gemacht, und sind 14 Fuß lang und 3 Fuß 6 Zoll breit. Eine Frau bedarf acht Tage, um eine anzufertigen.

In jedem Hause befinden sich mehrere bewegliche Sitze, welche für die Gäste an das obere Ende der Feuerstätte gestellt und mit einem Bärenfell oder einem schönen Teppich bedeckt werden. In manchen Häusern sind auch breite, erhöhete Sessel, worauf die älteren Männer sitzen, nach ihrer Sitte mit gekreuzten Beinen, nicht, wie die Japanesen, auf die Hacken gekauert. Ein Wasserfaß steht immer neben der Thüre und an den Balken hangen einige Häute und das zum täglichen Gebrauch bestimmte Wild- oder Bärenfleisch und getrocknete Fische. Außer diesen Gegenständen sind nur noch die nothwendigsten Geräthschaften — hölzerne oder lackirte Näpfe für Speisen und Reisbier; ein Hackebrett und Hackemesser; ein gespaltener Stab, auf welchen die Birkenspähne zum Verbrennen gesteckt werden; ein dreifach gespaltener Stab, worauf man bei seltenen Gelegenheiten eine irdene Oellampe befestigt; die einzelnen rohen Geräthe zum Weben; die Rinde, woraus sie ihre Kleiderstoffe verfertigen; die Halme zur Anfertigung der Teppiche — damit sind ihre nothwendigsten Lebensbedürfnisse erschöpft. Eisen kommt beim Bau

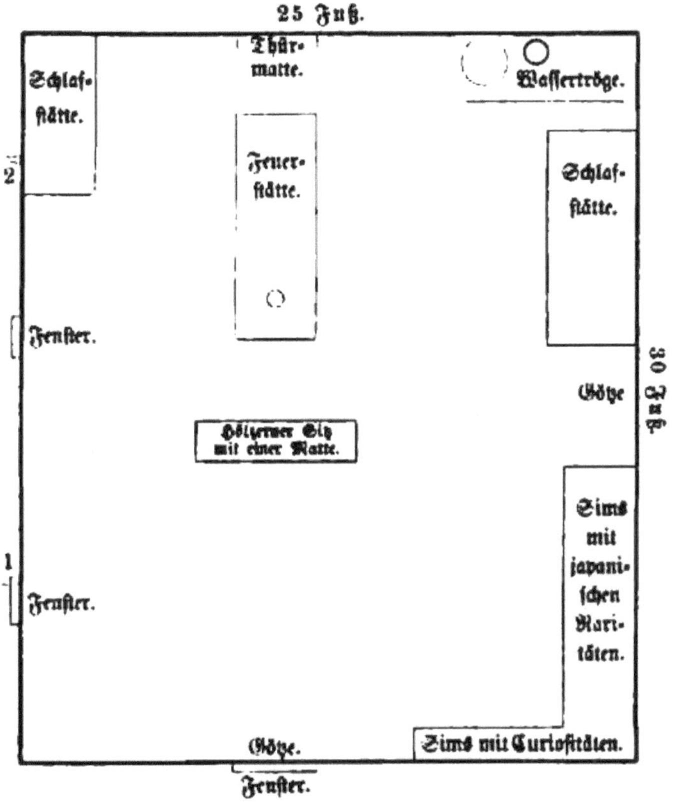

Grundriß eines Aino-Hauses.

ihrer Häuser nicht zur Verwendung, sondern wird durch außerordentlich zähe Faserstoffe ersetzt.

Die Zubereitung ihrer Nahrung, die aus einem Gebräu von allem möglichen Eßbaren besteht, habe ich bereits beschrieben. Sie verzehren frischen, gesalzenen und getrockneten Fisch, Seegras, Schnecken, die verschiedenen Gewächse, welche die Wildniß, die ihre Dörfer umgiebt, erzeugt, wilde Wurzeln und Beeren, dazu Wildpret, frisches und getrocknetes Bärenfleisch, kurzum Alles durch einander gemischt, was eßbar und nicht giftig ist. Zum Umrühren der Speisen bedienen sie sich hölzerner Löffel und beim Essen besonderer Stäbchen. Sie halten täglich nur zwei regelmäßige Mahlzeiten, sprechen ihnen aber wacker zu. Zur Ergänzung der erwähnten Speisen haben sie einen dicken Brei aus einer Thonerde, die in einigen Thälern gefunden wird. Man kocht dieselbe mit der Zwiebel einer wilden Lilie, läßt den Thon niedersinken und gießt dann die verdickte Flüssigkeit ab. Im Norden befindet sich ein Thal, wo diese Erde gefunden wird, mit Namen Tsie-toi-nai, so viel bedeutend wie „Thal der eßbaren Erde."

Den Herbst, den Winter und das Frühjahr bringen die Männer auf der Hirsch- und Bärenjagd zu. Ein Theil des Tributs oder der Steuern entrichten sie in Häuten und leben von dem getrockneten Fleisch. Bisher erlegten die Ainos jene Thiere mittelst vergifteter Pfeile, Pfeilschlingen und Fallgruben; die japanische Regierung hat jedoch den Gebrauch von Gift und Pfeilschlingen untersagt und die Leute meinen, die Jagd sei außerordentlich schwierig geworden, da die wilden Thiere durch den Knall der Feuergewehre immer weiter in die Gebirge getrieben würden. „Indessen," fügen sie sehr bedeutungsvoll hinzu, „die Augen der Regierung reichen nicht überall hin."

Ihre Bogen sind nur drei Fuß lang und aus starken Aesten gefertigt, die nicht abgerindet, auch an den Enden nicht dünner gemacht oder zugespitzt werden. Das Holz besitzt nur geringe Spannkraft. Die Pfeile, deren mehrere in meinen Besitz gelangten, sind sehr merkwürdig und bestehen aus drei Stücken. Die Spitze ist ein zugeschärftes Stück Knochen, an jeder Seite mit einer länglichen Vertiefung, welche das Gift aufnimmt. Diese Spitze ist mittelst eines Rindenbandes an ein vier Zoll langes Knochenstück befestigt, das wieder an einen vierzehn Zoll langen Schaft festgebunden ist; das untere Ende ist zuweilen mit drei Federn besetzt.

Das Gift wird in weichem Zustand in die längliche Vertiefung gebracht und verhärtet nachher. Zuweilen enthalten die Pfeilspitzen einen Theelöffel voll von diesem giftigen Stoff. Da die vergiftete Spitze nur leicht an dem Schaft befestigt ist, so bleibt sie, während Letzterer abfällt, stets in der Wunde stecken.

Pipichari gab mir eine kleine Quantität von dem giftigen Teige und zeigte mir auch die Pflanze, aus deren Wurzel es bereitet wird, den japanischen Eisenhut, dessen blaue Blüten aus allen Gebüschen hervorschimmern. Die Wurzel wird zu einem Teig geknetet, mit einer röthlichen Erde und mit Thierfett vermengt und alsdann in die Pfeilspitze gebracht. Man sagt, das Gift würde noch vor dem Gebrauche in die Erde vergraben; Benri erklärte jedoch, daß dies ohne Nutzen sei. Eine einzige Verwundung soll einen Bären binnen zehn Minuten tödten, das Fleisch aber nicht ungenießbar machen; auch gebraucht man die Vorsicht, ein bedeutendes Stück rund um die Wunde auszuschneiden. Dr. Eldridge, der sich früher in Hakodate aufhielt, verschaffte sich dieses Gift und kam nach mehrfachen Versuchen zu dem Schlusse, daß es weniger scharf sei als andere Gifte, welche die Eingeborenen auf Java, die Buschmänner und einige Stämme am Amazonen- und Orinoco-Strome zu gleichem Zwecke verwenden. Die Ainos behaupten, daß ein Mensch, der zufällig durch einen vergifteten Pfeil verwundet werde, nur getheilt werden könnte, wenn der verletzte Theil sogleich ausgeschnitten würde.

Es ist nicht zu verwundern, daß die Regierung die Fallen mittelst vergifteter Pfeile verboten hat, denn sie machen den Verkehr unsicher und weiter im Norden, wo die Jäger weniger überwacht werden als hier, ist man noch immer dadurch gefährdet. Diese Fallen bestehen aus einem großen Bogen mit einem vergifteten Pfeile, der so angebracht wird, daß, sobald ein Bär darüber hinschreitet, die Schnur sogleich abschnappt — ein höchst einfaches und sinnreiches Mittel, um in der Stille zu tödten. Solcher Pfeilschlingen sah ich zu funfzig in einem Hause.

Wie schon erwähnt, sind die Frauen den ganzen Tag beschäftigt. Sie sehen heiter und sogar fröhlich aus und altern nicht vor der Zeit wie die Japanesinnen, zum Theil vielleicht, weil ihre Häuser gut gelüftet sind und der Gebrauch der Holzkohlen ihnen unbekannt ist. Wenngleich sie hart arbeiten, so glaube ich doch nicht, daß sie einer solchen grenzenlosen Plackerei unterworfen seien, wie die meisten wilden Frauen zu erdulden haben. Sie essen von derselben Speise und zu derselben Zeit wie die Männer, lachen und plaudern in ihrer Gegenwart und im Alter wird ihnen gleiche Ehrerbietung und Hülfe zutheil. Gelegentlich verkaufen sie Teppiche und Borkentuch und die Männer lassen ihnen ihre Einnahme. Auf die Verfertigung des Rindenzeuges verstehen sich alle Aino-Frauen. Die Männer beschaffen die Rinde in Streifen und nehmen die äußere Bedeckung davon ab. Die innere Rinde wird in verschiedene dünne Schichten getheilt und von den älteren Frauen in dünne Fasern zerlegt, verknüpft und in Ballen von je einem Pfund zusammengewunden. Weiter ist nichts erforderlich, um die Fäden zu weben, aber einige Frauen tauchen sie noch in eine Rindenabkochung, um die natürliche braune Farbe dunkler zu machen.

Das Webegeräth ist höchst einfach. In dem Fußboden ist ein starker Haken fest gemacht, woran die Fäden des Gewebes mit dem einen Ende befestigt sind; das andere Ende derselben haftet an dem Oberleibe des Webers, der dem Gewebe die nöthige Spannung giebt, indem er sich in steifer, unverrückter Stellung erhält. Die Fäden laufen durch einen Rahmen, welcher wie ein Kamm gestaltet ist und auf den Fußknöcheln ruhet. Die oberen und unteren Fäden werden durch eine hohle Rolle aus einander gehalten. Das Webeschiffchen besteht aus einem Holz, welches mit Schnitzereien verziert ist. Das gefertigte Tuch wird auf eine Walze aufgerollt. Die Länge des Gewebes beträgt funfzehn Fuß und die Breite funfzehn Zoll. Das Tuch wird sehr regelmäßig gewoben und die Knötchen der Fäden werden sorgfältig auf der unteren Seite gehalten. Das

Weberschiff.

Verfahren geht langsam und ist sehr ermüdend, und eine Frau kann in einem Tage nicht mehr als einen Fuß breit anfertigen. Die Weberinnen sitzen auf dem Fußboden und haben das ganze Geräth an ihrer Brust, den Webebaum oder eigentlich Webekamm an ihren Fußknöcheln befestigt. Es erfordert eine lange Uebung, um die nöthige Spannung mit steifem Rücken unverändert zu erhalten; je nachdem die Arbeit es erfordert, rücken sie dem Haken allmälig näher. In den größeren Häusern kommen zwei oder drei Frauen schon des Morgens mit ihrem Webezeug, befestigen die Haken und bleiben den ganzen Tag bei ihrer Arbeit; die anderen, denen diese Vergünstigung nicht zutheil wird, weben draußen und befestigen die Haken in dem Erdboden. Das ganze Geräth kann in wenigen Minuten aufgenommen und von der Stelle geschafft werden. Es ist die einfachste und vielleicht ursprünglichste Form der Handweberei und der ganze Apparat wird mit Leichtigkeit mittelst eines gewöhnlichen Messers angefertigt.

XL.

Elementar-Religion. — Bären-Cultus. — Das ewige Leben. — Ehestand und Scheidung. — Musik-Instrumente. — Der Stand der Häuptlinge. — Tod und Begräbniß. — Sittliche Eigenschaften.

Die religiösen Vorstellungen der Ainos sind im höchsten Grade unbestimmt und ohne Zusammenhang. Mit Ausnahme der Hügeltempel von japanischer Bauart, die dem Yoschitsune geweihet sind, besitzen sie keine Tempel und haben weder Priester, noch Opfer, noch Gottesdienst. Wie zu ersehen ist, so ist ihr Cultus durch alle überlieferten Zeiten die roheste und ursprünglichste Form der Naturreligion gewesen, eine unbestimmte Verehrung von Bäumen, Flüssen, Felsen und Bergen und undeutliche Vorstellungen von einer guten oder bösen Macht, die sie dem Meere, dem Walde, dem Feuer, der Sonne und dem Monde beilegen. Ich kann nicht erfahren, ob sie eine Spur von der

Götterverehrung ihrer Vorfahren besitzen, aber ihre rohe Naturreligion mag die ursprüngliche Form des japanischen Sinto-Cultus sein. Von ihrer Anbetung der belebten und unbelebten Natur scheint die Verehrung, die sie dem Yoschitsune zollen, die einzige Ausnahme zu machen. Diesem glauben sie Vieles schuldig zu sein und Einige hegen die Hoffnung, daß er als Vermittler für sie wirken werde. Ihre Götter, das heißt die äußeren Sinnbilder ihrer Religion, entsprechen den Sinto-Gohei und sind Ruthen oder Stäbe aus geschältem Holz, von deren Spitze lockenförmige Spähne herabhangen. Diese stehen nicht nur, zuweilen zu zwanzig, in ihren Häusern, sondern auch an Abhängen, Flußufern, Strömen und Gebirgspässen, und die Bootsleute, wenn sie über reißende und gefahrvolle Stellen hinweg fahren müssen, pflegen solche Ruthen in den Fluß zu werfen. Es würde unsinnig sein, wollte man über die religiösen Ideen eines Volkes schreiben, das keine besitzt, und über den Glauben eines Volkes, das nur aus erwachsenen Kindern besteht. Ich habe mir unendliche Mühe gegeben, über die religiösen Vorstellungen der Ainos belehrt zu werden und Schinondi versicherte mir, sie hätten mir Alles gesagt, was sie selber darüber wüßten, und das Ganze besteht nur in undeutlichen Befürchtungen und Hoffnungen und in der Vermuthung, es möge noch Dinge geben, die mächtiger seien als sie selber, deren guter Einfluß vielleicht zu erlangen sei und deren nachtheilige Einwirkung durch reichliche Trankopfer von Sake abgewandt werden könne.

Was man Gottesdienst nennt, besteht bei diesen Wilden nur in solchen Trankspenden von Reisbier, wobei sie die Becher und die Hände schwenken, ohne sich aber im Geiste einem Flehen oder einer Abbitte hinzugeben. Nur in diesem Sinne verehren sie den Wald und das Meer, die Sonne und den Mond, nicht aber die Sterne. Dem Wolf, der schwarzen Schlange, der Eule und verschiedenen anderen Thieren legt man den Namen „Kamoi“ oder Gott bei; so ist der Wolf der „heulende Gott“, die Eule „der Vogel der Götter“, eine schwarze Schlange „der Rabengott“, aber keines dieser Thiere wird angebetet; die Verehrung des Wolfes hat in letzter Zeit ganz aufgehört. Der Donner, „die Stimme der Götter“, flößt ihnen einige Furcht ein. Die Sonne, sagen sie, sei ihr bester Gott und demnächst das Feuer, also die Gottheiten, von welchen ihnen die größten Wohlthaten gespendet worden sind. Eine Vorstellung von Dankbarkeit waltet in ihren rohen Begriffen vor, wie bei der Verehrung des Yoschitsune, und spricht auch aus einem Gesange, der an verschiedenen Oertern bei ihren Festen gesungen wird, womit sie den Schluß der Jagdzeit und des Fischfanges feiern.

„Der Sonne, die uns ernähret, und dem Walde, der uns schützt, bringen wir unseren Dank dar. Sie sind zwei Mütter eines gleichen Kindes; die eine möge nicht zürnen, wenn wir uns zu der anderen wenden. Die Ainos werden stets der Stolz des Waldes und des Meeres sein."

Eine besondere Art von Opfer besteht darin, daß sie einen werthlosen todten Vogel, der einem Sperling ähnlich sieht, neben einen ihrer Götzen hinlegen und ihn so lange liegen lassen, bis er in Fäulniß übergeht. Für die Götter trinken ist der wichtigste Akt des Gottesdienstes und somit verbindet sich die Trunksucht mit der Religion, denn je mehr Reisbier die Ainos trinken, desto frommer sind sie und desto wohlgefälliger den Göttern. Außer dem Sake scheint kein anderes Getränk in großem Ansehen bei den Göttern zu stehen. Niemals unterläßt man es, dem Feuer und den hölzernen Götzen Trankopfer zu spenden, wobei stets die Schale nach innen geschwenkt wird.

Ein ganz besonderer Zug in dieser rohen Götterlehre ist die Verehrung des Bären. Wenngleich der Yezo-Bär zu den schönsten der Gattung gehört, so läßt sich doch der Beweggrund zu dieser Verehrung nicht begreifen, denn sie stecken zwar seinen Schädel in ihren Dörfern auf, fangen ihn aber auch in Schlingen, tödten und essen ihn und verkaufen sein Fell. Ohne Zweifel flößt ihnen dieses Thier mehr religiöse Hochachtung ein als die unbeseelten Naturkräfte; die Ainos sind daher entschiedene Verehrer des Bären und die Bärenfeier ist ihr wichtigster religiöser Festtag. So sanft und friedlich sie auch sind, so zollen sie doch der Wildheit und dem Muthe große Bewunderung; der Bär, das stärkste, wildeste und muthigste Thier, das ihnen bekannt ist, hat ihnen daher wahrscheinlich zu allen Zeiten große Achtung eingeflößt. Einige ihrer Gesänge preisen den Bären, und der höchste Lobspruch, den sie einem Manne spenden, besteht darin, daß sie ihn mit einem Bären vergleichen. So sagte Schinondi von dem Häuptling Benri: „Er ist so stark wie ein Bär,“ und die alte Parze nannte Pipichari, um ihn zu loben, „den jungen Bären.“

In allen Aino-Dörfern und vorzugsweise in der Nähe von des Häuptlings Hause stehen mehrere hohe Pfeiler, auf deren Spitze der fleischlose Schädel eines Bären aufgesteckt ist; und in den meisten auch ein großer Käfig aus Balken, drei Fuß über den Erdboden erhoben. Zu jetziger Zeit enthalten diese Käfige junge aber gut gewachsene Bären, die man, als sie noch ganz klein waren, im Frühling gefangen hat. Nachdem der junge Bär gefangen worden, wird er in ein Wohnhaus gebracht, gewöhnlich in das des Häuptlings, und dort von einer Frau gesäugt. Die Kinder spielen mit ihm, bis er zu groß und rauh für das Haus wird und man ihn in einen starken Käfig sperrt. Hier wird er bis zum Herbst des nächsten Jahres gefüttert und dann, wenn er stark und ausgewachsen ist, am Feste des Bären getödtet. Die Gebräuche bei diesem Feste sind verschieden und im Gebirge erlegt man den Bären auf eine andere Weise als an der Küste, aber überall findet alsdann ein Zusammenlauf des Volkes statt und nur die Männer nehmen an diesem Feste Theil, wo man viel Sake trinkt und einen absonderlichen Tanz aufführt.

Nachdem der Bär durch Lärmen und Geschrei aufgereizt worden ist, versetzt ihm ein Häuptling mittelst eines Pfeilschusses eine leichte Wunde, wodurch er vollends ergrimmt wird, so daß er in voller Wuth aus dem Käfig springt, sobald die Schranken geöffnet werden. Alsbald stürzen sich die Ainos mit verschiedenen Waffen auf ihn zu und Jeder sucht ihm eine Wunde beizubringen; denn das Blut dieses Thieres vergießen soll Glück bringen. Sobald er erschöpft niederfällt, wird ihm der Kopf abgeschnitten. Alsdann wird der Leichnam unter das Volk vertheilt; der Kopf wird unter festlichem Jubel auf einen Pfahl gesteckt und verehrt, das heißt: er empfängt Trankspenden von Reisbier und das Fest schließt mit allgemeiner Trunkenheit. In manchen Dörfern herrscht der Gebrauch, daß die Pflegemutter des Bären ein durchdringendes Klagegeschrei erhebt, wenn er seinen Mördern überliefert wird, und, sobald er erschlagen worden, jeden derselben mit einem Baumzweige abstraft.

Wenn ein Bär in der Falle gefangen oder durch einen Pfeil verwundet worden ist, so begehen die Jäger eine Art Versöhnungsfeier. Auch scheinen sie eine dunkle Idee von der Seelenwanderung zu haben, wie dies aus dem Usu-Gebete an den Bären und aus gewissen Traditionen zu ersehen ist: doch läßt sich nicht bestimmen, ob diese Idee bei ihnen ursprünglich einheimisch war oder erst in späterer Zeit durch Berührung mit dem Buddhismus entstanden ist.

Von einem zukünftigen Leben haben sie keine bestimmte Vorstellung und augenscheinlich mißfällt ihnen der Gegenstand. Ihre Begriffe darüber sind dürftig und verworren. Einige glauben, daß die Seelen ihrer Freunde in Wölfe und Schlangen überwandern; Andere, daß sie durch die Wälder schweifen; noch Andere, daß sie an einen guten oder schlimmen Ort gelangen, je nach ihren Thaten; Schinondi aber sagte mit pathetischem Ausdruck: „Wie könnten wir das wissen, da noch Keiner wiedergekommen ist, es uns zu erzählen?" Als ich ihn fragte, was man unter bösen Handlungen verstände, antwortete er: „Schlechtes Betragen gegen die Eltern, stehlen und lügen." Die Zukunft scheint jedoch keine Stelle in ihren Gedanken einzunehmen und man kann kaum vermuthen, daß sie an eine Unsterblichkeit der Seele glauben, obschon ihre Gespensterfurcht beweist, daß sie einen Unterschied zwischen Körper und Geist anerkennen.

Höchst einfach sind ihre geselligen Gebräuche. Die Mädchen verheiraten sich niemals vor dem siebenzehnten, die Männer nicht vor dem ein und zwanzigsten Jahre. Wenn ein Mann heiraten will, so ersieht er sich ein Mädchen und fragt den Häuptling, ob er um dasselbe anhalten solle. Wird die Erlaubniß persönlich oder durch Vermittelung ertheilt, so bewirbt er sich beim Vater, und sobald dieser einwilligt, macht ihm der Bräutigam ein Geschenk, gewöhnlich mit einer japanischen Rarität. Damit ist die Verlobung festgestellt und die bald darauf folgende Hochzeit wird mit einem Reisbier-Gelage gefeiert. Wesentlich ist es, daß der Ehemann ein Haus erwirbt, wo er seine Gattin einführt. Jedes Paar lebt getrennt und selbst der älteste Sohn führt seine Braut nicht in das Haus seines Vaters. Vielweiberei ist in zwei Fällen gestattet. Der Häuptling darf drei Weiber haben, aber jedes muß in einem besonderen Hause wohnen.

Benri hat zwei Frauen; aber es scheint, daß er die zweite nahm, weil die erste kinderlos blieb; in diesem Falle nämlich ist die Vielweiberei ebenfalls gestattet; in Biratori findet sich jedoch kein Beispiel davon, und die Männer meinen, sie wollten sich lieber mit einer Frau begnügen, als Zank und Unfrieden haben. Die Usu-Ainos sagten mir, unter den Stämmen an der Vulkanbai wäre die Vielweiberei nicht gebräuchlich, selbst nicht bei den Häuptlingen.

Den Wittwen ist es vergönnt, sich wieder zu verheiraten, wenn der Häuptling seine Einwilligung dazu giebt; unter den Berg-Ainos aber muß die Frau unbedingt während eines Zeitraumes von sechs bis zwölf Monaten abgesondert in dem Hause ihres verstorbenen Gatten leben und darf nur zuweilen an die Thüre gehen, um mit Sake nach beiden Seiten zu sprengen. In ähnlicher Weise sondert sich ein Wittwer dreißig Tage lang ab.

Wenn ein Mann seine Frau nicht leiden mag, so kann er sich, mit Bewilligung des Häuptlings, von ihr scheiden; jedoch muß er sie mit hinreichenden und guten Kleidern ihren Eltern zurückschicken. Unzulässig ist eine Scheidung, sobald Kinder vorhanden sind und kommt selten oder niemals vor. Die eheliche Treue gehört zu den Tugenden der Aino-Frauen; für den möglichen Fall der Treulosigkeit bestimmt die Sitte, daß der beleidigte Ehemann seine Frau an ihren Buhlen abtrete, falls derselbe unverheiratet ist; in diesem Falle bestimmt der Häuptling die Entschädigung, welche der Buhle zu zahlen hat.

Alte und Blinde werden gänzlich von ihren Kindern unterhalten und diese erzeigen ihnen kindliche Ehrerbietung und Gehorsam bis zum Tode.

Wer einen Anderen bestiehlt, muß das Genommene wieder zurückerstatten und dem Bestohlenen außerdem ein Geschenk machen, dessen Werth der Häuptling feststellt.

Die Sitte verpflichtet jeden Aino, Gastfreundschaft zu üben. Wie man mich empfangen hat, so nehmen sie jeden Fremden auf, geben ihm das Beste, räumen ihm den ehrenvollsten Platz ein, spenden ihm Gaben und versehen ihn bei seiner Abreise mit Hirsekuchen.

Einige Feste abgerechnet, haben sie wenige Vergnügungen. Der Tanz, den sie mir zu Ehren veranstalteten, bewegt sich langsam und traurig, und ihre Gesänge sind Lieder oder Recitative. Sie besitzen ein Musik-Instrument, einer Guitarre ähnlich, mit drei, fünf und sechs Saiten, gefertigt aus den Flechsen der Walfische, die an die Küste geworfen werden. Ein anderes, welches wahrscheinlich nur bei ihnen vorkommt, besteht aus einem einfachen Stück Holz, etwa fünf Zoll lang und anderthalb Zoll breit, mit einer zugespitzten hölzernen Zunge, die in der Mitte befestigt ist. Das Instrument wird an den Mund gesetzt und die Zunge mittelst des Athems in Schwingung versetzt. Es klingt weniger grell aber nicht angenehmer als die sogenannte Maultrommel. Einer der Männer gebrauchte es zur Begleitung des Gesanges. Sie trennen sich nicht gern von diesem Instrument, denn es soll schwierig sein, ein Stück Holz zu finden, das sich mit der nöthigen Feinheit bearbeiten läßt.

Unter einander beobachten sie die größte Höflichkeit. Sie begrüßen sich häufig — beim Eintritt in das Haus und beim Abschiede, wenn sie sich auf der Straße begegnen, wenn sie irgend Etwas von Anderen empfangen oder ihnen etwas Verbindliches gesagt wird. Diese Rücksichten erweisen sie jedoch den Frauen nicht. Der gewöhnliche Gruß besteht darin, daß sie die Hände ausbreiten und ein Mal oder öfter nach innen schwenken und den Bart streichen; bei einer förmlichen Begrüßung erheben sie die nach innen gekrümmten Hände zwei oder drei Mal bis zur Höhe des Kopfes, senken sie wieder und reiben sie an einander; zum Schlusse wird der Bart mehrmals gestrichen. Die letztere Art der Begrüßung wird dem Häuptling zutheil oder den älteren seitens der jüngeren Personen. Den Frauen sind dergleichen Förmlichkeiten nicht auferlegt.

„Medizin-Männer" haben sie nicht, und obschon ihnen heilsame Kräuter bekannt sind, so kennen sie doch weder die Wirkung noch die Anwendung derselben. Getrocknete und geknetete Bärenleber ist ihr vorzüglichstes Heilmittel, das sie gegen Kolik und andere Uebel anwenden. Sie sind eine gesunde Rasse. In diesem Dorfe mit 300 Einwohnern herrschen keine chronischen Krankheiten; nur ein Fall von Halsbräune und einige Hautkrankheiten bei den Kindern. Auch kommt in diesem und in fünf anderen Dörfern, die ich besuchte, keine Mißgestalt vor, mit Ausnahme eines Mädchens, deren eines Bein ein wenig kürzer als das andere ist.

Aus der Wurzel eines Baumes, so wie auch aus ihrer Hirse und dem japanischen Reis bereiten sie durch Gährung ein berauschendes geistiges Getränk, doch ist ihnen das japanische Reisbier am liebsten und sie verwenden ihre ganze Einnahme dazu, es in ungeheurer Menge trinken zu können. Es ist ihnen das höchste Glück, das sie kennen oder sich vorstellen können. Eine bestialische Trunkenheit ist die höchste Wonne, nach welcher diese armen Wilden trachten und wird sogar geheiligt durch die Einbildung, daß sie den Göttern zutrinken. Männer und Weiber sind diesem Laster in gleichem Grade ergeben. Einige Wenige jedoch, wie Pipichari, enthalten sich gänzlich dieses Getränkes, indem sie die Schale ergreifen, den Göttern das Trankopfer spenden und sie dann weiter geben. Ich fragte Pipichari, weshalb er keinen Sake tränke, worauf er mir mit freundlicher, offener Miene erwiderte: „Weil es die Menschen zu Hunden macht.“

Mit Ausnahme zweier Pferde, die dem Häuptlinge gehören, besitzen sie keine Hausthiere; ihre großen gelben Hunde werden zur Jagd gebraucht, aber niemals in das Haus gelassen.

Trotz ihrer Eigenheit und Anständigkeit sind sie keineswegs sauber. Die Frauen waschen ihre Hände ein Mal des Tages; aber eine andere Waschung ist ihnen unbekannt. Niemals waschen sie ihre Kleider und tragen sie bei Tag und Nacht. Das Kopfhaar und die Bärte der Greise sind, anstatt weiß, gelb von Rauch und Schmutz. Man kann sagen, sie seien unfläthig, ganz so schmutzig wie Massen unseres eigenen Volkes. Ihre Häuser wimmeln von Fliegen, jedoch nicht schlimmer als die japanischen Wirthshäuser. Dennoch haben die Gebirgsdörfer einen Anschein von ungewöhnlicher Sauberkeit, da man dort weder Streu noch Schutthaufen, Pfützen oder anderen Unrath erblickt; ebenso kommen weder im Innern der Häuser noch in ihrer Umgebung unangenehme Gerüche vor, denn sie sind gelüftet und durchräuchert und das Fleisch und die eingesalzenen Fische werden in den Vorrathshäusern aufbewahrt.

Die Zeitrechnung ist ihnen unbekannt und sie wissen ihr

eigenes Alter nicht. Die Vergangenheit ist für sie todt, doch hangen sie, wie andere unterdrückte und verachtete Völker, an der Idee, sie wären in einer lang vergangenen Zeit eine große Nation gewesen. Von blutigen Kämpfen ist ihnen nichts überliefert und die Kriegskunst scheinen sie längst verloren zu haben. Ich fragte Benri über diesen Gegenstand und er sagte, früher hätten die Ainos ebenso wohl mit Speeren und Messern wie mit Bogen und Pfeilen gefochten, aber Yoschitsune, ihr Heldgott, hätte ihnen den Krieg für immer verboten und seitdem würde der zweischneidige Speer mit neun Fuß langem Schafte nur zur Bärenjagd gebraucht.

Die japanische Regierung übt, wie sich von selbst versteht, dieselbe Macht über die Ainos wie über die übrigen Unterthanen, ist aber wahrscheinlich nicht bemühet, sich in die Angelegenheiten der Familien und Stämme zu mischen, für welche die Häuptlinge mit despotischem Ansehen bekleidet sind. Die Ainos leben in Dorfgemeinschaften, deren jede ihren eigenen Häuptling als obersten Lehnsherrn hat. Mir scheint es, als sei dieses Häuptlingswesen nur eine Erweiterung der väterlichen Gewalt, so daß alle Familien im Dorfe wie eine vereinigte Familie regiert würden. Benri, in dessen Hause ich wohne, ist der Häuptling von Biratori und es wird ihm von Allen große Verehrung erwiesen. Die Ernennung zu diesem Amte geschieht auf lebenslang, ist jedoch nicht erblich. Wenn ein Häuptling erblindet oder zu gebrechlich wird, so ernennt er einen Nachfolger; hat er einen befähigten Sohn, dem er zutrauet, daß er die Achtung des Volkes erlange, so ernennt er diesen, in anderem Falle den tauglichsten Mann im Dorfe. Das Volk wird berufen, die Wahl zu billigen und versagt niemals seine Zustimmung.

Benri scheint das Ansehen eines sehr strengen Vaters zu behaupten, denn er benimmt sich gegen alle Männer wie ein Herr gegen Sklaven und sie bücken sich, wenn sie mit ihm sprechen. Niemand kann sich ohne seine Zustimmung verheiraten. Will Jemand ein Haus bauen, so wählt er den Platz. Er besitzt die unbeschränkte Gerichtsbarkeit in Civil- und Criminalfällen, wenn letztere nicht so schwer sind, daß sie der kaiserlichen Behörde anheimfallen. Er erzwingt die Rückerstattung gestohlenen Gutes und bestimmt in allen Fällen die Geldstrafen, welche die Verbrecher zu zahlen haben. Ebenso ordnet er die Jagden und Festlichkeiten an. Die jüngeren Männer fürchten sich, in seiner Abwesenheit seinem Willen zuwider zu handeln.

Wie es scheint, so ist der älteste Sohn nicht bevorzugt, wie bei den Japanesen. Ihm fallen nicht nothwendiger Weise das Haus und die Raritäten als Erbe zu. Die Letzteren werden nicht getheilt, sondern gehen mit dem Hause auf denjenigen Sohn über, den der Vater für den befähigtsten hält. Die förmliche Adoption ist in Gebrauch. Pipichari ist ein angenommener Sohn und wird wahrscheinlich Benri's Eigenthum erben und die eigenen Kinder desselben verdrängen.

Eine besondere Furcht hegen die Ainos vor den Schlangen und selbst die muthigsten ergreifen bei ihrem Anblick die Flucht. Einige sagten mir, es geschähe, weil man die Bißwunden nicht zu heilen verstände; dies kann aber nicht allein der Grund sein, denn sie fliehen auch vor Schlangen, die ihnen als harmlos bekannt sind.

Einen gleichen Abscheu hegen sie gegen ihre Todten. Der Tod erscheint ihnen in der That als „der Schatten, vom Menschen gefürchtet.“ Der Leichnam wird mit den besten Kleidern angethan, und bleibt etwa drei Tage lang auf einem Sims liegen; in das Grab wird ihm sein Messer, sein Sake-Stäbchen und sein Tabaksgeräth mitgegeben; die Frauen beerdigt man mit ihrem Geschmeide. Mit diesen Gegenständen wird die Leiche in eine Matte eingenähet und nach dem stillen Grabe getragen, in welches man sie in einer halb liegenden Stellung beerdigt. Nichts kann einen Aino bewegen, sich einem Grabe zu nahen, und selbst wenn eine werthvolle Jagdbeute dort niederfällt, so wird er sie nicht aufheben. Ein unbestimmter Schrecken haftet auf immer auf den Abgeschiedenen und dem Aino werden die stygischen Schatten durch kein Licht erhellt.

Benri kann als ein sehr intelligenter Aino gelten. Als Herr Dening aus Hakodate vor zwei Jahren hier war und ihm sagte, es gäbe nur Einen Gott, der uns Alle erschaffen hat, so erwiderte der verschmitzte Alte: „Wenn derselbe Gott, der euch erschuf, auch uns erschaffen hat, wie geht es dann zu, daß ihr so verschieden von uns, so reich seid und wir so arm sind?“ Als er über die kostbaren Stücke von Lackwaaren und eingelegter

Arbeit, welche seinen Raritäten-Sims schmücken, befragt wurde, sagte er, sie rührten wenigstens schon von seinen Urgroßeltern her und, er vermuthe, daß die Daiminyo von Matsuman sie ihnen nach der Eroberung von Yezo geschenkt hätten. Er ist ein Mann von erhabenem Ansehen, trotz den Spuren einer verwüstenden, unregelmäßigen Lebensweise. Sein Zimmer ist geräumig genug und als ich ihn bat, mir den Gebrauch seines Speeres zu zeigen, erschien er mir ganz herrlich in seiner Wildheit. Den Speer in der Hand, trat er zurück und sprang dann zum Angriff vor; seine Arme und Beine waren wie von Eisen; die starken Muskeln traten geschwollen hervor; der ganze Körper zitterte vor Aufregung; das volle Haar fiel massenhaft auf seine Stirn herab und seine Augen sprüheten Flammen. Der leidenschaftliche Kampfsmuth war so bewundernswerth dargestellt, daß mir um Ito bange wurde, den er sich als Ziel des Angriffs ersehen hatte.

Während ich schrieb, saßen sieben ältere Männer am Feuer. Ihre grauen Bärte wallten kraus auf ihre Brust hernieder, ihre kahl gewordenen Häupter erschienen besonders ehrwürdig und der Mangel des Haupthaars erhöhete noch die Schönheit der vollen, buschigen Augenbrauen. Ich entwarf eine flüchtige Skizze von dem schönsten unter ihnen und zeigte sie ihm; er war jedoch nichts weniger als erfreuet darüber, äußerte vielmehr Furcht und bat mich, die Zeichnung zu verbrennen, denn sie brächte ihm Unglück und Tod. Ito beruhigte ihn jedoch und er nahm das Bild an, nachdem ein chinesisches Schriftzeichen, welches Glück bedeutet, darunter geschrieben worden war. Alle übrigen aber ersuchten mich, ihre Bildnisse anzufertigen, Pipichari ausgenommen, der wie ein Jagdhund zu meinen Füßen lag.

Die reiche Fülle ihres schwarzen Haares, der seltsame durchdringende Blick ihrer Augen, die haarigen Gliedern und ihre auffallende Körperkraft — dies Alles verleihet ihnen ein fürchterlich wildes Aussehen, und dennoch vergesse ich zuweilen ganz und gar, daß sie Wilde sind, bei dem sanften, hellen Lächeln, an welchem Augen und Mund theilnehmen, und bei der tiefen, wohlklingenden Stimme, wie ich sie noch niemals sanfter und einnehmender gehört habe. Die ehrwürdige Erscheinung dieser Greise stimmt überein mit der Würde und dem Anstande ihrer

Manieren; betrachte ich jedoch die großen Häupter und bedenke, daß die Ainos niemals besondere Fähigkeiten zeigten und eigentlich erwachsene Kinder sind, so scheint doch ihr Gehirn nicht viel Intellekt hervorzubringen. Mehr und mehr werde ich überzeugt, daß ihr Gesicht ein europäisches Gepräge hat: es ist offen, ehrlich und mannhaft, aber sowohl die Züge wie die Stimme haben etwas Rührendes.

In Anwesenheit dieser Greise fragte mich Benri in strengem Tone, ob mir während seiner Abwesenheit irgend etwas Unangenehmes widerfahren sei, denn er befürchtete, daß die jungen Leute und die Weiber mich in unhöflicher Weise umdrängt hätten. Ich antwortete in einer verbindlichen Rede, worauf die alten Männer sämmtlich mir mit den Händen zuwinkten und als Zeichen der Erkenntlichkeit ihre Bärte streichelten.

Unter allen ungebildeten Völkern nehmen die Ainos ohne Zweifel eine hohe Stelle ein, dennoch sind sie ebenso unverbesserlich wie die wildesten Nomadenstämme, und die Berührung mit der Civilisation, wo dieselbe stattfindet, erniedrigt sie nur noch tiefer. Mehrere junge Ainos wurden nach Tokiyo geschickt, in mannigfacher Weise unterrichtet und erzogen, sobald sie aber nach Yezo zurückkehrten, verfielen sie wieder in ihre Wildniß und behielten nichts als die Kenntniß der japanischen Sprache. In vieler Beziehung sind sie anziehend, aber auch zugleich unerträglich durch Stumpfheit und Theilnahmlosigkeit; dabei scheinen sie an Zahl zuzunehmen und bei ihrer gesunden Körperbeschaffenheit ist keine Aussicht, daß sie bald aussterben werden.

Den Urbewohnern vieler anderer Länder sind sie schon dadurch überlegen, daß sie sich einem häuslichen Leben annähern. Sie haben ein Wort für „Haus“ und für „Heimat“ und ihr Ausdruck für „Ehemann“ hat eine Familienbedeutung. Schon daß die Wahrheit in ihren Augen großen Werth hat, erhebt sie über andere Völkerschaften. Kindermord ist unbekannt; greise Eltern werden von den Kindern hochachtungsvoll, gütig und hülfreich behandelt und viel Lobenswerthes findet sich in ihren geselligen und häuslichen Verhältnissen.

XLI.

Abschiedsgeschenke. — Veränderter Plan. — Vulkanische Erscheinungen und Bergkegel. — Ein Sturz in eine Bärengrube. — Die Ainos von Schiraoi. — Grausame Pferdebändigung.

Alt Mororan an der Vulkanbai, den 2. September.

Am 26. August verließ ich die Ainos, nicht ohne Bedauern, obgleich ich bekennen muß, daß es nicht angenehm ist, in Kleidern zu schlafen und sich nicht ordentlich waschen zu können. Benri's beide Frauen waren schon am frühen Morgen emsig beschäftigt, Hirse zu grobem Mehl zu zerstampfen, und bevor ich abreiste, kneteten sie es zu einem Teige, formten diesen mit ihren unsauberen Fingern zu Kuchen, kochten dieselben in dem ungescheuerten Topfe, worin sie ihre abscheulichen Mahlzeiten bereiten und boten sie mir, der Sitte gemäß, auf einem lackirten Teller dar. Sie waren betrübt, daß ich ihre Speise nicht verzehrte, und eine Frau ging nach einem entfernten Dorfe, um etwas Wildpret für mich zu holen. Alle Leute, die ich öfters gesehen hatte, kamen, um mir Lebewohl zu sagen und brachten mir so viele Geschenke, daß ich, um sie fortzuschaffen, noch ein Pferd mehr gebraucht haben würde, hätte ich auch nur die Hälfte davon angenommen.

Zwölf englische Meilen weit ritt ich durch Wald nach Mombets, wo ich den Sonntag zubringen wollte; ich hatte jedoch ein schlechtes Pferd, so daß wir fünf Stunden brauchten. Es war ein trüber, düsterer Tag, ein Sturm im Anzuge, und als wir den Wald verließen und auf einen, mit Eichensträuchern bewachsenen Sandhügel gelangten, wehete uns ein schrecklicher Wind entgegen. Unter den vielen Aussichten, die sich darboten, ist eine besonders erwähnenswerth. Unten ein kahler weißer Sandhügel, der eine Gruppe grauer Häuser dürftig schützte; ein Strand von aufgehäuftem grauen Sande, an welchem sich die graubraune See schäumend in weißen, zackigen Linien brach; jenseits ein Wirrsal von Brandung, hohen Wellen und Nebel; braune Wolken, die sich mit der See und dem Himmel zu vermischen schienen; und Alles nur durchschimmernd zwischen wirbelndem Sande.

Vor einem Hause, welches im Gebüsch lag, saßen mehrere Männer lärmend beim Reisbier; ein Aino von stattlichem Aussehen trat heraus, stolperte einige Schritte weit und fiel dann rückwärts nieder. Ich vergaß zu erzählen, daß ich vor meiner Abreise von Biratori vor den versammelten Ainos eine Rede über den Mißbrauch des Reisbiertrinkens hielt; sie erwiderten mir: „Wir müssen den Göttern zutrinken, wenn wir nicht sterben wollen.“ Pipichari aber sprach: „Was ihr saget, ist gut; wir wollen also den Göttern spenden, aber nicht selber davon trinken.“ Für diese kühnen Worte erhielt er einen strengen Verweis von Benri.

Mombets ist ein dem Sturme ausgesetztes Gehäufe von sieben und zwanzig verfallenen Häusern, von denen einige von Japanesen, andere von Ainos bewohnt werden. Es herrscht jetzt dort auf kurze Zeit eine große Regsamkeit, um Fischthran zu bereiten und Seegras aufzufischen, wozu sich auch eine Anzahl fremder Ainos und Japanesen eingefunden hat. Wegen der Brandung konnten die Böte nicht ausfahren und man überließ sich einem wilden Gelage. Der ganze Ort roch nach Reisbier. Betrunkene Männer taumelten umher und fielen platt zur Erde, um liegen zu bleiben, bis sie wieder nüchtern wurden. Die Aino-Frauen bemüheten sich vergeblich, ihre betrunkenen Männer nach Hause zu schleppen und Japanesen wie Ainos wetteiferten in der Bestialität. Ich begab mich nach dem Wirthshause, wo ich den Sonntag zubringen wollte, aber dasselbe war schmutzig und wüst, außerdem der Mittelpunkt des Sake-Verkaufes; der offene Raum desselben war gänzlich mit lärmenden und betrunkenen Männern angefüllt. Es war ein widerwärtiger Auftritt, dem man jedoch an hundert Orten in Schottland jeden Sonntagnachmittag begegnet.

Meine Pläne änderte ich in Sarusuto gänzlich, indem ich erwog, daß, wenn ich noch weiter auf der östlichen Küste reisete, wie ich beabsichtigt hatte, ich, falls Regenwetter eintreten sollte, mehrere Tage an den Ufern der Flüsse aufgehalten und somit Gefahr laufen würde, mein Versprechen nicht halten zu können: Herrn Maries meinen Reisebegleiter Ito an einem bestimmten

Tage zurückzustellen. Dennoch gebe ich meinen Plan nicht ohne eine Entschädigung auf, denn ich beabsichtige, meine Reise noch um 100 englische Meilen zu verlängern und dabei einen fast ungebräuchlichen Weg um die Vulkanbai zu nehmen, um die Küsten-Ainos eines fast ganz unkultivirten Bezirkes zu besuchen. Ito widersetzt sich diesem Vorhaben und meint, schon in Biratori von seiner persönlichen Bequemlichkeit genugsam geopfert zu haben; er macht allerhand Einwendungen: es wären viele Flüsse zu passiren, der Weg sei völlig ausgenützt und nicht mehr zu betreten, es wären keine Wirthshäuser dort vorhanden und die Regierungsämter würden weder Reis noch Eier anschaffen können. Für alle diese Geschichten ist ein alter Mann verantwortlich, der vergeblich ausgeschickt worden war, um Pferde anzuschaffen. Ito's Ränke unterhalten mich sehr; er ist nämlich in die Tochter des Gastwirthes in Mororan verliebt und der Wunsch, sie bald wiederzusehen, ist der eigentliche Grund, weshalb er mir widerspricht.

Da das Pferd mich nicht weiter als bis Mombets tragen konnte oder wollte, so schickte ich das Gepäck fort und ging zu Fuß durch den Eichenwald und genoß der Stille und Einsamkeit. Den übrigen Tag verbrachte ich in meinem alten Quartier, während draußen Sturm und Regen tobten. Am nächsten Tage erschien Pipichari, vorgeblich, um mir mitzutheilen, daß die kranke Frau sich in der Besserung befände, und um sich seinen Fuß wieder verbinden zu lassen; in der That hatte er nur die Absicht, mir eine Messerscheide zu bringen, die er für mich geschnitzt hatte. Er blieb während des ganzen Nachmittags auf einer Matte in einer Ecke meines Zimmers liegen und ich nahm die Gelegenheit wahr, noch manche Wörter der Aino-Sprache zu lernen.

Nach dem Sturme folgte ein grauer, stiller, milder Tag und die waldigen Hügelreihen erschienen in einer reinen dunkelblauen Duftfärbung. Ein kurzer Galopp von siebenzehn englischen Meilen, zwischen Rosenbüschen, auf einem rohen Pferde brachte mich nur bis Yubets, dessen unbeschreibliche Stille mich verleitete, eine Nacht dort zuzubringen; ein weiterer Ritt von sieben Meilen führte mich am nächsten Morgen nach Tomakomai, wo ich mich meiner Kuruma wieder erfreuen konnte. Nach langem Warten gewann ich drei Ainos, die mich im Trabe nach

Schiraoi führten. Der Himmel hatte sich nach dem Regen geklärt und auf dem gelb schimmernden Hintergrunde hoben sich die Gebirge schön hervor, aber der Ocean tobte und brauste und die Kälte griff mich so sehr an, daß ich am nächsten Tage die Reise nicht fortsetzte und dafür das Vergnügen hatte, einen flüchtigen Besuch von Herrn von Siebold und dem Grafen Diesbach zu empfangen.

Schiraoi gefällt mir sehr, und wenn ich mich stärker fühlte, so würde ich von hier aus Forschungsreisen in einen Theil des inneren Landes unternehmen, wo sich viel Lohnendes darbietet. Es ist ersichtlich, daß die Veränderungen in diesem Theile von Yezo noch verhältnißmäßig neu sind und die Kraft, die sie bewirkte, noch nicht erloschen ist. Längs dieses ganzen Küstenstrichs hat das Land ein Stück von einer Ausdehnung von zwei bis drei Meilen dem Meere abgewonnen und der alte Strand mit seinen Buchten und Vorlanden ist deutlich zu erkennen. Die neue Bildung erscheint als eine große Ablagerung von Bimsstein, bedeckt mit einer dünnen Schicht Pflanzenerde, die nicht mehr als funfzig Jahre alt sein kann. Der Bimsstein fiel beim ersten Ausbruche des Tarumai-Vulkans, welcher sich in der Nähe von Schiraoi befindet, wurde auch durch zahlreiche Flüsse in großer Menge von den inneren Hügeln und Thälern herunter gebracht und außerdem von der See ausgespült. Beim letzten Ausbruch bedeckte der Bimsstein diesen Landstrich von Yezo bis zu einer mittleren Höhe von 3 Fuß 6 Zoll. An den tief gespaltenen Ufern fast aller Flüsse findet man diese Formation, breite hellfarbene Bimssteinschichten, darüber einige Zoll von fruchtbarem, schwarzem Pflanzenboden und darunter mehrere Fuß tiefer schwarzer Meeressand. Bei einem starken Regenguß, welcher in der ersten Nacht meines Aufenthalts zu Schimaroi eintrat, bedeckte ein einziger Strom ein Stück Land neun Zoll tief mit Bimsstein, den er auf einem kaum funfzehn Meilen langen Laufe von den Hügeln des inneren Landes heruntergespült hatte.

Blickt man landeinwärts, so hat man zur Rechten den Vulkan Tarumai mit kahlem, grauem Gipfel und einem verbrannten Walde zur Seite. Zur linken Hand und in der Mitte des Landschaftsbildes sieht man Berge auf Berge, in malerischer Verwirrung auf einander gehäuft, dicht mit Wald bedeckt, von prächtigen Klusten gespalten, hin und wieder durch schmale Thäler unterbrochen. Das ganze innere Landgebiet ist ein Dickicht, in welches nur reißende Flüsse einige Meilen weit einzudringen vermochten und wo keine anderen Spuren als die beinahe verwischten Jagdfährten der Ainos zu finden sind.

Die Lage des Landes machte mich begierig, zu erforschen, ob der vielfach zerklüftete Gipfel, der zwischen den Bergen liegt, aus einer Anreihung von Tuffkegeln älteren Ursprungs bestehe. Ich verschaffte mir daher ein gutes Pferd und einen berittenen Aino als Führer und verbrachte den größten Theil eines schönen Tages auf Forschungen; es gelang mir auch, den Rücken des Vulkans und seine nach dem Inlande gekehrte Seite zu umgehen. Man kann dabei Vieles sehen und lernen. Nach stundenlanger erschöpfender Anstrengung erreichte ich einen Punkt, wo Rauch und Wasserdampf aus mehreren großen Spalten hervordrang und zuweilen unterirdisches Getöse hörbar wurde. Das Letztere erscholl aus einer kleinen Seitenspalte, aus welcher starker Rauch ausströmte. Ueberall war heller Bimsstein zu erblicken, aber nichts, was wie Lava oder Schlacken aussah. Die eine Spalte war völlig umsäumt von schönen Schwefelkrystallen, die bei der Berührung zerfielen. Etwas tiefer waren zwei heiße Quellen, an deren Rand sich Schwefel abgesetzt hatte; die unangenehm riechenden Luftbläschen, welche aus dem Wasser aufquollen, waren vermuthlich Schwefelwasserstoffgas. Weiter in dieser Richtung fortzuschreiten war nicht möglich, ohne die Kraft eines Schanzgräbers. Ich steckte meinen Arm in mehrere Spalten, die nur etwa 500 Fuß tief reichten, mußte ihn aber bald, der großen Hitze wegen, wieder herausziehen. In der gleichen Höhe kam ich an eine Quelle, die heiß genug war, eines meiner Thermometer zu zersprengen, welche nach Fahrenheit über dem Siedepunkt standen. Ich wickelte ein Ei in ein Taschentuch, und hielt es an einem Stock in das Wasser und es wurde binnen 8½ Minuten gesotten. Das Wasser kochte und bubbelte mit großer Kraft. Von meinem Taschentuche verdunstete es, ohne einen Niederschlag oder Rand zurückzulassen.

Nach weiteren dreistündigen Anstrengungen, denen mein Pferd fast unterlag, erreichten wir den scheinbaren Gipfel und ich freute mich, als ich fand, daß er aus einer Reihe von Tuffsteinkegeln bestand, die etwa 200 bis 350, sogar 400 Fuß hoch sein können. Sie sind dicht mit ziemlich alten Bäumen bewachsen und mit einer Lage Dammerde bedeckt; aber ihre kegelförmige Gestalt ist deutlich zu erkennen. Nach einer mühevollen Stunde und nachdem der Aino sein Messer tüchtig gebraucht hatte, drang ich durch eine Masse hoher Schlinggewächse und erreichte einen dieser Gipfel. Die Mühe belohnte sich, denn ich fand eine deutliche tiefe, kraterförmige Aushöhlung, deren Seiten reich mit Pflanzen bekleidet waren, ähnlich wie einige der alten Kegel auf der Insel Kanai. Dieser Kegel war theilweise von einem Strom umgürtet, der aus einer Schicht rother und schwarzer Asche hervorgedrungen war. Alle Erscheinungen, die man gewöhnlich in vulkanischen Gegenden findet, sind wahrscheinlich auch im Norden von Schiraoi anzutreffen und ich hoffe, daß man sie in zukünftiger Zeit zum Gegenstande sorgfältiger Forschungen machen werde.

Trotz der verzweifelten und fast überlästigen Anstrengungen hat mir doch nichts mehr Genuß gewährt als diese Entdeckungsreise. Zwei klare Flüsse fließen über rothe Kiesel nach Schiraoi hinab und ich deutete dem Aino an, daß ich einem derselben in das Gebirge folgen wollte. Es war ein so wunderschöner Morgen, wie man ihn zuweilen in den schottischen Hochlanden vor dem Regen erlebt, außerordentlich klar und durchsichtig; die Atmosphäre blau, ein wolkenloser Himmel, bläulich schimmernde Gipfel, reichlicher Thau, klarer Sonnenschein — alle diese Umstände machten die schöne Landschaft noch reizender.

Es ist ein Wald im wahren Sinne des Wortes, der sich über 100 englische Meilen nordwärts ausdehnt und dessen östliche und westliche Grenzen unbekannt sind. Die vorherrschenden Bäume sind zwei Arten von Eichen, drei Arten von Ahorn, Buchen von ungeheurer Größe, Eschen und Ulmen, alle umschlungen von wildem Wein mit großen Blättern und erstaunlich kräftigen Ranken. Letzterer ist eine gefährliche Schmarotzerpflanze, die sich bis zu den Wipfeln der höchsten Bäume hinauf zieht und sich nicht damit begnügt, sie zu umschlingen, sondern von einem Baume zum anderen überspringt, erstorbene Bäume mit neuer Lebenspracht bekleidet, sich windet, springt und sich verknüpft, als wüßte sie nicht, was sie mit ihrer Kraft beginnen sollte; die schwachen Bäume erstickt sie in ihrer Umarmung, bildet Lauben zu ihrem eigenen Vergnügen, versetzt Alles in Verwirrung und ist zu gleicher Zeit der Stolz und das Verderben der Waldes. Einige Stämme dieser Pflanze sind so dick wie das Bein eines Mannes und halten mehr aus als die stärksten Fregattentaue. Außerdem giebt es hier noch ein Klettergewächs aus der Gattung der Hortensien, mit weißen Blütenbüscheln, das aber nicht zu üppig ist, sondern sich darauf beschränkt, bis zum Wipfel der höchsten Bäume hinauf zu klettern und sie mit der Beharrlichkeit des Epheus zu umschlingen; ferner den wilden Hopfen, die Mistel, die auf den Eichen wächst, und noch andere weniger auffallende Schmarotzer. Das Unterholz besteht hauptsächlich aus häßlichem, sechs Fuß hohem Unkraut und an einigen Stellen ausschließlich aus dem dunkelblättrigen Zwerg-Bambus. Auf den Lichtungen ist der Boden dicht bedeckt mit einem gefiederten, rohrartigen Grase, der Eulalia Japonica, welche auf diesem fruchtbaren Grunde eine Höhe von acht Fuß erreicht. Der Bambus und das Gras würden ohne den Gebrauch der Spitzhacke unmöglich zu durchdringen sein, wenn nicht noch die Spuren der Aino-Jäger vorhanden wären.

Die Schlinggewächse fanden sich in so ungeheurer Menge vor, daß wir uns während der ganzen Zeit auf die Hälse unserer Pferde niederbücken mußten; ich mußte die Zweige zurückhalten, damit mein Gesicht nicht zerkratzt würde und in Folge dessen waren meine dicken hundsledernen Handschuhe und nebenbei auch die Haut von meinem Gesicht und meinen Händen völlig aufgerissen. Als ich mich auf der Rückkehr bückte, um einer großen Liane auszuweichen, streifte die Schnur einer anderen meine Nase und da ich mein Pferd nicht sogleich zum Stillstande bringen konnte, umschlang der Strang meinen Hals, so daß ich beinahe erwürgt wurde; in wenigen Augenblicken war ich rückwärts über den Sattel geworfen und fiel zwischen einem Baume und den Hinterfüßen des Pferdes nieder. Sobald der Aino mich vermißte, kehrte er um, half mir auf, ohne ein Wort zu sprechen, holte mir ein wenig Wasser in einem Baumblatt, reichte mir meinen Hut und wir ritten weiter. Der Sturz war nicht schlimm; im Spiegel gewahrte ich aber nachher, daß nicht nur mein ganzes Gesicht geschunden und zerkratzt war, sondern daß ich auch einen breiten Streif rings um meinen Hals hatte, als ob ich gehängt worden wäre. Das Antlitz des Aino war ebenfalls arg geritzt und er hatte manches Stück seiner buschigen Locken an den Zweigen hangen lassen. Ich kam mir selber höchst seltsam vor, in dieser waldigen Wildniß, als Vorreiter diesen haarigen, schrecklich aussehenden Wilden, der mit einem nach außen gekehrten Pelz bekleidet war und auf einem mit Hirschfell behangenen Packsattel saß, die haarigen Beine über den Hals des Pferdes gekreuzt, so wie die Ainos auf jedem Pferde über jeden Boden lustig und keck zu reiten pflegen.

Die Gegend war wunderschön. Es giebt in Japan kaum eine schönere Aussicht als die vom Flußbette auf die nahe gelegene Gruppe von Tuffkegeln, die mit einer alten Vegetation bedeckt sind; im Hintergrunde Berge vulkanischen Ursprungs, auf deren gezackten Gipfeln die Asche sich dunkelroth gegen den blauen Himmel absetzt; im Vordergrunde ein von klaren Flüssen durchströmter Urwald. Die Ufer dieser Gewässer waren vom starken Regen ausgehöhlt und zuweilen mußten wir vom Walde aus drei bis vier Fuß tief in den Fluß hinein springen und dann wieder an das Land zurück; mehr als zwanzig Mal hatten wir den Schiraoi-Fluß zu durchwaten und mußten öfters sein verrätherisches Bett als Weg benutzen, weil wir wegen der vorspringenden Bäume nicht am Walde entlang reiten konnten. Vor dem Sprunge stutzen die Pferde, versuchen umzukehren und stürzen sich dann ganz unerwartet in die Fluth hinein.

Als die letzte Spur von einem Pfade verschwand, bedeutete ich den Aino, frisch vorwärts zu reiten und auf unserer weiteren Entdeckungsreise legten wir durchschnittlich in einer Stunde eine englische Meile zurück. Auf den Lichtungen erreichte das steife, starke Gras eine Höhe von acht Fuß und die röthlichen Büschel weheten im Winde. Wenn es dem Aino gelang, sich mit dem Pferde einen Weg hinein zu bahnen, so konnte ich nichts mehr von ihm erblicken und hörte nur an dem Schellengeläute seines Pferdes, daß er in der Nähe war; von meinem eigenen Pferde konnte ich nur das Sattelhorn sehen. Oft geriethen wir in Löcher, aus denen wir ziemlich leicht wieder heraus kamen; ein Mal jedoch fielen wir ganz unerwartet in eine Vertiefung, welche wahrscheinlich ehemals als Fallgrube für die Bären gedient hatte; sie reichte unseren Pferden bis über die Köpfe, wir beide und die Thiere geriethen dicht an einander und wurden in dem engen Raume unter dem dichten Grase förmlich vergraben. Nicht zum ersten Mal sah ich es als ein Glück an, daß die Pferde auf Yezo nicht beschlagen sind; dennoch kam ich nicht ohne Schrammen davon, konnte aber doch nicht umhin, über den wunderlichen Fall herzlich zu lachen. Es kostete nicht wenig Mühe, aus dieser Fallgrube hinaus zu kommen. Durch dieses hohe Gras mußten wir uns unseren Weg zu den Tuffkegeln bahnen, deren rothe, ausgezackte Gipfel sich am blauen Himmel absetzten.

Es war eine prachtvolle Landschaft, und da wir einmal so weit gelangt waren, hätte ich gern nach den Quellen der Flüsse geforscht, aber es boten sich gar viele Schwierigkeiten dar; der Tag war bald zu Ende und ich überdies zu erschöpft für anstrengende Unternehmungen; dennoch wurde mir klar, wie aufregend und fesselnd dergleichen Forschungen sind und wie manche Leute ihr Leben daran setzen können. Nicht ohne Bedauern kehrte ich von den herrlichen zackigen Berggipfeln zurück und nicht ohne große Beschwerden, denn mein Pferd war so ermüdet und abgemattet, daß ich die letzte Stunde zu Fuß gehen oder vielmehr waten mußte. Bei meiner Rückkehr fand ich, daß Ito meine sämmtlichen Sachen zusammengepackt und schon seit Mittag Alles zum Aufbruch nach Horobets bereit gehalten hatte. Er war sehr ungehalten, wieder abpacken zu müssen, und vollends ärgerlich, als ich ihm erklärte, ich sei ermüdet und gelähmt und würde noch den nächsten Tag zur Ruhe verwenden.

Schiraoi besteht aus einem alten „Honjin" oder „Yadoya", wo in alter Zeit der Daimiyo mit seinem Gefolge zu wohnen pflegte, und aus etwa elf japanischen Häusern, von denen die meisten Reisbier-Schenken sind, und daraus erklärt sich die Unsauberkeit des Aino-Dorfes, welches mit seinen zwei und fünfzig Häusern eine beträchtliche Strecke längs des Ufers einnimmt. Wie in allen Fischerdörfern an diesem Theile der Küste ist keine Spur von Landbau wahrzunehmen; Fischthran und Fischdung werden in ungeheurer Menge bereitet und obgleich es jetzt außer der Jahreszeit ist, so ist doch der alte Fischgeruch im ganzen Orte zu verspüren.

Die Aino-Häuser sind hier viel kleiner, armseliger und unsauberer als die zu Biratori. Ich betrat mehrere derselben und plauderte mit den Leuten, von denen viele japanisch verstehen. Manche Häuser sahen wie Höhlen aus und, da es Regenwetter war, so hockten der Mann, die Frau und fünf oder sechs nackte Kinder um das Feuer, alle mit ungekämmtem, weichselzopfähnlichem Haar. So übel es jedoch aussah und roch, so war doch das Feuer der unverletzliche Herd und jede rauchende und schmutzige Menschengruppe bildete eine Familie; es war ein größerer Fortschritt zum gesellschaftlichen Leben als an manchen anderen Orten, zum Beispiel in der Salzsee-Stadt. Die Dächer sind viel flacher als bei den Gebirgs-Ainos und da nur wenige Vorrathshäuser vorhanden sind, so hangen Fische, Wildpret und frische Häute an den Dachsparren und vermehren durch ihren üblen Geruch noch den lästigen Eindruck des beißenden Rauches. In wenigen Häusern befanden sich Sitze für die Gäste, als ich aber in dem ärmlichsten derselben Schutz vor dem Regen suchte, breitete man den besten Teppich über den Fußboden und nöthigte mich, wider meinen Willen, ihn mit schmutzigen Stiefeln zu betreten, indem man sagte: „Es ist so Sitte bei den Ainos.“ In diesen unfläthigen Häusern sogar findet man stets das breite Gesims, auf welchem die japanischen Seltenheiten ausgestellt sind. Wie ich schon erwähnte, so ist es Gebrauch, daß der Häuptling seinen Nachfolger ernennt, sobald er gebrechlich wird. Irrthümlicher Weise gerieth ich in ein Haus, welches ich für das des Häuptlings hielt, weil ein großer leerer Bärenkäfig vor der Thüre stand. Als ich den Eigenthümer als Häuptling anredete, erwiderte er: „Ich bin alt und blind, kann nicht ausgehen und bin zu nichts mehr tauglich.“ Dabei wies er mich nach dem Hause seines Nachfolgers. Mancherlei Umstände in diesem Dorfe machen es ersichtlich, daß der Umgang mit den Japanesen einen schädlichen Einfluß ausübt und die Ainos viele Nachtheile, aber wenig Gewinn von dieser Bildung geerntet haben.

Am Abend sah ich eine Probe, wie man in Yezo nach japanischer Weise die Pferde bändigt. Ein Japanese führte ein lebhaftes junges Pferd auf die Dorfstraße, ein hübsches Thier, aber mit einem japanischen Dressirsattel und einem furchtbaren Knebelgebiß. Das Pferd war bisher nicht geritten worden und zeigte sich scheu, aber nicht im mindesten bösartig. Der Mann trug entsetzlich große Sporen und war mit einem zwei Fuß langen, breiten Brett bewaffnet. Er spornte das Pferd zum Galopp, sprengte die Straße auf und nieder, wendete es gewaltsam, setzte es auf das Hintertheil, stieß ihm die Sporen in die Weichen und schlug es mit dem Brett über die Ohren und Augen, bis das Blut herabströmte. Sobald es vor Erschöpfung rasten wollte, wurde es wieder gespornt, geschlagen und gestoßen, bis das Blut zur Erde strömte und das Thier, mit Schweiß, Schaum und Blut bedeckt, taumelte und niederstürzte und der Reiter geschickt absprang. Sobald es wieder stehen konnte, schleppte man es nach einem Schuppen, wo man es bis zum anderen Tage ohne Futter ließ. Ein Kind konnte es jetzt zügeln; es war „gebändigt", in der That geistig gebrochen und für seine Lebenszeit untauglich. Das Schauspiel war brutal und machte brutal, wie es stets bei den Triumphen roher Gewalt der Fall ist.

XLII.

Yezo-Corrals. — Ein Typhon-Regen. — Kein beneidenswerther Ritt. — Usu-taki. — Eine Schwimmfahrt über den Oscharu. — Usu. — Die Küsten-Ainos.

Lebunge, Vulkanbai, 6. September.

Früh am Morgen brach ich in der Kuruma auf, von zwei guten, fröhlichen Wilden gezogen; da der Regen die Straße stark beschädigt hatte, so mußte ich oft aussteigen und jedes Mal, wenn ich wieder einstieg, rückten sie mir die Kissen und die Decke zurecht; sobald wir an einen Fluß kamen, bot mir der Eine seinen Rücken dar, daß ich hinauftreten und mich auf das Pferd schwingen konnte und gab mir ein Seil in die Hand, mich festzuhalten; der Andere unterstützte mich am Arme; sie litten auch nicht, daß ich steile Hügel hinauf oder hinunter stieg. Welch ein Segen ist es doch, daß trotz aller Sprachenverwirrung doch die Sprache der Güte und Artigkeit allgemein verstanden wird und daß uns das freundliche Lächeln eines Wilden ebenso anspricht wie das eines Landsmannes! Sie hatten noch niemals einen Kuruma gezogen und freuten sich wie die Kinder, als ich ihne zeigte, wie die Scheerbäume im Gleichgewicht gehalten werden müßten. Ja, sie hatten sogar originelle Gedanken, denn als sie des Ziehens müde waren, banden sie die Kuruma mittelst Seile an das Pferd; der Eine ritt es dann im Schritt, während der Andere nur in der Gabel zu laufen und die Stangen im Gleichgewicht zu halten brauchte; die Sache war vortrefflich ausgedacht.

Horobets ist eine Fischer-Station von altem, verfallenem Aussehen, mit achtzehn japanischen und sieben und vierzig Aino-Häusern. Die letzteren sind viel größer als die in Schiraoi und ihre hohen Dächer sind von schönem Bau. Es war ein elender Tag, der Nebel verhüllte die Berge und lag schwer auf der See; da aber kein Regen zu erwarten stand, so schickte ich die Kuruma nach Mororan zurück und verschaffte mir Pferde. Meinem Grundsatze nach gehe ich stets selber in den Corral, um die Thiere auszusuchen, wo möglich solche, die keine wunden Rücken haben; man hat jedoch oft nur die Wahl zwischen solchen, die nur wund sind und anderen, die so tiefe Wunden haben, daß man die Hand hinein legen kann; bei einigen ist der ganze Rücken beschunden. Unmittelbar läßt sich dagegen nicht viel thuen; wenn man jedoch den Japanesen zeigt, daß die Fremden dergleichen Grausamkeiten verdammen, so wird dies in jedem Falle eine Besserung zur Folge haben. In Horobets fand ich unter zwanzig Pferden keines, das ich nehmen mochte. Die Thiere sind zahlreich und billig. Man trieb noch andere vom Hügel herab und ich wählte das größte, schönste und lebhafteste, fand aber bald, daß es weichliche Füße hatte.

Bald darauf bogen wir von der großen Straße ab und begaben uns unter strömendem Regen auf einen unbetretenen Pfad, der uns durch einen bösen Morast und über einige angeschwollene Flüsse in das Gebirge führte, wo wir achtzehn englische Meilen weit einer ausgenützten Straße folgten. Es war im wahren Sinne des Wortes ein faules Wetter; dunkel und still, die Luft mit braunem Nebel angefüllt und dabei regnete es in Strömen. Ich warf meinen wasserdichten Papiermantel ab, da er von keinem Nutzen war; meine Kleider wurden durchweicht und es kostete Mühe, zu verhüten, daß mein „Schomon" und Papiergeld in Brei verwandelt wurden. Wasserhosen kommen in so hohem Norden, wie auf Yezo, nicht vor; sie nennen es aber einen „Typhon-Regen". Die Ströme führten ziemlich große Steine herab und zerrissen den Pfad, und die Pferde, die mehrmals dadurch erschreckt wurden, konnten nur mit Mühe durch das rauschende Wasser gebracht werden. In einem Passe hatte die Fluth den Pfad mehrere Fuß tief zwischen steilen Ufern ausgehöhlt und zum Fortkommen bot sich nur ein Geröll dar, nicht breit genug für ein Pferd. Von hinten her stürzten Steine und Gewässer, die mit allerhand Schlinggewächsen angefüllt waren, so daß es schwierig wurde, die Füße des Pferdes frei zu erhalten. Das arme Thier fiel fünf Mal über einen Stein und bei einem solchen Sturze wurde mein Handgelenk verstaucht. Die Leute, die mich um meine japanische Reise beneiden, würden mich sicherlich nicht um diesen Ritt beneidet haben.

Nach einer Strecke von vier Stunden senkte sich der Pfad plötzlich über eine Hügellehne nach Alt Mororan hinab, einem Dorfe von dreißig Aino- und neun japanischen Häusern, sehr unansehnlich im Aeußeren, aber herrlich gelegen am Rande einer Bucht. Die Aino-Hütten waren klein und armselig; ungewöhnlich viele Bärenschädel steckten auf Pfählen und in zwei langen, verfallenen Gebäuden waren eine Menge Leute beschäftigt, Netze auszubessern. Bei einem Kaufmanne fand ich jedoch ein freundliches Gemach, welches auf zwei Seiten eine Aussicht darbot, — auf der einen Seite nach dem Dorfe, auf der anderen nach dem Meere und einem kleinen Hügel, auf welchem sich ein kleiner Garten befand; seine Zierden bestanden in Blumentöpfen, welche Zwergkiefern enthielten, in einigen Balsaminen und einem stolz aufgeschossenen rothen Kohl.

Um Mitternacht war mein Bettzeug noch so durchnäßt, daß ich noch aufblieb und es Stück für Stück auf einem hölzernen Rahmen über einem Kohlenbecken trocknete. Das Feuer, das mir das Zimmer trocknete und erwärmte, that mir außerordentlich wohl, da ich viele Stunden in durchnäßten Kleidern zugebracht und keine trockene anzulegen hatte. Ito brachte mir ein Huhn zum Abendessen, als er es aber eine Stunde später schlachten wollte, erschien der Verkäufer höchst betrübt und zahlte das Geld zurück, indem er sagte, er hätte das Thier auferzogen und könnte es nicht tödten lassen.

Der Ort war wild und fremdartig, alle Anzeichen deuteten jedoch auf seine Schönheit. Der Ocean donnerte noch und wühlte mit tückischer Kraft das Gestade auf und der Regen fiel noch in Strömen nieder.

Der Morgen war wundervoll, friedlich still. Der dunkelblaue Himmel war völlig frei von Wolken, das blaue Meer schimmerte in Diamantenglanz und die sandigen Ufer der hübschen kleinen Bucht erschienen wie vergoldet; jenseits, in einer Entfernung von vierzig Meilen, erhob sich in einem Schleier von zartem Blau der röthliche Gipfel des Vulkans Komono-taki, der den südwestlichen Punkt der Vulkanbai bildet. Balsamische Düfte durchzogen die Luft; über den Hügeln schwebte eine gelbliche Decke; goldgelbe Stellen im Laube und vereinzelte scharlachrothe Reiser verkündeten die Pracht des nahenden Herbstes. Wie der Tag begann, so schloß er auch; es waren wenige Stunden, die ich hätte aufhalten mögen.

Nachdem ich viele Mororan-Ainos besucht und ihre gut aufgewachsenen Bären gesehen hatte, brach ich ungern zur Mittagszeit auf, nahm meinen Weg über eine steile Höhe und durch ein Eichengesträuch und folgte dann einem Pfade, der sich dicht am sandigen Ufer entlang zog, über mehrere kleine Ströme und durch das einsame Aino-Dorf Maripu führte; zur linken Hand blieb der Ocean, zur rechten waldige Bergzüge und geradezu zeigte sich eine scheinbare Schranke auf dem Wege, der Vulkan Usu-taki, ein imposanter Berg, der sich plötzlich zu einer Höhe von beinahe 3000 Fuß erhebt.

Auf Yezo, wie auf der Hauptinsel, kann man sehr wenig über eine Reiseroute im Voraus erfahren. Fragt man einen Japanesen, so sieht er Einen mit dummem Blick an, lacht, steckt die Däume in den Gürtel, zupft sein Gewand in die Höhe und erklärt endlich entweder, daß er durchaus nichts darüber wisse oder er giebt eine ganz unbestimmte Auskunft, angeblich, wie er es von Anderen gehört habe, selbst wenn er vermuthlich öfter als ein Mal selber an dem Orte gewesen ist, nach welchem man sich erkundigt. Ob diesem Benehmen Mißtrauen gegen die Absicht des Fremden oder die Furcht, sich Unannehmlichkeiten auszusetzen, zu Grunde liegt, weiß ich nicht zu sagen; jedenfalls kann es einen Reisenden zur Verzweiflung bringen. In Hakodate hatte ich unterlassen, den Kapitain Blakiston zu besuchen, der den ganzen Strand um Yezo bereist hat; was ich nachher über die Route erfahren konnte, lautete dahin, daß die Küste nur spärlich von Ainos bevölkert sei, daß man Pferde von der Regierung bekomme und an denselben Oertern auch übernachten könnte; außer Reis und Salzfisch wären keine Nahrungsmittel zu erlangen; der Weg führe über schlimme Flüsse und Berge; jene Gegend würde von Niemanden besucht, außer zwei Mal von den Regierungsbeamten; man könne höchstens vier Meilen in einem Tage zurücklegen; die Pässe wären sämmtlich voll großer Steine; und dergleichen mehr. Daher kam es, daß dieser Usu-taki mich in Erstaunen versetzte und durchaus nicht mit meinen sorgfältig gesammelten Notizen übereinstimmte. Man hatte mir gesagt, der einzige Vulkan an dieser Bucht sei der Komono-taki bei Mori, den ich etwa achtzehn englische Meilen weit entfernt glaubte, und nun stand vor mir, nur etwa zwei Meilen entfernt, dieser hohe, zerspaltene Vulkan mit seinem roth glühenden Kamm, vor ihm Schluchten und Abgründe und gleich einem Vorhange eine gekerbte Reihe von Berggipfeln, deren rother Glanz selbst durch die Mittagssonne nicht abgeschwächt wurde. Aus dem tiefen Krater eines der Gipfel stieg schwarzer Rauch aus und weißer Rauch drang aus den Rissen und Spalten der Seitenwände hervor — die rothen Gipfel, der Rauch, der Dampf: Alles erhob sich zum glänzend blauen Himmel und die Atmosphäre war so klar, daß ich Alles deutlich sehen konnte, namentlich als ich eine Höhe erreichte, welche die der Vorhangsberge übertraf. Ich überzeugte mich, daß es, seiner geographischen Lage nach, nicht der Komono-taki sein konnte. Die vulkanische Thätigkeit war noch rege und ich sah ihn dreißig Meilen weit noch schimmern. Die Ainos sagten, er wäre ein Gott, wüßten aber nicht seinen Namen, ebenso wenig die Japanesen, die in seinem Schatten wohnen. Einige Meilen weiter in das innere Land erhebt sich ein großer, kuppelförmiger Berg, der Schiribetsan. Der Anblick der ganzen Landschaft ist großartig.

Nachdem wir über meilenweites Gestrüpp und Sandboden gekommen waren, gelangten wir ganz plötzlich auf die landwirthschaftliche Ansiedelung Mombets, wo die Regierung eine Colonie von 600 Japanesen gegründet hat und die Verse Anwendung finden: „Die Thäler sind voll mit Korn, daß sie lachen und singen; die Wildniß und die Einöde soll fröhlich werden für sie, und die Wüste soll frohlocken und blühen wie die Rose.“ Zwei Meilen weit ist eine Sandwüste durch sorgfältige Düngung und fleißige Handarbeit in einen Garten verwandelt worden, in ein Fruchtmeer ohne Unkraut, in hunderte Morgen Mais, Waizen, Hirse, Bohnen, Tabak, Hanf, Eierpflanzen, Pfirsiche, Aprikosen, Kürbisse und alle guten Erzeugnisse des nördlichen Japan in wundervoller Beschaffenheit; dazu eine gute Straße, die von den Feldern durch eine Weidenhecke abgegrenzt ist, eine Anzahl niedlicher japanischer Häuschen mit Gärten voll Portulack, rother Balsaminen und kleinem gelben Chrysanthemum, — eine vollkommene, im Sonnenschein schimmernde Oasis, welche die Hülfsquellen zeigt, die Yezo zum Unterhalt einer großen Bevölkerung besitzt.

Seit ich Hakodate verließ, sah ich vielleicht im Ganzen drei oder vier Japanesen und ich war ganz überrascht, wie häßlich, matt in ihren Gesichtszügen und schwächlich von Körper sie mir, die Männer wie die Weiber, im Vergleich mit den Urbewohnern erschienen. Die Japanesen auf Yezo gleichen in keiner Beziehung den Japanesen der Hauptinsel. Sie sind, wie die Colonisten von Canada oder Australien, verglichen mit den kleinen englischen Landbauern, rauher, freier, sorgloser in Kleidung und Gebahren, worauf freilich der Umstand Einfluß hat, daß die Pferde zahlreich und billig sind; sie reiten mit gekreuzten Beinen, worin sie den Ainos nachahmen.

Ein wenig jenseits von Mombets fließt der Oscharu-Fluß, einer der größten Ströme auf Yezo. Durch den Regen der vergangenen Tage war er mächtig angeschwollen, und da das Fahrboot weggetrieben war, so mußten wir über die weite Strecke hinüber schwimmen, wobei wir nebst unserem Gepäck natürlicher Weise sehr durchnäßt wurden. Merkwürdig war die Kaltblütigkeit, mit welcher der Aino-Führer in das Wasser ging, ohne uns auch nur kund zu thun, daß wir nicht auf einer Furth hinüber gelangen konnten, sondern schwimmen mußten.

Vom Gipfel einer steilen Anhöhe jenseits des Oscharugawa

hat man eine Aussicht auf ein Gewässer, das wie ein lieblicher See aussieht, mit bewaldeten Vorgebirgen, kleinen Buchten, kleinen vorspringenden Bergen und Höhen, an welchen Aino-Häuser mit lohgelben Dächern hangen; dann aber senkt sich der Pfad plötzlich hinab und man gelangt nicht an einen See, sondern an die Usu-Bai, eine Bucht des stillen Oceans, die in mehrere kleinere Buchten zertheilt ist und einen engen Eingang hat, der nur von wenigen Punkten aus sichtbar ist.

An der Stelle, wo der Pfad die Bucht berührt, steht ein Pfahl am Wege mit einem Gebetrade, und am Ufer ist ein großer Stein errichtet, mit Sanskritzeichen beschrieben. Daneben ist eine steinerne Treppe und ein Thorweg mit einer massiven steinernen Umwallung; diese Oertlichkeit bildet einen auffallenden Gegensatz zu der Wildheit der Umgebung. Auf einem felsigen Vorsprunge an einer waldigen Bucht steht ein großes baufälliges Haus, bewohnt von einem Japanesen mit seinem Sohne, welche hier unter 500 Ainos verbannt sind, um die Interessen der Regierung wahrzunehmen. Unter vielen, von Ratten wimmelnden, verfallenen Gemächern, welche ehemals hübsch gewesen waren, wählte ich eines, das nach einem Garten hinaus lag, worin einige verkrümmte Taxusbäume standen. Der große Gang und der „Amado" waren ohne Riegel und ich hätte leicht bestohlen werden können; der Besitzer und sein Sohn, welche zehn Jahre unter den Ainos lebten und ihre Sprache redeten, versicherten mir jedoch, daß nichts genommen würde, und die Ainos durchaus ehrlich und harmlos wären. Ohne diese Versicherung hätte ich mich über die Menge junger Leute beunruhigt, die wüst und wild umher standen und nicht weniger über die bärtigen Männer, welche, mit ihren Kindern auf den Armen, unter dem Thorwege saßen.

Usu ist überaus schön und still. An dieser Küste ist kein großer Unterschied zwischen dem hohen und dem niedrigen Wasser und man hätte sich völlig an einen See versetzt glauben können, wenn nicht die goldgelben Tang-Gewächse am Fuße der Felsen gestanden hätten. An der herrlichen Bucht, wo ich die Nacht zubrachte, senkten sich Bäume und Schlinggewächse zum Wasser hinab und spiegelten sich darin und ihre dunkelgrünen Schatten setzten sich scharf auf der Bucht ab, die beim Sonnenuntergange roth und golden schimmerte. Kähne aus Baumstämmen, durch aufgelegte Planken erhöhet, wurden an das sandige Ufer der kleinen Bucht gezogen und im Schatten schaukelte sich eine alterthümliche Jonke, die an einen Baum befestigt war. Bewaldete felsige Hügel, worauf Aino-Hütten standen; die rothen Gipfel des Usu-taki-Vulkans, von der sinkenden Sonne noch in glühenderem Roth schimmernd; einige Ainos, die ihre Netze flickten; andere, welche eßbares Seegras zum Trocknen auslegten; ein vereinzeltes Boot, welches allein sich geräuschlos über den goldenen Spiegel der Bucht bewegte; einige faulenzende Ainos, deren sanfte, schwermüthige Gesichter und ruhige Manieren zu der stillen Abendscene paßten; der überirdische leise Ton einer Tempelglocke — dies war Alles, was ich wahrnahm, und dennoch das anmuthigste Landschaftsbild, das ich in Japan gesehen habe.

Trotz Ito's Einwendungen und seiner Vorstellung, daß ich eines außerordentlich guten Abendessens verlustig ginge, verließ ich mein von Ratten wimmelndes Zimmer mit seinen verblichenen, ehemals glänzenden Tapetenschirmen, um noch zuletzt der Pracht des Abends zu genießen. Ich stieg die Treppe nach der steinernen Umwallung hinauf, ging eine breite, gepflasterte Allee entlang bis zu einem großen Tempel, unter dessen geöffnetem Thor ich eine Zeit lang allein und in vollkommener Stille verweilte, denn auch der süße Glockenschall, welcher diese Götzendiener vergebens zur Vesper rief, hatte aufgehört zu tönen. Dieser Tempel war das einzige Sinnbild japanischer Religion, das ich erblickte, seitdem ich Hakodate verlassen hatte, und seine Gläubigen sind schon längst von seinem schattigen, bemoosten Hofe verschwunden; aber noch immer erschallt seine erzene Glocke, noch immer brennen die Lampen an seinem Altar und immerdar werden die Weihrauchdämpfe vor Buddha aufsteigen. Die Inschrift der großen Glocke dieses Tempels soll öfter auf Tempelglocken eingegraben sein und die Würde eines Zeitraums von vier und zwanzig Jahrhunderten an sich tragen:

„Alle Dinge sind vergänglich;
Wer geboren ist, muß sterben,
Und Alle, die geboren wurden, sind todt;
Und die Todten sind froh,
Daß sie ruhen."

Der Tempel ist sehr schön, der Baldachin prächtig und besonders fein sind die Arbeiten aus Bronze und Messing am Altar. Ein breiter Sonnenstrahl strömte ein, überflog den mit Teppichen belegten Fußboden und fiel auf die Figur des Sakyamuni in ihrem goldenen Schreine. In diesem Augenblick schritt ein geschorener Priester, in seinem verschossenen grünen, silbergestickten Gewande, schweigend an dem Lichtstrahl entlang und zündete die Kerzen auf dem Altar an und bald erfüllten frische Weihrauchdämpfe den Tempel mit einschläferndem Wohlgeruch. Die Neugierde des Priesters schien seine Andacht abzukürzen, denn er kam zu mir und fragte mich, woher ich sei und wohin ich wolle, worauf ich natürlich in vortrefflichem Japanisch antwortete und stecken blieb.

Längs der gepflasterten Allee stehen, außer dem gewöhnlichen steinernen Behälter für das Weihwasser, auf einer Seite der tausendarmige Kwan-non und auf der anderen ein Buddha, auf der ewigen Lotusblume thronend und einen eisernen Stab, einem Bischofstabe ähnlich, in seiner Hand, und auf dem Antlitz jene ewige Apathie, welche die höchste Hoffnung ausdrückt für Alle, die überhaupt noch hoffen.

Ich durchschritt einen Wald, wo sich auf der Hügellehne einige düstere Gräbergruppen befanden; vom Tempel her erscholl der Klang der großen erzenen Glocke und der mächtigen Trommel und der schwächere Schall der kleinen Glocken und Trommeln, womit der Priester die Sprüche einer todten Sprache und eines fernen Landes begleitet, die er unzählige Male wiederholt. Es liegt ein unbeschreiblicher Pathos auf diesem einsamen, prachtvollen Tempel, der von allen Gläubigen verlassen ist, während das große Ainosvolk in tieferen Aberglauben versinkt als Diejenigen, die den Buddhismus unter das Volk verbreiten wollen. Ich saß auf einem Felsen an der Bucht, bis der letzte rothe Schimmer vom Usu-taki und der letzte gelbe Anflug von dem stillen Gewässer wich, bis der schöne Halbmond hinter dem bewaldeten Hügel verschwand und der Himmel in Sternenglanz funkelte.

Die Einsamkeit der Usu-Bai ist wundervoll — ein verfallenes Haus voll leerer Zimmer, ein japanisches Haus unter 500 Wilden, aber es war das einzige, worin ich übernachtete, ohne daß die äußeren Läden oder das Thor verschlossen wurden. Während der Nacht fiel der „Amado“ aus seinen ausgenützten Fugen, riß die schiebbare Schirmwand nieder, so daß sie auf mich fiel und der Lärm Ito erweckte, der, halb im Schlafe, in mein Zimmer stürzte, in der Meinung, ein blutdürstiger Aino hätte mich überfallen. Ich erfuhr bei dieser Gelegenheit, daß sich in diesen verschiebbaren hölzernen Läden eine kleine Thüre befindet, die man „Jischindo“ oder Erdbeben-Thüre nennt; sie gestattet einer Person, hindurch zu kriechen und dient bei einem Erdbeben als Noththüre, falls der Amado in seinen Fugen stecken bleibt oder die Riegel sich nicht schieben lassen. Ich glaube, daß sich in jedem japanischen Hause eine solche Thüre vorfindet.

Der folgende Morgen war ebenso schön wie der vorige Abend, goldig, aber in hellerem Roth. Bevor noch die Sonne völlig aufgegangen war, besuchte ich mehrere Aino-Wohnungen, sah den Bären und auch den Häuptling, der, wie die anderen, in einfacher Ehe lebt, und nach dem Frühstück ließ ich einige alte Männer kommen, die mir über mancherlei Auskunft ertheilen sollten. Diese ehrwürdigen Greise saßen mit gekreuzten Beinen in der Veranda; der Sohn des Wirthes, der als Dolmetscher diente, hockte neben ihnen, nach japanischer Sitte, auf dem Boden und im Hintergrunde saßen über dreißig Ainos, meistens Weiber mit ihren Kindern. Ich verbrachte zwei Stunden mit ihnen, in gleicher Weise wie in Biratori, ging auch auf die Wörter über und erfuhr einige neue, darunter auch solche, die eine ähnliche Bedeutung haben. Einige ihrer Gebräuche weichen von denen ihrer Brüder im Binnenlande ab, namentlich in Betreff der Ausschließung nach dem Tode, des Verbotes der Vielweiberei der Häuptlinge und der Art, wie der Bär beim Jahresfeste getödtet wird. Ihre Vorstellungen über die Seelenwanderung sind bestimmter, doch ist dies vermuthlich dem Einflusse und der Nähe des Buddhismus zuzuschreiben. Den Bären bezeichneten sie als ihren obersten Gott und nächstdem die Sonne und das Feuer. Den Wolf verehren sie nicht mehr und obgleich sie den Vulkan und viele andere Dinge „Kamoi“ oder Gott nennen, so verehren sie dieselben doch nicht. Ihre Götterverehrung besteht, wie ich jetzt bestimmt weiß, nur darin, daß sie viele Trankopfer in Reisbier spenden und den Göttern zutrinken; dazu gesellen sich keine

Bitten oder irgend welche ausgesprochene oder gedachte religiöse Beziehungen.

Diese Ainos sind so dunkel wie die Völker des südlichen Spaniens und sehr behaart. Ihr Ausdruck ist ernst und pathetisch und wenn sie lächelten, wie es geschah, wenn ich ihre Wörter nicht aussprechen konnte, so nahmen ihre Gesichtszüge eine schöne Sanftheit an, die keinen asiatischen sondern einen europäischen Charakter hat. Sie selber sind der Meinung, daß sie viele Jahre an Zahl abgenommen hätten, aber jetzt wieder zunähmen. Als ich Usu mit Bedauern verließ, lag es wie im Schlummer eines schönen Herbstes; kein anderer Ort ist mir so fesselnd erschienen.

XLIII.

Am Meeresstrande. — Ein haariger Aino. — Ein Kampf unter den Pferden. — Die Pferde auf Yezo. — Eine schlimme Gebirgspartie. — Ein verblichener Halteplatz und ein dumpfes Zimmer.

Ein Aufschlag für die Pferde von 3 Sen auf den Ri bis zur nächsten Station bereitete mich darauf vor, daß viele folgende Meilen den Pferden einen sehr schlechten Weg darbieten würden. Ich hätte mich nicht beschweren können, wenn man den Preis um das Doppelte erhöhet hätte. Damit war aber auch zugleich zu erwarten, daß die Route überaus reizend sein würde. Eine Strecke weit jedoch führte der Weg nur schlicht am Meeresstrande entlang, woran sich die blauen, schäumenden Wogen geräuschvoll brachen; dann zog er sich durch verschiedene Aino-Weiler und durch das Dorf Abuto, einen fast wohlhabenden Ort, wo der Landbau viel sorgfältiger betrieben wurde und die Leute auch eine Anzahl Pferde besaßen. Viele Häuser waren mit Pfählen umgeben, worauf Bärenschädel grinsten und ein wohl gediehener Bär war für sein letztes Schicksal und seine Vergötterung reif. In fast allen Häusern war eine Frau beschäftigt, Rindentuch zu weben; der Haken, welcher das Gewebe hielt, war einige Fuß weit vom Hause in dem Erdboden befestigt. Ein Aino setzte uns über einen tiefen Fluß, Nopkobets genannt, der dicht an der See aus dem Gebirge entspringt. Der Fährmann war gänzlich mit Haaren bedeckt, die auf den Schultern dick und wellicht erschienen und ihm jede Bekeidung entbehrlich machten. Ein dichter schwarzer Bart fiel ihm über die behaarte Brust bis beinahe zum Gürtel hinab und schwarze Locken wallten massenhaft über seine Schultern; so daß er völlig wie ein Wilder erschienen wäre, wenn nicht die Sanftheit seines Lächelns und seiner Augen diesen Eindruck gemildert hätten. Die Ainos an der Vulkanbai sind viel stärker behaart als die im Gebirge, aber auch unter ihnen erblickt man nicht selten Männer, die sich in dieser Hinsicht nicht von kräftigen Europäern unterscheiden und es scheint mir, als hätte man sich einer Uebertreibung schuldig gemacht, indem man den starken Haarwuchs als ein charakteristisches Merkmal der Rasse bezeichnete; diese Schuld mag zum Theil den glatthäutigen Japanesen zuzuschreiben sein.

Der rohe Kahn, welcher als Fähre diente, wurde beinahe umgeworfen durch einen Kampf, der unter unseren vier Pferden ausbrach. Anfänglich biß eines in die Schulter eines andern, welches, so angegriffen, einen kurzen, durchdringenden Schrei ausstieß und sich dann mit den Vorderfüßen zur Wehre setzte; bald darauf bissen und schlugen sich alle unter einander, bis einige böse Verwundungen stattfanden. Solche Gefechte habe ich täglich in den Corrals angesehen. Dem elenden Zustande der Pferde ist es zuzuschreiben, daß man so selten Reisen auf Yezo unternimmt. Man behandelt sie in roher Weise und schlägt sie unbarmherzig mit dicken Stöcken über die Augen und Ohren; sie sind mit tiefen Wunden bedeckt, da man ihnen einen rohen ungegürteten Sattel auflegt, sie übermäßig beladet und zu einer schnellen Gangart antreibt. Seit wir nach Yezo kamen, hat sich Ito barbarisch gegen diese artigen aber wenig geschätzten Thiere erwiesen und mich dadurch ganz besonders geärgert, um so mehr als er auf der Hauptinsel es niemals wagte, einen Peitschenhieb zu geben, aus Furcht vor den Pferden und ihren Besitzern. Eines Tages schlug er unbarmherzig auf das Gepäckpferd los, bis ich zurück ritt und ihm in strengem Tone zurief:

„Sie sind ein Tyrann und, wie alle Tyrannen, ein Feigling." Man kann sich vorstellen, daß ich noch mehr erbittert wurde, als er bei unserem ersten Halt wie gewöhnlich mit seinem Notizbuche erschien und mich in ruhigem Tone fragte, was die Wörter „Tyrann" und „Feigling" zu bedeuten hätten. Da es mir durchaus unmöglich war, sie ihm zu erklären, so sagte ich, Tyrann wäre der schlechteste Name, den ich ihm geben könnte und ein Feigling bedeute den gemeinsten unter den Männern. „Ist Tyrann ein schlechterer Name als Teufel?" fragte der abscheuliche Junge. „Ja, viel schlechter," entgegnete ich; darüber erschien er ein wenig niedergeschlagen und hat, wenigstens in meiner Gegenwart, sein Pferd nicht wieder gemißhandelt.

Das Verfahren, ein Pferd zu zähmen, besteht eben nur darin, daß man ein oder zwei Stunden lang den Geist des Thieres durch solche empörende Grausamkeit niederbricht, wie ich in Schiraoi gesehen habe; am Ende fällt das mit Schaum und Blut bedeckte Pferd erschöpft zu Boden. Bei dieser schlechten Behandlung haben sie allerhand Nücken und Tücken, legen sich mitten im Wasser nieder, stürzen sich selber kopfüber, so daß Reiter und Gepäck herunter fallen, bocken oder versuchen, aus der Reihe zu kommen. Anstatt des Gebisses legt man ihnen auf beiden Seiten des Maules zwei hölzerne Stäbe an, die durch eine Schnur um Nase und Kinn festgehalten werden. Wenn die Pferde sich in Galopp setzen, so strecken sie den Kopf vorwärts, so daß Nase und Ohren in gleicher Höhe sind und man bemühet sich dann vergebens, sie zu lenken oder anzuhalten. Stets sind sie geneigt, sich den großen Heerden am Strande oder auf den Hügeln anzuschließen, von wo sie nur weggetrieben werden, wenn man sie gebrauchen will. Das Erste, was man in einem Aino-Dorfe des Morgens zu hören bekommt, ist der Galopp von vierzig oder funfzig Pferden, verfolgt von einem Aino, der sie von den Hügeln herunter gejagt hat. Der niedrigste Preis für ein Pferd ist acht und zwanzig Schillinge. Ihr Gang ist sehr sicher, wenn die Füße nicht wund sind; auf einem einfachen gebrechlichen Brett schreiten sie über einen Strom oder eine Kluft und gehen furchtlos auf einem schmalen Rande an einem Flusse oder Abgrunde entlang. Ihre harten Hufe werden weder mit Eisen noch Schuhen versehen und man ist der Mühe überhoben, die Strohschuhe beständig an- und abzubinden oder durch neue zu ersetzen, wie dies auf der Hauptinsel geschieht, wo man die Pferde mit Sorgfalt behandelt. Zum Begleiter wird stets ein Mann mitgegeben und man bezahlt für diesen und drei Pferde nur sechs Pence für je 2½ englische Meilen. Ich lasse jetzt Ito stets vorauf reiten, um sicher zu sein, daß er sein Pferd nicht mißhandelt.

Nachdem wir über den Nopkobets gesetzt waren, gingen wir geraden Weges in die sogenannten schlimmen Gebirge und überschritten die drei schrecklichen Pässe von Lebungetoge. Abgesehen davon, daß dieser ungebräuchliche Pfad dennoch zu passiren ist, so haben die Leute die schlechte Beschaffenheit desselben kaum übertrieben. Auf dem ersten Passe brach ein Pferd zusammen; wir mußten den Aino zurück schicken, um ein anderes zu holen, und wurden dadurch lange aufgehalten. Es ist möglich, daß diese ungewöhnlichen Pässe nicht höher als 1500 Fuß sind, aber der Weg aufwärts führt durch einen dichten Wald und ist außerordentlich steil, geht ebenso jäh abwärts und erhebt sich dann wieder in einer Reihe ausgespülter Zickzackbiegungen oder er führt gerade wie eine Leiter mit ausgehöhlten Stufen hinauf. Große und kleine Steine bedecken den Weg oder Felsenstücke, mit einer Menge verworrener Zweige und Schlinggewächse überschüttet, so daß man genöthigt ist, sich auf den Hals des Pferdes zu bücken, während das Thier stolpert und strauchelt oder in weite Löcher zwischen den Steinen tritt; oft muß es Felsenstufen, die ihm bis an die Brust reichen, hinauf springen und so legt es, beständig kletternd und springend, nicht mehr als durchschnittlich eine englische Meile in einer Stunde zurück.

An einer der schlechtesten Stellen fiel das Pferd des Aino, der gerade vor mir ritt, bei einem Sprunge auf eine Felsenstufe rückwärts über, so daß es beinahe mein Pferd ebenfalls niedergeworfen hätte; dabei schlugen die Bettpfosten, die zu seiner Ladung gehörten, mit solcher Gewalt auf meinen Fußknöchel, daß ich aus dem Sattel fiel. Ich fürchtete anfänglich, mein Bein sei gebrochen, aber der Knöchel war nur gestaucht und zugleich verwundet und blutete stark. Ito's Pferd stürzte drei Mal und endlich banden wir alle vier an einander. Dies sind einige Vergnüglichkeiten einer Yezo-Reise.

Aber es war dennoch herrlich, ein wirkliches Paradies. Man findet hier Alles — große vorspringende, prächtig bewaldete Berge; kleine tiefe Buchten, in denen die grünen Wogen majestätisch rollen; mächtige graue Klippen, zu steil, als daß auch die kühnste Kletterpflanze darauf Wurzel schlagen könnte; stolze, mit Cedern bekränzte Höhen; dazwischen hin und wieder ein Durchblick auf das helle, blaue, im Sonnenschein schimmernde Meer, das seinen Schaum bis über die Farrnkräuter und Schlinggewächse spritzt; auf der Landseite waldige Gebirgszüge mit schrecklichen Schluchten, worin Bären und Wölfe hausen; massenhafte schattige Cedern und dazwischen scharlachrothe Ahornzweige und Gehänge von dunkelrothen, wilden Weinreben. Das Innenland scheint sich unendlich weit auszudehnen und es sieht aus, als ob die waldigen Berge und die dunklen Schluchten keine Grenze fänden. Die Vegetation ist ebenso üppig, prächtig und verschlungen wie der ursprüngliche Pflanzenwuchs der Tropenländer, in denen die Axthiebe des Holzfällers niemals erschollen. Bäume von ungeheurer Höhe und Dicke, namentlich die schöne Salisburia adiantifolia mit ihren fächerförmigen Blättern, alle mit üppigen Lianen umschlungen, erheben sich auf einem Unterholz von dunkelblätterigem Bambus, der, obgleich nur zwerghaft, doch eine Höhe von sieben Fuß erreicht. Alles ist dunkel, feierlich, still, der Aufenthalt von wilden Thieren, Schmetterlingen und Libellen von den glänzendsten Farben. Der Tag war hell, aber nicht heiß; Laub und Ströme funkelten; kein ermüdendes einerlei Grün wie auf der Hauptinsel; der stille Ocean erglänzte beim Sonnenlicht in voller Pracht und allmälig gelangten wir unerwartet an eine kleine Bucht, die von steilen, mit Cedern bewachsenen Höhen umgeben war; eine starke Brandung rollte heran und unterbrach mit Donnergetöse die Stille des schweigenden Landes.

Die Sonne war untergegangen und es fiel ein starker Thau, als der Pfad über den Gipfel eines Vorgebirges führte und sich dann so jäh zum Wasser hinab senkte, daß ich nur mit Hülfe meiner Hände hinunter steigen konnte. Wir kamen an eine einsame, kleine, sehr schöne Bucht, die von unwegsamen Höhen umwallt war; die Aussicht wurde durch dicht bewaldete Thäler und Berge versperrt. Auf dem grauen Sande des Seegestades bleichte das Gerippe eines ungeheuren Walfisches; zwei oder drei große, roh gearbeitete Kähne, deren Planken mittelst starker Ruthen an das Deck befestigt waren, und einige verwitterte Baumstämme lagen unweit davon. In einem vereinzelten verfallenen grauen Hause wohnten drei Japanesen, mit einem alten Aino als Diener, welche die Verwaltung der Regierung zu besorgen hatten, daneben auch Zimmer und Pferde für die Beamten bereit hielten; dies ist sehr günstig für Reisende, welche, wie ich, sich zur Nachtzeit hier aufhalten wollen. In diesem Jahre war, außer zwei Beamten und einem Polizeimann, nur ein Reisender durch Lebunge gekommen.

Im Walde, eine halbe Meile von der See entfernt, liegt ein Aino-Dorf von dreißig Häusern; einige Wilde fuhren geräuschlos in der Dämmerung über die Bucht und vermehrten den geisterhaften Eindruck der einsamen Landschaft. Als ich ankam, wurden gerade die Pferde von ihrer Last befreiet und einige höfliche Ainos wiesen mich nach meinem Zimmer, das nach einem kleinen Hof hinaus lag. Das Gemach war dumpfig und, da es lange nicht bewohnt worden, voller Spinnen. Die Dunkelheit wurde kaum erhellt durch eine Fischthran-Lampe, so daß man nur undeutlich die braunen, schwermüthigen Gesichter der Ainos wahrnahm, welche in der Veranda saßen und sich in aller Stille mit einer anmuthigen Verbeugung zurückzogen, als ich ihnen gute Nacht sagte. Nahrungsmittel waren kaum zu erwarten, doch erhielt ich Reis, Kartoffeln und schwarze Bohnen, mit gleichen Theilen Salz und Syrup gekocht. Meine Verletzungen vom vorigen Tage verschlimmerten sich in der kalten Luft, so daß ich am folgenden Tage genöthigt wurde, noch hier zu bleiben.

XLIV.

Die Ainos von Lebunge. — Eine Familiengruppe. — Oschamambe. — Der Yurapu-Fluß. — Kluge Krähen. — Der Vulkan Komono-taki. — Der letzte Morgen.

Hakodate, den 12. September.

Lebunge ist in seiner schrecklichen Einsamkeit ein fesselnder Ort. Der Wirth war ein freundlicher Mann und sehr für die Ainos eingenommen. Wenn andere Beamte, die mit den Ainos zu schaffen haben, sie ebenso brüderlich behandelten wie die in Usu und Lebunge, so würde keine Klage zu führen sein. Auch dieser Mann versicherte, daß sie sehr ehrlich und harmlos seien und fragte mich, ob sie mich vor meiner Abreise besuchen dürften. Es erschienen mit den Pferden zwanzig Männer im Hofe; die meisten trugen kleine Kinder. Sie hatten niemals einen Fremden gesehen, aber aus Höflichkeit oder Gleichgültigkeit unterließen sie es, mich wie die Japanesen zu umdrängen oder anzustarren; in aller Bescheidenheit nahmen sie Kenntniß von mir. Besonders gefiel ihnen das Bärenfell, womit mein Sattel ausgeschlagen war und meine Stiefel aus ungeschwärztem Leder, die sie mit ihren Winter-Jagdstiefeln aus Hirschleder verglichen. Ihre Stimmen waren so tief und wohlklingend, wie ich sie niemals gehört habe und wie man kaum von solchen behaarten und kräftigen Männergestalten hätte erwarten sollen. Recht auffallend war ihre Kinderliebe; sie liebkosten die Kleinen zärtlich und hoben sie empor, wenn sie ihnen etwas zeigen wollten; als der Wirth ihnen sagte, daß ich großes Gefallen an den kleinen, braunen, schwarzäugigen Geschöpfen fände, strahlten ihre Gesichter vor Freude und sie grüßten mich dafür zu wiederholten Malen. Diese Ainos, wie die übrigen, stoßen einen kurzen, kreischenden Laut aus, sobald ihnen etwas mißfällt, und dann ist der Wilde zu erkennen.

Diese Ainos von Lebunge unterscheiden sich besonders von den östlichen Dorfbewohnern. Ihre Haut ist ebenso schwarzbraun wie die der Ainos von Bedaween, ihre Stirn verhältnißmäßig niedrig, ihre Augen tiefer eingesetzt, ihre Statur kleiner, ihr Haar noch voller, der stille, schwermüthige Ausdruck ihrer Züge noch auffallender; zwei von ihnen, die sich bei der Arbeit entblößt hatten, waren völlig mit kurzem, schwarzem Haar bedeckt, das sich auf Schultern und Rücken in solcher Fülle zeigte, daß man die Kleidung nicht vermißte. Außerordentlich erschien mir die Breite ihrer Brust und die stark ausgebildeten Muskeln an ihren Armen und Beinen. Zwei Zoll über der Stirn tragen sie das Haar geschoren und lassen es höchstens einen Zoll lang werden. Unter den gut gekleideten Ainos, die im Hofe standen, befand sich auch ein gelber Japanese mit glattem Gesicht, glatter Haut, hohler Brust und spindeldürren Beinen und nur mit einer schwarzen tuchenen Schürze bekleidet, welche die Ainos noch außer ihren Röcken und Hosen tragen. In Begleitung dieser freundlichen und artigen Wilden besuchte ich ihre Wohnungen, welche sehr klein und ärmlich und in jeder Hinsicht dürftiger als die der Gebirgs-Ainos sind. Die Weiber sind klein, untersetzt und selten hübsch.

Von ihrem Dorfe begann die längste und schlechteste Station meiner Reise, siebenzehn englische Meilen lang, von denen die ersten zehn über das Gebirge führten. Der Pfad ist so einsam und verlassen, daß uns während einer viertägigen Reise kein menschliches Wesen begegnete. In dem Thale von Lebunge, welches dicht bewaldet und reich an Strömen ist, fand ich ein ausgezeichnetes Exemplar der Salisburia adiantifolia, welche sich in einer Höhe von acht Fuß in acht hohe Stämme zertheilt, von denen jeder mindestens 2 Fuß 5 Zoll im Durchmesser hatte. Dieser schnell wachsende Baum eignet sich gut für unser Klima, und es wundert mich, daß man ihn noch nicht bei uns heimisch gemacht hat. Noch ein anderer Baum mit kreisrunden, paarweise stehenden Blättern erreicht eine ungeheure Höhe.

Von diesem Thale führt ein steinichter, ausgetretener Pfad nach der Westseite von Lebungetoge hinauf, durch einen dichten Wald bis zu einer Höhe von 2000 Fuß, wo er sich dann eine beträchtliche Strecke weit hält und sich längs dem schmalen Gipfel innerhalb der seewärts gelegenen Berge und zwischen dichtem Bambus fortsetzt. Die Scenerie war ebenso prachtvoll wie am vorhergehenden Tage. Ein Führer war durchaus erforderlich, da der Pfad an einer Stelle plötzlich aufhörte und die Pferde sich ihren Weg längs einem reißenden Flusse bahnen mußten. Das Ufer war dicht mit Bambusrohr besetzt, voller Löcher und mit quer liegenden Bäumen bedeckt. Ito, dessen Pferd den übrigen nicht folgen konnte, ging hier verloren, was einen Zeitverlust von zwei Stunden zur Folge hatte.

Zuletzt senkt sich der wieder aufgenommene Pfad über eine vorspringende Höhe bis dicht an das Meer, welches augenscheinlich bedeutend zurückgewichen ist, und zieht sich sechs Meilen weit auf ebenem sandigen Ufer fort. Am Fuße der Höhe liegt ein verfallenes Japanesenhaus, worin eine Aino-Familie sich eingesiedelt hat, um den Reisenden, welche den Paß überschreiten, Ruhe und Obdach zu gewähren. Ich öffnete meinen „Benko-bake“ oder Speisekasten und fand einige kalte Kartoffeln vorräthig, die ich mit etwas Thee zu Mittag verzehrte und dann lange Zeit auf Ito wartete, den der Führer aufsuchte. Das Haus mit seinen Bewohnern bot reichen Stoff zur Betrachtung dar. Die Decke war verschwunden und an dem geschwärzten Gebälk hingen allerlei Dinge, deren Gebrauch ich mir nicht erklären konnte. Alles war zerbrochen, verfallen und mit abscheulichem Schmutz bedeckt. Eine Aino-Frau, in ihrer Häßlichkeit kaum einem Menschen ähnlich, zerfaserte Baumrinde. Es waren, nach japanischer Art, mehrere Feuerstätten vorhanden und an einer saß ein imposanter Greis und sah in theilnahmloser Ruhe dem Kochen zu. Alt und zwischen den Trümmern sitzend, veranschaulichte er das Schicksal seiner Rasse, welche lebend keine Geschichte hat und in ihrem Untergange kein Denkmal hinterläßt. Am anderen „Jvori“ saß oder krümmte sich vielmehr der Gatte der häßlichen Frau. Er war etwa funfzig Jahre alt. Die hohe Stirn erschien noch höher, da das Haar drei Zoll darüber abgeschoren war. Letzteres hing in geschlängelten Locken herab und vermengte sich mit dem grauen Barte. Die Augen waren schwarz aber ohne Ausdruck und aus dem ganzen Gesicht sprach nur jene apathische Schwermuth, die man zuweilen an gefangenen Thieren wahrnimmt. Arme und Beine waren ungewöhnlich lang und dünn und das Geschöpf saß zusammengekauert, so daß die Kniee dicht von den Armen umschlungen wurden. Der Körper und die Gliedmaßen waren, einige Stellen ausgenommen, mit spärlichen dünnen und schwarzen Haaren bedeckt, welche, über einen Zoll lang, auf den Schultern gekräuselt erschienen. Der Mann zeigte nicht mehr Intelligenz als das Wasser, das zu meinem Thee kochte. Als Ito ankam, blickte er mit Abscheu nach ihm hin und rief aus: „Die Ainos sind wirklich Hunde; sie haben einen Hund zu ihrem Vater"; damit spielte er auf die Legende an, welche sie selber über ihren Ursprung geltend machen.

Nach dem Gebirge war die Ebene angenehm und ein kurzer Galopp brachte uns nach Oschamambe, wo wir auf die alte Straße von Mori nach Satsuporo stießen und ich einen Tag verweilte, um mich von meinen Rückgratsschmerzen zu erholen. Oschamambe sieht selbst an einem sonnigen Tage abschreckend und verfallen aus. Es giebt hier viele müßige Herumtreiber, denen man an ihren stieren Augen den übermäßigen Genuß des Reisbieres ansieht. Die Sonne brannte heiß und ich war froh, Aufnahme in einem überfüllten und baufälligen Wirthshause zu finden, wo es an allen genießbaren Lebensmitteln mangelte. Mein Zimmer wurde nur durch Schirme abgetrennt und es vergingen kaum fünf Minuten des Tages, daß nicht Jemand durch eines der zahlreichen Fingerlöcher gelugt hätte. Während der Nacht fiel einer der „Schoji" um und ich bekam eine Reihe von sechs schlafenden Japanesen zu sehen, deren Jeder seinen Kopf auf eine hölzerne Kissenwalze gelegt hatte.

Die Großartigkeit der Reise nahm ab, wie das Gebirge aufhörte, dennoch war der zweitägige Ritt von Oschamambe nach Mori bei herrlichem Sonnenschein so angenehm wie möglich. Anfänglich ritten wir sehr langsam, weil außer meinen vier Pferden noch vier Handpferde vorhanden waren, welche nach Hause gingen, sich aber beständig unter einander bekämpften, ihre Schnüre in Verwickelung brachten und sich gelegentlich niederlegten und wälzten; außerdem waren drei Füllen, die ihren Müttern folgten, und wenn diese zurückblieben, so blieben die Stuten wiehernd stehen; waren sie aber vorauf, so wollten die Stuten ihnen nachsetzen; die ganze Koppel schien nicht übel Lust zu haben, ihrer Reiter ledig zu werden und sich den vielen Pferdeheerden anzuschließen, an denen wir vorüber kamen. Dieser Unannehmlichkeiten endlich überdrüssig, ließ ich mein Pferd und

Ito's auf ein ziemlich großes Boot bringen und bekümmerte mich nicht weiter um das unordentliche Gefolge.

In Yurapu, wo sich ein Aino-Dorf von dreißig Häusern befindet, sahen wir die letzten Urbewohner und der Zweck der Reise war beendet. Es wechselten nun niedrig gelegene Sandstrecken; einige Stellen, die mit rothen Rosen besetzt waren; tiefe und seichte Flüsse; einzelne alte Landhäuser auf ödem Sande, zwischen verblichenem Treibholz; dann folgte der Yurapu-Fluß, ein breiter und tiefer Strom, der auf einer Länge von vierzehn englischen Meilen auf einem Kahn befahren werden kann. Am späten heiteren Nachmittage nahm sich die Landschaft recht schön aus. Die langen blauen Wellen brachen sich mit dumpfem Getöse am Ufer und bedeckten den Rand desselben meilenweit mit ihrem weißen Schaume. Der prächtige Blick in das innere Land fiel auf sechs bewaldete Bergreihen, die zum Theil zerklüftet und ausgehöhlt erschienen; darüber erhoben sich graue Berggipfel am grünlich gefärbten Himmel. Ich hätte gern ein Boot genommen und wäre den Yurapu hinauf gefahren, der durch manche Schluchten in die Tiefen dieser Gebirge eindringt, hatte aber nicht Kraft genug, um meinen Wunsch auszuführen.

Die Stille oder der tiefe wohlklingende Ton der Aino-Führer wechselte jetzt mit dem rauhen, endlosen Geplapper der Japanesen. In Yamakuschinoi, einem kleinen Weiler am Meeresufer, wo ich die Nacht zubrachte, fand ich ein nettes, ruhiges und schön gelegenes Wirthshaus; im Hintergrunde einen bewaldeten Felsenabhang, über welchem der Halbmond am klaren Himmel stand; auch an einer reichlichen Nahrung fehlte es nicht. Anstatt also Hungers zu sterben und aller Bequemlichkeit zu entbehren, hatte ich gerade während der Woche, die ich an der Vulkanbai zubrachte, die besten Lebensmittel angetroffen und mehr Bequemlichkeit gefunden als irgendwo auf meinen Reisen im nördlichen Japan.

Ein anderer wunderschöner Tag begünstigte meinen Ritt nach Mori, ich erhielt aber unglücklicher Weise auf jeder Station ein schlechtes Pferd und der japanische Führer war, gegen die Gewohnheit, mürrisch und bösartig. Otoschibe und einige andere kleine Fischerdörfer ziehen sich eine Strecke an der Küste entlang und sind jedenfalls zu Zeiten sehr lebendig, sahen aber jetzt verlassen und verfallen aus; an vielen Theilen der Küste findet man jedoch die Häuser wunderlieblich mit Pflanzen und Blumen umgeben, welche aus den Saamen gezogen wurden, die aus den landwirthschaftlichen Musteranstalten zu Nanai freigebig vertheilt werden. Ein großes Stück Wegs nach Mori ist ganz ohne Pfad, obgleich die Strecke viel bereist wird. Man muß sich mühsam einen Weg durch den weichen Küstensand oder das Schiefergeröll suchen und viele kleine Flüsse durchwaten, von denen einige sich ihren Weg durch eine Lage von schwarzem vulkanischem Sand bahnten. An der Yezo-Küste kam ich über mehr als 100 Flüsse und Ströme und bei allen größeren fand ich den seltsamen Umstand, daß sie, wenn sie sich der See nähern, sich nach Süden wenden und eine Strecke weit in gleicher Richtung mit der Küste laufen, bevor es ihnen gelingt, in dem sandigen und schieferigen Gestade eine geeignete Mündung zu finden.

Ich habe noch nicht von den Krähen gesprochen, welche Yezo eigenthümlich zugehören, auf die aber die Kolonisten gern verzichten würden. Sie sind zu Millionen vorhanden und an manchen Stellen erfüllen sie das so stille Land mit ihrem mißtönenden krächzenden Geschrei. Man findet sie überall und sie haben einen Grad von unverzeihlicher Unverschämtheit erlangt, die sich mit List und Umsicht verbindet, so daß sie zuweilen dem Menschen darin gewachsen sind. Fünf waren so unverschämt, sich auf meine Pferde zu setzen und über den Yuragugawa tragen zu lassen. In dem Garten des Wirthshauses zu Mori sah ich einen Hund in Gegenwart mehrerer solcher habsüchtiger Vögel ein Stück Fleisch verzehren. Man konnte bemerken, daß sie über diesen Gegenstand unter einander verhandelten; dann und wann versuchten zwei, ihm das Fleisch zu entwenden, aber er wehrte sie ab. Endlich gelang es einer großen Krähe, einen Fetzen davon abzureißen, womit sie nach dem Tannenbaum flog, auf welchem sich die übrigen versammelt hatten. Nach einer sehr ernsten Unterredung umringten darauf alle den Hund und der Anführer ließ geschickt den Bissen aus seinem Schnabel zur Erde fallen; sogleich schnappte der Hund danach und ließ einen Augenblick das große Stücke außer Acht; zwei Krähen aber bemächtigten sich sogleich desselben und trugen es auf einen Tannenzweig, wo sie es denn alle in großer Heiterkeit verzehrten, während der Hund, anfänglich ganz verdutzt, sich unter den Baum setzte und vergeblich hinauf bellte. Ein Herr erzählte mir, er hätte gesehen, wie ein Hund in ähnlicher Weise in Gegenwart von drei Krähen an einem Stücke Fleisch nagte. Nachdem sie es ihm vergeblich zu entreißen versucht hatten, hielten sie Rath und trennten sich danach; zwei von ihnen wagten sich dicht an den Bissen heran, während die dritte den Hund so scharf in den Schwanz biß, daß er sich schreiend umwendete. Diesen Augenblick nahmen die anderen Schurken wahr, um sich des Fleisches zu bemächtigen, das sie alsdann insgesammt triumphirend auf einer Mauer verzehrten. An einigen Orten sind sie so zahlreich und zudringlich, daß die Ernten durch Netze vor ihnen geschützt werden müssen. Sie setzen sich auf die wunden Rücken der Pferde und picken tiefe Löcher hinein. Diese Vögel, die in vieler Hinsicht schädlich sind, gehen spät zu Horst und früh am Morgen sind sie wieder auf und dabei so keck, daß sie oft in die Veranda flatterten, wo ich saß. Jedes Mal, wenn ich ihre Versammlungen beobachtete, gelangte ich zu der Ueberzeugung, daß sich ein Nestor unter ihnen befand, der ihre Bewegungen leitete. Am Seestrande ist es unterhaltend anzusehen, wie sie mit offenem Schnabel da sitzen und frische Luft schnappen. Ihre Zahl nimmt so zu, daß sie die Ansiedler auffressen könnten und man veranstaltet jetzt einen Kreuzzug gegen sie; doch ihre Zahl ist Legion.

Unterwegs sah ich zwei Ainos sich durch die Brandung an die Küste arbeiten, in einem Kahn, in welchem sie sich beinahe 100 englische Meilen weit gerudert hatten. Ein Fluß-Canoe ist aus einem einzigen Stamme ausgehöhlt und kann von zwei Menschen binnen fünf Tagen angefertigt werden. Das Fahrzeug, welches ich hier erblickte, war jedoch fünf und zwanzig Fuß lang und bestand aus zwei Hälften, die durch sehr starke Rindenfasern der ganzen Länge nach verbunden waren; die hohen Seitenwände waren in gleicher Weise befestigt. Man ist der Meinung, die Böte bewährten sich bei stürmischer See und in der Brandung besser und seien stärker, wenn sie aus zwei Stücken gefertigt seien. Ihre Seile aus Rindenfasern sind sehr kunstfertig gemacht und von verschiedenster Stärke, vom Bindfaden bis zum neunzölligen Tau.

So schön das Meer auch erschien, so wurde es uns doch sehr lästig. Die Pferde gingen in tiefem Schaum und mußten sich zwischen den Klippen und der See hindurch drängen; jede größere Welle überspülte meinen Fuß und bespritzte mir das Gesicht; die Wogen stürmten mit unaufhörlichem Tosen in die Bucht und rissen, wenn sie zurückprallten, das rasselnde Geröll mit sich fort; — es war ein unaufhörlicher, beharrlicher, zweckloser Kraftaufwand der Elemente.

Gegen Abend kamen wir über den letzten der brückenlosen Flüsse und näherten uns Mori, das ich vor drei Wochen verlassen hatte. Ich war von Dankgefühl erfüllt, daß ich ohne Täuschung und Mißgeschick und übergroßes Ungemach meinen Zweck erreicht hatte. Wenn ich nicht versprochen hätte, Ito seinem Herrn an einem bestimmten Tage zurückzustellen, so würde ich die nächsten sechs Wochen gern in den Wildnissen von Yezo verweilt haben, denn das Klima ist gut, die Landschaft schön und der anziehenden Gegenstände giebt es die Menge.

Die Gipfel des Vulkans Komono-taki schimmerten im Lichte der untergehenden Sonne und mittelst eines Fernrohrs konnte ich von einem erhöheten Standpunkte oberhalb der Seen seine Umrisse ziemlich deutlich erkennen. Er mag noch immer verderblich werden können und bei seinem letzten Ausbruche bedeckte er das umliegende Land mit Bimsstein bis zu einer Höhe von drei Fuß. Die Lava, welche dieser und andere feuerspeiende Berge an dieser Küste auswerfen, erscheint sehr verschieden von derjenigen, welche von der Flanke und den Gipfelkratern des Mauna Loa auf Hawaii herabfließt, denn sie ist leicht und porös und besteht gänzlich aus Bimsstein, was auf Hawaii selten vorkommt und dann nur als eine Art Schaum auf den Strömen, der sich späterhin zu dichtem zackigem oder glattem Basalt verdickt. Der höchste Gipfel wird 3300 Fuß hoch geschätzt; der große Krater jedoch, der über drei Viertel einer englischen Meile im Durchmesser mißt, liegt 500 Fuß tiefer und enthält sechs kleinere Krater, deren einer im Jahre 1872 thätig war. Einer derselben ist etwa 100 Fuß tief. Fortwährend strömt Dampf aus vielen der seitlichen Risse. Die Abhänge des Vulkans sehen beschädigt und traurig aus; von dem Walde, der bei dem letzten großen Ausbruche verkohlte, sind noch die Ueberreste sichtbar und das zunächst liegende Land kann nicht mit Nutzen bebauet werden, bevor sich nicht ein tieferer Boden auf der obersten Lavaschicht angesammelt hat. Inzwischen leistet die Natur so viel wie möglich, indem sie den Grund mit jungem Waldholz bedeckt.

Ein zweiter köstlicher Tag begünstigte meine Reise von Mori nach Togenoschita, wo ich die Nacht zubrachte. An beiden Tagen hatte ich ausnahmsweise gute Pferde, wennschon dasjenige, welches Ito ritt, sich drei Mal zu Boden warf und wälzte, um sich von den Fliegen zu befreien. An dem düstern Tage, wo ich den Wald zwischen Mori und den Seen von Ginsainoma zuerst erblickte, hatte ich ihn nicht genugsam bewundern können; jetzt aber schwebte eine Fülle von Sonnenglanz, Licht und Schatten über ihm und die scharlachrothen Büsche und blaurothen Schlingpflanzen, und die prangenden Ahornbäume im Thale bewirkten ein wundervoll übereinstimmendes Farbespiel. Von der Höhe des Passes jenseits der Seen hat man einen großartigen Anblick von dem nackten Vulkan, von den Lavabetten und Bimssteinfeldern und den Seen Onuma, Konuma und Ginsainoma, die in den Wäldern an seinem Fuße liegen; von einem anderen Hügel bietet sich eine merkwürdige Aussicht auf das windige Hakodate, das auf dem Vorgebirge wie Gibraltar aussieht. Die Abhänge dieses Hügels sind mit dem japanischen Eisenhut bewachsen, woraus die Ainos ihr Pfeilgift bereiten.

Die Yadoya in Togenoschita war sehr angenehm und freundlich, und als Ito am Morgen eintrat und mich fragte, ob ich nicht auch wie er betrübt darüber sei, daß es nun der letzte Morgen wäre, da mußte ich mir gestehen, daß ich meine ergötzliche Yezo-Reise ungern beendigte und mich nicht leichten Herzens von dem Burschen trennte, der mir jetzt nützlicher und schätzbarer als früher erschien. Es war sehr unangenehm, das nur zwölf englische Meilen entfernte Hakodate so nahe jenseits der Bucht liegen zu sehen und doch die weite, flache und steinichte Strecke durchschreiten zu müssen, welche das Vorgebirge, worauf es gebauet ist, mit dem größeren Lande verbindet. Ungefähr drei englische Meilen weit ist die Straße roh macadamisirt und die

Pferde erlahmen sehr bald darauf. Sobald wir die unendlich lange Straße erreichten, stieg ich daher ab und schickte Ito nach dem Consulat, um nach Briefen für mich zu fragen. Da es regnete, so hoffte ich, keinem Fremden zu begegnen; so glücklich war ich jedoch nicht, denn zuerst begegnete mir Herr Dening und bald darauf sah ich den Consul und Herrn Hepburn die Straße hinunter kommen. Sie waren sehr sauber gekleidet und beabsichtigten wahrscheinlich, auf dem Flaggenschiffe zu Mittag zu speisen. Um sie zu vermeiden, suchte ich in eine Nebenstraße zu entschlüpfen; dennoch erblickten sie mich und waren nicht gerade darüber verwundert, daß ich ihnen hatte aus dem Wege gehen wollen, denn mein alter Betto-Hut, mein zerrissener grüner Regenmantel, meine Reitkamaschen und Stiefel waren nicht nur beschmutzt sondern mit Koth überzogen und ich sah im Ganzen so aus, als ob ich geraden Weges aus der Wildniß käme.

XLV.

Missions-Eifer. — Politische Bewegung. — Ansichten über die Regierung. — Ein japanisches Panzerschiff. — Wirkliche Fortschritte. — Japanische Jonken. — Abschied von Ito. — Japanischer Briefstyl. — Wirbelwind und Nebel. — Willkommen in Tokiyo. — Das Ende der Meuterei.

Yedo, Englische Gesandtschaft, den 12. September.

Das Wetter war, seit meiner Rückkehr, ganz abscheulich; die Hitze drückend; die Moskitos lästig; die Luft so feucht, daß das Leder der Stiefel beständig mit einem schimmeligen Ueberzug bedeckt war; ein heißer, beängstigender Wind gesellte sich zu einem warmen Sprühregen. Wenn ich mich über das öde japanische Klima und über den Mangel an erfrischenden Morgen und Abenden beklage, so sagt man mir stets: „Warten Sie bis zum Oktober!“ Ich möchte daher fast glauben, daß Oktober und November die einzigen angenehmen Monate seien, denn die Kälte des Winters schildert man als rauh und schneidend.

Die dampfige Atmosphäre hindert Herrn Dening nicht in seinem unermüdlichen Missionseifer. Neben seinen Predigten und Bibelstunden in Hakodate und an anderen Orten ist er jetzt beschäftigt, eine neue Station in Nanai zu gründen, wo sich viele Samurai, die ehemaligen Anhänger des Daimiyo, befinden und nur unter diesen, nicht unter dem gemeinen Volke lassen sich Bekehrungen zu Stande bringen. Seit meiner Rückkehr ist von dem Consul der Grundstein einer englischen bischöflichen Kirche gelegt worden, in Anwesenheit von acht bekehrten Japanesen, deren Namen in eine Vertiefung des Steins gelegt wurden. Es ist ein Beweis von der Duldsamkeit, welche dem Christenthume zutheil wird, daß diese kleine Gemeinde einen Platz in der Hauptstraße zu einem kirchlichen Gebäude erwerben konnte.

In der letzten Zeit sind wichtige öffentliche Ereignisse vorgekommen. Ein Theil der kaiserlichen Garde ist in Meuterei ausgebrochen (aber nicht aus politischen Antrieben); es ist viel Blut geflossen und der erste Minister erließ eine Bekanntmachung an das Volk, worin er es ermahnte, sich nicht aufreizen zu lassen. Fast gleichzeitig mit diesem Vorfall machte Japan den ersten Schritt zu einer constitutionellen Verfassung, indem der Mikado die Wahl zu Provinzial-Versammlungen für den März des nächsten Jahres anordnete, welche die örtlichen Steuern ordnen sollen. Die Befähigung zur Wahl ist so niedrig gestellt, daß sie als eine allgemeine angesehen werden kann; die Abstimmung geschieht durch Ballotiren. Obgleich damit dem Grundsatze einer volksthümlichen Regierung nur ein kleines und etwas verstricktes Zugeständniß gemacht wird, so ist es unter den gegenwärtigen Umständen immerhin ein wichtiger Schritt für einen asiatischen Despotismus. Millionen unwissender Bauern, die bisher in Wirklichkeit nur Leibeigene waren, ist dadurch ein Grad von Macht in die Hand gegeben, und mir erscheint dies nicht bloß als ein Beweis, daß die Regierung ihre Versprechungen treu erfüllt, sondern auch das Vertrauen hegt, die bestehende Ordnung der Dinge würde allgemein gebilligt. Ich kann es der Regierung auch nicht verargen, daß sie diesen Schritt jetzt noch aufschiebt und mit der äußersten Vorsicht zu Werke geht.

Mehr und mehr bin ich zu glauben geneigt, daß die Männer, welche die öffentlichen Angelegenheiten seit der Restauration geleitet haben, sowohl befähigt wie auch patriotisch sind und dies bewiesen haben, obgleich sie durch die nicht immer übereinstimmenden Anforderungen der fremden Regierungen in Verlegenheit gesetzt wurden; obgleich ehrgeizig, sind sie doch ehrenhaft und haben durch ihre Politik bewiesen, daß sie den sehnlichsten Wunsch hegen, die Wohlfahrt und Größe der Nation, nicht aber ihren persönlichen Eigennutz zu fördern.

Bei so vielfachen Veränderungen, die theilweise sehr weitreichend sind, mußte es zu erwarten stehen, daß einige Stümpereien vorkommen würden, wie dies auch in der That geschehen ist; einige kostspielige Versuche sind auch fehlgeschlagen. Manche Neuerungen sind außerdem wenig besser als Flickwerk und einige völlig unpassend. Halten wir aber die Leiter der Regierung für ehrenhafte Männer, so darf auch nicht übersehen werden, daß sie mit einem großen Beamtenheere zu arbeiten haben und das asiatische Beamtenthum ist in allen Geldangelegenheiten durchaus unzuverlässig, wenngleich es in Japan nicht zu solcher Tiefe der Verderbniß hinab gesunken ist wie in China und in einigen anderen Ländern; die Vorstellung, sich mit dem Gehalte zu begnügen, ist dem Beamtenverstande völlig neu. Hier, auf Yezo, sind ungeheure Summen unnütz verschwendet worden und nur ein kleiner Theil, der in freigebiger Weise dem Bezirk Kaitakuschi zugewandt wurde, hat mit Hülfe wiederholter „Nebenverdienste" seinen Zweck erfüllt; dasselbe mag in größerem oder geringerem Maße bei allen Unternehmungen des Staates stattgefunden haben.

Nehmen wir Yezo als Beispiel von dem, was die gegenwärtige Regierung gethan hat, so finden wir eine vollständige Sicherstellung von Leben und Eigenthum — die Hauptaufgabe jeder Regierung, indem die Urbewohner fast gleiche Rechte wie die Eroberer genießen, eine schnelle Entdeckung der Verbrecher, die Gefängnisse und Hospitäler nach dem aufgeklärtesten System eingerichtet, freigebige Spenden für Erziehung und Krankenpflege in den entlegensten Distrikten, vollständige religiöse Duldung, Besteuerung nach billigen Grundsätzen, eine landwirthschaftliche Schule, Musteranstalten für den Landbau, ein bewundernswerth verwaltetes Zollhaus und Postamt, einen von quälenden Einschränkungen befreiten Handel und thatsächliche Verbesserungen der Verwaltung auf vielen Theilen der Insel.

Andererseits finden wir auch hier in kleinem Maßstabe einige schwache Seiten der japanischen Verwaltung. Die öffentlichen Gelder werden von einem Heer schlecht besoldeter Beamter aufgezehrt, welche müßig gehen und ihre Nasen in alle Angelegenheiten stecken; vier oder fünf arbeiten so viel wie ein einziger Engländer leisten würde. Dies kommt theilweise von der großen Zahl verzogener junger Leute her, die in Japan oder anderswo auf Kosten der Regierung ausgebildet wurden und für die sich eine Anstellung finden muß; zum Theil auch daher, daß ein Japanese, sobald er auch nur eine untergeordnete Stellung erhält, so viele Anstellungen wie möglich für seine Freunde zu Stande bringt. Obgleich das Verbrechen schnell entdeckt wird, so ist doch die Rechtspflege, namentlich in Civilsachen, sehr ungenügend. Viel Geld ist in kostspieligen Versuchen aufgegangen und reiche Hülfsquellen, wie die Kohlenwerke, bleiben unausgebeutet, weil man Mißtrauen gegen die Einführung fremden Kapitals hegt. Sehr nothwendig wären für Yezo gute Straßen, aber die Hauptstraße von Hakodate nach Satsuporo, worauf beständig große Summen verwandt werden, ist wegen des schlechten Materials, zerbrochener Brücken und verstopfter, schlecht angelegter Gräben in solchem Zustande, daß sie kaum der ganzen Länge nach von Räderfuhrwerk befahren werden kann. Pläne werden nach großem Maßstabe entworfen und, nachdem viel Geld darauf verschwendet worden und sie theilweise zur Ausführung gelangt sind, giebt man sie ohne ersichtlichen Grund wieder auf oder man findet, daß unüberwindliche Hindernisse übersehen worden sind oder die Aufmerksamkeit der Beamten erlahmt und die Sache wird schlimmer als sie vorher war.

Von dem letzteren Fehler bemerkte ich viele Beispiele auf der Versuchs-Farm in Nanai. Die Direktoren ließen mit einem Kostenaufwande von 1000 Yen ein schönes arabisches Pferd anschaffen, ein wirklich herrliches Thier, worauf sie stolz waren, so lange es als etwas Neues galt; jetzt aber hat es unter völliger Vernachlässigung zu leiden. Andere Dinge leiden in ähnlicher Weise unter mangelhafter Aufsicht und der Ueberzahl von Beamten. Steindämme, die von großem Werthe sein würden, führt man, wie in Mori, 350 Fuß weit in das Meer, wo sie von gar keinem Nutzen sind, und läßt sie dann wieder verfallen.

Kleine Unternehmungen, die wenig kosten, aber der Insel außerordentliche Vortheile gewähren würden, bleiben unberücksichtigt, damit kostspielige Pläne ausgeführt werden können, welche Aufsehen erregen, aber verhältnißmäßig von geringem Nutzen sind.

Eines der theuren Projekte des Staats steht mir jetzt in Gestalt eines sehr schönen Panzerschiffes vor Augen, das mit einer europäisch uniformirten und exercirten Mannschaft und einem europäischen Musikcorps versehen ist. Die Japanesen in Hakodate sind toll und stolz über dieses kostbare Erzeugniß und setzen das englische Kriegsschiff Audacious und die russische Corvette, die auch in der Bucht vor Anker liegen, herab. Ito ist einen Zoll höher geworden und erzählt mir, Jedermann sei der Meinung, daß das englische und das russische Schiff zusammen in einem Gefecht nichts gegen das japanische Panzerschiff ausrichten könnten. Es gefällt ihnen, weil es Staat macht und scheinbar Japan auf gleichen Fuß mit den europäischen Mächten stellt; dabei kümmern sie sich aber nicht darum, daß die Landstraße zwischen den beiden Hauptstädten nicht einmal achtzehn englische Meilen in einer Kuruma befahren werden kann. Solche und viele andere Widersprüche sind sehr betrübend; trotz alledem läßt sich nicht in Abrede stellen, daß das Reich binnen zehn Jahren fast wunderbare Fortschritte gemacht hat und trotz allen Mängeln den neuesten und besten Ideen der Civilisation zustrebt, unter Männern, welche die Klassen-Unterschiede abschafften, die Parias zu Bürgern erhoben und aus einem leibeigenen Volke eine Nation von freien Männern machten.

Am letzten Tage meines Aufenthalts auf Yezo schien die Sonne hell über der grauen, windigen Hauptstadt, verlieh mit ihrem Lichte den röthlichen Gipfeln des Komono-taki einen höheren Glanz und erhellte die Eindrücke auf mein Gemüth, welche, wie am ersten Tage, sehr angenehm waren. Die Bucht war blau mit violetten Schattirungen und über sechszig Jonken lagen darin vor Anker. Es waren auch Schiffe mit fremden Flaggen da, aber die mattfarbigen Jonken, ob sie regungslos vor Anker lagen oder mit ihren großen weißen Segeln in den Hafen steuerten, fesselten mich noch ebenso wie damals, als ich sie zum ersten Male in dem Golf von Yedo erblickte. Sie sehen antik und malerisch aus, eignen sich aber mehr für ein Gemälde als für einen Kampf mit stürmischer See.

Die meisten Jonken, die in der Bai liegen, haben etwa 120 Tonnen Last, sind 100 Fuß lang und am Hintertheil mit einem hervorstehenden, fünf und zwanzig Fuß langen Balken versehen. Der Bug ist lang und gekrümmt, läuft in einen hohen Vordersteven aus und endigt mit einem Schnabel, worauf sich das Bugspriet stützt. An dem Schnabel sind zwei große, stiere Augen angebracht. Der Mast ist ein gewichtiger, funfzig Fuß hoher Baum, aus mehreren Stücken Tannenholz bestehend, die zusammengeleimt, gepflöckt und mit Reifen versehen sind. Eine schwere Segelstange hangt über der Mitte des Schiffes. Das Segel ist länglich und besteht aus starken, weißen baumwollenen Streifen, die künstlich gefalten und nicht zusammengenähet sondern senkrecht geschnürt sind, so daß zwischen je zwei Streifen ein sechs Zoll breiter Zwischenraum bleibt, der zur Zierde mit Verschnürungen ausgefüllt ist. Anstatt bei starkem Winde einzureffen, knüpft man einen Streifen los, so daß das Segeltuch nicht wagrecht sondern senkrecht zu hangen kommt. Das Segel ist gewöhnlich mit zwei blauen runden Scheiben verziert. Der Mast steht weit auf dem hinteren Theile und um zu vieren oder umzulegen, ist nur erforderlich, die Lage der Schoten zu verändern. Der hohe, viereckige, aufgerichtete Spiegel mit seinem antiken Schnitzwerk und das Gitterwerk der Seiten nehmen sich sehr hübsch aus; das Steuerruder ist außerordentlich lang und hervorstehend. Die Anker sind vierzinkig und die größeren Jonken haben deren sechs bis acht am Vordertheil hangen, woraus man ersieht, daß der Ankergrund längs der Küste schlecht ist. Die Jonken ähneln in ihrer Gestalt einem chinesischen Frauenschuh und sehen aus, als ob sie schwer zu handhaben wären; die hölzernen Wände sind nicht angestrichen, was ihnen ein kahles, winterhaftes Ansehen giebt.

Von Ito habe ich mich mit großem Bedauern getrennt. Er hat mir treu gedient und in den gewöhnlichen Dingen konnte ich von ihm mehr lernen als von irgend einem Fremden. Ich vermisse ihn bereits, obgleich er noch darauf bestand, alle meine Sachen in Ordnung zu bringen. Zuweilen versetzte mich seine Geschicklichkeit in Verwunderung. Es ist mein Trost, daß er zu einem Herrn kommt, der ihm mit gutem Beispiele vorgeht und ihn auf rechtlichen Weg leiten wird. Bevor er mich verließ, schrieb er für mich einen Brief an den Statthalter von Mororan, worin ich ihm für die Kuruma und andere Gefälligkeiten dankte.

Ein japanischer Brief beginnt immer mit einem Kompliment, das sich gewöhnlich auf die Gesundheit der angeredeten Person bezieht; wenn der Absender der letzteren ungeordnet ist, so schließt das Schreiben mit einem Ausdruck der Unterwürfigkeit. Der angeredeten Person wird ein ehrenvoller Titel verliehen. Ich mußte bedauern, daß ich nicht „des Statthalters erhabenes Antlitz verehren" konnte, und bedankte mich für den Gebrauch „seiner vorzüglichen Kuruma und für die außerordentliche Güte, die er mir zu erweisen geruht hatte." Der Brief schloß mit den Worten: „Meine erhabene Gebieterin bringt dies zu Dero erhabener Kunde. Ich stoße mein Haupt gegen den Fußboden und versichere dies mit zitternden Worten."

Der Briefstyl ist völlig verschieden von dem der Unterhaltung und dem in Büchern gebräuchlichen; er bildet eine besondere Sprache und ist fast ganz chinesisch. Die großartigsten und ungewöhnlichsten Ausdrücke werden gesucht, um der Sache einen eleganten Schwung zu geben und um die Erniedrigung des Briefstellers neben der Verherrlichung des Empfängers recht augenscheinlich zu machen. Dieser Anstandsformeln und schwulstigen Umschreibungen bedienen sich selbst Eltern, wenn sie an ihre Kinder schreiben. Die Japanesen schreiben gern Briefe und schätzen einen guten Briefstyl und eine gute Handschrift sehr hoch.

Ito schrieb wöchentlich ein Mal einen sehr langen Brief an seine Mutter, an eine Anzahl junger Freunde und selbst an Bekanntschaften, die er erst auf der Reise machte. Ueberall bemerkte ich, daß die jungen Leute einen großen Theil ihrer freien Zeit auf Schreiben verwenden. Ein wichtiger Erwerbszweig ist das Zeichnen auf verzierten Briefbogen und Couverts, worin eine unbeschreibliche Mannigfaltigkeit herrscht. Die Geschicklichkeit im Gebrauch des Pinsels aus Kameelhaar, welcher als Feder dient, wird als eine wesentliche Aufgabe der Erziehung angesehen.

Ein Meer, das nach vielen Aufregungen endlich die ersehnte Ruhe gefunden hatte, und ein anhaltender hoher Barometerstand versprachen uns eine fünfzigstündige Ueberfahrt nach Yokohama, und als ich mit Dr. Hepburn und seiner Gemalin, den einzigen Passagieren des „Hiogu Maru", am 14. September des Nachts bei Mondenschein von Hakodate abfuhr, trat der freundliche Kapitain Moore an uns heran und wünschte uns Glück zu der bevorstehenden schnellen und ergötzlichen Fahrt; wir trennten uns um Mitternacht mit vielen Plänen zu angenehmen Unterhaltungen und Beschäftigungen.

Dennoch habe ich noch keine elendere Reise gemacht und erst nach drei Tagen krochen wir aus unseren Kajüten, um mit einander zu sprechen. Am zweiten Tage trat eine drückende, beklemmende Hitze ein; dazu gesellte sich eine Windhose oder Typhon oder Cyclone oder Trombe, welche fünf und zwanzig Stunden anhielt und die Ladung durch einander warf. Kapitain Moore machte mir einen interessanten Abriß davon und zeigte, wie er bestrebt gewesen war, den Wirbel, durch welchen unser Cours geführt hätte, zu vermeiden und uns so viel wie möglich außerhalb zu halten. Dem Wirbelwind folgte ein dichter Nebel, so daß aus unserer fünfzigstündigen Fahrt eine zwei und siebenzigstündige wurde und wir am 17. gegen Mitternacht in Yokohama landeten. Wir fanden Spuren von vielfachem Mißgeschick; das ganze tief liegende Land war überschwemmt, die Eisenbahn zwischen Yokohama und der Hauptstadt unfahrbar; man fürchtete für die Reisernte; beunruhigende Nachrichten waren in Umlauf; das Papiergeld, welches bei meiner Ankunft im Mai pari stand, erlitt einen Abzug von 13 Procent. Am Anfange des Jahre 1880 stieg der Disconto bis auf 42 Procent.

Am späten Nachmittag wurde die Eisenbahn wieder geöffnet, ich fuhr hierher und bin froh, unter Herrn Wilkinson's gastlichem Dache eine Zeit lang Ruhe und Erholung zu genießen. Die langen Reihen „Yaschikis" sahen hübsch aus; der Schloßgraben war mit den mächtig großen Lotusblättern so gefüllt, daß man das Wasser kaum sehen konnte; die Gras-Umwallungen des oberen Grabens prangten in glänzendem Grün und die darauf stehenden Tannenbäume setzten sich an einem klaren Himmel ab; der Hügel, worauf sich das Gesandtschaftshaus befindet, ist trocken und sauber, und das Beste war, daß ich von den Personen, welche dieses Haus in fremdem Lande zu meiner Heimstätte machten, auf das freundlichste empfangen wurde.

Tokiyo ist ruhig und hegt nur Besorgniß um die Reisernte. Die meuterischen Soldaten sind vor Gericht gestellt und, wie im Volke verlautet, gefoltert worden; zwei und funfzig wurden erschossen. Der Sommer ist schlechter gewesen als seit vielen Jahren und jetzt herrscht eine dumpfe, feuchte Hitze und fast unaufhörlicher Regen. Die Leute sind in ihren Sommerwohnungen eingeregnet. „Es wird sich gewiß bald ändern," meinen die Leute und dasselbe hat man schon vor drei Monaten gesagt.

XLVI.

Tokiyo. — Das Klima. — Das Schloß. — Das Beamten-Quartier. — Die Vasallenschlösser von Yedo. — Handelsthätigkeit. — Kanäle. — Straßen und Ladenschilder. — Straßen-Namen.

Mit Yedo, der geheimnißvollen Stadt des Sjogun, habe ich nichts zu schaffen und überlasse sie gern den Forschungen der gelehrten Mitglieder der asiatischen Gesellschaft von Japan. Yedo ist in Wirklichkeit nicht mehr vorhanden. Die Gräben, Mauern und Wälle, die langen Reihen verfallender „Yaschikis" und die heiligen Stätten von Schiba und Uyeno, mit dem glorreichen Schimmer ihrer prächtigen Farben und Vergoldungen erinnern allein an ihre glänzende Vergangenheit. Der Palast innerhalb der Burg besteht nicht mehr; der letzte Sjogun lebt zurückgezogen in Schidzuoka; die Daimiyo sind in die Vorstädte zerstreuet; kein Mann mit doppeltem Schwert läßt sich mehr sehen; Mutsuhito, der „geistige Kaiser," der Sohn der Götter, fährt, europäisch gekleidet, in einem europäischen Wagen durch die Reihen gleichgültiger Zuschauer; zwölf Jahre haben das alte Yedo in das moderne Tokiyo verwandelt, und wenn die alte Stadt mit ihren Gebäuden und Sitten noch nicht völlig vergessen ist, so ist dies den sorgfältigen und eifrigen Arbeiten fremder Gelehrter zu verdanken.

Der Fremde trachtet zunächst danach, einen Ueberblick von der Stadt zu erlangen, sieht sich aber getäuscht, sobald er nach Atagayama oder anderen hoch gelegenen Plätzen hinauf gestiegen ist; es giebt keinen Punkt, von wo man die Stadt übersehen kann, und dies wäre nur aus einem Luftballon möglich. Was man jedoch von jeder Höhe sieht, das sind: dunkle Waldpartien; die kleine Anhöhe mit den Burgmauern, überragt von schattigen Tannen- und Cryptomeriengruppen; zerklüftete Hügel und Vertiefungen mit Tempeln; Hügel, über deren Gipfel Straßen hinführen; schattige Plätze, wo die Todten ruhen; Parks, Tempelgärten und Straßen, die von Gärten begrenzt werden; hervorblickende, mit Ziegeln gedeckte Tempeldächer; kleine längliche Gebäude, mit weißem Kalk übertüncht; lange Reihen von niedrigen grauen Dächern und grünen Abhängen; schimmernde Gräben und Kanäle; Gebäude in europäischem Style, die an ihren Fenstern und ihrer Häßlichkeit zu erkennen sind. Allmälig erkennt das Auge am fernen Horizonte die Haine von Schiba, Dyeno und die Burg; und an hellen Tagen zeigt sich auch in der Ferne der Fujisan in seiner Großartigkeit und die weißen Segel der Jonken auf den Golf von Yedo verleihen der stillen Landschaft Leben und Bewegung.

Abgesehen von dem Eindruck der Größe, erscheint Tokiyo nirgend imposant, vielmehr im Ganzen einförmig und gewöhnlich. Die Hügel sind nicht hoch und bieten nichts dar, was das Auge nur einen Augenblick fesseln könnte. Es fehlt der gedrängte Zusammenhang einer großen Stadt. Massenhafte Baumgruppen, von grauen Gebäuden begrenzt oder unterbrochen, geben eher ein vorstädtisches Ansehen als das einer Weltstadt. In weiter Ferne sieht man wieder graue Häusermassen und erfährt, daß sie ebenfalls zu Tokiyo gehören. Es ist eine Stadt von großartiger Ausdehnung, aber ohne Großartigkeit. Sie zieht sich in einer Krümmung von funfzehn englischen Meilen weit von Norden nach Süden und wenigstens elf Meilen von Osten nach Westen und nur die blauen Gewässer des Golfs lassen sich als Grenze wahrnehmen. Sie ist eine Zusammenhäufung von 125 Dörfern, die sich um die große Festung des obersten Vasallen des Mikado gruppiren und mit den dazu gehörigen Parks, Landhäusern, Gärten, Seen, Strömen und Feldern, mit ihren ländlichen Gassen und schönen Wäldern den Namen Tokiyo angenommen haben; in einzelnen Stadttheilen, wie in der Nachbarschaft von Nippon-Baschi, Asakusa und Schimmei-mai liegen sie dicht zusammengedrängt. Ueber den klaren Sumida, welcher sonst einen Theil der Stadt umschloß, führt jetzt eine Brücke nach dem bevölkerten Distrikt von Hondjo auf der anderen Seite, und im Osten und Westen erstrecken sich kleine Hügel und Thäler mit Reisfeldern, Tannen, Camellias und Bambus bis in die Vorstädte; kein Rauch noch Lärm dringt bis in diese entlegenen Bezirke.

Tokiyo liegt unter 35° 39′ nördlicher Breite und 139° 45, östlicher Länge, auf der Höhe des Golfs von Yedo, wo der Sumida, der Kanda und andere kleine Flüsse sich in das Meer ergießen. Obgleich ein wenig südlicher als Gibraltar gelegen, hat es doch gleiche Wärme mit Bologna und Marseille. Der jährliche Regenfall beläuft sich auf 60 Zoll, betrug jedoch 1878 über 69 Zoll, wovon 18 auf den September zu rechnen sind. Die Zahl der Regentage ist durchschnittlich 98. Die Monate, in welchen der wenigste Regen fällt, sind December, Januar und Februar; die größte Menge fällt gewöhnlich im Juni und Juli. Der Schneefall ist sehr gering und der Schnee bleibt selten lange liegen. Tage, wo das Thermometer nicht über den Gefrierpunkt steigt, sind sehr selten und kommen nur bei beständigem Nordwest-Wind vor; dagegen fällt es oft Wochen lang des Nachts unter 32° und die Durchschnittszahl solcher Nächte beträgt 75 Procent für die Jahreszeit. Es ist ein großer Irrthum, zu glauben, daß Japan keinen Winter habe. Die Kälte ist grimmig und durchdringend in Folge des feuchten Klimas. Bei 36 Grad leiden die Bewohner von Tokiyo mehr als die von Colorado bei einem Thermometerstande unter Null. Je kälter es wird, desto dicker werden die Tokiyaner, denn sie ziehen ein wattirtes Kleid über das andere und, wenn sie dann obenein ihre Hände in die weiten Aermel zurückziehen, so sehen sie wie gemästete Hühner aus. Entblößte Köpfe sieht man im Winter nicht und nur die Augen blicken unter der baumwollenen Verpackung hervor.

Die Hitze beginnt mit dem Monat Juni und dauert ununterbrochen bis zur Mitte oder zum Ende des September. Im August steigt das Thermometer zuweilen bis auf 60 Grad; die Fremden fliehen alsdann aus der Hauptstadt und die Eingeborenen beschränken die vorgeschriebene Bekleidung auf das geringste Maß. Im Januar und Februar fällt das Thermometer bis auf 25 Grad. Typhons oder Wirbelwinde kommen im Juli, August und September vor, und Erdbeben sind so häufig, daß es schon einer ziemlich starken Erschütterung bedarf, um die Einwohner in ihrem Gleichmuth zu stören; jedoch ist seit 1854, wo ein beträchtlicher Theil der Stadt zerstört wurde, kein Erdbeben von Bedeutung vorgekommen. Die Sommerzeit währt in Tokiyo lange, denn sie beginnt im frühen Mai und dauert bis zum Oktober; der Winter ist klar und sonnig bis Februar, wo Schnee, Regen und Hagel eintritt. Der Boden ist angeschwemmtes Land mit einem Antheil Thon; die Straßen trocknen jedoch gleich nach dem Regen und sind frei von Spalten und Vertiefungen, worin sich stehendes Wasser ansammeln könnte.

Die Bevölkerung ist, wie bei den meisten Städten Asiens, überschätzt worden und beschränkt sich nach dem Rückzuge der Anhänger des Daimiyo auf die immerhin ansehnliche Volkszahl von New-York und Paris. Es hat 236,961 Häuser, bewohnt von 536,621 männlichen und 500,150 weiblichen Personen, ein Unterschied, der sich in Tokiyo leichter als irgend wie erklären läßt.

Die Burg mit ihren Umgebungen fesselt zunächst den Fremden, der von Yokohama auf der Eisenbahn hierher kommt. Sie war früher als „Beamten-Quartier“ bekannt und trägt noch heute einen starken Geruch nach Beamtenthum an sich. Um diesen Mittelpunkt hat sich die Stadt krystallisirt und obgleich der Burgpalast innerhalb der Umfriedigung verschwunden ist, so ist die Burg selber doch beinahe noch ebenso geblieben, wie sie vor dritthalb Jahrhunderten von Iyemitsu erbauet wurde.

Ihre mit grünem Wasser angefüllten Gräben sind im Spätsommer mit herrlichen Lotusblumen, im frühen Winter mit wildem Geflügel bedeckt und imposant durch ihre Tiefe und Breite und durch ihre Wälle, die mit schönem grünen Rasen überzogen und oben mit hohen Bäumen besetzt sind. Die Länge der Gräben beträgt elf englische Meilen und die Höhe der Wälle an manchen Stellen 100 Fuß. Ebenso imposant ist der dreistöckige Thurm, der sich über das Hasu-ike-Thor erhebt und die ungeheuren Mauern, die, aus vielseitigen Steinblöcken ohne Mörtel errichtet, sich fast auf dem Rande des Wassers emporrichten und an den Ecken mit kioskförmigen Thürmen versehen sind. Die sieben und zwanzig Thore bestehen aus kolossalen Stämmen, die auf einem steinernen Unterbau ruhen, und in dem unteren Schlosse führen Brücken und bedeckte Gänge zu ihnen hin. Ihre Höhe wechselt zwischen zehn und achtzehn Fuß und die inneren werden von zweistöckigen Gebäuden mit hohen, zierlich geformten Dächern überragt. Die unteren, mit Steinen eingefaßten Umwallungen, welche fast senkrecht sind und nach der See hin liegen, haben eine Höhe von 60 Fuß. Der Palast wurde im Jahr 1873 niedergebrannt. Innerhalb der inneren Gräben befinden sich nur die schon früher erwähnten Fukiage-Gärten, die Schatzkammer, ein dreistöckiger Thurm und ein Exercierplatz für die Truppen. Im Ganzen ist die weitläufige Burg mit ihren hohen Mauern das großartigste Bauwerk, das Tokiyo aufzuweisen hat.

Das alte Beamtenquartier ist merkwürdig wegen der langen einförmigen Außengebäude, die zu den „Yaschikis" gehören. Letztere waren die Wohnungen der Daimiyo und sind nun in Verfall gerathen oder werden als öffentliche Gebäude benutzt; nicht wenige sind gänzlich verschwunden und auf den eingezäunten Räumen werden europäisch uniformirte Truppen von französischen Officieren exercirt. Von diesem Quartier hat das neue Beamtenwesen Besitz ergriffen und es enthält unter anderen Gebäuden die des obersten Rathes; die kaiserliche Schatzkammer, wozu die Finanz-Abtheilung und mehrere Bureaux gehörten; die Abtheilungen für innere Angelegenheiten, Justiz, Unterrichtswesen, Krieg und Marine; die Hauptquartiere der französischen Militair-Mission; die Lehranstalten für Baufach, Kriegswissenschaft und fremde Sprachen; das Militair-Hospital, das Ausstellungsgebäude, die Druckerei der Regierung, die Kasernen der kaiserlichen Garde und einiger Infanterie- und Artillerie-Regimenter, die Gemeinde-Aemter, die Rennbahn, den Leuchtthurm und den Schokonscha, eine neue Sinto-Kapelle, die zum Gedächtniß der im Bürgerkriege Gefallenen errichtet wurde. Die Umwandlung Yedos in Tokiyo spricht sich recht deutlich in dem Umstande aus, daß die Flaggen der vier barbarischen Nationen, Englands, Rußlands, Italiens und Deutschlands, auf vier hervorragenden Gebäuden in diesem ehemals geheiligten Bezirke wehen. Viele Regierungs-Abtheilungen sind in den Yaschikis der früheren Reichsfürsten eingerichtet und die französische Militair-Mission hat ihren Sitz in dem Yaschiki Ji Kamon, welches auf einem Hügel dicht neben der englischen Gesandtschaft liegt und sich in der ganzen Umgegend durch ein großes, hellrothes Portal bemerkbar macht.

Nächst der Burg sind es die „Vasallenhäuser" von Yedo, welche der Stadt ein charakteristisches Gepräge verleihen. Diese Wohnsitze des Adels vom alten Regime, der „Daimiyo", liegen zahlreich innerhalb des Burggrabens und sind in den nördlichen und südlichen Stadttheilen zerstreuet. Mögen sie nun zu Regierungsämtern benützt werden oder nicht, so bieten die nach der Straße gekehrten äußeren Gebäude stets den gleichen einförmigen und trübseligen Anblick von verfallener Größe dar.

Alle sind, mit wenigen Veränderungen, nach gleichem herkömmlichen Muster eingerichtet. Alle sind von offenen, mit Steinen eingefaßten, mehr oder weniger breiten Gräben umringt, über welche steinerne Ueberbrückungen nach den Portalen hinführen. Innerhalb des Grabens stehen auf sechs bis acht Fuß hohen steinernen Fundamenten die „Nagoga", die Gebäude, welche früher die äußeren Vertheidiger des Schlosses, die mit zwei Schwertern bewaffneten Gefolgschaften der Fürsten bewohnten. Diese langen, zusammenhangenden häßlichen Häuserreihen werden in der Front nur durch Thorwege unterbrochen, die aus plumpen Balken mit eisernen Klammern bestehen. Das Seltsame und doch so wenig Imposante dieser Straßen-Architektur zeigt sich besonders in den hohen Ziegeldächern, die oben mit dem Daimiyo-Wappen versehen sind, ferner in den oberen, mit weißem Gips überzogenen und den unteren schwarz angestrichenen Stockwerken und in den Fenstern, welche, breiter als hoch und stark vergittert, zuweilen aus der Wand hervortreten.

Die Portale, welche nicht ohne einen gewissen malerischen

Reiz sind, zeigen, wie die Dächer, mancherlei Verschiedenheiten, je nach dem Range des früheren Besitzers. Der Haupteingang besteht aus zwei großen schweren Flügelthüren, die, ebenso wie die großen Angelpfosten, in welchen sie sich bewegen, und der obere Querbalken, mit großen eisernen Nägeln beschlagen sind. Die Thorwege enthalten die Wohnung des Wächters und mehrere Pforten für den Fall, daß ein Erdbeben oder eine Feuersbrunst statthaben könnte. Zu den größten gehören die Portale des Yaschiki, welches jetzt das Kriegsamt einnimmt, und desjenigen, wo sich die Unterrichts-Abtheilung befindet; noch viele andere, darunter das erwähnte rothe Portal, nehmen sich ganz stattlich aus.

Die „Nagoga" ziehen sich um einen großen unbedeckten Raum, welcher der Lagerplatz des früheren Besitzers gewesen sein mag. Das Schloß selber steht in einem gepflasterten oder mit Kies bestreueten Hofe; die Thorwege sind gepflastert und das Ganze ist durch eine Mauer oder einen hölzernen Zaun von der Außenwelt abgeschlossen. Von den gewöhnlichen japanischen Häusern unterscheiden sich diese Schlösser nur durch die Zahl und Größe der Zimmer. Dazu gehören ein Audienzsaal, Wartezimmer, Privatgemächer und gesonderte, oft lange Zimmerreihen für die Damen des Hauses nebst den kleinen Wachtstuben für die dienstbaren Mannschaften des Gefolges. Die Pfosten und Balken bestehen aus fein genarbtem, unpolirtem Holz und sind an den Verbindungen mit Metallstücken geschmückt, worauf das Familienwappen und andere Verzierungen eingravirt sind. Die Papier-Tapetenschirme und die schiebbaren Thüren sind entweder einfach oder mit Blattgold und Malereien verziert. Der Fußboden ist mit schönen Teppichen bedeckt. Zimmergeräthe sind nicht vorhanden. Die Vasallenschlösser gehören jedoch eigentlich nicht zu Tokiyo, sondern zu Yedo und in das Gebiet der Alterthumswissenschaft.

Die hölzernen Thürme auf der Haupthalle, welche als Feuerwachthäuser dienten, sind jetzt noch ansehnliche Gegenstände. Die Gärten waren oft sehr ausgedehnt und von großer Schönheit und die Haine der Yaschikis von Mito und Owari sind jetzt noch von hervorragender Bedeutung.

Obgleich die langen Reihen von Nagoga, welche zu den

Vasallenhäusern gehören, dem Stadtbezirk innerhalb des Burggrabens ein eigenthümliches Ansehen verliehen, so verschwinden doch die Yaschikis fast gänzlich. Die von Yamato und Kaga sind fortgeschafft worden und auf ihren Stätten befinden sich Wohnungen für die Fremden, die in japanischen Diensten stehen. Einige sind abgebrannt und von anderen sind die Nagoya in Läden verwandelt worden; es steht jedoch zu hoffen, daß die Regierung dem Wunsche der Fremden willfahren und die Reliquien der jüngsten Vergangenheit aufbewahren werde.

Diese großen hölzernen Lager, denn weiter waren sie nichts, nehmen einen ungeheuren Flächenraum ein, denn jeder bedeutende Yaschiki bedeckt viele Morgen Landes und es gab 268 Daimiyo, von denen die meisten je drei Yaschikis besaßen und von 1000 oder 2000, sogar von 3000 bewaffneten Knappen nach der Hauptstadt begleitet wurden. Der Verfall ging schnell von statten, denn erst im Jahre 1871 wurden diese Fürsten aufgefordert, sich in das Privatleben zurückzuziehen, indem gleichzeitig ihre Wohnungen in der Stadt wie ihre über ganz Japan zerstreueten Schlösser Eigenthum der Regierung wurden.

Außerhalb des Beamtenquartiers liegt die Altstadt und Distrikte des nördlichen, östlichen und südlichen Tokiyo, enthaltend Schiba und Uyeno, mit ihren Tempeln, Hainen, Kapellen, Alleen, Gärten und den prächtigen Gräbern von elf Sjogunen aus der Tokugawa-Dynastie; Tsukiji, das den Fremden eingeräumt ist und den Mittelpunkt der fremden Missionen bildet; Asakusa, mit dem großen, vom Volke besuchten Tempel des Kwan-non und den dazu gehörenden Ausstellungen; Oji mit seinen Tempeln und Theehäusern; Mukojima mit seinen Theehäusern, Kirschbaum-Alleen und heiligen Stätten; Meguro mit seiner ländlichen Pracht, seinen Tempeln, seiner Leichenverbrennungs-Stätte und den Gräbern des Gompachi und des Kamurasaki; Takanawa, berühmt wegen des Angriffs auf die brittische Gesandtschaft und wegen der Gräber der sieben und vierzig Ronins, und Schinagawa, üblen Andenkens, die Vorstadt, welche Yokohama am nächsten liegt — lauter Namen, mit denen man durch die Berichte der Reisenden und durch Mitford's Erzählungen aus Alt-Japan schon vertrauet geworden ist.

Vom ganzen Tokiyo ist die eigentliche Stadt der am dichtesten bevölkerte und der nicht am wenigsten interessante Theil, da sie durchweg japanisch ist und nur wenige Spuren von fremdem Einflusse aufweist. Hier ist der Nipponbaschi oder die Brücke von Japan, der geographische Mittelpunkt des Reiches, von wo alle Entfernungen gemessen werden; durch sie führt die Hauptstraße und zahlreiche Kanäle; jeder Theil derselben ist angefüllt mit Läden, Lagerhäusern, feuerfesten Niederlagen und Plätzen für den Großhandel, und ihre hohen Ziegeldächer verleihen ihr schon eine Bedeutung. Die Kanäle sind mit niedlichen, überdachten, mit Produkten beladenen Böten bedeckt und auf den Straßen lassen die Saumrosse, Kulis und die Wagen mit regen und schreienden Menschengespannen kaum noch Raum für die Zuschauer. Keine Straße von Liverpool oder New-York zeigt eine größere geschäftige Thätigkeit. Keine Zeit geht verloren, „Presto" ist das Losungswort, und den ganzen Tag dauert das Packen, Abladen und Einspeichern unter Lärmen und Hast. Man sollte meinen, der Reis von ganz Japan würde hier in den Vorrathshäusern längs der Kanäle aufgehäuft und alle Kraft, alles Getöse und alle Geschäfte seien hier vereinigt.

Die Kanäle, die, wie in Niigata, ein schickliches Netzwerk der Verbindung bilden, sind sowohl Wasserstraßen wie Wasserwege und wimmeln stets von beladenen Böten, zuweilen von Lustparthien und nächtlichen Prozessionen von Kähnen, die mit Papierlaternen beleuchtet sind. Sie werden von der Fluth bespült und gereinigt; bei niedrigem Wasserstande sind sie jedoch mit allerlei Abgängen und Unrath angefüllt und die Kähne liegen im Schlamme, in welchem die Kinder mit amphibischem Behagen umher waten. So viele Gräben und Kanäle machen eine große Zahl Brücken nothwendig, doch sind deren nur wenige aus Stein gebauet. Yaetaibaschi, eine der längsten, hat vier und zwanzig Bogen, zu je dreißig Fuß. Tokiyo, in wenigen Dingen hinter der Zeit zurückgeblieben, besitzt auch Wasserwerke, deren Speisung neun Meilen weit durch merkwürdige viereckige hölzerne Leitungen hergeführt wird, von denen die Hauptröhren zwei Fuß und die Zweigröhren vier Zoll im Quadrat messen; es sind jedoch keine Filtrirbecken vorhanden und das Wasser ist zwar reichlich aber nicht durchaus rein.

Eingang zum Tempel des siebenten Sjogun in Schiba.

Die Japanesen sind das irreligiöseste Volk, das mir je vorgekommen ist — ihre Pilgerfahrten sind Picknicks und ihre religiösen Feste Jahrmärkte; dennoch muß ehemals ein frommer Sinn in Tokiyo geherrscht haben, denn es ist ein ungeheures Bodengebiet nicht nur mit Tempeln, Priesterschulen, Pagoden und Kapellen bebauet, sondern enthält auch die dazu gehörigen Haine, wie zu Schiba, Asakusa und Uyeno. Man sagt, außer den heiligen Stätten, die dem Inari Sama, dem Schutzgotte des Ackerbaues, geweihet sind, befänden sich in der Hauptstadt noch über 3000 Gebäude, den Sinto- und Buddhisten-Gottheiten gewidmet, und noch immer errichten die Buddhisten Tempel in großem Maßstabe. Asakusa ist bereits beschrieben worden und die Schreine der Sjogune in Schiba unterscheiden sich in ihren Grundformen so wenig von denen zu Nikko, daß es unnütz ist, darüber zu schreiben, um so mehr als die genaueste technische Beschreibung dem Leser doch keine Vorstellung von ihrer besonderen Schönheit zu geben vermag, welche stets das Bedauern erweckt, daß diese Werke der Kunst aus vergänglichem Holz aufgeführt sind. Die ungeheuren Tempelgründe zu Schiba und Uyeno sind in öffentliche Parks umgewandelt worden, die mit ihren breiten Fahrwegen und schattigen Alleen allen europäischen Parks den Rang streitig machen. Außer den Tempelgruppen und Tempelstraßen stehen noch viele vereinzelte Tempel auf unansehnlichen, dunklen und überfüllten Plätzen und viele derselben werden gerade vom Volke am meisten besucht, wie unter anderen ein kleiner Schrein in der engen geschäftigen Straße, welche Schimmei-mai heißt. Der Hof und die Wände desselben werden beinahe durch Votivgeschenke überdeckt, dargebracht von Denjenigen, die sich durch den Gott von Zahnschmerz geheilt glaubten. Andere kleine Tempel werden von kinderlosen Frauen besucht und ein Altar, dessen Gottheit in dem Rufe steht, die Treue der Ehemänner zu sichern, ist stets von Bittenden umdrängt, deren Ernst nicht in Zweifel gezogen werden kann.

Die Straßen der Hauptstadt belaufen sich auf 1400, wovon nur wenige ihren Namen auf der ganzen Länge beibehalten. Die Häuser sind aus Holz, nicht angestrichen, und sehen überaus einförmig und gewöhnlich aus. Abgesehen davon, daß die Läden so geräuschvoll sind, wie es in ganz Japan nur in Osaka vorkommt, unterscheiden sich die in Tokiyo nur wenig von denen in Niigata, die bereits geschildert worden sind. Die Stadt ist vorzugsweise eine Stadt von Ladenbesitzern und in vielen Straßen sieht man der ganzen Länge nach die Ladenvorhänge an den Häusern hangen. Die meisten Läden sind auch hier nur klein und gleichen sowohl an Größe wie durch die kleinen, überaus niedlichen Waaren, die sie enthalten, Puppenhäusern. Wenn man nicht von einem Japanesen oder einem kundigen Fremden begleitet wird, so ist es unmöglich, zu errathen, zu welchem Gebrauch auch nur die Hälfte der feilgebotenen Gegenstände bestimmt ist; der Besuch der Läden ist mithin kein unbedeutendes Hülfsmittel, um die Bedürfnisse und Lebensgewohnheiten des Volkes kennen zu lernen, wenngleich man in Tokiyo mehr als anderswo gewahr wird, wie schwierig dies ist und wie wenig man eigentlich selbst bei jahrelanger Bemühung erfährt. Viele der verkauften Artikel werden jetzt in Tokiyo angefertigt und die Stadt ist, wie es sich für eine Hauptstadt geziemt, ein großer Stapelplatz für die Produkte des ganzen Reiches.

Die Aushängeschilder sind wenig geeignet, das einförmige Aussehen der niedrigen grauen Häuser zu heben; auch die Läden, mit Ausnahme der prächtigen Spielwaarenläden, entfalten keine Pracht mit ihren niedrigen Fronten, die halb hinter Vorhängen versteckt sind. Die Kuchenbäcker stellen gewöhnlich eine mit einer Spitze versehene weiße Kugel aus, von anderthalb Fuß im Durchmesser; die Reißbier-Verkäufer einen kugelig geformten Cypressenbüschel, Diejenigen, welche die karmoisinrothe Farbe verkaufen, womit die Frauen ihre Lippen schminken, eine rothe Flagge; Goldschläger eine große Brille mit Goldscheiben anstatt der Gläser; Apotheker und Kräuterhändler einen großen Beutel, ähnlich dem kleinen, worin sie ihre Aufgüsse bereiten; die Papierdrachen-Verkäufer einen Blackfisch; die Blumenhändler einen kleinen Weidenzweig; wo getrocknete oder eingesalzene Fische verkauft werden, erblickt man zwei roth gefärbte Fische, die mittelst eines Strohhalmes an den Kiemen zusammengebunden sind, um anzudeuten, daß sie zu den gebräuchlichen Verlobungsgeschenken dienen können. Die auffallenden schwarzen und rothen vergoldeten Schilder, welche die Straßen von Canton zieren, sind zu schreiend für den Geschmack der Japanesen, welche einfache sinnbildliche Zeichen vorziehen.

Viele Straßen sind ausschließlich japanisch und in den Läden werden dort nur japanische Waaren verkauft; andere dagegen haben ein europäisches Gepräge angenommen und sehen, offen gestanden, so widerwärtig aus wie die meisten anderen europäischen Neuerungen. In ganz Tokiyo giebt es keine einzige schöne Straße, obgleich einige sich mit ihren hohen Ziegeldächern recht malerisch ausnehmen. Im Allgemeinen sind die Straßen einförmig, geschmacklos und hinfällig und fesseln nur durch das Volkstreiben, das darin herrscht. Bürgersteige sind nicht vorhanden, aber auch insofern entbehrlich, als die Dämme außerordentlich rein sind. Die äußerste Sauberkeit ist ein Hauptmerkmal der Stadt. Die Abgänge werden zur Düngung in bedeckten Eimern von Menschen und Pferden auf das umliegende Land ausgetragen. Im Ganzen ist die Stadt sehr angenehm, doch bei heißem Wetter verbreiten die trüben Wassergräben einen üblen Geruch, der eine Art Sumpffieber erzeugt. Oeffentliche Badehäuser sind in Ueberzahl vorhanden.

Die Theater beschränken sich hauptsächlich auf die Saruwaka-Straße; für andere Zerstreuungen und Vergnügungen bestehen besondere Lokale.

Die Straßennamen erfordern ein besonderes Studium und sind sehr zahlreich, da eine einzige Straße in ihrer Länge zuweilen ihren Namen zwanzig Mal ändert. Japan hat keine Abukirs, Azincourts oder Almas zu verherrlichen. In Folge ihrer Lage hat die Insel nur innere mörderische Kriege geführt und es war nicht Sitte, die Helden oder Siege in den Bürgerkriegen durch Straßennamen zu verewigen. Einige sind allerdings nach dem Soldatenkaiser Hachiman benannt, andere nach berühmten Ringkämpfern, Priestern oder Nonnen; die große Theaterstraße führt ihren Namen nach Saruwaka, dem Gründer des modernen japanischen Theaters; eine andere nach Kinda Miyamoto, einem alten Fechtmeister, der seinen Vater ermordete und der Held vieler erdichteten Rachegeschichten ist. Die volksthümlichen Gottheiten und der Drache, das beliebte mythische Ungeheuer, spielen nur eine unbedeutende Rolle bei den Benennungen der Straßen.

Von den 1400 Straßen Tokiyos leiten zwei Drittel ihre Namen von natürlichen Gegenständen her: ein neuer Beweis von der Liebe zur Natur, die den Japanesen so tief eingeprägt ist. Eine Matsu- oder Tannenbaum-Straße findet sich fast in jeder der sechs und neunzig Unterabtheilungen der Stadt. Einige zwanzig Straßen heißen nach der Weide oder dem Bambus, viele andere nach der Ceder, Stechpalme, Päonie, Reispflanze, Binse, dem Wermuth und Chrysanthemum. Von Phantasie-Namen hört man: Kirschengarten, Reinwasser, Sonnenschatten, fließender Fluß, Bergluft und Neublüte; auch vierfüßige Thiere und Vögel sind nicht vergessen, denn es giebt mehrfache Dachs-, Schildkröten-, Affen-, Storch-, Bären- und Fasanen-Straßen; zwanzig Straßen sind nach dem nichtswürdigen Geschöpfe, dem japanischen Pferde, benannt und die Saumroß-Relais-Straße ist die älteste in Tokiyo. Die Erfindung ist ebenso mangelhaft wie bei uns. Es giebt mehr als zwanzig Bauholz-Straßen und die Gewerksnamen wiederholen sich häufig, wie Zimmermann-, Grobschmidt-, Färber-, Säger-, Kuli- und Böttcher-Straße; außerdem giebt es Salz-, Waizen-, Indigo-, Holzkohlen-, Haar-, Leder-, Federn-, Matten- und Netz-Straßen und auch solche, welche nach frischen, gesalzenen und gebratenen Fischen benannt sind. Wenige führen ihren Namen nach veralteten militairischen Wappen, die man nur noch in Museen findet; andere heißen: Glück im Ueberfluß, die gleiche Freundschaft, eheliche Liebe, Glückwunsch und Friede.

Die Restauration, die so Vieles veränderte, ist auch nicht ohne Einfluß auf die Straßenbenennungen geblieben, denn seitdem aus Yedo Tokiyo wurde und der Sjogun zu Falle kam, ist etwa der sechste Theil der Straßen-Namen, die an die Macht der anmaßenden Vasallen erinnerten, verändert worden; viele haben sich aber im Volksgebrauche erhalten.

Der auffallende Umstand, daß sich die gleichen Namen wiederholen, erklärt sich aus der schon erwähnten Thatsache, daß die Hauptstadt eine Zusammenhäufung von 125 Dörfern ist, welche mehr oder weniger weit aus einander liegen. Ein Brief muß auf der Aufschrift nicht nur den Namen des Adressaten enthalten, sondern auch das Stadtviertel und den Namen des ehemaligen Dorf-Bezirkes; an der letzteren Bezeichnung hangt das Volk mit aller Zähigkeit. Keine andere Stadt ist besser mit Material zu einer Abschätzung versehen, denn über jedem Thorweg hangt eine Holztafel, worauf der Name des Hausherrn und die Zahl und das Geschlecht des Hausstandes geschrieben steht; außerdem auch die Straße und Hausnummer, wodurch eine Bezeichnung an den Straßenecken überflüssig wird.

XLVII.

Die Kirchhöfe. — Leichenverbrennung. — Moderner Baustyl. — Die Ingenieur-Schule. — Das Telegraphen-Amt. — Die Fremden. — Die Blumenfeste. — Andenken an den Fuji. — Kostspielige Empfangsfeierlichkeiten. — Das Gehirn von Neu-Japan.

Ein schätzenswerther Zug im Charakter der Japanesen ist die Hochachtung, die sie gegen ihre Todten hegen und die Sorgfalt, womit sie die Begräbnißstätten schön und anziehend zu machen suchen. Obgleich Tokiyo sich nicht rühmen kann, ebenso schöne Begräbnißplätze zu besitzen wie Kiyoto, so sind dieselben doch alle sorgsam in Stand gehalten, von den prächtigen Kapellen zu Schiba und Uyeno, wo die Sjoguns in Glorie liegen, bis hinab zu dem bescheidenen Grabe, worin die Asche eines Kuli ruhet. Ohne auffallenden Unterschied ist die letzte Behausung aller Sterblichen sauber und ornamental und dem Stande angemessen, den ihr Bewohner bei Lebzeiten einnahm. Die soliden Denkmäler aus Granit sind oft kunstreich gearbeitet und stets geschmackvoll. Sie sind verschieden, vom einfachen aufrechten Obelisk oder steinernen Pfeiler auf viereckigem Fußgestell, nur mit dem Namen des Verstorbenen bezeichnet, bis zur Säule auf massiver Granitbasis, überragt von der acht Fuß hohen Bildsäule des Buddha, der auf einer Lotusblume sitzt. Die sauber gehaltenen viereckigen Familienbegräbnisse mit einer Reihe solider Pfeiler auf steinernen Piedestals, die Bambustöpfe voll frischer

Blumen auf vielen Gräbern, die stets rein gehaltenen Wege und die große Zahl der Besucher, die den Grabhügeln ihre Pflege angedeihen lassen, frische Räucherstäbe anzünden und die verwelkten Blumensträuße durch neue ersetzen — dies Alles gehört zu den interessantesten Erscheinungen nicht nur in Tokiyo sondern in Japan, und die dauerhaften Wohnungen der Todten bilden einen seltsamen Gegensatz zu den vergänglichen Behausungen der Lebenden.

Die Leichenverbrennung, welche während einiger Jahre von der Regierung untersagt war, ist neuerdings wieder gestattet, aus den Gründen, weil die Regierung den persönlichen Wünschen Rechnung zu tragen sucht, weil in einer so großen Stadt die ausschließliche Beerdigung mit der Zeit einen nachtheiligen Einfluß auf die Gesundheit der Einwohner ausüben würde und weil nach Verlauf mehrerer Jahre sich unter den Lebenden kaum noch Platz für die Todten finden könnte. Diese Gründe wurden mir in einem Schreiben des Herrn Massakata Kusamoto, des aufgeklärten Statthalters von Tokiyo Fu, ausgeführt und sind wohl der Beachtung werth. Es bestehen fünf Plätze für die Leichenverbrennung in der Hauptstadt und in den letzten vier Jahren hat sich die Zahl der verbrannten Leichname mit jedem Jahre vermehrt. Die Kosten der Verbrennung betragen 3 Schilling 8 Pence bis 20 Schilling, und obgleich das Verfahren sehr einfach ist, so sind doch keine unangehmen Einflüsse in der Nachbarschaft zu verspüren.

Da hier nicht von Yedo sondern von Tokiyo die Rede ist, so müssen auch die europäisirten Gebäude erwähnt werden, denn sie gehören zu den mehr und mehr hervortretenden, höchst abstoßenden Zügen der Hauptstadt und nehmen in einzelnen Bezirken die Stelle der japanisch gebaueten Häuser ein. Sie sind wenig von einander verschieden und, mit Ausnahme der Ingenieur-Schule und einiger anderer, wahre Muster von Häßlichkeit und schlechtem Geschmack. Sie sehen aus, als wären sie aufgeschossen, aber nicht gebauet. Sie sind gleißend, starr, vielfensterig, ungeeignet für das Klima, ohne Geschmack und Solidität, erinnern an die Vorstadthäuser der neuen amerikanischen Städte und selbst die besten und saubersten sehen aus, als wären sie aus Zuckerwerk.

In früherer Zeit beruhete die japanische Architektur auf

feststehenden Ideen. Der Baumeister, welcher auf einer erhöheten Plattform runde Pfeiler setzte, ihnen ein massives, geschwungenes Dach zu tragen gab und das Ganze einen Tempel nannte, schuf einen geistlichen Baustyl, von welchem seit 800 Jahren kein Architekt abzuweichen wagte. Es steht daher zu befürchten, daß der Neuerer, sei er Engländer oder Amerikaner, der diese geschmacklosen Gebäude in europäischem Styl zuerst einführte, eine tiefe Grube gegraben habe, aus welcher sich kein künftiger Baumeister wieder heraushelfen könne und daß selbst der Regierungs-Architekt Chastel de Boinville, der das einzige zweckmäßige und schöne Gebäude in Tokiyo aufführte, sich durch die neu erweckte Vorliebe für Gebäude, die halb wie Kasernen, halb wie Lagerschuppen aussehen, in seinen Unternehmungen gehindert sehen werde.

Als ich die europäisirten oder vielmehr amerikanisirten Gebäude im Beamtenquartier, so weit sie aus Holz aufgeführt sind, erblickte, vermuthete ich zuerst, es wären Polizei- oder Militairkasernen oder Stallungen für die Reiterei; die aus Ziegeln gebauten, worin einige Minister wohnen, sehen wie die geschmacklosen Landhäuser in Holloway oder New Barnet aus; einige gleichen den elenden Schenken, welche die Vorstädte von London verunstalten.

Der Ruhm und Stolz der japanischen Erziehungs-Anstalten ist die kaiserliche Ingenieur-Schule und die Japanesen können mit Recht stolz darauf sein, denn sie ist nicht nur das schönste moderne Gebäude in Japan, sondern auch, nach der Meinung sachverständiger Beurtheiler, die vollkommenste und am besten ausgestattete Ingenieur-Schule in der Welt und wohl geeignet, Japan in Stand zu setzen, die großen Verbesserungen, von welchen sein zukünftiger Fortschritt abhangt, ohne fremde Mithülfe auszuführen. Für den Japanesen ist dieses Staatsgebäude die Verkörperung und Verherrlichung des materiellen Fortschrittes, den jeder Gebildete jetzt zu seiner Gottheit erhoben hat. Dieser Tempel des Fortschrittes besteht aus mehreren zusammenhangenden Gebäuden aus Ziegeln, auf der Front mit Steinen eingefaßt, und begrenzt auf drei Seiten einen schönen, geräumigen viereckigen Platz.

Zur Ausstattung dieser prachtvollen Anstalt sind keine Kosten gespart worden. Das Museum, welches die Musterstücke der bürgerlichen Baukunst und Mechanik enthält, ist vorzüglich und es soll, wie man sagt, auf der Welt keine ähnliche Sammlung von Modellen geben, die so genau gefertigt und so geeignet für den Lehrplan sind. Der Telegraph und die mineralogischen Museen sind mit gleicher Sorgfalt eingerichtet. Für jedes Museum sind außerordentlich genaue Kataloge vorhanden, worin auch jedes Modell und Instrument beschrieben und die leitende Idee bei der Verfertigung und Anwendung desselben in Kürze angegeben ist. Für den nicht wissenschaftlichen Besucher ist unter Allem das Museum für japanische Produkte, Manufakturen und Maschinenmodelle vom höchsten Interesse; es wird, je nachdem sich der neue Styl Bahn bricht, mit jedem Jahre an Werth gewinnen und vielleicht künftig der einzige Ort sein, wo die Japanesen die frühere Industrie ihres Landes und die einfachsten Methoden, um große Zwecke zu erreichen, studiren können.

Diese Lehranstalt steht unter dem Ministerium der öffentlichen Arbeiten. Der Principal Dyer, dem sie ihre Vortrefflichkeit verdankt, ist ein Schotte von ächtem Korn und nicht nur seinem Beruf gewachsen, sondern auch mit besonderer Kraft, Entschlossenheit und Beharrlichkeit ausgerüstet. Die Lehrerschaft besteht, außer mehreren begabten japanischen Gehülfen, aus neun englischen Professoren, von denen einige sich eifrig mit verschiedenen japanischen Studienfächern beschäftigt haben. Die Disciplin und der Ton, welche in der Anstalt herrschen, lassen nichts zu wünschen übrig. Unter den Studenten waltet ein eifriges Streben und ihre Lehrer haben nur darüber zu klagen, daß sie sich zu wenig Erholung gestatten. Der Cursus währt sechs Jahre, wovon ein beträchtlicher Theil auf praktische Unterweisung in der Maschinenbau-Anstalt zu Akabane, der größten in Japan, verwandt wird. Der geistvolle Lehrplan, dem man hier folgt, wird gefördert durch ein reich ausgestattetes Journalzimmer und durch eine werthvolle, sich stets vergrößernde Bibliothek von mehr als 13,000 Bänden meistens technischen Inhalts.

Den Museen wendet die Regierung eine besonders löbliche

Aufmerksamkeit zu. Das Kaitakuschi-Departement besitzt in seinem Museum zu Schiba eine Sammlung von Gegenständen, welche wenigstens eine oberflächliche Vorstellung von dem geschäftlichen und geselligen Leben der Ainos verstatten und das National-Museum enthält so verschiedenartige und schöne Sachen, wie sie nirgendwo zu finden sind und die in die Hände ausländischer Kenner und Liebhaber gerathen wären, wenn die Nation sie nicht angekauft hätte. Viele alte Kunstgegenstände, welche in Uyeno ausgestellt wurden, sind unschätzbar und einzig in ihrer Art und den Behörden gebührt großer Dank für die Einrichtung dieses großen und werthvollen Museums.

Das letzte Gebäude, dessen ich erwähnen will, ist die Telegraphen-Anstalt, welche im März 1878 durch die Vermittelung des Ober-Direktors Gilbert eröffnet wurde. Das gesammte Telegraphensystem in Japan wird jetzt durch einheimische Beamte verwaltet, seitdem die Fremden im vergangenen Sommer entlassen wurden. Dieses Gebäude, obgleich in häßlichem europäischen Styl, entspricht vollkommen seinem Zweck. Das untere Geschoß enthält die Empfangsräume, die Bureaux und einen breiten Tisch für die Botschaften, welche mittelst eines Hebewerkzeuges nach dem Arbeitssaal, der fast das ganze obere Stockwerk einnimmt, hinauf geschafft werden. Die Instrumente nach dem Morseschen System werden für gewöhnliche Meldungen gebraucht und für kurze Lokallinien die Wheatstonschen alphabetischen Instrumente, die besonders für das römische Alphabet und die japanische Silbenschrift eingerichtet sind. In einem Theile dieses Raumes findet sich die Vorrichtung, wo die Drähte aus ganz Japan zusammenlaufen, in einem anderen das Instrument für die Zeit-Uebermittelung und die Regulator-Uhr, wonach jeden Tag die telegraphische Zeit im ganzen Reiche festgestellt wird. Ein Telephon, welches mit der Ingenieur-Schule in Verbindung steht, ist das neueste Beispiel davon, wie eifrig sich die Japanesen fremde Erfindungen aneignen. Sämmtliche Geräthschaften für den inneren wie den auswärtigen Gebrauch, mit Ausnahme der Drähte, sind von Japanesen in den Werkstätten des Telegraphen-Amtes gefertigt worden und sollen an Feinheit und Genauigkeit den Vergleich mit allen europäischen Fabrikaten dieser Art aushalten. Die Telegraphisten sind überall Japanesen, die sich als so gelehrige

Schüler erwiesen haben, daß sie ihren Dienst untadelhaft versehen können.

In der That ist Tokiyo eine wundervolle unternehmende und geschäftige Stadt, der Brennpunkt für die neue Ordnung der Dinge, nicht nur der Sitz einer befähigten und thätigen Regierung, sondern auch das Hauptquartier für ein Erziehungswesen, das eine Umwälzung in Japan bewirkt. Aerzte, Schullehrer und Baumeister werden von hier aus über das ganze Reich vertheilt und verbreiten nicht allein einen neuen Unterricht, eine neue Arzneikunde und Wissenschaft, sondern auch Ideen über die Regierung, die Philosophie und die Stellung der Frauen und zugleich auch den hier herrschenden Trieb zum Fortschritt und zum unbegrenzten Materialismus. Die neue Erziehung hat dem Baume des alten Cultus die Axt an die Wurzel gelegt, bietet aber keinen Ersatz dafür. Es giebt vielleicht auf der ganzen Erde keinen so unverhohlenen Atheismus und vollständigen Materialismus, wie ihn der modern gebildete Japanese besitzt.

Von den Fremden, welche im Dienste der japanischen Regierung stehen, befindet sich die größere Anzahl in Tokiyo. Es ist ihnen gestattet, überall außerhalb der Grenzen von Tsukiyi zu wohnen und sie bilden eine Gesellschaft unter sich und machen sich nur wenig mit der dortigen Missions-Kolonie zu schaffen. Ihre Zahl nimmt ab, denn die Regierung entläßt sie, sobald sie ihre Stellen mit Japanesen besetzen kann und dieser beständige Wechsel ist nicht geeignet, ihnen das gesellige Leben angenehm zu machen. Viele von ihnen widmen sich mit lobenswerthem Fleiße dem Studium der japanischen Sprache und anderer mit Japan in Verbindung stehender Gegenstände und liefern Aufsätze von dauerndem Werthe für die englische und deutsch-asiatische Gesellschaft, welche beide regelmäßige Sitzungen in Tokiyo halten.

Die Hauptstadt hat, als eine „Fu“ oder eine der drei kaiserlichen Städte, ein Stadtgericht und einen Gouverneur, dem ein großer Stab zugeordnet ist. Der jetzige Gouverneur Massakata Kusumoto hat Niigata gereinigt und erneuert und auch in Tokiyo herrscht unter seiner kräftigen Verwaltung Ordnung und

Reinlichkeit; aber trotz den 6000 Polizeimännern finden in den Winternächten immer noch erschrecklich viele Räubereien statt.

Ueber 10 000 Mann Reiterei, Fußvolk und Artillerie sind in Tokiyo einquartiert, wodurch aber die Lage der Regierung eher erschwert als gestärkt wird. Eine große Zahl dieser Mannschaften wird aus der „Heimin" oder untersten Klasse rekrutirt, die schon durch ihre rohen bäurischen Gesichter einen auffallenden Gegensatz zu den intelligenten Polizeimännern bildet; letztere sind meistens Samurai. An den Tagen, wo viele von den Truppen Urlaub erhalten, sieht man sie betrunken in den Straßen taumeln und eine Unordnung erregen, die sonst in Tokiyo ebenso selten ist wie in jeder anderen japanischen Stadt.

Eine seltsame Thatsache ist es, hier, wo Pferde reichlich vorhanden und die Straßen in vortrefflichem Zustande sind, doch so wenige bespannte Fuhrwerke zu finden. In dem Beamtenquartier sind zwar einige Kutschen und in einer Straße schwerfällige, von Ponies gezogene Omnibusse zu sehen, sonst aber kann man wochenlang umher gehen, ohne etwas Anderes zu erblicken als Kurumas oder Wagen, die von Kulis gezogen werden. Kulis und Saumrosse werden stets in Gebrauch genommen, um Waaren zu befördern, die nicht auf dem Kanal zu transportiren sind. Es ist nicht ungewöhnlich, 100 Menschen einen Block oder einen gefällten Baumstamm oder einen ungeheuren Stein fortschaffen zu sehen. Es sind hier über 23 000 Kurumas vorhanden; ihre Zahl ist in raschem Steigen begriffen und Jedermann gebraucht sie als die bequemsten Mittel, die ungeheuren Entfernungen in der Stadt abzukürzen.

Die verschiedenartigen Vergnügungen in Tokiyo sind schon mehrfach beschrieben worden, so daß ich hier nur von den Blumen-„Festa" in den verschiedenen Jahreszeiten sprechen werde, welche zu den anziehendsten Scenen der Hauptstadt gehören und von der Liebe zur Natur, die dem Japanesen eigen ist, Zeugniß ablegen. Im Februar steht der japanische Pflaumenbaum in voller Pracht, gedrängt voll Blüten, welche von unsern Aprikosenblüten an Größe und auch an Mannigfaltigkeit der Form und Farbe verschieden sind. Alsdann strömt das Volk in Menge nach Kamedo und Omurai am Flusse und nach Tabata — Ortschaften, die sich durch die große Zahl und Schönheit dieser Bäume auszeichnen. Dies ist jedoch nur ein Vorgeschmack von dem Feste im April, wenn sich der Japanese am wohlsten fühlt und den ihm besonders widerwärtigen Winter bereits vergessen hat. Dann stehen die verschiedenen Kirschenarten, der Stolz aller Blütenbäume, in voller Pracht und ganz Tokiyo, festlich gekleidet, schwärmt die Hochebene von Askayama hinauf, nach Odsi und besonders nach Uyemo, welches dann zwei oder drei Wochen lang das Ansehen eines Jahrmarktes erhält. Für diese Zeit werden schnell zahlreiche Theehäuser aus Bambusrohr errichtet und mit Flaggen und Laternen ausgeschmückt; man verkauft überall Leckerbissen, Zuckerwerk und Spielzeug; Mädchen und Kinder tanzen und singen; aber die Schönheit der Kirschenblüten ist die Seele des Festes, und alle Tage durchzieht Jung und Alt den Park, schwelgt in aufrichtiger Bewunderung und Freude über die blühenden Bäume und schlürft Thee und Kirschblüten-Wasser.

Im Juni wird das Fest der Wistaria begangen. Tausende von Menschen besuchen Kamedo, wo Lauben aus diesem schön blühenden Schlinggewächse ein Wasserbecken umgeben. Unter Musik und fröhlichem Gesang werden Papierstreifen, worauf Lobgedichte auf die blühende Pflanze geschrieben stehen, an die Zweige derselben gehängt. Bald darauf folgt das Iris-Fest, wenn die Teiche und Blumenbeete von Hari Kari mit Schwertlilien in den lieblichsten Farben prangen. Dann schafft sich das vergnügungssüchtige Tokiyo abermals ein großes Fest und strömt nach der Gartenvorstadt Mukoyima am Flusse. Auf dem breiten Strome drängen sich die Böte, bei Tage mit lustigen Flaggen, des Nachts mit Laternen geschmückt, und auf den Straßen längs des Flusses ziehen fröhliche Gruppen nach den Lauben und Theehäusern der Irisgärten. Das Fest des Chrysanthemum im October, eines der fünf großen japanischen Nationalfeste, hat mehrere Sammelpunkte und nirgends erblickt man die kaiserliche Blume in größerer Schönheit und Vollkommenheit als in Tokiyo.

Beständige Blumen-Ausstellungen von merkwürdiger Art bieten die Kunstgärtner in den angenehmen Vorstädten Sugamo und Somei und in Dango Saka, wo die Theehäuser und Gärten stets mit feiernden Gästen angefüllt sind. Ausgenommen in den Gärten des Buddhistenklosters Hang-tse in China habe ich nirgends, auch nur annähernd, solche seltsame Erzeugnisse gesehen, aber die Gärtner in Tokiyo sind auch viel unternehmender als die Mönche. Büsche und Sträucher, wie lebensgroße Menschen zugeschnitten, sind mit Gesichtern aus bemaltem Holz oder Papier versehen; die Kleider, Fächer oder Waffen sind aus sorgfältig gezogenen Blättern und Blüten geformt, die in harmonischer Farbenpracht zusammengestellt, zu den verschiedensten Draperien verwandt werden. An einer andern Stelle steht ein Baum von Gestalt eines riesigen Fächers; zwei andere bilden eine Brücke, unter welcher ein Schiff fährt; dann wieder eine wundervoll ausgeführte Landschaft mit untergehender Sonne aus goldfarbenem Chrysanthemum. Spazierende chinesische Frauen, namentlich aber Hasen und Kaninchen sind vielfach in dieser seltsamen Künstelei dargestellt. Von allen diesen Schaustücken fesseln solche, welche bekannte Spiele vorstellen, das Volk am meisten. Die mythischen Helden Japans, im Kampfe mit einem achtköpfigen Ungeheuer und daneben die Dame, um derenwillen das Gefecht stattfindet, in rothem, gelbem und weißem Chrysanthemum gekleidet, das Ganze eine dreißig Fuß breite Landschaft, versammelt stets gegen Ende des October, wenn die Sonne warm scheint und die Luft still ist, eine schaulustige und fröhliche Menge.

Eine der herrlichsten Aussichten von Tokiyo bietet der Fuji dar, als Kegel im Schnee schimmernd, oder im rosigen Aufgange der Herbstsonne, oder als eine ferne hohe Geistergestalt, in Nebel gehüllt, oder purpurroth gegen das Gold der untergehenden Sonne abgesetzt. Selbst Schiba's, mit seiner traumhaften Schönheit, in dessen Hainen man nichts vom Lärm der Stadt hört, kann man überdrüssig werden, aber niemals des Fuji; mit der Zeit wird er ein bezauberndes Wesen, das Einen über das einförmige Geklapper und das gemeine Getöse des materiellen Fortschrittes erhebt. Eines Anblicks des Fuji werde ich niemals vergessen. Nachdem ich einen Nachmittag unter dem Volksgewühl im großen Tempel des Kwannon zu Asakusa zugebracht hatte und in der Dämmerung den Hügel hinunter fuhr, rief mein Kuruma-Läufer, plötzlich aufschauend: „Dort ist der Fuji!“ Und ich sah eine Herrlichkeit, wie ich sie noch nicht in Japan erblickt hatte. Der Himmel war über und hinter ihm dunkel und mit Wolken bedeckt, im Vordergrunde aber von reinem Blaßgrün, und hinein ragte der mächtige Kegel des Fuji, riesig und erhaben und in Purpurroth schimmernd. Ueber dem von rothen Streifen durchzogenen Grün schwebte ein Meer von wellenförmigen rosenrothen Wolken und unten im Dunklen, am Fuße einer mächtigen, mit Bäumen besetzten Umwallung lag der Schloßgraben und durchleuchtete das Dunkel wie ein Strom geschmolzenen Goldes. Dann trat wirkliche Finsterniß ein, aber noch immer erhob sich der Fuji purpurroth gegen die matter werdende Färbung des Himmels, in seiner Glorie beharrend, und niemals, so lange Erde und Himmel bestehen, wird sich wieder ein gleicher prächtiger Anblick darbieten.

Zu den neuesten Wandlungen Tokiyo's gehört eine Art wahnsinnigen Bestrebens, welches bezweckt, Gästen eine verschwenderische Aufnahme zu bereiten. In dieser Beziehung sind die Regierung und das Volk in einen wahren Schwindel gerathen, und da die Nation arm und mit Schulden und Steuern belastet ist, so kann man solche entschieden unverlohnende Ausgaben nur beklagen. Sir E. J. Reed war der erste Gast in der Reihe; dann folgten der General Grant, Prinz Heinrich von Preußen, ein Enkel der Königin Victoria, und der Herzog von Genua. Zu den Summen, welche die Regierung ausgab, spendete Tokiyo noch 50000 Pfund Sterling, um den General Grant zu unterhalten, und das Fest, das ihm in den Hallen und Gärten der Ingenieur-Schule veranstaltet wurde, gehört, in Betracht der glänzenden Erleuchtung, zu den großartigsten der Hauptstadt. Dies Alles ist sehr modern und fortschrittlich.

Was sonst noch zu sehen und zu genießen sein mag oder nicht, so bietet doch das Straßenleben Tokiyo's eine unerschöpfliche Quelle des Vergnügens dar. Tausend interessante Punkte gewährt der Hang der mittleren und unteren Klassen, in der Außenwelt zu leben und sich sichtbar zu machen. Das Leben in den Läden und auf dem Kanal, die Volksmenge in ihrem guten Betragen und unveränderlichen Humor, die Festlichkeiten, die Blumenfeste, das Gedränge in den Tempeln, die Schmausereien, die Prozession auf dem Wasser bei Tage und bei Nacht, die beständigen Illuminationen mittelst farbiger Lampen, die erkünstelten Ungereimtheiten, die Veränderungen und Umkleidungen, die Ueberfülle von Bewegung, die rastlose Industrie, die persönliche Unabhängigkeit und die Freiheit, deren sich alle Klassen erfreuen, wie sie es weder in einem servilen noch hochmüthigen Benehmen kund geben, die winzigen Häuser und die puppenhaften Frauen, das Alte und das Neue, das sich in einer Stadt vermischt, in welcher kein Theil mehr als drei Jahrhunderte alt ist — dies Alles bietet eine Reihe von gesonderten und zusammengehörigen Bildern dar, welche fesseln und in Erstaunen setzen.

Banken, eine Handelskammer, Apotheken, Ausstellungsgebäude, Zeitungen und Telegraphenämter, ein Eisenbahn-Hof, Dampfboot-Bureaux, photographische Gallerien und Pulver-Magazine — bilden die wesentlichen Züge der neuen Hauptstadt.

In der That besteht die Stadt der Sjoguns nicht mehr. Die Stadt der Feldlager, dem Feudalsystem so nothwendig, ist mit dem alten Regime untergegangen und ist wieder auferstanden als eine Stadt des Geschäftslebens, der Politik, des Vergnügens, des Fortschrittes und reger Kraftentfaltung. Tokiyo, die Stadt der Zukunft, ist das Gehirn von Neu-Japan; Kiyoto aber, die historische Hauptstadt, die Heimat der Kunst und Poesie, muß das Herz desselben bleiben.

XLVIII.

Herr Mori. — Gesellschaft bei einem Minister. — Der Schiba-Pavillon. — Ein Liebhaber-Orchester. — Japans Richard Wagner. — Eine aristokratische Schöne. — Eine jugendliche Tänzerin. — Japanische Musik. — Musik-Instrumente. — Lady Parkes.

Brittische Gesandtschaft, Yedo, den 11. Oktober.

Das Wetter ist ermüdend. Hin und wieder kommt ein heißer, klarer Tag, gewöhnlich aber regnet es, wie es schon wochenlang geregnet hat und der seemännische Ausdruck: „ein schmutziger Himmel" ist ganz bezeichnend für die düsteren braunen Wolken und die beständigen braunen Nebel. Das Thermometer bleibt auf 80 Grad stehen, die Luft ist ganz still und diese Stille, verbunden mit heißem Wetter, läßt ein Gewitter erwarten, was jedoch niemals eintritt. Statt dessen hatten wir ein lebhaftes Erdbeben, das ebenfalls zu der Witterung zu passen scheint. Alles ist feucht und stickicht; die Stiefel sind, wenige Stunden nachdem sie geschwärzt worden, mit Schimmel überzogen; das Schreibpapier muß am Kohlenfeuer getrocknet werden, bevor es zu gebrauchen ist; die Seife wird breiartig; die Tinte verschimmelt; die Eßlust für feste Speisen schwindet gänzlich und Jeder fühlt sich mehr oder weniger unpäßlich.

Die wenigen schönen Tage waren sehr schön und wie unsere Sommertage, wenn wir überhaupt Sommer haben. An einem solchen Tage besuchten wir eine Nachmittagsgesellschaft beim Vice-Minister der auswärtigen Angelegenheiten, Herrn Arenori Mori, einem der aufgeklärtesten japanischen Politiker, der unter dem orientalischen Despotismus ein vorgeschrittener Liberaler genannt werden kann. Das Fest wurde dem diplomatischen Corps gegeben und fand im Schiba-Pavillon statt, einem der kleineren Paläste des Mikado.

Der Minister empfing uns an der Thür des Palais und führte uns in ein Zimmer, wo beinahe das ganze diplomatische Corps versammelt war. Die chinesischen Minister zeichneten sich durch ihr Costüm aus: blaue seidene Roben, vorn und auf dem Rücken mit Goldstickereien, lange Halsketten aus Bernstein und weiße Hüte mit karmoisinrothen Frangen. Außerdem waren nur noch zwei junge japanische Damen kostümirt, welche in ihren schwarzen seidenen Kimonos mit breiten Gürteln etwas linkisch und schüchtern aussahen. Eine Reihe von Zimmern in japanischem Styl, nach der Veranda hinaus gelegen, gewährte die Aussicht auf einen sehr schön angelegten Garten, der nach dem Meere hin von Bäumen und einer hinter Grashügeln versteckten steinernen Umwallung begrenzt wird. Dieser reizende Lustgarten bildete eine geschmackvolle Vereinigung von geschorenen Rasenplätzen, kleinen Inseln, steinernen Brücken, Strauchwerk, zugestutzten Tannenbäumen und gepflasterten oder mit Kies bestreuten Pfaden. Von den Grashügeln hatte man eine schöne Aussicht auf den Meerbusen von Yedo und die Jonken und Fischerböte segelten dicht an der Gartenmauer vorüber. Das

Haus, ein sehr einfaches und hübsches japanisches Gebäude, erhielt im Innern einen europäischen Anstrich durch die bunten Brüsseler Teppiche, schwarz lackirte und vergoldete Stühle und eben solche Tische, worauf Bücher mit japanischen Gemälden ausgelegt waren.

Der Thee wurde von Dienern herumgereicht, die in schwarze Röcke mit weißen Schleifen gekleidet waren. Zur Unterhaltung wurden auf einem mit Matten belegten Rasenplatz allerlei Jongleur-Kunststücke producirt, die zwar nur aus sehr geschickten, aber doch langweiligen Balancirstücken mit Bällen, Bechern, Stöcken und Flaschen bestanden und von einer Trommel begleitet wurden. In der Zwischenzeit wurde eine reichliche Collation dargeboten; eine lange Tafel war mit allerhand Speisen, Eiscrême, Rothwein, Champagner und Krausemünzen-Julep servirt und über zwanzig europäisch gekleidete Bediente liefen hastig hin und her. Das Porzellan war englisch und nicht sehr hübsch. Herr Mori sagte mir Verbindliches über meine „beispiellose Tour" und bemerkte dabei, daß sehr selten Reisen in Nord-Japan unternommen würden. Nachdem noch einige Jongleurstücke dargestellt waren, brach die Gesellschaft auf und ich bedauerte, einen Nachmittag verloren zu haben, denn die ganze Festlichkeit war nur Nachahmung einer englischen und hatte nichts von japanischem Charakter.

Sehr interessant war eine andere, welche wenige Tage nachher Herr Satow in seinem schönen japanischen Hause gab, dessen einfache Ausstattung Alles darbietet, was einem japanischen und europäischen feinen Geschmack entspricht. Das Gesellschaftszimmer ist rein japanisch. Die Decken und Pfeiler aus planirtem Holz; die Wände sauber mit grünlichem Gips überzogen; ein Alkoven mit feinen Matten, hin und wieder mit einem persischen Teppich überdeckt; ein bequemes Ruhebett von schlichter Farbe; einige Stühle; ein einzelner Tisch mit einer Lampe; ein Gestell mit einigen seltenen Büchern; einige sehr schöne bronzene Zierrathe und vortreffliche Kupferstiche und Blumen in Vasen, die an den Wänden hangen — dies ist die ganze Zimmerausstattung. Die Gesellschaft bestand nur aus einigen englischen Secretairen, der Gemalin des einen und meiner Person. Das einfache Mittagsmahl war würdig, von Disraeli beschrieben zu werden und wurde von einer geräuschlosen, japanisch gekleideten Dienerschaft servirt. Bald nachdem wir uns in das Gesellschaftszimmer begeben hatten, traten dreizehn fein gekleidete Herren und Damen ein und die Diener brachten ihnen ihre Instrumente. Dieses Orchesterpersonal bestand aus Musikfreunden, unter der Leitung eines japanischen Componisten, welcher für den Wagner Japans gelten will und die Musik componirt hatte, die an diesem Abend zur Aufführung gelangte. Es waren sechs Männer und sechs Damen, darunter zwei ältliche Wittwen. Auf dem Fußboden lagen fünf Instrumente, „Kotos" genannt, jedes von sechs Fuß Länge.

Ein junges Mädchen, die Tochter eines adeligen Beamten, spielte auf dem „Scho", einem außerordentlich sauber gearbeiteten, antiken Instrument, aus mehreren Flöten bestehend, welche aus Goldlackstoff gefertigt und mit Silber eingefaßt waren. Das Mädchen, obgleich eine Japanesin, war recht hübsch und bezauberte durch ihr würdiges und anmuthiges Benehmen, doch hatte sie das Gesicht und den Hals weiß gepudert und die Unterlippe roth gefärbt. Ihr Anzug bestand in einem Kimono aus bronzefarbener Seide, mit weit herabhangenden Aermeln, einer scharlachrothen, goldgesprenkelten Weste aus Krepp, einem reichen Gürtel aus Silberbrokat und weißen Tuchsocken. Sie trug einen Haarbüschel auf dem Scheitel und einen großen, mit rothem Krepp durchflochtenen Chignon, durch den eine schwere Haarnadel aus Schildpatt gesteckt war. Die übrigen jungen Damen waren in lange Roben und Aermelmäntel von dunkelblauer Seide gekleidet. Die Männer trugen sämmtlich seidene Aermelmäntel und Beinkleider.

Alle diese Personen waren Japanesen von guter Herkunft. Die Grazie, Würde und Höflichkeit in ihrem Benehmen und die offene Freundlichkeit, die sie sich gegenseitig erwiesen, lassen sich nicht beschreiben. Ihr Betragen war durchweg natürlich und bot das interessante Beispiel von einer geselligen Bildung dar, die, in ihrer Art vollkommen, nicht das mindeste nach europäischem Muster angenommen hat.

Neben diesem anziehenden Orchester zeigte sich eine merkwürdige Darstellerin in Gestalt eines neunjährigen Kindes, die Tochter eines kaiserlichen Oberbedienten, ein Geschöpf von unbeschreiblicher Würde und Abgeschlossenheit, von frühester Kindheit an zu vollkommener Selbstbeherrschung erzogen, vertrauet mit allen Anstandsregeln für ihr Geschlecht und Alter — eine kleine Prinzessin, die Ausgeburt des künstlichsten Systems der Civilisation.

Man denke sich einige Lampen, die auf dem Fußboden stehen, die „Kotos" daneben, dahinter das Orchester, die Noten liegen auf lackirten Pulten wie in den Tempeln; am anderen Ende des Gemachs sitzen wir Zuhörer auf bequemen Stühlen. Da schlüpft plötzlich dieses Wesen in die Mitte des Raumes, macht eine tiefe Verbeugung und bleibt dann starr stehen, bis die Musik beginnt. Bei ihrem Eintritt trug sie einen Kimono von reicher gestreifter Seide und einen Gürtel aus scharlachrothem Brokat. Das Haar war in zwei Theile getheilt und in der Mitte zu einem Wulst zusammengeschlungen, der mit rothem Krepp durchflochten und mit einer Haarnadel befestigt war. Das übrige Haar wallte schlicht und glatt an den Wangen und in den Nacken herab. Vorn war das Haar kurz geschnitten und auf die Augenbrauen niedergekämmt, etwa so wie es die Gräber-Indianer tragen. Ihr Antlitz war dermaßen weiß gepudert, daß sich keine Spur von der eigentlichen Gesichtsfarbe erkennen ließ, und ihre Unterlippe roth gefärbt. Nach kurzer Zeit kehrte sie zu ihren im Vorsaale stehenden Begleitern zurück und erschien dann wieder in einer Robe aus weißem Seidenkrepp und in scharlachrothen seidenen Hakama, in der Hand einen sehr schönen, großen Fächer.

Wieder ließen die kreischenden Instrumente ihre schrecklichen Töne hören und die Miniatur-Hofdame unterhielt uns mit zwei langen Tänzen, welche die vier Jahreszeiten vorstellten. Thatsächlich war es kein eigentlicher Tanz sondern eine Reihe von dramatischen Stellungen, die außerordentlich genau ausgeführt wurden. Dabei setzte die kleine Figur den Fächer in rhythmische Schwingungen und obgleich sie die Füße nur beinahe unmerklich bewegte, stampfte sie doch gelegentlich den Boden, wie es in einem antiken lyrischen Drama geschieht. Der Ausdruck ihres Gesichts blieb unverändert wie eine Maske. Uns ließ sie völlig außer Acht und ihre aufwärts gerichteten Blicke streiften uns nicht; sie war vollständig durch die dramatische Handlung von der Außenwelt abgezogen. Die vollkommene Selbstbeherrschung, welche die kleine Prinzessin während des Tages zeigte, war höchst merkwürdig und die abermalige Verbeugung am Schlusse eine wahre Kunstleistung. Diese Würde war aber nicht spaßhaft, sondern peinlich. Oft fühlte ich den Wunsch rege werden, das kleine Mädchen möchte ein wenig straucheln oder in Verwirrung gerathen oder wenigstens uns einige Beachtung schenken. Auch als sie ihre Vorstellung beendigt hatte und unsere Danksagungen empfing, zeigte sie keine Spur von kindlichem Benehmen.

Ueber die musikalische Leistung schreibe ich mit geziemender Zurückhaltung. Wenn ich gemartert wurde und Anwandelungen von Nervenzufällen fühlte, so mag dies meine eigene Schuld sein. Die Vortragenden waren glücklich und Herrn Satow's ruhiges, geistreiches Gesicht verrieth keine Spur von Verlegenheit. Für mich ist die orientalische Musik eine mysteriöse Todesqual. Ich möchte wohl wissen, ob die Musik im Tempel auf dem Berge Zion ebenso mißklingend für europäische Ohren gewesen wäre. Eine unausfüllbare Kluft trennt die Harmonien des Ostens von denen des Westens. Die Musiker wünschten etwas von unserer Musik zu hören und Frau Mounsey spielte einige unserer schönsten sentimentalen Lieder; die Fremden standen rund herum, mit einem kritischen Ausdruck in ihren Zügen, der nicht viel Gutes versprach. Sie dankten ihr anmuthig, aber trotz ihrer orientalischen Höflichkeit konnten sie es nicht zu einem Kompliment bringen.

Das Orchester hatte fünf „Kotos“, zwei „Scho“, eine Corea-Flöte oder „Fuye“ und eine japanische „Fuye“. Es fanden zwei Gesangsvorträge statt, wobei vielleicht einige Regeln zu beobachten waren; die Sänger nahmen aber jedenfalls keine Rücksicht darauf, sondern jeder schien sich nach seiner eigenen Art zu ergehen. Die Musik war durchaus monoton und jedes Mal, wenn ich hoffte, sie würde eine harmonische Wendung nehmen, ging sie gerade in die entsetzlichsten Dissonanzen über. Ein piano kam gar nicht vor; Alles war forte, crescendo und fortissimo. Dr. Müller, der die Japanesen und ihre Musik gründlich studirt hat, sagte mir aber: „Wenn man mich fragt, welchen Eindruck unsere Musik auf die Japanesen macht, so hätte ich nicht Unrecht, zu erklären, daß sie dieselbe ebenso abscheulich finden wie wir die ihrige. Ein angesehener Japanese sagte, allerdings nicht zu mir, denn das würde ihm die Höflichkeit nicht gestatten: „Kinder, Weiber und Kulis mögen allenfalls an der europäischen Musik Gefallen finden, ein gebildeter Japanese jedoch kann sie niemals ertragen."

Die Musik der Japanesen stammt, wie die meisten ihrer Künste und Wissenschaften, aus China und Corea und ihre Theorie ist von gleichem Gehalt mit der mystischen Spekulation der Chinesen, welche, indem sie die Kräfte und Erscheinungen der Natur auf die Zahl fünf zurückführt, erklärt, da die Töne zu solchen Erscheinungen gehören, so gäbe es auch nur fünf Töne; obgleich diese fünf Töne gesetzlich feststehen, so gebrauchen die Japanesen doch auf Saiten-Instrumenten auch chromatische Intervalle. Die Schlüssel stehen in bestimmter Beziehung zu den Monaten, so daß für jeden der zwölf Monate besondere Regeln über die Tonarten aufgestellt sind; in jedem Monate wird auch auf den Blase-Instrumenten das Murmeln des Windes in einer bestimmten Tonart ausgedrückt. Ich kann mich nicht weiter in dieses nebelhafte System versenken, trotzdem Herr Satow sich alle Mühe gab, es mir zu erklären; sagen doch die Eingeweiheten selber, daß die japanische Musik unbegreiflich sei, zum Theil weil die Texte vieler älterer Musikstücke verloren gegangen sind und die Spieler ihre ursprüngliche Bedeutung nicht mehr kennen.

Unsere zusammengesetzten Instrumente, wie solche mit Ventilen, Tasten und Hämmern, sind unbekannt. Die Japanesen gebrauchen nur Saiten-Instrumente, welche mit dem Bogen oder verschiedenartigen scharfen Werkzeugen gespielt werden, Blase-Instrumente aus Holz oder Muscheln mit Metallzungen und Perkussions-Instrumente aus Holz oder Metall, mit darüber gespanntem Fell.

Vom „Koto" giebt es verschiedene Arten, deren eine schon seit 1500 Jahren bekannt ist. Das Instrument, welches bei Herrn Satow gespielt wurde, hat 13 Saiten aus Seidenfäden, die mittelst Wachs gesteift und über zwei unbewegliche Stege gespannt sind; letztere sind mit vier Füßen versehen und stehen auf einem 6 Fuß langen Resonnanzboden aus hartem Holze; auf der unteren Seite sind zwei Oeffnungen angebracht. Es wird mit

Fingerhüten aus Elfenbein gespielt und der Künstler rieb jedes Mal, bevor er begann, die Hände kräftig an einander.

Der „Scho" ist ein Instrument von schönem Aussehen, reich mit Gold verziert und außerordentlich sauber gearbeitet. Es hat siebenzehn Pfeifen, welche von verschiedener Länge, jede mit einer Metallzunge versehen und in einen Windkasten geleitet sind. Der Ton ist kräftig und melodisch. Man benützt es als Grund-Instrument, wonach die Orchester-Instrumente gestimmt werden; es leitet die Melodie und hält sich stets im Einklang mit der Singstimme. Der „Kangura fuye" oder japanischen Flöte wird ein Alter von zwölf Jahrhunderten beigelegt; auch die Corea-Flöte oder „Koma fuye" ist sehr alt.

Bei allen Blase-Instrumenten wird die Geschicklichkeit des Spielers danach geschätzt, wie lange er einen Ton auszuhalten vermag. Die Wirkung der schrillen Töne des Scho und der Flöten ist wahrhaft schrecklich und dringt durch jeden einzelnen Nerven. Der Gesangsvortag war im höchsten Grade marternd. Mir erschien er beinahe wie das Geheul einer Hyäne, untermischt mit häufigen halb unterdrückten Kehllauten, ein Geblök, das einem japanischen musikalisch gebildeten und in der Kritik bewanderten Publikum wundervoll erklingen mag, für einen Europäer aber ohrzerreißend ist. Für mich war es auch störend, daß der Klang des Koto sich in unseren Moll-Tonarten bewegt, da, in Rücksicht auf die Zahl fünf, die Quarte und Septime wegfallen.

Im Allgemeinen war es ein interessanter Abend und ich wurde durch die ernste Höflichkeit, die musikalische Begeisterung und das echt japanische Benehmen der Musikfreunde völlig zu ihren Gunsten eingenommen und wünsche aufrichtig, daß, welcher Art auch das Geschick der Zukunfts-Musik sei, die Manieren der Zukunft dieselben bleiben mögen, wie sie jetzt sind.

Ich hatte mir vorgenommen, auf der Nakasendo oder inneren Bergstraße eine vierzehntägige Reise nach Kiyoto zu unternehmen und nahm einen Dolmetscher und Bedienten in Stelle des unersetzlichen Ito in meinen Dienst. Der Regen hat jedoch seit vier Tagen nicht nachgelassen und ich wurde noch im letzten Augenblick genöthigt, auf diese Landreise zu verzichten, was um so weniger zu bedauern ist, als mein neuer Diener, obgleich er sehr anständig aussieht, nur wenig Englisch versteht und mir davor grauet, bei Regen und Schneewetter einsam und verlassen in hoch gelegenen Wirthshäusern zuzubringen.

Lady Parkes geht in kurzem mit ihren Kindern nach England und diese angenehme Heimstätte, wo man mir so viel Güte und unbeschränkte Gastfreundschaft erwies, wird noch vor meiner Rückkehr abgebrochen. Lady Parkes verläßt diese Stadt, von der Liebe und dem Bedauern der ganzen Fremdengemeinde begleitet, denn abgesehen von den vielen amtlichen und halbamtlichen Dienstleistungen und Gefälligkeiten, welche sie, in Rücksicht auf die Stellung ihres Gemals, Jedem freigebig zutheil werden ließ, machte sie sich vorzugsweise allen Denjenigen lieb und werth, die sich fremd fühlen in fremdem Lande. Sie wird auch von den japanischen Frauen der höheren Gesellschaft vermißt werden, deren Vertrauen und Freundschaft sie bei jeder Gelegenheit zu gewinnen suchte, in der Absicht, sie zu fördern und sie zu ermuthigen, sich thätiger und einflußreicher an den socialen Pflichten zu betheiligen.

XLIX.

Der Hiroschima Maru. — Eine malerische Fischerflotte. — Der Mittelpunkt der Mission. — Eine Muster-Ansiedelung. — Eine Japanesenstadt. — Ein Mädchenstift. — Bibelklassen. — Die erste christliche Zeitung. — Mängel der Missionsschulen. — Gebräuche der Etikette. — Die Manieren der Missionaire. — Spaltungen unter den Fremden. — Ein Gelübde.

Kobe, den 20. Oktober.

An dem Tage vor meiner Abreise von Tokiyo fiel der Regen in solchen Strömen, daß ich meinen Diener nicht mit dem Gepäck nach Yokohama schicken konnte; am nächsten Tage entließ ich ihn mit einer angemessenen Vergütigung und habe ihn bisher noch nicht entbehrt.

An einem kühlen und heiteren Nachmittage rauschte ich durch die Gewässer, durch ein Gewühl von „Sampans"; anfangs in dem Dampfboote „Juno", und später auf dem breiten, weißen Verdeck des Schanghai-Postdampfers „Hiroschima Maru." Der Fuji stand einsam, in seiner ganzen Pracht da und setzte sich mit seiner schneebedeckten violetten Kuppel an dem goldenen Himmel ab. Dieser „Hiroschima", ein großes amerikanisches abgetakeltes Räder-Dampfschiff mit doppeltem Deck, ist ein historisches Boot, denn es war „das goldene Zeitalter" auf der alten Panama-Route und pflegte in der Glanzzeit Californiens stets Passagiere nach dem Goldlande hinüberzuführen. Eine seiner großen Kajüte heißt noch Eldorado, eine andere die Hoffnung, und daß mir die letztere eingeräumt worden, erwies sich als eine gute Vorbedeutung, denn niemals machte ich eine reizendere Seereise. Das freundliche Benehmen des Kapitains Furber, vortreffliche Bequemlichkeit, eine ausgezeichnete Küche, heller Sonnenschein, großartige Ansichten von der Küste, ein ruhiges Meer — dies Alles vereinigte sich, mir die Fahrt angenehm zu machen. Nach solchem dunklen Regenwetter weiß man den Sonnenschein nicht hoch genug zu schätzen.

Vorn, hinten, rund um das Schiff herum, nahe und fern zeigten sich am Abend des zweiten Tages, so weit wie man sehen konnte, große blendende Lichter, die dicht über dem Wasser gaukelten und spielten, und als sie sich häuften und man sich an ihren Anblick gewöhnte, erschienen sie wie eine verworrene Menge hüpfender Flammen über Hunderten von Fischerböten, die in der Mündung des Kii-Kanals lagen, durch welchen wir in das Binnenmeer einfuhren. Gruppen von Gestalten bewegten sich auf den Vordertheilen der Böte geschäftig hin und her, bald vom Feuer beschienen, bald im Dunkel; das blendende rothe Licht der gaukelnden Flammen und der ständige weiße Phosphorschimmer des Meeres vereinten sich zu einer wundervoll malerischen Beleuchtung. Diese Lichter werden häufig beim Fischfange gebraucht. Die Fischer halten an langen hölzernen Stielen eiseren Gitterlaternen über die Seiten der Böte, worin sie, wie die Ainos, einen Docht aus Birkenrindenstreifen angezündet haben, der ein helles und lebhaftes Licht giebt, das aber schnell erlischt. Man ist der Meinung, der Fisch würde durch das blendende Licht in Verwirrung gesetzt und ließe sich dann leicht fangen. Ich wünschte den Nachfolgern des Yebis diese Nacht einen guten

Fang zur Belohnung für das Vergnügen, das sie mir bereitet hatten.

Am frühen Morgen, bei strömendem Regen und heftigem Winde, warfen wir den Anker und bald darauf holte mich Herr Gulick nach seinem neu englischen Hause ab. Er ist der Sohn eines der ersten Missionaire auf den Sandwichs-Inseln und hat sechs Kinder, von welchen vier in Japan leben; drei der letzteren befinden sich hier unter der Obhut ihrer achtbaren Mutter. Frau Gulick ist auf den Sandwich-Inseln geboren und eine Schwester zweier Damen, mit denen ich mich in Hawaii befreundete. Das Haus ist wie ein Hilo-Haus gebauet und hat fast ein australisches Aussehen. Man kann sich denken, wie wir in Erinnerungen an Hawaii schwelgen, an die Feuer von Kilauea, die prachtvollen Wälder von Hilo, die wehenden Palmen, die Korallenhöhlen, die purpurn gefärbten Nächte. Alle unvergeßlichen Schönheiten dieser zauberischen Inseln mischen sich in unseren Gesprächen mit persönlichen Erinnerungen und ich träume noch ein Mal meinen schönen tropischen Traum.

Es ist hier das Hauptquartier der Mission, unter dem Schutze des amerikanischen „Board“. Unter Kobe mag man sich also weniger einen Handelshafen als einen Mittelpunkt der Mission vorstellen. Ich kam theilweise in der Absicht hierher, das Missionswerk kennen zu lernen. Es wird mit Eifer betrieben und Alle sind von Muth und Hoffnung erfüllt, nachdem sie die ersten Schwierigkeiten der Sprache überwunden haben, welche den Neulingen viel zu schaffen machen. Alle Missionaire sind in Sprache und Sitten echte Amerikaner und gehen mit seltenem Vertrauen, mit praktischem Geschick und richtiger Vertheilung der Hülfsmittel, wie es mir in dieser Vereinigung noch nicht vorgekommen ist, an ihr mühevolles Werk. Sie bilden eine eigentliche Gemeinde und verkehren wenig oder gar nicht mit andernen fremden Einwohnern, sondern bilden mitsammen eine liebevolle und vertrauliche Familie. Kobe, ein kräftig und erfolgreich regsamer Platz, ist derjenige Ort in Japan, wo sich in gewissem Grade die Aussichten des Christenthums ermessen lassen; doch werde ich mehr darüber berichten, nachdem ich Kiyoto und Osaka besucht habe.

Kobe ist eine Ansiedelung von freundlichem, angenehmem

Aussehen, bei weitem der einnehmendste Handelshafen, den ich gesehen habe; an einem Binnenmeer, auf dessen anderer Seite die Gebirgsinsel Schikoku liegt. Im Westen erheben sich waldige Höhen und Vorgebirge, in blauen Nebel gehüllt oder im Purpurroth des Sonnenunterganges schimmernd; westwärts erstreckt sich ein von Land umschlossenes Gewässer, mit weißen Segeln bedeckt, bis nach Osaka, der Hauptstadt des japanischen Handels. Eine Reihe steiler, zum Theil kahler aber malerisch gestalteter Hügel, in ihren Höhlungen mit Wald und auf den Gipfeln mit Tempeln, Tempelportalen und Theehäusern besetzt, erheben sich dicht hinter Kobe, welches mit seiner Fortsetzung, der alten japanischen Stadt Hiogo, sich drei englische Meilen weit am Strande hinzieht. Die Kiyoto-Hiogo-Eisenbahn, die im Februar 1877 vom Mikado mit Gepränge eröffnet wurde, geht durch die Stadt nach einem Steindamm hinab, wodurch Schiffe von großem Tonnen-Inhalt in Stand gesetzt werden, ihre Ladung unmittelbar von den Loris in Empfang zu nehmen. Das den Fremden eingeräumte Gebiet liegt am östlichen Ende, ist schön und regelmäßig und in einem großen Maßstabe für eine Bevölkerung angelegt, die es bisher noch nicht an sich gezogen hat. Diese „Concession" ist eine Muster-Ansiedelung, mit Gas beleuchtet, mit Wasser versehen, durchaus sauber gehalten und von der Polizei beschützt. Der „Bund" hat eine schöne steinerne Umwallung, einen prächtigen Rasenplatz, einen vortrefflichen Fahrweg und auf der anderen Seite befinden sich das englische, das amerikanische und das deutsche Consulat neben imposanten Wohnhäusern für die Fremden.

Aber wo sind die Bewohner? Statt eines wichtigen Platzes, wie er im Plane lag, sieht man Straßen ohne Häuser, Fahrwege ohne Fuhrwerke, Bürgersteige ohne Fußgänger und eine trübselige Einsamkeit, so daß es gar Aufsehen erregt, wenn einmal drei Menschen auf der Straße bei einander stehen und plaudern. Der Ort ist hauptsächlich englisch, hat aber nur etwa 170 brittische Bewohner, die brittischen Firmen von Osaka eingerechnet, welche nach der Eröffnung der Eisenbahn hierher gezogen sind.

Abgesehen von den verödeten Straßen der Niederlassung ist Kobe ein stets freundlicher Ort; im Sonnenschein strahlt es von Licht und selbst bei windigem und regnichtem Wetter hat es ein warmes, gemüthliches Aussehen. Als Fortsetzung von Hiogo ist Kobe zu einer großen japanischen Stadt herangewachsen; beide sind thätig, geschäftig und geräuschvoll; in den schmalen Straßen drängen sich Menschen, Kurumas und Ochsenkarren und

Ein Buddha zu Hiogo.

zu gleicher Zeit erhält die Stadt ein malerisches Ansehen durch die geschwungenen Dächer der Tempel auf Höhen und in Niederungen, durch Tempelthore, große bronzene Buddhas, kolossale steinerne Laternen und andere Anzeichen von dem vorherrschenden Buddhismus. Der mit Jonken bedeckte Hafen, eine Anzahl großer Dampfschiffe, die beim Bund anlegen, und die blauen

Gebirge jenseits des Wassers gewähren einen hübschen Anblick von der Stadt, sowie diese selber wieder einen schönen Blick auf die Umgebung darbietet.

Ebenso wie in Hakodate ist der Einfuhrhandel in Abnahme, wogegen sich der japanische Handel sichtlich hebt. Es ist interessant, wie verschieden die Exportwaaren in den verschiedenen Theilen von Japan sind. In Yezo waren es Fische, Seegras und Häute; hier sind es vorzugsweise Thee, Seide, Kupfer, Gemüse, Wachs, Tabak, Kampher, Pilze und Fächer, von denen im letzten Jahre vier Millionen vorzugsweise nach Amerika versandt wurden. Die rasche Vergrößerung der japanischen Stadt ist ganz erstaunlich; die Einwohnerzahl von Hiogo und Kobe soll sich auf 50000 belaufen.

Der Secretair der amerikanischen Missionsbehörde gab mir bereitwillig ein Enpfehlungsschreiben an die hiesigen Missionaire und in Folge dessen wurde ich sehr gut aufgenommen. Gestern Abend gingen wir zum Thee in die Mädchen-Stiftung, eine Pension für sieben und zwanzig japanische Mädchen, das hübscheste Haus in Kobe, in einem reizenden Garten gelegen. Die Anstalt wird von drei Damen, unter Beihülfe von Japanesinnen, geleitet. Die Mädchen werden nach japanischer Weise erzogen, erlernen aber unsere Musik und sind sehr fleißig darin. Die Vorsteherinnen sprechen geläufig japanisch und besorgen noch auswärtige Missionen, nicht nur in Kobe, sondern auch in entlegenen Dörfern, wo sie Versammlungen für Frauen abhalten.

Am heutigen Morgen begab ich mich in die Bibelklassen, welche von sechs und vierzig Männern und zwölf Frauen, von denen einige schon bejahrt sind, geleitet werden. Dem Plane gemäß, soll jede Frau einige Verse aus dem neuen Testament laut vorlesen und darüber ihre Gedanken aussprechen. Solche Gedanken würden einem Europäer, der im Christenthum erzogen ist, niemals in den Sinn kommen. Sie stellen viele Fragen, von denen manche Anstoß erregen, aber doch natürlich sind. „Wie heißt Gottes Frau?“ fragte die Eine, als sie von Gottes Sohn hörte.

In den drei Missionsstädten Kobe, Osaka und Kiyoto sind drei Pensionshäuser für Mädchen. Als Hülfsmittel besteht auch eine Zeitung in japanischem Verlage, aber unter der Ober-

Redaktion des Herrn Gulick, der „Ichi Zappo" oder Wochenbote, im Januar 1876 gegründet. Unter den japanischen Christen hat sie etwa 1100 Leser und die Zahl derselben vermehrt sich langsam. Sie bringt allgemeine Nachrichten und da sie sich aller mißfälligen Urtheile über die Maßregeln der Regierung enthält und dieselben hin und wieder lobt, so ist sie mit amtlichen Verwarnungen verschont geblieben. Sie mag ein wirklich schätzbares Organ werden, wenn der Ausdruck der ursprünglich christlichen Gesinnung nicht in ungebührlicher Weise verstrickt wird. Jüngst zum Beispiel enthielt sie eine ernste Beurtheilung der Art und Weise, wie die Mädchen in den christlichen Schulen angeleitet werden, worin dargethan wurde, daß es an einer Erziehung für den Hausstand fehle und in Folge dessen die jungen Leute ihre Ehefrauen nicht aus den jungen Mädchen wählen, die von den Missionairen erzogen werden. Dies scheint mir in der That der schwache Punkt in den verschiedenen Mädchenschulen zu sein, die ich kennen lernte. Bei der japanischen Erziehung wird großes Gewicht auf die Ausbildung für das Hauswesen gelegt; dieser wesentliche Unterrichtszweig ist aus den fremden Schulen gänzlich verdrängt und ich habe keinen Anstand genommen, die mir befreundeten Missionaire auf die nachtheiligen Folgen aufmerksam zu machen. In vielen fremden Pensions-Anstalten sitzen die Mädchen bei der Mahlzeit nicht nach japanischer Weise auf dem Fußboden und erhalten nicht die einheimischen Speisen, sondern sitzen auf Stühlen an Tafeln, essen nach europäischer Sitte Fleisch und bedienen sich der Messer, Gabeln und Serviette. Es sind aber nur wenige Japanesen im Stande, ihren Frauen diese Luxusgegenstände zu gestatten.

Ein anderer auffallender Uebelstand betrifft die Manieren und die Etikette. Wenn ich Ito wegen seines Betragens tadelte, pflegte er mir zu antworten: „So machen es gerade die Missionaire." In einigen Fällen ist es richtig, daß die Missionaire dem leeren, inhaltlosen Formenwesen, welches der japanischen Höflichkeit zum Theil zu Grunde liegt, abgeneigt sind und alle solche Aeußerlichkeiten als eine bloße Zeitverschwendung verbannen; in Folge dessen zeigen sich die jungen Leute, die von ihnen erzogen worden sind, nicht selten so abstoßend, anmaßend und rücksichtslos, daß es selbst bei den Europäern Mißfallen erregt. Noch nachtheiliger wirkt der Umstand, daß die fremden Damen mit den tausenderlei Einzelheiten der japanischen Etikette gänzlich unbekannt sind. So hörte ich oftmals von den Eingeborenen die Beschwerde, die Mädchen, welche von fremden Damen erzogen werden, verständen nicht, die Stäbchen beim Essen in schicklicher Weise zu gebrauchen und den Thee zu präsentiren; ihre Gürtel säßen schlecht, ihre Verbeugungen wären ohne Grazie und ihr Eintritt in das Zimmer im höchsten Grade linkisch.

Mit Ausnahme weniger Fälle sind sämmtliche Missionaire fast völlig im Unklaren über die beiden wichtigsten nationalen Glaubenslehren. Oft, wenn ich nach ihrer Meinung über verschiedene bedeutungsvolle heidnische Ceremonien fragte, erhielt ich die Antwort: „O, ich bekümmere mich nicht um ihren Kehricht;" oder: „Das braucht man nicht zu wissen;" oder: „Das gehört mit zu ihren abgeschmackten Gebräuchen;" oder: „Ich habe keine Zeit, mich über solche Dinge zu unterrichten." Der letztere Einwand hat insofern einige Berechtigung für die Missionaire in Kobe, die sich ihrer Aufgabe mit löblichem Eifer widmen. Was den Sinto-Glauben betrifft, so haben seine abergläubigen Gebräuche allerdings nur Werth für den Gelehrten oder Alterthumsforscher; in vielen Fällen scheint es mir aber, als ob selbst die verunstaltete Form des Buddhismus, wie er in Japan vorherrschend ist, für einen christlichen Prediger, der sie studirt hat, von unschätzbarem Werthe sei, insofern derselbe ein Sittengesetz und ganz bestimmte Lehren über die Unsterblichkeit enthält; denn alle Abbildungen des Lotus, die Lehre von der Reinheit und die Strafen für einen ruchlosen Lebenswandel sind eine Offenbarung der Wahrheit: „Niemand, der nicht heilig ist, kann den Herrn schauen;" und so finden sich noch viele Andeutungen, die, wie Alles, was in allen Glaubenslehren und Zeitaltern wahrhaftig ist, Zeugniß ablegen für unsere erhabenere Religion.

In Kobe besteht, wie überall, eine vollständige Trennung zwischen den Fremden und der Missionsgemeinde. Es ist möglich, daß die Missionaire den Laien ingesammt die Theilnahme für ihre Bestrebungen absprechen und sie als Widersacher ansehen; allerdings sprechen auch die meisten Fremden von den Missionairen wie von Parias und halten ihre Anwesenheit in Japan für einen Schimpf, nehmen sich aber nicht die geringste Mühe, sich von der erfolgreichen Wirksamkeit dieser zahlreichen Apostel zu überzeugen.

Die wenigen Tage meines hiesigen Aufenthalts sind schnell vergangen. Ich beabsichtigte, auch die Schreine von Ise und die heiligen Sinto-Stätten zu besuchen, aber bis jetzt habe ich noch Niemanden gefunden, der schon dort gewesen wäre oder mir den anziehendsten Weg dorthin angeben könnte. Sehr schwierig ist es, einen Diener zu beschaffen; der englische Consul, Herr Flowers, war jedoch so gütig, mir einen Japanesen vom Consulat, der englisch versteht, als Begleiter anzubieten, falls sich kein besserer finden sollte. Wie immer, so sind die Leute auch hier bemühet, mir behülflich zu sein.

In diesen Städten ist nichts sehenswürdig außer dem geschäftigen Straßenleben oder der großen Anzahl von Tempeln; sehr schön sind jedoch die Spaziergänge, die nach den Hügeln hinauf führen und die Aussichten, die sich von dort darbieten. Einige Sinto-Kapellen, zu welchen man durch rothe Portale gelangt, sind sehr hoch und malerisch. In einem Tempelgange standen 120 solcher „Torii“; am Fuße eines jeden Portals war eine rothe Papierflagge auf einem sieben Zoll hohen Stabe angebracht und mit chinesischen Schriftzeichen beschrieben.

Die Inschrift lautete: „Ein Mann, der vierzig Jahre alt ist, legt folgendes Gelübde ab: er ist im Jahre des Hundes geboren, und will, wenn es ihm gestattet wird, noch 500 solcher Flaggen stiften.“ Die Bitte wurde nicht gewährt.

L.

Kiyoto, von Bergen umgürtet. — Reise in der dritten Klasse. — Die Heimat der Kunst. — Das Kiyoto-Collegium. — Der erste christliche Pastor. — Schottlands Eindrücke auf einen Japanesen. — Vermehrte Nachfrage nach der heiligen Schrift.

Nijosan Naschiki in Kiyoto, den 30. Oktober.

Gleichwie die Poeten der Hebräer es liebten, das von Bergen umgürtete Jerusalem zu besingen, so verherrlicht die japanische Dichtkunst Kiyoto, das nicht von waldigen Bergreihen umgeben ist, wie man sie im nördlichen Japan erblickt, sondern mit mehr oder weniger zerklüfteten Hügeln, die hier bewaldet, dort in graue Gipfel zerspalten, mit roth schimmerndem Ahorn oder mit dunklen Tannen bewachsen sind. Hervorspringende gelbliche Felsblöcke verleihen der Landschaft eine reizende Abwechselung und der majestätische Gipfel des Hiyeizan krönt den Gebirgswall, der die Stadt auf der Nordseite begränzt. An heiteren Tagen, wenn die Sonne in Roth und Gold aufgeht und beim Niedergange in eine violette und orange Aetherfluth versinkt, dann wechseln diese Berge in unzähligen namenlosen Farben und die höheren Reihen jenseits des Golfs von Osaka schimmern durch einen Schleier von köstlichem Blau hindurch. Ich möchte die schwindenden glänzenden Stunden zurückhalten, daß nicht Regen und Nebel wiederkehrten und das herrliche Bild trübten. Man freut sich, wenn man mit anderen Menschen aufrichtig übereinstimmt und alle Menschen lieben Kioto.

Vor vierzehn Tagen kam ich mit Frau Gulick hierher und hatte die Absicht, zwei oder drei Tage in einer Yadoya zu verweilen; bei meiner Ankunft fand ich jedoch, daß man sich zu meinem Empfange eingerichtet hatte und somit verlebte ich hier vierzehn fröhliche Tage und sah mir Vieles an, theils mit meiner Wirthin, theils in Begleitung von Herrn Noguchi, einem englisch sprechenden Japanesen, den mir der Gouverneur als Führer beigegeben hat.

Wir reisten in der dritten Klasse, weil ich das Benehmen der sogenannten gemeinen Leute kennen lernen wollte. Der Wagen war nur niedrig und vollständig mit Japanesen der ärmsten Klasse angefüllt. Die Fahrt währte drei Stunden, und ich bewunderte unablässig die Höflichkeit, die sich die Leute unter einander erwiesen, und ihr ganzes Betragen. Dieses artige und freundliche Benehmen bildete einen recht auffallenden Gegensatz zu der Rohheit, die man bei uns in der Nähe großer Hafenstädte wahrnimmt. Die Japanesen gleichen darin den Amerikanern, daß sie, aus Achtung vor sich selber und vor den Mitreisenden, auf der Reise stets anständig und sauber gekleidet sind. Mehrmals hatte ich auch Gelegenheit, zu sehen, mit welcher Achtung man blinde und alte Leute behandelt. Gegen diese Anmuth und Güte sind selbst unsere feinsten Manieren im Rückstande. Es ist nicht gerathen, immer in der ersten Klasse zu reisen, denn dort hört man nur die Unterhaltung der Fremden, die nicht selten schal und geistlos ist.

Eine Fahrt von einer Stunde brachte uns nach Osaka, dort wurden noch mehrere Wagen dritter Klasse angehängt und mit Passagieren besetzt. Dann dampften wir weiter; die Hügel rückten näher an einander; wir kamen über mehrere Flüsse und sahen unten Böte mit Mattensegeln stromab fahren und erblickten den schnell fließenden Yodo. Als sich Pagoden und Tempeldächer zwischen den Bäumen zeigten, hielt der Zug auf einem hübschen prosaischen Bahnhofe, wo Hunderte von Kuruma-Läufern uns schreiend ihre Dienste anboten. Ein Eisenbahnhof erschien mir in dieser historischen Hauptstadt ganz ungehörig und wie eine Entweihung. Nach Verlauf einer halben Stunde war ich bereits zu der Ueberzeugung gelangt, daß Kiyoto verschieden von allen anderen japanischen Städten ist. Es ist eine Stätte der Kunst, der Schönheit, dem Putz und dem Vergnügen ergeben; die Frauen sind hübsch, ihr Haarschmuck und ihre Gürtel sind bezaubernd und ihre Gewänder strahlen in hellen Farben; die Kinder sind bildschön; überall ertönt Musik; schöne Theehäuser und Vergnügungsgärten giebt es in Ueberzahl und außerdem ist die Stadt völlig von einer Menge der größten japanischen Tempel eingeschlossen, und auf den Gipfeln der Hügel prangen stolze Paläste und reizende Schloßgärten.

Hier befindet sich die Mädchenschule der amerikanischen Mission, ein sehr großes halb japanisches Gebäude mit Glasschiebern statt der Schoji und ohne äußere Läden, wodurch es der Kälte sehr ausgesetzt ist. Es steht neben der Wohnung eines „Kuge" oder Adeligen vom Hofe des Mikado, in einer geräumigen Umfriedigung; dahinter sind Tempelgärten und bei Tage und bei Nacht vernimmt man den sanften Klang der Glocken. Die Anstalt ist für fünfzig Mädchen eingerichtet, doch beschränkt sich die Zahl jetzt auf achtzehn, weil die Vorsteherin bis jetzt ohne amerikanische Gehülfen ist.

Dicht daneben ist das Kiyoto-Collegium, das merkwürdigste Missionswerk in Japan. Es kam folgendermaßen zu Stande: In der Provinz Higo, auf der Insel Kiuschiu befindet sich eine Schule der Regierung, in welcher ein Amerikaner, der Hauptmann Jayne, den Unterricht in der Taktik in englischer Sprache ertheilte. Seine Schüler waren junge Männer aus der Klasse der Samurai und viele von ihnen beabsichtigten, in die Armee einzutreten. Unter seinem Einflusse bekehrten sich etwa vierzig zum Christenthum und bestrebten sich, die christliche Lehre in Japan zu verbreiten. Einige fanden großen Widerstand und wurden sogar von ihren Eltern verstoßen, blieben aber standhaft und widmeten sich theologischen Studien. Diese Gesellschaft erstand, mit Beihülfe der Amerikaner, das Grundstück und gründete

Der Kokkukado.

das Collegium. Es sind jetzt über 100 junge Männer darin, von denen 60 Christen sind und 40 bis 50 sich für das christliche Predigtamt vorbereiten.

Bemerkenswerth ist der praktische Sinn, mit welchem die Amerikaner ihre Missionen bewerkstelligen, indem sie nicht auf die Menge sondern auf die Gesinnung der Bekehrten sehen. Diejenigen, welche als Christen aufgenommen werden wollen, müssen ihre Aufrichtigkeit dadurch bezeugen, daß sie sich verpflichten, ihre eigenen Kirchen zu bauen, ihre Pastoren zu halten und ihre Armen zu unterstützen; nächstdem besteht die Verpflichtung, sich des Reisbiers zu enthalten, wenngleich dies nicht als eine Bedingung zur Aufnahme bezeichnet ist. Alle Missionaire vom englischen Board gehören ohne Ausnahme dem strengsten Mäßigkeitsverein an. Für die Bekehrten ist mit dieser Entsagung beinahe eine völlige Trennung von ihren heidnischen Brüdern verbunden, da der Sake bei allen geselligen Gebräuchen und Förmlichkeiten reichlich genossen wird.

Nach einer interessanten Unterredung mit Akamatz, dem einflußreichsten Priester der buddhistischen Monto-Sekte, begab ich mich in das japanische Haus der Familie Neesima. Der Hausherr, ein Samurai, ist in Amerika als christlicher Prediger ordinirt worden und ertheilt im Kiyoto-Collegium Unterricht in der Naturphilosophie. Er trägt europäische Kleidung. Seine Frau giebt im Mädchenstift Unterricht in weiblichen Handarbeiten, und ist japanisch gekleidet. Das Studirzimmer des Herrn Neesima unterscheidet sich nicht von dem eines englischen Literaten; die Wände desselben sind mit englischen und amerikanischen Ausgaben unserer klassischen wissenschaftlichen Werke bedeckt. Seine Verwandten bekleiden einflußreiche Stellen und er selber hat im Auslande der Regierung Dienste geleistet. Er ist als Sintoist erzogen worden und wurde in reiferem Alter ein Atheist. Nachdem er der besten Erziehung genossen hatte, begab er sich nach Tokiyo, um Holländisch zu erlernen; er wollte alsdann Amerika besuchen und sich dort in der Schifffahrt und fremden Schiffbaukunde unterrichten, in der Absicht, das letztere Gewerbe in Japan einzuführen. In Tokiyo kamen ihm einige christliche Traktate in chinesischer Sprache in die Hände, durch die er den ersten Begriff vom Christenthum erhielt. In jener Zeit war es den Japanesen verboten, ihr Vaterland zu verlassen und dem Ungehorsamen drohte Todesstrafe, sobald er zurückkehrte; es stand jedoch nicht zu erwarten, daß Jemand, der eine schätzbare Kunst zurückbrächte, solchem Loose verfallen würde. Zum Zweck, das Christenthum kennen zu lernen und Amerika zu besuchen, begab sich Neesima nach Yezo und ging dort an Bord eines Schiffes, das nach China bestimmt war. Nachdem er in China gelandet war, verkaufte er seine beiden Schwerter und verschaffte sich dafür ein neues Testament. Auf der langen Seereise nach Boston erlernte er die englische Sprache, die er jetzt mit Geläufigkeit und Ausdruck spricht. In Boston kam er mit wahrhaft christlichen Leuten in Berührung und wurde bekehrt. Unter dem Einflusse der neuen Anregung gab er das Schiffbaufach auf, den Drang in sich fühlend, das Christenthum in seinem Vaterlande zu verbreiten. Zu Andover studirte er fünf Jahre lang Theologie und absolvirte in Amherst einen wissenschaftlichen Cursus. Nachdem er ordinirt worden war, begleitete er den Unterrichtsminister Tanaka nach England, Frankreich, Schweden, Dänemark, Rußland und Deutschland und verweilte eine Zeit lang in Berlin. Nach seiner Rückkehr in die Heimat gründete er die Gesellschaft, welche die Lehrer an dem Kiyoto-Collegium anstellt, und widmete sich selber der christlichen Mission.

Als ich ihn fragte, was in England den größten Eindruck auf ihn gemacht hätte, antwortete er: „Die Trunksucht und die unschuldigen Gesichter der Kinder“. Die Trunkenheit hat ihn besonders in Schottland mit Abscheu erfüllt. Nach seinen Erfahrungen in Neu-England glaubte er, die Christen tränken keinen Wein bei Tische und hatte dies auch dem Minister Tanaka gesagt. Als Letzterer daher einem Mittagsmahle beiwohnte, wo besonders Wein getrunken wurde, war er der Meinung, daß die Schotten keine Christen wären. Neesima war in Edinburg, als gerade die General-Versammlungen stattfanden, und war erstaunt darüber, daß die Geistlichen viel Wein bei Tische tranken. „Mehrere von ihnen,“ sagte er, „wurden dadurch dumm und schläfrig; ich wünschte, sie hätten gewußt, wie betrübt ich mich darüber in meinem Herzen fühlte.“

Die Bibel ist bisher nur theilweise übersetzt worden. Obgleich die Uebersetzer sehr fleißig waren, so ist das alte Testament doch noch nicht gedruckt und von dem neuen nur die vier Evangelien, die Apostelgeschichte, die Briefe an die Römer, an die Galater und an die Hebräer und die Briefe Sankt Johannis. Die Nachfrage nach den Büchern des neuen Testaments vermehrt sich; viele tausend Exemplare sind im Verlaufe des letzten Jahres verkauft worden und eine große Anzahl muß im Umlauf sein.

LI.

Die Protestanten des Buddhismus. — Der englisch sprechende Priester. — Der Nischi-Honguwanji-Tempel. — Ein Monto-Altar. — Nirwana. — Hideyoschi's Sommerpalast. — Die Seelenwanderung. — Buddha als Demokrat. — Die Aussichten des Christenthums. — Des Priesters Ansicht über den Glauben in England. Streitende Meinungen in Japan. Eine Frage.

Kijosan Naschiki in Kioto, den 1. November.

Unter den vielen Sekten und Untersekten, in welche der Buddhismus zerfällt, interessirt mich keine in dem Maße wie der Schinschiu, zuweilen Monto-Sekte genannt, die im Jahre 1262 von Schinran gestiftet wurde. Der Stifter verwarf die Ehelosigkeit, die Büßung, das Fasten, die Pilgerfahrten, die Klöster, klösterliche und eremitische Abgeschlossenheit vom geselligen Leben, die Talismane und Amulette, das Lesen der heiligen Schriften in einer unbekannten Sprache; er forderte Freiheit der Gedanken und Handlungen, Befreiung vom Sinto und vom Einflusse des Staates; er hielt die Familie für die Quelle und das Muster der Reinheit. Schinran heirathete eine adelige Dame von Kioto und gründete einen Priesterstand, dem die Ehe nicht versagt war. Wenn die Monto-Sekte nicht die größte ist, so steht sie an Intelligenz, Einfluß und Reichthum obenan, entwickelt außerordentliche Energie und hat theologische Schulen nach einem fremden System eingerichtet, deren Diener im Buddhismus und in den europäischen Wissenschaften unterrichtet werden, damit sie im Stande seien, nicht nur gegen den Sinto und das Christenthum, sondern auch gegen die Verderbniß des buddhistischen Glaubens anzukämpfen. Gegenwärtig werden neue Collegien-Gebäude in Kioto errichtet und reich mit Lehrapparaten ausgestattet, und man beabsichtigt, eine Anzahl junger Priester nach England zu schicken, wo sie Sanskrit erlernen und sich mit Streitmitteln gegen das Christenthum rüsten sollen. Diese kraftvolle Sekte erzieht nicht allein in Kioto ihre Priesterschaft.

An der Spitze dieser Bewegung, welche eine neue Reformation und die Wiederherstellung der sittlichen Macht des Buddhismus zum Zweck hat, steht Akamatz, ein Priester von großer geistiger Befähigung, tiefer Bildung, unbezwinglicher Thatkraft, großer Volksbeliebtheit und unbegrenzter Hoffnung auf den künftigen Sieg seines Glaubens. Er verlebte einige Jahre in England, mit dem Studium des Sanskrit und des Christenthums beschäftigt, und ist bei den Japanesen in Kiyoto als der „englisch sprechende Priester“ bekannt. Herr von Saumarez gab mir einen Brief an ihn und er bat mich in einer englischen Zuschrift, ihn in dem Nischi-Honguwanji-Tempel aufzusuchen.

Die Monto-Sekte errichtet große Tempel in der Mitte der Hauptstädte, oft paarweise mit einem bedeckten Flur verbunden. Dies waren die Tempel, deren große geschweifte Dächer und weitläufige Umfriedigungen mir auf dem Bahnhofe bei meiner Ankunft auffielen und noch heute machen sie denselben Eindruck auf mich, wenn ich mich in meiner Kuruma ihnen nähere. Sie gehören zu den großartigsten Sehenswürdigkeiten von Kiyoto: die stattlichen Mauern mit den schweren Ziegeldächern; die auswendigen, mit Granit eingefaßten Kanäle, worin ein klares Wasser rieselt; die massiven Thorwege, welche in die Tempelhöfe führen; die Gärten mit ihren Brücken, künstlichen Seen und Inseln; die prachtvollen Lustgärten des Sommerpalastes eines ehemaligen Sjogun und die imposanten Gruppen der Zwillingstempel, deren Hintergrund von mächtigen Bäumen gebildet wird.

Der Himmel sah düster und drohend aus; über Hiyeizan lagerte eine Schicht brauner Wolken; zuweilen trieb ein Windstoß den Sand in den Tempelhöfen empor; die Dunkelheit erschien der Großartigkeit dieser Bauwerke eines alten Glaubens angemessen. In den stattlichen Höfen waren weder Priester noch Gläubiger zu sehen und fast schauderte es mich, als ich sie durchschritt. Der Kuruma-Läufer führte mich, der sich, sobald ich nur Akamatz' Namen genannt, bereitwillig gezeigt hatte. Er brachte mich nach einer großen Treppe, die an der Seite des Tempels nach einem kleinen Zimmer hinauf führte, wo zwei Priester mit Schreiben beschäftigt waren. Hier zog ich meine Stiefel aus und harrte des „englisch sprechenden Priesters“. Bei seinem Erscheinen fühlte ich mich enttäuscht. Er ist nur fünf Fuß hoch und sein struppiges schwarzes Haupt- und Barthaar nimmt durchaus nicht zu seinen Gunsten ein; doch ist seine Stirn schön und seine Augen hell und durchdringend. Er trug einen Priesterrock aus blauem gemusterten Brokat, ein langes Meßgewand aus brauner Seide, eine karmoisinrothe, mit Gold besetzte Stola und in der linken Hand einen Rosenkranz aus braunen Kügelchen. Bei der Beschreibung einer buddhistischen Priesterkleidung kann man nicht umhin, sich der Bezeichnungen zu bedienen, welche in der römisch-katholischen Kirche gebräuchlich sind. Akamatz benimmt sich sehr fein und höflich, spricht merkwürdig gut englisch mit kräftigem Ausdruck und äußerte sich, wie es mir schien, erstaunlich freimüthig. Er führte mich durch alle Tempel und zeigte mir alles Sehenswerthe. Mein Besuch dauerte drei Stunden und der Mann in seiner geistvollen Unterhaltung erschien mir so interessant, daß ich gern noch länger geblieben wäre.

Dieser große Tempel Nischi-Honguwanji kann als die Hauptkirche der Monto-Sekte angesehen werden und der Abt oder hohe Priester und die anderen Würdenträger entsprechen dem Bischof, dem Dekan und dem Kapitel. Sie stehen an der Spitze von 10 000 Monto-Tempeln, deren geistliche Angelegenheiten, Finanzen und Patronatsrechte sie verwalten. Es sind hier außer den Gehülfen 100 Priester, deren Verrichtungen jedoch zum großen Theil weltlicher Art sind. Im Aeußeren unterscheiden sie sich durch Kopfhaar und Bart wesentlich von den Bonzen und ihre Gesichtszüge haben nicht den dummen oder scheinheiligen Ausdruck wie die der Buddhisten-Priester. Ihr Glaube fordert durchaus keine Asketik oder Absonderung von den Pflichten und Genüssen anderer Menschen und ist insofern gesunder und humaner.

Wir gingen um die auswendigen öffentlichen Gemächer herum, welche zahlreich, hoch und geräumig sind; von einem langen Flurgange aus konnte man durch die offen stehenden Schoji in das Innere hinein blicken, das durch den schimmernden Glanz der Vergoldungen die darin enthaltenen Kunstschätze verrieth. Denn in diesen matt erleuchteten Räumen, welche Jahrhunderte lang für die Gäste bereit gehalten wurden, befinden sich kostbare alte Gemälde und die Wände sind entweder in Gold panelirt oder bestehen aus reich vergoldeten Wandschirmen, worauf verschiedene heilige Sinnbilder dargestellt sind: der Lotus, der Storch, die Päonie und die Cleyera japonica: alle diese

Malereien sind im höchsten japanischen Kunststyl, reich und schön, wenngleich mit manierirter Naturtreue ausgeführt. Von hier aus traten wir in den großen Tempel, dessen einfache Pracht Alles übertrifft, was ich jemals gesehen habe. Der große längliche Raum hat ein plattes Dach, das von vielen Säulen aus geglättetem Holze getragen wird; ein Drittheil davon ist für das Allerheiligste abgegittert; die hinteren Wandgetäfel und die Paneele der großen Flügelthüren enthalten Blumengemälde auf Goldgrund. Hinter einem schwarz lackirten Altar steht ein prächtiger Schrein, in farbigem Zwielicht schimmernd; auf dem eigentlichen Hochaltar stehen aber nur zwei Leuchter, zwei Vasen mit schneeweißen Chrysanthemums und eine prachtvolle Weihrauchpfanne aus Bronze; auf dem unteren Altar befindet sich nichts weiter als ein Räuchergefäß. Auf sechs schwarz lackirten Pulten lagen die Litaneirollen und über dem Altar brannten sechs Lampen in mattem Lichte.

Diese Sekte verwirft alle Bildnisse und sinnlichen Ausschmückungen, die auf den Geschmack des Volkes berechnet sind, und lehrt, wie Akamatz sich ausdrückte, „das höhere Leben", nach den Regeln der heiligen Schriften. Letztere sind in ungelehrter Schrift und in volksverständlicher Sprache abgefaßt und bezwecken, die Menschen weise zu machen und zu jener Heiligung hinzuleiten, die nur durch Reinheit und Rechtschaffenheit erlangt werden kann. Sie lehren ferner, daß die Grundsätze und Regeln, welche die anderen Sekten verkünden, nur Verderbniß der Wahrheit sind; die Gelübde des Cölibats, Fasten und Enthaltung vom mäßigen Genuß der Lebensfreuden seien Erfindungen menschlicher Eitelkeit oder des Aberglaubens; ein verheiratheter Priesterstand sei am besten geeignet, die gesellschaftliche Reinheit zu bewahren; der Pfaffentrug beruhe auf Täuschung und Hinterlist. Die Söhne, wenn nicht die eigenen, so doch die von anderen Priesterfamilien adoptirten, folgen den Priestern im Amte und in früheren Zeiten legten sie beim Ausbruche eines Krieges ihre Gewänder bei Seite, rüsteten sich und bildeten Heerhaufen.

Ueber eine bedeckte Brücke gelangten wir in den anderen Tempel, worin der wichtigste Gegenstand eine prächtige Kapelle ist, in welcher Sakyamuni steht, mit gefaltenen Händen, ruhig hernieder blickend auf Blumen, Lichter und Räucherpfannen, so ruhig wie er an Festtagen auf Tausende von Gläubigern hinab schauet, auf die Nachkommen derer, die ihn schon vor 2000 Jahren anbeteten. Vor dem Altar liegen auf einem Ständer vier Rollen Handschriften, die ursprünglichen Worte des Buddha. Außerdem war in den weitläufigen düsteren Tempeln nur ein Mann und eine Frau zu sehen, die vor dem Gitter des Heiligthums knieten und mit andächtiger Miene den Rosenkranz beteten. Das leise Murmeln: „Namu amida Butsu“ drang klagend durch die Stille und es erschien fast wie eine Störung, daß der Priester angesichts der Symbole seines Glaubens über die Mysterien desselben sprach.

Meine Fragen über das Sinnbildliche der kirchlichen Gebräuche konnte oder wollte er mir nicht beantworten. Er wäre, sagte er, mit den Einzelnheiten der anderen Sekten nicht genau bekannt. Ich fragte nach der Bedeutung des allgemein wiederkehrenden Lotus. „Der Lotus,“ antwortete er mir, „ist Reinheit; wie er mit seinen schönen Blüten aus dem Schlamme erwächst, so entsprießt auch die Rechtschaffenheit aus dem Unflathe des menschlichen Herzens.“ — Ueber die Verschiedenheit unter den Buddhisten-Sekten sagt er: „Ihre Lehrsätze sind ebenso weit von einander unterschieden wie die der Christen; aber wie ihr Alle an Einen Gott und an Christus glaubt, so stimmen alle Buddhisten überein in der Ehrfurcht vor Amida, im Glauben an die Unsterblichkeit und die Seelenwanderung.“ — Er sprach ferner: „Ihr seid durch eueren Schöpfer beschränkt; wir glauben an keinen Schöpfer, sondern jene belebten und ewigen Atome, die ihr in euerer Sprache zufällige Combinationen nennen würdet, erzeugen Alles, was wir sehen. Buddha ist nicht, wie euer Gott, der höchste, sondern er ist über Allem. Wenn ihr sterbet, so werdet ihr keine Götter, aber wir werden Buddhas.“ — Ich sagte, die erzernen und steinernen Buddhas, die ich überall sähe, trügen in ihren Zügen den Ausdruck völliger Erstarrung, aus welcher jede menschliche Regung verbannt wäre. „Ganz recht,“ erwiderte er, „das Ende der Gerechtigkeit ist Ruhe. Nirwana kann nicht leicht erklärt werden. Ihr fragt, ob es eine Absorption bedeute; ich antworte ja und nein. Es mag Absorption genannt werden, aber nicht völlig; die Individualität mag aufhören, aber das individuelle Bewußtsein gebunden bleiben;

die ewige Zeit hat eine lange Dauer. Ihr besitzet in Euerer Sprache keine Worte, womit ich mich deutlicher über Nirwana erklären könnte. Das Elend ist das Grundwesen alles Lebens. Wer Nirwana erlangt, der wird von der unbarmherzigen Nothwendigkeit befreiet, wieder geboren zu werden; der erreicht einen Zustand, wo es keine Ideen giebt und auch kein Bewußtsein von der Abwesenheit der Ideen. Das ist Leben im Tode oder Tod im Leben. Euere Sprache hat keine Worte dafür." — Ich fragte ihn, welches die Gegenstände des Buddha-Glaubens wären und ohne Zögern erwiderte er: „Die Menschen rein zu machen, den Glauben an die Unsterblichkeit der Seele lebendig zu erhalten, der die Grundlage aller Gerechtigkeit ist. Buddha ist verkörpert in allen guten Handlungen. Bleibe ich gleichgültig in meinem Zimmer sitzen, so bin ich mein Ich; erhebe ich mich aber und predige Rechtschaffenheit, so bin ich Buddha."

Während wir in den Tempeln und Galerieen diese Themata besprachen und dann über eine Brücke und durch mehrere Gebäude gingen, achtete ich kaum darauf, wohin wir gelangten, bis ich mich in den schönsten Garten versetzt fand, den ich je in Japan gesehen habe; eine feenhafte Schöpfung, klein, aber groß aussehend, eine würdige Erholungsstätte für einen der größten Sjoguns. Man erblickte Springbrunnen und einen kleinen See, durch dessen Gewässer Goldfische schimmerten; darüber hingen die phantastischen Balkone von Hideyoschi's Sommerpalast, einem unregelmäßigen dreistöckigen Gebäude von malerischem Aussehen. Kleine steinerne Brücken führen über das Wasser; gewundene schattige Pfade leiten unerwartet zu Sommerhäusern; ungeheuere Bäume bezeichnen die Dauer der Stätte; über den beschatteten Vordergrund erheben sich die hohen Dächer der Tempel; der scharlachrothe Ahorn spiegelt sich in dem regungslosen Wasser; auf kleinen Felseninseln ragen die schmucken Stämme und grünen Zweige des Cycas empor, und über dem Ganzen schwebt ein feierlicher dunkler Novemberhimmel. Am Ende des Sees überschritten wir eine steinerne Terrasse und traten in die Behausung des Sjogun, die phantastisch eingerichtet ist, mit steilen schmalen Treppen, abscheulichen Stübchen, unregelmäßigen Balkonen, großen Zimmern ohne Vertiefungen und einem kleinen, seltsam aussehenden Gemach, welches für die geheimnißvollen „Cha-noyu" oder Theegesellschaften bestimmt war. Zwei Diener, so stumm wie die ganze Umgebung, standen bereit, die Schirme auf die Seite zu schieben, um mich die schönen Aussichten auf die verschiedenen Stockwerke sehen zu lassen. Doch am schönsten erschien mir der zauberhafte Garten mit den großen geschweiften Tempeldächern und den scharlachrothen Schatten in dem unten gelegenen See.

Die schweigenden Diener präsentirten uns auf goldlackirten Tellern Zuckerwerk und Thee in antiken Kaga-Tassen. Wir saßen in dem großen Zimmer des Sommerpalastes, dessen Pfeiler und Decke in mattem Golde schimmerten. Das spärliche Licht fiel auf den Priester, der in seinem Gewande da saß und noch immer über seinen Glauben sprach. Es herrschte eine fast beängstigende feierliche Stimmung — der vereinsamte Ort, der Verfechter eines todten Glaubens, die zunehmende Dämmerung, das Seufzen des Windes in den Baumgipfeln, das Rasseln der Läden, der dumpfe Ton der Tempeltrommel aus der Ferne, und hin und wieder der Schall der frommen Gesänge, der vom Abendwinde herüber getragen wurde: — dies alles umstrickte mich wie mit einem Zauber, und es war mir, als wäre ich fern vom Wohnsitze lebender Menschen. Dazu gerieth ich noch in ein Gewebe übersinnlicher Lehrsätze und verlor mich in ein Wirrsal, worin Nichts eine Form hatte und Geburt und Tod einander in endlosen Ewigkeiten folgten, Leben mit Elend als Wesenheit, Tod nur als Uebergang zu neuer elender Wiedergeburt und so fort in unendlichen Kreisen unbefriedigender Veränderungen, bis zuletzt die Gerechtigkeit triumphirt, die Seele nicht mehr zum Elend geboren wird, sondern ihren letzten Kerker in völliger Vernichtung findet.

Herr Akamatz sprach viel über die Seelenwanderung, die er für einen wesentlichen Glaubensartikel hielt. Ich fragte ihn, ob die Reinen nach ihrem Tode zum Nirwana gelangten, das mir gleichbedeutend mit Verneinung zu sein scheint, eine Vorstellung, die sich von einem Europäer nicht fassen läßt. „Wo sind die Reinen?" erwiderte er. — Darauf fragte ich, ob diejenigen, welche als Ungerechte sterben, behufs ihrer Reinigung zu den verschiedenen Qualen eingingen, welche auf den hangenden Gemälden des Chionin-Tempels abgebildet wären. „Nein," antwortete er, „ihre Geister werden der Seelenwanderung unterworfen; sie werden wieder geboren in den Leibern von Thieren.“ — Ich machte geltend, daß dies alle Hoffnung auf eine Reinigung ausschlösse, indem sie alsdann für alle guten und belehrenden Einwirkungen unzugänglich wären. „Durchaus nicht; denn Buddha verkörpert sich auch in anderen Thieren und verleihet ihnen solche Lehren, die sie begreifen können. Wer kann es wissen, ob die Martern der Chionin-Hölle für Einige den Schluß machen? die Ewigkeit dauert lange.“ — Welche unendlich tiefe Melancholie liegt in diesem Schlußsatze, den der Priester während des Gespräches wenigstens sechsmal wiederholte! „Lange“ in einer schrecklichen Vergangenheit und „lange“ in einer traurigen Zukunft waltet der Mensch in eitlem Scheine, durch Cyclen von Elend hindurch bis zum Kerker völliger Vernichtung. Dies haben Sakya-mani und seine Nachfolger länger als 2000 Jahre gelehrt und dies lehrt der erleuchtetste Priester der erleuchtetsten Sekte, der das Christenthum und die Philosophieen des Osten und des Westen studirte und dennoch keine bessere Hoffnung hat als „Nichtsein“.

Ich fragte ihn um seine Meinung über den jetzigen religiösen Zustand Japans, und nach einer längeren, sehr anziehenden Unterredung kam er zu folgendem Schlusse: „Der Sintoismus ist wahrhaftig die roheste Form der Naturverehrung, ein wenig verschönert durch die Berührung mit Confutsianern und Buddhisten. Als Religion ist er todt, als politisches Werkzeug mangelhaft, Leben hatte er niemals. Der Buddhismus war einst stark und ist jetzt schwach; er mag jedoch wieder aufleben oder nicht: seine lebensfähigen Wahrheiten — Reinheit, Seelenwanderung und Unsterblichkeit — können nicht sterben.“ — Ich erklärte, trotz einigen abergläubigen Gebräuchen könnte ich die Japanesen doch nur als ein sehr irreligiöses Volk ansehen. „Das sind sie jetzt,“ antwortete er. „Die Philosophie des Confutse hat sich schon seit langer Zeit unter den höheren Klassen verbreitet; die denkenden und gebildeten Männer leugneten die Unsterblichkeit und wurden, was ihr Materialisten nennet. Allmälich stieg ihr Unglaube hinab zu den Heimin und bei denen ist wenig vom wahren Glauben verblieben, obgleich noch Aberglauben genug vorhanden ist.“ — Ich fragte ihn, ob seine Sekte sich vorzugsweise an die oberen Klassen wende. „Der reine Buddhismus kennt keine Klassen," erwiderte er; „Buddha war, was ihr einen Demokraten nennt. Alle Seelen sind gleich, alle Menschen können durch Rechtschaffenheit Buddhas werden. Euer Christus war ein Demokrat und wollte aus den Menschen eine Brüderschaft machen, Ihr aber habet eine Lehre für die Reichen und eine für die Armen, und eine Kirche für die Reichen, in welche die Armen nicht eintreten können und eine für die Armen, wo ihr den Menschen lehret, sie müssen den Reichen gehorsam sein; das ist nicht unsere Art." — Ich fragte, welche Aussichten das Christenthum nach seiner Meinung in Japan hätte, und er äußerte unter Anderem: „Es haben sich sogenannte protestantische Missionaire fünfzehn Jahre lang in Japan aufgehalten; es sind jetzt ihrer über 100 und sie haben 1600 Personen getauft. Das hiesige Collegium sendet junge Sumarai als Prediger aus, sehr eifrige und befähigte Lehrer; in einigen ländlichen Gegenden Japans kann das Christenthum große Fortschritte machen, denn es ist leicht und dort sind viele Leute matt, sehr matt und wohl geneigt, es aufzunehmen, aber nicht in den großen Städten." Dies stimmte genau mit Herrn Necsimas Meinung über denselben Gegenstand überein. — Darauf fragte ich, was er als vorherrschende Unrechtschaffenheit bei seinen Landsleuten ansähe, und er gab mir zur Antwort, was mir schon drei Mal erwidert worden war: „Unwahrheit und Ausschweifung."

Nachdem er noch viel über die Mängel des Christenthums gesprochen hatte, meinte er, ein viel größerer Einfluß würde jetzt in Japan durch die neue englische Philosophie bewirkt, wie sie Mill, Herbert Spencer und Andere lehrten, und die wissenschaftlichen Schriften von Huxley und Darwin's „Ursprung der Arten" regten Fragen an, welche das Christenthum nicht beantworten könnte. Diese Bücher sind übersetzt und durch die schnell verbreitete Bildung werden die jungen Leute in Stand gesetzt, sich mit einer Reihe ähnlicher englischer Werke bekannt zu machen. Außerdem, meinte er, giebt es viele englische, schottische und deutsche Lehrer, welche öffentlich in ihren Vorlesungen das Christenthum angreifen und einen unverhohlenen Materialismus lehren. „Die Philosophie des Confutse," sagte er, „wird hier schnell durch euere englische Philosophie ersetzt. Die Philosophie bedroht eueren Glauben in euerer Heimat; ihre Priester nehmen die Lehren, vielleicht die Glaubenssätze derselben an. Gott und die Unsterblichkeit verschwinden schnell in England; auf diese Weise werden die Menschen immer schlechter und verachten euere Lehrsätze von der Reinheit, die nicht Stand halten. Zuerst wird Jesus Christus aufgegeben; dann sagen die Leute, sie glauben an Gott, nicht als Schöpfer, sondern als Vater; dann glauben sie auch nicht mehr an Gott, denn ohne Unsterblichkeit giebt es keine Gerechtigkeit. In Japan schadet diese Philosophie sowohl dem Buddhismus wie dem Christenthum; euere eigene Philosophie, nicht den Sinto oder Buddhismus wird euer Christenthum hier unter den Gebildeten zu bekämpfen haben. Der Buddhismus kann noch wieder erstehen, er lehret den Menschen die Reinheit, er zeigt, daß das Ziel der Rechtschaffenheit die Ruhe ist; die Reinheit ist nur der Weg zur Ruhe; die Sittenlehren Buddhas stehen höher als die christlichen; Christi Vorschriften sind ohne Macht; mögen die Engländer sie behalten." — Sehr anziehend äußerte sich Akamatz über die verschiedenen religiösen Richtungen in England. Einige Zweige unserer Literatur hat er gründlich studirt und er ist offenbar ein ebenso scharfer, wenngleich metaphysischer Denker, wie er ein Kenner des Christenthums ist. Kann dieser Priester, der als der fähigste und aufgeklärteste unter der Buddhisten-Priesterherrschaft gilt, wirklich an seine eigene Metaphysik und an die Lehre von einer fortgesetzten Seelenwanderung glauben?

Die Dämmerung war eingetreten, als wir den Hideyoschi-Palast verließen und in den großen düsteren Tempel zurückkehrten, wo vier matt brennende Lampen die Pracht des Allerheiligsten und die Figur Buddha's spärlich beleuchteten. Er stand ruhig und gelassen in seiner goldenen Kapelle. Ist es der indische Lehrer in seiner regungslosen Ruhe, der aus dunkeln, erstorbenen Zeitaltern den Menschen die Unsterblichkeit ohne Bewußtsein verspricht, oder ist es der Sohn Gottes, der leibhaftige Bruder der Menschheit, der in unserer gegenwärtigen Zeit den Müden Ruhe und Hülfe in einem ewigen Leben und Antheil an seinem endlichen Triumph verheißet — welcher von Beiden wird der künftigen Religion Japans Gehalt und Form geben?

LII.

Die Läden in Kiyoto. — Japanische Kunst und ihre Mängel. — Kiyoto-Brokat. — Die Industrie-Behörde. — Das neue Hospital.

Kiyosan Yaschiki in Kiyoto.

Die vornehme Ruhe, welche in Kiyoto herrscht, spricht sich in nachtheiliger Weise in der ermüdenden Tändelei aus, die man in den Kaufläden antrifft. Letztere sind langweiliger als irgendwo. Man braucht wenigstens eine Stunde, um auch nur die geringsten Gegenstände einzukaufen. Drei oder vier Männer und einige gewiegte, geschäftseifrige Burschen hocken auf dem Fußboden um ein Kohlenbecken herum, neben sich zwei oder drei hölzerne Becken für das Geld, einige Comptoirbücher und Tintenfässer. Nachdem man einige kleine Einkäufe gemacht hatte, bieten sie Einem Thee nebst Pfeife und Tabak an; wenn ich einen Japanesen zur Begleitung habe, so befragen sie mich umständlich nach meinem Alter und Einkommen, wo mein Gatte ist, ob ich eine Gelehrte sei und wo ich mich aufgehalten habe.

In vielen der kleinen engen Läden findet man jedoch wunderbar schöne Sachen. Kiyoto ist in der That die Heimat der Kunst. Man sieht breite Wollenmusselinstoffe mit bunt verworrenen Mustern, aber von so anmuthiger Form und in so harmonischen Farben, daß man sie alle kaufen möchte, um das Auge zu erfreuen. Von den in Gold und Silber starrenden Stoffen, die vorzugsweise zu Priesterkleidern verwandt werden, wendet sich der Blick auf die weniger auffallenden Silberbrokatstoffe in kunstreichen braunen, grünen und grauen Schattirungen, hin und wieder mit einer Andeutung von farbigen oder silbernen Figuren. Die Seidenkreppstoffe sind so außerordentlich fein, daß vier breite Streifen mitsammen durch einen Fingerring gezogen werden können; diese Stoffe haben eine matt gefärbte Grundirung, worauf sich Blumen- oder Bambuszweige in scheinbar nachlässiger und doch höchst effektvoller Zusammenstellung dargestellt zeigen.

Kunstgegenstände erblicke ich überall zahlreich und viele gewähren mir mehr als Vergnügen. Nicht nur die kostbaren

Gegenstände für die Kenner sondern auch die Hausgeräthe für die Landleute sind oft von untadelhafter Form und Farbe. Wie man auf den Altären und an den Wänden der japanischen Häuser eine einfache Lotusblume, Schwertlilie, Päonie oder einen Wistariazweig sieht, so sind auch die Tassen, Vasen und Lackwaaren für den Gebrauch der Japanesen auf die herkömmlich einfachste und doch mannigfaltigste Weise verziert. Ein Bambuszweig, ein einzelner Storch unter Gräsern, eine schwache Andeutung eines Bambus in matter grüner, grauer oder milchweißer Farbe, oder ein Schmetterling oder eine Heuschrecke auf einem Kirschblütenzweige — dies sind stets die einfachen Verzierungen der Präsentirteller, Vasen oder Theekannen, anscheinend sorglos und doch überaus graziös ausgeführt. Anstatt der in Gold gemalten großen Vögel, Bäume und geschwollenen Wellen, welche die Lackwaaren verunstalten, die auf den englischen Markt kommen, besteht die Verzierung auf den echten, für die Liebhaber bestimmten Kiyoto-Lackwaaren nur in angedeuteten Zweigen des gefiederten Bambus oder in einem Tannenzweige oder einem Mond und leichtem Gewölk, alles auf mattem Goldgrunde gemalt. In fast allen Läden sieht man jetzt prachtvolle Zweige von Bambus oder röthlichem Ahorn oder einige Chrysanthemums in geschmackvollen Vasen aus Bronze oder Porzellan stehen.

Die kunstreichsten und die gewöhnlichsten Dinge stehen neben einander, aber jeder Japanese scheint von Natur mit Liebe und Verständniß für das Schöne und Gefällige begabt zu sein. Die Hunderte von Läden in Kiyoto, alle mit den schönsten, sorgfältig zusammengestellten Gegenständen angefüllt, versetzen mich in Erstaunen. Gern hätte ich Sachen für meine Freunde in der Heimat eingekauft, aber entweder würden sie dieselben geringschätzen oder unter geschmacklosen Nippsachen aufstellen. Um den Geschmack der Japanesen kennen zu lernen, muß man ein echtes japanisches Gestell sehen, aus einfachem, schwarz polirtem Lackstoff, mit seltenen Muscheln ausgelegt, und auf demselben einige echte Kunstschätze.

Zu den schönsten Manufakturwaaren Kiyotos gehört die eingelegte Bronze oder Bronze mit Blumen in silbernen oder goldenen Reliefs. In einer der Werkstätten, welche die Regierung unterhält, sah ich ein Paar Vasen, einen Fuß hoch, in der einfachsten Vollkommenheit, eine Copie von einer Vase, die sich in der kaiserlichen Schatzkammer in Nara befindet. Ein englischer Arbeiter, der nur gewöhnliches Zeug oder schlechte Nachahmungen von wirklichen Kunstwerken zu Stande bringt, sollte nur einmal sehen, was hier durch rechtschaffene, sorgfältige und willige Arbeit wahrhaft vollkommen für einen Schilling Tagelohn geleistet wird. Es ist wahr, daß Arbeiten, die der Japanese kaum ansieht, dem Fremden musterhaft erscheinen. Ich besuchte die Awata-Töpferei, wo 200 Menschen beschäftigt sind, gebrechliche Waaren für die Ausfuhr anzufertigen. Beinahe alle für den englischen Markt bestimmte Tassen waren mit bunten Schmetterlingen überladen und es war kaum eine Tasse oder Unterschale zu finden, die vollkommen rund gewesen wäre.

In die unbedingte Bewunderung der neuen japanischen Kunst, wie sie in manchen Gegenden Mode ist, kann ich freilich nicht einstimmen. Die menschliche Gestalt ist stets verzeichnet und in ihren Stellungen wunderlich und übertrieben dargestellt. Die japanische Skulptur ist immer karikirt und auch dann noch ungenau und unzart ausgearbeitet. In ihren besten modernen Leistungen ahmen sie sich gewöhnlich nur selber nach und um dem europäischen Käufer zu gefallen, überladen sie die Lackwaaren mit kostspieligem Zierrath; kostbare Schirme mit plumpen Vergoldungen und schreienden, geschmacklosen Malereien oder werthvolle Seidenstickereien mit schroffen und rohen Farben, das Porzellan mit Farben, Figuren und Vergoldungen, und die Bronze-Artikel mit einer unpassenden Zusammenstellung von Menschen und Thieren — Alles Arbeiten eines Handwerkers, aber keines Künstlers.

Um eine vollkommnere Herstellung der Copien zu fördern und die echte japanische Kunst vor Verfall zu bewahren, hat die Regierung von Kiyoto eine Behörde zur Beförderung der Industrie eingesetzt, deren Leistungen anerkennenswerth sind, insofern sie es sich namentlich angelegen sein läßt, die Seidenweberei, die Stickerei und die Fabrikation von Bronze und Porzellan zur höchsten Vollkommenheit zu bringen. Sie hat auch auf Kosten der Regierung Schulen eingerichtet, wo verschiedene Gewerbe gelehrt werden und bestrebt sich in jeder Beziehung, die einheimischen Manufakturen zu heben. Ich brachte einen unterhaltenden Tag unter den Bronze- und Porzellan-Fabrikanten und den Seidenwebern in Rischigin zu. Auf den Webstühlen in Rischigin sind jetzt Seiden- und Brokatstoffe, die einen französischen Arbeiter zur Verzweiflung bringen würden. Und diese ausgezeichneten Arbeiten werden in schlecht erleuchteten und kleinen Räumen hergestellt, wo vier oder fünf Weber mit Lust und Liebe thätig sind. Ich sah dort einen Brokatstoff zu einem zwei und dreißig Zoll breiten Gürtel, aus feiner Seide von mattgrauer Farbe. Darauf waren mit graziöser Kunst leichte Bambuszweige in Silber gewirkt, die Schattirung etwas dunkler als der graue Grund gehalten. Die Bronze-Werkstätten, welche so schöne und vollkommene Kunstwerke liefern, wie sie auf die Pariser Ausstellung geschickt wurden, sind nicht viel besser als unsere gewöhnlichen Grobschmiede-Werkstätten und die Geräthe von der gröbsten Art.

Dieselbe Industrie-Behörde hat auch Gewerbeschulen für Mädchen eingerichtet. Es giebt deren zwei Klassen, von denen die eine, unter kaiserlichem Schutze, für die Töchter des Adels und der vornehmen Stände bestimmt ist. Die andere hat 500 Schülerinnen, bestehend aus „Goro"-Mädchen, Gauklerinnen und Theehaus-Kellnerinnen. Der Schulbesuch geschieht zwangsweise und dauert gewisse Stunden; das Geld für die Lehrstunden wird von ihrem Lohn abgezogen. Der Unterricht umfaßt Musik, Tanz, allerhand weibliche Arbeiten, Lesen, Schreiben, Seidehaspeln, das Weben von japanischem Fries und die Anfertigung von Kleiderwattirungen. In der Schule für die höheren Stände wird die höchste Sorgfalt auf das Betragen und auf die pünktlichste Befolgung der japanischen Etikette verwandt.

Viele der weißen, halb fremdartigen Gebäude, welche die strenge Nationalität Kiyoto's beeinträchtigen, sind Elementarschulen, deren sich jetzt 445 im Regierungsbezirk befinden. Jedes Stadtviertel ist verpflichtet, eine solche Anstalt einzurichten und zu unterhalten; nur in den ärmsten Stadttheilen ist es gestattet, eine Schule für zwei Gemeinden in Gebrauch zu nehmen.

Zu den vorzüglichsten neuen Einrichtungen gehört das jetzt vollendete Hospital, sehr schön gelegen, mit großen Gärten versehen und von einer Mauer umgeben, an deren Außenseite ein klarer Bach vorüberfließt. Dieses Hospital besteht aus mehreren zweistöckigen Gebäuden, jedes mit breiten Verandas umgeben, und besitzt vortreffliche sanitäre Einrichtungen. Die bedeutenden Summen, die der Bau gekostet hat, sind ersprießlich verwandt, denn das Gebäude nimmt nicht nur 600 Patienten auf, sondern ist auch zweckmäßig zu einer medicinischen Schule eingerichtet.

Mit seinen Schulen, Krankenhäusern, Irren-Anstalt, Gefängnissen, Apotheken, Armenhäusern, Springbrunnen, öffentlichen Parks und Gärten, außerordentlich schönen Begräbnißstätten und höchst sauber gehaltenen Straßen ist Kioto unter allen Städten Japans am besten eingerichtet und am besten verwaltet.

LIII.

Ideale Theehäuser. — Nara. Ein Schatz von Alterthümern. — Ein Pilgerschrein. — Ein altes Kloster. — Higenaschi. — Pilz-Kultur. — Eine beschwerliche Landstraße. — Yamada.

Yamada, Provinz Ise, den 10. November.

Eine fünftägige Reise brachte uns hierher, nach den berühmten Ise-Kapellen. Das Wetter war anfänglich schlecht, besserte sich aber und obgleich die ungangbaren Straßen uns hinderten, das Kloster Koyeisan und das Schloß Takatori zu besuchen, so kamen wir doch durch reizende Landschaften. Frau Gulick ist eine vortreffliche Reisegefährtin, unausgesetzt heiter, uneigennützig, gütig und interessant; wir hatten auch Glück mit den Kuruma-Läufern, mit der Bequemlichkeit und allen anderen Dingen, abgesehen von dem Wetter während der ersten drei Tage. In Vergleich mit den rauhen, ungeschmückten Gegenden des nördlichen Japan, ist dieses Land überaus reich und üppig; und da die Flöhe und Moskitos todt oder in ihren Winterquartieren sind, so kann man sich über nichts beklagen. In dieser Jahreszeit ist die Farbenpracht entzückend und da die genannten Plagen beseitigt sind, würde dies die beste Zeit sein, in Japan zu reisen, wenn es nicht unerträglich kalt wäre. Die

Zeit, die man nützlich anwenden könnte, wird völlig dadurch in Anspruch genommen, daß man an dem Kohlenbecken hockt und mittelst einer Feuerzange, nicht viel größer als eine Scheere, sorgfältig die brennenden Kohlen auf einander legt. Dabei werden Brust und Hände leidlich erwärmt, aber der übrige Körper schauert vor Kälte. Das letzte Hülfsmittel ist der „Kotatsu" und oft setze ich alle Würde bei Seite und bediene mich desselben. Diese japanische „Einrichtung" besteht aus einem viereckigen Holzrahmen, der über einem Kohlenbecken angebracht ist und worauf eine große wattirte Steppdecke liegt. Man schlüpft unter diese Decke und zieht sie sich bis unter das Kinn hinauf; auf diese Weise kann man den Abend warm und behaglich zubringen. Fünf, sechs oder noch mehr Menschen können mitsammen unter eine Decke kriechen, und ich zweifle nicht, daß sich in dieser Jahreszeit die Hälfte aller japanischen Familien unter die Kotatsus flüchtet.

Mit dem Gulickschen Ehepaare verließ ich Kioyto am 5. November bei einem graubraunen Nebelwetter. An demselben Abend erreichten wir Nara, indem wir den Weg nahmen, den fast alle Fremde einschlagen, welche die alte Hauptstadt besuchen und bei dem berühmten Inari-Tempel in Fuschimi verweilen. Der letztere Ort war früher eine angesehene Stadt und der Wohnsitz Xavier's, auch nennenswerth wegen der letzten Niederlage der Sjogun-Armee im Jahre 1869. Wir reisten sieben englische Meilen weit durch an einander hangende Straßen, bevor wir das offene Land erreichten; meistens waren es Wohnungen der ärmeren Klassen. Es ist aber eine betriebsame Armuth, ohne Laster und Unflath, und fast jede ärmliche und verräucherte Hütte ist wenigstens mit einem großen Chrysanthemum geschmückt.

Auf einer langen, hübschen Brücke überschritten wir den breiten Ujikawa, der dem See Biwa entströmt und reisten noch bis zu dem Städtchen Uji, das einige Theehäuser hat, die zu den schönsten in Japan gehören. Sie hangen über dem breiten, schnellen Strome und sind mit Balkonen, Springbrunnen, steinernen Laternen und all den herkömmlichen Dingen versehen, die sich hier gerade besonders hübsch ausnehmen. Diese Theehäuser werden unendlich oft von japanischen Künstlern abgebildet und wenn man auf einer Photographie ein ideales Theehaus sieht, kann man sicher sein, daß es in Uji steht. In einem derselben erhielten wir ein hübsches oberes Zimmer, um dort zu frühstücken, und hatten eine schöne Aussicht auf die romantische Schlucht, durch welche der Fluß sich einen Weg nach dem Biwa-See bahnt und auf die hübschen Miniaturgärten. Es war durchaus ideal und ich fühlte, daß wir mit unserer Realität gar nicht am rechten Orte wären. Bisher hatte ich noch keinen europäischen Mann in einem solchen feenhaften Zimmer gesehen und da Herr Gulick ausnahmsweise groß ist, so schien er das ganze Zimmer auszufüllen. Jedenfalls sahen uns die Leute im Theehause mit großem Unbehagen.

Die Theepflanze gehört zu den Camellien und prangt in weißen Blüten von einem schwachen Wohlgeruch; man läßt sie in großen Büschen von drei bis vier Fuß Höhe wachsen, und die langen Reihen in üppigem Dunkelgrün bilden einen angenehmen Gegensatz zu dem röthlichen Boden. Uji gehört zu den berühmtesten Theeplätzen Japans, und die Leute erzählten uns, daß man 300 Jahre lang von denselben Sträuchern jährlich zwei Ernten erhielte. Nach der Meinung der Japanesen wäre der Thee zuerst im neunten Jahrhundert in ihrem Reiche getrunken worden, nachdem ein Buddhisten-Priester den Samen aus China gebracht hatte; die Kultur scheint jedoch ausgestorben und die Pflanze im zwölften Jahrhundert zum zweiten Male eingebürgert worden zu sein, als abermals ein buddhistischer Priester den Samen aus China einführte; bald darauf wurde der Thee in Uji angepflanzt. Er wächst jetzt in ganz Japan, mit Ausnahme von Yezo, und neben dem großen Verbrauch im Inlande werden von Yokohama allein jährlich über 16 Millionen Pfund nach Amerika ausgeführt. Er wird von allen Klassen getrunken und selbst derjenige, den die ärmere Klasse verbraucht, hat keinen geringeren Werth als sechszehn Pence das Pfund. Die Japanesen sind im Theetrinken große Schwelger, und von der besten Sorte, welche sich die Wohlhabenderen gestatten, kostet das Pfund dreizehn Schillinge. Das Wasser zur Theebereitung darf nicht kochen und nur eine Minute auf den Blättern stehen, wenn der Thee nicht einen bittern, zusammenziehenden Geschmack bekommen soll. Der Aufguß ist strohgelb und von köstlichem Wohlgeschmack. Kein

Japanese würde den schwarzen, herben Thee anrühren, wie wir ihn lieben. Ihn in dieser Art aus großen Tassen, und gar mit Milch versetzt, zu trinken, zählen sie zu unseren vielen anderen barbarischen Gewohnheiten.

Der Nebel verwandelte sich in einen heftigen Regen, und nachdem wir zwei Stunden lang durchweicht waren, beeilten wir uns, in der Dunkelheit nach Nara zu kommen, und stiegen beim ersten Wirthshause aus unserer Kuruma, da die Leute offenbar nicht Lust zeigten, noch weiter zu laufen. Es war ein schlechtes Wirthshaus mit alten Teppichen und niedrigen Decken, mit Reisenden angefüllt und voll übler Gerüche. Hier vermißte ich Ito, denn jedes Stück Gepäck gelangte durchnäßt in mein Zimmer, die Ueberzüge und Riemen mit Schmutz bedeckt. Dann mußten wir unsere „fremde Nahrung" — einfacher Haferbrei — an einem elenden Kohlenfeuer kochen und verzehrten ihn in der Umgebung durchnäßter und beschmutzter Gegenstände. Die offen stehenden Wandschirme ließen uns unsere Kulis im Bade sehen: der Diener kauerte auf dem Fußboden und das Licht steckte in einer Flasche. Seit jenem Abend haben wir bequemere Wirthshäuser angetroffen und unsere Kuruma-Läufer achteten auf unser Gepäck, aber stets vermisse ich Ito, wenn wir den Haferbrei am Kohlenfeuer kochen. An jenem Abend vergaß ich vollends, ihn auf die richtige Weise zu bereiten. Ich schüttete das Mehl in die kochende Milch und erhielt zähe Klumpen. Bei der dicken Luft und dem unaufhörlichen Lärmen unserer Reisegefährten konnten wir nicht schlafen; es war aber wohl der Mühe werth, wach zu bleiben, um sich von der Thatsache zu überzeugen, daß die Flöhe und Moskitos für diese Jahreszeit ihr Ende erreicht hatten.

Am nächsten Tage herrschte ein düsterer Nebel, bei einer Temperatur von 70 Grad; trotzdem besichtigte ich die alte Kaiserstadt, worin sieben Mikados im achten Jahrhundert regiert haben. Ueber Nara sind die Ansichten verschieden. Einige schwärmen dafür, Andere setzen es herab. Mir erschien es selbst beim Nebel anziehend. Die großen Naturschönheiten werden durch religiöse Kunst gehoben; eine feierliche Schwermuth schwebt über dem aufgehaltenen Verfall. Zu den vielen Sehenswürdigkeiten gehört eine Anzahl von heiligen Hirschen, die in den majestätischen

Hainen und Gärten umher laufen und dem Besucher beharrlich folgen, um sich mit Kuchen füttern zu lassen. Die Stadt, welche über 21,000 Einwohner enthält, zieht sich an einem Abhange einer malerischen Hügelreihe entlang. Von dem Walde, der aussieht, als bestände er aus vielen schönen englischen Parks, bieten sich prachtvolle Aussichten über die alte Provinz Yamato. Jeder kauft hier Abbildungen von den heiligen Hirschen, Haarnadeln, aus ihren Hörnern gefertigt, Amulette und Kämme, und die Pilger, welche zahlreich nach den berühmten Sinto-Tempeln strömen, hängen diese Gegenstände an ihre Gürtel. Wir gingen frühzeitig aus und widmeten einen großen Theil des Tages dem genußreichen Anblick der Sehenswürdigkeiten, welche sich fast alle in dem prachtvollen Park befinden und meistens eine religiöse Bedeutung haben.

Unter den merkwürdigsten Dingen befindet sich ein ungeheures hölzernes Magazin aus schweren wagrechten Balken, die von soliden, acht Fuß hohen Pfeilern aus Baumstämmen getragen werden; das seltsamste Machwerk, das man sich vorstellen kann. Es erregt besonderes Interesse, denn es war zur Aufbewahrung der kaiserlichen Geräthschaften bestimmt, bevor der Hof des Mikado gegen Ende des achten Jahrhunderts von Nara nach Kiyoto verlegt wurde; man sagt, es wäre alle sechszig Jahre besichtigt und nöthigenfalls ausgebessert worden. Noch merkwürdiger ist der Umstand, daß das hölzerne Gebäude nicht nur dem zerstörenden Einflusse von tausend Jahren entging, sondern daß die in dem Inventarium vom achten Jahrhundert aufgeführten Gegenstände noch vorhanden und leicht von den späteren Sammlungen zu unterscheiden sind. Vor kurzer Zeit fand eine Ausstellung zu Nara statt, und einige wundervolle Dinge aus der kaiserlichen Schatzkammer sind noch im Hintergrunde des großen Tempels zu sehen; unter den Gegenständen aber, die wieder in das ungeheure Magazin zurückgestellt wurden, sind Schirme, Masken, Bücher, Bildhauerwerke, runde Seifenkuchen, so groß wie Wurfscheiben, kupferne Schüsseln und Teller, Perlen und Schmucksachen, Rückenbürsten aus Schildpatt, Töpfer- und Glaswaaren, Kleidungsstücke, Glocken, Hüte, Waffen, die verschiedenartigsten Geräthe, Schreibpapier, Statuetten aus Thon, hölzerne Bildnisse und dergleichen. Was würden wir nicht für eine solche Sammlung geben, wenn sie von Karl dem Großen oder Alfred herrührte!

Herr Gulick unterhandelte mit einigen Kuruma-Läufern, die uns nach Miwa bringen sollten, und als er uns verließ, um nach Kobe zurückzukehren, freute ich mich, daß ich binnen sechs Monaten mehr Vertrauen zu einer Reise in Japan gewonnen hatte als seine Gattin in mehreren Jahren. Sie hegte große Besorgniß, sich auf die unbetretenen Pfade zu begeben; es ist jedoch Alles gut abgelaufen und sie hat sich auf der Tour ebenso ergötzt wie ich. Wir erreichten, nachdem es dunkel geworden war, Miwa, eine Stadt von etwa 1200 Einwohnern, und fanden eine bequeme Aufnahme bei sehr freundlichen Leuten in dem oberen Zimmer eines Lagerhauses, mit einer hübschen Aussicht auf eine Tannen-Allee, die nach dem berühmten Sinto-Wallfahrtsorte führt. Die Aufnahme der Pilger scheint das Hauptgeschäft in Miwa zu sein. Da Frau Gulick japanisch spricht, so konnten wir uns stets mit unsern Wirthsleuten gesellig unterhalten und bald war unser Zimmer angefüllt von der Wirthin, ihren Töchtern und Dienstboten nebst Kindern von verschiedenem Alter. Diese Frauen waren darüber verwundert, daß wir unsere Kleider bis zum Halse geschlossen trugen und als Frau Gulick ihnen erklärte, es wäre nach unseren Begriffen für Frauen nicht schicklich, bis zum Gürtel hinab entblößt zu gehen, waren sie mehr erstaunt und theilten diese seltsame fremde Ansicht jedem neuen Ankömmling mit.

Dann kamen unsere drei Kuruma-Läufer herein geschlichen, verbeugten sich und knieten in einer Reihe auf dem Fußboden nieder. Der älteste, ein großer, sehr häßlicher Mann, trug keine andere Kleidung als den kurzen, bis auf die Lenden reichenden Rock und eine weite Jacke; doch hatte er die unteren Gliedmaßen mit einer rothen Bettdecke umhüllt; der zweite, ein Jüngling, verschmähete es, unserem Schicklichkeitsgefühl dieses Zugeständniß zu machen; und der dritte, ein schwächlich gebaueter Mann, der uns unterwegs aufgehalten hatte, hielt seine reichliche Tättowirung für eine ausreichende Bekleidung. Nachdem der ältere sich zu wiederholten Malen verbeugt hatte, brachte er das Gesuch vor, wir möchten sie alle drei für eine zehntägige Reise in der Umgegend von Kiyoto in Dienst nehmen; sie wollten, wie er sagte, unsere Diener sein und Alles thuen, was wir begehren würden. Frau Gulick stellte ihnen vor, sie hätten keine Empfehlungen, könnten uns unterwegs entlaufen oder sich in Sake betrinken und untauglich werden. Darauf erwiderten sie, sie würden uns bis in den Tod treu bleiben, würden keinen Sake anrühren und uns rechtschaffen dienen. Wir blieben jedoch ungerührt durch ihr inständiges Bitten, bis der ältere Mann sprach: „Auch wir wollen in Ise unsere Gebete verrichten." Dies war unwiderstehlich und wir erklärten, wir würden die beiden stärkeren von ihnen, zu sechs Sen für den Ri, in Dienst

Mein Kuruma-Läufer.

nehmen und so lange behalten, wie es uns gefiele, könnten aber den schwachen nicht für die Gebirgsreise brauchen. Darauf baten sie auch für diesen, indem sie sagten, er hätte eine starke Familie, wäre sehr arm und sie möchten ihm gerne helfen. Als ihnen alsdann gestattet wurde, an die Arbeit zu gehen, waren sie ganz glücklich, nahmen die Decken von unserem Gepäck ab, schlugen schnell mein Bettgestell auf und stellten das Zimmer ganz niedlich her. Diese treuen Bursche, mit ihrer unverwüstlichen Gutmüthigkeit und ihrem ehrlichen, freundlichen und gefälligen Benehmen, gereichen uns auf unserer Tour zum Trost. Niemals sind sie ermüdet, begehren auf den steilsten und schmutzigsten Wegen niemals Hülfe, sorgen zunächst für unsere Bequemlichkeit und dann erst für sich, gehen uns wie Diener zur Hand, helfen uns packen, führen uns in anständige und reinliche Gasthäuser und sind durchaus ohne Tadel. Des Abends, nachdem sie sich gebadet haben, kommen sie auf unser Zimmer, um uns gute Nacht zu wünschen und Alles für die nächste Tagesreise einzurichten, und am Morgen schieben sie den Wandschirm auf die Seite, nicken uns mit ihren kahlen Schädeln einen guten Morgen zu und zeigen, daß sie bereit seien; der älteste ist mit seiner rothen Decke stets in vollem Staat. Während wir unser Frühstück einnehmen, besorgen sie unser Gepäck so ruhig und schnell wie möglich und die gutmüthige Miene und die rücksichtsvolle Güte des alten Mannes hat etwas Rührendes. Er ist ein bäuerlicher Grundbesitzer; in Zeiten, wo nicht viel zu thun ist, überläßt er seiner Frau das Land und geht als Kuruma-Läufer auf Arbeit. Ueberall kauft er Spielzeug für seine Kinder ein, so daß der hintere Theil der Kuruma ganz damit angefüllt ist, und wenn er in Ise gebetet und Amulette für Freunde und Nachbarn eingekauft haben wird, so will er freudigen Herzens wieder nach Hause gehen. Diese Läufer sagten uns, daß ihre Ausgaben sich täglich auf 20 Sen belaufen und sie, je nach der Länge der Reise, 40 bis 60 Sen einnehmen.

Der Morgen in Miwa begann mit einem heftigen Regen, der den ganzen Tag nicht aufhörte. In dem tiefen Schlamm unterlag unser schwacher Kuli den Beschwerden und wir mußten ihn mit einem Geschenk entlassen. Die Bergstraßen standen unter tiefem Schlamm und Wasser, die Kurumas versanken oft bis über die Achsen und obgleich wir fast den ganzen Tag zu Fuß gingen, das heißt durch den tiefen Koth wateten, so konnten die Männer doch nur mit Mühe fortkommen und zuweilen wurde der Beistand von drei oder vier Bauern erfordert, um die Gepäck-Kumura auf die steilen, schlüpfrigen Hügel hinauf zu bringen. Ich hatte es verhältnißmäßig leicht in meiner Gebirgskleidung und meinen hohen Stiefeln, obgleich sie schon nach der ersten halben Stunde völlig durchnäßt waren; Frau Gulick jedoch war schlimmer daran, denn sie trug lange Kleider und darüber einen langen wasserdichten Mantel, die durch das aufgesogene Wasser außerordentlich schwer wurden; dazu eine Fußbekleidung, die fast im Schlamme stecken blieb und einen Schirm, den sie mit aller Mühe aufgespannt hielt. Ihre Heiterkeit ließ sie aber nicht in Stich und je schlimmer es wurde und je unwahrscheinlicher es uns vorkam, noch eine Yadoya für die Nacht zu erreichen, desto herzlicher lachten wir mit unseren Läufern. Es war in der That spaßhaft und ganz frei von den Widerwärtigkeiten, die ich an solchen Regentagen im nördlichen Japan erlebt hatte.

Nachdem wir Miwa verlassen und einige Meilen weit durch Dörfer gekommen waren, wölbte sich ein großer Tempelgarten über die Straße, die Nebel theilten sich, das verengte Thal wurde von einer Mauer schön geformter Hügel geschlossen und wir befanden uns plötzlich in einer malerischen Gebirgsstadt von 2000 Einwohnern. In der Mitte derselben floß ein Strom in einem steinernen Kanal, rund herum stürzten Wasserfälle hernieder, behagliche Häuser mit hohen Dächern bildeten reizende, schmucke Straßen oder hingen auf Felsen oder Terrassen an steilen Hügelabhängen. Alles hatte ein schweizerisches Aussehen, selbst die niedlichen Läden, in welchen Rosenkränze, Bilder und Holzschnitzereien zu Kauf standen. Ein ganz anderes Aussehen aber hatten die grauen Tempel auf den Höhen, die Priesterhäuser auf großen, mit Steinen eingefaßten Wällen, die dicht am Rande steiler Abhänge standen, und die rothen Portale am Fuße der hohen Treppen, die an den Bergen zu den alten Tempeln der Naturverehrung und den Hainen aus Maßholder und riesigen Cryptomerien hinauf führten. Es erschien Alles so unerwartet, den gewöhnlichen Reiseerlebnissen so entrückt, und wir sahen uns plötzlich auf einen der berühmtesten Plätze Japans versetzt, der von der Dichtkunst und der Malerei verherrlicht wird, auf eine der volksthümlichsten unter den vielen Pilgerstätten. Schönes Hase-dera! Nimmer vergesse ich seine Pracht im Novemberregen. Wir wateten durch Sumpf und Wasser, erklommen die Höhen, besahen die Tempel und vergaßen, daß wir hungrig und durchnäßt waren, denn die Natur hat in diesem prachtvollen Thale Alles aufgewendet, um die Schönheiten einer weit entfernten Insel nachzuahmen. Als wir in die Kluft hinabschauten, durch welche sich der tobende Yamagawa in breiten Schaumwellen stürzt, und dann zu dem jenseitigen bewaldeten Berge hinauf blickten, da riefen wir gleichzeitig aus: „Das ist wie eine Gebirgsschlucht auf Hawaii!“

Es ist kaum möglich, Hase-dera in Prosa zu beschreiben. Seine Häuser sind in einer Sackgasse zusammengehäuft, die durch den Yamagawa durchschnitten wird. Es wird hinten durch eine dicht bewaldete Berglehne abgeschlossen; zu beiden Seiten erheben sich bewaldete Höhen und Felsabhänge senken sich zum Flusse hernieder; die Höhen und die Abhänge sind mit Tempeln, Klöstern und Priesterhäusern besetzt. Der große Tempel des Kwan-non steht zu einer Hälfte auf dem Felsen, zur anderen auf einer Plattform, die vor dem Felsen hervorragt. Hinauf führt ein großer Aufgang in drei zickzackförmigen Wendungen, unter einem Gange, der von Wällen eingefaßt ist, worauf Päonien stehen; auf den Stufen, die sich auf beiden Seiten der Wälle befinden, strömt im Monat April die Volksmenge hinauf, um die Blütenpracht zu bewundern. Auf jedem Stück Landes, das über der Kluft hervorragt, erblickt man steinerne Treppen, große steinerne Umwallungen, religiöse Gebäude, Mönchshäuser mit hohen Dächern und grauen Mauern, Terrassen, Schreine, steinerne und erzene Laternen, Kapellen, Büchereien, Thorwege, Götzenbilder, Alles bunt durcheinander. So bekundet sich die ehemalige Größe dieses „Klosters des langen Thales“, welches im achten Jahrhundert gegründet und vor Ablauf des fünfzehnten wenigstens zwölf Mal durch Feuersbrünste zerstört wurde.

Der große Tempel der Göttin der Barmherzigkeit ist, ebenso wie viele andere volksbeliebte Tempel, dunkel und geschwärzt. Die äußere, sechzig Fuß lange Halle, welche die bunten Weihbilder enthält, sieht ebenso verfallen und wurmstichig aus, wie ein gefeiertes Bildniß des großen Medizingottes Binzuru, der an einem Ende derselben auf einem Stuhle sitzt und kaum noch eine Aehnlichkeit mit einer Menschengestalt hat. Die äußere Hintermauer der Kapelle ist mit Haarflechten von Männern und Frauen behangen, die bei den Gelübden gespendet werden. Ungern trennten wir uns von der Aussicht von der Tempel-Plattform auf die über einander liegenden, mit Mönchsgebäuden gekrönten Höhen, auf die unten gelegenen Häuser von Hase-dera, die sich unregelmäßig über dem rauschenden Yama zusammenhäufen und auf den Wald und die prangenden Hügel. Wir klommen auf einem Zickzackwege nach einer einzelnen Erhöhung, Atagosan genannt, hinauf, warfen noch einen letzten Blick auf das Kloster des langen Thales und das Scheiden wurde mir so schwer, wie ich es noch an keinem anderen Orte in Japan empfunden hatte.

Auf dem äußersten Ende jener messerförmigen Erhöhung, über deren felsigen Gipfel die Straße führt, steht ein rother Sintoschrein; auf der einen Seite hat man eine herrliche Aussicht auf Hase-dera, auf der anderen liegt ein tiefes Thal mit Reisterrassen. Der Regen, der schon ein wenig nachgelassen hatte, wurde wieder stärker und währte den ganzen Tag; jedes Bächlein wurde in einen Strom und jede Rinne auf der Hügelseite in einen Wasserfall verwandelt. Die Landschaft war jedoch reizend, denn die flammenden Farben auf den Hügelabhängen ersetzten schier den Sonnenschein und die Scene erhielt Wärme und Abwechselung durch den Contrast zwischen dem dunkeln Grün und den lohfarbenen Reispflanzen. Den ganzen Tag wateten wir im Schlamm bergauf und bergab, kamen durch die auf den Höhen gelegenen braunen Dörfer, vorüber an Riffen, Abhängen, Tempeln auf steinernen Wällen, prächtigen Hainen, Schluchten mit Reisterrassen, die mit sechs Fuß hohen steinernen Stufen angelegt waren, — eine reizende Gegend voll Schönheit, Betriebsamkeit und Frieden. Den ganzen Tag begegnete uns weder ein Pferd noch ein Fußgänger und auf der steilen, schlammigen Straße legten wir binnen einer Stunde kaum eine englische Meile zurück. Als der Abend anbrach, verloren wir uns und ich erreichte allein das Dorf Sambon-matsu oder Higemaschi. Hier herrschte die vollkommenste Finsterniß und durch keine Spalte in den äußeren Läden war ein Lichtschimmer zu erblicken. Nach vielem Rufen wurde uns die Thür einer Yadoya geöffnet und hier saß ich eine Zeit lang in dem Vorhofe, vor mir einen hohen schwarzen Raum, der spärlich durch das Licht einer Zimmerlaterne erhellt wurde und worin ich nebelhafte Gestalten durch den Rauch umherschlüpfen sah. Nach einiger Zeit gelang es mir, dem Wirthe meine Besorgniß um Frau Gulick mitzutheilen; sechs von uns machten sich in dem Regenwetter mit Papierschirmen und Laternen auf den Weg, um nach ihr zu suchen und bald darauf trafen wir sie; in ihren durchweichten Kleidern arbeitete sie sich in der tiefsten Finsterniß wacker vorwärts und verspottete uns wegen unserer Befürchtungen.

Trotz der Nässe und Kälte schliefen wir ein. Als wir bei Tagesanbruch erwachten und die Läden öffneten, wurden wir angenehm überrascht, denn die Wolken zertheilten sich in rosenfarbenen Massen; der Himmel prangte in tiefem Blau; die Sonne, die wir eine Woche lang nicht gesehen hatten, ging über dem Gebirge auf und mit jedem Augenblicke hoben sich die Farben in ihrem Lichte. Das Wirthshaus in Nuschitoyama liegt auf einer steilen Höhe über dem schönen Kitsugawa, und von seinem Balkon schaut man hinab auf eine scharfe Krümmung des Flusses, der im Sonnenlicht unter hohen grauen, mit rothen Schlingpflanzen behangenen Klippen vorüber rauscht. Eine kleine Mühle mit oberschlächtigem Rade; Hügel auf Hügel, in der Herbstfärbung schimmernd, bald hell, bald beschattet; ein großer Camellienbaum, mit rothen Blüten beladen; Palmen, Orangen, Bambuswälder. über einander liegende Häuser, und Alles mit schimmernden Regentropfen behangen — dies war ein Gemälde von herbstlicher Schönheit. Aber schon die Lieder aus einem vergangenen Jahrtausend schildern den Schrecken, mit welchem der japanische Landmann dem kommenden Winter entgegensieht, und als wir unsere Bewunderung äußerten, sagte unsere Wirthin mit Schaudern, daß nach Verlauf von sechs Wochen ihr schönes Dorf von der Welt abgeschlossen sein würde.

An einem wunderschönen Tage reisten wir bei Sonnenschein durch eine reizende Gegend; die Leute waren aber mit der Ernte so beschäftigt, daß wir keine dritte Kuruma bekommen konnten und einen großen Theil des Weges zu Fuß gehen mußten. Die Straße folgt dem Laufe des Kitsugawa; bei der ansehnlichen Stadt Nobara führt über den Fluß eine Plankenbrücke, die, wie viele andere in dieser Gegend, durch große, mit Steinen gefüllte Behälter aus Bambus unterstützt wird. Auf dem Wege durch den feuchten Wald sahen wir Reihen von halb verfaulten Holzstämmen gegen die Felsen gelehnt, und auf mein Befragen erfuhr ich, daß auf diese Weise die Pilze gezogen würden. Die Provinzen Ise und Yamato sind wegen dieser Kultur berühmt. Pilze gehören überall zu den Nahrungsmitteln und zu den braunen Abscheulichkeiten in brauner Brühe, die den Reisenden in jedem

Theehause in Versuchung führen. Ueberall ist große Nachfrage danach, namentlich nach einer Sorte, welche frisch ohne Geschmack, getrocknet aber sehr wohlschmeckend ist. Zu ihrer Erzeugung gehört große Geschicklichkeit; da ich jedoch nicht weiß, wie diese Kultur an anderen Orten stattfindet, so kann ich keine Vergleiche anstellen. Dieses erfinderische Volk wählt zweierlei Arten Eichenstämme aus, macht Längeneinschnitte darin und setzt sie, in Gruben gelegt, der Wärme und Feuchtigkeit aus, bis sie zum Theil verfault sind. Nachdem die schlechtesten Stücke entfernt worden sind, werden sie schräg gegen Felsen gelehnt, so wie ich es gesehen habe, und im nächsten Frühjahre erscheinen die Pilze zahlreich. Nachdem die erste Ernte gepflückt worden ist, werden die Stämme am Morgen in Wasser gelegt, am Nachmittag wieder herausgenommen, mit einem Schlägel geklopft und nochmals an die Felsen gelehnt, worauf dann nach zwei oder drei Tagen frische Pilze zum Vorschein kommen. Wenn die Stämme sehr stark geschlagen werden, so entstehen, wie man sagt, große Pilze, nach gelindem Klopfen aber bilden sich zu wiederholten Malen kleinere. Es ist bewundernswerth, wie erfinderisch die Japanesen sind, sich mit Nahrungsmitteln zu versehen.

Die Terrassen-Kultur war, wie gewöhnlich, sehr schön. Auf den Hügelabhängen zeigten sich Dörfer, die auf Dämmen mit steinerner Einfassung erbaut waren, andere blickten aus dem Gehölze hervor; überall sah man Tempel und Tempelthore, die von der Frömmigkeit einer vergangenen Zeit Zeugniß ablegten.

In Nobara, wo die Straßen mit tiefem Koth bedeckt waren, bildete sich die Polizei ein, daß unsere Pässe nicht in Ordnung wären und hielt uns zwanzig Minuten auf; aber die Sonne stand noch hoch am Himmel, als wir eine sandige Höhe hinaufklommen und von dort Hunderte von Hügeln überschauten, meistens sandig und mit Tannen und prangenden Azaleen bedeckt. Am späten Nachmittag erreichten wir Aido. Hier wollte uns ein unangenehmer Gastwirth zurückhalten, indem er vorgab, die Yadoya in Tsjj wäre entsetzlich schmutzig; wir reisten jedoch weiter und nach manchem Aufenthalte durch die mangelhaften Transport-Anstalten trafen wir glücklicherweise ein lediges Pferd, dem wir unser Gepäck aufluden und bei Sonnenuntergang einen Pfad einschlugen, der zwischen einem Strome und einem Hügel entlang uns in das Gebirge führte. Es war so kalt, daß wir zu Fuß gehen mußten, aber obgleich es bergauf ging, konnten wir uns auch durch die Bewegung nicht erwärmen. Bei Mondschein langten wir in dem kleinen Gebirgsflecken Awoyama an und erfuhren, daß wir für den nächsten Tag weder Kulis noch Pferde bekommen könnten. Der Ort sah ziemlich roh aus; wir mußten mit Ochsen unter einem Dache hausen, das Zimmer war jedoch gut und unsere treuen Läufer machten es uns so bequem wie möglich.

Der erste Winterschauer war sehr streng. Das Zimmer war feucht und die Läden zum Theil fest genagelt, so daß die Sonne nicht eindringen konnte. Beim matten Lichtschein einer Zimmerlaterne tappten wir umher, um unseren Haferbrei zu kochen. Zum Schreiben konnten wir nicht sehen, da wir unsere Lichte für Yamada aufsparten. Unter einem Gerümpel von gebrechlichen Kohlenbecken und Kesseln suchten wir einen Haufen schwerer Steppdecken zusammen und legten uns schlafen. In der Nacht wurden wir von der Kälte geweckt und hüllten unsere Köpfe und Gesichter in Shawls. Als wir vor Tagesanbruch, vor Kälte zitternd, aufstanden, sah der Morgenhimmel blaß und windig aus und schien nicht viel Gutes zu versprechen und die Eier nebst dem Reis konnten kaum als eine befriedigende und ausreichende Nahrung gelten.

Durch die Schwierigkeiten des Transportes wurden wir abermals aufgehalten, doch wurde das Wetter sehr schön und Frau Gulick fand es in der schönen Landschaft nicht zu beschwerlich, zu Fuß zu gehen, so daß wir am Nachmittag durch die Berge gelangten, durch unzählige Dörfer und Tempel kamen und Rokken erreichten, das an der großen Fahrstraße liegt, welche die Landstraße von Tokaido mit den Ise-Schreinen in Verbindung setzt. Hier fanden wir eine Menge Wagen mit Passagieren, Hunderte von Kurumas und Gepäckkühe mit sammetnen, goldgestickten Stirnbändern. Die Leute verfertigten Wagenräder nach alter Art ohne Speichen und überall schien ein blühender und einträglicher Gewerbfleiß zu herrschen.

Um den Sonntag in Yamada zubringen zu können, verschafften wir uns noch einige Läufer und brachen in scharfem Trabe von Rokken auf. Unsere Leute schwangen ihre Papierlaternen und jubelten fröhlich, während sie liefen. Der ganze Weg von zwölf englischen Meilen ist mit Dörfern, Städten und wohnlichen Häusern besetzt; die Mauern aus Ziegelsteinen und die großen eingefriedigten Felder bekunden, daß die reich bevölkerte und blühende Gegend in allen materiellen Dingen vorgeschritten ist. Wir kamen durch Ichida und die große Stadt Matsuaka, wo es eine Menge Raritäten-Läden giebt; und bei heiterem Himmel, die Glieder vom scharfen Nordwinde erstarrt, erreichten wir Kuschida und setzten in einem rohen Kahn über den Kuschidagawa, da die hübsche neue Brücke mit zwölf Pfeilern noch nicht vollendet war. Bei prächtigem Mondenscheine kamen wir an einen breiten, seichten Fluß, Miyegawa genannt, wo wir wider Willen eine Zeit lang auf die Fähre warten mußten. Einen malerischen Anblick gewährten die dunklen, bewaldeten Ufer, die zahlreichen, mit Lichtern versehenen flachen Fischerkähne und die vielen geduldigen Fischer, die bis an den Hals in kaltem Wasser standen und Laternen über den Nacken gehängt hatten. Auf der ganzen Straße wechselten Buddha- und Sinto-Tempel, Portale und Bilder mit einander ab. Die hohen Bäume und heiligen Haine waren mit Strohseilen eingeschlossen und jedes Haus hatte Sinto-Sinnbilder über der Thüre. Schnell rasselte unser Wagen über den letzten Ri und wir erreichten Yamada, die Wiege des alten Glaubens. Es nahm sich im Mondscheine solide und hübsch aus und gefällt noch mehr bei Tageslicht, denn die Häuser sind zweistöckig, meistens im dauerhaften Kurastil erbaut und richten ihre Giebel nach der Straße hin. Die Dächer sind mit schweren Ziegeln gedeckt und die steinernen Unterlagen in der besten Ordnung; ganz abgesehen von den großartigen Hainen aus Cryptomerien und Kampher-Lorbeeren und den stattlichen, mit Steinen eingefaßten Alleen, die nach dem Geku-Schrein führen, ist Yamada die hübscheste Stadt, die ich in Japan gesehen habe.

Laster und Religion scheinen sich in diesem Lande mit einander zu verbinden. Die großen Pilgerstätten sind fast stets von zusammengelaufenem Gesindel umringt und nirgends ist dieses so zahlreich und belästigend wie auf der drei Meilen entfernten Straße, welche den Geku- mit dem Naiku-Schrein verbindet. Es dauerte eine Zeit, bevor es unseren Läufern gelang, ein Wirthshaus für uns zu finden, das nicht in üblem Rufe stand; doch erhielten wir ein gutes Quartier bei Matsuschima Jenzanburo, wo wir unter dreißig Zimmern eines im oberen Geschoß wählten, welches angenehm und von der Sonne beschienen ist. Aber ach, es fehlt an einem guten Feuer, denn des Nachts und nach Sonnenuntergang ist es sehr kalt.

Sonntag, am 10. November, war ein schöner, vollkommen heiterer Tag. Am Morgen hielten wir englischen Gottesdienst und am Nachmittag besuchten wir mit unseren getreuen Läufern die Geku-Schreine und ihre glorreichen Haine. Hier verrichteten unsere vier Männer ihren Gottesdienst, das heißt: sie warfen „Rin" auf ein weißes Tuch, das sich vor dem Schreinportale befand, warfen sich nieder, rieben sich die Hände und gingen fröhlich von dannen. Mein Läufer fühlte Rheumatismus im Nacken und da sein Flehen zu dem Medicingott in Hase-dera keinen Erfolg gehabt hatte, so rieb er kräftig an einem Stein in der Ecke der heiligen Umwallung, rieb sich alsdann selber, und heute ist er von allen Schmerzen befreiet. — Die Kampher-Haine sind schon allein eines Besuches werth, denn sie sind ganz prachtvoll; aber keine Naturschönheit und Sonnenschein kann die düstere Schwermuth erhellen, die über der unbeschreiblichen Oede der Sintostätten schwebt.

Am Abend fand sich unser Wirth zu einer freundlichen Unterhaltung ein und stellte viele Fragen über das Christenthum. Frau Gulick bemühete sich in löblicher Weise, den wesentlichen Inhalt desselben unseren Läufern klar zu machen. Mit welchem Erfolge dies geschah, kann man aus der Frage beurtheilen, die sie heute an uns richten: „Müssen wir nach euerem Lande reisen, wenn wir eueren Gott verehren wollen?" Wie es schien, so waren sie nicht übel willens, ihr gefülltes Pantheon noch um eine Gottheit zu vermehren.

LIV.

„Die göttlichen Paläste der heiligsten Götter von Ise." – Die Ise-Zauber. — Die Kampher-Haine. — Die Tempel. — Der Sinto-Spiegel.

Der Geku- und der Naiku-Tempel zu Ise, von den Japanesen mit einem Namen bezeichnet, welcher so viel ausdrückt wie die beiden großen Götterpaläste, nehmen in der Verehrung den ersten Rang unter den Sinto-Heiligthümern ein und haben für die Sintoisten, selbst in der irreligiösen Gegenwart, dieselbe Bedeutung, wie etwa Mekka für die Muselmänner und die heiligen Stätten von Jerusalem für die griechischen und römischen Christen. Nach ihnen strömen noch jährlich Zehntausende von Pilgern und, obgleich die Wallfahrtzeit hauptsächlich in die Frühlingsmonate fällt, so hört doch der Besuch in keiner Jahreszeit gänzlich auf. Die Handwerker halten es jetzt für möglich, ihren Lebensunterhalt zu erwerben, ohne den Beistand der Ise-Gottheiten zu erflehen und die Ladendiener der Handelsstädter machen nicht mehr den Weg nach Yamada und wieder zurück, um Ise-Zauber zu holen, aber lange Zeit wird es währen, bevor der japanische Hausvater, namentlich der gläubige Landmann, sich ohne den Zettel wohl fühlen wird, worauf Tenschoko-daijin geschrieben steht, der Name der obersten Gottheit von Ise, den man nur in den Ise-Schreinen erhalten kann.

Es ist bereits der Thatsache erwähnt worden, daß sich in jedem japanischen Hause ein „Haki-dana" oder Gesims für die Götter befindet, worauf ein kleiner Schrein steht, welcher Papierzettel enthält. Auf diesen Zetteln stehen die Namen verschiedener Götter geschrieben und darunter stets der des Tenschoko-daijin. Man meint, solcher Zettel enthielte zwischen zwei zusammengesetzten Papierschichten ein Abschabsel von den Stäben, welche die Ise-Priester bei ihren halbjährigen Festen gebrauchen, um das Volk von den Sünden, die es in den verflossenen sechs Monaten begangen hat, zu reinigen; man glaubt auch, daß der Besitzer durch denselben auf ein halbes Jahr vor Unglück behütet werde. Nach Ablauf dieser Zeit muß der sogenannte „O-harai" mit einem neuen vertauscht werden; nach meinen Erfahrungen zu Geku scheint es mir jedoch, als sei man jetzt nachlässiger und begnüge sich, den Zauber nur ein Mal binnen einem bis drei Jahren oder noch längerer Zeit zu erneuern. Wahrscheinlich haben diese O-harai mit den Reinigungsstäben gerade so viel Verwandtschaft, wie die durch die Welt verbreiteten Reliquien mit dem heiligen Kreuze, von welchem sie Bruchstücke sein sollen. Die alten O-harai müssen verbrannt oder in einen Fluß oder in das Meer geworfen werden, gewöhnlich aber werden sie gebraucht, die Bäder zu heizen, welche die jungfräulichen Priesterinnen nehmen, nachdem sie bei den Jahresfesten des Schutzgottes eines Ortes ihre Vorstellungen beendigt haben. Bis zum Jahre 1868 wurden sie in ganz Japan feil geboten, seit einigen Jahren ist dies jedoch von der Regierung untersagt, und man bekommt sie nur in den Ise-Tempeln selber oder bei gewissen beglaubigten Agentschaften. Diese allgemeine Vertheilung der O-harai setzt jede Familie mit den Ise-Heiligthümern und dem Sinto-Aberglauben in Verbindung und macht jene Tempel zum Mittelpunkte für die Volksreligion.

Die beiden Tempelgruppen liegen etwa dritthalb englische Meilen von einander entfernt. Die Mehrzahl der Pilger wohnt in Furuichi, einer Stadt, welche auf einer Anhöhe zwischen den beiden Tempeln liegt und fast nur aus Wirthshäusern, Theehäusern und Spelunken besteht; meistens sind es große Gebäude, mit dem Giebel der Straße zugewandt. Yamada, in der Nähe von Furuichi gelegen, ist ebenfalls voller Wirthshäuser. Diese Städte haben über 40000 Einwohner und, als japanische betrachtet, sind sie merkwürdig dauerhaft und malerisch gebaut. Eine japanische Pilgerfahrt ist nichts weniger als heilig oder feierlich und die Wallfahrten nach den großen Sinto-Tempeln besitzen ganz besondere Reize zur Verführung.

Es genügt, den Geku-Tempel zu beschreiben, der eine genaue Nachahmung von dem Naiku ist. Beide stehen inmitten alter stattlicher Cryptomeria-Bäume, deren jeder, dem Sinto-Glauben gemäß, werth ist, ein Gott zu sein. Die Kampher-Haine, die schönsten in Japan, welche die weiten zerklüfteten Gründe mit ihrer Pracht bedecken, sind es aber besonders, die auf den Fremden einen großartigen Eindruck machen und ihn die Nacktheit und Gewöhnlichkeit der Tempel, die sie beschatten, vergessen lassen.

Den Haupteingang erreicht man von Yamada aus, indem man eine hübsche Brücke überschreitet, welche nach einem geräumigen, umwallten Platz führt. Zur rechten Hand steht ein Gebäude für die Tempelwärter und man verkauft daselbst Stücke aus dem Bauholze der Tempel, Päckchen Reis zu Opfergaben und andere Zauber. Dicht daneben befindet sich ein massives Portal, der Eingang zu den Tempelgründen, welche von weiter Ausdehnung sind und Hügel, Schluchten, Haine und Ströme enthalten. Sie werden von breiten Kieswegen durchschnitten, die in Zwischenräumen mit schönen Laternen besetzt sind; die Portale, steinernen Brücken und Umwallungen sind in großem Maßstabe angelegt und vollkommen gut erhalten. Zur rechten Hand stehen innerhalb des Einganges einige einfache Gebäude, von denen das eine von weiß gekleideten Tempeldienern bewohnt wird, welche die O-harai zu verkaufen haben. Die Eingänge zu diesem Hause und zu dem Thorgebäude sind mit schweren Vorhängen drapirt, worauf das kaiserliche Wappen zu sehen ist, was als ein Anzeichen gelten mag, daß der Sinto unter dem Schutze des Staates steht.

Auf einer stattlichen Straße durch die Haine und ein zweites massives Portal schreitend, gelangt der Besucher zu dem berühmten Geku-Tempel und fühlt sich sogleich enttäuscht, denn er sieht sich plötzlich durch eine längliche, hölzerne Einfriedigung abgesperrt. Die sechs Fuß weit von einander stehenden, neun Fuß hohen Pfosten sind durch dicht gefügte, dicke Querbretter verbunden, so daß die Zwischenräume vollkommen ausgefüllt sind. Zur Zierde dienen nur die auf den Pfeilern stehenden Gefäße aus Bambus, welche meistens Stauden von der Cleyera japonica enthalten. Diese einförmige Umfriedigung ruht auf einer steinernen erhöhten Plattform, die von einem rohen, drei Fuß hohen, mit Steinen eingefaßten Damm unterstützt wird. Die eine Ecke füllt ein großer, unregelmäßig geformter Stein aus, der vollkommen geplättet erscheint, da er beständig mit den Händen abgerieben wird; Jeder, der sich von einem Schmerz heilen will, reibt zuerst den Stein und darauf den leidenden Körpertheil und glaubt alsdann von allen Schmerzen befreit zu sein. Die Front der seltsamen Umfriedigung ist 247 Fuß, die hintere Wand 235, die eine Seite

339, und die andere 335 Fuß lang. Sie hat fünf Eingänge, wovon der nach der Straße liegende Haupteingang 18 Fuß breit ist und von einem Portal gebildet wird. In einer 24 Fuß breiten Entfernung von dreien dieser Eingänge stehen hohe hölzerne Schirme und 76 Fuß davon entfernt ein ähnlicher Schirm, der den Haupteingang verbirgt; sie scheinen eine ähnliche Bestimmung zu haben wie die großen Ziegelschirme in Canton, welche den Thorweg zu den Privatgemächern der Mandarine verbergen. Innerhalb des Hauptportals ist ein hölzerner, mit Stroh gedeckter Thorweg, der in den inneren Hof führt; letzterer ist jedoch durch einen Vorhang unserem Blicke verborgen. Vor dem Thorwege machen die Pilger ihre Verneigungen und werfen ihre Opferspende auf ein weißes Tuch. Die anderen Eingänge sind durch feste Thore verschlossen. Es bedarf einer besonderen Berechtigung, um eingelassen zu werden, doch kann man einen Einblick in die Umzäunung erlangen, wenn man einen Wall auf der westlichen Seite besteigt.

Innerhalb des mit einem Strohdache bedeckten Thorweges ist ein mit Kies bestreuter Hof, an dessen rechter Seite ein schmaler Schuppen steht; außerdem noch drei besondere Gebäude, von denen eines zur Aufnahme der Gesandtschaft bestimmt ist, die der Mikado nach dem jährlichen Erntefest schickt. In gerader Linie mit dem zweiten Thorwege führt ein gepflasterter, 99 Fuß langer Weg unter einem Portale hindurch auf einen anderen mit Stroh gedeckten Thorweg, der zu einem dritten, von hohen Palissaden umschlossenen Hof führt. Ein anderer Thorweg geht nach der letzten Umzäunung, einem beinahe quadratischen Platz, 134 Fuß lang und 131 Fuß breit und von starken Pfählen umgeben. Auf diesem Platze steht der „Schoden“ oder Götterschrein und auf jeder Seite desselben eine Schatzkammer. Das Ganze macht denselben Eindruck wie alle Forschungen über den Sinto; man findet Nichts und selbst die stattlichen Alleen führen zu keinem bemerkenswerthen Ziele. Japanische Alterthumsforscher meinen, die Architektur der Sintotempel habe Aehnlichkeit mit der Bauart der ursprünglichen japanischen Hütte und dieser Baustil werde vollkommen rein dargestellt durch die Gebäude, welche man seit 1868 wieder aufgeführt hat. Der „Schoden“ ist 34 Fuß lang, 18 Fuß breit und steht auf einer Plattform, zu welcher neun 15 Fuß breite Stufen hinauf führen und die auf 6 Fuß hohen Pfosten ruht und von einem Geländer umgeben ist. Ein 3 Fuß breiter Balkon mit niedrigem Gitter zieht sich um das Gebäude und wird von den Traufen des Dachs überhangen, welches einen Fuß hoch mit Baumrinde bedeckt ist. Der Giebelbalken und eine Anzahl zugespitzter Balken und Sparren, die sich über dem Dache kreuzen, sind wahrscheinlich nur eine Vervollkommnung des ursprünglichen Hüttendaches. Die Seiten der Gebäude bestehen aus dicht an einander gefügten Planken; das Ganze ist aus ebenem Holze gefertigt, ohne andere Verzierungen als einige Platten aus durchbohrtem und gravirtem Messing. Die Schatzkammern sind bloße Lagerhäuser ohne Balkone und enthalten Seidenstoffe, Seidenfäden und die Geschirre für die heiligen Pferde.

In der nordwestlichen Ecke des großen Platzes steht ein einfaches Gebäude, welches die „Gohei" enthält, die mehrfach erwähnten Stäbe mit herabhangenden Papierstreifen, die gewöhnlich als Götter verehrt werden; in Ise schreibt man ihnen aber nur die Macht zu, die Geister der Gottheiten herbeizurufen, was auch ihre ursprüngliche Bedeutung war. In der nordöstlichen Ecke befindet sich in einer besonderen Umzäunung ein anderes einfaches Gebäude, worin man das Wasser und die Nahrungsmittel aufbewahrt, die den Geku-Göttern dargebracht werden. Das tägliche Opfer für die oberste Gottheit besteht in sechzehn Schalen Reis, vier Schalen Salz, vier Bechern Wasser und Fischen, Vögeln und Pflanzenspeisen, wie sie aus den umliegenden Dörfern beigesteuert werden; die drei Untergottheiten erhalten den halben Antheil davon. Die oberste Gottheit des Geku ist die Göttin der Nahrung und die des Naiku die große Sonnengöttin.

Wenn man dem Sinto bis nach seinem Mittelpunkte zu Ise gefolgt ist, so nehmen die Geku-Einfriedigungen und das Allerheiligste des Sinto, als Kern der Sache, ein besonderes Interesse in Anspruch; aber auch hier sieht man sich getäuscht, denn der „Schoden" enthält nur vier Kasten aus ungefärbtem Holz, die auf niedrigen Ständern stehen, mit leichten Henkeln versehen und mit weißer Seide bedeckt sind. In jedem Kasten liegt ein Spiegel, in einen Beutel aus Brokatstoff gehüllt, der niemals erneuert, sondern nur neu überzogen wird. Ueber einem Spiegel ist ein hölzernes Gehäuse angebracht und darüber eine Decke aus grober Seide, welche das Gehäuse und den Spiegel verhüllt. Die drei anderen Spiegel stehen außerhalb des Gehäuses, sind aber ebenfalls verhüllt und man sieht nichts weiter als die Decken, wenn die Schreine an Festtagen geöffnet werden. In diesen Spiegeln sollen die Geister der Götter wohnen. Man hat allerlei verworrenes Zeug erdacht und auch erzählt, es befände sich ein Spiegel in jedem Sinto-Tempel; die Thatsache ist jedoch die, daß der ursprüngliche Ise-Spiegel, welchem alle übrigen nachgebildet sind, nur die große Sonnengöttin, die angebliche Urahnin des Mikado, vorstellt und nebst dem Schwerte, welches das königliche Hohheitsrecht bezeichnet, nach vielfachen Wanderungen, im Jahre 4 n. Chr. einen Platz zu Ise fand. Die polirte Oberfläche bedeutet weder einen Spiegel der Wahrheit noch der menschlichen Seele, sondern ist nur ein sehr verständliches Sinnbild eines rohen Naturdienstes in Verbindung mit einer mythischen Gottesverehrung, das Eine, insofern die Sonne, das Andere, insofern die mythische Amaterasu oder Sonnengöttin verehrt wird.

Der Geku wurde im Jahre 478 gegründet und es ist seit undenklichen Zeiten Gebrauch gewesen, in je zwanzig Jahren in einer der beiden Gegenden abwechselnd einen Tempel wieder aufzubauen. Der Naiku hat dieselbe vierfache Einzäunung wie der Geku. In den Hainen befinden sich noch verschiedene kleinere Tempel, die aber nur unbedeutend sind. Der Izuzu-Fluß fließt durch die Kampher-Wälder und die Pilger waschen darin ihre Hände, bevor sie die Gottheit im Tempel verehren.

Die Ise-Tempel waren den Europäern bis zum Jahre 1872 unbekannt. Damals ertheilte die Regierung Herrn Satow und einer kleinen Gesellschaft von Fremden die Erlaubniß, sie zu besuchen. Jetzt sind sie Jedem, der in Besitz eines Passes ist, unter gewissen Einschränkungen geöffnet. Von besonderem Interesse sind sie für diejenigen, welche sich aus Quellen oder aus zweiter Hand über den Sinto unterrichtet haben, denn die Ise-Gottheiten stehen an der Spitze des National-Pantheon, eine Wallfahrt nach Ise bildet einen wichtigen Abschnitt in dem Leben eines jeden Sintoisten und in ganz Japan wenden sich täglich Tausende von Häuptern nach den „göttlichen Palästen der heiligsten Götter von Ise."

LV.

Der Tempel von Futami-sama. — Ein doppelter Tempel. — Die Lädenstraße. — Der Naiku-Schrein. — Die Schatten des Abends. — Schwermuth des Sinto. — Unheilige Wallfahrtsörter. — Mein Kuruma-Läufer. — Die Stadt Tsu. — Ein Buddhisten-Tempel. — Der Paß von Tsuzuka. — Der Tokaido. — Der Biwa-See. — Das Gelübde der Mäßigkeit. — Ein Matsuri.

Tsu, am Biwa-See, den 15. November.

Um die Sinto-Rundreise zu vervollständigen, verließen wir Yamada früh am Morgen des 11. November, setzten auf einer Fähre über den Schiwoaigawa, rasteten in Futamiya, einem niedlichen Dorfe, das gänzlich aus geschmackvollen Theehäusern bestand, fuhren in unserer Kuruma nach Futami-sama und gingen dann zu Fuß über den Sand und die Felsen einer sehr hübschen Küste nach einem Pilgerorte, welcher selbst in dieser todten Jahreszeit große Schaaren an sich zieht, von denen viele aus jungen Mädchen bestehen. In Buden, die unter den grauen Klippen aufgeschlagen waren, verkaufte man Muscheln, Korallen, Raritäten und grobe ausgemalte Holzschnitte, worauf der Fuji abgebildet ist, wie er sich bei Sonnenaufgang, vom Strande gesehen, ausnimmt. Weiterhin standen Buden, worin Frauen mit trübseligen Mienen kleine Tempelportale, irdene Frösche, Strohkränze und andere Gelöbnißspenden feilboten. Alsdann gelangten wir fast unvermuthet nach einem der seltsamsten und traurigsten Wallfahrtstempel, der mir je vorgekommen ist.

Ein schmales Vorland aus grauem Sand, von einer niedrigen Mauer umgeben, erstreckt sich nach dem Meere hin und endigt in einem großen hölzernen Tempelportal. Auf einem hölzernen Altar befanden sich vier große grüne Steine, ein Stück wurmstichiges Holz, zwei „Zen“ oder kleine Tische mit Reisspenden, eine Anzahl irdener Gegenstände, einen Zoll lang, die etwa wie Frösche aussahen und die Diener der Götter vorstellen sollen, drei Stäbe mit „Gohei“ und eine Anzahl „Rin“. Rings umher lagen geflochtene Strohkränze mit daran gehängten „Gohei“, theils frisch, theils alt und verwelkt. Niemals sah ich eine seltsamere Sammlung von Kehricht, die noch durch die neu ankommenden Pilger beständig vermehrt wurde. Dieses Vorland führt zu drei hinter einander stehenden vereinzelten Felsen, woran sich die schäumenden Meereswogen brechen. Der mittlere Felsen ist von mächtiger Größe. Auf dem Gipfel desselben steht ein kleines Tempelportal, und um den Felsen selber ist ein dickes Strohseil geschlungen, welches sich, mit Quasten behangen, bis zu dem Felsen am Strande fortsetzt.

Wir reisten dann einige Meilen weit zwischen lieblichen bewaldeten Hügeln, Dörfern und Reisthälern bis zu dem Dorfe Assama. Hier verließen wir unsere Kuruma's und bestiegen den stattlichen Hügel Assamayama, der mit einem herrlichen Walde aus Cryptomerien, Tannen- und Ahornbäumen bedeckt ist. Besonderen Genuß gewährte uns die Fülle von Microlepia tenuifolia und Gleichenia. Eine Stunde verweilten wir in einem großen Theehause in der Nähe des Gipfels, welches eine schöne Aussicht gewährte. Es war ein großartiges Panorama von bewaldeten Höhen, tiefen Thälern, ausgezackten Küsten und schönen Inseln. Durch die dunklen Nadelholzwälder drangen hier und da scharlach- und karmoisinrothe Lichtblicke. Zu den Merkwürdigkeiten gehörte ein roher Doppeltempel; in der einen Hälfte war der wichtigste Gegenstand der Verehrung ein roher Felsblock, in Gestalt einer Jonke; die andere Hälfte war mit Kwannon-Götzenbildern angefüllt. Nachdem wir uns nur ungenügend an einem Kohlenbecken erwärmt hatten, stiegen wir wieder in unsere Kurumas und fuhren einen steilen Hügel hinab nach dem Eingange zum Naiku-Tempel. Nahebei liegt eine besondere Straße, die fast nur Kaufläden enthält; letztere bestehen aus kleinen verdeckten Höfen, auf deren Mauern unzählige Pfeifen, hölzerne Flöten, Reislöffel und kleine Abbildungen des Daikoku ausgestellt sind.

Der Eingang zu den Tempeln ist wirklich großartig. Von einer geraden kurzen Allee biegt nach rechts eine Straße ab, die durch ein Tempelportal und dann über eine massive steinerne Brücke führt, während die breite Hauptstraße sich bergauf nach den Tempeln hin wendet. Zur linken Hand sieht man ein Gebäude, worin die Zauber oder O-harai verkauft werden, ein

Haus für die Beamten, eine bedeckte Plattform für die heiligen Tänze und eine hoch stehende Schatzkammer. Darüber erhebt sich eine aus großen Steinen ausgeführte Terrasse mit einem weiten Kiesplatze, der von einem Strohseile umspannt ist. Eine Treppenflucht führt zu den Tempeln hinauf, die gerade so wie der Geku eingerichtet sind, nur daß der Haupteingang nicht durch einen Vorhang, sondern durch Thüren geschlossen ist. Hier verrichteten unsere Läufer ihre Andacht und warfen ihre Opferspenden auf ein weißes Tuch.

Der Abend dunkelte schnell und die düsteren Haine von mächtig hohen Cryptomerien und Kampherbäumen machten den Eindruck tiefster Trauer. Wir waren die einzigen Besucher; ein wüster Wind seufzte durch die Bäume, einige matte Lampen schimmerten durch die Finsterniß, und unsere Tritte knirschten auf dem Kieswege. In der schwermüthigen Umgebung dieser Tempel, die einem Glauben dienten, der stets todt war und niemals die Menschen zu einem höheren Leben emporrichtete, beschleunigte ich unwillkürlich meine Schritte, denn es war mir, als ob mir die Geister verstorbener Zeitalter folgten. Ich war froh, als ich wieder Häuser und lebende Menschen sah und Laternen für unsere Kurumas miethen konnte.

Von Naiku führt eine hübsche Straße, etwa 3½ englische Meilen lang, nach den Naiku-Tempeln und endigt dort in einer schönen, mit Bronze verzierten steinernen Brücke. Einen großen Theil des Weges nehmen die Städte Uji, Uschidani und Furuichi ein, welche ihren Wohlstand der Bewirthung von Pilgern und dem Handel mit Reliquienkram verdanken. In dem Dämmerlicht sahen sie hübsch und solide aus, mit ihren langen Reihen von Gast- und Theehäusern und allerhand Vergnügungsörtern, die zu Allem, nur nicht zur Frömmigkeit verleiten können. Den Weg entlang standen zu beiden Seiten in angemessenen Zwischenräumen große steinerne, mit Bronze bedeckte Laternen, auf steinernen, fünf Fuß hohen Gestellen und verbreiteten ein düsteres, trübseliges Licht, das schlecht zu ihrem stolzen Aussehen paßte und einen grauenvollen Uebergang in die völlige Finsterniß Yamada's bildete.

Drei weitere Tagreisen brachten uns nach Otsa, am Biwa-See, und in drei Stunden werden wir in Kiyoto sein. Ich wünschte, wir begännen unsere Tour, anstatt sie zu beendigen, oder könnten wenigstens eine neue einschlagen. Es war Alles so angenehm, überraschend und unterhaltend und die Leute so gütig und höflich, wie man sie überall auf den unbetretenen Pfaden antrifft. Frau Gulick blieb unverändert heiter und gefällig und wenn ich mich gar einmal zum Murren geneigt fühlte, so wurde ich bald wieder durch die Gutherzigkeit, Offenheit und Güte meines treuen Läufers getröstet. Ich kann gar nicht sagen, wie schwer es mir ankommt, mich von diesem treuen Geschöpf zu trennen, und wie sehr ich seine bereitwilligen Dienste, sein häßliches Gesicht und seine Gestalt mit der Bettdecke vermissen werde. Aber nein, er ist nicht häßlich. Kein Antlitz, das von Ehrlichkeit und Güte strahlt, kann häßlich sein, und ich blicke gern hinein und hoffe, es werde eines Tages von ihm heißen, wie von den Kindern: „denn solcher ist das Himmelreich."

Am 12. November verließen wir frühzeitig Yamada, folgten wieder unserem alten Wege bis Bokken und erreichten am späten Nachmittag die bedeutende Stadt Tsu. Der Weg dorthin führte durch ein wohlhabendes, bevölkertes Land, wo ausgedehnte Reissümpfe zwischen bewaldeten Hügeln und dem Meere sichtbar werden. Es war ein klarer, kalter Abend und die Stadt hatte ein angenehmes Ansehen. Das gefüllte Wirthshaus sah nicht sehr einladend aus; wir erhielten jedoch ein ruhiges Hinterzimmer und mit Hülfe von Kohlenpfannen und Steppdecken gelang es, uns vor dem Erfrieren zu schützen, so daß wir nur ein wenig erstarrt am nächsten Morgen aufstanden. Es war ein glänzender kalter Tag und der Nordwind wehete scharf. Die Diener sahen neugierig unserem Benehmen zu und fragten uns, ob wir in Schuhen schliefen, bemerkten auch, wir müßten uns seit langer Zeit nicht die Zähne geschwärzt haben. Die Polizeimänner statteten uns einen höflichen Besuch ab. Am Abend ging Frau Gulick in einen entlegenen Stadttheil, um ein Mädchen zu besuchen, das in der amerikanischen Schule zu Kiyoto gewesen war und am nächsten Morgen erwiderte der Vater den Besuch, in ein schönes seidenes Gewand gekleidet, und schenkte uns Zuckerwerk, welchem ein symbolisches Stück Seegras beigefügt war.

Wenige Leute in Europa haben von Tsu gehört und als ich mir vornahm, es zu besuchen, fand ich unter den Fremden in Kobe nur wenige, die es kannten. Es liegt so weit ab von dem Wege des fremden Reisenden, daß Europäer dort selten gesehen werden; wir hatten daher stets ein zahlreiches Gefolge hinter uns und es kostete den Polizeimännern nicht geringe Mühe, den lästigen Zudrang von uns fern zu halten.

Dieses unbekannte Tsu ist eine Stadt von 83000 Einwohnern und wird von Flüssen in drei Abtheilungen getheilt. Die Brücken sind hübsch, die Straßen lang, gleichlaufend und von kürzeren rechtwinklig durchschnitten. Sie besitzt ansehnliche Gebäude, eine Normalschule, ein neues Hospital auf einer Anhöhe, zwei Tempelstraßen, eine offene Halle, in englischer Sprache überschrieben: „Neuigkeiten für Jedermann“, darin Stühle und Tische, mit Zeitungen bedeckt; bedeutenden Handel mit Töpferwaaren, Seidenzeug und grüner Moskitogaze; eine Menge Raritätenläden mit den schönsten antiken Bronzewaaren und kleinen alten Goldlackwaaren, wofür die Kenner ihr ganzes Vermögen hingeben würden; Zuckerbäckerläden, die Ueberreste eines alten Daimiyo-Schlosses, mit einem schönen Burggraben, steinernen Umwallungen mit Eckthürmen, ein großes Telegraphenamt und in den Vorstädten ganze Reihen von Wagnerschuppen, worin Wagenräder ohne Speichen verfertigt werden. Die Hauptstraße endigt in einem hübschen Thorweg mit doppeltem Dache und einer gepflasterten Budenreihe, die wie in Asakusa in die Tempelgärten führt. Es ist auch ein Tempel vorhanden, der viel vom Volke besucht wird und sehr überfüllt und unsauber ist; aber die Laternen im Säulengange, die Leuchter und Lampen beim Schrein, der schleichende Schritt der Priester, die von Glockenton begleiteten Litaneien und die murmelnden Gebete der heidnischen Gläubigen — dies Alles ist gewissermaßen erfrischend nach der unerträglichen Oede des Sinto.

Obgleich Tsu den Ise-Tempeln so nahe liegt, so ist es doch eine Buddhisten-Stadt und seine beiden Tempelstraßen mit großen Thorwegen, gepflasterten Höfen und Priesterhäusern gewähren einen großartigen Anblick. Einige dieser Thorwege werden von gothischen Bogen durchbrochen, den einzigen Architekturbogen, die ich in Japan gesehen habe. Ich verließ Tsu mit einigem Bedauern; es sah sehr wohlhäbig, durchweg wie eine japanische Stadt aus und die Leute waren überaus freundlich. Wir brachen um elf Uhr auf, als die Sonne hoch am Himmel stand und das schimmernde Grün und die warmen Herbstfarben eine hübsche Hügelgegend beleuchtete, wo die Dörfer mit ihren hohen braunen Dächern unter Tannen und Ahorn hervor sahen. Bald nachdem wir Tsu verlassen hatten, kamen wir durch das Dorf Isschinden, besuchten zwei der größten japanischen Tempel, die den Fremden unbekannt zu sein scheinen, und machten eine ergötzliche Tagereise durch eine hübsche Gegend. Am Nachmittag fuhren wir durch

Tempelthor in Isschinden.

ein schönes Tempelportal und gelangten auf den gebräuchlichen Weg nach Seki am Tokaido, die historische Landstraße Japans, die große Straße von Tokiyo nach Kiyoto. Von Seki nach Otsu führt eine schmale Wagenstraße, die an einzelnen Stellen voller Geleise und Löcher ist; die letzteren wurden bei der Reise des Mikado ausgebessert, indem man sie mit Zweigen ausfüllte und mit Matten bedeckte. Hinter Seki senkt sich die Straße plötzlich in ein reizendes Land und folgt dann dem Laufe eines Bergstromes, welcher von steilen malerischen Hügeln begrenzt wird.

Dort wird der Weg, dem Anscheine nach, durch eine Anhöhe abgeschlossen, auf welcher ein schönes Dorf liegt, dessen Häuser an der bewaldeten Berglehne hangen. Dieser Bergwall, der Paß von Tsuzuka, wird von sechszehn oder siebenzehn Zickzackwegen durchkreuzt, 50 bis 100 Fuß lang und auf der Hügelseite mit steilen Terrassen versehen, die zur Sicherheit der Reisenden mit starken Geländern eingefaßt sind. Wir kletterten beim gelblichen Schein des Zwielichts hinauf und erfreuten uns der schönen Aussicht und der balsamischen Düfte, welche die kalte Luft von den Tannenwäldern herüber führte. Auf dem Gipfel erhielten wir Laternen und nach einstündiger Fahrt in der Dunkelheit erreichten wir die Stadt Tsuchiyama, deren mit Tannen bedeckte Hügel sich kühn an dem Sternenhimmel absetzten. Wir übernachteten in einer großen Yadoya, wo die Dienerschaft sich sehr gewandt zeigte, wärmten uns am Kohlenfeuer und erstarrten in der Nacht beinahe vor Kälte in einem Gartenzimmer. Gestern kamen wir über den Matsu-no-gawa und folgten eine Zeit lang seinem Laufe; dann fuhren wir einige Meilen weit über weiße Sandhügel, gelangten nach dem Biwa-See, gingen über den Setagawa, besahen zum zweiten Male die Schönheiten von Ischiyama und erreichten in der Dunkelheit die unendliche Otsu-Straße.

Der Tokaido ist der am meisten betretene Reiseweg in Japan; bei diesem kalten Wetter sind die Reisenden jedoch selten und wir nebst unseren Läufern waren gestern Abend die einzigen Gäste in dem großen geräuschvollen Theehause. Von Seki hierher führt fast der ganze Weg durch große Städte und Dörfer voller Theehäuser und Yadoyas, wo man zwanzig bis vierzig zusammenhangende oder vereinzelte Zimmer findet und daneben noch fließende Gewässer, steinerne Brücken und alle mögliche Ausschmückungen, die dem Besitzer eingefallen sind. Der Wirth und die Hausherrin erwiesen sich thätig und höflich, die gut gekleideten Diener waren anstellig, die Bequemlichkeit bewundernswerth, die Ausstattung schön — kurz gesagt: der Tokaido ist das Japan der Touristen und bedarf keiner weiteren Beschreibung von meiner Seite. Die dazu gehörigen Dörfer betreiben mannigfaltige Gewerbszweige; einige produciren und verkaufen nur Sake-Kürbißflaschen, denn diese sind wichtige Gegenstände für die Ausrüstung der japanischen Reisenden; andere verfertigen Schreine und Schmuckkörbe; Korbhüte sind ein besonderes Erzeugniß von Mina-Kochi, einer großen Stadt mit schönen steinernen Umwallungen, den Ueberresten eines Daimiyo-Schlosses.

Der Biwa-See ist eine schöne Wasserfläche, fünf und vierzig Meilen lang. Sein westliches Ufer wird von massenhaften, zusammengehäuften und bewaldeten Bergen begrenzt, das östliche von einem reizenden, kultivirten Gartenlande. Außer Otsu, Hikone und einigen anderen Städten sollen seine Küsten noch

Ein Theehaus am Biwa-See

mit 1800 gedeihlichen Dörfern besetzt sein. Seine Oberfläche erglänzt von weißen Segeln und ein lebhafter Verkehr wird durch kleine Dampfböte hergestellt. Es ist ein beliebter Ort für Lustreisende und die hier befindlichen Theehäuser sind berühmt.

In der Nähe von Kusatsu sah ich einige Büschel Menschenhaar an einem Schreine hangen und erfuhr auf mein Befragen, daß Leute, die an den Folgen der Unmäßigkeit zu leiden hätten, nicht selten das Gelübde völliger Enthaltsamkeit ablegten und es dem Gott Kompira darbrächten, der solche Gelöbnisse besonders beachten und die Uebertreter streng bestrafen soll. Solche Personen schneiden sich den Haarbüschel vom Scheitel ab und hängen ihn an den Schrein, als ein Zeichen ihres Entschlusses. Japan ist nicht zum vierten Theile so unmäßig wie England, aber die Trunksucht gehört doch hier zu den größten Uebeln, und ich sah einige skandalöse Auftritte, namentlich in den Gärten von Kiyoto, die ich nie vergessen werde.

Bei unserer Ankunft fanden wir die Stadt mit Papierlaternen erleuchtet und erfuhren, daß wir, durch einen ungewöhnlich glücklichen Zufall begünstigt, gerade zum größten Matsuri des Jahres eingetroffen seien, zum Feste des Gottes Schinnomiya. Es waren schon Tausende von Fremden angekommen und noch Tausende strömten von Kiyoto und den zahlreichen Dörfern am Biwa-See ein. So angefüllt aber auch Otsu war, verlangte unser würdiger Wirth doch nur von Jedem 8 Pence für ein hübsches Zimmer, Kohlenfeuer, Zimmerbeleuchtung und eine beliebige Menge Reis und Thee für zwei Mahlzeiten. Mit unserem Abendessen, einer übelriechenden Fleischspeise, wurden wir bald fertig und verbrachten den Abend draußen unter der Volksmenge. Es war eine wahrhafte Verwandlungs-Scene, denn die langen gewöhnlichen Straßen strahlten in Licht und Farbe; die Vorderseiten der Läden waren verschwunden und Bogen und Festons aus farbigen Laternen verwandelten das Ganze in ein Feenland.

Außen an jedem Hause hing eine drei Fuß hohe Laterne, auf einer Seite mit den Namenszügen des Gottes, auf der anderen mit einem schwarzen oder rothen „Tomoye". Das letztere Zeichen findet man in ganz Japan auf allen Giebelziegeln der Dächer oder Mauern, die nicht mit dem Wappen des Eigenthümers versehen sind, auf allen Laternen und Trommeln bei festlichen Gelegenheiten und unter den Holzschnitzereien und Arabesken der Tempel. Der Tomoye ist die allgemeinste Verzierung in dem Reiche und außerdem das zweite Wappen des einst mächtigen Hauses Arima. Im Buddhismus soll es eine Fülle von allerlei Gütern bedeuten: Glück, langes Leben u. s. w.; der eigentliche Ursprung ist nicht anzugeben.

Durch die Beseitigung der Schiebewände waren die Läden in weite Räume verwandelt und hinten und auf den Seiten mit prächtigen Tapetenschirmen abgeschlossen, worauf Päonien, Lotusblumen und Schwertlilien auf mattem Goldgrund gemalt waren. Die Teppiche waren mit Kiyoto-Fries bedeckt; auf dem Fußboden stand eine Vase mit prächtigen Chrysanthemums und in der Mitte eines jeden ein Kohlenbecken und einige Lampen; an jedem Kohlenfeuer hockten einige Männer, welche Thee schlürften und ihre Pfeife rauchten. Es war ersichtlich, daß die Leute mit einander wetteiferten, prächtige Ausschmückungen zur Schau zu stellen. Einige Häuser sahen wirklich zauberhaft aus, namentlich zwei, wo die Drapirungen und Zierrathe der Götterwagen ausgestellt waren, mythologische Scenen in antiker Stickerei, so außerordentlich schön, daß ich sie für Gemälde hielt; Ständer aus Lackstoff und Goldfiligran trugen werthvolle Kugeln aus Bergkrystall — es war ein Vermächtniß eines Jahrhunderte alten Heidenthums. Auf jedem Flur stand eine Vase mit prächtigen Chrysanthemums. Eine Menge von mehreren tausend Menschen bewegte sich in aller Ordnung, bewundernd und vergleichend, durch die engen Straßen; nur die lebenden Bilder an den Häuserfronten blieben regungslos. An allen Straßenecken hingen bis zu einer Höhe von fünf und zwanzig Fuß Reihen von Laternen in harmonischen Farben; die Matsuri-Wagen standen zur Prozession bereit, mit Baldachinen überdeckt, die mit den Dächern der Häuser durch Lampen-Festons verbunden waren; auf jedem Wagen standen zehn Knaben, welche die Trommeln und Gongs schlugen und in Vereinigung mit zwei Flötenspielern einen wahren Höllenlärm machten.

Tomoye.

Wir schlenderten eine dunkle, abgelegene Straße entlang, traten durch eine Lücke, die sich in der Mauer des großen Tempelhofes befand, und gelangten auf einen Schauplatz, wo es höchst geräuschvoll herging und das Reisbier auch wohl eine Rolle spielte. Längs dem Straßendamm standen glänzend erleuchtete Buden, enthaltend Orangen und Persimmonen, heidnisches Spielzeug jeder Art für die festlich geputzten Kinder, darunter kleine Tempelportale, „Mikoschi" oder Kästchen mit frommen Emblemen, Hunderte von kleinen Schreinen und Götterwagen. Die Söller der Tempel waren erleuchtet und unter ihren Baldachinen lagen prächtige Mikoschi aus schwarzem, goldverziertem Lack. Auf anderen Söllern saßen geschminkte, regungslose Priesterinnen, in weiße Kimono und karmoisinrothe seidene Aermelgewänder gekleidet und von Blumenvasen umgeben; ihre Diener rührten die Trommeln und einer schlug eine große Pauke. Vor dem Schrein des obersten Götzen standen eine Menge Ständer aus einfachem Fichtenholz, worauf die Opfergaben, Reis und Cleyerazweige lagen. Große Anziehungskraft übte auch der Fuchsgott auf die Menge aus und alle Schreine und Platformen waren umdrängt von einem Gewühl von Männern, Weibern und Kindern, die, mit ihren besten Kleidern angethan, kauften, verkauften, lachten, sangen, klingelten und auf der Flöte bliesen. Freude und Frohlocken hatten den Höhepunkt erreicht, als um zehn Uhr einige Regentropfen fielen; im Nu war die Menge wie weggeschmolzen und wenige Minuten später waren die Straßen dunkel und still.

Der nächste Morgen war schön und Otsu heiter und belebt. An frühem Morgen und unter übel klingender Musik wurden die Mikoschi in stattlichem Aufzuge von den heiligen Söllern abgeholt und auf die Wagen gebracht. Letztere zog man anderthalb Stunden lang durch die Straßen, die Priesterinnen tanzten, die Opfergaben mehrten sich und die Festlichkeit erreichte ihre Höhe. Otsu ist berühmt wegen der Menge und Pracht seiner Matsuri-Wagen; es hat deren dreizehn, wir sahen jedoch nur drei. So nackt wie die Sinto-Tempel sind, so müssen doch die Schatzkammern unschätzbare antike Kunstwerke enthalten.

Jeder Wagen besteht aus einem massiven, länglichen, schwarz lackirten Rumpf, der auf einem platten Boden ruhet und mittelst drei braun lackirter Räder fortbewegt wird; die beiden Seitenräder sind groß und schwer, ein kleineres befindet sich vorn. Um das Wagendach zieht sich ein schweres Geländer aus schwarzem und goldigem Lackstoff; darüber erhebt sich ein schwarzer Baldachin mit rothem und goldenen Behange und einem großen vergoldeten Adler auf dem Gipfel. Vorn befinden sich zwei menschliche Figuren, eine stehend, die andere sitzend, in sehr schönen, mit Gold durchwirkten Gewändern. Dahinter stehen, in gleicher Höhe mit den Häuserdächern, zehn Knaben, die unablässig die Trommel schlagen, und zwei Flötenbläser. Unter dem Wagendache sind reich gestickte Gehänge und auf der Hinterwand ein angehängtes Bild oder „Kakemono", prächtig gestickt und fast unschätzbar; der Grund ist aus feinem Golddraht gearbeitet, der jetzt nicht mehr angefertigt wird. Zu solchem Schmuck ist ein Alterthum von acht Jahrhunderten erforderlich. Die Wagen werden von einem seltsamen Gespann gezogen, angeführt von zwei Männern in wehenden Kattungewändern und geglätteten spitzen Hüten, welche alterthümliche Stäbe aus verrostetem Eisen tragen, an der Spitze mit Ringen behangen, so wie man sie oft in den Händen der Buddha-Bildsäulen sieht. Das Gespann besteht aus dreißig Männern in blau und weiß gestreiften Beinkleidern und dunkelblauen kurzen Aermelroben, worauf Abbildungen des Gottes dargestellt sind. Diese Leute ziehen das schwerfällige Gerüst an starken Seilen und ebenso viele ähnlich gekleidete Männer helfen nach, indem sie die schweren Räder mittelst Hebebäumen unterstützen. Der Ceremonienmeister war ein Männlein in europäischer Kleidung, in einem feinen schwarzen Tuchrock, mit einem breiten Vorhembe und einem weißen Halstuch mit langen Enden.

LVI.

Wasserstraßen in Osaka. — Blicke in das häusliche Leben. — Die Stellung der Frauen. — Eine japanische wohlthätige Stiftung. — Ein christlicher Verein. — Aussichten für das Christenthum. — Die Leichenverbrennung in Japan. — Der Statthalter von Tokiyo. — Billige und einfache Leichenbestattung. — Der letzte Anblick von Japan.

Yedo. Englische Gesandtschaft, den 18. December.
Auf der „Wolga“, am Weihnachtsabend 1878.

Am Morgen des 15. November kamen wir in Kiyoto an und es ist ein neuer Beweis für die Sicherheit, deren sich die Fremden in diesem geordneten und friedlichen Lande zu erfreuen haben, daß zwei fremde Damen, ohne auch nur einen Diener zur Begleitung zu haben, beinahe 200 englische Meilen weit durch einen Bezirk reisten, den die Europäer selten gesehen haben, und dabei kein einziges Mal über Erpressung, Unhöflichkeit oder

Verdruß zu klagen hatten, sondern überall Zuvorkommenheit und Güte erfuhren.

Auf dem Wege von Kiyoto nach Kobe brachte ich drei Tage in Osaka bei Fräulein M. zu, welche zwei japanische Kinder zu erziehen hat und, da sie mithin in japanischen Diensten steht, in einem kleinen Hause in dem am stärksten bevölkerten Theile der Stadt wohnen darf. Mit Hülfe ihrer Freundlichkeit und geringen Kenntniß der japanischen Sprache wurde ich in Stand gesetzt, viele Sehenswürdigkeiten von Osaka und den größten Theil der großen geschäftigen Handelsstadt mit 600 000 Einwohnern in Augenschein zu nehmen. Nichts aber machte einen so mächtigen Eindruck auf mich als die zahlreichen Wasserstraßen und ihre unzähligen Brücken, von welchen einige aus Stein oder Eisen gebaut sind; die Kanäle mit steinernen Einfassungen, die massiven steinernen Treppen, die zum Wasser hinunter führen; die Häuser mit hervorstehenden umgitterten Balkonen, die breiten Kaistraßen längs des Flusses, auf einer Seite mit Weidenbäumen, auf der anderen mit alterthümlichen „Yaschikis“ und Reislagerhäusern besetzt; die Hunderte von Jonken und kleinen Böten, die zu jeder Zeit hin und her fahren, überall die Anzeichen eines außerordentlichen Handeltreibens, die schwimmenden Theehäuser und Häuserböte mit Teppichen auf den Dächern und die Inseln mit Theehäusern und Lustgärten. Die Ansichten von Osaka liegen aber, wie die von Kiyoto, auf dem am meisten betretenen Touristenwege und man kann sich darüber aus jedem Buche über Japan in Kenntniß setzen.

Ich machte die Bekanntschaft des Herrn Warren und des Dr. Taylor und anderer Herren, die mit der amerikanischen Mission in Verbindung stehen. Herr Warren ist in der japanischen Umgangssprache bewandert und ein gemüthvoller, strebsamer Mensch. Er predigt, unternimmt Reisen nach außerhalb, hält jeden Abend Gottesdienst, an welchem vierzig bis fünfzig Personen theilnehmen und hat gute Erfolge von seinen Bestrebungen zu erwarten. Die amerikanischen Damen sind Vorsteherinnen von Mädchenschulen, bemühen sich aber vorzugsweise, mit Beihülfe einer japanischen Bibelfrau die japanischen Frauen in ihrer Häuslichkeit kennen zu lernen. Es war mir vergönnt, einige lehrreiche Erfahrungen über den Hausstand der reicheren

Klassen zu machen, indem ich unter Anderem eine Dame besuchte, deren Gemal einen hohen amtlichen Rang bekleidet und dessen Haus rein japanisch eingerichtet ist. Mit Fräulein M. hatte sie sich bekannt gemacht, um zu erfahren, in welcher Weise die europäischen Mütter für ihre und ihrer Kinder Gesundheit sorgen und damit hatte sie zugleich manchen Einblick in das Christenthum erlangt. Bei unserem Besuch wurden wir durch mehrere große Zimmer in ein kleines Gemach geführt, welches vergittert und daher nur spärlich beleuchtet war. Die Dame, hager und keineswegs hübsch, war zu ihrem Glück Mutter. Sie empfing uns sehr würdevoll und eröffnete die Unterredung, indem sie sogleich einige Fragen über die Stellung der europäischen Frauen an uns richtete. Sie sah klug, aber unruhig und unglücklich aus und schien unter dem Zwange der Sitte zu leiden, denn sie äußerte, keine japanische Frau könne allein in fremde Länder reisen und sie beneide die Fremden um ihre größere Freiheit. Dann hatte sie eine Landkarte und vermerkte meine Tour darauf, schien aber größeren Antheil an anderen Ländern als an ihrem eigenen zu nehmen. Eine sehr hübsche Frau von anmuthigem und reizendem Benehmen trat ein und setzte sich neben sie; sie war ebenfalls in Seide gekleidet, galt aber nicht für die rechtmäßige Gemalin. Die ältere Ehegattin steht in großer Achtung, weil sie diese Person freundlich und schwesterlich behandelt, denn dies ist, nach japanischen Begriffen, der Weg zur wahren Weisheit. Noch ein anderer Gesellschafter zeigte sich in Gestalt eines abscheulichen „Chin", einer Art King Charles-Wachtelhund mit einer Doppelnase; ein künstlich zwerghaftes Geschöpf mit hervorstehenden glasigen Augen, höchst wunderlich und zart, mit einer warmen Decke bekleidet. Diese häßlichen Schoßhunde sind in ganz Japan die Lieblinge der Damen.

Meiner Ansicht nach ist die japanische Ehefrau der ärmeren Klassen, unseren Begriffen gemäß, glücklicher als die der reicheren. Sie verrichtet schwere Arbeiten, ist aber eher die Gefährtin als die Sklavin des Mannes. In dieser Klasse sind auch die unverheirateten Mädchen nicht zurückgesetzt, sondern besitzen, mit gewissen Einschränkungen, vollkommene Freiheit. Die Frauen befinden sich ohne Zweifel in einer viel günstigeren Lage als in den meisten anderen heidnischen Ländern und die verheiratheten sind muthmaßlich tugendhaft. Kindermord kommt selten vor. Die Geburt einer Tochter wird keineswegs als ein betrübendes Ereigniß angesehen; die Mädchen werden mit gleicher Liebe und Aufmerksamkeit behandelt wie die Knaben und in ihrer Sphäre ebenso sorgfältig erzogen.

Die Frauen der höheren Stände leben sehr abgeschlossen und gehen niemals ohne Begleitung aus. In den mittleren Ständen ist es für eine Frau unschicklich, sich in Abwesenheit ihres Gatten außerhalb des Hauses zu zeigen und, um jeden Argwohn zu vermeiden, nehmen viele eine alte Frau zur Begleitung mit sich. Es giebt noch viele peinliche und üble Gebräuche, deren ich nicht erwähnen mag und die sich wahrscheinlich nur durch die Einführung eines wahren Christenthums abschaffen lassen; einige derselben entspringen aus einer krankhaft übertriebenen Vorstellung von der kindlichen Pflicht. Aber selbst in den vergangenen Zeiten sind die Frauen nicht herabgewürdigt worden, sondern haben eine hohe Stelle in der Geschichte eingenommen. Abgesehen von der Thatsache, daß die höchste unter den nationalen Gottheiten eine Göttin ist, so haben auch neun Kaiserinnen mit „göttlichem Rechte“ über Japan geherrscht und in der Literatur, namentlich in der Dichtkunst, theilen die Frauen die obersten Rangstufen mit den Männern.

Die gegenwärtige Reform der Ehestandsgesetze, wodurch die Ehebündnisse unter den verschiedenen Klassen gesetzlich anerkannt werden; die Errichtung von höheren Schulen für junge Frauen, die Erziehung in den Missionsschulen, der erweiterte Kreis für weibliche Erwerbszweige, das langsam aber erfolgreich wirkende Beispiel europäischer Frauen, der schwächer werdende Einfluß des Buddhismus, der in seinem strengen Lehrsatze das klösterliche Leben über das häusliche stellt; vorzugsweise aber der Umstand, daß wenigstens ein Theil des Volkes von christlichen Vorstellungen über die wahre Würde der Jungfrau, Frau und Mutter durchdrungen wird und das Beispiel der edlen Kaiserin Haruku, welche Alles, was die Erhebung ihres Geschlechts betrifft, zu fördern sucht: — dies Alles trägt dazu bei, den japanischen Frauen eine bessere Zukunft zu bereiten, wenngleich sie schon jetzt sich eines Maßes von Freiheit, Sorgfalt und Achtung zu erfreuen haben, wie ich es in einem heidnischen Lande nicht für möglich gehalten hätte. Es ist sogar zu wünschen, daß man in dieser Beziehung nicht zu weit gehe und die Befürchtung Meiroku Zasschi's nicht begründet sei: „die Macht der Frauen wird stufenweise wachsen und endlich so überwiegend werden, daß sie sich nicht mehr einschränken läßt.“

Am 26. November machte ich mit Frau Gulick eine Tagereise in das Gebirge. Wir kamen durch eine sehr schöne Landschaft, die in herbstlichen Farben schimmerte, und gelangten nach Arima, einem malerischen Dorfe, das während des warmen Sommers von zahlreichen Fremden besucht wird und berühmt ist wegen der Bambuskörbe und Strohkästen, die man jetzt in großer Menge in London kaufen kann. Dann fuhren wir durch ein waldiges Land nach Sanda, einer Stadt von 2000 Einwohnern, die in einem Reisthale liegt. Wir trafen dort an einem kalten November-Nachmittag ein und fanden zufälliger Weise Eintritt in einem unbewohnten Hause, wo Alles feucht und verfallen aussah. Auf dem Fußboden lag das Gerümpel umher, das der letzte Bewohner zurückgelassen hatte. Nach einiger Zeit erschien ein Mann, welcher feuchtes Holz zersägte und Feuer in einem rauchigen Ofen anzündete. Unter den Ueberresten der Speisekammer fanden wir etwas Genießbares und brauchten vier Stunden, um uns daraus ein Abendessen und ein Frühstück zu bereiten. Die Nacht war trostlos kalt und der Morgen dunkel und nebelig, aber dies ganze Ungemach entsprang gerade aus dem interessanten Umstande, daß wir von Niemanden erwartet worden waren.

Sanda war früher eine Daimiyo-Stadt; der obere Theil derselben liegt auf einer steilen Anhöhe und besteht fast gänzlich aus großen alten Häusern und von hohen Mauern umschlossenen Gärten, den Behausungen der Samurai, die sich um das Schloß, das den Kern bildete, ansammelten. Unter dieser Klasse gerade findet man die zum Christenthum Bekehrten und sie haben eine hübsche kleine Kirche erbaut, die sie selber unterhalten. Wir brachen mit einer Laterne auf, um einige Besuche bei diesen Leuten zu machen, mußten aber im Dunkeln den Hügel hinauf stolpern und uns mühsam zu dem ersten Hause hinfinden. Es war eine große unfreundliche Behausung, welcher eine alte Frau vorstand. Sie saß nebst zwei Söhnen und den Frauen derselben unter dem „Kotatsu", jener schon erwähnten Steppdecke, und lud uns ein, ebenfalls darunter zu kriechen. Dies thaten wir auch und nachher führte uns eine ihrer Schwiegertöchter in verschiedene andere große Häuser, wo wir höflich aufgenommen wurden, und zuletzt in die hübsche Wohnung des Oberarztes in Sanda. In dem hell erleuchteten Zimmer hingen schöne „Kakemono" oder Wandgemälde, in einer Nische stand antikes Bronzewerk und in der Mitte des Gemachs ein großes Kohlenbecken. Unter einer schönen Hängelampe saß eine Gruppe, in welcher eine ältliche Frau den Ehrenplatz einnahm; die Uebrigen waren der Arzt, seine Frau, ein Paar Zwillingstöchter und sieben Gäste, darunter ein sehr hübscher junger Mann, der die Stelle eines zweiten Lehrers an einer öffentlichen Schule bekleidete. Alle hockten auf einem seidenen Polsterkissen und Jeder begrüßte uns mit drei tiefen Verneigungen. Es wurden Kuchen, Thee und bezuckerte Kartoffelschnitte herumgereicht und man ergötzte sich an der Ungeschicklichkeit, womit wir die Eßstäbchen handhabten. Das helle, warme und behagliche Gemach und das freundliche Betragen der Leute gab mir einen Begriff von dem häuslichen Leben der Mittelklassen und von einem natürlichen, offenen Benehmen, das einen leichten europäischen Anflug sehr vortheilhaft mit orientalischer Höflichkeit verbindet. Alle in dieser Gruppe waren Christen, mit Ausnahme des Hausherrn, der aber in seinen Fragen viel Geist zeigte. Der Zweck der Versammlung bestand darin, die heilige Schrift behufs gegenseitiger Belehrung zu lesen und zu erörtern, wobei der Lehrer die Anleitung gab. Diese Vereinigung findet jede Woche statt. Es war interessant, derselben unvermuthet beizuwohnen und zu erfahren, daß solche Vereine hier und an anderen Orten durch die ärztliche Mission zu Stande kommen und vorzugsweise durch gebildete und hoch gestellte Personen gefördert werden. In Sanda, wie in vielen anderen Orten, bekennen sich Viele zum Christenthum und verwenden ihren Einfluß und ihr Geld zu Gunsten desselben, haben sich jedoch, verschiedener Rücksichten halber, nicht taufen lassen und werden mithin nicht unter der Zahl der Bekehrten aufgeführt.

Es giebt jedoch keine irrthümlichere Meinung als die, daß Japan für die Aufnahme des Christenthums reif sei. Obgleich es den vieljährigen Bemühungen von Männern und Frauen gelungen ist, mehr als 3000 zum protestantischen Glauben zu bekehren, die römischen Katholiken sich auf 20000 und die griechischen auf 3000 belaufen und die wesentlichsten Grundsätze des Christenthums in vielen Bezirken weit verbreitet sind, so steht doch fest, daß 34 Millionen Japanesen Skeptiker oder Materialisten oder völlig in einen kindischen und entwürdigenden Aberglauben versunken sind, dessen frühere religiöse Bedeutung verloren gegangen ist.

Die wichtigsten Hindernisse, welche, meiner Ansicht nach, dem Christenthum entgegenstehen, sind: ein gänzlicher Mangel an jeglichem natürlichen religiösen Antriebe und Bestreben; der Zusammenhang, in welchen die Japanesen ihre Verehrung der Vorfahren mit ihrer Nationalreligion setzen; der krasse Atheismus der einflußreichsten Klassen; eine allgemein verbreitete Unsittlichkeit, die sich gegen ein Evangelium der Selbstverleugnung sträubt und die Verbreitung einer agnostischen Philosophie, welche von England eingeführt wurde.

Die japanische religiöse Kunst hat Vieles gethan, um dem Auge zu gefallen, aber im Ganzen macht sie einen tief schwermüthigen Eindruck. Der fromme Eifer, welcher das Land mit Tempeln und Klöstern bedeckte, die Berge mit steinernen Terrassen einfaßte und kolossale Treppen hinauf führte, ist zu Grunde gegangen. Die mythische und die Naturreligion beschränkt sich auf leere Ceremonien. Der entartete abgöttische Buddhismus hat keine Macht mehr über das Gemüth der Menschen und überall sieht man umgestürzte Buddha-Bildsäulen und in Verfall gerathene Tempel. Ein kalter atheistischer Materialismus beherrscht die oberen Klassen, eine vorschreitende Bildung verdrängt Religion und Sittlichkeit, der leere Schall des neuen materiellen Fortschritts übertönt die ruhige, sanfte Stimme Christi, der alte Glaube liegt im Sterben, und von religiösen Antrieben und frommem Verlangen ist kaum noch eine Spur zu finden. Selbst in seiner besten und erhabensten Gestalt ist der japanische Buddhismus von tiefer Traurigkeit umhüllt, denn er verlangt eine unerreichbare Vollkommenheit, bedroht die Abfälligen mit den Schrecknissen der Hölle, aber er kennt kein Ersatz bietendes Opfer für die Sünde, keinen barmherzigen und getreuen Hohenpriester, keinen Vater im Himmel, der über die Menschheit mit unendlicher

Liebe wacht, keine höhere Bestimmung als thatsächliche Vernichtung, da es keine Hoffnung und keinen Gott in der Welt giebt.

Die letzten zehn Tage in Yedo verlebte ich bei beständigem schönen Wetter, so wie es, dem Klima gemäß, schon seit zwei Monaten hätte sein müssen. Der wolkenlose Himmel, der helle Sonnenschein und eine Temperatur, die selten auf den Gefrierpunkt sinkt, sind wahrhaft entzückend. Lady Parkes und die Kinder vermißte ich schmerzlich und Jeder in der englisch sprechenden

Ansicht des Fujisan, von einem Dorfe am Tokaido.

Gemeinde entbehrt mit Bedauern ihrer freundlichen Theilnahme und ihres feinen rücksichtsvollen Benehmens, das gerade in einer gemischten Gesellschaft von so großer Wichtigkeit ist. Die Zeit verstrich jedoch unter Landpartien, Einkäufen, erlesenen kleinen Mittagstafeln, Abschiedsbesuchen und einem Ausfluge, den ich mit Herrn Chamberlain nach den berühmten Gärten und Tempeln von Ikegami unternahm, wo der Buddhisten-Bischof und die Priester uns in einem der Gastzimmer bewirtheten, und nach den Besuchsörtern Enoschima und Kamakura, welche für vulgär angesehen werden, aber nicht vulgär werden können, so lange der Fuyisan sein majestätisches Haupt darüber erhebt.

Bei den Buddhisten, namentlich bei der Monto-Sekte, war die Leichenverbrennung sehr üblich, bis sie vor fünf Jahren, wie man vermuthet aus Rücksicht auf europäische Vorurtheile, verboten wurde. Vor drei Jahren wurde jedoch das Verbot wieder aufgehoben und seit dieser kurzen Zeit beläuft sich die Zahl der verbrannten Leichname jährlich auf beinahe neun tausend. Sir Parkes kam für mich um die Erlaubniß ein, den Kirigayagrund, einen der fünf Plätze, besuchen zu dürfen, und nach wenigen Tagen wurde dieselbe von dem Statthalter von Tokiyo ertheilt. In Begleitung des Sprachkundigen von der Gesandtschaft stellte ich mich in dem schönen Yaschiki des Tokiyo-Fu ein und wurde wider Erwarten zu einer Audienz bei dem Statthalter vorgelassen. Der Gouverneur Kasamoto ist ein gebildeter Herr und sein Antlitz zeigt von der Energie und Fähigkeit, die er vielfach bewiesen hat. Er trägt die europäische Kleidung in schicklicher Weise und zeigt sich in Haltung und Manieren unbefangen und würdevoll. Nachdem er mich vielfach über meine nördliche Tour und die Ainos befragt hatte, wünschte er meine unverhohlene Meinung zu hören, da dies aber hier zu Lande nicht wörtlich zu nehmen ist, so wagte ich nur zu äußern, daß die Beschaffenheit der Landstraßen hinter anderen Verbesserungen zurückstände, worauf er sich in Erklärungen erging, welche ohne Zweifel als Beiträge zur Geschichte der japanischen Landstraßen gelten konnten. Dann sprach er über die Leichenverbrennung und über ihre Nothwendigkeit für große Städte und beschloß die Unterredung damit, daß er mich ersuchte, meinen Dolmetscher und meine Kuruma abzuschaffen, da ich in seinem eigenen Wagen und in Begleitung eines Dolmetschers von der Regierung nach Meguro fahren könnte. Er war so höflich, hinzuzufügen, daß es ihm zu großem Vergnügen gereiche, diese Aufmerksamkeit einem Gaste des englischen Ministers zu erweisen, dessen Charakter und wichtige Dienste für Japan er auf das höchste schätze.

Eine Fahrt von einer Stunde führte uns nach einer Vorstadt zwischen kleinen Hügeln und Thälern, wo rothe Kamellien und gefiederter Bambus auf einem Hintergrunde von Cryptomerien einen auffallenden Gegensatz zu der englischen grauen, eintönigen

Winterfärbung bildeten. Auf der Dorfstraße, die für den Wagen zu rauh war, stiegen wir aus und gingen durch Felder und Baumhecken eine Anhöhe hinauf, die für ihre feierliche Bestimmung sehr unbedeutend aussah. Man erwarte keine schauerliche Einzelheiten! Ein längliches, umzäuntes und schmutziges Gebäude mit hohem Dache und Schornsteinen, ähnlich wie die der Hopfendarren in Kent, dazu die ländliche Umgebung — dies Alles hatte eher das Aussehen eines Farmhauses als einer Stätte für die Verbrennung der Todten.

Nahe an der Straße steht ein kleiner Tempel, voller Bilder, Zangen und kleiner Urnen aus rothem Thon, welche von den Verwandten der Verstorbenen gekauft werden. Auf der anderen Seite liegen vier Räume mit erdigen Fußböden und geschwärzten Lehmwänden, die mit einem hohen, zugespitzten Dache versehen sind. In der Mitte des größten Gemachs stehen mehrere Granitständer, paarweise und in gleichen Entfernungen von einander; in dem kleinsten befindet sich ein einzelnes Paar. Dies ist buchstäblich Alles, was ich gesehen habe. In dem großen Raume werden mehrere Körper zu gleicher Zeit verbrannt und man bezahlt dafür nur einen „Yen", etwa 3 Schilling 8 Pence; eine gesonderte Verbrennung kostet fünf Yen. Man verwendet dazu Reisigbündel, deren nur für 1 Schilling erforderlich sind, um einen menschlichen Körper in Asche zu verwandeln. Nachdem die Todtenfeier im Hause stattgefunden hat, wird der Leichnam nach der Verbrennungsstätte gebracht und unter die Obhut eines Mannes gegeben, der melancholisch und verräuchert aussieht und es wahrscheinlich auch ist. Die reicheren Leute bezahlen zuweilen Priester, die der Verbrennung beiwohnen, doch ist dies nicht allgemein üblich. In dem größeren Gemache standen fünf Kufen aus Tannenholz mit Bambusreifen, welche die Ueberreste von Kulis enthielten, und in den kleineren Räumen einige längliche hölzerne Kasten mit den Ueberresten von Verstorbenen aus der Mittelklasse. Um 8 Uhr Abends wird jeder Sarg auf die steinernen Gestelle gesetzt, die Reisigbündel darunter angezündet und das Feuer während der Nacht unterhalten. Um 6 Uhr des Morgens ist das, was eine Menschengestalt hatte, zu einem Haufen Asche verwandelt, welche die Verwandten des Verstorbenen in eine Urne schütten und feierlich beerdigen. Zuweilen begleiten die Priester die Hinterbliebenen auf diesem trauervollen Gange. An dem Abend vor meinem Besuche waren dreizehn Leichname verbrannt worden; es ließ sich jedoch weder in dem Gebäude noch in der Umgebung der geringste Geruch wahrnehmen, und der Dolmetscher theilte mir mit, daß, dank den hohen Schornsteinen die Leute in der Nachbarschaft selbst während des Verbrennungs-Prozesses niemals die geringste Unannehmlichkeit verspürten. Die Einfachheit der ganzen Einrichtung ist höchst merkwürdig und es ist nicht zu bezweifeln daß sie den Zweck einer unschädlichen und vollständigen Zerstörung der Leiche ebenso gut erfüllt wie ein zusammengesetzterer Apparat, wenn nicht gar noch besser; bei ihrer Billigkeit kommt diese Einrichtung derjenigen Klasse zugute, welcher die gewöhnlichen Begräbnißkosten drückend erscheinen. Am nächsten Morgen übersendete mir der Statthalter durch seinen Sekretair die Uebersetzung von einem anziehenden Bericht über die Leichenverbrennung und die Einführung derselben in Japan.

Die mit Schnee bedeckte Kuppe des Fujisan erhob sich, von der aufgehenden Sonne geröthet, über das violettfarbene Waldland der Mississippi-Bay, als wir am 19. Dezember 1878 auf dem Dampfschiffe „Wolga" den Hafen von Yokohama verließen. Drei Tage später erblickte ich von Japan nur noch eine rauhe, winterliche, vom Meere gepeitschte Küste.

Druck von Oskar Bonde in Altenburg.

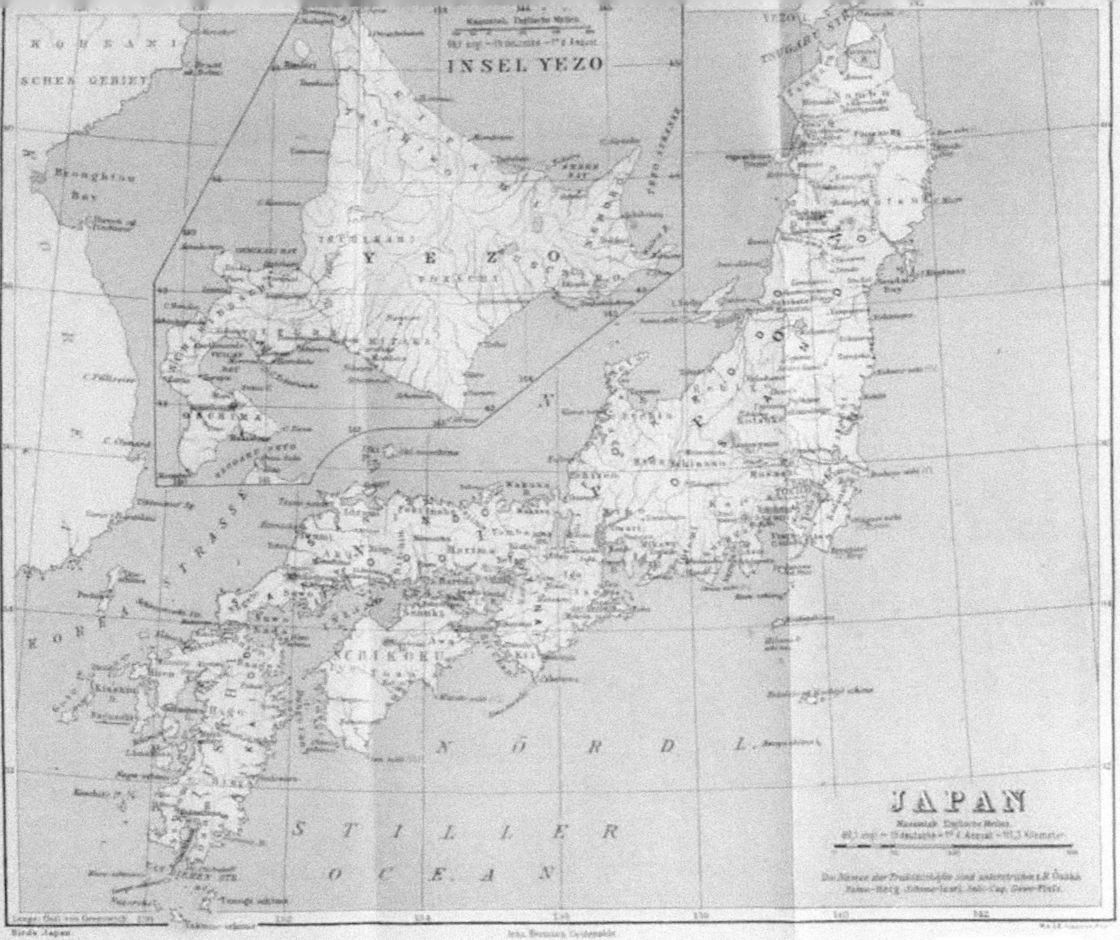
INSEL YEZO
YEZO
KOREANISCHES GEBIET
Broughton Bay
SCHIKOKU
KOREA
NÖRDL.
STILLER
OCEAN
JAPAN